本书得到

中国科学院战略性先导科技专项B类（XDB26000000）、国家自然科学基金（41977379）、中国科学院古脊椎动物与古人类研究所重点部署项目、国家社会科学基金中国历史研究院重大历史问题研究专项（LSYZD21018）、国家社会科学基金（19FKGB003）、中央高校创新人才培育计划——青年拔尖人才项目（23wkqb02）、鄂尔多斯市文化和旅游局专项出版经费

共同资助

乌兰木伦

——鄂尔多斯旧石器时代中期遗址发掘报告

中国科学院古脊椎动物与古人类研究所
鄂尔多斯市文物考古研究院 编著
中山大学社会学与人类学学院

文物出版社

图书在版编目（CIP）数据

乌兰木伦：鄂尔多斯旧石器时代中期遗址发掘报告 / 中国科学院古脊椎动物与古人类研究所, 鄂尔多斯市文物考古研究院, 中山大学社会学与人类学学院编著. -- 北京：文物出版社, 2023.7

ISBN 978-7-5010-8061-8

Ⅰ.①乌… Ⅱ.①中… ②鄂… ③中… Ⅲ.①旧石器时代考古－研究－鄂尔多斯市 Ⅳ.①K871.114

中国国家版本馆CIP数据核字(2023)第092536号

审图号：GS京（2023）1124号

乌兰木伦——鄂尔多斯旧石器时代中期遗址发掘报告

编　　著：中国科学院古脊椎动物与古人类研究所
　　　　　鄂 尔 多 斯 市 文 物 考 古 研 究 院
　　　　　中 山 大 学 社 会 学 与 人 类 学 学 院

责任编辑：乔汉英
责任印制：王　芳

出版发行：文物出版社
社　　址：北京市东城区东直门内北小街2号楼
邮　　编：100007
网　　址：http://www.wenwu.com
经　　销：新华书店
印　　刷：天津图文方嘉印刷有限公司
开　　本：889mm×1194mm　1/16
印　　张：33
插　　页：1
版　　次：2023年7月第1版
印　　次：2023年7月第1次印刷
书　　号：ISBN 978-7-5010-8061-8
定　　价：580.00元

Wulanmulun: a Report on the Excavation of the Middle Paleolithic Site in Ordos

by

Institute of Vertebrate Paleontology and Paleoanthropology, Chinese Academy of Sciences

Ordos Institute of Cultural Relics and Archaeology

School of Sociology & Anthropology, Sun Yat-sen University

Cultural Relics Press

编辑委员会

主　　任：李　芸
副 主 任：袁新华、王志浩、杨泽蒙、尹春雷

主　　编：侯亚梅、刘　扬、秦旭光
副 主 编：包　蕾
撰　　稿：侯亚梅、刘　扬、李保生、张家富、董　为、
　　　　　陈　虹、包　蕾、雷　蕾、张立民
编　　务：甄自明、张家富、李保生、董　为、邱维理、
　　　　　陈　虹、黄　鹏、赵阳阳、张智杰、白林云、
　　　　　雷　蕾、张立民、胡　越、杨俊刚、刘光彩、
　　　　　李　双、卢　悦、古日扎布、李明波、韩　珍、
　　　　　马　瑶、唐依梦、平小娟、贺　礼

特别鸣谢：古日扎布（乌兰木伦遗址发现者）

Preface

Ten years ago, in June 2013, to mark the 90th anniversary of the discovery of the famous site of Shuidonggou, our Chinese colleagues, and in particular Professor Gao Xing, organised a major symposium in Yinchuan, Ningxia, and the 6th Annual Meeting of Asian Paleolithic Association (APA). My colleague and friend Professor Hou Yamei, whom I met in France while she was conducting research at the Coudoulous site, suggested that we enhance our international conference by visiting the recently discovered and excavated Wulanmulun site in Ordos by her team. Pro. Hou and colleagues had published the first article about Wulanmulun, which was written in Chinese; fortunately for us, it includes an English abstract (Hou et al., 2012; Wang et al., 2012). The site appears extremely promising. What a welcome initiative! I participated along with a few Russian,European and Japanese colleagues. I'm glad I did it.

When we arrived there, we were surprised to discover the extraordinary Kangbashi new town of Ordos. I felt like I had arrived in Dubai or Kuwait City rather than Inner Mongolia. Skyscrapers were growing at a dizzying speed, and a whole new town was under construction, springing up like a mirage of contemporary Chinese modernity at the gateway to the Mongolian steppe. And then there was the surprisingly curvaceous museum that had just been inaugurated!

The visit to the Wulanmulun site, led by Prof. Hou, was a wonderful opportunity for archaeological exchange. The presentation of these superbly preserved rhinoceros remains showcased a butchery site currently being excavated in the south of Inner Mongolia! The presentation of the archaeological material in the brand-new rooms of the prehistory laboratory, spread out in this 21st-century museum, quickly confirmed both the site's interest and the quality of excavation, geological data, palaeontological information, archaeological studies and dating. We went from room to room. Yamei and her young colleagues presented us with exceptionally rich material, characterized by the remarkable preservation of its remains, including lithics and a spectacular fauna (not all butchery sites preserve rhinoceros remains!) with cutmarks and breaks on fresh bones, as well as bone tools! Bone tools from this Palaeolithic period are always truly exceptional.

When I examined the storage boxes containing lithic remains classified by year of discovery, I was even more surprised to find that these Wulanmulun lithic remains were almost identical to those I had studied several years earlier at the Mauran site located at the foot of the French Pyrenees (Farizy, David, Jaubert eds.,

1994)! The raw materials were virtually identical, dominated by the quartzite family; the tool production patterns (known as "chaînes opératoires" in French) were similar; and the main categories of tool kits were also identical, except for minor details. Clearly, in just a few minutes, back in 2013, I realized that the Wulanmulun lithic industry was part of the variability known as the "Denticulate Mousterian" in Europe. A denticulate Mousterian is often associated with original economic contexts such as kill or butchery sites, rather than lithic material discovered in classical rock shelter settlements. This is similar to Wulanmulun, and their dating is also frequently attributed to the Late Middle Palaeolithic period (LMP), again like Wulanmulun.

So that I suggested to Ya-Mei immediately that we should consider a joint study of our respective materials.

Six months later, I received a Chinese proposal from Professor Hou to apply for the CAI-Yuanpei project, which formalizes scientific relations and exchanges on a new project between China and France. Thanks to Yamei's responsiveness, we responded to this call for bilateral projects successfully, and the exchanges began in 2014 and 2016. Thank you Yamei, because without you, your responsiveness and your dynamism, this project would never see the light of the day without your contribution!

One of Yamei's students, Yang Shixia, who was doing her thesis on the Acheulean of China, specifically Dingcun, spent ten months at the University of Bordeaux (France). Afterwards, she has become a researcher at the State Key Laboratory of Lithospheric Evolution, Institute of Geology and Geophysics, Chinese Academy of Sciences in Beijing. Similarly, during a brief visit to my university and laboratory in Bordeaux for Prof. Hou, I had the opportunity to present her with evidence of the Mauran lithic industry preserved in Toulouse. Thanks to the CAI-Yuanpei project, I had the opportunity to visit China several times (until 2018), particularly Ordos. As part of this program, I had the opportunity to investigate historical complexes related to Chinese Palaeolithic prehistory – both those from the past doing (Zhoukoudian) and those from the later (Nihewan Basin). However, it was Wulanmulun that formed the core of our joint research.

Our Chinese colleagues had already studied the Wulanmulun lithic industry very well, particularly Liu Yang who devoted his PhD thesis to it (Liu, 2013). They did an excellent job. However, in order to facilitate the best possible comparison between Mauran and Wulanmulun, it is necessary for us to adopt the same methodology as that used in the Mauran study and conduct a similar techno-typology study. Therefore, a more detailed comparative study is needed to understand this phenomenon of convergence separated by 8,000 kilometers! Was it the result of a unified Eurasian culture? Did Neanderthals inhabit the vast expanses of Eurasia from Western Europe to the banks of and from Yellow River Pyrenees to Ordos? Or was it simply a Middle Palaeolithic technical convergence with no correlation other than temporal proximity?

Techno-economic studies carried out in Western Europe over the last few decades have clarified the chronological position of most denticulated lithic techno-complexes (LTCs) and their function, which is often associated with economically specialized sites such as butchery or kill sites (Coudoulous, La Borde,

Mauran, Saint-Césaire, La Quina). We have published a few articles addressing this issue (Discamps et al., 2011; Jaubert, 2011; Jaubert et al., 2011; Thiébaut et al., 2011, Thiébaut et al., 2014). In addition, various multidisciplinary studies (palaeoanthropology, palaeogenetics / DNA, lithic technology...) have demonstrated or raised the question of an extension of the Neanderthal population at least as far as the Russian Altai (southern Siberia: Krause et al., 2007), and even beyond (Northern Mongolia: Jaubert, 2015). And, in a broader sense, the Middle Palaeolithic as defined by Mode 3 (Hoffecker, 2005) has become crucial for comparing lithic industries such as the one at Wulanmulun, Inner Mongolia with European data. Wulanmulun has an excellent sedimentary and stratigraphic context. The site is well-dated (MIS 4-3) and associated with a well-preserved fauna of large mammals exhibiting anthropic marks and bone tools. The lithic industry, predominantly made from local materials such as quartzite, exhibits strong similarities to several Middle Palaeolithic lithic technological complexes (LTCs) found in Europe that fall within the range of variation described by François Bordes (1962) as the "Denticulate Mousterian", which has been recently updated based on technological analysis(Thiébaut, 2005, 2007).

The resemblance between Wulanmulun and various contemporary western European LTCs prompts the inquiry of long-range convergence or, on the contrary, whether this complex is part of an extensive zone spanning all of northern Eurasia from the Atlantic to the banks of Yellow River (northern China). Of course, the question of who produced the WLML denticulated Middle Palaeolithic industry remains unanswered: Was it Neanderthals (the main possibility)? Denisovans (also somewhat likely)? Or a combination of both groups (definitely possible)?

Before delving into these fascinating questions, it was necessary to thoroughly examine and publish the fundamental documentation, the raw material would enable us to go further. This superb monograph has now accomplished this task, and we extend our sincere appreciation to Professor Hou Yamei and her team for bringing this project to fruition. Furthermore, I would like to express my gratitude for being included in this work.

Professor Jacques Jaubert
University of Bordeaux, France
July. 8, 2023 in Toulouse

序　言

　　十年前，2013 年 6 月，为纪念著名的水洞沟遗址发现 90 周年，我们的中国同事，特别是高星研究员，在宁夏银川市组织了一次重要的学术研讨会，并举办了第六届亚洲旧石器考古学年会。我在法国认识了我的同事兼朋友侯亚梅研究员，当时她正在 Coudoulous（库杜卢斯）遗址进行研究。她建议我们参观她的团队最近在鄂尔多斯发现和发掘的乌兰木伦遗址，以拓展我们国际会议的内容。侯亚梅和她的同事发表了第一篇关于乌兰木伦遗址的文章（侯亚梅等，2012；王志浩等，2012），虽然文章是用中文写的，但幸运的是，它包含了英文摘要。这个遗址看起来前途无量。多么受欢迎的倡议啊！我和一些俄罗斯、美国、日本的同事一起参观了这个遗址。我很高兴我这么做了。

　　当我们到达那里时，惊讶地发现了非凡的鄂尔多斯康巴什新区。我感觉自己像是来到了迪拜或科威特城，而不是内蒙古。摩天大楼以令人眼花缭乱的速度在通往蒙古草原的大门拔地而起，一个全新的城区正在建设中，正是当代中国现代化的一个缩影。然后是刚刚落成的曲线惊人的博物馆！

　　在侯亚梅研究员的带领下，我们参观了乌兰木伦遗址，这是一次很好的考古交流机会。这些保存完好的犀牛遗骸展示了内蒙古南部目前正在发掘的屠宰场遗址！在这个 21 世纪的博物馆里，史前实验室的崭新房间里陈列的考古材料，很快就证实了该遗址的吸引力和发掘的质量，还有地质数据、古生物学信息、考古研究和年代测定。我们从一个房间走到另一个房间。亚梅和她年轻的同事们向我们展示了极其丰富的材料，其特点是遗骸保存完好，包括石器和壮观的动物群（不是所有的屠宰场都保存犀牛遗骸！），骨头上有刻划痕和破裂疤痕，还有骨制工具！旧石器时代的骨制工具总是非常特别。

　　当我查看按发现年份分类的装有石器的储存箱时，更惊讶地发现，这些乌兰木伦石器遗存与我几年前研究的法国比利牛斯山脚下的莫兰遗址（Farizy, David, Jaubert eds., 1994）几乎完全相同！原料几乎一致，主要是石英岩；工具生产模式（法语称为"chaînes opératoires"）也就是操作链相似；除了一些小的细节之外，工具的主要类别也是相同的。很明显，在 2013 年的那几分钟内，我意识到乌兰木伦的石器产业是欧洲"锯齿刃器型莫斯特（Denticulate Mousterian）"变体的一部分。锯齿刃器型莫斯特与原始的经济环境有关，如杀戮或屠宰场所，而不是在经典的岩厦庇护所定居点中发现的石器材料，这与乌兰木伦遗址相似。它们的年代也经常被归于旧石器时代中期晚段（LMP），同样也与乌兰木伦相似。

于是我立刻向亚梅建议，我们应该考虑共同研究一下各自的材料。

六个月后，我收到了侯亚梅研究员的一份申请蔡元培（CAI-Yuanpei）项目的中国提案，这正式确立了中法两国在一个新项目上的科学合作与交流。由于亚梅的积极响应，我们成功地对接了这一双边项目，并于 2014 年和 2016 年开始了双边交流。谢谢你，亚梅，如果没有你，没有你的反应能力和你的活力，没有你的贡献，这个项目（或许）永远就不会看到光明！

杨石霞是亚梅的学生之一，她在法国波尔多大学访学了十个月，当时她正在做一篇关于中国阿舍利，特别是丁村的论文。之后，她又在中国科学院地质与地球物理研究所岩石圈演化国家重点实验室做博士后。同样，在侯亚梅研究员短暂的访问我在波尔多大学的实验室期间，我向她展示了保存在图卢兹的莫兰石器工业的证据。感谢蔡元培（CAI-Yuanpei）项目的资助，使我有机会多次访问中国（直到 2018 年），特别是鄂尔多斯。作为这个项目的一部分，我有机会考察与中国旧石器时代史前史相关的遗址组合——既有过去工作的遗址（周口店），也有正在发掘中的遗址（泥河湾盆地）。然而，乌兰木伦遗址成为我们共同研究的核心。

我们的中国同事已经对乌兰木伦石器工业进行了很好的研究，特别是刘扬的博士论文（刘扬，2013）。他们干得很出色。然而，为了尽可能地、更好地比较莫兰遗址和乌兰木伦遗址，我们有必要采用与研究莫兰遗址相同的方法，进行类似的技术类型学研究。因此，要了解这种相隔 8000 千米的趋同现象，需要进行更详细的对比研究！它是欧亚文化统一的结果吗？还是尼安德特人居住在从西欧到黄河两岸，从比利牛斯山脉到鄂尔多斯的广阔欧亚大陆上吗？或者仅仅是旧石器时代中期的技术融合，除了时间上的接近之外并无任何相关性？

过去几十年在西欧进行的技术经济研究已经澄清了大多数有记载的石器技术复合体（LTCs）的年代位置及其功能，这些复合体通常与经济上专门的地点，如屠宰或杀戮地点（Coudoulous、La Borde、Mauran、Saint- Césaire、La Quina）有关，关于这个问题已经发表了一些文章（Discamps et al., 2011；Jaubert, 2011；Jaubert et al., 2011；Thiébaut et al., 2011；Thiébaut et al., 2014）。此外，各种多学科研究（古人类学、古遗传学 / DNA、石器技术等）已经证明或提出了尼安德特人至少延伸到俄罗斯阿尔泰地区（西伯利亚南部，Krause et al., 2007），甚至更远（蒙古北部，Jaubert, 2015）的问题。而且，从更广泛的意义上说，模式 3（Hoffecker, 2005）所定义的旧石器时代中期已经成为比较内蒙古乌兰木伦等石器工业与欧洲数据的关键。乌兰木伦遗址具有良好的沉积和地层环境。该遗址年代确定（MIS 4~3），并与保存完好的大型哺乳动物群有关，这些动物展示了人类的痕迹和骨质工具。石英岩石器工业主要由当地的石英岩等材料制成，与欧洲发现的几个旧石器时代中期的石器技术复合体（LTCs）有很强的相似性，这些复合体属于 François Bordes（1962）所描述的"锯齿刃器型莫斯特"的变化范围，最近根据技术分析进行了更新（Thiébaut, 2005, 2007）。

乌兰木伦与当代西欧的各种石器技术复合体之间的相似之处促使人们对长距离趋同的研究，或者相反，这个综合体是否属于从大西洋到黄河（中国北部）横跨整个欧亚大陆北部的广阔地带的一部分。当然，谁创造了旧石器时代中期的乌兰木伦工业的问题仍然没有答案，是尼安德特人（主要的可能性）吗？丹尼索瓦人（也有可能）？还是两者的结合（绝对可能）？

　　在深入研究和解决这些令人着迷的问题之前，有必要彻底检验和发布基本资料。这部出色的专著至此完成了这一任务，我们谨向侯亚梅教授及其团队表示衷心的感谢，感谢他们使这一项目结出硕果。此外，我也十分感谢能参与这项工作。

Jacques JAUBERT

法国波尔多大学史前考古学教授

2023 年 7 月 8 日　于图卢兹

References

Bordes F., Le Moustérien à denticulés. *Brodarjev Zbornik, Acta Archaeol. Acad. Sc. Art Sloven., Arkeolovski Vestnik*, t. XIII–XIV, Ljubjana, 1962–1963: 43–50.

Discamps E., Jaubert J., Bachellerie F., Human choices and environmental constraints: deciphering the variability of large game procurement from Mousterian to Aurignacian times (MIS 5-3) in southwestern France. *Quaternary Science Reviews*, 2011(30):2755–2775.

Farizy C., David F., Jaubert J., (collab. Eisenmann V., Girard M., Grün R.,et al.), *Hommes et bisons à Mauran (Haute-garonne)*. Paris, édition du CNRS, XXXe Suppl. à Gallia Préhistoire, 1994, p.267.

Hoffecker J. F., *A prehistory of the North. Human settlement of the higher latitude*. Rutgers University Press, New Brunswick, New Jersey, and London, 2005, p.225.

Hou Y.M., Wang Z.H., Yang Z.M., et al., The first trial excavation and sifgnificance of Wulanmulun site in Ordos, Inner Mongolia in North China. *Quaternary Sciences*, 2012, 32 (2) :178–187.
侯亚梅、王志浩、杨泽蒙等：《内蒙古鄂尔多斯乌兰木伦遗址 2010 年第 1 期试掘及其意义》,《第四纪研究》2012 年第 2 期, 第 178~187 页。

Jaubert J., Les archéoséquences du Paléolithique moyen du Sud-Ouest de la France : quel bilan un quart de siècle après François Bordes? In: F. Delpech et J. Jaubert (dir.) *François Bordes et la Préhistoire*. Colloque international François Bordes, Bordeaux 22–24 avril 2009, Paris, Édit. du CTHS, 2011, pp. 235–253.

Jaubert J., The Paleolithic Peopling of Mongolia. An Updated Assessment. In: Kaifu Y., Izuho M., Goebel T., et al. (eds.), *Emergence and Diversity of Modern Human Behavior in Paleolithic* Asia, Texas A&M University Press, 2015, pp. 453–469.

Jaubert J., Bordes J.-G., Discamps E., et al., A new look at the end of the Middle Palaeolithic sequence in Southwestern France. In: Derevianko A.P., Shunkov M.(eds.), *Characteristics features of the Middle to Upper Palaeolithic Transition in Eurasia*, Proceeding of the International Symposium, "Characteristics features of the Middle to Upper Palaeolithic Transition in Eurasia: Development of Culture and Evolution of Homo Genus" (July 4-10, Denisova Cave, Altai), Novosibirsk, Department of the Institute of Archaeology and Ethnography SB RAS, 2011, pp. 102–115.

Krause J., Orlando L., Serre D., et al., Neanderthals in central Asia and Siberia. *Nature*, 2007, 449:902–904.

Liu Y., *The Lithic Industry of Wulanmulun Site in Ordos, North China*. A Dissertation Submitted to University of Chinese Academy of Sciences in partial fulfillment of the requirement for the degree of Doctor of Science, 2013.

刘扬：《鄂尔多斯乌兰木伦遗址石器工业》，中国科学院大学博士学位论文，2013 年。

Thiébaut C., *Le Moustérien à denticulés: variabilité ou diversité techno-économique?* Thèse doctorat, Université d'Aix-Marseille 1, Univ. de Provence, 2 tomes, 2005, p.643.

Thiébaut C., Le Moustérien à denticulés des années cinquante à nos jours: définition et caractérisation. *Bull. de la Soc. Préhist. française*, T. 104, n°3, 2007, pp. 461–482.

Thiébaut C., Claud É., Deschamps M.,et al., Diversité des productions lithiques du Paléolithique moyen récent (OIS 4-OIS 3): enquête sur le rôle des facteurs environnementaux, fonctionnels et culturels. In : Jaubert J., Fourment N. et Depaepe P. (eds.), *Transitions, ruptures et continuité en Préhistoire XXVIIe congrès préhistorique de France – Bordeaux-Les Eyzies, 31 mai-5 juin 2010*, Paris, Société préhist. Franç., 2014, pp. 281–298.

Thiébaut C., Jaubert J., Mourre V. et Plisson H., Diversité des techniques employées lors de la confection des encoches et des denticulés moustériens de Mauran (Haute-Garonne). In: V. Mourre et M. Jarry (dir.), *Entre le marteau et l'enclume. La percussion au percuteur dur et la diversité de ses modalités d'acquisition*, Table-Ronde de Toulouse, 15–18 mars 2004, Paléo, n° spécial 2010-11, 2011, pp. 75–106.

Wang Z.H., Hou Y.M., Yang Z. M.,et al., Wulanmulun Middle Paleolithic site in Ordos, Inner Mongolia. *Archaeology*, 2012 (7):3–13.

王志浩、侯亚梅、杨泽蒙等：《内蒙古鄂尔多斯市乌兰木伦旧石器时代中期遗址》，《考古》2012 年第 7 期，第 3~13 页。

目　录

插图目录

插表目录

彩版目录

第一章 前言

乌兰木伦遗址是位于内蒙古高原的一处旧石器时代遗址，地处鄂尔多斯市（原伊克昭盟）康巴什新区乌兰木伦河左岸，地理坐标为 39°35.152′N，109°45.659′E，海拔 1281m。遗址所在的内蒙古高原是中国较早开展旧石器考古工作的地区。

第一节　内蒙古高原旧石器考古发现与研究

一、内蒙古高原地理地貌概况

内蒙古高原位于中国北部边疆，呈东西狭长状，地理范围南起阴山，东至大兴安岭，北到国界，西达 106°E 附近。地理坐标为 40°20′~50°50′N，106°~121°40′E，面积约 34 万 km²，是我国第二大高原。其北接蒙古戈壁并至西伯利亚地区，南临中原，西至新疆、西亚并延伸至欧洲，东达俄罗斯滨海地区并与北美大陆相连，地理位置十分重要。在地貌上为层状高原，可见五级夷平面，海拔 1000~1300m，地面起伏较为和缓，低缓的岗阜与宽浅的盆地相间分布。其间，戈壁、沙漠、沙地依次从西北向东南略呈弧形分布。内蒙古高原从西到东又可分为几个不同的地理单元，包括呼伦贝尔高原、锡林郭勒高原、乌兰察布高原、鄂尔多斯高原和阿拉善高原。从行政区划来看，除内蒙古自治区之外，还包括甘肃省和宁夏回族自治区北部的广大地区。

二、旧石器考古研究简史

研究者曾对内蒙古自治区旧石器考古研究史进行梳理，将其分为三个阶段，分别是开创期（1920~1949 年）、发展期（1949~1999 年）、新世纪（2000~）[1]。内蒙古高原作为中国最早开展旧石器考古工作的地区，许多中外学者在这里做出了重要贡献。该地区的旧石器考古发现地层堆积复杂、文化内涵丰富，不同时期不同学者有不同的理解和认识，有些观点甚至至今仍未统一。回顾内蒙古高原旧石器考古研究历程，难免挂一漏万。这里仅以年代顺序对该地区旧石器考古发现与研究的重要事件进行十分简要的回顾，以在一定程度上反映其发展过程。

1920 年，传教士肖特在内蒙古高原南缘水洞沟东 5km 的冲沟断崖中发现一件石英岩人工打制品，

---

[1] 王晓琨：《内蒙古旧石器时代考古简史》，《内蒙古文物考古》2008 年第 2 期。

这与桑志华（Emile Licent）同年早些时候在甘肃庆阳黄土地层中发现的几件石制品是我国最早发现的旧石器时代遗物[1]。

1922~1923年，德日进（Pierre Teilhard de Chardin）和桑志华在鄂尔多斯地区进行地质调查时，先后发现了萨拉乌苏和水洞沟两处遗址，并对它们进行了发掘。其中，水洞沟遗址石制品和动物化石都非常丰富，石制品达300多kg。萨拉乌苏遗址也出土了一定数量的石制品和动物化石，在室内清理时，还发现一枚人的门齿化石[2]，《河套人》[3]对这一发现有详细介绍。这两处遗址至今仍在开展考古发掘和研究工作，表现出长久的学术生命力。

1928年，德日进、桑志华、步日耶、布勒等共同研究并发表 Le Paléolithique de la Chine[4]，较为系统地阐释了中国北方当时的旧石器考古新发现和认识，这也是中国第一部旧石器文化研究专著，具有重要意义。

1933年，在扎赉诺尔煤矿开采中发现了一颗人头骨，引起中外学者关注。该人类化石后由日本古人类学家远藤隆次定名为扎赉诺尔人[5]。

中华人民共和国成立到21世纪以前，以汪宇平和张森水为代表的旧石器考古学家多次在内蒙古高原开展旧石器考古调查工作，发现了多处旧石器地点，包括后来发掘的大窑遗址和萨拉乌苏范家沟湾地点。其中，1973年汪宇平在呼和浩特市郊大窑村南发现的大窑遗址[6]，经过多次考古发掘，出土了数量众多的石制品。其中以二道沟和前乃莫板两个地点为代表的龟背形刮削器十分典型，被命名为"大窑文化"[7]。

2000年以来，中国科学院古脊椎动物与古人类研究所、内蒙古自治区文物考古研究所、吉林大学边疆考古研究中心等单位联合对金斯太遗址进行了多次发掘，出土大量石制品和动物化石[8]。其中下部文化层石制品包含勒瓦娄哇石片[9]，年代最早可至距今4.7万~4.2万年，是目前发现的最东的旧石器中期莫斯特文化遗存。

---

［1］Barbour G. B., de Chardin P. T., Geological study of the deposit of the Sanganho basin, *Bulletin of Geological Society of China*, 1927, 5 (3–4):263–281.

［2］Boule M., Rreuil H., Licent E., et al., *Le Paléolithique de la Chine*, Archives de L'Institut de Paléontoloqie Humaine, Mémoire 4, 1928.

［3］贾兰坡：《河套人》，龙门联合书局，1951年。

［4］Boule M., Rreuil H., Licent E., et al., *Le Paléolithique de la Chine*, Archives de L'Institut de Paléontoloqie Humaine, Mémoire 4, 1928.

［5］王正一：《扎赉诺尔考古纪实》，《呼伦贝尔考古》，天马图书有限公司，2001年。

［6］内蒙古博物馆、内蒙古文物工作队：《呼和浩特市东郊旧石器时代石器制造场发掘报告》，《文物》1977年第5期。

［7］吕遵谔：《我国旧石器时代考古概况——兼论大窑文化》，内蒙古自治区博物馆，1980年。

［8］魏坚、王晓琨：《内蒙古东乌旗金斯太洞穴旧石器时代遗址获重要发现》，《中国文物报》2000年9月17日1版；魏坚、汤卓炜、王晓琨：《内蒙古东乌旗金斯太洞穴遗址出土大量石器动物骨》，《中国文物报》2001年12月28日3版；汪英华、刘洪元、苏雅拉图等：《内蒙古金斯太遗址2012年的新发掘和新收获》，《中国文物报》2013年7月5日8版。

［9］Li F., Kuhn S. L., Chen F. Y., et al., The easternmost Middle Paleolithic (Mousterian) from Jinsitai Cave, North China, *Journal of Human Evolution*, 114:76–84.

2010 年，在鄂尔多斯市康巴什新区发现乌兰木伦遗址，并进行了多年的连续发掘，出土了大量石制品、动物化石以及用火遗迹等[1]。

2015 年，在赤峰市阿鲁科尔沁旗发现三龙洞遗址，并于 2016 年进行发掘，出土了较多具有西方旧石器文化中期技术特征的石制品[2]。

三、重要遗址介绍

内蒙古高原经过系统发掘且见诸报道的旧石器考古遗址不多（表一），但从时代上看旧石器时代早、中、晚期都有发现。在此主要选择几处较为重要的遗址进行简要介绍，包括旧石器时代早期的大窑遗址，旧石器时代中期的萨拉乌苏、乌兰木伦、三龙洞、金斯太下文化层等遗址，旧石器晚期的水洞沟和扎赉诺尔遗址。

表一　内蒙古高原重要旧石器时代遗址

序号	遗址	发现时间	地理坐标	年代	地层堆积	遗物
1	萨拉乌苏	1922 年	37°10′59″N，108°10′58″E	97000~93000 BP	河湖相堆积	石制品、人类化石、动物化石、骨器
2	水洞沟	1923 年	38°21′N，106°19′E	38000 BP	阶地，湖相堆积	石制品、动物化石
3	扎赉诺尔	1933 年	49°21′N，117°35′E	约 11460 ± 230BP	—	石制品、人类化石、动物化石
4	大窑	1973 年	40°56′16″N，110°58′58″E	约 700000 BP	有争议	石制品、动物化石
5	蘑菇山	1980 年	49°3′N，117°42′E	推测 > 10000 BP	—	石制品
6	金斯太	2000 年	45°13′N，115°22′E	约 47000~42000 BP 或 40000~37000 BP	洞穴堆积	石制品、动物化石
7	乌兰木伦	2010 年	39°35.152′N，109°45.659′E	65000~50000 BP	河湖相堆积	石制品、动物化石
8	三龙洞	2015 年	—	约 50000 BP	洞穴堆积	石制品

（一）旧石器时代早期遗址

内蒙古高原目前发现的被认为是旧石器时代早期的遗址只有一处，即大窑遗址。

大窑遗址位于呼和浩特市大窑村，地理坐标为 40°56′16″N，110°58′58″E。该遗址报道了多个旧石器地点，但较为重要的是二道沟、四道沟和前乃莫板村等地点。这些地点均出土了数量较多的石制品和动物化石。需要指出的是，大窑遗址作为一个地点群，不同地点的年代和文化属性有所区别。

---

[1] 侯亚梅、王志浩、杨泽蒙等：《内蒙古鄂尔多斯乌兰木伦遗址 2010 年 1 期试掘及其意义》，《第四纪研究》2012 年第 2 期；王志浩、侯亚梅、杨泽蒙等：《内蒙古鄂尔多斯市乌兰木伦旧石器时代中期遗址》，《考古》2012 年第 7 期。

[2] 单明超、娜仁高娃、周兴启等：《内蒙古赤峰三龙洞发现五万年前旧石器遗址》，《中国文物报》2017 年 10 月 20 日 8 版。

其中早期发现的二道沟和前乃模板地点被研究者认为是旧石器时代晚期的石器制造场[1]，因出土龟背形刮削器较为典型而被命名为"大窑文化"[2]。其中真正年代较早的可以归为旧石器时代早期的是四道沟地点，于 1978 年发现，1979 年以来进行了多次发掘，出土石制品十分丰富。石制品尺寸偏大，且刮削器占比较高，与当时发现的北方旧石器文化类型有一定差异，被称为"四道沟类型"[3]。1987 年经热释光法测定显示其年代最早为距今 31 万年左右[4]，而 1990 年采用古地磁与 2002 年报道的测年结果则将其向前推至距今 70 万年[5]。这两个测年结果都存在争议，杨晓燕等认为该地点并非标准的黄土—古土壤堆积序列，地层学方面还需进一步深入研究[6]。对于古地磁年代，学者认为很难在 14.5 米深度（四道沟地点底部）的地层中分辨出布容、松山分界等地质事件[7]。综合考虑热释光测年和古生物化石等因素，学者认为距今 30 多万年较为合适[8]。其石器工业与周口店第 1 地点具有相似性，但又有自身鲜明的特点[9]。

（二）旧石器时代中期遗址

旧石器时代中期遗址在内蒙古高原目前发现的旧石器考古遗址中是较为典型的，数量也是相对较多的，在一定程度上也是引人注目的。其中一些遗址出土的石制品所反映的石器技术具有明显的西方旧石器时代中期文化特征，具有重要意义。一般认为属于旧石器时代中期的遗址有萨拉乌苏、金斯太（下文化层）以及新发现的乌兰木伦和三龙洞。

1. 萨拉乌苏

萨拉乌苏遗址位于鄂尔多斯市乌审旗大沟湾一带，地理坐标为 37°10′59″N，108°10′58″E。其包括多个石器和化石地点，但经过系统发掘的旧石器地点只有两处，其中 1922 年发现并于次年发掘的邵家沟湾地点是我国最早进行系统考古发掘的遗址之一，另一处是 1980 年发掘的范家沟湾地点，这两个地点隔河相望。两个地点发掘面积都比较大，邵家沟湾地点发掘了 2000m²，出土了 200 余件石制品和较多破碎的动物化石；范家沟湾地点发掘了近 140m²，出土了约 200 件石制品、大量动物化石以及一些骨器。萨拉乌苏遗址石制品特征十分明显，细小是其最主要的特征；类型较为丰富，主要有石锥、刮削器、尖状器、雕刻器等。也是我国较早被研究认为可与西方旧石器中期文化对比的遗址，

---

[1] 内蒙古博物馆、内蒙古文物工作队：《呼和浩特市东郊旧石器时代石器制造场发掘报告》，《文物》1977 年第 5 期；汪宇平：《大窑遗址的发现及其在考古学上的意义》，《中国考古学会第八次年会论文集》，文物出版社，1991 年。

[2] 吕遵谔：《我国旧石器时代考古概况——兼论大窑文化》，内蒙古自治区博物馆，1980 年。

[3] 张森水：《中国北方旧石器时代早期文化》，《中国远古人类》，科学出版社，1989 年。

[4] 汪宇平：《内蒙古呼和浩特市大窑村旧石器时代遗址的发现及意义——为纪念北京猿人发现 60 周年而作》，《内蒙古博物馆集刊》，1989 年。

[5] 汪英华：《大窑遗址四道沟地点年代测定及文化分期》，《内蒙古文物考古》2002 年第 1 期。

[6] 杨晓燕、夏正楷、刘东生：《黄土研究与旧石器考古》，《第四纪研究》2005 年第 4 期。

[7] 汪英华：《大窑遗址四道沟地点年代测定及文化分期》，《内蒙古文物考古》2002 年第 1 期。

[8] 内蒙古博物院、中国科学院古脊椎动物与古人类研究所：《大窑遗址研究——四道沟地点（1980—1984）》，科学出版社，2015 年。

[9] 内蒙古博物院、中国科学院古脊椎动物与古人类研究所：《大窑遗址研究——四道沟地点（1980—1984）》，科学出版社，2015 年。

从早期的桑志华、德日进、步日耶到后来的黄慰文先生都秉持这样的观点。该遗址另一个重要的考古发现是人类化石，早期桑志华调查发现的左上外侧门齿被布达生（Davidson Black）命名为"the Ordos tooth"[1]，后期汪宇平先生调查发现的头骨、大腿骨等人类化石经吴汝康先生研究认为"具有一定的原始性"[2]。此外，从地层和古生物学研究角度来讲，萨拉乌苏地层剖面还是中国北方晚更新世典型地层剖面以及"萨拉乌苏动物群"是中国华北地区晚更新世标准动物群。遗址最新光释光测年结果表明其旧石器文化层年代为距今 9.7 万 ~9.3 万年[3]。

2. 金斯太（下文化层）

金斯太是一处洞穴遗址，地处锡林郭勒盟东乌珠穆沁旗，地理坐标为 45°13′N，115°22′E。该遗址地层堆积厚达 6m，可分 8 个文化层 17 个文化亚层。其中③层以下为距今 1 万年以前的文化堆积，而下文化层即⑦A~⑧B层可早至旧石器时代中期，最新的碳–14 测年结果显示第⑧层和第⑦层的年代分别为距今约 4.7 万 ~4.2 万年和距今约 4.0 万 ~3.7 万年[4]。金斯太遗址下文化层出土较多的石制品和动物化石。石制品类型丰富，总体特征以小石器为主，刮削器是最主要的工具类型。该遗址很重要的发现是 3 件典型的勒瓦娄哇石片，与西方旧石器时代中期遗址常见的勒瓦娄哇尖状器非常相似，显示出东西方文化交流的特点[5]。

3. 三龙洞

三龙洞遗址地处赤峰市阿鲁科尔沁旗，是内蒙古高原新近发现的一处洞穴遗址，也是赤峰地区目前仅有的经过系统发掘的旧石器时代遗址。经发掘，遗址共揭露 5 个层位并且具有原生地层，其中第④~⑤层出土了 500 余件旧石器时代的石制品。石制品类型主要是刮削器和尖状器，但最为引人注目的是一些带有莫斯特文化特征的奎纳型（Quina）石器[6]，包括盘状石核、陡向修理的刮削器和尖状器。这一发现无疑为探讨新旧大陆旧石器时代中期文化的关系提供了新的重要实物资料。遗址经碳–14 测年表明第④~⑤层即旧石器文化层的年代为距今 5 万年[7]。

（三）旧石器时代晚期遗址

内蒙古高原发现的旧石器时代晚期遗址不多，年代确切的只有水洞沟遗址一处，而扎赉诺尔遗址和蘑菇山遗址目前一般也将其放在旧石器时代晚期。

1. 水洞沟

水洞沟遗址位于鄂尔多斯南缘，行政区划属宁夏回族自治区灵武县，地理坐标为 38°21′N，

[1] Teilhard D. C. P., Fossil man in China and Mongolia, *Natural History*, 1926, 26:238–245.
[2] 吴汝康：《河套人类顶骨和股骨化石》，《古脊椎动物与古人类》1958 年第 4 期。
[3] 内蒙古博物院、华南师范大学地貌与区域环境研究所、中国科学院寒区旱区环境与工程研究所等：《萨拉乌苏河晚第四纪地质与古人类综合研究》，科学出版社，2017 年。
[4] Li F., Kuhn S. L., Chen F. Y., et al., The easternmost Middle Paleolithic (Mousterian) from Jinsitai Cave, North China, *Journal of Human Evolution*, 2018, 114:76–84.
[5] 王晓琨、魏坚、陈全家等：《内蒙古金斯太洞穴遗址发掘简报》，《人类学报》2010 年第 1 期。
[6] 单明超、娜仁高娃、周兴启等：《内蒙古赤峰三龙洞发现五万年前旧石器遗址》，《中国文物报》2017 年 10 月 20 日 8 版。
[7] 单明超、娜仁高娃、周兴启等：《内蒙古赤峰三龙洞发现五万年前旧石器遗址》，《中国文物报》2017 年 10 月 20 日 8 版。

106°29′E。该遗址是我国考古发掘延续性最好也是最长的一处旧石器时代遗址，其研究也较为系统深入。自 1923 年发现、发掘以来，新发现了多个石器地点，连续进行了多次发掘，并已出版了两部考古报告，为水洞沟遗址的研究提供了翔实的考古资料。遗址发掘出土了大量石制品和动物化石，其中石制品极具特色，是我国北方出土最确切的具有明显西方文化元素的旧石器考古遗址。这些可以与西方对比的石器技术包括勒瓦娄哇技术、石叶技术以及与欧洲旧石器时代莫斯特尖状器、新月形边刮器、奥瑞纳端刮器相似的尖状器、端刮器和边刮器等石器类型。最新的碳 –14 测年结果显示其年代为距今约 3.8 万年[1]。

2. 扎赉诺尔

扎赉诺尔遗址位于呼伦贝尔市满洲里，地理坐标为 49°21′N，117°35′E。遗址自 1933 年发现第一颗人头骨以来，引起中外学者的关注。遗址出土有石制品、动物化石以及人类化石。石制品类型以刮削器为主，普遍采用压制法，石叶技术十分成熟。出土的人类化石数量十分可观，共计 16 颗人头骨化石。碳 –14 测年结果显示遗址年代为 11460 ± 230BP[2]。

3. 蘑菇山

蘑菇山遗址地处呼伦贝尔满洲里市扎赉诺尔，地理坐标为 49°3′N，117°42′E，是 20 世纪 80~90 年代由汪宇平先生调查发现的一处石器地点群，共计 4 个地点。遗址发现的石制品均为采集，没有发现确切的原生地层。石制品特点是工具比例很高，其中又以刮削器为主，且个体都比较大。研究者主要根据文化对比，将其年代定在距今 1 万年以前[3]。

四、旧石器文化特征

总的来看，内蒙古高原发现的这些考古遗址的石器工业显示出与中国北方旧石器文化相似的特点，基本都是以小石器为主体的石器技术体系。但在一些遗址中出土的石制品具有明显的西方文化元素，一直引起学术界的关注。

萨拉乌苏遗址研究者认为这套细小石器组合可以与西方对比。而金斯太遗址则发现有典型的勒瓦娄哇石片，最新的测年结果已将其往前推至旧石器时代中期。新近发现、发掘的三龙洞遗址更是出土了一套典型的奎纳型石器。这些重要的考古发现无疑为中国旧石器技术的演变，特别是中国是否存在"旧石器时代中期"等学术问题的探讨提供了重要的实物材料。水洞沟遗址具有典型莫斯特技术石器以及石叶制品。该遗址的早期研究者布日耶通过将水洞沟遗址石制品与欧洲莫斯特工业作对比，做出从水洞沟工业得出的概略印象是这种工业好像处在很发达的莫斯特文化和正在形成中的奥瑞纳文化的半路上，或者是两个文化的混合体[4]的重要论断。2003 年出版的《水洞沟——1980 年发掘报

---

[1] Li F., Kuhn S. L., Gao X.,et al., Re-examination of the dates of large blade technology in China:A comparison of Shuidonggou Locality 1 and Locality 2, *Journal of Human Evolution*, 2013, 64 (2):161–168.

[2] 石彦青:《扎赉诺尔附近木质标本的 C¹⁴ 年代测定及其地质意义》，《古脊椎动物与古人类》1978 年第 2 期。

[3] 汪宇平:《扎赉诺尔蘑菇山旧石器时代晚期遗址》，《内蒙古文物考古文集》，中国大百科全书出版社，1994 年。

[4] Teilhard D. C. P., Licent E., On the discovery of a Palaeolithic industry in northern China, *Bulletin of the Geological Society of China*, 1924, 3 (1):45–50.

告》中指出水洞沟石制品组合存在勒瓦娄哇石核和其他莫斯特工业的石器，出土的部分刮削器、边刮器以及尖刃器在器形和技术上都可以和欧洲旧石器时代中、晚期的石器对比[1]。除前文介绍的重要遗址外，张森水先生于 1958~1959 年在内蒙古中南部的清水河和准格尔旗境内发现数以十计的旧石器地点，其中采集的石制品就包含典型的莫斯特工业石制品[2]。这些考古发现都表明，内蒙古地区是东西方文化交流的一个重要中转站，是研究旧石器时代新旧大陆古人类的迁徙、技术的传播等的重要地区[3]。

第二节　鄂尔多斯高原旧石器考古发现与研究

一、鄂尔多斯高原的地理区划

鄂尔多斯高原（Ordos Plateau）的地理区划有狭义和广义之分。狭义的鄂尔多斯高原主要指内蒙古自治区南部伊克昭盟地区，即现在的鄂尔多斯市。而从地理、地貌上来看，黄河在鄂尔多斯高原流向急剧转折，三面环绕，形成一个大弓形，这是广义的内蒙古高原的南部，也是广义上的鄂尔多斯高原。广义上的范围为 37°20′~40°50′N，106°24′~111°28′E，行政区划包括内蒙古自治区伊克昭盟全境，还包括乌海市海渤湾区，陕西省神木、榆林、横山、靖边、定边 5 县市的北部风沙区，宁夏回族自治区的盐池、灵武 2 县市的部分地域和陶乐县全境。

二、考古发现与研究简史

（一）20 世纪 20 年代：考古发现的春天

广义上的鄂尔多斯高原旧石器考古发现与研究目前还少有学者进行综述，不过，卫奇[4]、张森水[5]、黄慰文[6]、杨泽蒙[7] 等先生对萨拉乌苏遗址的研究史已有论及。其中，卫奇将萨拉乌苏发现研究简史分为四个时期：开拓时期、稳固时期、充实时期和综合科学研究时期。张森水则分为前后两期，其中前期又称为"合二为一时期"或"鄂尔多斯工业时期"，后期又称为"一分为二时期"或"河套文化松绑时期"。水洞沟遗址的研究史主要在 1980 年的发掘报告一书中略有论述[8]。

---

［1］宁夏文物考古研究所：《水洞沟——1980 年发掘报告》，科学出版社，2003 年。

［2］张森水：《内蒙中南部和山西西北部新发现的旧石器》，《古脊椎动物与古人类》1959 年第 1 期；张森水：《内蒙中南部旧石器的新材料》，《古脊椎动物与古人类》1960 年第 2 期。

［3］刘扬：《中国北方小石器技术的源流与演变初探》，《文物春秋》2014 年第 1 期。

［4］卫奇：《萨拉乌苏河旧石器时代考古史（上）》，《文物春秋》2005 年第 5 期；卫奇：《萨拉乌苏河旧石器时代考古史（下）》，《文物春秋》2005 年第 6 期。

［5］张森水：《萨拉乌苏河遗址旧石器研究史略及浅议》，《文物春秋》2007 年第 5 期。

［6］黄慰文、侯亚梅：《萨拉乌苏遗址的新材料：范家沟湾 1980 年出土的旧石器》，《人类学学报》2003 年第 4 期。

［7］杨泽蒙：《萨拉乌苏遗址发现八十五周年回顾与思考》，《内蒙古文物考古》2007 年第 2 期。

［8］宁夏文物考古研究所：《水洞沟——1980 年发掘报告》，科学出版社，2003 年。

这里将该区域作为一个整体来论述这一地区的考古发现与研究，并将其发现研究史分为三个时期：一是发现期，指的是 20 世纪 20 年代；二是持续期，指的是 20 世纪 30 年代以来至 21 世纪的头十年；三是新发现期，指 20 世纪 10 年代以来，主要表现为乌兰木伦遗址的发现与研究以及相关旧石器考古工作的进一步开展。发现期和持续期的划分依据是，在前一阶段获得考古发现后，后一阶段基本没有新的遗址发现；且前一阶段主要是外国学者主持，到后一阶段则主要由中国学者主导。新发现期之所以单独划分出来，是因为自 20 世纪 20 年代后该地区首次发现新的旧石器时代遗址，并可能带动该地区旧石器考古发现与研究新的蓬勃发展。

鄂尔多斯高原是中国最早开展旧石器考古调查、发掘与研究的地区，20 世纪 20 年代该地区的重要旧石器考古发现拉开了中国旧石器考古研究的序幕。这其中有两个遗址最为重要，一个是位于高原南部的萨拉乌苏遗址，一个是位于高原西侧的水洞沟遗址。它们相距较近，由同一批科学家几乎在同一时期发现，且又属于中国旧石器考古的空白时期，因此常被连在一起论述。在本节的叙述中，也不将它们分开单立小节。

20 世纪初，中国的旧石器时代考古还处于空白时期，很多学者都不相信中国存在过石器时代。直到 1920 年，法国神父桑志华在甘肃庆阳县赵家岔和辛家沟的黄土层及其下的砂砾层中发现了一块人工打击的石核和两件石片[1]，这一境况终得打破。随后 1922 年，桑志华初访鄂尔多斯，在蒙古族人旺楚克（汉名石王顺）的协助下，在萨拉乌苏河河谷发现了丰富的哺乳动物化石和鸟类化石。值得一提的是，在整理该年采集动物化石的过程中，鉴定出一枚幼儿的左上外侧门齿，并被加拿大古人类学家布达生命名为 "the Ordos tooth"。1923 年 5 月，法国古生物学家德日进到达中国开始了包头北面和鄂尔多斯高原的野外考察，于 8 月和 9 月先后发现了萨拉乌苏河邵家沟湾和水洞沟两处旧石器遗址[2]。

在遗址发现后，随即进行了发掘。其中萨拉乌苏河邵家沟湾地点发掘面积约 2000m²，出土了大约 200 件石制品以及大量动物化石和一些人工打制的骨角工具。文化层出土的化石全都是破碎的，表面因风化和铁氧化物浸染而呈褐色，报告称它们就像堆在 "餐桌" 上的食物[3]。而水洞沟遗址发掘面积为 80m²，出土了大量石制品，按当时的描述达 300kg 以上，此外还有一些动物化石。

发掘者很快对这两个遗址进行了研究，内容涉及遗址的文化性质、地层和年代属性、文化渊源等方面。其成果主要为 1924~1928 年间一系列简报以及 1928 年 *Le Paléolithique de la Chine* 一书的发表。

1924 年由德日进和桑志华撰写了两篇研究简报，主要报道了萨拉乌苏和水洞沟两个遗址的地层

---

[1] Barbour G. B., Licent E., Teilhard D. C. P., Geological study of the deposit of the Sangkanho basin, *Bulletin of Geological Society of China*, 1926, 5 (3–4):263–278.

[2] Teilhard D. C. P., Licent E., On the geology of the northern, western and southern borders of the Ordos, China, *Bulletin of Geological Society of China*, 1924, 3 (1):37–44.

[3] Teilhard D. C. P., Licent E., On the geology of the northern, western and southern borders of the Ordos, China, *Bulletin of Geological Society of China*, 1924, 3 (1):37–44.

状况和发现的石制品、动物化石[1]。其中也报道了内蒙古其他旧石器时代遗址和华北地区新石器时代遗址。1925 年以桑志华打头联名德日进在法国人类学杂志上发表 1922~1923 年调查发掘的简报 Le Paléolithique de la Chine[2]，其中萨拉乌苏和水洞沟遗址的描述主要包括遗址所在地的地层情况、考古地质剖面以及发现的动物化石和石制品等。另外讨论了大黄土的旧石器时代，首先提出了"大黄土人类工业"。在这篇简报中，他们已经开始注意中国和西方旧石器时代的相关性，认为中国的旧石器时代人类大概与西方的莫斯特人或首批奥瑞纳人同时。并且中国发现的工具类型并未超出欧洲。1926 年，德日进再次介绍了萨拉乌苏和水洞沟遗址的考古发现，并指出河套地区旧石器遗址与西伯利亚的相关性[3]。

1928 年出版的 Le Paléolithique de la Chine[4] 一书是对自 1920 年以来在中国境内发现的旧石器遗址的一个总结。该书涉及萨拉乌苏和水洞沟遗址的研究成果主要可以概括为以下几个方面。1. 地貌和地层：不仅对这两个遗址的地层进行了描述，例如将萨拉乌苏河谷分为 6 级阶地，还对华北更新世的地层提出了看法。2. 动物化石研究：注意到遗址发现的碎骨可能是人类行为所致，并且可能还有加工的骨器。3. 石制品描述：相对于之前的简报，该书对这两个遗址发现的石制品均进行了详细的描述。值得一提的是，步日耶在描述萨拉乌苏的石制品时，将其分为非细石器和细石器两类。这里的细石器显然不是指以细石核和细石叶以及细石叶加工的工具为代表的细石器[5]，而仅仅是大小上的区别。但这一区别甚至连步日耶也认为没有明显的界限[6]。此外，研究者还注意到了原料对于萨拉乌苏石器工业的影响。4. 文化对比：首先是与西方的旧石器文化对比，认为这两个遗址都与西方的莫斯特甚至奥瑞纳有相似之处。其中萨拉乌苏遗址可能相当于欧洲旧石器时代中期的莫斯特文化向晚期的奥瑞纳文化过渡时期；而水洞沟不仅与西方的莫斯特文化接近，其中一些工具类型如雕刻器、刮削器等与奥瑞纳文化相似，而小的叶状尖状器与原始的梭鲁特文化其类型相近，可能是处在发达的莫斯特文化和正在成长的奥瑞纳文化之间的半路上，或是这两个文化的综合体。其次是萨拉乌苏和水洞沟遗址间的比较。可能是考虑到萨拉乌苏遗址石制品之细小，认为水洞沟遗址要更为古老。但同时也强调，这需要靠地层学才能最终解决时代问题。

总的来说，20 世纪 20 年代是鄂尔多斯高原考古发现的春天，但也主要是国外研究者开展工作的时期。这一时期主要发现了萨拉乌苏和水洞沟遗址，并进行了发掘和及时的研究。这一阶段的研究认为，这两个遗址的石器工业面貌都与西方有很大的关联。

---

[1] Teilhard D. C. P., Licent E., On the discovery of a Palaeolithic industry in northern China, *Bulletin of the Geological Society of China*, 1924, 3 (1):45–50; Teilhard D. C. P., Licent E., On the geology of the northern, western and southern borders of the Ordos, China, *Bulletin of Geological Society of China,* 1924, 3 (1):37–44.

[2] Licent E.,Teilhard D. C. P., Le Paléolithique de la Chine, *L'Anthropologie*, 1925, 35:201–234.

[3] Teilhard D. C. P., Fossil man in China and Mongolia, *Natural History*, 1926, 26:238–245.

[4] Boule M., Rreuil H., Licent E., et al., *Le Paléolithique de la Chine*, Archives de L'Institut de Paléontoloqie Humaine, Mémoire 4, 1928.

[5] 安志敏：《中国细石器研究的开拓和成果——纪念裴文中教授逝世 20 周年》，《第四纪研究》2002 年第 1 期。

[6] Boule M., Rreuil H., Licent E., et al., *Le Paléolithique de la Chine*, Archives de L'Institut de Paléontoloqie Humaine, Mémoire 4, 1928.

（二）后续工作：考古调查和已有遗址点的发掘与研究

自 20 世纪 30 年代以来，中国学者开始进入到鄂尔多斯高原从事相关的考察和研究工作。总的来说，这一阶段的旧石器考古发现与研究主要是在原来的基础上进行的。除了一些考古调查以及在原遗址附近陆续发现了一些新的旧石器地点外，基本没有新的遗址发现。在这一阶段还有一个特点是，无论是考古调查还是发掘都有一个长时间的中断期，但对萨拉乌苏和水洞沟遗址性质的讨论一直在持续进行。

1. 持续性发掘

（1）萨拉乌苏遗址的发掘

1980 年 8 月，由中国科学院古脊椎动物与古人类研究所黄慰文主持，对萨拉乌苏遗址范家沟湾地点进行了发掘。这是继 1923 年邵家沟湾地点发掘之后，对萨拉乌苏遗址的第二次正式发掘，相隔近 60 年之久。该地点坐落在范家沟湾北缘萨拉乌苏河左岸一个向东南方伸出的阶地上，与邵家沟湾相距约 600m 而被萨拉乌苏河隔开，但发掘者认为两者的第四纪地层总体情况并无大的差别，只是厚薄不尽相同而已。此次发掘面积约 140m²，出土石制品约 200 件，以及大量碎骨和一些骨器和炭屑。其发掘收获已经以简报的形式发表[1]。

范家沟湾于 2006 年由中国科学院古脊椎动物与古人类研究所和内蒙古博物馆联合进行了一次新的发掘[2]。据报道，此次发掘和采集石制品达千余件，包括发掘探方内地层标本 500 余件、地质剖面中出露标本 50 余件以及采集标本 400 余件。此外，还有大量碎骨化石。

（2）水洞沟遗址的发掘

水洞沟遗址于 1923 年由桑志华等发现并进行发掘后，直到 1960 年才再次开启新一轮的发掘。

1960 年的发掘由中国与苏联组建的中苏古生物考察队主持，发掘面积 36m²，深 11m，出土了约 2000 件石制品。此次发掘由于种种原因中途停止，最后由贾兰坡先生等根据可以得到的材料整理发表了《水洞沟旧石器时代遗址的新材料》[3]。

1963 年，裴文中先生领导了遗址的第三次发掘，获得了一批石制品，但是目前还没有整理发表。这次发掘最为重要的意义是在底砾层中发现了磨光的石器和石磨盘，证明其属于新石器时代[4]。这就首次揭示出水洞沟遗址是包含了旧石器时代和新石器时代两个不同时代的遗存，而只有底砾层（第 7 层）下部才是旧石器时代文化层即水洞沟文化层。

1980 年，宁夏博物馆考古队主持了第四次发掘。发掘面积约 52m²，出土旧石器时代石制品 5500 余件。此次发掘的成果最初以简报的形式发表在《考古学报》上[5]，后来经补充研究将成果形成专

---

［1］黄慰文、侯亚梅：《萨拉乌苏遗址的新材料：范家沟湾 1980 年出土的旧石器》，《人类学学报》2003 年第 4 期。

［2］侯亚梅：《萨拉乌苏遗址范家沟湾地点 2006 年发掘概要》，《鄂尔多斯文化》2006 年第 3 期。

［3］贾兰坡、盖培、李炎贤：《水洞沟旧石器时代遗址的新材料》，《古脊椎动物与古人类》1964 年第 1 期。

［4］裴文中、李有恒：《萨拉乌苏河系的初步探讨》，《古脊椎动物与古人类》1964 年第 2 期。

［5］宁夏博物馆、宁夏地质局区域地质调查队：《1980 年水洞沟遗址发掘报告》，《考古学报》1987 年第 4 期。

著发表[1]。该部专著也是目前为止了解水洞沟遗址文化面貌最为翔实的资料。1980 年的发掘再次肯定了裴文中先生对水洞沟遗址地层可划分为晚更新世和全新世两个时期的判断。

2003 年和 2007 年由宁夏文物考古研究所和中国科学院古脊椎动物与古人类研究所联合对遗址进行了第五、第六次考古发掘。这两次发掘的成果目前还在整理中，部分材料作为博士论文的研究基础进行讨论。

2. 考古调查

（1）对原遗址点周围区域的调查

20 世纪 50~60 年代，对原遗址点周围区域的调查主要是由内蒙古文物工作组的汪宇平先生进行的。

1956 年，汪宇平两次到萨拉乌苏河流域调查，发现的一处旧石器地点即 1980 年由黄慰文主持发掘的范家沟湾。此次调查不仅发现了人工打制的石制品 76 件以及一些动物化石，还发现了 1 件右侧顶骨和 1 件左股骨远端部分的人类化石。这些人骨化石经吴汝康先生研究认为"有一定的原始性"[2]。汪宇平对萨拉乌苏的这次调查具有重要意义。作为萨拉乌苏遗址中断达 30 年之久后的一次新的调查工作，新发现了一个旧石器地点，而且还发现了人工打制的石制品和人类化石，极大地丰富了萨拉乌苏遗址的材料；这也是继 1923 年萨拉乌苏遗址发现以来，由中国人进行的考古调查，并撰写了中文考古报告[3]。

1957 年，汪宇平在去鄂托克旗调查文物时，顺道还对水洞沟遗址进行了调查。采集了 20 余件大石器和石叶等 10 余件小石器，并发表了简报[4]。此次调查，汪宇平还将水洞沟遗址分为上、下两层。

1960 年，汪宇平再次到萨拉乌苏进行调查，发现 1 件人的顶骨和几件石制品。此外，还发现有灰烬遗迹，认为是这次调查最为重要的发现。不过，这一灰烬后来经确认是现代人所为[5]。

1963~1964 年，裴文中、张森水和汪宇平系统调查了萨拉乌苏遗址的第四纪地层，另一个主要工作就是核查了 1960 年汪宇平的考古发现。

2000 年以后，中国科学院古脊椎动物与古人类研究所高星研究员和宁夏文物考古研究所合作在宁夏水洞沟周边地区进行了多次调查，共发现了 5 个新的地点。此外，刘德成等在对水洞沟进行地貌考察时，也发现了一处新的地点。目前水洞沟遗址共编号 12 个地点。

（2）在鄂尔多斯高原其他区域的调查

张森水先生于 1958 年和 1959 年两次对内蒙古中南部进行了旧石器考古调查，其中就包括鄂尔多斯高原地区。

1958 年的调查持续了 3 个月，调查范围包括内蒙古 3 县和山西 1 县。其中，准格尔旗属于鄂尔

［1］宁夏文物考古研究所：《水洞沟——1980 年发掘报告》，科学出版社，2003 年。

［2］吴汝康：《河套人类顶骨和股骨化石》，《古脊椎动物与古人类》1958 年第 4 期。

［3］汪宇平：《伊盟萨拉乌苏河考古调查简报》，《文物参考资料》1957 年第 4 期。

［4］汪宇平：《水洞沟村的旧石器文化遗址》，《考古》1962 年第 11 期。

［5］张森水：《萨拉乌苏河遗址旧石器研究史略及浅议》，《文物春秋》2007 年第 5 期。

多斯高原的范围。经报道[1]，在准格尔旗的上榆树湾一带，发现有多处旧石器地点，其上部地层为固定的沙丘，下部为胶结坚固的沙层。而推测石器处在下部地层中。由于报道是将不同地区调查所得石制品放在一起记述的，因此难以确认准格尔旗旧石器标本的具体数量。但在这里发现的石制品器形丰富，有准格尔式尖状器、长条形刮削器、凸边单刃刮削器、圆头刮削器、粗制长刮削器、两面器等。从线图来看，这些标本加工非常精致。研究者认为这与萨拉乌苏和水洞沟遗址发现的石制品极为不同。

1959 年，张森水再次对内蒙古中南部进行了调查[2]，调查区域主要是准格尔旗。持续时间 2 个月，共发现 68 个旧石器地点，其中有 10 个地点发现于砂砾层中，41 个地点发现于山顶地表，17 个地点混有极少量细石器。在报告中，研究者没有给出调查采集的石制品总数。从石制品描述和图片来看，这次调查的石制品与 1958 年调查的极为相似。石制品类型有细石核、细石叶、石叶、加工非常精致的半月形刮削器、单面通体加工的尖状器、两面器和端刮器等。

虽然这两次调查都没有获得确实可靠的原生地层，但是研究者通过与当地的新石器时代石制品、萨拉乌苏和水洞沟遗址、欧洲旧石器文化等对比，以及采集石制品器身保留的钙质物质，判断这些石制品的时代应该属于旧石器晚期而不会更晚。

总的来说，这两次调查丰富了我们对鄂尔多斯高原旧石器文化的认识，一些以前没有报道过的石器类型表明可能在该地区还存在一种新的旧石器文化。

3. 学术问题的讨论

虽然萨拉乌苏和水洞沟遗址是中国境内最早正式发掘和系统研究的两个旧石器时代遗址，至今已有 90 年的历史，但是学术界对它们的认识仍处于不断深化的过程。

（1）地层和时代

地层和时代是旧石器遗址研究和定位的基础[3]，对鄂尔多斯高原萨拉乌苏和水洞沟遗址地层和年代的确认却经历了一个长期的过程，特别是关于前者在中国第四纪地质年表和旧石器文化序列中的位置，至今仍未达成共识。

萨拉乌苏遗址的地层和时代　在 1928 年的报告中[4]，研究者认为萨拉乌苏地层属于黄土系统。但当时所说的"黄土系统"限于安特生建立的"马兰黄土"和它的底砾层，不包括此后不久由德日进和杨钟健建立的与周口店北京人时代大体相当的"红色（黄）土"，更不包括刘东生在 20 世纪 60 年代建立的涵盖早更新世和中更新世的"午城黄土"和"离石黄土"。萨拉乌苏发现的动物化石与当时发现的古老的北京猿人动物群不同，与欧洲黄土动物群是同时代的，并认为萨拉乌苏河动物群不是人们所说的"寒冷动物群"（une faune froide）。不过，该报告的作者德日进后来在他的书中又将萨拉乌苏置于水洞沟之上[5]。按德日进的定位，萨拉乌苏遗址的层位大体上相当于今日流行的第四纪年

---

［1］张森水：《内蒙中南部和山西西北部新发现的旧石器》，《古脊椎动物与古人类》1959 年第 1 期。

［2］张森水：《内蒙中南部旧石器的新材料》，《古脊椎动物与古人类》1960 年第 2 期。

［3］黄慰文：《中国旧石器文化序列的地层学基础》，《人类学学报》2000 年第 4 期。

［4］Boule M., Rreuil H., Licent E., et al., *Le Paléolithique de la Chine*, Archives de L'Institut de Paléontoloqie Humaine, Mémoire 4, 1928.

［5］Teilhard D. C. P., *Early Man in China*, Institut de Geo-Biologie, 1941.

表里的晚更新世晚期，欧洲冰期序列中的末次冰期和旧石器文化序列中的旧石器晚期。

1963 年，裴文中率队考察萨拉乌苏和宁夏水洞沟后在撰写的报告中认为萨拉乌苏和水洞沟两地的岩性复杂多样，建议用"萨拉乌苏河系"（Sjara-osso-gol Series）的专用名词取代以前用过的"萨拉乌苏组"。而报告对萨拉乌苏地层的划分和德日进的并无本质差别[1]。

1963 年，刘东生等根据华北黄土研究的进展，提出不应再用"黄土期"一名，而用"萨拉乌苏动物群"。其在"中国区域第四纪地层简表"中将晚更新统划分为"马兰黄土"和"萨拉乌苏组"。前者位置在上，后者在下[2]。

1978~1980 年，董光荣主持了对萨拉乌苏的多学科考察。他们将萨拉乌苏河河谷出露厚约 60m 的晚更新世堆积分成两部分，其中上部厚约 20m 以风成沙为主的堆积叫"城川组"，与马兰黄土同期异相；下部厚约 40m 的河湖相沉积叫"萨拉乌苏组"，层位在马兰黄土之下。而萨拉乌苏旧石器文化层在"萨拉乌苏组"的下部[3]。该观点与刘东生一致。

新的测年技术的引入无疑为解决萨拉乌苏的年代问题带来了希望。包括碳 –14、铀系和光释光等测年方法都被直接用来测定萨拉乌苏旧石器文化层，但不同方法的年代测定结果存在较大的差异。总的来看，碳 –14 和铀系的年代偏晚，其中碳 –14 测年为 35.34 ± 1.9ka BP[4]；而铀系的年代为 63 ± 3ka BP 和 49.5 ± 2.2ka BP[5]。热释光测年结果最老，可达 124.9 ± 15.8ka BP，最年轻为 93 ± 14ka BP[6]；光释光年代则为 68ka~61ka BP[7]。有研究者倾向于释光方法所测年代[8]。如此，萨拉乌苏遗址在层位上相当于今日流行的第四纪年表中的晚更新世早期，欧洲冰期序列中的末次间冰期，或旧石器文化序列中的旧石器中期。但也有学者持不同的意见[9]，认为年代的古老与对石制品的认识不符，且测年结果还有不协调并需要解释的地方。

水洞沟遗址的地层和时代 与对萨拉乌苏遗址的认识一样，水洞沟遗址发现之初研究者也认为整个水洞沟盆地都埋藏在黄土中[10]。布勒将水洞沟地层分为四层，从老到新依次为保德红土、第二阶地的砂砾层、第三阶地第四纪黄土、黄土期后河流沉积的 R 沉积层，并将第三阶地第四纪黄土定为旧石器时代。其中保德红土在 1956 年杨钟健先生等研究了清水营一带脊椎动物化石后将保德红土

[1] 裴文中、李有恒：《萨拉乌苏河系的初步探讨》，《古脊椎动物与古人类》1964 年第 2 期。

[2] 刘东生、刘敏厚、吴子荣等：《关于中国第四纪地层划分问题》，《第四纪地质问题》，科学出版社，1964 年，第 45~64 页。

[3] 董光荣、苏志珠、靳鹤龄：《晚更新世萨拉乌苏组时代的新认识》，《科学通报》1998 年第 17 期。

[4] 黎兴国、刘光联、许国英等：《河套人及萨拉乌苏文化的年代》，《第一次全国 14C 学术会议文集》，科学出版社，1984 年，第 141~143 页。

[5] 原思训、陈铁梅、高世君：《用铀子系法测定河套人和萨拉乌苏文化的年代》，《人类学学报》1983 年第 1 期。

[6] 董光荣、苏志珠、靳鹤龄：《晚更新世萨拉乌苏组时代的新认识》，《科学通报》1998 年第 17 期。

[7] 尹功明、黄慰文：《萨拉乌苏遗址范家沟湾地点的光释光年龄》，《人类学学报》2004 年增刊。

[8] 黄慰文、董光荣、侯亚梅：《鄂尔多斯化石智人的地层、年代和生态环境》，《人类学学报》2004 年增刊；黄慰文：《萨拉乌苏河石器工业在旧石器文化序列中的位置》，《鄂尔多斯文化》2006 年第 3 期。

[9] 张森水：《萨拉乌苏河遗址旧石器研究史略及浅议》，《文物春秋》2007 年第 5 期。

[10] Boule M., Rreuil H., Licent E., et al., *Le Paléolithique de la Chine*, Archives de L'Institut de Paléontoloqie Humaine, Mémoire 4, 1928.

定为渐新统。而与萨拉乌苏遗址对比后，则认为两者年代可能相近，或认为水洞沟可能要老些，但也同时强调这只是臆测，需要地层学来解决这个问题[1]。但如前文所述，德日进在1941年将水洞沟置于萨拉乌苏之下。

1937年，裴文中等在介绍德日进的工作时，将水洞沟和萨拉乌苏统称为"河套文化"，并将它们作为中国旧石器时代中期的代表[2]。这一观点直到20世纪60年代才被推翻，并被学者作为萨拉乌苏遗址研究的重要分界点[3]。

1957年，汪宇平对水洞沟遗址的调查及发表的相关报告中，首次将水洞沟遗址分为上、下两层。认为上层是晚期的冲积层，而下层的中部才是旧石器时代文化层[4]。但直到1963年裴文中等对水洞沟遗址进行发掘才首次明确遗址不是一个单一的旧石器时代遗址，而是包含了旧石器和新石器两个不同时代的遗存[5]。这一认识非常重要，可以说从此以后对水洞沟遗址层位的认识步入科学的轨道。

贾兰坡等整理发表1960年水洞沟遗址中苏联合发掘所获材料时，将遗址地层分为8层，其中考古材料出自第2层[6]。并根据文化对比，认为水洞沟遗址既有欧洲旧石器中期的特征，又有晚期的特征。1974年，贾兰坡等再次考察了水洞沟遗址后，认为水洞沟和萨拉乌苏不是同期的，前者要晚些[7]。

1980年的发掘较为系统，采用水平层逐层向下发掘。本次发掘将水洞沟遗址分为16个层位，其中1~3层（从上往下编号）为晚更新统，2~3层为水洞沟旧石器文化层，即"下文化层"[8]。但在周昆叔1988年的报告中又将水洞沟遗址分为13层，将第5层作为产旧石器的层位[9]。

20世纪90年代以后，一些地质和地貌学家开始对水洞沟盆地进行考察和研究。1991年，孙建中等对水洞沟遗址考察后认为旧石器层位处于第二阶地，时代为晚更新世中期[10]。2001年，袁宝印等的考察结果与孙建中的认识相差不大，亦将地层分为5级阶地[11]。后来，刘德成等对水洞沟地层进行了重新划分，区分出6级阶地，而水洞沟文化层处在第二级阶地[12]。

---

［1］Boule M., Rreuil H., Licent E., et al., *Le Paléolithique de la Chine*, Archives de L'Institut de Paléontoloqie Humaine, Mémoire 4, 1928.

［2］Pei W. C., Paleolithic industries in China, *Early Man*, 1937, 221–232.

［3］张森水：《萨拉乌苏河遗址旧石器研究史略及浅议》，《文物春秋》2007年第5期。

［4］汪宇平：《水洞沟村的旧石器文化遗址》，《考古》1962年第11期。

［5］裴文中、李有恒：《萨拉乌苏河系的初步探讨》，《古脊椎动物与古人类》1964年第2期。

［6］贾兰坡、盖培、李炎贤：《水洞沟旧石器时代遗址的新材料》，《古脊椎动物与古人类》1964年第1期。

［7］贾兰坡：《追索我们的过去》，《贾兰坡旧石器时代考古论文选》，文物出版社，1984年。

［8］宁夏博物馆、宁夏地质局区域地质调查队：《1980年水洞沟遗址发掘报告》，《考古学报》1987年第4期。

［9］周昆叔、胡继兰：《水洞沟遗址的环境与地层》，《人类学学报》1988年第3期。

［10］孙建中、赵景波等：《黄土高原第四纪》，科学出版社，1991年。

［11］高星、袁宝印、裴树文等：《水洞沟遗址沉积－地貌演化与古人类生存环境》，《科学通报》2008年第10期；袁宝印、侯亚梅、Budja M.等：《中国北方晚第四纪史前文化与地层划分框架》，《旧石器时代论集——纪念水洞沟遗址发现八十周年》，文物出版社，2006年。

［12］刘德成、王旭龙、高星等：《水洞沟遗址地层划分与年代测定新进展》，《科学通报》2009年第19期。

水洞沟遗址的测年已经积累了大量的测定结果，主要方法是碳 –14 和铀系法[1]。水洞沟旧石器文化层的测年结果基本相差不大，主要集中在 30ka~20ka BP。刘德成等的最新测年结果为（34.8 ± 1.5）ka~（28.7 ± 6.0）ka BP[2]。

（2）文化性质

萨拉乌苏和水洞沟遗址的文化性质特别是石器工业中表现出来的西方文化元素一直是研究者最为关注的问题，自遗址发现以来对这个问题的讨论就没有中断过。

萨拉乌苏遗址文化性质　萨拉乌苏遗址旧石器最明显的特点莫过于石制品尺寸之细小。正因如此，最早的研究者步日耶[3]在描述萨拉乌苏石制品时，将它们分为"非细石器"和"细石器"两个部分，区分标准是前者体积稍大，后者体积中等或很小。但步日耶同时也强调这两者之间并无明显的界限。

萨拉乌苏遗址石制品细小的尺寸以及对地层和年代缺乏统一的认识等原因导致了研究者对其性质的不同解读。例如，同样是早期研究者之一的德日进在 1941 年发表的文章中就将萨拉乌苏遗址置于水洞沟遗址之上[4]。裴文中先生也持同样的观点，他通过将萨拉乌苏与水洞沟遗址对比后认为大量"细石器"的存在，可能是文化进步的现象，也就是向中石器时代和新石器时代发展的象征。因此，它的文化性质，很可能是旧石器时代晚期，而不是中期[5]。

但随着我国黄土和萨拉乌苏地层学研究的进展[6]，萨拉乌苏遗址年代要早于水洞沟遗址已经是不争的事实。遗憾的是，在新的测年方法被用来测定遗址年代后，不同方法所得到的测年结果并不十分吻合。例如，碳 –14 和骨化石的铀系年龄指向末次冰期；热释光测定的结果则表明这套地层正好占据了全部末次间冰期；红外释光测定的结果也大体上落在末次间冰期的界限以内[7]。这种测年结果的差异一方面表明萨拉乌苏地层的年代测定工作有待于进一步加强和完善，但另一方面也是导致至今仍有对萨拉乌苏遗址文化性质不同认识的重要原因之一。

因此，研究者将研究视角回归到石制品本身。黄慰文[8]注意到在世界范围内旧石器文化的整个

［1］刘德成、王旭龙、高星等：《水洞沟遗址地层划分与年代测定新进展》，《科学通报》2009 年第 19 期；Madsen D. B., Li J. Z., Brantingham P. J., et al., Dating Shuidonggou and the Upper Palaeolithic blade industry in North China, *Antiquity*, 2001，75:706–716；原思训、陈铁梅、高世君：《用铀子系法测定河套人和萨拉乌苏文化的年代》，《人类学学报》1983 年第 1 期。

［2］刘德成、王旭龙、高星等：《水洞沟遗址地层划分与年代测定新进展》，《科学通报》2009 年第 19 期。

［3］Boule M., Rreuil H., Licent E., et al., *Le Paléolithique de la Chine*, Archives de L'Institut de Paléontoloqie Humaine, Mémoire 4, 1928.

［4］Teilhard D. C. P., *Early Man in China*, Institut de Geo-Biologie, 1941.

［5］裴文中：《中国旧石器时代的文化》，《中国人类化石的发现与研究》，科学出版社，1955 年。

［6］董光荣、苏志珠、靳鹤龄：《晚更新世萨拉乌苏组时代的新认识》，《科学通报》1998 年第 17 期；刘东生、刘敏厚、吴子荣等：《关于中国第四纪地层划分问题》，《第四纪地质问题》，科学出版社，1964 年。

［7］尹功明、黄慰文：《萨拉乌苏遗址范家沟湾地点的光释光年龄》，《人类学学报》2004 年增刊；董光荣、苏志珠、靳鹤龄：《晚更新世萨拉乌苏组时代的新认识》，《科学通报》1998 年第 17 期；黎兴国、刘光联、许国英等：《河套人及萨拉乌苏文化的年代》，《第一次全国 14C 学术会议文集》，科学出版社，1984 年；原思训、陈铁梅、高世君：《用铀子系法测定河套人和萨拉乌苏文化的年代》，《人类学学报》1983 年第 1 期。

［8］黄慰文：《萨拉乌苏河石器工业在旧石器文化序列中的位置》，《鄂尔多斯文化》2006 年第 3 期。

发展过程中从早到晚都存在小石器，甚至在意大利罗马地区旧石器中期的露天和洞穴遗址出土的石器尺寸极小，被研究者称为"微型莫斯特"[1]。萨拉乌苏遗址石制品的细小可能主要受到原料的影响，因此不能作为判断其分期的主要依据[2]。尽管如此，仍有学者持保留意见[3]。

水洞沟遗址文化性质　水洞沟遗址在发现之初，石制品研究者步日耶就注意到遗址石制品材料可以与欧洲、西亚和北非已演变的莫斯特文化材料相提并论；并认为是水洞沟石器工业处在发达的莫斯特文化和正在成长的奥瑞纳文化的半路上，或者是这两个文化的混合体[4]。步日耶的这一认识基本上代表了目前对水洞沟遗址石器工业研究最为主流的观点。但步日耶同时也指出，由于两地相距遥远，文化交流说的臆测成分明显多于科学的论断[5]。

当然，也有学者试图将水洞沟遗址与中国境内其他遗址对比。最早贾兰坡先生等在承认水洞沟西方特点的前提下，开展了与丁村遗址的对比工作，并认为两者在性质上好像较为接近，可能存在承袭关系[6]。实际上，裴文中和贾兰坡等于1958年丁村遗址的发掘报告中，并没有认为与水洞沟文化有相似性，而是"颇不相同"，且可能是因使用的原料不同而导致了技术产品的不同[7]。贾兰坡的这一转变，表明其对水洞沟文化的认识也有所变化，开始注意到该文化中所包含的中国旧石器文化特点。除丁村外，山西阳高许家窑、河北阳原板井子、内蒙古萨拉乌苏、陕西长武窑头沟等遗址也被用来对比。其中，窑头沟遗址与水洞沟遗址距离较近，且两者均有三角形长石片和石片等，被研究者归属为"泾渭文化"，认为可能具有源流关系[8]。许家窑遗址中发现的原始棱柱状石核、盘状石核、短身圆头刮削器等也被研究者用来与水洞沟遗址对比，并且认为后者可能受到前者的影响[9]。不过，许家窑缺少真正意义上的石叶以及勒瓦娄哇技术，且年代相差较远，可能关系不大[10]。李炎贤将中国旧石器文化划分为四个系列，并将水洞沟遗址划入以石叶为主要特征的系列[11]。同时，他将水洞沟遗址与板井子、丁村对比，发现这两个遗址也有石叶，因此认为水洞沟的石叶文化可能是吸收了中国旧石器早、中期文化的技术传统发展而来的。

总的来看，与中国境内其他遗址的对比并没有给水洞沟遗址文化性质的认识带来多少福音，因为都缺乏全面而令人信服的证据。以至于，难以将水洞沟遗址归入到中国旧石器文化的任何一个系

［1］Bordes F., *The Old Stone Age*, McGraw-Hill Book Company, 1968.

［2］黄慰文：《萨拉乌苏河石器工业在旧石器文化序列中的位置》，《鄂尔多斯文化》2006年第3期。

［3］张森水：《萨拉乌苏河遗址旧石器研究史略及浅议》，《文物春秋》2007年第5期。

［4］Boule M., Rreuil H., Licent E., et al., *Le Paléolithique de la Chine*, Archives de L'Institut de Paléontoloqie Humaine, Mémoire 4, 1928.

［5］Boule M., Rreuil H., Licent E., et al., *Le Paléolithique de la Chine*, Archives de L'Institut de Paléontoloqie Humaine, Mémoire 4, 1928.

［6］贾兰坡、盖培、李炎贤：《水洞沟旧石器时代遗址的新材料》，《古脊椎动物与古人类》1964年第1期。

［7］贾兰坡：《山西襄汾县丁村人类化石及旧石器发掘报告》，《科学通报》1955年第1期。

［8］盖培、黄万波：《陕西长武发现的旧石器时代中期文化遗物》，《人类学学报》1982年第1期。

［9］贾兰坡：《追索我们的过去》，《贾兰坡旧石器时代考古论文选》，文物出版社，1984年。

［10］宁夏文物考古研究所：《水洞沟——1980年发掘报告》，科学出版社，2003年。

［11］李炎贤：《中国旧石器时代晚期文化的划分》，《人类学学报》1993年第3期。

统内[1]。

在与水洞沟遗址年代相近遗址对比无果的情况下，有学者开始注意到华北地区更早的旧石器文化。侯亚梅在研究泥河湾盆地距今约 100 万年前的东谷坨遗址时，发现并命名了具有预制特征且以剥细长石片为主的"东谷坨石核"[2]。而这一石核类型在水洞沟遗址也有存在。基于这一发现，侯亚梅认为，在西方技术到达水洞沟之前，存在一个根于东方的文化传统。侯亚梅的这一研究强调东方文化的自源性和发展的稳定性，同时也注意到东西方文化的交流性。此外，侯亚梅还根据在西伯利亚、欧洲等发现的类似"东谷坨石核"类型，提出东西方文化交流的"石器之路"假说[3]，表明中国的旧石器文化不仅有输入，而且更早时候还一直有输出。这一研究非常新颖，但也有研究者注意到距今100 万年的东谷坨石核与旧石器晚期的（细）石叶石核之间的巨大缺环[4]。这一点无疑只能期待新的考古发现与研究了。

此外，研究者们也越来越注意与水洞沟遗址邻近的西伯利亚和蒙古地区。Brantingham 将水洞沟遗址与西伯利亚和蒙古等地区旧石器遗址对比后认为，水洞沟石叶遗存属于欧亚大陆西部的旧石器考古框架，代表了该区域旧石器晚期早段在东亚的最晚阶段[5]。而 Madsen 和高星等通过水洞沟第 2 地点新的年代以及与西伯利亚和蒙古考古材料对比认为，水洞沟石器工业属于旧石器时代晚期早段石器工业的演变范围，并且在距今 2.9 万 ~2.4 万年出现石叶技术，与西伯利亚南部和蒙古戈壁滩上的旧石器文化有密切关系[6]。目前，水洞沟遗址石叶工业的年代已被推进到距今 3.8 万年前[7]。

三、小结

简单回顾鄂尔多斯高原旧石器考古发现与研究的历史，可知该地区在整个中国旧石器考古研究史上都具有重要的地位。这里不仅有中国境内最早发现并进行系统发掘的萨拉乌苏和水洞沟遗址，而且中国主要的从事旧石器考古、古人类学、地质学等方面研究的学者都曾踏足这里。此外，这些遗址在旧石器文化、地层等研究方面所具有的重要价值，自发现之日起就成为学者们关注和讨论的焦点。

纵观鄂尔多斯高原旧石器考古发现与研究简史，以下几点值得单独列出。

（1）认识是一个不断深化的过程。这包括对遗址地层、时代、文化属性和源流等各方面的认识。

---

[1] 宁夏文物考古研究所：《水洞沟——1980 年发掘报告》，科学出版社，2003 年。

[2] 侯亚梅：《"东谷坨石核"类型的命名与初步研究》，《人类学学报》2003 年第 4 期。

[3] 侯亚梅：《水洞沟：东西方文化交流的风向标？——兼论华北小石器文化和"石器之路"的假说》，《第四纪研究》2005 年第 6 期。

[4] 谢飞、李珺、刘连强：《泥河湾旧石器文化》，花山文艺出版社，2006 年。

[5] Brantingham P. J., Krivoshapkin A. I., Li J., et al., The initial Upper paleolithic in Northeast Asia, *Current Anthropology*, 2001, 42 (5):735–747.

[6] 高星、李进增、Madsen D. B. 等：《水洞沟的新年代测定及相关问题讨论》，《人类学学报》2002 年第 3 期；Madsen D. B., Li J. Z., Brantingham P. J., et al., Dating Shuidonggou and the Upper Palaeolithic blade industry in North China, *Antiquity*, 2001, 75:706–716.

[7] Li F., Kuhn S. L., Gao X.,et al., Re-examination of the dates of large blade technology in China:A comparison of Shuidonggou Locality 1 and Locality 2, *Journal of Human Evolution*, 2013, 64 (2):161–168.

例如，萨拉乌苏遗址的地层和时代归属到现在还没有统一的认识，而对其文化属性和源流问题，也仍为学术界所讨论。水洞沟遗址的文化来源问题，有认为是文化交流说[1]，或是吸收中国旧石器时代早、中期文化的基础上发展起来[2]，或是华北自源说[3]等，难有一致的意见。

（2）旧石器文化面貌普遍出现一些西方文化元素。萨拉乌苏和水洞沟在发现之初，研究者就注意到其可以与西方的莫斯特文化甚至奥瑞纳文化进行对比[4]。新发现的乌兰木伦遗址也是如此，这也是本报告的重要研究内容之一。

（3）未来还有很多工作可做。如第（1）点所述，对该地区旧石器遗址的认识还处于一个不断深化的过程，这也就意味着未来还有很多工作要做。这些工作可以包括区域内的考古调查，地质、地貌、地层的研究和旧石器文化的深入研究与对比等等。

第三节　乌兰木伦遗址的发现及其意义

自 20 世纪 20 年代发现萨拉乌苏和水洞沟遗址以来近 90 年的时间里，除了在原遗址附近陆续发现了一些新的地点外，在偌大的鄂尔多斯高原再没有发现新的旧石器时代遗址。个中原因很多：首先，鄂尔多斯高原第四纪堆积较为松散，遭后期剥蚀严重，地层状况保存不好；其次，学者们的注意力主要集中在萨拉乌苏和水洞沟两个遗址，对鄂尔多斯高原其他区域较少进行进一步的调查。例如，汪宇平先生的调查主要集中在萨拉乌苏河流域，而水洞沟遗址也仅略有涉及；张森水先生的调查到达了高原的东北部，但所发现的地点均没有保存较好的地层，而缺乏进一步工作的价值。

因此，单从以上这一层意义上讲，乌兰木伦遗址的发现已经足够重要。可以说，乌兰木伦遗址是鄂尔多斯高原在 20 世纪 20 年代以来时隔 90 年之后的又一次新的旧石器考古发现，重新开启了鄂尔多斯高原地区旧石器考古发现的大门。

值得提到的是，乌兰木伦遗址的发现使考古学者们再次意识到鄂尔多斯高原是旧石器时代考古发现和研究的宝地，值得进一步开展调查工作。因此，在发掘乌兰木伦遗址的同时，联合考古队还开展了乌兰木伦河流域的调查工作，发现了大量的旧石器地点和丰富的石制品。此外，还开展了对 20世纪 50 年代末张森水先生在准格尔旗调查区域的复查工作。不失所望，在准格尔旗上榆树湾又发现了一个新的地点，根据当地地名命名为庙圪旦梁地点。值得注意的是，在乌兰木伦河流域和准格尔旗调查发现的石制品具有一定的相似性，特别是与张森水先生调查发现的石制品非常相似，其时代和所代表文化属性非常值得深入探讨。

---

［1］Licent E.,Teilhard D. C. P., Le Paléolithique de la Chine, *L'Anthropologie*, 1925, 35:201–234.

［2］李炎贤：《中国旧石器时代晚期文化的划分》，《人类学学报》1993 年第 3 期。

［3］贾兰坡、盖培、李炎贤：《水洞沟旧石器时代遗址的新材料》，《古脊椎动物与古人类》1964 年第 1 期。

［4］Licent E.,Teilhard D. C. P., Le Paléolithique de la Chine, *L'Anthropologie*, 1925, 35:201–234.

第二章　乌兰木伦遗址概况

第一节　地理位置与地质、地貌概况

　　乌兰木伦遗址是一处露天遗址，位于内蒙古鄂尔多斯市康巴什新区乌兰木伦河岸，地理坐标为 39°35.152′N，109°45.659′E，海拔 1281m（图一；彩版一）。

　　鄂尔多斯高原地处青藏高原外围的东北部，海拔约 1300~1400m，最高达 1700m。新生代以来受构造运动特别是喜马拉雅运动第二幕的强烈影响，鄂尔多斯高原本身表现出整体抬升，而高原周边则发生差异性隆起或断陷，形成许多断陷盆地如汾渭盆地、银川盆地、河套盆地等，并在盆地中堆积了

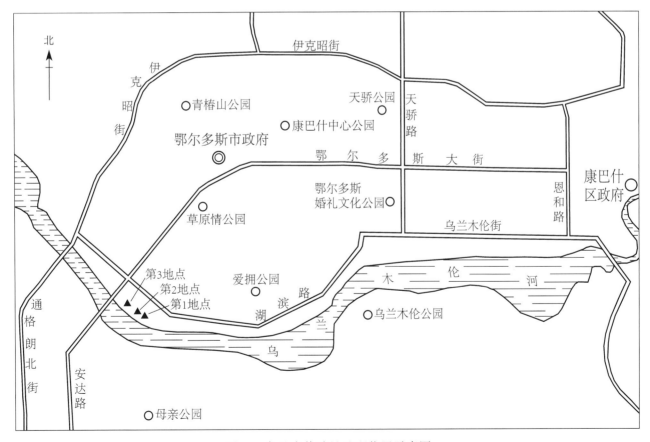

图一　乌兰木伦遗址地理位置示意图

新生代以来的沉积物。

鄂尔多斯陆台向斜处于一个"井"字形构造体系中间，该陆台继白垩纪整体大幅度下降之后，从第三纪早期开始又逐渐上升。陆台边缘形成断续分布的第三系红土层，西部边缘较深厚，越向东越薄，至鄂尔多斯境内的达拉特旗盐店以东该地层缺失。乌兰木伦古水文网就是在白垩纪末至第三纪早中期陆台开始上升之后逐渐形成的。起初为一些相互分隔但彼此接近的湖盆组成。以后随着上升幅度加大，湖盆串连在一起，形成宽大但浅的葫芦形古水文网[1]。

乌兰木伦河，属黄河干流水系。乌兰木伦河发源于内蒙古东胜区，在王道恒塔水文站下游与悖牛川河汇合后称为窟野河，后向南流经陕西神木注入黄河，河长 138km，流域面积 3065km²，多年平均径流量为 1.9 亿 m³。乌兰木伦河两岸地形平缓，属于黄土高原和毛乌素沙漠过渡地带。乌兰木伦河流域地处鄂尔多斯高原隆起部位，地形总趋势由西北向东南倾斜，该河中上游横穿伊金霍洛旗中西部地区，地形呈波状起伏，海拔高度在 1400m 左右，为外流水系，沟壑较多，切割较浅，是流域面积不大的季节性河流。由于第四纪时期鄂尔多斯陆台间歇性的上升或下降，稳定沉积期露出水面高处的岩层风化，在河道两侧或湖盆中沉积；抬升下切期新沉积物或新老沉积物则被局部或全部下蚀，这样就形成了河道两侧现存的一些明显的或模糊的片段形河湖阶地或河流阶地。乌兰木伦遗址就发育在白垩系的红砂层冲沟的晚更新世地层中，在其上部覆盖着较厚的湖相和风沙沉积物。

乌兰木伦遗址是一个地点群，目前命名的已有 3 个地点，其中第 1 地点发现最早，位置靠东，地理坐标为 39°35.152′N，109°45.659′E，海拔 1281m。该地点目前已经进行了 4 次发掘，取得了重要成果。第 2 和第 3 地点是在发掘第 1 地点时对邻近区域进行调查时发现。第 2 地点位于第 1 地点西侧约 50m，目前仅试掘一条 1m 宽的探沟，并已有重要发现（彩版二）；第 3 地点位于第 1 地点西侧约 160m 处，于 2012 年进行了试掘，主要是挖了一条 1m 宽的探沟，出土了一些动物化石（彩版三）。此外，在 2012 年的野外调查工作中，在遗址往西又发现了至少 3 处地点。这些地点的地层堆积成因基本相似。

由于第 2 和第 3 地点目前还仅仅是进行了初步的试掘工作，获得材料不多，还难以对其文化面貌进行分析和研究，因此本报告的研究材料主要来自乌兰木伦遗址第 1 地点。乌兰木伦遗址第 1 地点宽约 15m，底部基岩面距地表高约 17m，文化遗物出土于基岩以上约 8m 厚的地层中。根据对地层的初步观察，遗址地层的形成过程可分为河流下切底部基岩并形成小峡谷，然后结束下切反转开始接受河湖相堆积两个阶段。旧石器时代人类自后一阶段开始在此活动。古代先民在此打制、使用过的石器和生活垃圾（如动物碎骨、用火遗迹等）被随后的坡积物、洪积物和河湖相沉积物所埋藏。正是这些被埋藏的文化遗物为今天研究古代先民的生产、生活提供了珍贵的实物材料。

---

[1] 武润虎、蔺水泉、高建中等：《乌兰木伦河的调查与水土保持造林》，《内蒙古林业调查设计》2000 年增刊。

第二节　地层划分

一、遗址堆积成因的初步认识

关于遗址堆积形成过程，已有多位科学家进行过实地考察和研究，包括中国科学院地质与地球物理研究所袁宝印研究员、中国科学院古脊椎动物与古人类研究所李小强研究员、北京大学张家富教授、北京师范大学邱维理教授等，但目前还没有一个统一的认识。主要问题集中在堆积成因是湖相、河流相、泉水作用、风成还是白垩系的红砂岩坡积物？抑或是这几种成因均有作用？

为了弄清楚这些问题，我们对遗址堆积进行了粒度取样和分析（图二）。该项研究是在北京大学城市与环境学院地表过程分析与模拟教育部重点实验室进行的。分析的基本程序是先将样品进行双氧水和盐酸处理，分别去除沉积物中的有机质和碳酸盐，然后用分散剂对样品进一步分散，最后在激光粒度仪上进行测试。测量结果表明，沙丘样品 L1803 几乎不含黏土，粉砂含量也很低，基本由粗砂组成；湖相样品 L1800、L1801 的粒度分布相似，黏土成分相对多一些。文化层中的样品，基本以粉砂为主，含部分黏土成分。样品 L1814 主要由红砂组成，该样品与基岩的粒度相似，这说明样品 L1814 的物质主要来源于红色砂岩的基岩。与此类似的还有 L1804、L1805。可见从粒度的角度分析，堆积物的来源是多样的。

目前关于遗址堆积成因的认识有两种较为合理：

其一是认为遗址堆积主要是河湖作用的结果。该观点认为乌兰木伦遗址所处位置原来是一条南北向的古河道，前方是一个古湖，而遗址正处于河道入湖口处。由于古河道流经之地为不太致密的白垩系红砂岩，加上地壳抬升导致红砂岩长期暴露风化严重，因此河水会带来大量的白垩系砂质沉积，并在入湖口形成三角洲河漫滩。河湖水较浅的季节河漫滩露出来，史前人类和动物都来此饮水，而史前人类还从事生产和生活等活动，如制作石器和狩猎等。史前人类和动物离开后，残留物被下一次的河流堆积物掩埋。在此过程中，一直伴随的还有湖水漫向河漫滩所带来的堆积物。此外，由于遗址地处鄂尔多斯高原，长期受到风沙影响，风沙也起到一定作用。河道两侧白垩系红砂岩的崩塌则主要影响了遗址两侧的堆积，部分块状红砂岩也可滚落到遗址中部。

其二则认为遗址所处位置并不是一个古河道，而遗址前方的湖（或没有湖）也不是淡水湖。因为鄂尔多斯高原属于内陆地区，其发育的湖泊多为咸水湖。咸水湖并不适合史前人类和动物饮用。遗址堆积的形成应该始于遗址下方至今还流淌的泉水。泉水也是吸引史前人类和动物来此活动的重要原因。泉水的来源是雨季雨水顺着白垩系红砂岩的向斜构造渗透汇合，最终在遗址处流出。由于受到长年的泉水作用影响，导致白垩系红砂岩崩塌，最后形成了现在的豁口。关于泉水作用导致堆积物崩塌，我们在遗址附近还能看到正在进行中的实例。此外，在泉水作用的过程中，也常年受到风沙和水流的影响。

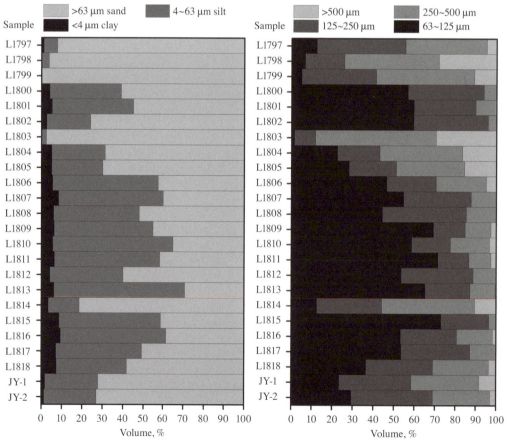

图二　土样采集与粒度分析

二、地层划分和描述

根据土质、土色的不同，遗址地层分为 8 层，文化遗物主要出在第②～⑧层。我们在 2012 年度乌兰木伦遗址的发掘中试图将第⑧层发掘到基岩面，但是由于下部地层泉水丰富，不仅不利于继续往下发掘，而且还会造成剖面崩塌。因此，目前第⑧层还没有发掘到底部基岩面。地层描述如下（图三）：

第①层：主要为白垩纪基岩风化后的红色砂状堆积，内部包含大块的基岩风化块。自西向东倾斜。发现有动物极少量化石。厚约 1~2.1m。

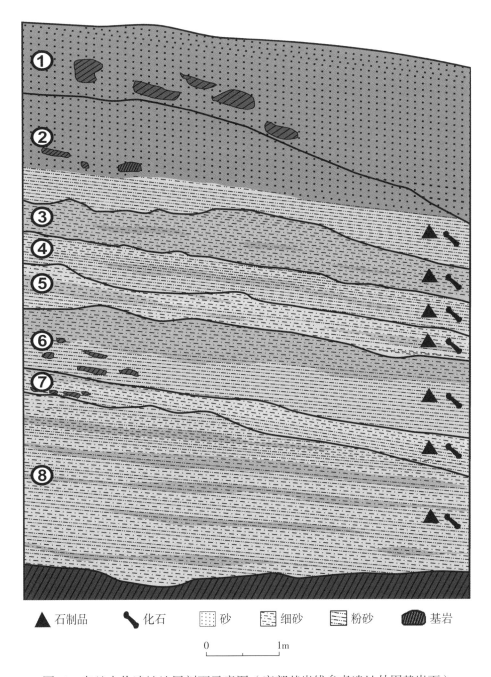

图三　乌兰木伦遗址地层剖面示意图（底部基岩线参考遗址外围基岩面）

第②层：上部为红色砂状堆积，局部有少量白垩纪基岩风化块，出土遗物较少；下部为青灰色粉砂堆积，自西向东倾斜，石制品和动物化石丰富。厚约0.6~1.4m。

第③层：为红色夹灰色细砂堆积。自西向东倾斜。石制品和动物化石丰富。厚约0.3~0.8m。

第④层：以青灰色粉砂堆积为主，局部为红色细砂。自西向东倾斜。石制品和动物化石丰富。厚约0.2~0.6m。

第⑤层：青灰色粉砂与红色细砂交错堆积。自西向东倾斜。石制品和动物化石丰富。厚约0.15~0.6m。

第⑥层：上部为红色细砂堆积，夹杂少量白垩纪基岩风化块；下部为青灰色粉砂堆积，夹杂少量白垩系基岩风化块。自西向东倾斜。石制品和动物化石丰富。厚约0.6~1m。

第⑦层：青灰色粉砂堆积，顶部偏西为红色细砂，夹杂少量白垩纪基岩风化块。自西向东倾斜。石制品和动物化石丰富。厚约0.2~0.4m。

第⑧层：红色细砂与青灰色粉砂交错堆积，底部与白垩纪基岩相接。自西向东倾斜。石制品和动物化石丰富。在遗址发掘位置未到底，从遗址外围露出的基岩面看，厚约1.1~2.1m。

第三节　年代

乌兰木伦遗址发现之初，经中国科学院古脊椎动物与古人类研究所黄慰文研究员和中国科学院地质与地球物理研究所袁宝印研究员的现场勘查，判断其地层序列可以与萨拉乌苏遗址对比。对哺乳动物化石的研究显示遗址动物群属于晚更新世的萨拉乌苏动物群。遗址石器技术特征则表现出旧石器时代中晚期文化的特点。以上几个方面可以确定遗址大概的年代范围，即属于晚更新世。

随着对遗址研究的深入和多学科综合研究的开展，我们采用了现代科学技术方法对遗址进行精确测年。根据遗址形成年代框架的初步估算和遗址堆积物的岩性，适合该遗址测年的方法是放射性碳同位素测定技术和光释光测年技术。前者测量遗址中发现的炭屑颗粒，后者测量遗址堆积物中的石英或钾长石碎屑颗粒。同时采用两种技术是为了得到更加准确可靠的遗址测年数据，因为这两种方法的测年原理和测年物质完全不同，如果两种方法对同一位层的样品得出了相似的年龄数据，则说明测年结果是可靠的；如果不一致，根据它们的测年原理对得到的数据进行合理解释，也有助于判断遗址相对准确的形成年代。这两种测年都是在北京大学城市与环境学院进行的。

2010年9月，我们对乌兰木伦遗址进行了光释光和碳-14测年取样。其中，碳-14测年包括第①~⑥层共9个样品，光释光测年包括第①~⑧层共22个样品。初步测年结果推测遗址的年代为距今7万~3万年[1]。但两种测年结果比较，同一层位碳-14测年比光释光测年总体上偏晚，其原因可能是炭屑样品受到了新炭的污染，或者是样品的光释光信号在样品被埋藏前没完全被晒退。这也暗示遗址的碳-14和光释光年代测定还需要进一步做工作。

---

[1] 侯亚梅、王志浩、杨泽蒙等：《内蒙古鄂尔多斯乌兰木伦遗址2010年1期试掘及其意义》，《第四纪研究》2012年第2期。

　　为此，2012 年我们对遗址进行了新的测年工作，采用的方法主要是光释光测年技术。我们对样品的沉积背景和光释光性质都进行了大量实验，并利用年龄—深度模式对遗址年代进行了研究。样品的深度由发掘现场的全站仪测量，每个样品的深度是根据对应最顶部样品的全站仪高度减去各样品的全站仪高度而得到。由于样品不是在一个垂直剖面从上到下采集的，所以我们只能做出一个测年样品的综合剖面图（图四）。根据年龄—深度模式，推测出文化层顶部年代约为 50ka BP，底部年代约为 65ka BP，因此文化层的年代为 65ka~50ka BP。在图中也给出了基岩样品 JY-1 和 JY-2 的光释光年代，很显然它们的年代被大大地低估了。但这两个年代远大于遗址堆积物的年代说明堆积物的光释光信号没有达到饱和，堆积物的光释光年代不会因为信号饱和而低估。对上部的湖相堆积物，样品 L1801 与下部风成砂样品 L1802 的年代相距很大，前者为 11.1 ± 1.0ka BP，后者为 37.5 ± 3.2ka BP，相差约 2.6 万年，也就是说湖相地层与下部地层有一个很大的沉积间断，而这个间断正好对应新仙女木事件。

　　总之，乌兰木伦遗址经过系统的光释光年代学研究，推测其文化层年代为距今 6.5 万~5 万年。相比较早期报告中的年代（距今 7 万~3 万年）更为精确，也与遗址剖面、堆积和文化性质更为贴近，其年代值也更为可靠。

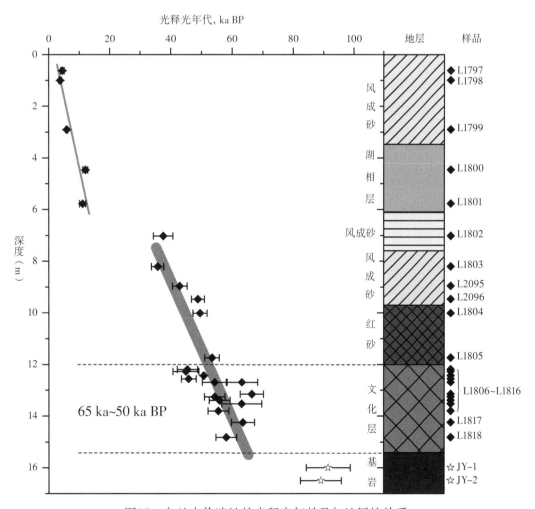

图四　乌兰木伦遗址的光释光年龄及与地层的关系

第四节　古环境背景

一、遗址年代对应的黄土、深海氧同位素和冰期阶段

自然环境在人类的形成和发展、工具的制造、生产的种类等方面无不具有重要的影响，可以说是人类赖以生存和发展的物质基础。特别是在农业文明出现以前，人类行为在很大程度上要受到所处自然环境的制约。自然环境包括了水源、地貌、气候等多个方面。这里主要关注乌兰木伦先民所处时代和区域的气候环境。

第四纪是人的世纪，也是一个全球性寒冷气候期。第四纪气候变化的基本特征，是在约 2.4Ma BP 的全球降温背景下发生过多次急剧的寒暖气候波动，出现多次冰期和间冰期交替[1]。经典的第四纪冰期分期是在阿尔卑斯山区、北欧斯堪的纳维亚和北美大陆建立的。阿尔卑斯山区最早划分出 4 次冰期（玉木冰期、里斯冰期、民德冰期、贡兹冰期）和其间的 3 次间冰期，而后又在该地区北部发现了更老的多瑙冰期和拜伯冰期；与之相应，北欧分为 6 次寒冷期（冰期）和 5 次温暖期（间冰期）；北美分为 4 次冰期和 3 次间冰期；中国的第四纪也划分出 4 次冰期[2]。冰期的划分主要反映大尺度上第四纪气候的变化。

在记录第四纪气候波动的历史上，中国黄土也是一种十分理想的信息载体，它同深海沉积和极地冰芯一起成为全球气候变化的三大信息库[3]。黄土分布广，沉积较为连续，堆积时间长，含有较丰富的气候与环境变化记录。黄土的气候旋回有多级变化，其中一级旋回表现为干冷期堆积的黄土—古土壤序列；二级旋回则以黄土—古土壤序列内黄土性质、古土壤类型、厚度、组合特征等为标志[4]。我国黄土研究泰斗刘东生先生以黄土和古土壤层类型作为基本气候标志，结合粘土矿物、植物孢粉组合、地球化学元素等次级气候变化标志进行综合研究，提出了 2.4Ma BP 以来中国洛川黄土暖—冷多次波动的气候模式[5]。第四纪黄土—古土壤已细分出 33 对地层，即古土壤层 S0~S32 和黄土层 L1~L33。一般来说，S（古土壤）代表暖湿气候，而 L（黄土）代表干冷气候。

黄土中的气候旋回可以与深海氧同位素阶段（marine isotope stages，MIS；又称氧同位素阶段，oxygen isotope stages）进行很好的对比[6]。深海氧同位素是从深海岩心样品中获取的氧同位素记录，可以反映过去的温度信息，表现出地球古气候中的冷暖交替（图五）。其中，末次冰期即 75ka~11ka BP，一般分为 4 个氧同位素阶段，分别为 MIS 4~1。其中，MIS 4（74ka~59ka BP）相对较冷，MIS 3（59ka~25ka BP）相对暖湿，MIS 2（25ka~11ka BP）常被称为末次盛冰期，代表寒冷的气候，MIS

［1］曹伯勋：《地貌学及第四纪地质学》，中国地质大学出版社，2008 年。

［2］杨怀仁：《第四纪地质》，高等教育出版社，1987 年。

［3］刘志杰、刘荫椿：《中国第四纪黄土古环境研究若干进展》，《环境科学与管理》2008 年第 4 期。

［4］曹伯勋：《地貌学及第四纪地质学》，中国地质大学出版社，2008 年。

［5］刘东生等：《黄土与环境》，科学出版社，1985 年。

［6］刘东生、施雅风、王汝建等：《以气候变化为标志的中国第四纪地层对比表》，《第四纪研究》2000 年第 2 期。

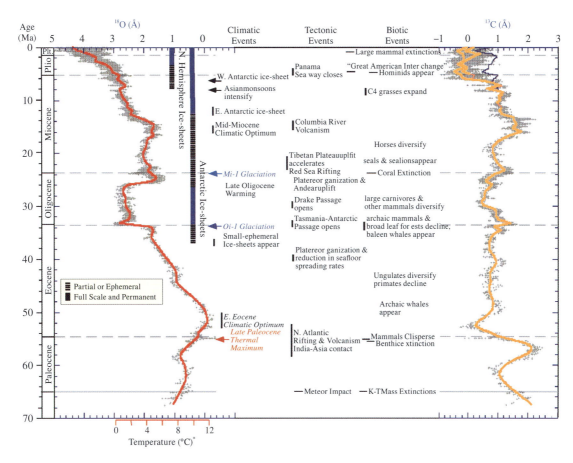

图五　全球深海氧同位素曲线

（改自 Zachos J., Pagani M., Sloan L., et al., Trends, Rhythms, and Aberrations in Global Climate 65 Ma to Present, *Science*, 2001, 292: 686–693）

1 则是全新世以来的所谓间冰期阶段。

　　按照最新的光释光测年结果，乌兰木伦遗址的年代范围为 65ka~50ka BP。其在冰期阶段上属于末次冰期，在深海氧同位素阶段上属于 MIS 4 结束到 MIS 3 开始，在黄土—古土壤序列中属于 L1 中的 L1-5 结束到 L1-4 开始（表二）。乌兰木伦遗址所处的这样一个位置，表明遗址剖面所反映的气候环境有一个由相对寒冷转向相对温暖的变化过程。

　　在乌兰木伦遗址所处的末次冰期，其内部环境还表现出不稳定

表二　乌兰木伦遗址在黄土、氧同位素和冰期阶段中的位置

地质时代	黄土序列及年代（a BP）		深海氧同位素阶段	冰期	
全新世		S0 12780	1	现阶间冰期	
晚更新世		L1-1 25370	2	末次冰期	主玉木冰期
		L1-2	3		
		L1-3			
		L1-4 59800			
		L1-5 74200	4		
		S1 128800	5	末次间冰期	玉木冰期早段
					峰间冰期

注：表中灰色部分为乌兰木伦遗址。

性[1]。在末次冰期的不同气候事件中，最为有名的是Heinrich事件[2]，是以北大西洋发生大规模冰川漂移事件为标志，代表大规模冰山涌进的气候效应而产生的快速变冷事件。该气候事件已经得到了来自冰芯[3]、黄土[4]、石笋[5]等气候记录的验证。目前在北大西洋共分辨出6次大的Heinrich事件，其时代依次为60ka BP、50ka BP、35.9ka BP、30.1ka BP、24.1ka BP和16.8ka BP[6]。乌兰木伦遗址的年代范围恰好经历了H6事件。

二、遗址生态环境记录

乌兰木伦遗址从一开始就十分注重多学科的综合研究。目前，已开展了多项古生态环境的研究工作，包括花粉分析、粒度分析和木炭、动物群研究等。

（一）现在鄂尔多斯的自然环境

鄂尔多斯高原大部分地区的海拔为1300~1400m，整体地势由西北向东南倾斜。高原四周多沙丘，其北部为库布其沙漠，东南为毛乌素沙漠，西南为河东沙地，在东部则为准格尔黄土丘陵沟壑区，西部为高原最高山——桌子山。

该地区地处东亚季风区西北边缘，属北温带半干旱—干旱大陆性气候。东南部平均气温6℃~6.5℃，年平均降水350~450mm，然后向西北递减。高原年平均气温6.2℃，最高气温38℃，最低气温-31.4℃，年平均降水约为348mm。现代植被种类组成较为丰富[7]。主要植物群落为荒漠草原群落，以旱生和超旱生针茅和冷蒿为主；沙生植被群落，以白沙蒿、油蒿、杨柴、柠条、沙地柏和沙柳等为主；草甸群落，主要由寸草、马蔺、芨芨草、碱蓬、盐爪爪和白刺等组成[8]。

（二）古植被、沉积学、动物化石等的古生态环境记录

花粉分析由中国科学院古脊椎动物与古人类研究所李小强研究员[9]完成。研究人员从遗址剖面

［1］鹿化煜、周杰：《Heinrich事件和末次冰期气候的不稳定性》，《地球科学进展》1996年第1期。

［2］Heinrich H., Origin and consequences of cyclic ice rafting in the Northeast Atlantic Ocean during the past 130,000 years, *Quaternary Research*, 1988, 29 (2):142–152.

［3］Bond G., Heinrich H., Broecker W., et al., Evidence for massive discharges of icebergs into the North Atlantic ocean during the last glacial period, *Nature*, 1992, 360:245–249.

［4］Porter S. C., An Z. S., Correlation between climate events in the North Atlantic and China during the last glaciations, *Nature*, 1995, 375:305–308; 郭正堂、刘东生、吴乃琴等：《最后两个冰期黄土中记录的Heinrich型气候节拍》，《第四纪研究》1996年第1期。

［5］陈仕涛、汪永进、吴江滢等：《东亚季风气候对Heinrich 2事件的响应：来自石笋的高分辨率记录》，《地球化学》2006年第6期。

［6］余华、李巍然、刘振夏等：《冲绳海槽晚更新世以来高分辨率古海洋学研究进展》，《海洋科学》2005年第1期。

［7］Zhu Z. Y., Ma Y. Q., Liu Z. L., et al., Endemic plants and floristic charac-teristics in Alashan-Ordos biodiversity center, *Journal of Arid Land Resources and Environment*, 1999, 13 (2):1–16.

［8］李小强、高强、侯亚梅等：《内蒙古鄂尔多斯乌兰木伦遗址MIS 3阶段的植被与环境》，《人类学学报》2014年第1期。

［9］李小强、高强、侯亚梅等：《内蒙古鄂尔多斯乌兰木伦遗址MIS 3阶段的植被与环境》，《人类学学报》2014年第1期。

第②、⑥~⑧层采集了 6 个孢粉样品，经实验室处理后共鉴定花粉 1606 粒，分属 26 个不同科属。其中，乔木花粉包括松属（*Pinus*）、云杉属（*Picea*）、桦属（*Betula*）和榆属（*Ulmus*）。灌木花粉主要有豆科（Leguminosae）、胡颓子属（*Elaeagnus*）、霸王属（*Zygophyllum*）、白刺属（*Nitraria*）和麻黄属（*Ephedra*）。草本花粉包括蒿属（*Artemisia*）、藜科（Chenopodiaceae）、禾本科（Poaceae）、蓼科（Polygonaceae）、毛茛科（Ranunculaceae）、唐松草属（*Thalictrum*）、蔷薇科（Rosaceae）、十字花科（Cruciferae）、唇形科（Labiatae）、锦葵科（Malvaceae）、石竹科（Caryophyllaceae）、车前属（*Plantago*）、葎草属（*Humulus*）以及菊科（Composite），其中菊科又可分为蒲公英型（*Taraxacum*-type）、紫苑型（*Aster*-type）和蓝刺头型（*Echinops*-type）3 种类型。从比例上看，花粉组合以草本和灌木植物为主，乔木花粉很少。从地层上看，第②、⑥、⑦层花粉组合特征较为接近。以中生—旱生草本植物花粉为主，占总花粉含量的 86.8%；乔木和灌木花粉含量较低，其中云杉属花粉含量的峰值可达 3.6%。第⑧层仍以草本植物占有绝对优势，但乔木和灌木花粉含量更低，均未超过 1%（图六）。

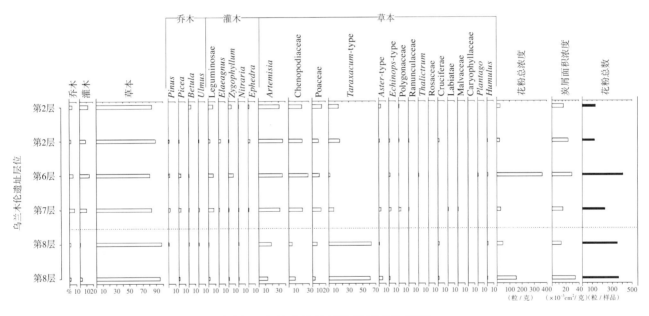

图六　乌兰木伦遗址孢粉百分比图谱

（出自李小强、高强、侯亚梅等：《内蒙古鄂尔多斯乌兰木伦遗址 MIS 3 阶段的植被与环境》，《人类学学报》2014 年第 1 期）

　　李小强[1]还对发掘出土的木炭样品进行了鉴定。第②~⑥层可鉴定的 5 个木炭样品均出现胡颓子属（*Elaeagnus*），属胡颓子科（Elaeagnaceae），主要是沙枣（*Elaeagnus angustifolia*）。胡颓子属植物一般为小乔木和灌木，在我国西北各省和内蒙古中、西部均有分布，具有抗旱、抗风沙、耐盐碱、耐贫瘠等特点。第⑤、⑥层可鉴定的 3 个木炭样品均出现霸王属（*Zygophyllum*），属蒺藜科（Zygophyllaceae）。霸王属植物为多年生灌木，分布于我国西北部和北部的沙漠或碱土。

　　粒度分析主要是由华南师范大学的李保生教授完成[2]。分析结果显示，遗址剖面曾几度出现"沙

［1］李小强、高强、侯亚梅等：《内蒙古鄂尔多斯乌兰木伦遗址 MIS 3 阶段的植被与环境》，《人类学学报》2014 年第 1 期。

［2］侯亚梅、王志浩、杨泽蒙等：《内蒙古鄂尔多斯乌兰木伦遗址 2010 年 1 期试掘及其意义》，《第四纪研究》2012 年第 2 期。

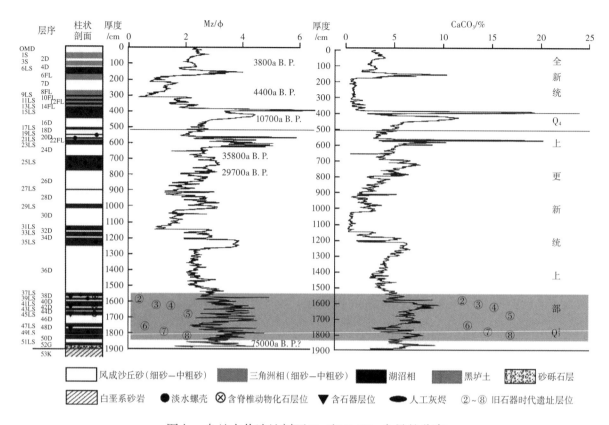

图七　乌兰木伦遗址剖面 Mz 和 CaCO₃ 含量的分布

（出自侯亚梅、王志浩、杨泽蒙等：《内蒙古鄂尔多斯乌兰木伦遗址 2010 年 1 期试掘及其意义》，《第四纪研究》2012 年
第 2 期）

漠化"现象，表现层位为 38D、40D、42D、46D 和 48D；另外，Mz（f）和 CaCO₃ 也呈现出明显的低谷（图
七）。这可能反映出当时冬季风过程导致的颗粒粗化、遗址及其周围化学淋滤作用降低的干旱寒冷气
候环境。

　　动物化石主要有两类，一类是哺乳动物化石，一类是软体动物化石。

　　哺乳动物化石的鉴定由中国科学院古脊椎动物与古人类研究所董为研究员完成[1]。遗址第
①～⑧层均出土了动物化石。经鉴定，披毛犀最多，野马和河套大角鹿次之。动物群的这种组合明
显反映出其属于北方晚更新世的河套大角鹿—野马动物群。数量众多的披毛犀的存在，表明当时气候
较为寒冷。河套大角鹿和野马的大量出现，意味着该地区势必有广阔的草原。而数量不多的诺氏驼的
出现，说明当时可能曾经出现过荒漠甚至是沙漠环境的生态波动。

　　软体动物化石的鉴定由中国科学院动物研究所陈德牛先生完成。绝大部分是腹足类，个别属双
壳类。腹足类中绝大多数为水生，陆生者极少。这些化石均属现生种类，其生态环境除了个别的华蜗
牛具有喜湿冷习性外，其余均为暖湿的水域环境或草丛，栖息于湖泊、河流、沟渠岸边等。这表明在
乌兰木伦遗址周围存在湖泊环境。

---

[1]侯亚梅、王志浩、杨泽蒙等：《内蒙古鄂尔多斯乌兰木伦遗址 2010 年 1 期试掘及其意义》，《第四纪研究》2012 年第 2 期。

（三）小结

乌兰木伦遗址的年代范围属于末次冰期，在氧同位素阶段上属于 MIS 4 结束到 MIS 3 开始。从大的气候环境背景上看，跨越了相对寒冷和相对温暖期，而在内部还存在不同的冷暖干湿变化。

遗址所获的花粉、粒度、木炭、动物化石等则表明当时生态环境为草原植被景观，其中下部地层为灌丛—草原植被景观，上部地层为典型草原植被景观。遗址周围还存在湖泊环境。而在个别阶段则出现了"沙漠化"现象，可能出现 H6 事件（约 60ka BP）。总的来看，遗址气候属温凉偏干类型，但较现今相对温暖湿润。

第三章　发现与发掘

第一节　发现和发掘经过

一、发现经过

旧石器时代考古遗址的发现大多偶然，原因很多。首先，旧石器时代人群密度相对较小，因此能留下我们现在所能发现的人类活动遗址较少；其次，由于年代久远，长期遭受后期埋藏影响，人类活动遗存不易保存；再次，旧石器时代人群对自然环境改造较弱，遗址堆积物实际上也是自然堆积形成的过程。因此，一般旧石器考古遗址特别是旷野遗址的发现主要靠从断裂的剖面找到文化遗物后，再通过试掘来确认地层。乌兰木伦遗址的发现即如此。

鄂尔多斯高原第四纪沉积较为松散，极易遭受后期破坏。因此，在该地区要找到保存良好的第四纪剖面甚为难得。这也是该地区在萨拉乌苏和水洞沟遗址发现后近90年的时间里一直没有新遗址发现的重要原因之一。近年来，鄂尔多斯市经济大发展，在乌兰木伦河中游河畔建立了一个新城，即康巴什新区。在城市的建设过程中，当地政府要将乌兰木伦河新城段改造成一个景观湖，遂对河流两岸剖面进行了清理。乌兰木伦遗址即处在被清理的范围内。2010年5月某天，鄂尔多斯市一名文物考古爱好者古日扎布来此考察，在乌兰木伦河右岸一个白垩系红砂岩豁口处发现了几件动物化石，觉得比较有价值，于是报告给相关部门。鄂尔多斯青铜器博物馆馆长王志浩随即到现场考察，又发现几件具有人工打制痕迹的石制品，联想到同属于鄂尔多斯高原的萨拉乌苏遗址，推测这可能是一处古人类遗址。

二、发掘经过

2010年6月，鄂尔多斯青铜器博物馆对遗址进行了试掘。这便是乌兰木伦遗址2010年的第一次试掘，揭露面积12m²，获得了大量石制品和动物化石，并揭露出一处用火遗迹。本次试掘一直清理到第⑧层（彩版四）。稍有遗憾的是，由于当时发掘条件的限制，一些标本遗失，一些基本的野外数据如出土标本的三维坐标等也没有获得。但这次试掘对于乌兰木伦遗址的工作来说具有开创性的意义，确认了这是一处旧石器时代文化遗存，丰富的文化遗物也表明遗址具有进一步工作的潜力。

为了弄清遗址的地层和时代，鄂尔多斯青铜器博物馆特邀请在鄂尔多斯地区地质和旧石器考古方面具有丰富工作经验的中国科学院古脊椎动物与古人类研究所黄慰文研究员和中国科学院地质与地球物理研究所袁宝印研究员，利用 3 天时间对遗址地层和乌兰木伦河流域地质地貌进行了考察，认为遗址地层可与萨拉乌苏遗址对比，并将遗址年代卡在距今 10 万 ~3 万年之间，在旧石器文化演化序列上属于旧石器时代中期。黄慰文还对试掘出土的石制品进行了观察，发现不仅数量多，石器类型也非常丰富，其中还不乏精品；文化面貌上显示出一些欧洲旧石器时代中期的特征。

鉴于遗址的重要性，鄂尔多斯青铜器博物馆邀请中国科学院古脊椎动物与古人类研究所侯亚梅研究员到遗址进行考察，并决定组建联合考古队对遗址进行科学规范的发掘。联合考古队于 2010 年 9 月对遗址再次进行了为期一个月的试掘。本次试掘位置选择在第一次试掘区的西部，揭露面积 6m²，又获得了大量石制品和动物化石（彩版五）。

2011 年年初，联合考古队向国家文物局提交了发掘申请，并于同年 4~9 月对遗址进行了正式发掘（彩版六）。新揭露面积 24m²，并在 2010 年 9 月的发掘面继续向下清理。由于发掘工作非常细，进展较慢，所以该年度遗址发掘深度较浅。新揭露面中有 16m² 仅发掘到第②层的上部，还有 8m² 仅发掘到第①层的顶部。而 2010 年 9 月的发掘面则由第②层清理到了第⑦层顶部。这次发掘同样获得了大量文化遗物，在第③层的西部还发现一处用火遗迹。值得一提的是，在乌兰木伦遗址该年度的发掘过程中，考古队兵分两路，开展了对乌兰木伦河流域上游的旧石器考古调查工作，并发现了大量旧石器地点和文化遗物。

2012 年度的发掘从 7 月份开始，持续时间 3 个月。主要对 2010 年两次试掘的发掘面进行了进一步清理，主要目的之一是要发掘到基岩面，以获得一个完整的地层剖面。我们重点选择了位于发掘区东部的两个探方继续向下发掘，在发掘约 80cm 后，由于泉水过于丰富，导致发掘工作难以继续。后来用探铲试探也没能到达基岩面（彩版七）。2012 年度的发掘意义重大：首先，在第⑧层发现了大量石制品等文化遗物，从而改变了之前该层文化遗物较少的认识；其次，我们在现发掘平面往下 80cm 的深度仍发现有大量动物化石和石制品，深度已达地下水水位，表明遗址的各地层都有文化遗物存在；最后，我们在第⑧层清理出一具保存较为完整的披毛犀骨架化石，不仅增强了遗址的观赏性，也从一个侧面说明乌兰木伦遗址具有很大的新发现潜力（彩版八至一四）。

第二节　野外和室内工作方法

一、野外工作方法

联合考古队成立后，关于乌兰木伦遗址的发掘制定了包括野外发掘、室内整理和研究的一整套工作流程，发掘工作走向科学化和规范化。考虑到未来要修建遗址博物馆，为了美观，遗址发掘采用南北方向北偏东 30° 布方，以使遗址剖面与景观湖平行。布方规格为 1m × 1m。为方便以后扩方，在编号时以探方西南点为原点，西南探方编号为 A10，自西往东依次为 B10、C10、D10……，自南往北依次为 A11、A12、A13……，依此类推（图八）。

遗址发掘采用水平层和文化层相结合的方法逐层向下发掘。由于文化遗物非常丰富，发掘时文

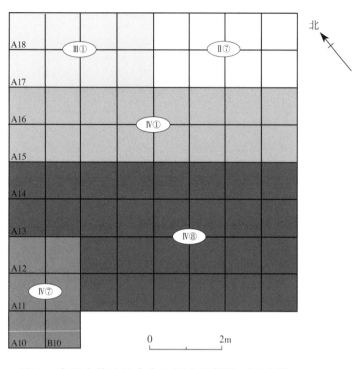

图八 乌兰木伦遗址布方和历次发掘平面示意图
（不同颜色代表不同发掘深度）

化层内采用的水平层为5cm。发掘时，每个发掘者负责一个探方，并按照探方号对筛选土样进行编号，以保证探方之间土样不混合。对每一个探方每一发掘水平层的土样进行水洗，并对水洗后的剩余物予以采集，带回实验室进一步拣选。对出土的每件标本进行单独编号，并且根据遗物的不同类型而采用不同颜色的标签。如石制品用橘黄色的标签，骨化石用绿色标签，牙化石用淡黄色标签等，这样在出土物平面照片上能够清楚的显示不同遗物的分布情况。利用全站仪对每件编号标本进行三维坐标测量，测量值精确到小数点后四位。全站仪在标本三维坐标测量中有很多好处：首先，能够快速地得到遗物三维坐标数据；其次，能够快速将三维坐标导入电脑并进行绘图；最后，能够将遗址不同地点的数据整合在一起，并将不同地点的位置和遗物分布在一张图上表现出来。每个水平层清理完后都要进行照相，对出土的重要标本则单独照相。如果某个水平层出土遗物非常丰富，则要对该水平层的遗物分布进行现场绘图。对出土的炭屑和炭粒进行编号和采集，并进行坐标测量，然后带回实验室进行浮选。每件标本都要观察和记录其长轴和倾向。需要说明的是，遗物的长轴和倾向并不采用罗盘进行精确测量，而是采用区域等级的方法来进行记录，这主要是考虑到时间成本以及大部分标本太小并不方便用罗盘进行测量。每件标本在取回时进行初步的长、宽、厚等尺寸测量，以防止取回过程中出现差错而找不到对应的标本。此外，一些较为精致的标本考虑到以后可能要进行残渍物分析等研究，还对遗物周边土壤进行采样，以供将来分析时对比（彩版一五至二〇）。

二、室内工作方法

发掘出土的标本带回实验室后，首先要对标本进行清洗。对于一些在未来可能要做残渍物分析的标本并不立即进行清洗，而是保持其出土时的状态。此外，考虑到石器标本要进行微痕观察，因此在标本清洗时不用刷子，而是直接用手将标本洗净。清洗后的标本晾干后，即对标本进行写号。在石制品上写的编号还要涂上一层清漆以防脱落。至此，开始对标本进行分类、照相、画图、测量和统计等工作（彩版二一至二四）。

以上是旧石器考古研究中的常规程序。乌兰木伦遗址石制品研究的室内工作还有以下几种值得单独介绍。

（1）筛洗物的挑选和统计

野外用于水洗的筛子分两层，一层筛网孔隙较粗，一层则极细，所以实际上经过水洗的筛洗物分两种，一种相对较大，一般包含小砾石块、小碎石片、碎骨和牙化石等；一种相对较小，一般包含小动物的骨骼化石、细小碎片和碎骨、牙化石、螺等。这两种筛洗物写好标签后分别装袋带回实验室，然后进入人工挑选和统计的实验室工作阶段。

筛洗物挑选的程序并不复杂，只需将每袋筛洗物中不同类型的标本分别挑选出来即可。但挑选的过程很费功夫。首先，筛洗物数量庞大。如果按每天发掘 8 个探方计算，即使发掘进展较慢，一天基本上停留在同一个水平层，那么一天至少也有较大和较小筛洗物共计 16 袋。2011 和 2012 年度的发掘，我们对所有土样均进行了水洗。保守按每年发掘三个月，两个年度的发掘共六个月计 180 天，那么得到的袋装筛洗物就接近 3000 袋。数量多还仅仅是一方面，毕竟每袋筛洗物中有价值的标本是少数，大部分是沙粒、后期混进去的杂草等，所以挑选起来就如大海捞针一般。更为费时的是，由于筛洗出来的标本大多数都是尺寸极小的碎片、碎骨和螺等，它们混在沙粒当中，非常不容易识别，所以大部分时间我们还得借助放大镜进行挑选工作。挑选工作之艰巨，以至于每年度发掘结束而该项工作往往还未完成。

筛洗物中需要挑选的类别有 7 类，分别是碎石片、碎骨、牙、小动物骨骼、炭、螺和其他。其他包括颜料块、疑似植物化石等。对每袋筛洗物挑选结束后，按同文化层同探方进行归拢和数量统计。统计好的数量再填入相对应地层的探方平面分布图中，以观察同层碎片的分布情况。

（2）石制品使用痕迹观察

石制品功能分析是了解史前人类生存方式和行为模式的重要途径，而石制品功能分析最主要的手段就是石制品使用痕迹的观察和分析。由于石制品的使用痕迹很细微，往往需要通过显微镜观察来完成，即通过显微镜对石制品上肉眼不易辨别或者无法辨别的痕迹进行观察，进而推测其可能的使用部位、使用方法和加工对象。自 1964 年 Semenov S.A. 的 *Prehistoric Technology* 英译本[1] 发表后半个世纪以来，石制品使用痕迹分析已为许多研究者所应用，并取得了可喜的成果。

目前乌兰木伦遗址石制品只是进行了初步的微痕观察和分析，本报告有单独章节进行阐述，并作为相关研究和讨论的佐证。

（3）遗址三维扫描和遗物分布复原

遗址发掘后，被发掘部分变成了空的。虽然我们可以通过遗物的三维坐标复原遗物的分布位置，但是并不直观也不立体。这样的遗物分布图，实际上只是将所有遗物投影在一个平面上。而通过对遗址进行三维扫描，可以获得遗址点的云数据，然后将遗物的三维坐标放进去，这样可以得到一个立体的遗物分布图。三维分布图不仅直观，而且能够具体知道每一个文化层甚至每一个水平层遗物的分布情况，然后结合遗址的地层堆积，有利于进一步开展遗址的空间和功能分析。

目前，已经完成了遗址三维扫描和遗物坐标数据导入工作。进一步的分析和研究正在进行中。

---

[1] Semenov S. A., *Prehistoric technology:an experimental study of the oldest tools and artefacts from traces of manufacture and wear*, Moonraker Press, 1964.

第三节　主要收获

乌兰木伦遗址出土了大量文化遗物，也发现了较为重要的遗迹现象，为探讨乌兰木伦史前人类的生活方式、生存行为等提供了重要材料。

一、遗物

乌兰木伦遗址 2010~2013 年 5 次发掘，出土（含筛洗）、采集了数以万计的石制品和动物化石。石制品原料以石英岩为主，此外还有石英、燧石、石英砂岩、片麻岩、硅质岩、玛瑙、玉髓等。石制品以小型为主，类型丰富，有石核和石片以及各种类型的工具。此外，最大尺寸小于 1cm 的碎片数量之多也是遗址石制品构成的一大特色。多组拼合石制品的发现，表明遗址原地埋藏的性质，也说明史前人类在此打制石器的事实。动物化石种类有大哺乳、小哺乳、鸟类和软体类。部分标本表面有切割痕、刻划痕等人工痕迹。

在乌兰木伦遗址还发现有 4 件颜料块，质地很软，磨蚀非常严重。个别在形态上可看出石片的特征。其中 2 件颜色为紫色，另外 2 件为红色。其具体功能和用途还需要进一步深入研究。

二、遗迹

乌兰木伦遗址第 1 地点发现多处由灰烬、炭粒、炭屑、烧骨和石器等组成的用火遗迹（彩版二五）。用火遗迹的发现表明遗址原地埋藏的性质，也为探讨乌兰木伦先民的生存行为方式提供了重要证据。此外，在第⑥和第⑦层分别发现有一层薄薄的炭屑层。炭屑层中发现的炭屑颗粒，保存较好，其原树枝形状仍可辨认，可作为遗址原地埋藏的证据。目前，有关这两层炭屑层的成因和性质等问题还在研究当中。

第四章 遗物的分布与埋藏

第一节 分布

乌兰木伦遗址发现的遗物主要有石制品和动物牙、骨化石。在遗址的发掘过程中，发掘者完整地记录了每件编号标本的三维坐标，因此十分方便复原遗物的分布状况。对遗物的分布状况研究主要从两个方面进行：一是石制品和动物牙、骨化石的分布；二是≥20mm和<20mm石制品的分布。前者有助于了解石制品和动物牙、骨化石的关系，后者有助于了解石制品的埋藏成因。

一、石制品和动物牙、骨化石的分布

乌兰木伦遗址一共有7个文化层，其中又以第②层出土的文化遗物最为丰富。这里以第②层为例，复原了该层石制品和动物化石的分布状况。从图九可知，石制品和动物化石基本上是重叠分布。

二、≥20mm和<20mm石制品的分布

从≥20mm和<20mm石制品分布图来看，尺寸较大的石制品和尺寸较小的石制品没有出现分选

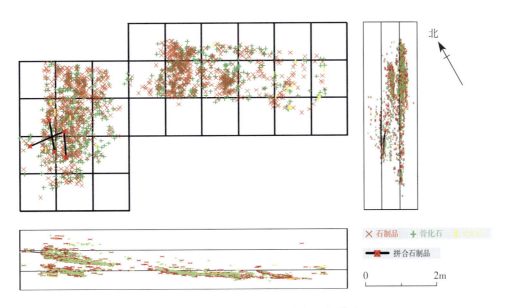

图九　第②层出土石制品和动物牙、骨化石的分布

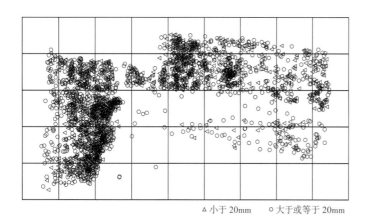

△ 小于 20mm　○ 大于或等于 20mm

图一〇　2011 年发掘 ≥ 20mm 和 < 20mm 石制品分布图

现象，没有任何规律的分布在一起，这也表明石制品被废弃在地表后被迅速埋藏而没有经过后期搬运（图一〇）。

第二节　埋藏情况

遗物的埋藏情况主要从遗物的倾向、长轴方向以及遗物的磨蚀和风化情况来进行研究。已有埋藏学研究显示[1]，经过后期埋藏过程特别是水流搬运的遗物在长轴和倾向上会表现出一定的共同特征，如长轴会定向分布等；此外，经过后期搬运的标本其表面还会有一定的磨蚀现象。而如果遗物在埋藏之前在地表暴露很久，其表面会有一定的风化现象。

一、倾向和长轴方向

在乌兰木伦遗址的发掘过程中，我们对标本的出土状态进行了记录，主要记录标本的长轴和倾向。记录方法如图一一所示。举例来说，遗物的长轴方向记录采用区间式的方法来估算，并不采用罗盘进行角度测量。没有采用罗盘进行测量的原因主要有两点：一是大部分标本太小，用罗盘测量不太方便；二是每天出土标本量太大，用罗盘逐个进行测量会极大地影响进度。乌兰木伦遗址发掘过程中对遗物出土的长轴定向主要与遗址布方的方向进行对比，即发掘者正对遗址的北部剖面所见的遗物长轴方向再与图一一对比并最终确认。倾向的测量亦是如此。在实际的测量过程中，图一一中长轴方向的 "1" 和 "3" 分别被指定为正 0°（180°）和 90°（270°），而 "2" 和 "4" 实际上是一个角度区间，分别代表 0°~90° 和 90°~180°。这种测量方法最大的缺陷是不够细化，但由于遗址发掘出土标本量较大，对遗物出土时的长轴和倾向进行分析还是对遗址埋藏成因的研究具有一定的意义。

当物体被遗弃后，它们一般不会存在一个相同模式上的走向。如果一个遗址的长形遗物在一个玫瑰图中随意分布，那么表明这个遗址受到后期的扰动是比较小的[2]。相反，则表明可能遭受了较大的后期扰动，特别是流水的搬运作用。标本长轴和倾向的分析常被研究者用于对遗址埋

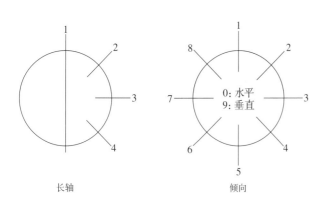

图一一　遗物出土状态（长轴和倾向）的记录方法

[1] 尤玉柱：《史前考古埋藏学概论》，文物出版社，1989 年。

[2] Kluskens S. L., Archaeological taphonomy of Combe-Capelle Bas from artifact orientation and density analysis. In: Dibble H. L., Lenoir M. (eds.), *The Middle Paleolithic Site of Combe-Capelle Bas (France)*, The University Museum Press, 1995, pp. 199–243.

藏过程的判读[1]。

（一）长轴方向

从乌兰木伦遗址测量的各层石制品长轴方向分布看，各层石制品都没有表现出定向的特征。此外，它们表现出一个共同特征，就是在 0° 和 135° 方向一般较少。第⑦层是个例外，长轴方向在 90° 方向分布相对较为集中，但实际上各个方向的比例差别不是很大，按实际值的话，第⑦层石制品在 0° 方向占 17%，在 45° 方向占 24%，在 90° 方向占 35%，在 135° 方向占 24%，其比例基本上在一个水平上。此外，第⑦层标本出土较少，仅 274 件，也可能存在标本量少的问题（图一二）。

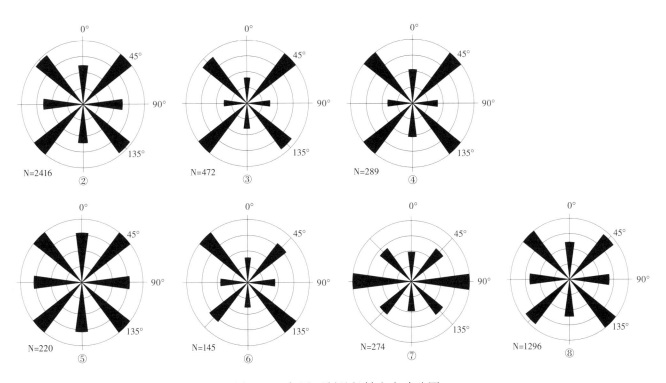

图一二　各层石制品长轴方向玫瑰图

结合本次石制品长轴方向的测量方法，长轴方向在 45° 和 135° 方向比较集中，更为合理的解释是这两个方向代表的是角度区间，而不是 0° 和 90° 代表一个具体的角度值。因此，若将 45° 和 135° 方向以每 15° 分割的话，那么从 0°~180° 各个 15° 区间都会显得比较平均。可见，乌兰木伦遗址各层石制品的长轴分布没有任何定向的趋势。

（二）倾向

从倾向的分布来看，各层石制品表现出高度的一致性，即均以水平为主，其中第③层最少，也达到了 30%。此外，其他各个方向的分布，包括垂直的分布状态就显得比较平均（图一三）。后期

---

[1] Bernatchez J. A., Taphonomic implications of orientation of plotted finds from Pinnacle Point 13B (Mossel Bay, Western Cape Province, South Africa), *Journal of Human Evolution*, 2010, 59:274–288.

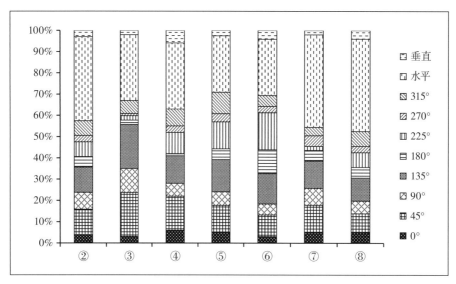

图一三　各层石制品不同倾向比例

的搬运如水流和风等都会造成标本的倾向分布与力的方向形成一定的角度，甚至通过对标本倾向的分析可以判断水流等力的方向和来源。所以一般来说，标本大量的水平分布以及其他各个方向的均匀分布表明标本在埋藏后并没有遭受后期的搬运过程。此外，在乌兰木伦遗址发现的这批标本中，还有近2%~6%的标本是垂直分布，更加表明没有埋藏过程中的搬运过程。

二、磨蚀和风化

遗址出土标本的磨蚀和风化是判断遗址埋藏过程的一个重要指标[1]。标本的磨蚀程度更多的反映标本在埋藏过程中所经历的搬运过程和距离；而标本的风化程度则对判断标本在埋藏之前所暴露的时间具有重要的指示意义。

乌兰木伦遗址标本的磨蚀和风化程度的记录，主要采用肉眼来进行观察，将标本的磨蚀和风化程度分为四个等级，即无、轻度、中度和重度。经统计，乌兰木伦遗址石制品基本上观察不到磨蚀现象，无中度和重度磨蚀标本；第④～⑧层发现有极少数轻度磨蚀者，但最多也没超过0.6%（图一四）。大部分标本的薄锐边缘也甚至得到完好的保存。这充分表明乌兰木伦遗址标本在埋藏后，基本上没有经过后期任何的搬运。

从风化程度来看，乌兰木伦遗址没有发现任何具有表面风化的标本。即使在遗址中发现的易风化石英砂岩原料标本也没有任何的风化痕迹。可见，乌兰木伦遗址属于迅速埋藏，其在地表暴露的时间极短。

---

[1] Bunn H. T., Mabulla A. Z. P., Domínguez-Rodrigo M., et al., Was FLK North levels 1–2 a classic "living floor" of Oldowan hominins or a taphonomically complex palimpsest dominated by large carnivore feeding behavior? *Quaternary Research*, 2010, 74:355–362; Marean C. W., Abe Y., Frey C. J., et al., Zooarchaeological and taphonomic analysis of the Die Kelders Cave 1 Layers 10 and 11 Middle Stone Age larger mammal fauna, *Journal of Human Evolution*, 2000, 38:197–233; Vardi J., Golan A., Levy D., et al., Tracing sickle blade levels of wear and discard patterns:a new sickle gloss quantification method, *Journal of Archaeological Science*, 2010, 37:1716–1724.

需要说明的是，在乌兰木伦遗址发现有一类标本表面有剥片阴疤，而且其表面磨蚀极其严重，在该磨蚀的阴疤处已完全没有任何的新鲜面。但实际上这类标本是作为原料被古人类采集回来的，这些磨蚀极其严重的剥片阴疤不是乌兰木伦古人类所打制形成，属于先前剥片标本的再利用或者是在早期河流阶地形成过程中砾石互相碰撞形成的剥片阴疤。证据有二：一是在该类型标本上可观察到再次剥片现象，且该剥片阴疤表面非常新鲜；二是这些标

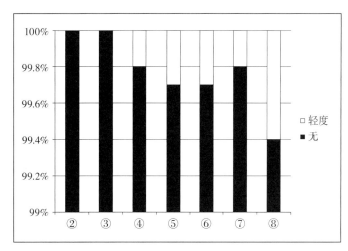

图一四　各层石制品磨蚀程度统计

本一般体型较大，且原料质地较好，属于不易磨蚀的标本，而与这些标本同层的较小标本没有任何磨蚀。可见，这类标本更有可能是在阶地被更早人类利用过，然后暴露于地表经过磨蚀，而后再被乌兰木伦遗址古人类作为原料拣选并带到遗址。而这类原料往往质地好（否则不会被之前的古人类所利用），而且它们因为被剥过片，所以也往往具有较好的平面和较好的剥片角。

第三节　小结

通过对遗物出土状态的分析，初步可以推断乌兰木伦遗址具备原地埋藏的性质：

（1）石制品与动物牙、骨化石等不同类型遗物以及不同大小的石制品在分布上，基本上呈重叠分布状态；

（2）从遗物出土的长轴和倾向来看，其走向不定向，比较随意，倾向也没有表现出具有受力方向指示意义的特点，表明遗物在埋藏过程中没有受到后期搬运；

（3）从遗物的磨蚀和风化程度来看，乌兰木伦遗址发现的所有标本均没有见到任何磨蚀和风化迹象，这表明遗址堆积具备迅速埋藏的性质，且在后期埋藏过程中没有经过搬运；

（4）在遗址发现有一类具有早期剥片阴疤且磨蚀极其严重的石制品，应该是早于乌兰木伦遗址的古人类打制所形成，并被乌兰木伦古人类采集回来作为原料使用。

第五章 石制品分类与描述

第一节 石制品分类、测量和统计方法

旧石器时代考古研究需要有一套完整规范的操作体系[1]，例如，遗址发掘的程序和记录格式、标本的观察内容和测量方法、考古报告的编写规则等。良好的发掘程序和记录格式有助于从考古遗址中尽可能多的提取出有价值的信息。而规范明了的标本观察项目和测量方法等指标的设计，则不仅是研究者从遗物中提取有价值的信息的前提条件，更是与其他遗址进行对比以及后来研究者再次研究的基础。如果能够建立一套统一的术语、标本观察测量项目[2]，那当然是再好不过。但在实际的考古研究中，不同的考古学者在这些项目的设计上会有所不同；即使是同一个考古学者在面对不同考古材料时，由于研究问题的需要，其研究设计也会不一样。这也是这样一套考古标准急需建立却又迟迟甚至无法建立的重要原因。也因此，为了便于考古学者之间的交流和不同遗址材料的对比，在对一批材料进行系统研究之前，将研究者采用的实验设计完整的展现出来就显得十分必要。本节主要罗列乌兰木伦遗址石制品研究的分类方法、类型学术语、观察和测量项目指标，并对其中一些研究设计进行适当的解释。

一、石制品分类的基本概念和术语

石制品分类和描述是石制品研究的重要前提。石制品类型划分与形态分析是最早被应用到旧石器时代文化研究的方法之一[3]。采用形态特征对石制工具进行辨别，这在各个时段的修理石制品分类中被广泛运用。通过类型学的研究，可以了解遗址石制品组合特征，对石制品类型在时间和空间的发展变化做出科学的解释，从而探讨古人类在特定环境条件下的技术行为模式和技术水平。甚至可以通过对石制品类型组合的研究，探讨其背后所具有的文化上的意义，例如博尔德对法国莫斯特文化的

---

［1］卫奇：《〈西侯度〉石制品之浅见》，《人类学学报》2000 年第 2 期。

［2］卫奇、陈哲英：《中国旧石器时代考古反思》，《文物春秋》2001 年第 5 期。

［3］Dibble H., Rolland N., Beyond the Bordes-Binford debate:A new synthesis of factors underlying assemblage variability in the Middle Paleolithic of Western Europe. In: Dibble H., Mellars P. (eds.), *New perspectives on human adaptation and behavior in the Middle Paleolithic*, University Museum Press, 1991.

研究[1]。

乌兰木伦遗址最新的光释光测年结果为 65ka~50ka BP，在旧石器文化发展序列上属于旧石器时代中期。此外，遗址石制品的初步观察和研究表明，其工具组合具有欧洲旧石器时代中期文化的特征。因此，为了便于与欧洲旧石器中期文化对比，乌兰木伦遗址石制品的分类采用博尔德的分类方法[2]，并主要参考 *Handbook of Paleolithic typology*[3]一书。

根据博尔德的分类体系，结合乌兰木伦遗址石制品的特征，主要大类分为石核、石片、碎片、废片、工具、断块和备料等。基本概念和术语说明如下。

（一）石核（Core）

石器制作者从选择的漂砾、粗砾、卵石、结核或石块上打下石片（或石叶）之后而留下的剩余部分称为石核。石核表面一般保存有剥片后留下的石片阴疤。需要提到的是，在石制品分类过程中，石核和砍砸器常常不好区分。因为砍砸器刃缘修理也常常表现为大的石片疤。一般认为，如果一件标本的刃部单纯由大石片疤构成则应归入石核；而构成该标本刃部的石片疤边缘还经过修整则归入砍砸器。当然该区分标准还是会使人迷惑，因为在石核剥片过程中，台面修理往往会在台面边缘形成小的修疤，而剥片时自然掉下的一些细小碎片则会在石核剥片面上形成小的疤痕，最终导致与修理刃缘的砍砸器无法区分。此外，该区分标准操作起来也难以把握，不同的研究者可能会有不同的理解。

乌兰木伦遗址石制品的分类，考虑到石制品组合以中小石片及其毛坯加工的工具为特征，剥片的主要目的是生产石片毛坯。因此把有多次剥片的漂砾、粗砾、卵石、结核或石块全部归为石核，而不区分砍砸器类。

石核的进一步划分主要根据剥片技术与台面数量，主要分为单台面石核、双台面石核、多台面石核、向心石核、石片石核五类。其中，石片石核进一步分为普通石片石核和孔贝瓦石核。

（二）石片（Flake）

一般定义石片为从石核上剥下来的产品[4]。但实际上，石片的产生可以有完全不同的途径：一是石核预制过程中产生的石片，一般称为预备石片（preparation flake or preliminary flake）；二是生产制作工具的毛坯或石核上剥下来的石片，一般称为打片石片（knapping flake）或者剥片石片（debitage flake）；三是在将粗砾、卵石、结核或大石块甚至石片毛坯打制成工具的过程中也会产生大量大小不等的石片，称为加工石片（retouch flake or shaping flake）。这三类石片产生于完全不同的技术过程或

［1］ Bordes F., Typologie du paleolithique ancien et Moyen, *Institut de Prehistoire de l'Universite de Bordeaux*, 1961; Bordes F., Mousterian Culture in France, *Science*, 1961, 134:803–810.

［2］ Bordes F., Typologie du paleolithique ancien et Moyen, *Institut de Prehistoire de l'Universite de Bordeaux*, 1961; Bordes F., Mousterian Culture in France, *Science*, 1961, 134:803–810.

［3］ Debenath A., Dibble H., *Handbook of Paleolithic Typology Volume One:The Lower and Middle Paleolithic of Europe*, University of Pennsylvania Museum Press, 1994.

［4］ 张森水：《中国旧石器文化》，天津科学技术出版社，1987 年。

石制品生产流程，但它们在一个遗址中很难区分，在大型砾石工具遗址中更甚。这方面的工作曾有研究者尝试过[1]。

乌兰木伦遗址发现的石片大多数不存在这样的问题，一是该遗址石核剥片少有预制技术，二是工具可见的修理阴疤都不大，与石核剥下的石片尺寸有一定的差别。

完整石片的进一步分类按照石片台面和背面的技术特征来分，主要参考 Nick Toth 的六型石片动态分类法[2]：

Ⅰ型石片：自然台面，自然背面；

Ⅱ型石片：自然台面，自然和人工混合背面；

Ⅲ型石片：自然台面，人工背面；

Ⅳ型石片：人工台面，自然背面；

Ⅴ型石片：人工台面，自然和人工混合背面；

Ⅵ型石片：人工台面，人工背面。

不完整石片以台面朝上的腹面观来进行分类描述，可分为：左、右裂片，近端、中段和远端，以及"不确定"即无法归类的断片。

需要说明的是，乌兰木伦遗址石片的分类，没有采用使用石片这个类别。一般来说，使用石片的判断主要靠肉眼来观察石片边缘是否有微小的破损或者锯齿状痕迹。有研究表明通过剥片实验发现这一判断标准极不可靠，因为实验结果发现绝大多数石片由于原料的内部结构或者剥片时力的不同都会导致边缘出现类似使用石片判断标准的结果。此外，我们还进行过石片使用实验。石片在兽骨上多次刮、割，而使用部位用肉眼基本看不到任何所谓的使用痕迹。虽然遗址部分石制品初步的微痕观察已识别出很多使用过的石片，但在此也不将这些使用过的石片单独分类成使用石片，而是在未来的专门石制品微痕分析中再进行详细研究。

（三）长石片 / 石叶（Blade）

石叶是石片的一种，通常是指那些长度等于或大于宽度两倍者。但石叶的概念实际上一直有所争论[3]，实际上是因为缺少一个科学的标准。李锋[4]通过对部分学者有关石叶定义的回顾，总结出石叶的 4 个属性，并定义为：从预制有平直脊的石核上剥制的两侧边中上部平行或近平行，背面有平直的脊，长度一般为宽度的两倍或以上，宽度超过 12mm 的石片。不过，具有丰富模拟打制经验的 Tixier 并不赞成这种附加标准，因为这样的定义只具有理论上的完美效果，而实际上难以操作[5]。

---

[1] 高丽红：《百色盆地高岭坡遗址石制品的研究》，中国科学院古脊椎动物与古人类研究所硕士学位论文，2010 年。

[2] Toth N., The Oldowan reassessed:a close look at early stone artifacts, *Journal of Archaeological Science*, 1985, 12:101–120.

[3] 李锋：《石叶概念探讨》，《人类学学报》2012 年第 1 期。

[4] 李锋：《石叶概念探讨》，《人类学学报》2012 年第 1 期。

[5] Tixier J., Glossary for the description of stone tools, with special reference to the Epipalaeolithic of the Maghreb. In: Muto R. (eds.), *Newsletter of Lithic Technology*, Washington State University, 1974.

Tixier[1]对石叶的划分标准提出如下建议：

（1）长度等于或大于宽度的两倍；

（2）长度等于或大于 5cm；

（3）宽度等于或大于 1.2cm。

乌兰木伦遗址石制品中有完全符合以上三项标准的"石叶"。在剥片实验中发现这样的"石叶"常常会随着石片同时掉下（偶然性的）。如果这样也能称为石叶，那么它的概念就失去了技术和文化上的指示意义。因为在乌兰木伦遗址没有发现可靠的预制石叶石核，因此本报告将符合以上三项标准的石片不采用石叶的名称，而称之为长石片。

（四）碎片（Fragment）

最大尺寸小于 10mm 的石制品定义为碎片[2]，可以是石片、断块和断片。乌兰木伦遗址发现有大量的碎片，推测其来源有两种，一是剥片时随机落下，二是修理工具时产生的废片。如何确定其具体来源将是一项非常有意义且有意思的课题。

（五）废片（Debris）

英文单词"debris"实际上来源于法语的"débris"，被用来指代废片。在北美史前学界，"debris"和"debitage"通用，都是指代废片，即旧石器遗址中发现的大量石片和碎屑。但这个"debitage"与法语的"débitage"意思截然不同，后者指的是剥坯这样一个动态的过程，是操作链的一个阶段，与修型（façonnage）相对应[3]。本报告为了不引起误会，采用 debris 一词。

废片的定义在国际学术界有不同的认识。Shott[4]将废片定义为石器加工过程中产生的副产品。而 Andrefsky[5]则定义为剥片过程中丢弃的废料。很显然，Shott 的定义忽视了石核剥片过程中产生的副产品，而 Andrefsky 的定义则有点指代不明，因为剥片的副产品包括石片、碎屑及断块等，其中部分石片可能被用来作为进一步加工工具的毛坯，部分石片则未经加工直接使用。鉴于此，王春雪[6]将以上两者的定义予以综合，重新定义为古人类在石核剥片和工具修理过程中产生的石片、碎屑等副产品，主要包括石核、工具、使用石片、断块以外的石制品，即包括非工具类石片和碎屑。但这是一个很难操作的定义，例如非工具类石片如何判断其属于废片就很容易陷入僵局，因为一个遗址往往会发现大量的非修理类石片，但它们有没有被使用过则很难判别。此外，未加工的断块是不是废片，

［1］Tixier J., Glossary for the description of stone tools, with special reference to the Epipalaeolithic of the Maghreb. In: Muto R. (eds.), *Newsletter of Lithic Technology*, Washington State University, 1974.

［2］Bar-Yosef O., Belfer-Cohen T., Mesheviliani N., et al., Dzudzuana:an Upper Palaeolithic cave site in the Caucasus foothills (Georgia), *Antiquity*, 2011, 85:331–349.

［3］李英华、侯亚梅、Bodin E.：《法国旧石器技术研究概述》，《人类学学报》2008 年第 1 期。

［4］Shott M. J., Size and form in the analysis of flake debris:Review and recent approaches, *Journal of Archaeological Method and Theory*, 1994, 1:69–110.

［5］Andrefsky W., *Lithics:macroscopic approches to analysis*, Cambridge University Press, 1998.

［6］王春雪：《水洞沟遗址第八地点废片分析和实验研究》，中国科学院古脊椎动物与古人类研究所博士学位论文，2010 年。

在该定义中也交代不清。

因此，本报告所指的废片，采用 Inizan[1] 等学者的定义，即形态不规则且没有任何石片特征的片状石块。

（六）工具（Tool）

乌兰木伦遗址以石片工具为主，主要类型有锯齿刃器、凹缺器、刮削器、尖状器、鸟喙状器、石锥、雕刻器等。

锯齿刃器（Denticulates）　一种在边缘上由两个或多个连续小凹缺组成锯齿状刃口的石片工具。

凹缺器（Notches）　石片边缘带有深、窄凹缺的工具。凹缺器可分两类：一类凹缺由一次性打击所生，称为"克拉克当凹缺器（Clactonian notches）"；另一类凹缺通过一系列连续的细小打击形成，称为"标准凹缺器（Ordinary or Complex notches）"。根据凹口的数量可分为单凹缺器和双凹缺器。

由一系列连续打击而成的标准凹缺器和双凹缺器与锯齿刃器在分类时常常使人迷糊，有研究者[2]尝试采用数理统计的方法，以凹缺的长度及其在毛坯上的分布为基础对这两类工具进行区分。这样的方法很新颖，但操作起来非常复杂。本报告规定双凹缺的两个凹缺必须要分开，不能连接起来，两凹缺之间是一个平的面而不是尖[3]；由连续打击而成的标准凹缺器其修理片疤的最后结果必须不足以构成一个长型刃缘。

刮削器（Scrapers）　在欧洲的旧石器时代中期，刮削器和凹缺器、锯齿刃器是出现频率最高的工具类型。刮削器是指对石片的一个、两个侧边以至周边进行连续修整以获得锋利刃口的工具。刃口的形态可以是平直、弧形凸或凹入；可以是单刃，也可以是双刃。双刃可以是一侧一个，也可以两侧最后在远端汇聚一起；可以是正向修整或反向修整，也可以是错向以至两面修整。

在博尔德对刮削器的定义中[4]，最主要的刮削器类别是依据修理边缘的数量、修理点以及被修理的边缘之间的关系来确定的。在大多数的分类中，最小的类群依据边缘形状确定，比如说刃缘是直的、凹的还是凸的。这三种类型的划分应用一条直线（比如一根铅笔）抵住边缘的中部，如果接触面为一条线，则边缘为直；如果接触为一个点，则边缘为凸；如果接触为两个点，则边缘为凹。

尖状器（Points）　尖状器是旧石器考古中具有悠久研究历史的工具之一，早在 18 世纪即出现"point"的分类名称。然而，直到 20 世纪 20 年代之前研究者都未能给予明确的定义。一般来说，尖状器是一类石片或石叶工具，从两侧进行修整并使远端变尖。在欧洲，尖状器是旧石器中期文化的标志性工具之一。通常分为"莫斯特尖状器（Mousterian points）"和"勒瓦娄哇尖状器（Levallois

［1］Inizan M. L., Michele R., Roche H., et al., Technology and terminology of knapped stone, *Nanterre:CREP*, 1999.

［2］Picin A., Peresani M., Vaquero M., Application of a new typological approach to classifying denticulate and notched tools:the study of two Mousterian lithic assemblages, *Journal of Archaeological Science*, 2011, 38:711–722.

［3］Debenath A., Dibble H., *Handbook of Paleolithic Typology Volume One:The Lower and Middle Paleolithic of Europe*, University of Pennsylvania Museum Press, 1994.

［4］Bordes F., Typologie du paleolithique ancien et Moyen, *Institut de Prehistoire de l'Universite de Bordeaux*, 1961; Bordes F., Mousterian Culture in France, *Science*, 1961, 134:803–810.

points）"两种。

尖状器在分类时最大的困难是如何将之与汇聚型刮削器（convergent scrapers）分开，因为后者两个修整的边缘最后也汇聚成尖。本报告提出三个区分标准：首先，尖状器两个侧边形成的夹角和尖端上下面形成的夹角必须是锐角；其次，尖状器器身较平，以便装柄[1]；最后，尖状器两个侧边修理必须延续到尖部。

鸟喙状器（Becs or breaks）　博尔德定义这种由两个相邻的交互打击产生的小凹缺（一个在腹面，一个在背面）构成末端尖锐的石片或石叶工具称为鸟喙状器。鸟喙状器出现于旧石器时代初期而流行于中期，是欧洲莫斯特文化的基本工具之一。这种刃口旋转的末端是鸟喙状器区别于石锥的主要技术特征。

石锥（Borers）　从毛坯两侧加工并相交于一端生成一个尖刃，其尖刃总是在器物顶端的中部。它的加工方法与尖状器相似，但它的尖刃与尖状器稍有不同，其尖刃较钝或相当短而扁[2]。一般器形很小。出现于旧石器时代初期而流行于中期，是欧洲莫斯特文化的基本工具之一。

石锥和石钻是两个很难区分的类别，本报告中不再单独区分。

雕刻器（Burins）　一种由一个、两个或多个窄长小石片疤和一个、两个或多个断口（或台面）相交形成两面角凿状刃口的石片或石叶工具。从器身上剥下的小石片称为"雕刻器削片（burin spall）"。在欧洲，雕刻器是旧石器时代晚期的标志性工具之一，不仅形式多样，加工也十分规范和精致。我国旧石器文化中也有雕刻器，但除个别地点如山西下川遗址[3]外，总的来说并不流行，类型也很单调。

琢背石刀（Backed knives）　在石片或石叶毛坯上一侧边进行较陡的修理而在对边则是一个锋利的刃缘。在旧石器时代早、中期广泛存在。

自然背石刀（Naturally backed knives）　在石片或石叶毛坯上没有任何修理，但有一个侧边是一个非常锋利的刃缘而另一个侧边背面带石皮。

端刮器（End-scraper）　一般在石片或石叶的一端或两端连续修理形成角度较陡的刃缘，这个刃缘或多或少要是圆的或者略直。端刮器的毛坯一般窄长。值得说明的是，刃缘修理不能过于陡直，否则为截断（Truancation）类型。截断一般作为打制雕刻器的台面使用。

薄刃斧（Cleavers）　薄刃斧是西方手斧文化的主要成分之一。它的主要特点有三个：一是以大石片、特别是轮廓稳定的孔贝瓦石片为毛坯；二是刃部为生产石片时形成的薄刃（位于远端或侧边），不做加工；三是对柄部或侧边施以修整使之适于手握。薄刃斧在非洲、印度很普遍，欧洲亦有出现。在中国，以丁村[4]、洛南[5]等遗址的薄刃斧最为凸出，不仅形式多样，而且制作规范。

---

［1］Debenath A., Dibble H., *Handbook of Paleolithic Typology Volume One:The Lower and Middle Paleolithic of Europe*, University of Pennsylvania Museum Press, 1994.

［2］张森水：《中国旧石器文化》，天津科学技术出版社，1987年。

［3］陈哲英：《下川遗址的新材料》，《中原文物》1996年第4期。

［4］裴文中、吴汝康、贾兰坡等：《山西襄汾县丁村旧石器时代遗址发掘报告》，科学出版社，1958年。

［5］王社江：《洛南盆地的薄刃斧》，《人类学学报》2006年第4期。

石镞（Projectile points）　一种比较特殊的类型，属于复合工具。其器身顶端为尖刃，底端则为了捆绑而进行精心修理。一般根据底端修理技术或最终形态进行进一步分类，如凹底石镞、带铤石镞等。在非洲旧石器时代中期已经出现，而到旧石器晚期则在世界各地都有发现。

石锤（Hammer stones）　石锤是"打制石器的工具"，其上常有打击过程中反作用力造成的斑痕或重叠片疤。石锤一般以从河床采集来的卵石、粗砾充任。

（七）备料（Manuports）

备料是指和石制品共生、无明显人工打击和使用痕迹，但对其出现在遗址里亦无法用非人为因素（如水流搬运等自然力）解释的卵石、粗砾和石块等。

（八）断块（Chunk）

断块是指剥片时沿自然节理断裂的石块或破裂的碎块。多呈不规则状，个体变异较大。

二、观察与测量项目

乌兰木伦遗址石制品观察和测量项目很多，除一些通用的基本项目外，不同类型石制品还有专属的项目。在一些石制品如石核和石片的观察项目中，大的项目下还有若干个小项目。每个项目以字母或阿拉伯数字代替输入表格然后进行统计。该节将详细列出石制品观察测量的各个项目并加以必要的解释。

（一）基本项目

标本编号　即发掘时标本的编号，由发掘年份、区县名称、遗址名称、地层、序号共同组成。如 12KW②1，首两位 12 是指发掘年份 2012 年，K 是康巴什的首字母，W 是乌兰木伦遗址的首字母，②是地层，最后的数字 1 是序号。2010 年第一次试掘标本编号为 OKW②，其中 O 是鄂尔多斯，K 是康巴什，W 是乌兰木伦，②是地层。2010 年第二次试掘标本编号为 KBS②，其中 KBS 意为康巴什，②是地层。此外，用火遗迹出土标本单独编号，如 YHYJ1③1，YHYJ 即用火遗迹，数字 1 为遗迹编号，③是遗迹所在地层，最后数字是标本序号。最后需要说明的是，除附录外，本报告只涉及乌兰木伦遗址第 1 地点标本，本报告标本编号中没有单独体现地点编号。

坐标　即遗物出土的三维坐标，用 X= 东读数、Y= 北读数、Z= 垂直读数来表示。乌兰木伦遗址采用全站仪进行三维坐标测量，其三维坐标测量值精确到小数点后 4 位。

原料　乌兰木伦遗址原料以石英岩为主，根据石英岩的质地又可分为 1a 优等石英岩、1b 中等石英岩和 1c 差等石英岩。其他还有 2 石英、3 燧石、4 石英砂岩和砂岩、5 片麻岩、6 硅质岩、7 玛瑙、8 玉髓。

磨蚀程度　指标本因搬运或碰撞等作用造成标本物理状态的改变，可以反映标本埋藏后所经历的变化。分为 4 个等级：1 无、2 轻度、3 中度、4 重度。

风化程度　指标本在大气和水的作用下，经化学分解作用而导致化学成分和矿物成分的改变。

分为 4 个等级：1 无、2 轻度、3 中度、4 重度。

尺寸　主要包括石制品的长、宽、厚等信息。根据其最大长度或宽度所在的变异范围，分为 5 个级别[1]：微型（＜20mm），小型（≥20mm，＜50mm），中型（≥50mm，＜100mm），大型（≥100mm，＜200mm），巨型（≥200mm）。

重量　根据标本重量的变异区间分为 5 个级别：很轻（＜1g），较轻（≥1g，＜25g），中等（≥25g，＜100g），偏重（≥100g，＜500g），较重（≥500g）。

刃角　包括尖刃器的尖角和非尖刃器刃缘的面角。

（二）石核的定位和观察、测量项目

1. 定位

乌兰木伦遗址有锤击石核、砸击石核和石片石核，它们的定位方法说明如下：

锤击石核：台面朝上，剥片面朝前，面向观察者，观察者的左侧为石核的左侧，观察者的右侧即为石核的右侧。

砸击石核：核体两端较尖的一端朝上，核体两侧较平的一面朝向观察者。

石片石核：依照石片的定位（详见后文）。

2. 观察和测量项目

类型　石核的进一步划分主要根据剥片技术与台面数量来划分，分为 5 类：1 单台面石核、2 双台面石核、3 多台面石核、4 向心石核、5 石片石核。

毛坯　即石核使用前的状态，分为 4 类：1 砾石、2 断块、3 石片、4 先前利用过的石核。

剥片方法　分为 3 类：1 硬锤锤击、2 硬锤砸击、3 压制。

最大长、最大宽　石核的最大长度和宽度。

技术长　石核的剥片面与其相对面之间的最大垂直距离。

技术宽　石核左侧切面和右侧切面之间的最大垂直距离。

厚　石核台面与其相对面的最大垂直距离。

台面类型　分为 2 类：1 自然台面、2 破裂面台面。

破裂面台面（plain platform），又称素台面，日本学者翻译成平坦打面[2]。本报告采用破裂面台面，是考虑到台面不一定是平坦的。

台面数量　主要针对非单台面石核而言，用阿拉伯数字 1~9 表示。

理论台面特征　理论上，从石核打击点延伸过去的整个平面（非剥片面）均可以成为继续剥片的台面，这个大范围的台面称为理论台面。其特征分为 3 种：1 平、2 凸、3 不规则。类型依台面类型。

理论台面石皮比例（按等级估算）　指理论台面石皮面积占整个台面面积的比例，用阿拉伯数

---

[1] 卫奇：《〈西侯度〉石制品之浅见》，《人类学学报》2000 年第 2 期。

[2] 大场正善、佐川正敏：《平城京左京二条二坊十四坪发掘调查报告——旧石器时代编（法华寺南遗迹）》，《奈良文化财研究所学报第 67 册》，奈良文化财研究所，2003 年。

字 1~10 分别代表 10%~100%。

理论台面长 理论台面由剥片面到相对面的最大长度。

理论台面宽 理论台面由左侧面到右侧面的最大长度。

有效台面类型 在剥片过程中，打制者利用到的剥片台面并不一定包括整个理论台面，而仅仅是理论台面的一部分，我们将这个打制者利用到的剥片台面称为有效台面。通过对理论台面的形态和石皮等特征的统计，我们可以知道打制者倾向于选择什么样的台面，然后与有效台面对比，又可以知道打制者需要对特定台面进行怎样的修整以达到所需台面的目的。有效台面的特征有：1 自然台面、2.1 修理台面、2.2 破裂面台面。

有效台面比例 即有效台面与理论台面的比值。按等级估算，用阿拉伯数字 1~10 分别代表 10%~100%。

有效台面边缘形态 有效台面与剥片面夹边的形态，可分为 4 种：1 平直、2 平弧、3 波浪直、4 波浪弧。

有效台面角 石核有效台面与剥片面的夹角。

剥片面形态 分为 3 种：1 平、2 凸、3 凹。需要说明的是，非单台面石核剥片面的观察和测量，以剥片面转换的先后顺序依次进行。这样通过不同时间段的剥片面特征可以知道为什么要转换剥片面。

对不同台面和剥片面测量和数据输入，在 EXCEL 表中一律另起一行。

剥片面片疤数量 剥片面上可见到的片疤（＞5mm）数量。

剥片面片疤层数 指石核上石片疤之间的打破关系。

剥片面片疤方向 剥片面上保留的阴疤方向，分为：1.1 从台面向下、1.2 从末端向上、1.3 向左、1.4 向右、2.1 上下相对、2.2 左右相对、3 多向。

剥片面最大片疤长、宽 剥片面最大完整石片疤的长度、宽度。

剥片面最小片疤长、宽 剥片面最小完整石片疤的长度、宽度。

剥片面完整片疤的远端特征 分为：1 羽状（指正常收聚的一种）、2 背向卷（向背面方向卷曲）、3 腹向卷（向腹面方向卷曲）、4 台阶状（因折断而呈现台阶状）、5Plunging（远端圆钝棱状，向背面微卷）、6Hinge（远端部分同心波呈凸起的棱，与边缘构成双贝壳状）。

剥片面完整片疤的边缘形态 分为 5 种：1 平行、2 汇聚、3 反汇聚、4 扇形、5 三角形。

可推测的剥片疤类型 根据石核残留的阴疤与石核台面以及石核表面的关系，判断该石核产生的石片类型。按石片的分类方法，分为 Ⅰ ~ Ⅵ型和不确定，分别用阿拉伯数字 1~7 代替。

剥片范围 整个石核上剥片面积占整个石核面积的百分比，可以反映剥片程度。按等级估算，用阿拉伯数字 1~10 分别代表 10%~100%。

（三）石片的定位和观察、测量项目

1. 石片定位

乌兰木伦遗址发现的石片主要由锤击法和砸击法剥下，即分为锤击石片和砸击石片两种。对它们的定位方法分别说明如下：

锤击石片：台面朝上，腹面正对观察者。靠近台面处为近端，与台面相对一端为远端，近端和远端之间为中段；左侧即为石片左侧，右侧即为石片右侧。

砸击石片：与砸击石核相对，较尖一端朝上，较凸的一面朝向观察者。

2. 石片的观察和测量项目

类型　根据石片形态特征，分为：1 完整石片、2 非完整石片、3 不确定。

完整石片根据 Nich Toth 的六型分类体系进一步划分为六大类：

Ⅰ型石片：自然台面，自然背面；

Ⅱ型石片：自然台面，自然和人工混合背面；

Ⅲ型石片：自然台面，人工背面；

Ⅳ型石片：人工台面，自然背面；

Ⅴ型石片：人工台面，自然和人工混合背面；

Ⅵ型石片：人工台面，人工背面。

非完整石片分为：2.1 左裂片、2.2 右裂片、2.3 近端、2.4 远端、2.5 中段。

特殊石片　将具有特殊技术或文化指示意义的石片单独区分出来。主要有以下几类：

双锥石片：在石片腹面可以观察到两个打击泡。

长石片：符合 Tixier[1] 石叶划分三项标准的石片，一般要求石片的长度等于或大于宽的两倍，且两侧边基本平行。

带唇石片：石片台面的腹面缘呈较细的凸棱状。

砸击石片（两极石片）：利用砸击法产生的石片。

孔贝瓦石片（双阳面石片）：以石片为毛坯产生的另一个石片，一般可观察到两个腹面。

更新石核台面桌板（rejuvenation core tablet）[2]：这是修复石核台面时打下的一种特殊石片。这种特殊石片的背面由一些修复台面时先行连续打片所产生的石片阴疤组成，柄部亦由一组半截的（常常是石片近端）石片阴疤组成。上述两点使得此类石片有一个厚"边"与平面呈多边形的轮廓[3]。

人为截断石片：人为有意截断的石片，在截断面必须要能观察到打击点。

纵脊石片：指对背面已有纵脊的有意利用，主要是对先前剥片形成纵向棱脊的有效利用。

修脊石片：指在石片背面可观察到有意修理的纵向棱脊，并形成一个三角形的截面，从而达到有效控制该石片的走向、长度和宽度的目的。这是石叶生产工艺中的重要技术。

这些类别之间并不一定具有特定的逻辑关系。

剥片技术　分为：1 硬锤锤击、2 硬锤砸击。

---

［1］Tixier J., Glossary for the description of stone tools, with special reference to the Epipalaeolithic of the Maghreb. In:R. Muto (eds.), *Newsletter of Lithic Technology*, Washington State University, 1974.

［2］黄慰文、侯亚梅、斯信强：《盘县大洞的石器工业》，《人类学学报》1997 年第 3 期。

［3］Inizan M. L., Roche H., Tixier J., Technology of knapped stone:followed by a multilingual vocabulary, *Prehistoire de la pierre taillée*, 1992.

最大长、宽 石片几何形态的最大长度和宽度。

技术长 主要针对石片和石片毛坯工具，与打击方向平行从台面到石片远端的最大直线距离。

技术宽 主要针对石片和石片毛坯工具，与技术长垂直的石片左侧到右侧的最大距离。

厚 石片腹面与背面的最大垂直距离。

最厚处位置 石制品前后两个面的最大厚度所在位置，一般用八分法来描述。在中心则用数字 9 表示。

石片形态 分为：1 长型（石片技术长大于技术宽）、2 宽型（石片技术长小于技术宽）。

边缘形态 对石片左侧边和右侧边关系的观察描述。分为：1 平行（石片的左右两边相互平行）、2 准平行（石片的左右两边基本平行）、3 汇聚（石片两边向下汇拢）、4 反汇聚（与汇聚相反）、5 三角形（两边汇拢后石片呈三角形）、6 扇形（呈圆钝状）、7 不规则。

台面类型 分为：1 自然台面（本报告主要指石皮台面）、2 破裂面台面（详见石核台面类型描述）、3 修理台面（人工修理台面）、4 点状台面（台面缩小成一个点，以至于肉眼无法区分是自然石皮还是破裂面）、5 线状台面（台面缩小成一条线，以至于肉眼无法区分是自然石皮还是破裂面）。

台面片疤数 主要针对破裂面台面和修理台面而言，指石片台面可观察到的片疤数量。

台面石皮比例 石片台面石皮面积占整个台面面积的比例。按等级估算，用阿拉伯数字 1~10 分别代表 10%~100%。

台面长 石片腹面与背面之间在台面处的最大长度。

台面宽 石片左侧与右侧之间在台面处的最大宽度。

台面内角 石片台面与石片腹面之间的夹角。

台面外角 石片台面与石片背面之间的夹角。

打击点 分为：1 明显、2 不明显、3 不确定。

石片后缘 即石片背面与石片台面的相交线，一般分为：1 平整、2 波纹、3 曲折。

石片后缘可见打击点数量 用阿拉伯数字表示。

唇 分为：1 有、2 无。

半锥体 分为：1 明显、2 不明显。

打击泡 分为：1 明显（打击泡鼓凸）、2 一般（可见打击泡，但不很凸出）、3 无。

锥疤 分为：1 有、2 散漫、3 无。

放射线 分为：1 明显、2 不明显。

同心波 分为：1 明显、2 不明显。

末端形态 石片的末端形态与打击力度和原料等因素有关，可分为：1 羽状（指正常收聚的一种）、2 背向卷（向背面方向卷曲）、3 腹向卷（向腹面方向卷曲）、4 台阶状（因折断而呈现台阶状，这种折断是自然折断，即在截面看不到人为打击点而与人为截断石片区分开来）、5Plunging（远端圆钝棱状，向背面微卷）、6Hinge（远端部分同心波呈凸起的棱，与边缘构成双贝壳状）。

背面石皮比例 石片背面石皮面积与背面面积的比例，按等级估算，用阿拉伯数字 1~10 代表 10%~100%。

背面石皮位置　用八分法来描述，如在中心则用数字9表示。

背面形态　分为：1平、2凸、3凹。

背面疤数量　可见背面疤（大于5mm）的数量，用阿拉伯数字表示。

背面疤方向　石片背面阴疤的方向，可反映剥片的技术特征，分为：1.1从台面向下、1.2从末端向上、1.3向左、1.4向右、2.1上下相对、2.2左右相对、3多向。

背面最大疤（完整）长、宽　背面最大剥片疤的技术长、技术宽。

背面最小疤（完整）长、宽　背面最小剥片疤的技术长、技术宽。

通过对背面疤大小的统计可以知道石核剥片产生石片大小的幅度。

背面疤层数　背面可见阴疤打破次数，用阿拉伯数字表示。可以知道该件石片是至少在第几次剥片之后产生的。

最早层背面疤方向　分为：1.1从台面向下、1.2从末端向上、1.3向左、1.4向右、2.1上下相对、2.2左右相对、3多向。

第2和3层背面疤数量和方向　分为：1.1从台面向下、1.2从末端向上、1.3向左、1.4向右、2.1上下相对、2.2左右相对、3多向。

再后依次类推。

背脊数　背面疤形成脊的数量，用阿拉伯数字表示。

最后背脊方向　背面阴疤形成脊的方向，分为：1与石片方向同向、2与石片方向垂直、3不规则。

边缘破损位置　判断边缘破损的规律，具体位置采用八分法进行描述：1腹面（结合八分法图分为1.1~1.9分别代表腹面不同位置）、2背面（用2.1~2.9分别代表背面不同位置）。

石片腹面曲度　分为：1平、2凸、3凹。

（四）工具的定位和观察、测量项目

1. 定位

主要根据工具毛坯而定，具体来说，如下：

石片毛坯：按石片的定位方法。

非石片（如石核、断块、砾石等）毛坯：一般刃缘朝上，较凸的一面称为正面，朝向观察者，较平的一面称为背面，背向观察者，左侧即为工具左侧，右侧即为工具右侧。

2. 观察、测量项目

类型　按前文所列工具的类别。

毛坯　分为：1石片（1.1Ⅰ型石片、1.2Ⅱ型石片、1.3Ⅲ型石片、1.4Ⅳ型石片、1.5Ⅴ型石片、1.6Ⅵ型石片、1.7左裂片、1.8右裂片、1.9近端、1.10远端、1.11中段）、2石核、3断块、4砾石、5其他。

毛坯估计边缘形态　分为5种：1平行、2汇聚、3反汇聚、4扇形、5三角形。

工具边缘形态　分为5种：1平行、2汇聚、3反汇聚、4扇形、5三角形。

通过对毛坯边缘形态的估计，可以知道毛坯的最初形态，然后对比加工后的工具边缘形态，可

以知道工具修理对于毛坯最初形态的改变程度。

技术长、宽 主要对石片毛坯工具而言，按石片测量方法测量。

最厚处 工具最厚处所在位置，按八分法来表示。

石片毛坯类型 可准确知道的石片类型，即石片的 6 个类型和非完整石片。

石核毛坯类型 可准确知道的石核类型，即 1 单台面、2 双台面、3 多台面石核。通过统计可以知道工具修理对石核类型的选择性。比如，在一个遗址发现的石核毛坯工具多为多台面石核，表明打制者倾向于选择剥片程度较高的石核，因为该类石核形成的多个新鲜剥片面有利于进一步的工具修理和加工。

加工方式 分为 7 种：1 正向（石片毛坯由腹面向背面单向加工）、2 反向（石片毛坯由背面向腹面单向加工）、3 错向（一侧正向，一侧反向）、4 交互（正反向连续交替）、5 对向（在两个相对的边向同一方向加工）、6 两面（在工具的两个面上同时有修疤）、7 复向（在同一边一段为正向，一段为反向）。

加工方法 分为 4 类：1 硬锤锤击、2 硬锤砸击、3 软锤、4 压制。

加工位置 分为：1 石片毛坯（1.1 腹面：具体位置采用八分法进行描述，分别用 1.11~1.19 来代表；1.2 背面：分别用 1.21~1.29 来代表）、2 石核毛坯（2.1 剥片面靠近台面处、2.2 剥片面底边、2.3 剥片面左侧、2.4 剥片面右侧、2.5 非剥片面位置）、3 砾石（3.1 砾石较宽边、3.2 砾石较短边）、4 周边修理。

加工长度 修理疤的延续长度。

加工所在边长度 加工所在边的总长度。

加工长度指数 在一条边上修理长度与该边总长度的比值。

加工深度 加工片疤在加工所在面上的延伸长度。

加工面宽 加工所在面的最大宽度。

加工深度指数 加工深度与加工面宽的比值。比值越大表示加工指数越高，用数值表示。一般分为：1 边缘修理、2 深度修理。

过中线片疤数 以工具长轴将其分为两部分，单面修理片疤超过长轴线的数量。

修疤层数 修理的次数。

单个修疤形状 分为：1 长型、2 宽型。

修疤形态 分为：1 "鳞状（scalar）"修整、2 "台阶状（stepped）"修整、3 "平行"或"准平行"（parallel or subparallel）修整。"鳞状"修整是欧洲旧石器时代中期的一种典型修整片疤。"台阶状"修整亦称"奎纳（Quina）"修整，以法国旧石器时代中期的奎纳遗址最具代表性，这种技术形成厚刃。"平行"或"准平行"修整是欧洲旧石器时代晚期梭鲁特（Solutrean）文化的标志，与压制法有关（图一五）；

修疤连续性 分为：1 连续（continuous）、2 非连续（discontinuous）。

修疤远端形态 分为：1 弧形、2 汇聚、3 反汇聚、4 不规则。

刃口形态 刃口形态是划分石器类型以及在器型内部进一步划分亚型的重要标准，而且具有不

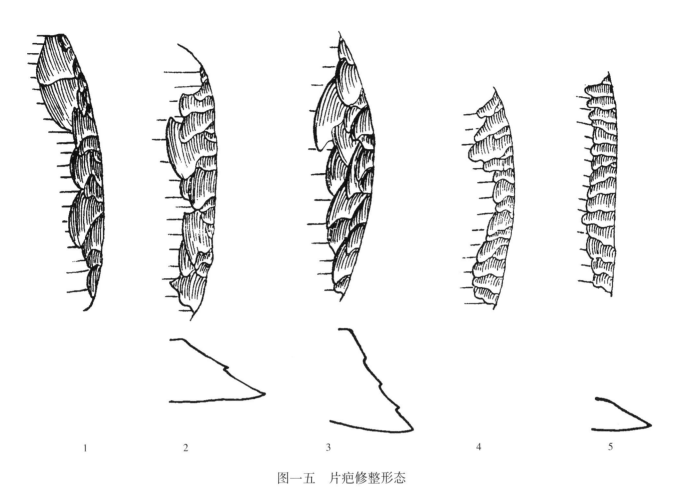

图一五　片疤修整形态

（出自 Debenath A. , Dibble H. , *Handbook of Paleolithic Typology Volume One: The Lower and Middle Paleolithic of Europe*, University of Pennsylvania Museum Press, 1994）

1、2. 鳞状修整（scalar retouch）　　3. 台阶状修整（stepped retouch）　　4. 准平行修整（subparallel retouch）　　5. 平行修整（parallel retouch）

同刃口形态的工具往往被认为具有不同的功能[1]。为了准确地说明和描绘刃口形态变异，并阐释这些变异在类型学和功能上的意义，Barton[2] 创设了刃口形态指数（SI-Shape Index）的概念。本报告采用 Barton 的刃口形态指数概念，但不采用其计算方法。本报告的计算方法是将不同形态的刃口变异为理想化的标准圆弧，然后以该圆弧的中线高除以两端连线的长，得到的结果乘以 100 即可反映圆弧弧度。这实际上计算的是理想圆弧的 tan 角度值。数值越大，则表示弧度越大；凸弧和凹弧分别用正数和负数来表示，而直刃则为 0。

几类工具独有的观察和测量项目如下：

锯齿刃器：锯齿数量、锯齿最大高度、锯齿最小高度、齿间距。

凹缺器：类型（单凹缺、双凹缺）、单缺口宽、单缺口高、单缺口弧度（缺口高与缺口宽的 1/2

---

［1］高星：《关于周口店第 15 地点石器类型和加工技术的研究》，《人类学学报》2001 年第 1 期。

［2］Barton C., *Lithic Variability and Middle Paleolithic Behavior: New Evidence from the Iberian Peninsula*, BAR International Series 408, 1988.

的比值）、凹缺修理方法（1 单次打击，即克拉克当型；2 两次打击；3 多次打击）、凹缺修疤数、双凹缺间距。

雕刻器：台面剥片长、剥片面剥片长、剥片数、刃口长。

（五）其他（断块、废片）定位和观察项目

1. 定位

以其长轴方向上较平的一面为底面，相对较凸的一面为顶面；较宽一端为近端，较窄的一端为远端。观察者的左侧就是断块的左侧，其右侧为断块的右侧。

2. 观察和测量项目

断块的观测项目相对较少，主要包括基本项目中的几项[1]。

三、其他术语

（一）拼合成功率（Refit success rates）

石制品拼合研究中最常用到的一个概念，它的计算方法是拼合石制品数量与石制品组合中石制品总数的比值。虽然拼合石制品的最大数未必与所有石制品标本数量等值，但拼合成功率至少提供了一个大概的成功率。一般来说，石制品拼合率在一个遗址中往往不会太高，到 20% 就已经很好了[2]。很多因素都会影响拼合研究工作的成果[3]。一般来说，拼合研究者的努力程度、石制品不同的剥片方法、石制品原料类型、特别是石制品组合的规模都会影响拼合成功率。事实上，如果不认真仔细的对石制品进行复原和分析则不能得到好的甚至不会发现有拼合组。有学者曾对拼合成功率做过实验考古研究[4]，结果表明拼合成功率具有个体差异，不同石制品生产程序也会造成拼合率的差异，如生产手斧和拼合就比石核剥片程序要困难一些；石制品的大小也会影响拼合率，如较小的石制品就会使拼合变得困难。

（二）拼合类型

本发掘报告采用王社江先生在对洛南花石浪龙牙洞遗址石制品拼合研究中的两个概念来代表不同类型的拼合（refitting）：拼接关系（join）和拼对关系（conjoin）[5]。因此，在拼合组中区分不同

---

［1］Debenath A., Dibble H., *Handbook of Paleolithic Typology Volume One:The Lower and Middle Paleolithic of Europe*, University of Pennsylvania Museum Press, 1994.

［2］Cziesla E., Refitting of stone artefacts, In: Cziesla E., Eickhoff S., Arts N.,et al. (eds.), *The Big Puzzle:International Symposium on Refitting Stone Artefacts*, Studies in Modern Archaeology, 1990, pp. 9–44.

［3］Peter B., Obviously sequential, but continuous or staged? Refits and cognition in three late paleolithic assemblages from Japan, *Journal of Anthropological Archaeology*, 2002, 21:329–343.

［4］Laughlin J. P., Kelly R. L., Experimental analysis of the practical limits of lithic refitting, *Journal of Archaeological Science*, 2010, 37:427–433.

［5］王社江：《洛南花石浪龙牙洞 1995 年出土石制品的拼合研究》，《人类学学报》2005 年第 1 期。

类型的拼合情况，对于了解遗址的埋藏特征具有重要意义[1]。

拼接关系　指的是不完整石片之间或断块之间的拼合。从时效上看，拼接关系的产品几乎是同时产生的。

拼对关系　指除拼接关系之外的所有拼合情况，包括石核—石片（含修理石片与碎片或断块）、石片—石片（碎片或断块）等。从时效上看，拼对关系则是不同剥片过程的产物，因而有明显的时间先后顺序。

第二节　石制品概述

乌兰木伦遗址自 2010 年发现以来至 2017 年，持续进行了考古发掘。本报告主要是对 2010 年 6~7 月和 2010 年 9 月的 2 次试掘以及 2011~2013 年度 3 次正式发掘出土标本的整理，发掘出土编号石制品（不包括筛洗和采集标本）统计如表三所示。目前，已有两篇阶段性的发掘报告[2]和两篇介绍性的文章[3]发表。

表三　乌兰木伦遗址历次发掘所获石制品

发掘时间	统计	石制品							
		石锤	石核	石片	工具	碎片	废片	断块	备料
2010 年 6~7 月试掘	数量 N	7	125	800	303	0	0	45	12
	比例 %	<1	10	62	23	0	0	3	1
2010 年 9 月试掘	数量 N		8	124	23	15	37	1	0
	比例 %		4	60	11	7	17	1	0
2011 年正式发掘	数量 N		28	889	79	160	325	54	7
	比例 %		2	58	5	10	21	4	<1
2012 年正式发掘	数量 N		9	412	35	240	259	26	4
	比例 %		1	42	4	24	26	3	<1
2013 年正式发掘	数量 N		5	151	23	5	50	9	7
	比例 %		2	60	9	2	20	4	3
合计		7	175	2376	463	420	671	135	30
比例 %		<1	4	57	11	10	14	3	1

---

[1] 王社江、张小兵、沈辰等：《洛南花石浪龙牙洞 1995 年出土石制品研究》，《人类学学报》2004 年第 2 期。

[2] 侯亚梅、王志浩、杨泽蒙等：《内蒙古鄂尔多斯乌兰木伦旧石器时代遗址》，《2011 中国重要考古发现》，文物出版社，2012 年；王志浩、侯亚梅、杨泽蒙等：《内蒙古鄂尔多斯市乌兰木伦旧石器时代中期遗址》，《考古》2012 年第 7 期。

[3] 王大方、侯亚梅、王志浩：《鄂尔多斯乌兰木伦旧石器时代晚期古人类遗址发掘成果》，《中国文物报》2011 年；侯亚梅、王志浩、杨泽蒙等：《内蒙古鄂尔多斯乌兰木伦旧石器时代遗址》，《2011 中国重要考古发现》，文物出版社，2012 年。

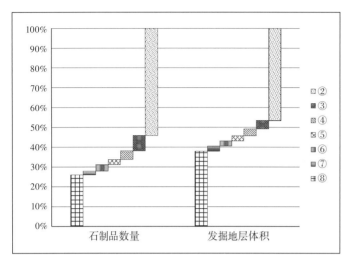

图一六 各层石制品数量与发掘体积（估算）对比

乌兰木伦遗址一共分为8层，其中第②~⑧层的文化遗物分布非常密集，石制品与其他遗物如古动物牙、骨化石重叠分布（彩版二六，1~3）。

对发掘编号石制品按层位进行统计，各层石制品数量相差较大，其中第②层数量最多，达40%；其次为第⑧层和第③层，分别为19%和11%；其余各层数量均较少，均没有超过10%（表四）。这种不同层位石制品数量上的差别，可能反映的是不同时期人群生活面貌的差异，也可能是受到发掘面积的影响。为了弄清楚这种差别的原因，我们对历次发掘每个层位的体积进行了估算，通过每年度发掘前的遗址全景结合每次发掘时对发掘层位边缘的全站仪测量值来进行。每个层位的发掘体实际上是一个不规则面体，因此在估算时尽量采用切割法进行加减计算。最后得出各层的发掘体积与石制品比例如图一六所示，显示地层发掘体积与石制品数量具有较为明显的相关性。

表四 各层石制品类型统计

地层	石锤	石核	石片	工具	碎片	废片	断块	备料	合计	比例%
②	0	45	1037	117	194	286	30	4	1713	40
③	2	13	312	66	4	55	20	2	474	11
④	2	14	172	66	8	38	19	1	320	8
⑤	2	54	220	76	13	29	20	8	422	10
⑥	0	24	123	53	6	25	14	4	249	5
⑦	0	14	177	36	13	25	6	3	274	7
⑧	1	11	335	49	182	213	26	8	825	19
合计	7	175	2376	463	420	671	135	30	4277	100

不考虑2010年第一次试掘标本，通过对各层石制品不同项目对比发现，无论是石制品类型、原料、剥片技术还是尺寸，各层都没有体现出太大的区别。石制品类型均以石片、碎片和废片为多，其他类型如石核、工具、断块和备料均较少（图一七）。石制品原料均以石英岩为主，其次为石英，其他各类型原料均较少（图一八）。剥片技术上，硬锤锤击技术占了最为主要的成分，砸击技术只在第③、⑧层有极少量的出现（图一九）。石制品最大长、宽均主要集中在10~50mm（图二〇）。

总体上来看，乌兰木伦遗址石制品具有数量多、分布密集、类型丰富等特点。不同层位石制品在单位体积数量以及其他一些技术特征上没有显示出太大的区别。当然，我们也不能忽视其中的一些差异，如较低层位石制品数量对应发掘体积相对较少、砸击技术只出现在个别层位等。此外，由于受到发掘体积的影响，目前所获得的石制品数量在各层中比例不均，个别层位石制品数量极少，难以反映其全貌。本报告将对各层石制品进行分层观察、统计、描述和研究，试图揭示和解释不同层位石制品的异同。

第三节　原料的开发与利用

一、原料的类型和特征

乌兰木伦遗址原料的类型和特征主要从原料的类型、等级、石皮及其状态、尺寸和形状等几个方面来进行研究。

（一）类型

对抽样的 2721 件标本进行统计可知，乌兰木伦遗址原料类型较为多样，目前的材料可区分出 8 个不同的原料类

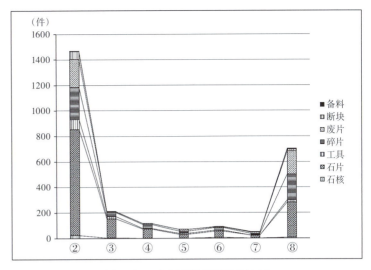

图一七　各层石制品类型统计

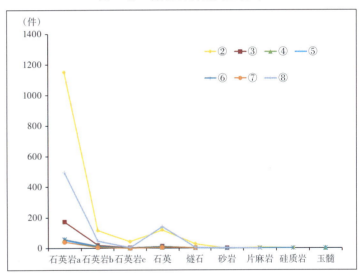

图一八　各层石制品原料统计

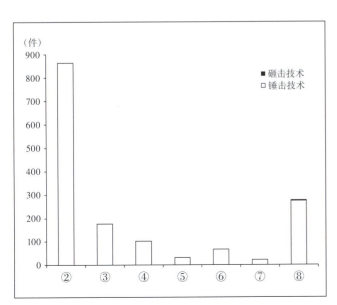

图一九　各层石制品剥片技术统计

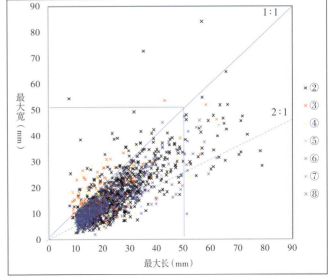

图二〇　各层石制品尺寸分布

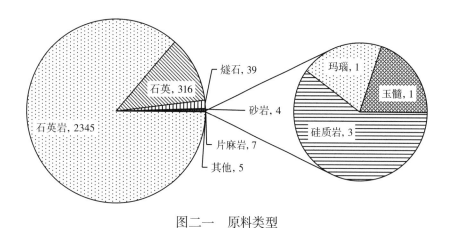

图二一 原料类型

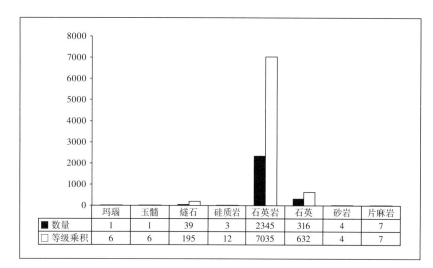

图二二 不同等级原料数量

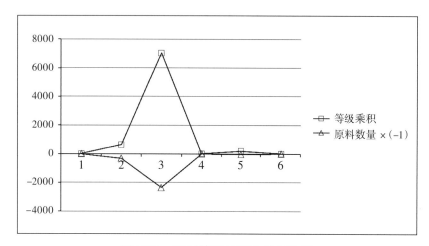

图二三 不同等级原料数量与乘积

型，但不同原料在比例上有很大的差别。其中，以石英岩最多，一共有 2345 件，为 86%；其次为石英，一共 316 件，为 12%；再次为燧石，有 39 件，为 2%；其他原料如砂岩、片麻岩、硅质岩、玛瑙、玉髓等数量极少，均未超过 10 件（图二一）。

（二）等级

从乌兰木伦遗址分辨出的几类原料来看，其总体原料等级[1]基本上可以划分为：玉髓、玛瑙＞燧石＞硅质岩＞石英岩＞石英＞砂岩、片麻岩。从不同等级原料的数量上看，等级好的原料如玉髓、玛瑙和燧石等都不是最多的，而等级差的原料如砂岩、片麻岩等数量也较少；最多者为等级相对中等的石英岩，其次为石英（图二二）。如果规定总体原料等级最高者（玛瑙、玉髓等）为等级 6，最低者（砂岩等）为 1，以等级值乘以对应原料数量我们可以得到不同原料的等级乘积，该等级乘积可以反映原料利用者的偏好。如图二三所示，原料等级乘积与等级数量对应得非常的好，石英岩原料在乌兰木伦遗址石器工业中具有举足轻重的地位。

由于石英岩占有如此大的比重，我们对石英岩进行了进一步的等级划分，主要划分成优（a）、

---

[1] Inizan M. L., Michele R., Roche H., et al., Technology and terminology of knapped stone, *Nanterre: CREP*, 1999.

中（b）、差（c）三个等级。一般来说，原料等级的划分主要考虑颗粒大小、均质性、韧性和硬度等因素[1]。我们在对遗址石制品石英岩原料等级进行观察时，只将颗粒大小作为判断因素。因为其他几项在考虑时会遇到一些问题或不需要参考。比如均质性，虽然一件石核其内部结构有节理甚至有大的裂痕，如此定义其等级为差；但是在剥片时石核断裂并利用"子石核"继续剥片，在剥下来的石片上是看不到节理或裂痕的。这样的统计，就会造成野外地质调查原料等级为优的原料偏低，而遗址原料等级为优的原料则偏高的情况。而韧性和硬度在石英岩这一单类原料来说，则不具有太大的差别。

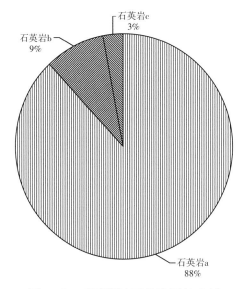

图二四　不同等级石英岩原料比例

经统计，在不同等级石英岩原料中，等级优的石英岩占了主要部分，所占比例达到88%，而等级为中的石英岩为9%，等级差的石英岩仅3%（图二四）。

（三）石皮面和表面状态

石皮可区分为结核面、岩石风化面、砾石面三种[2]，可以代表原料的原型或来源。乌兰木伦遗址石制品可见石皮者全部为砾石面。可见遗址原料初始状态为砾石。

表面状态主要是指风化程度。遗址出土石制品的风化现象原因有两种，一是原料在获得之前已经风化；二是石制品在埋藏之前暴露地表时间太长而风化。要判断石制品的风化原因，主要通过埋藏学来进行研究。在前文论及的"埋藏学研究"中，乌兰木伦遗址属于原地埋藏且为迅速埋藏性质，因此石制品如果有风化的话，应该是原料获取之前就已经风化了，这个可能与古人类对原料的特殊利用有关[3]。而如果石制品没有风化的话，那么表明古人类并不优先选择风化原料。通过对乌兰木伦遗址石制品的观察，也如前文埋藏学研究对石制品风化程度的观察，表明石制品无任何风化现象。

（四）尺寸

判断遗址初始原料毛坯尺寸大小的可靠材料是对原料毛坯改变较小的石制品类型。一般来说，石片以及石片毛坯工具属于剥片产品或者加工产品，其形状和尺寸改变较大，不宜作为分析初始原料尺寸大小的依据；而砾石毛坯石核特别是剥片程度较低的石核、用砾石直接加工的工具如石球等砾石产品和备料尺寸改变相对较小或无改变，对于推测所利用原料形态和尺寸较为可靠。

[1] Inizan M. L., Michele R., Roche H., et al., Technology and terminology of knapped stone, *Nanterre: CREP*, 1999.

[2] Debenath A., Dibble H., *Handbook of Paleolithic Typology Volume One: The Lower and Middle Paleolithic of Europe*, University of Pennsylvania Museum Press, 1994.

[3] 刘扬、侯亚梅、卫奇等：《泥河湾盆地中部东坡旧石器时代早期遗址的发现》，《人类学学报》2010年第2期。

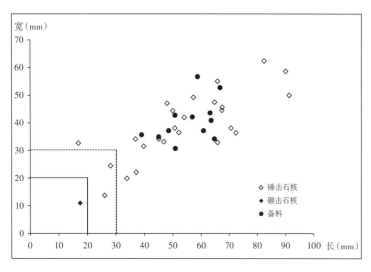

图二五 原料毛坯尺寸

通过对 12 件备料、26 件石核在内的砾石毛坯石制品尺寸进行统计，可见遗址初始原料毛坯大小主要集中在 40~80mm，没有大于 100mm 和小于 10mm 的原料毛坯；小于 20mm 的原料毛坯只有 1 件，为砸击石核（图二五）。

（五）早期利用过原料的再利用

乌兰木伦遗址还有一类比较特殊的初始原料毛坯为早期利用过的原料。这类原料一般尺寸较大，质地较好，且由于早期的剥片也形成了较好的剥片条件如平的剥片台面和相对较好的剥片角度。这类早期利用过的原料一共发现有 8 件，原料均为优质石英岩；尺寸 50~90mm，平均大小为 74mm。

二、地质调查：原料产地及其可获性研究

乌兰木伦遗址一发现，考古人员就开展了原料产地调查和确定的工作。经考察，初步确认遗址西北部 2km 处乌兰木伦河基岩砾石层为遗址原料来源地。不过，由于侵蚀严重，加上该地点离城区较近，其砾石层保存状况非常不好，使我们无法对该砾石层中砾石情况进行分析，也就无法与遗址原料利用进行对比，不仅难以对乌兰木伦古人类遗址原料利用情况进行研究，实际上对于其是否是遗址真正的原料产地也缺乏证据。因此，为了弄清楚遗址原料产地及其开发利用策略，开展对乌兰木伦河流域基岩砾石层的地质调查就显得十分必要。

（一）调查区域地质背景

鄂尔多斯高原在大地构造上属华北地台西南部，是一个中、古生代大型构造沉积盆地，其由于新生代以来持续上升运动而形成今日高原地貌景观[1]。由于鄂尔多斯高原蕴藏着丰富的煤炭、石油、天然气、煤层气、铀等矿产资源，对该地区含矿等早期地质地层已有大量的研究成果。

乌兰木伦遗址发现后，中国科学院地质与地球物理研究所袁宝印研究员等对遗址所在区域进行了地质考察，其考察成果如图二六所示。可见，该地区分布有大量白垩系、侏罗系和上新统的地层。其中白垩系的地层分布尤为广泛，基本在该区域全境均有存在，侏罗系地层主要分布在东北部，上新统地层则零散分布在不同局部区域。全更新统沙地和晚更新统湖相沉积也分布较广，其中全更新统沙地主要分布在东南部，晚更新统湖相沉积则主要沿河流分布在该区域中部。晚更新统河流沉积分布不广，但也有一定的分布，主要分布在乌兰木伦河流域的上游地区。

［1］王德潜、刘祖植、尹立河：《鄂尔多斯盆地水文地质特征及地下水系统分析》，《第四纪研究》2005 年第 1 期。

乌兰木伦河两岸广泛的白垩系地层冲刷剖面可见到厚薄不一的古河道砾石层堆积。乌兰木伦古人类最有可能利用的就是这些广泛存在的老基岩砾石层中的砾石。

（二）调查方法和技术路线

地质调查的目的主要是为了确定乌兰木伦遗址原料产地和原料的可获性，在一开始推测的原料产地基岩砾石层遭到破坏的情况下，我们需要对乌兰木伦河流域两岸砾石层砾石情况有一个较为充分而全面的了解，从而确定推测原料产地的可靠性及古人类原料利用的开发方略。为此，可行的方法是在乌兰木伦河流域不同距离选取调查点，然后通过对不同距离调查点砾石层砾石的分析来推测原料产地的砾石情况。

在充分了解乌兰木伦遗址所在区域的地质背景后，我们选定了可能存在砾石层的河流两岸进行地质调查。最开始的调查是区域性的地质调查，主要确定目前还可见到基岩砾石层的区域范围。在此基础上，我们再选定几个调查点进行重点观察

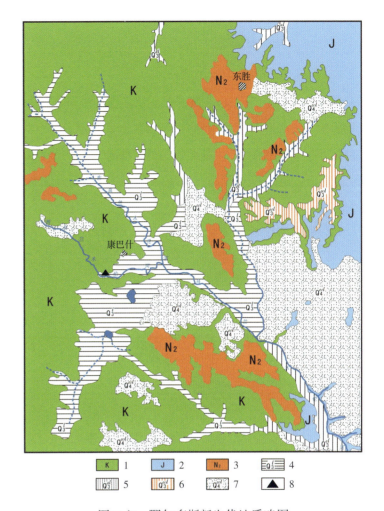

图二六　鄂尔多斯新生代地质略图

（出自侯亚梅、王志浩、杨泽蒙等：《内蒙古鄂尔多斯乌兰木伦遗址 2010 年 1 期试掘及其意义》，《第四纪研究》2012 年第 2 期）
1. 白垩系 2. 侏罗系 3. 上新统 4. 晚更新统湖相沉积 5. 晚更新统河流 6. 晚更新统风成黄土 7. 全新统沙地 8. 乌兰木伦遗址

和进行其他测量统计工作。最后再将调查统计结果与遗址原料情况进行对比分析（图二七、二八）。

具体取样和分析方法为，在确定了乌兰木伦河流域基岩砾石层范围后（在遗址点往下乌兰木伦河流域没有基岩砾石层存在），按距离遗址远近和砾石层保存状况确定了 4 个调查取样点。调查点 1、2 和 3、4 分别距遗址 2km 和 6km（图二九）。在每个调查点砾石层剖面布方，为 1m×1m；对探方内 ≥ 20mm 的砾石进行采集、观察和测量，< 20mm 者只进行计数。选择在砾石层剖面而不是地表布方是由于基岩砾石层表面遭受后期的侵蚀和破坏，其现有状态已不是砾石层堆积的原始面貌，有相当一部分小砾石已经被冲走；而砾石层剖面则不然，基本上保留了砾石堆积的原始面貌。砾石观察和测量项目与遗址原料观察项目保持一致，主要包括岩石类别和等级、尺寸、重量、是否具有好的工作面、风化程度等。其中需要说明的是等级判断标准，其主要砾石以内部颗粒大小为依据。同时为保证等级判断不因人而异，砾石等级定级和遗址原料等级定级由一人完成；在野外砾石观察和统计过程中，对从外部难以观察的砾石砸开后再确定。

（三）调查结果

1. ≥ / < 20mm 砾石比例

统计结果显示，4 个调查点 ≥ / < 20mm 砾石占比相差不大，且均以 < 20mm 砾石为多，其中调查点 1 < 20mm 砾石比例为 68%，调查点 2 比例为 70%，调查点 3 比例为 66%，调查点 4 比例为 68%，平均值为 68%（图三〇）。虽然 < 20mm 砾石比例相对较高，但是 ≥ 20mm 砾石实际上也较为容易获得，这一点在其数量上有很明显的反映，4 个地点在取样的 1m×1m 探方内，其数量最少者也超过了 120 件。

2. 砾石岩性

4 个调查点一共观察到 7 种不同岩性的砾石，分别是石英岩、石英、燧石、石英砂岩、片麻岩、砂岩和硅质岩。有些岩石类型在个别调查地点取样中没有发现，如在调查点 1 没有发现燧石、石英；在调查点 2、3 没有发现燧石；在调查点 4 没有发现石英。4 个调查点不同岩性砾石所占比例大致相同，

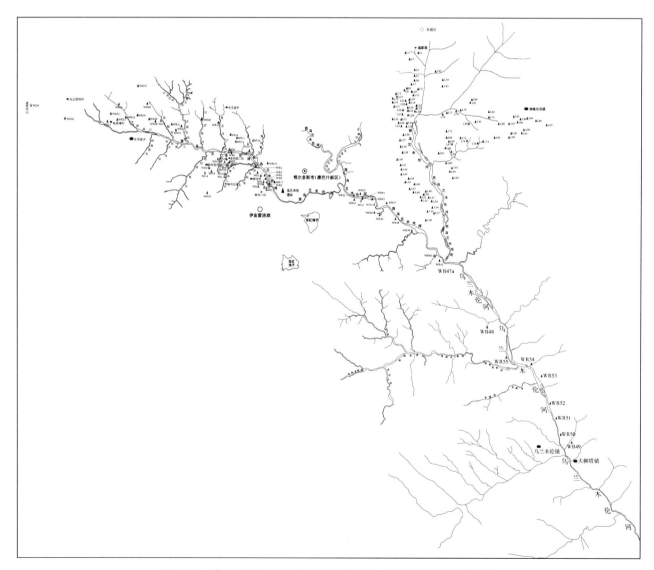

图二七　乌兰木伦河流域旧石器考古地点和遗址分布示意图

均以石英岩为主，最高者调查点 4 达到 58%，最少者调查点 3 为 48%；其次为石英砂岩，最高者调查点 3 达到 36%，最少者调查点 2 为 19%；再次为砂岩，最高者调查点 1 达到 15%，最少者调查点 3 仅为 3%。其他岩性砾石均较少，但硅质岩占有一定比例，平均达到 6%（图三一）。

如果考虑因取样点带来的误差，可以认为 4 个调查点的砾石在不同岩性上没有体现出差别。其岩性特征可以概括为：以石英岩为主，石英砂岩也占有较高的比例，砂岩和硅质岩相对较少，而其他类型砾石所占比例极少；极其优质的原料如玛瑙和玉髓等不见。

3. 石英岩等级

地质调查中对石英岩等级的规定与对遗址石制品石英岩等级的规定一致，分成优、中、差三个等级。由于石英岩等级的判断在地质调查和遗址石制品分析中都是由同一个人完成，所以不会有不同研究者在判断时的影响。石英岩等级的判断标准如前文所述其主要指标是内部颗粒大小。经统计，4 个调查点表现出一致的特征，即等级优的石英岩比例并不是最高的特别是在调查点 1，其等级优的石英岩仅占 8%，最高者调查点 3 也仅为 37%，不到半数。等级中的石英岩比例最高（图三二）。尽管如此，并不能说等级优的石英岩原料不好获得，实际上在 1m×1m 的范围内，有 10%~30% 的优质石英岩，数量还是可观的，可以说基本不用费力寻觅即可获得。

4. 砾石尺寸

砾石尺寸主要测量了 ≥ 20mm 砾石的最大长、宽，主要根据砾石的几何形态来进行测量。统计结果显示，4 个调查点砾石尺寸分布较为集中，均主要为 40~100mm；大于 120mm 的相对很少；只在调查点 2 发现有大于 200mm 的砾石（图三三）。

5. 形状、工作面和表面状态

砾石形状主要为椭圆、平板和不规则三种，统计结果如图三四所示。4 个调查点椭圆状砾石最多，其次为不规则状，很少有平板状砾石。可见基岩砾石磨圆度较高。

工作面，主要观察砾石是否具有较平的工作面和较好的剥片角度，而剥片角度又是优先考虑的标准。结合这两个观察指标，4 个调查点具有较好工作面的砾石比例相当，平均为 28%。

风化砾石发现很少，4 个调查点一共发现有 31 件，均出现在等级较差的砾石中。其中，砂岩风化砾石数量最多，其次为石英砂岩，片麻岩相对较少。

6. 优质原料和已利用过原料的来源

优质原料主要是指在遗址发现的玉髓、玛瑙等。在 4 个调查点所布探方内均没有发现这些优质原料。考虑到布方的随机性，至少表明这类原料在乌兰木伦河基岩砾石层中极少或没有分布。如果乌兰木伦河流域不存在这类优质原料，那么这些原料就有可能是通过交换得来。为了弄清这个问题，我们在进行地质调查的时候，尽量注意脚下每一件砾石。通过仔细的调查，在乌兰木伦河流域两岸地表发现了类似的优质原料，包括玛瑙等，但数量极少，且尺寸较小（彩版二六，4）。这类优质原料的发现，至少表明在遗址附近可以找到优质原料。

关于已利用过原料，考古人员在 2011 年度乌兰木伦河流域旧石器考古调查时发现有大量旧石器标本，这些标本中不乏磨圆度较高者，可能就是来源之一。

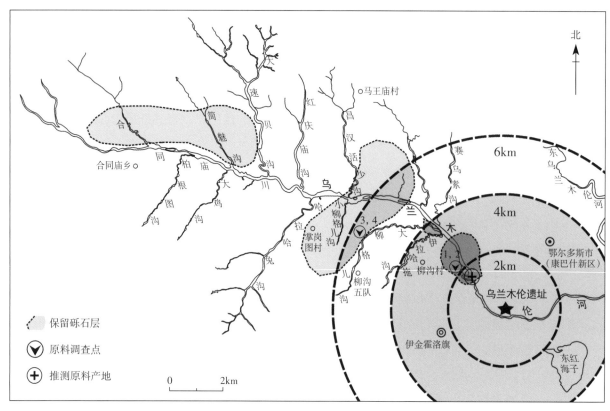

图二九　乌兰木伦河流域砾石层分布及调查点位置

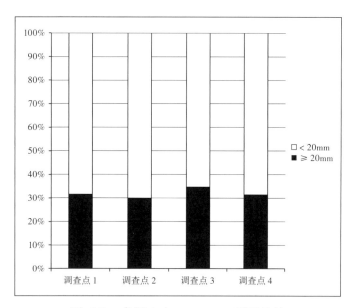

图三○　各调查点≥/＜20mm砾石统计

三、原料的开发利用策略

通过对距离遗址 2km 和 6km 的 4 个调查点进行取样测量，分析表明这两个不同距离砾石层中砾石岩性、尺寸、保存状况都没有太大区别。由此可认为推测原料产地砾石层与调查点砾石层一致。其原因可能是遗址点以上乌兰木伦河流域均属于广义上乌兰木伦河流域的上游地区，而短距离内的基岩砾石层中砾石成分等不会有太大变化。

在 4 个调查点 1m×1m 探方内，砾石构成和特征小结如下：

（1）砾石尺寸在比例上以＜20mm 者为主（约 70%），但从数量看≥20mm 者也不少，可以说较为容易获得。

（2）砾石岩性类别以石英岩为主，石英砂岩和砂岩比例也不少，硅质岩亦有一定比例。石英、片麻岩等极少，玉髓等极为优质的原料不见。

（3）不同等级石英岩以等级中和差等者为多，等级优者较少，平均约为20%。

（4）砾石形状以椭圆为主，其次为不规则，平板极少。天然具有较好工作面者平均约28%。

（5）风化标本只在砂岩、石英砂岩、片麻岩等等级差的砾石上出现，且数量极少。

从以上4个调查点砾石结构和特征可以推测原料产地的砾石结构和特征。将调查点砾石与遗址原料对比结果如下：

（1）类型与比例：基本相同，均以石英岩为主，其他各类型岩性砾石均较少。但也有一定的差别，如石英在调查点比例少，但在遗址中比例仅次于石英岩；硅质岩和石英砂岩在调查点比例不少，在遗址中却不见。

（2）石英岩等级：差别明显。等级优的石英岩在砾石层中相对较少，而遗址中则占了主要部分。此外，优质原料在调查点布方内不见，但在乌兰木伦河流域两岸是可以找到的，但数量极少，且尺寸也较小。

（3）尺寸：调查点砾石集中在

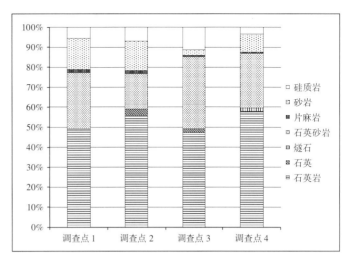

图三一 各调查点砾石岩性统计

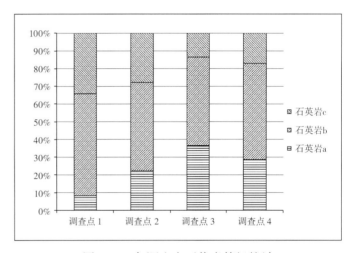

图三二 各调查点石英岩等级统计

40~100mm，而遗址原料集中在30~60mm，属于包含关系。此外，在调查点还发现有大于100mm甚至大于200mm的砾石，但在遗址中没有超过100mm的石制品。

（4）形状、工作面和表面状态：形状以椭圆为主，平板最少；具有较好工作面者数量少；风化标本少，只出现在等级很差的砾石中，而在遗址中没有发现风化标本。

通过对比，4个调查点砾石结果和特征基本上与遗址原料属于包含关系，即乌兰木伦遗址原料特征在调查点均可见到。而4个调查点之间的砾石结构和特征没有体现出区别，其中调查点1和2与推测原料产地极为接近，可知推测原料产地与4个调查点砾石结构和成分一致。因此，可以认为推测原料产地是可靠的。乌兰木伦遗址原料产地与遗址距离在2km以内。

在原料产地存在一定数量且较为容易获得的等级优的石英岩砾石，可以说乌兰木伦遗址古人类所需要的原料富集程度较高。虽然在基岩砾石层存在相对于石英岩质量更好的原料，如燧石、玉髓、玛瑙等，但这类原料数量少、尺寸也较小，因此从可获性的角度来讲，乌兰木伦遗址古人类更倾向于选择更为容易获得且较好剥片的石英岩原料。

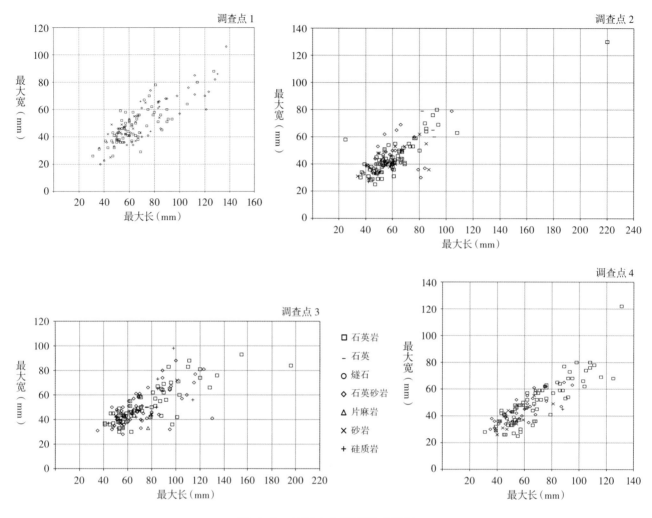

图三三   各调查点砾石尺寸统计

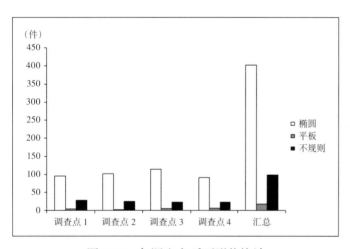

图三四   各调查点砾石形状统计

尽管石英岩成了乌兰木伦遗址古人类的首选原料，但是在原料开发和利用上，也体现了一定的选择性和偏好。这种选择性和偏好首先表现在对砾石等级的选择，玉髓和玛瑙等极为优质的原料虽然在砾石层中数量少，具有较好剥片尺寸者更是少之又少，但是乌兰木伦古人类还是对这类原料有一定程度的利用。这类优质原料即使在我们的地质调查中仍较难发现，乌兰木伦古人类却能够利用上，表明其对乌兰木伦河流域基岩砾石结构和分布已经有一定的认识，并且能够有效地选择和获得并进行开发利用。等级优的石英岩原料在砾石层中比例并不是最高的，相对来说没有等级中和差的石英岩原料这么容易获得，而乌兰木伦遗址绝大部分原料为等级优的石英岩原料，表明了一种高度的选择性。此外，还体现在对砾石大小的选择。基岩砾石层中砾石大小主要集中在 20~100mm，而遗址则主要集中在 30~60mm。推测尺寸上的选择主要是因为古人类需要将砾石从原料产地搬运到遗址，2km 的距离使得古人类选择了相对较小而适于搬运的砾石；此外，30~60mm 的砾石也能较好的剥下古人类所需的剥片产品。另外，这种选择性还表现在古人类对个别原料的不利用上，例如石英砂岩虽然在调查点有大量发现，但是在乌兰木伦遗址古人类却没有使用。最后，乌兰木伦古人类还对先前已利用过的原料进行了采集并再利用。

Binford 的聚落组织论[1]，将古人类对原料的获取方式分为 4 类：偶遇式（随遇随采）、嵌入式（原料采集作为其他工作的附属）、后勤移动式（特定人员在特定区域专门采集并带回营地）和间接获取（通过交换或贸易获得）。乌兰木伦河流域具有较为容易获得的优质石英岩原料，其他乌兰木伦古人类所利用的原料也在基岩砾石层中有发现，可见乌兰木伦古人类没有进行交换或贸易即获得了所需要的原料，且这类原料的大量存在也不需要偶遇发现。相对来说，乌兰木伦古人类对乌兰木伦河流域砾石构成和分布有较好的了解，不仅能够认识到优质石英岩原料的较高可获性，也能够采集到较难获得的极为优质的玉髓等原料。遗址拼合石制品表明原料从产地被搬运到遗址，这个搬运过程距离不远但也不近，也导致了古人类主要选择了较好搬运的尺寸砾石。此外，其他如上文所述对原料的选择性和偏好，都表明乌兰木伦古人类在原料利用上体现出较高的计划性，即"后勤移动式"的原料利用模式。

第四节　第②层石制品

在乌兰木伦遗址 2010~2013 年五次发掘中，第②层共发现石制品 1713 件。其中，包括石核 45 件、石片 1037 件、工具 117 件、碎片 194 件、废片 286 件、断块 30 件、备料 4 件（表五）。

表五　第②层石制品分类统计表

类型	石核	石片	工具	碎片	废片	断块	备料	合计
数量 N	45	1037	117	194	286	30	4	1713
比例 %	3	61	7	11	17	2	0.2	100

一、石核

45 件，占第②层发现石制品总数的 3%。初始毛坯以砾石为主，共 33 件，占 73%；其次为石片，有 7 件，占 16%；断块状的 5 件，占 11%。尺寸存在一定的个体差异，最大长、宽、厚分别为 26~114.5、16.1~113.5、16~74.1mm，重 9~1070g。这主要与石核的初始毛坯以及所采用的剥片方法有关，例如最小的石核是一件砸击石核，而石片石核的尺寸也相对较小。石核的原料以石英岩为主，共 36 件，其中又以相对较为优质的石英岩为主，共有 31 件，质量中等石英岩 4 件，质量差等石英岩 1 件；其

[1] Binford L. R., Cherry J. F., Torremce R., *In Pursuit of the Past:Decoding the Archaeological Record*, Thames and Hudson Inc, 1988.

次为石英，有 7 件；燧石 2 件。

按台面数量和剥片技术进行分类，单台面石核 18 件，占石核比例为 40%；双台面石核 7 件，占 16%；多台面石核 11 件，占 24%；石片石核 7 件，占 16%；向心石核 2 件，占 4%。能观察到台面形态的石核，它们的台面以自然台面为主，有 22 件，占 61%；破裂面台面 10 件，占 28%；混合台面（既有自然台面又有破裂面台面）4 件，占 11%。台面角大部分在 90° 以下，表明石核仍具备继续剥片的角度；少部分大于 90°，表明已难以继续剥片。从能够较好观察到石核剥片疤的石核来看，剥片疤数量仅有 1 个的有 6 件，占 13%；只有 2 个的有 7 件，占 16%；3 个及以上的有 26 件，占 58%，其中 5 个以上的有 9 件，表明石核具有较高的剥片程度。石核的剥片程度还可以从石核剥片范围体现出来，剥片面积占石核面积 50% 以上的石核有 21 件，占 47%；只有 1 件石核的剥片范围仅占石核面积的 10%。总的来看，剥片疤以宽型为主，有 26 件，占 58%；长型剥片疤 12 件，占 27%。

这些石核保存较好，大部分都没有经历过后期的磨蚀和风化。

（一）单台面石核

18 件。原料主要为石英岩，共 12 件，其中优质者 10 件，中等和差等者各 1 件；石英 4 件，燧石 2 件。以自然台面为主，共 12 件；破裂面台面 6 件，其中有 5 件采用了砸击开料的剥片技术。最大长、宽、厚分别为 28.3~114.5、16.1~94.2、16~74.1mm，重 13~1070g。

OKW ② 1651（图三五，1；彩版二七，1），砸击开料石核。原料为白中带黑的石英，颗粒粗大。毛坯为砾石。保存较好，表面不见任何磨蚀和风化痕迹。最大长、宽、厚分别为 50、44.4、38.9mm，重 104g。该石核首先对砾石进行砸击开料，获得一个平整的破裂面，然后再以该破裂面为台面进行剥片。该破裂面台面仍可见到较为明显的打击破损点。剥片面只见两层剥片阴疤，其中第一层修疤几乎延伸至石核的底部。可见最大剥片阴疤长、宽分别为 39.8、26.8mm。石皮比例约 60%。长、宽分别为 50、38mm，平均台面角 88°，该角度已不太适合进一步剥片。

OKW ② 46-1（图三五，2；彩版二七，2），原料为褐色石英岩，颗粒较为细腻，含少量隐性节理。毛坯为扁平状砾石。保存较好，表面不见任何磨蚀和风化痕迹。最大长、宽、厚分别为 40.1、

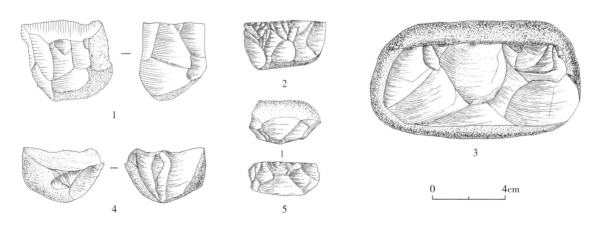

图三五　第②层出土单台面石核
1. OKW ② 1651　2. OKW ② 46-1　3. OKW ② 1-1　4. OKW ② 49-3　5. OKW ② 4-1

36、31.8mm，重43g。该石核以砾石一个极为平整的面为台面进行剥片。剥片面至少可见三层剥片阴疤，最大剥片阴疤长、宽分别为18.8、13.5mm。石皮比例约60%。平均台面角79°，该角度仍适合进一步剥片。

OKW②1-1（图三五，3；彩版二七，3），原料为褐色石英岩，颗粒中等，含隐性节理。毛坯为砾石。保存较好，表面不见任何磨蚀和风化痕迹。个体较大，最大长、宽、厚分别为112.9、68、65.6mm，重670g。该石核只在砾石很小的一部分进行了剥片。剥片面可见两层剥片阴疤，最大剥片阴疤长、宽分别为31.7、38.3mm。平均台面角84°，该角度仍适合进一步剥片。

OKW②49-3（图三五，4；彩版二七，4），砸击开料石核。原料为黄色石英岩，颗粒非常细腻，质地较脆。毛坯为砾石。保存较好，表面不见任何磨蚀和风化痕迹。最大长、宽、厚分别为46.5、35.7、32.5mm，重39g。该石核首先对砾石进行砸击开料，获得一个平整的破裂面，然后再以该破裂面为台面进行剥片，剥片面只见一层剥片阴疤，最大剥片阴疤长、宽分别为27.1、35.6mm。石皮比例约40%。剥片面为两个相对的面，平均台面角73°，该角度仍适合进一步剥片。

OKW②4-1（图三五，5），砸击开料石核。原料为灰黄色石英岩，颗粒中等，含节理。毛坯为近长椭圆形砾石。保存较好，表面不见任何磨蚀和风化痕迹。最大长、宽、厚分别为38.3、21.7、18.8mm，重21g。从砾石长轴方向砸开后形成一个较为平整的破裂面，该破裂面与石核本身尺寸一致。然后以破裂面为台面在石核将近半周进行剥片，可见两层剥片疤。剥片后，平均台面角92°，已不适合进一步剥片。

11KW②2421（图三六，1；彩版二七，5），原料为黑色石英岩，颗粒较为细腻，含少量隐性节理。毛坯为砾石。保存较好，剥片面的表面新鲜，不见任何磨蚀和风化痕迹。值得一提的是，该石核毛坯除了有一个面是石皮面外，其他面均为碰撞之后形成破裂面再深度磨蚀的面。当然，由于遗址的砾石毛坯均来自乌兰木伦河两岸的基岩砾石层，可能是在很久以前砾石与砾石之间碰撞形成的，而与早期人类活动无关。但是这类砾石往往会有较平整的面而适于剥片。个体较大，最大长、宽、厚分别为99.3、62.1、62.9mm，重496g。石核剥片选择一个较大的略凹的平面为台面，采用锤击法进行剥片。剥片面只见两层剥片阴疤，由于原料内部节理的原因，均延伸不远。可见最大剥片阴疤长、宽分别为33.7、36mm。石皮比例约70%。长、宽分别为57、98mm，平均台面角74°，该角度仍适合进一步剥片。

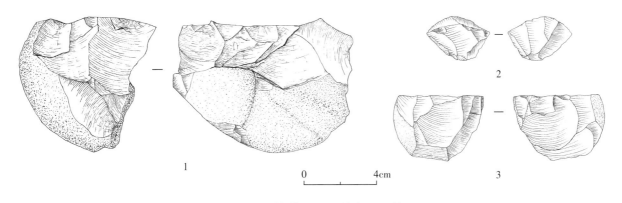

图三六　第②层出土单台面石核

1. 11KW②2421　2. 11KW②255　3. 11KW②1436

11KW ② 255（图三六，2），砸击开料石核。原料为灰白色石英岩，颗粒较为细腻，但含少量隐性节理。毛坯为砾石，但只有局部可见砾石面。保存较好，表面不见任何磨蚀和风化痕迹。最大长、宽、厚分别为 33.5、16.1、16mm，重 13g。该石核首先对砾石进行砸击开料，由于上下受力，在破裂面中间形成一条凸起的脊。剥片面可见两层剥片阴疤，其中第一层修疤延伸至石核的底部。可见最大剥片阴疤长、宽分别为 14.9、10.7mm。石皮比例约 5%。剥片后的破裂面即石核台面，长、宽分别为 33.7、14.7mm，平均台面角 91°。

11KW ② 1436（图三六，3；彩版二八，1），砸击开料石核。原料为灰白色燧石，颗粒非常细腻，但含少量隐性节理。毛坯为砾石。保存较好，表面不见任何磨蚀和风化痕迹。最大长、宽、厚分别为 50.7、50.7、38.1mm，重 75g。该石核首先对砾石进行砸击开料，获得一个平整的破裂面，然后再以该破裂面为台面进行剥片。剥片面可见三层剥片阴疤，其中第一层修疤延伸至石核的底部。可见最大剥片阴疤长、宽分别为 33.7、35.1mm。石皮比例约 30%。剥片后的破裂面即石核台面，长、宽分别为 48.8、36.5mm，平均台面角 82°，该角度仍可进一步剥片。

（二）双台面石核

7件。原料主要为石英岩，共5件，其中优质者4件，中等者1件；石英2件。以自然台面为主，共5件；破裂面台面1件；还有1件混合台面。其中1件采用砸击开料技术。最大长、宽、厚分别为 27.1~99.6、23.1~95.1、17~63.2mm，重 9~530g。石核的剥片范围都在 40% 以上。

11KW ② 231（图三七，1；彩版二八，3），原料为青色石英岩，颗粒较为细腻，含少量隐性节理。毛坯为砾石。保存较好，表面不见任何磨蚀和风化痕迹。最大长、宽、厚分别为 80.1、55.3、55mm，重 74g。从石核毛坯保留的石皮形态来看，其延展性很大，可以推测该石核毛坯砾石很大，其已是经过充分剥片后的产品。该石核的主要剥片面也是较晚的剥片面为一周剥片，而该剥片面的台面则是石皮和早期剥片面的结合。早期的剥片面被后来的剥片所打破，但从残存的阴疤来看其剥片也很成功。较晚剥片面可见最大剥片阴疤长、宽分别为 32.8、48.1mm。石核经剥片后石皮面所占比例约为 30%。

11KW ② 1720（图三七，2；彩版二八，2），原料为暗黄色石英岩，颗粒较为细腻，质地较好。毛坯为长方体状砾石，其中有一个面是一个较大的平整面。保存较好，表面不见磨蚀和风化痕迹。最大长、宽、厚分别为 91.3、53.1、50mm，重 239g。先以毛坯一个第二大的石皮面为台面，剥下了三件石片。再

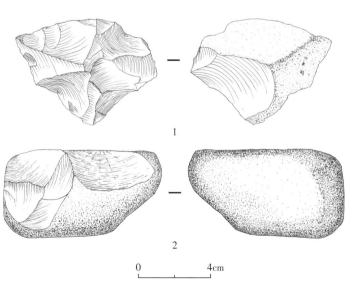

图三七　第②层出土双台面石核
1. 11KW ② 231　2. 11KW ② 1720

向右 90° 以毛坯最大石皮面为台面进行剥片，剥下了两件较大的石片，最大剥片疤长、宽分别为 27.4、48.3mm。

（三）多台面石核

11 件。原料主要为石英岩，共 10 件，其中优质者 9 件，中等者 1 件；石英 1 件。以破裂面台面为主，共 5 件；自然台面 3 件；混合台面 3 件。3 件全部为自然台面的石核是有一个台面对应几个剥片面疤，且台面角均较大，表明每次剥片都不成功，需要转换台面才能继续。最大长、宽、厚分别为 32.8~72.3、29.6~70.6、18~45.9mm，重 4~186g。石核的剥片范围均较大，其中有 3 件为石核周身剥片。

OKW ② 10-1（图三八，1；彩版二八，4），原料为灰色石英岩，颗粒中等，含隐性结晶，有节理。毛坯为扁凸状砾石。保存较好，表面不见磨蚀和风化痕迹。最大长、宽、厚分别为 56.9、38.8、36.4mm，重 91g。共有三个台面，其中两个台面为石皮台面，一个台面为较为平整的破裂面。两个台面基本共用一个剥片面，对向剥下了多件石片。在破裂面台面处还向主剥片面相对的石皮面进行了两次剥片。此外，在该石核的石皮面上还可见到很多破损痕迹，可能是当作石锤使用过。

KBS ② 68（图三八，2；彩版二八，5），原料为灰色石英岩，颗粒较为细腻。毛坯为砾石。保存较好，表面不见磨蚀和风化痕迹。最大长、宽、厚分别为 65.7、50.9、45.9mm，重 105g。该石核剥片过程中，台面和剥片面多次互换。最早的阴疤是一个几乎与石核尺寸相当的一次剥片，之后在该剥片面上又进行了几次剥片。可见最大剥片疤长、宽分别为 23.7、42.6mm。剥片后，石皮比例约为 20%。

KBS ② 247（图三八，3；彩版二九，1），砸击开料石核。原料为灰褐色石英岩，颗粒较为细腻，含隐性节理。保存较好，表面不见磨蚀和风化痕迹。个体中等，最大长、宽、厚分别为 53.4、35.6、33.2mm，重 106g。该石核剥片采用了砸击开料的方法，并且是通过两次砸击形成了两个相对

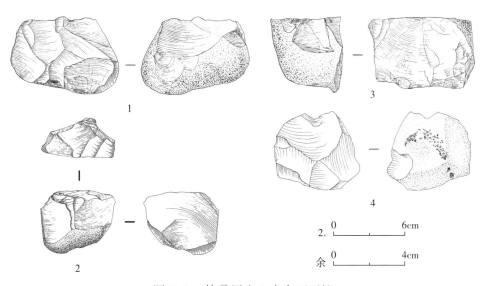

图三八　第②层出土多台面石核

1. OKW ② 10-1　2. KBS ② 68　3. KBS ② 247　4. 13KW ② 410

的平整破裂面。一共有三个台面。但主要的剥片是以砸击开料形成的这两个破裂面为台面在同一个剥片面上对向剥片。此外，在其中一个破裂面上也有一个剥片。可见最大剥片疤长、宽分别为24.1、18.3mm。剥片后还保留有30%的石皮面。平均台面角为90°。

13KW②410（图三八，4；彩版二八，6），原料为灰色石英岩，颗粒中等。毛坯为砾石。保存较好，表面不见磨蚀和风化痕迹。形态不规则，最大长、宽、厚分别为50.2、40.9、33.8mm，重55g。一共有四个台面，其中三个台面剥下的石片都集中在一个剥片面，可见最大片疤长、宽分别为27.1、31.6mm。另一次剥片的剥片面在主要剥片面的背面，只剥下了一件石片，且较小，并遇到节理而折断。在石皮面上还可见到许多密集的破损痕迹，可能是当作石锤使用。

（四）石片石核

7件。原料均为石英岩，其中优质者6件，中等者1件。其中，有4件是以石片腹面为台面向背面进行剥片，有3件是在石片腹面进行剥片，属于广义的孔贝瓦石核。最大长、宽、厚分别为43.2~93.7、26.2~68.3、28.5~64.8mm，重20~176g。

11KW②1550（图三九，1；彩版二九，3），孔贝瓦石核。原料为朱红色石英岩，颗粒较为细腻，含极少量隐性节理。毛坯为V型石片，目前仍可见残缺的半锥体和打击点；右侧边为两个破裂面相交形成的边缘，左侧边为较厚的石皮面；背面可见与石片毛坯方向相同的阴疤。保存较好，表面不见磨蚀和风化痕迹。个体中等，较厚，最大长、宽、厚分别为56.3、41.2、24.5mm，重48g。该孔贝瓦石核毛坯的腹面为台面，在其左侧边和远端进行了两次剥片。两次剥片都得到了较好的石片产品。其中，来自左侧的剥片阴疤长、宽分别为34、28mm，来自远端的剥片阴疤长、宽分别为29、23mm。

11KW②1272（图三九，2；彩版二九，2），孔贝瓦石核。原料为青色石英岩，颗粒中等，含隐性节理。毛坯为V型石片，腹面较平，打击点清楚，可见放射线。保存较好，表面不见磨蚀和风

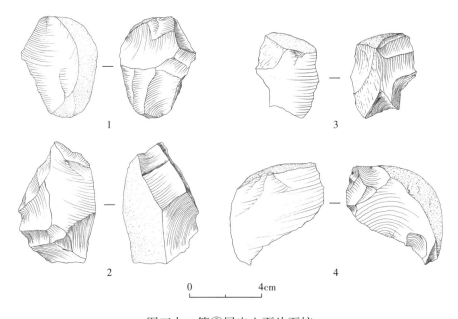

图三九　第②层出土石片石核

1. 11KW②1550　2. 11KW②1272　3. 11KW②2643　4. 12KW②793

化痕迹。个体较大，较厚，最大长、宽、厚分别为 66.4、42.1、30.8mm，重 71g。以背面为台面，在腹面的左侧、远端和右侧边下部进行剥片。可见两层剥片疤，其中第一层片疤延伸至超过石片中线；第二层修疤较大，可见最大剥片疤长、宽分别为 20.3、28.5mm。

11KW ② 2643（图三九，3），原料为深黄色石英岩，颗粒较为细腻，含极少量隐性节理。毛坯为 II 型石片，腹面较平，打击点清楚，可见放射线；背面可见部分节理面。保存较好，表面不见磨蚀和风化痕迹。个体中等，较厚，最大长、宽、厚分别为 48.4、35.1、35.4mm，重 34g。以腹面为台面在其左侧边进行剥片。可见一层剥片疤，主要在左侧边和远端以及右侧边上部进行了剥片。可见最大剥片疤长、宽分别为 18.5、29.4mm。

12KW ② 793（图三九，4；彩版二九，4），原料为青黄色石英岩，颗粒较为细腻。毛坯为 II 型石片，腹面微凸，打击点集中，半锥体凸出，放射线清楚。保存较好，表面不见磨蚀和风化痕迹。个体中等，较厚，最大长、宽、厚分别为 66.3、51.9、25.1mm，重 68g。以腹面为台面在石片的末端进行剥片。可见两层共三个剥片疤，其中较早的剥片非常成功。可见最大剥片疤长、宽分别为 44、39.9mm。台面的石皮从石片左侧边一直延伸到底部。

（五）向心石核

2 件。原料均为石英岩。

11KW ② 2518（图四〇，1；彩版二九，6），原料为青黄色石英岩，颗粒较为细腻，质地较好。形态呈龟背状，正面轮廓正视圆形，最大长、宽、厚分别为 65.7、55.1、48.9mm，重 98g。这是一件在剥片过程中操作失败的向心石核。在现有的凸面上还可观察到一周九个向心剥片，并在石核中部有一个由于剥片而汇聚成的最高点。相对凸面是由一个大剥片阴疤构成的略凹的平面，很显然这是剥片者在预制台面或剥片面时失误所致，使石核失去了两面体结构。不过，该向心石核在遭此失误后，并没有直接废弃，而是进一步利用残存凸面体剥片阴疤形成的有利剥片角度进行了新的剥片，但仅有一片。

12KW ② 853（图四〇，2；彩版二九，5），原料为青黄色石英岩，颗粒较为细腻，质地较好。形态呈龟背状，一面平一面凸，正面轮廓正视近圆形，最大长、宽、厚分别为 46.7、39.2、23mm，重 38g。在现有的凸面上有近三分之一为石皮，其他部分均有向心剥片。在另一个相对较平的面可见到一周剥片。可能是已到剥片的末期，也可能是剥片者没有控制好剥片的凸面，最后这个面变平。

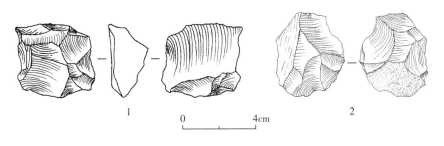

图四〇　第②层出土向心石核

1. 11KW ② 2518　2. 12KW ② 853

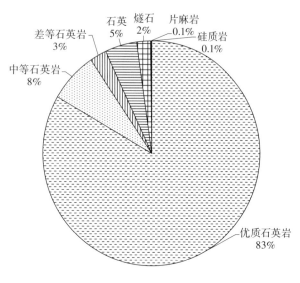

图四一　第②层出土石片原料统计

二、石片

1037 件，占第②层发现石制品总数的 61%。原料主要有 5 种，以石英岩为主，共 965 件，占石片总数的 93%。其中，又以优质石英岩为主，有 857 件，占 83%；中等石英岩 79 件，占 8%；差等石英岩 29 件，占 3%。此外，还有石英 49 件，占 5%；燧石 21 件，占 2%；片麻岩和硅质岩各 1 件（图四一）。尺寸上个体差异较大，最大长、宽、厚分别为 8.9~91.8、2.9~56.9、2.2~27.8mm，重 0.5~140g，平均长、宽、厚为 25、17.3、7mm，平均重 4.8g。这一方面与石核尺寸的个体差异有关，大的石核相对来说能够得到大的石片，小的石核则相反；另一方面也与石片本身的属性有关，有些小型石片可能不是剥片者预先想要的，而是剥片过程中自然掉落的，也有一些小型石片可能是修理工具时产生的修理石片。总的来看，石片以微型和中型为主，中型较少，而大型只有 1 件（图四二）。

石片可分为完整石片和非完整石片两种。其中，完整石片 451 件，占石片总数的 43%，非完整石片 586 件，占石片总数的 57%。完整石片按 Toth 的六型石片分类法，可知破裂面台面石片为多，共 288 件，占石片总数的 28%，其中又以Ⅵ型石片为主，有 195 件，占 19%。石皮台面石片共 163 件，占 16%。在完整石片中，Ⅰ型石片和Ⅳ型石片数量最少，比例均约为 1%。非完整石片以左裂片和右裂片为主，分别有 198 件和 223 件，比例分别为 19% 和 22%；中段最少，仅有 22 件，比例为 2%（表六）。

在石片类型中，还有少量特殊石片。其中，双锥石片 20

表六　第②层出土石片类型统计表

类型	数量 N	比例 %
完整石片	451	43
Ⅰ型石片	10	1
Ⅱ型石片	67	6
Ⅲ型石片	86	8
Ⅳ型石片	13	1
Ⅴ型石片	80	8
Ⅵ型石片	195	19
非完整石片	586	57
左裂片	198	19
右裂片	223	22
近端	48	5
远端	95	9
中段	22	2

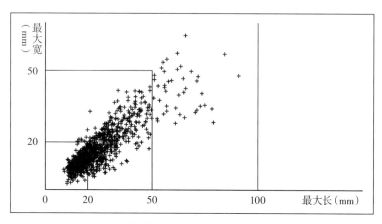

图四二　第②层出土石片最大长、宽分布

件，比例为 1.9%；长石片 6 件，比例为 0.6%；孔贝瓦石片 3 件，比例为 0.3%；纵脊石片 3 件，比例为 0.3%。

从破裂面台面石片来看，大多数石片的台面只有 1 个剥片阴疤，即一个素台面，但也有少量石片的台面是由 2 个以上阴疤构成的，共 17 件。其中，有 2 个阴疤的 12 件，3 个阴疤的 3 件，5 个阴疤的 1 件，8 个阴疤的 1 件。

石片台面长大于宽的石片有 221 件，即石片的厚度大于石片的宽度。能测量石片台面角的 389 件石片，台面内角大于 90° 的有 323 件，这表明大部分的石片在从石核剥离之后，石核仍有较好的剥片角度；石片外角小于 90° 的有 327 件，也说明同样的问题。有 412 件石片可以明显观察到打击点，占石片总数的 40%。有 12 件石片在石片台面缘可以观察到唇，比例为 1%。有 237 件石片的半锥体较为凸出，为 23%。有 404 件石片的放射线很清楚，比例为 39%。有 237 件石片可见到较为清楚的同心波，比例为 23%。石片末端形态以羽状为主，有 287 件，占 28%；其次为台阶状，有 98 件，占 9%；再次为背向卷和腹向卷，分别有 11 和 8 件，比例约为 1%；此外还有 1 件的远端为圆钝棱状，1 件的远端部分为同心波凸起的棱，与边缘构成双贝壳状。除很小的石片不易观察石片腹面曲度外，可观察的石片腹面曲度以平为主，有 192 件；其次为凸，有 172 件；腹面凹的最少，仅 42 件。可观察石片背面疤的石片，大多数只有 1 个阴疤，共有 139 件；其次为 2 个阴疤，有 104 件；有 3 个及以上阴疤的有 150 件。背面疤层数大多数只有 1 层，有 294 件；仅有 58 件石片可观察到 2 层或 2 层以上的背面阴疤。

这些石片均保存较好，大部分都没有经历过后期的磨蚀和风化，只有 3 件石片可观察到有轻微的磨蚀。

（一）完整石片

451 件，占石片总数的 43%。

1. Ⅰ型石片

10 件。原料主要为石英岩，共 9 件，其中优质者 7 件，中等者 2 件；石英 1 件。最大长、宽、厚分别为 23.8~40.5、19.9~32.9、2.2~13mm，重 2~14g。台面内角只有 2 件在 90° 以上，表明这些石片所对应的石核剥片面在第一次剥片后就失败了。

OKW ② 46-2（图四三，1），原料为黑色石英岩，颗粒细腻，质地较好。保存较好，表面不见磨蚀和风化痕迹。形态近梯形，技术尺寸与最大尺寸[1]相同，技术长、宽分别为 23.8、19.9mm，厚 3.4mm，重 2g。自然台面，长、宽分别为 2.6、9.9mm；台面内角 71°，台面外角 127°。腹面较平，打击点明显，半锥体浅平，放射线清楚，同心波可见；侧边准平行，末端羽状。

OKW ② 31-3（图四三，2），原料为石英岩，表皮黄色，内部黄白色，颗粒较粗。保存较好，表面不见磨蚀和风化痕迹。形态近椭圆形，技术尺寸与最大尺寸相反，技术长、宽分别为 24、31.5mm，厚 3.5mm，重 6g。石皮线状台面。腹面不平整，打击点散漫，放射线不清楚，半锥体不见，

---

[1] 此处尺寸指长、宽，下同。

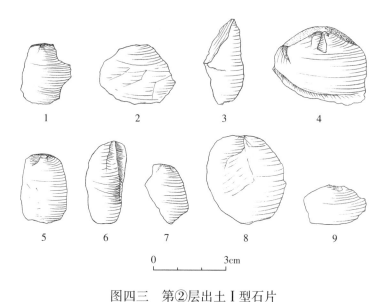

图四三　第②层出土Ⅰ型石片

1. OKW ② 46-2　2. OKW ② 31-3　3. KBS ② 300　4. 11KW ② 2461
5. 11KW ② 2015　6. 11KW ② 2578　7. 11KW ② 1833　8. 13KW
② 271　9. 13KW ② 556

同心波可见；边缘扇形，末端羽状。

KBS ② 300（图四三，3），原料为灰黄白色石英，颗粒较为细腻，含内部节理。保存较好，表面不见磨蚀和风化痕迹。形态近圆形，技术尺寸与最大尺寸相同，技术长、宽分别为33.8、17.6mm，厚9.3mm，重5g。点状台面。腹面凹，打击点散漫，半锥体浅平，放射线清楚；侧边扇形，末端羽状。

11KW ② 2461（图四三，4），原料为黄红色石英岩，颗粒较为细腻，含内部节理。保存较好，表面不见磨蚀和风化痕迹。形态近半圆形，最大长、宽分别为40.5、31mm，技术长、宽分别为30.8、39.5mm，厚13mm，重14g。石皮台面，长、宽分别为33.5、10.5mm；台面内角110°，台面外角67°。腹面凸，打击点清楚，半锥体凸出，放射线清楚，锥疤呈长条形；侧边扇形，末端羽状。背面较平。

11KW ② 2015（图四三，5），原料为青色石英岩，颗粒中等。保存较好，表面不见磨蚀和风化痕迹。形态近长方形，技术尺寸与最大尺寸相同，技术长、宽分别为26.7、18.9mm，厚6.2mm，重4g。石皮台面，长、宽分别为12.2、4.7mm；台面内角108°，台面外角71°。腹面平，打击点清楚，半锥体凸出，放射线清楚；侧边平行，末端羽状。背面较凸。

11KW ② 2578（图四三，6），原料为浅黄色石英岩，颗粒较为细腻。保存较好，表面不见磨蚀和风化痕迹。形态近长椭圆形，技术尺寸与最大尺寸相同，技术长、宽分别为32.7、15.6mm，厚10.7mm，重5g。线状台面。腹面凹，中部呈凹弧状，打击点清楚，半锥体浅平，放射线清楚；侧边准平行，末端羽状。背面较凸。

11KW ② 1833（图四三，7），原料为浅褐色石英岩，颗粒较为细腻。保存较好，表面不见磨蚀和风化痕迹。形态近长方形，技术尺寸与最大尺寸相同，技术长、宽分别为23.3、19.1mm，厚3.1mm，重1g。线状台面。腹面平，打击点清楚，半锥体浅平，放射线清楚；侧边准平行，末端羽状。背面较平。

13KW ② 271（图四三，8），原料为石英，表皮黄色，内部白色。保存较好，表面不见磨蚀和风化痕迹。形态近椭圆形，技术尺寸与最大尺寸相同，技术长、宽分别为35.4、32.9mm，厚9.4mm，重13g。石皮台面，长、宽分别为5.8、17mm；台面内角78°，台面外角116°。腹面较平，中部略凸，打击点集中，半锥体微凸，放射线清楚；侧边扇形，末端羽状。背面较凸。

13KW ② 556（图四三，9），原料为黄色石英岩，颗粒较为细腻。保存较好，表面不见磨蚀和风化痕迹。形态近长椭圆形，技术尺寸与最大尺寸相反，技术长、宽分别为15.6、24.9mm，厚2.2mm，重0.5g。线状台面。腹面微凸，打击点分散，半锥体浅平，放射线清楚；侧边扇形，末端羽状。背面平。

2. Ⅱ型石片

67件。原料主要为石英岩，共64件，其中优质者54件，中等者7件，差等者3件；石英2件，硅质岩1件。尺寸个体差异较大，最大长、宽、厚分别为14.4~84.1、6~56.9、3.8~27.8mm，重0.3~140g。台面内角有48件在90°以上。有28件背面疤数量在2个以上。石片腹面均能观察到打击点，有38件石片的半锥体较为凸出，有13件石片的锥疤较为明显，有59件石片的放射线清楚，有32件石片可观察到同心波；末端形态以羽状为主，其次为台阶状。腹面曲度以平为主，有35件，其次为凸，有23件，凹者最少，为4件。

OKW②49-1（图四四，1），原料为黑色石英岩，颗粒较为细腻，较脆。保存较好，表面不见磨蚀和风化痕迹。形态为梯形，技术尺寸与最大尺寸相反，技术长、宽分别为50.5、61.9mm，厚16.6mm，重36g。自然台面，长、宽分别为6.2、29.3mm；台面内角111°，台面外角73°。腹面微凸，打击点清楚，半锥体凸出，放射线清楚；边缘反汇聚，末端羽状。背面形态不平整，保留石皮面积约5%，主要分布在石片左下角；可见来自多个方向的石片阴疤，其中最后一个阴疤与石片方向相同。

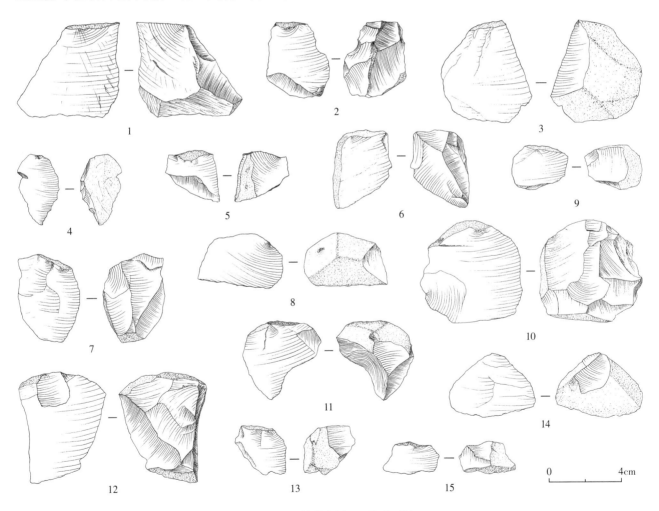

图四四　第②层出土Ⅱ型石片

1. OKW②49-1　2. OKW②6-1　3. OKW②13-1　4. KBS②53　5. KBS②152　6. 11KW②2272　7. 11KW②1646
8. 11KW②1386　9. 11KW②2169　10. 11KW②2262　11. 11KW②2534　12. 11KW②2061　13. 11KW②2413
14. 12KW②70　15. 13KW②544

OKW ② 6-1（图四四，2），原料为黑色硅质岩，颗粒较为细腻，含少量隐性节理，质地较脆。保存较好，表面不见磨蚀和风化痕迹。技术尺寸与最大尺寸相同，技术长、宽分别为 42.1、34.6mm，厚 13.8mm，重 18g。石皮台面，较为平整，长、宽分别为 7.9、18.8mm；台面内角 118°，台面外角 88°。腹面较平整，打击点清楚，半锥体浅平，放射线清楚，锥疤、同心波不见；边缘扇形，末端羽状。背面微凸，可见来自多个方向的阴疤。石皮比例约 20%，分布在中部和右下角。

OKW ② 13-1（图四四，3），原料为灰黄色石英岩，颗粒较粗，质地中等。保存较好，表面不见磨蚀和风化痕迹。技术尺寸与最大尺寸相同，技术长、宽分别为 54.5、51.1mm，厚 19.9mm，重 55g。自然台面，长、宽分别为 15.2、18.1mm；台面内角 98°，台面外角 101°。腹面较平，打击点不是很清楚，半锥体浅平，放射线较为清楚，锥疤、同心波不见；边缘扇形，末端羽状。背面略凸，可见一个与石片方向相同的阴疤。

KBS ② 53（图四四，4），原料为黑色石英岩，颗粒较为细腻，节理较多。保存较好，表面不见磨蚀和风化痕迹。形态近三角形，技术尺寸与最大尺寸相同，技术长、宽分别为 37、23.8mm，厚 3.8mm，重 3g。线状台面。腹面平整，打击点和放射线清楚，半锥体浅平；边缘汇聚，末端羽状。背面平，早期剥片阴疤主要分布在石片的右侧。大部分为石皮，比例 90%。

KBS ② 152（图四四，5），原料为黑色石英岩，颗粒较为细腻，含隐性节理。保存较好，表面不见磨蚀和风化痕迹。形态近梯形，技术尺寸与最大尺寸相同，技术长、宽分别为 28.4、27.7mm，厚 9.9mm，重 6g。自然台面，较平，长、宽分别为 9.6、19.6mm；台面内角 109°，台面外角 71°。腹面凸，打击点散漫，半锥体较为凸出，放射线清楚，锥疤、同心波不见；边缘准平行，末端羽状。背面凹，可见一个与石片方向相同的阴疤。左侧分布有石皮，比例 30%。

11KW ② 2272（图四四，6），原料为黄色石英岩，颗粒较为细腻，含隐性节理。保存较好，表面不见磨蚀和风化痕迹。形态近梯形，最大长、宽分别为 48.2、33.2mm，技术长、宽分别为 38.4、31.9mm，厚 14.5mm，重 20g。自然台面，较为平整，长、宽分别为 28、13.2mm；台面内角 123°，台面外角 64°。腹面微凸，打击点清楚，半锥体较为凸出，放射线明显；侧边准平行，末端扇形。背面较平，可见的阴疤是以石片的右侧边为台面打下的。可见，在该石片剥下来之前，其左侧边的石皮面是作为石核台面使用的，后来台面发生了 90° 的转移。石皮比例 20%，主要分布在左侧边。

11KW ② 1646（图四四，7），双锥石片。原料为褐色石英岩，颗粒中等，含隐性节理。保存较好，表面不见磨蚀和风化痕迹。形态近梯形，最大长、宽分别为 43.9、33.6mm，技术长、宽分别为 41.4、38.1mm，厚 13.4mm，重 20g。自然台面，较为平整，长、宽分别为 6.6、22.8mm；台面内角 118°，台面外角 84°。腹面微凸，打击点清楚，两个半锥体均凸出，距离较近，放射线明显，锥疤、同心波不见；边缘扇形，末端台阶状。背面凸，主要可见四个阴疤，方向与石片方向相同。石皮比例 20%，主要分布在下部和右侧边。

11KW ② 1386（图四四，8），原料为青色夹杂紫红色石英岩，颗粒非常细腻。保存较好，表面不见磨蚀和风化痕迹。形态不规则，最大长、宽分别为 47.2、28.4mm，技术长、宽分别为 38.4、41.4mm，厚 13.4mm，重 18g。自然台面，较为平整，长、宽分别为 11.9、22.9mm；台面内角 78°，台面外角 96°。腹面较平，打击点较为清楚，半锥体浅平，放射线清楚；边缘不规则，末端羽状。背面凸，只见一个方向向上的阴疤分布在石片的下部。主要为石皮，比例达90%。

11KW②2169（图四四，9），原料为青白色石英岩，颗粒较为细腻。保存较好，表面不见磨蚀和风化痕迹。形态近方形，最大长、宽分别为30.4、23.3mm，技术长、宽分别为23.1、30.5mm，厚10.6mm，重7g。自然台面，较为平整，长、宽分别为10.9、26.6mm；台面内角100°，台面外角64°。腹面较平，打击点较为清楚，半锥体浅平。边缘准平行，末端台阶状。背面较平，主要可见一个较为浅平的来自右侧的阴疤。背面石皮比例30%，主要分布在石片左侧。

11KW②2262（图四四，10），双锥石片。原料为青色石英岩，颗粒较为细腻。保存较好，表面不见磨蚀和风化痕迹。形态近圆形，最大长、宽分别为57、54.8mm，技术长、宽分别为53.4、57mm，厚13mm，重43g。自然台面，呈弧形，长、宽分别为8.9、37mm；台面内角119°，台面外角65°。腹面凹凸不平，两个打击点都比较清楚，两个半锥体均较为凸出，呈90°分布，放射线明显；边缘弧形，末端台阶状，全部为石皮。背面较平，可见来自多个方向的多个阴疤。背面石皮比例10%，主要分布在右侧和底部。

11KW②2534（图四四，11），原料为灰白色石英岩，颗粒较为细腻，含隐性节理。保存较好，表面不见磨蚀和风化痕迹。形态近三角形，最大长、宽分别为44.9、33.8mm，技术长、宽分别为36.9、43.7mm，厚18.9mm，重25g。自然台面，凹凸不平，长、宽分别为31.7、12.4mm；台面内角127°，台面外角58°。腹面微凸，打击点清楚，半锥体凸出，放射线明显，锥疤、同心波不见；边缘反汇聚，末端羽状。背面凸，主要可见三个阴疤，方向向左。石皮比例40%，主要分布在靠近台面处。

11KW②2061（图四四，12），原料为灰色石英岩，颗粒细腻，含隐性节理。保存较好，表面不见磨蚀和风化痕迹。形态近梯形，最大长、宽分别为63.5、51.8mm，技术长、宽分别为57、48mm，厚17.8mm，重43g。自然台面，凹凸不平，长、宽分别为48.7、13.4mm；台面内角106°，台面外角69°。腹面非常平整，打击点清楚，半锥体凸出，放射线明显，锥疤较大且紧挨台面，呈方形，同心波不见；边缘准平行，左侧边是一个破裂面，末端羽状。背面较平，晚期的主要阴疤都是以石片的左侧边为台面剥下来的。石皮比例10%，主要分布在下部。从石片的背面疤方向可知，该石片剥下来之前，首先是以石片的左侧边为台面连续剥下了几个片疤，最后再转移到该石片的台面然后剥下了该石片。

11KW②2413（图四四，13），双锥石片。原料为青灰色石英岩，颗粒较为细腻。保存较好，表面不见磨蚀和风化痕迹。形态近梯形，最大长、宽分别为34.1、22.8mm，技术长、宽分别为24.9、25.7mm，厚7.9mm，重6g。自然台面，非常平整，长、宽分别为16.3、7.1mm；台面内角102°，台面外角76°。腹面较平，打击点清楚，两个半锥体均凸出，距离较近，放射线明显；边缘准平行，末端羽状。背面平，主要可见一个非常浅平的阴疤，方向向右。背面石皮比例60%。

12KW②70（图四四，14），原料为青黑色石英岩，颗粒中等。保存较好，表面不见磨蚀和风化痕迹。形态呈三角形，技术尺寸与最大尺寸相反，技术长、宽分别为34.4、48mm，厚9.6mm，重14g。线状台面。腹面凹凸不平，打击点较为清楚，半锥体浅平，同心波可见；边缘反汇聚，末端羽状。背面较平，可见两个与石片方向相同的阴疤。背面石皮比例70%。

13KW②544（图四四，15），原料为青黑色石英岩，颗粒细腻，质地较好。保存较好，表面不见磨蚀和风化痕迹。形态呈梯形，技术尺寸与最大尺寸相反，技术长、宽分别为 17.9、30.9mm，厚 8.3mm，重 3g。石皮台面，较为平整，长、宽分别为 4.5、20.3mm；台面内角 123°，台面外角 76°。腹面凸，打击点集中，半锥体凸出，放射线清楚；边缘准平行，末端台阶状。背面较平，可见两个阴疤，一个方向向下，一个方向向左。背面石皮比例 50%。

3. Ⅲ型石片

86 件。原料主要为石英岩，共 83 件，其中优质者 71 件，中等者 9 件，差等者 3 件；石英 2 件，燧石 1 件。尺寸个体差异相对较小，最大长、宽、厚分别为 10.5~57、7.3~43.5、2.8~19.2mm，重 0.2~27g，平均最大长、宽、厚为 30.4、22.1、9.1mm，平均重 6g。台面内角有 64 件在 90° 以上，表明大部分石片在剥离石核后还有较好的剥片角度。有 60 件背面疤数量在 2 个以上。有 83 件石片的腹面能观察到打击点，其中有 2 件石片腹面有 2 个打击点，即属于双锥石片；有 40 件石片的半锥体较为凸出，有 14 件石片可观察到明显锥疤，有 73 件石片的放射线清楚，有 42 件石片可观察到同心波；末端形态以羽状为主，其次为台阶状。腹面曲度以平为主，有 44 件，其次为凸，有 29 件，凹者最少，为 13 件。

OKW ② 35-2（图四五，1），原料为灰褐色石英岩，颗粒较为细腻。保存较好，表面不见磨蚀和风化痕迹。形态近半圆形，技术尺寸与最大尺寸相反，技术长、宽分别为 24.1、29.8mm，厚 6.4mm，

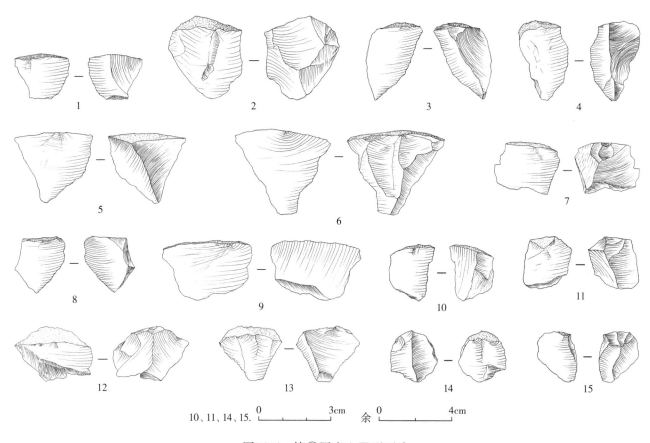

图四五　第②层出土Ⅲ型石片

1. OKW ② 35-2　2. OKW ② 12-1　3. OKW ② 35-1　4. OKW ② 25-2　5. OKW ② 48-4　6. OKW ② 10-3　7. KBS ② 102　8. KBS ② 110　9. KBS ② 75　10. 11KW ② 2212　11. 11KW ② 1464　12. 11KW ② 74a　13. 11KW ② 2560　14. 11KW ② 1296　15. 11KW ② 1278

重 6g。台面较为平整，长、宽分别为 7.1、29.2mm；台面内角 100°，台面外角 75°。腹面平，打击点清楚，半锥体较为凸出，放射线清楚，锥疤和同心波不见；边缘扇形，末端羽状。背面凸，可见两个分别来自左侧和右侧的阴疤。

OKW ② 12-1（图四五，2），原料为石英岩，表皮黄色，内部灰褐色，颗粒细腻，含隐性节理。保存较好，表面不见磨蚀和风化痕迹。形态近圆形，技术尺寸与最大尺寸相同，技术长、宽分别为 42.1、41.4mm，厚 11.5mm，重 22g。自然台面，长、宽分别为 13.6、40.5mm；台面内角 117°，台面外角 68°。腹面凸，打击点清楚，半锥体呈条状凸起，可见锥疤，但位置靠石片的下部，放射线可见，同心波不见；边缘扇形，末端背向卷。背面不平整，可见向下、左和右的多个阴疤。

OKW ② 35-1（图四五，3），原料为灰红色石英岩，颗粒较为细腻，含极少量隐性节理。保存较好，表面不见磨蚀和风化痕迹。形态近三角形，技术尺寸与最大尺寸相同，技术长、宽分别为 42.4、25.4mm，厚 17mm，重 13g。自然台面，较为平整，在右侧有一个小的阴疤；长、宽分别为 17.3、27.2mm；台面内角 89°，台面外角 71°。腹面较为平整，打击点较为清楚，半锥体浅平，放射线清楚，同心波清楚，不见锥疤；侧边汇聚，末端羽状。背面可见两个阴疤，一个向左，一个向右。

OKW ② 25-2（图四五，4），原料为石英岩，表皮黄色，内部灰白色，颗粒较粗。保存较好，表面不见磨蚀和风化痕迹。形态为三角形，技术尺寸与最大尺寸相同，技术长、宽分别为 42.7、24.9mm，厚 12.7mm，重 9g。自然台面，在靠近石片背面处可以见到一个片疤，较为平整，长、宽分别为 9.9、20.3mm；台面内角 114°，台面外角 84°。腹面平，打击点散漫，半锥体、放射线、锥疤不见，依稀可见同心波；侧边汇聚，末端羽状。背面凸，主要由三个阴疤构成，两个向下一个向左，并相交成一条纵向的脊。

OKW ② 48-4（图四五，5），原料为灰色石英岩，颗粒较为细腻，质地较脆。保存较好，表面不见磨蚀和风化痕迹。形态为三角形，技术尺寸与最大尺寸相反，技术长、宽分别为 31.3、37mm，厚 6.7mm，重 11g。自然台面，非常平整，长、宽分别为 7.9、36.9mm；台面内角 74°，台面外角 95°。腹面平，打击点和放射线清楚，半锥体、同心波均不见；侧边汇聚，末端羽状。背面凸，可见来自上、下两个方向的两个阴疤，并在中部相交成一条纵向的脊。

OKW ② 10-3（图四五，6），原料为红褐色石英岩，颗粒较为细腻，质地很好。保存较好，表面不见磨蚀和风化痕迹。形态近三角形，技术尺寸与最大尺寸相反，技术长、宽分别为 43.5、52.9mm，厚 14.9mm，重 22g。自然台面，中部略凸，长、宽分别为 15.3、52.3mm；台面内角 88°，台面外角 78°。腹面微凸，打击点清楚，半锥体较凸，放射线清楚，同心波不见；边缘汇聚，末端羽状。背面不平整，主要可见与石片方向相同的阴疤，但可能由于原料内部结构的原因，片疤界限不是很清楚。

KBS ② 102（图四五，7），原料为黄色石英岩，颗粒细腻。保存较好，表面不见磨蚀和风化痕迹。形态为长方形，技术尺寸与最大尺寸相反，技术长、宽分别为 28.6、35.5mm，厚 11.4mm，重 9g。石皮台面，非常平整，长、宽分别为 7.2、28.6mm；台面内角 106°，台面外角 70°。腹面凸，打击点集中，半锥体凸出，放射线清楚。背面较凸，可见多个与石片方向相同的阴疤。

KBS ② 110（图四五，8），原料为浅黄色石英岩，颗粒细腻，含少量隐性节理。保存较好，表面不见磨蚀和风化痕迹。形态不规则，技术尺寸与最大尺寸相同，技术长、宽分别为 29.6、28.1mm，厚 11mm，重 6g。石皮台面，非常平整，长、宽分别为 11、20.5mm；台面内角 95°，台面外角 66°。腹面平整，打击点散漫，半锥体浅平，放射线清楚。背面凹，最后的一个较大的阴疤方向向左。

KBS ② 75（图四五，9），原料为浅黄色石英岩，颗粒较为细腻。保存较好，表面不见磨蚀和风化痕迹。形态为长方形，技术尺寸与最大尺寸相反，技术长、宽分别为 31.5、49.1mm，厚 7.4mm，重 9g。石皮台面，非常平整，长、宽分别为 7、46.5mm；台面内角 94°，台面外角 83°。腹面微凸，打击点集中，半锥体凸出，放射线清楚。背面较平，最后的一个较大的阴疤方向向右。

11KW ② 2212（图四五，10），原料为浅黄色石英岩，颗粒较为细腻，含隐性节理。保存较好，表面不见磨蚀和风化痕迹。形态不规则，最大长、宽分别为 21.9、16.3mm，技术长、宽分别为 20.3、17.6mm，厚 5.1mm，重 1g。石皮台面，长、宽分别为 18、5.1mm；台面内角 90°，台面外角 89°。腹面较为平整，打击点集中，半锥体浅平，放射线较为清楚；侧边准平行，末端羽状。背面微凸，阴疤方向不太清楚。

11KW ② 1464（图四五，11），原料为灰白色石英岩，颗粒较为细腻。保存较好，表面不见磨蚀和风化痕迹。形态不规则，最大长、宽分别为 21.1、21mm，技术长、宽分别为 11.2、9.4mm，厚 2.8mm，重 1g。石皮台面，长、宽分别为 6.5、12.1mm；台面内角 114°，台面外角 68°。腹面较为平整，打击点集中，放射线清楚；侧边不规则，末端台阶状。背面微凸，可见多个来自不同方向的阴疤。

11KW ② 74a（图四五，12），双锥石片。原料为灰黄色石英岩，颗粒较为细腻，含隐性节理。保存较好，表面不见磨蚀和风化痕迹。形态不规则，最大长、宽分别为 42.8、28.2mm，技术长、宽分别为 28.2、42.8mm，厚 14.4mm，重 10g。石皮台面，长、宽分别为 14.4、40.3mm；台面内角 118°，台面外角 59°。腹面不规整，打击点集中，两个半锥体浅平，且距离较近，放射线较为清楚；侧边准平行，末端羽状。背面微凸，可见多个来自左右方向的阴疤。

11KW ② 2560（图四五，13），原料为灰褐色石英岩，颗粒细腻，含隐性节理。保存较好，表面不见磨蚀和风化痕迹。形态为三角形，最大长、宽分别为 36.1、29mm，技术长、宽分别为 25.8、36.1mm，厚 9.9mm，重 7g。石皮台面，呈弧形，长、宽分别为 36.1、10.5mm；台面内角 103°，台面外角 64°。腹面不平整，打击点集中，半锥体凸出，放射线清楚。背面略凹，较晚的阴疤方向与石片方向相同。

11KW ② 1296（图四五，14），原料为紫黑色石英岩，颗粒较为细腻，含隐性节理。保存较好，表面不见磨蚀和风化痕迹。形态近菱形，最大长、宽分别为 20.7、18.7mm，技术长、宽分别为 18.6、18.7mm，厚 9.2mm，重 3g。石皮台面，呈三角形，长、宽分别为 13.4、9.3mm；台面内角 113°，台面外角 71°。腹面较为平整，可见两个打击点较为集中，两个半锥体凸出，且距离较近，中间有一条纵向的凹槽，放射线清楚；侧边准平行，末端羽状。背面凸，左右各有一个与石片方向相同的阴疤，并相交成一条纵向的脊。

11KW ② 1278（图四五，15），原料为青黄色石英岩，颗粒细腻，质地较好。保存较好，表面不见磨蚀和风化痕迹。形态近梯形，最大长、宽分别为 22.1、17.1mm，技术长、宽分别为 19.4、

17mm，厚 4.9mm，重 1g。石皮台面，长、宽分别为 2.6、4.9mm；台面内角 100°，台面外角 72°。腹面较为平整，打击点清楚，放射线清楚；侧边准平行，末端羽状。背面微凸，可见多个来自不同方向的阴疤。

11KW ② 137，原料为深灰色石英岩，颗粒较为细腻，含少量隐性节理。保存较好，表面不见磨蚀和风化痕迹。形态不规则，最大长、宽分别为 42、23.2mm，技术长、宽分别为 21.4、38.5mm，厚 7.2mm，重 6g。石皮台面，长、宽分别为 4、11.4mm；台面内角 116°，台面外角 70°。腹面较为平整，打击点集中，半锥体浅平，放射线和同心波较为清楚；侧边准平行，末端羽状。背面微凸，可见多个来自多个方向的阴疤。

13KW ② 409，双锥石片。原料为灰色石英岩，颗粒较为细腻。保存较好，表面不见磨蚀和风化痕迹。形态近半圆形，技术尺寸与最大尺寸相反，技术长、宽分别为 24.1、29.7mm，厚 19.3mm，重 5g。石皮台面，较为平整，长、宽分别为 8.4、25mm；台面内角 108°，台面外角 56°。腹面较平，两个打击点距离较近，都较为集中，半锥体都较为浅平；侧边扇形，末端羽状。背面凸，可见两个主要的阴疤方向与石片方向相同。

4. Ⅳ型石片

13 件。原料主要为石英岩，共 12 件，其中优质者 10 件，中等者 2 件；石英 1 件。尺寸个体差异相对较小，最大长、宽、厚分别为 11.2~59.2、9.4~46.1、2.8~12.6mm，重 0.8~30g，平均最大长、宽、厚为 34.1、26、8.2mm，平均重 9g。台面内角均在 90° 以上，表明石片在剥离石核后都有较好的剥片角度。有 12 件石片的腹面能观察到打击点；有 10 件石片的半锥体较为凸出，有 3 件石片可观察到明显锥疤，有 10 件石片的放射线清楚，有 5 件石片可观察到同心波；末端形态以羽状为主，只有 1 件石片为台阶状。腹面曲度以凸为主，有 7 件，其次为平，有 3 件。

OKW ② 17–6（图四六，1），原料为浅黄色石英岩，颗粒较为细腻。保存较好，表面不见磨蚀和风化痕迹。形态近长方形，技术尺寸与最大尺寸相同，技术长、宽分别为 45.2、19.9mm，厚 7.9mm，重 8g。破裂面台面，非常平整，长、宽分别为 8.8、17.8mm；台面内角 128°，台面外角 52°。腹面打击点清楚，半锥体小而凸出，放射线清楚，锥疤、同心波不见；边缘准平行，远端羽状。

OKW ② 25–6a，原料为朱红色石英岩，颗粒较为细腻。保存较好，表面不见磨蚀和风化痕迹。形态近方形，技术尺寸与最大尺寸相反，技术长、宽分别为 33.8、35.2mm，厚 6.3mm，重 6g。破裂面台面，长、宽分别为 5.3、17.2mm；台面内角 93°，台面外角 87°。腹面较平，打击点清楚，半锥体浅平，放射线清楚，锥疤和同心波不见；边缘扇形，远端羽状。

11KW ② 2676（图四六，2），原料为朱红色石英岩，颗粒较为细腻，质地较好。保存较好，表面不见磨蚀和风化痕迹。形态近椭圆形，最大长、宽分别为 20.1、14.7mm，技术长、宽分别为 19.6、14.7mm，厚 3.4mm，重 1g。破裂面台面，非常平整，长、宽分别为 7.1、3.1mm；台面内角 104°，台面外角 72°。腹面较平，打击点清楚，半锥体凸出，放射线清楚，锥疤和同心波不见；边缘扇形，远端羽状。

11KW ② 1951（图四六，3），原料为浅朱红色石英岩，颗粒较为细腻，质地较好。保存较好，表面不见磨蚀和风化痕迹。形态近半圆形，最大长、宽分别为 17.3、12.9mm，技术长、宽分别为

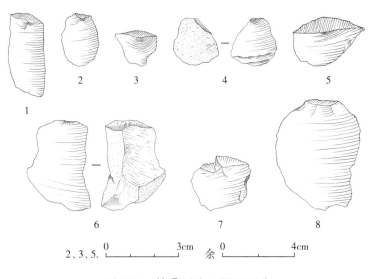

图四六　第②层出土Ⅳ型石片

1. 0KW ② 17-6　2. 11KW ② 2676　3. 11KW ② 1951　4. 11KW ② 1904
5. 11KW ② 1587　6. 11KW ② 2669　7. 11KW ② 2468　8. 11KW ② 1495

11.9、17.3mm，厚 4.6mm，重 1g。破裂面台面，非常平整，长、宽分别为 17.2、4.6mm；台面内角 109°，台面外角 60°。腹面凸，打击点清楚，半锥体凸出，放射线清楚，锥疤和同心波不见；边缘扇形，远端羽状。

11KW ② 1904（图四六，4），原料为白色石英岩，颗粒较为细腻，含明显节理，质地较脆。保存较好，表面不见磨蚀和风化痕迹。形态近梨形，最大长、宽分别为 26.8、25mm，技术长、宽分别为 25、25.6mm，厚 5.2mm，重 3g。破裂面台面，在打击点的左侧由于打击力度和原料较脆的原因，斜向崩落了一个片疤，长、宽分别为 7.3、3.4mm；台面内角 97°，台面外角 79°。腹面微凸，打击点较为清楚，半锥体较为凸出，放射线清楚，锥疤和同心波不见；边缘扇形，远端羽状。背面微凸。

11KW ② 1587（图四六，5），原料为青色石英岩，颗粒较为细腻，质地较好。保存较好，表面不见磨蚀和风化痕迹。形态近半圆形，最大长、宽分别为 29.4、17.9mm，技术长、宽分别为 18.6、28.8mm，厚 6.6mm，重 3g。破裂面台面，较为平整，长、宽分别为 8.2、28.5mm；台面内角 118°，台面外角 51°。腹面微凸，打击点较为清楚，半锥体浅平，放射线清楚，锥疤和同心波不见；边缘扇形，远端羽状。

11KW ② 2669（图四六，6），原料为灰色石英岩，颗粒较为细腻，质地较好。保存较好，表面不见磨蚀和风化痕迹。形态近梯形，最大长、宽分别为 46.8、36.9mm，技术长、宽分别为 46.6、36.2mm，厚 12.6mm，重 20g。破裂面台面，较为平整，长、宽分别为 13.2、26.9mm；台面内角 87°，台面外角 106°。腹面平，打击点较为集中，半锥体浅平，放射线清楚，锥疤和同心波不见；边缘准平行，远端羽状。

11KW ② 2468（图四六，7），原料为朱红色石英岩，颗粒较为细腻，含明显节理。保存较好，表面不见磨蚀和风化痕迹。形态近半圆形，最大长、宽分别为 34.3、27.7mm，技术长、宽分别为 23.5、34mm，厚 9.2mm，重 8g。破裂面台面，左侧低、右侧高，长、宽分别为 26.5、10.3mm；台面内角 120°，台面外角 53°。腹面平，打击点散漫，半锥体浅平，放射线清楚，锥疤和同心波不见；边缘扇形，远端羽状。背面凸。

11KW ② 1495（图四六，8），原料为黄色石英岩，颗粒较为细腻，质地较好。保存较好，表面不见磨蚀和风化痕迹。形态近椭圆形，最大长、宽分别为 59.2、45.8mm，技术长、宽分别为 57.5、46.1mm，厚 10mm，重 30g。破裂面台面，较为平整，长、宽分别为 6.2、19.6mm；台面内角 105°，台面外角 69°。腹面平，打击点散漫，半锥体较为凸出，放射线清楚，锥疤和同心波不见；边缘汇聚，远端羽状。

5. V型石片

80件。原料主要为石英岩，共77件，其中优质者63件，中等者9件，差等者5件；燧石2件，石英1件。尺寸个体差异较大，最大长、宽、厚分别为11.3~91、11.2~47.8、2.2~23.1mm，重1~74g，平均最大长、宽、厚为37.2、25.1、9.8mm，平均重13.1g。台面内角有74件在90°以上，表明大部分石片在剥离石核后还有较好的剥片角度。有41件背面疤数量在2个以上，其中有6件的背面疤数量在5个以上。有77件石片的腹面能观察到打击点，其中有3件石片腹面有2个或3个半锥体，即属于双锥石片；有39件石片的半锥体较为凸出，有12件石片可观察到明显锥疤，有63件石片的放射线清楚，有43件石片可观察到同心波；末端形态以羽状为主，有61件，其次为台阶状，有12件，此外还有背向卷2件，腹向卷1件；腹面曲度以平为主，有36件，其次为凸，有31件，凹者最少，为9件。

OKW ② 33–1（图四七，1），原料为灰色石英岩，颗粒较为细腻。保存较好，表面不见磨蚀和风化痕迹。形态近圆形，最大长、宽分别为45.3、40.9mm，技术长、宽分别为42.4、40.9mm，厚13.1mm，重23g。破裂面台面，非常平整，长、宽分别为25.1、10.8mm；台面内角115°，台面外角67°。腹面略平。打击点清楚，半锥体浅平，放射线清楚，锥疤、同心波不见；侧边扇形，远端羽状。背面凸，石皮比例40%，主要分布在下部；可见多个与石片方向相同的阴疤。

OKW ② 26–3（图四七，2），原料为朱红色石英岩，颗粒中等。保存较好，表面不见磨蚀和风化痕迹。形态近椭圆形，技术尺寸与最大尺寸相同，技术长、宽分别为43.3、24.7mm，厚9.2mm，重8g。破裂面台面，较为平整，长、宽分别为8.3、13.6mm；台面内角100°，台面外角78°。腹面较平，打击点清楚，半锥体浅平，放射线非常清楚，不见锥疤和同心波；侧边汇聚，远端羽状。背面凸。石皮比例40%，主要分布在左侧；可见一个阴疤，方向与石片方向相同。

OKW ② 48–1（图四七，3），原料为石英岩，表皮黄色，内部白色，颗粒中等。保存较好，表面不见磨蚀和风化痕迹。形态略呈梯形，最大长、宽分别为68.4、49.7mm，技术长、宽分别为61.6、52.4mm，厚16.6mm，重51g。破裂面台面，较为平整，长、宽分别为13.4、21.8mm；台面内角107°，台面外角62°。腹面较平，打击点较为清楚，半锥体微凸；侧边扇形，远端羽状。背面略平，石皮比例80%；主要有两个阴疤，方向与石片方向相同，分布在石片右侧，并被该石片打破。

OKW ② 10–2（图四七，4），原料为黄色石英岩，颗粒较为细腻。保存较好，表面不见磨蚀和风化痕迹。形态近长方形，技术尺寸与最大尺寸相同，技术长、宽分别为64.9、40.9mm，厚15.1mm，重31g。破裂面台面，非常平整，长、宽分别为10.5、21mm；台面内角114°，台面外角73°。腹面较平，打击点清楚，半锥体凸出，放射线明显，锥疤不见，同心波不见；侧边汇聚，远端为石皮台阶状。背面较平，可见多个与石片方向相同的阴疤，其中最后一个阴疤打破了早前的纵脊。

OKW ② 47–4（图四七，5），原料为白色和红色相间的石英岩，颗粒较为细腻，质地较好。保存较好，表面不见磨蚀和风化痕迹。形态近梯形，技术尺寸与最大尺寸相反，技术长、宽分别为32、41.3mm，厚6.7mm，重8g。破裂面台面，非常平整，长、宽分别为4.9、10.1mm；台面内角110°，台面外角81°。腹面打击点较为清楚，半锥体浅平，放射线明显，同心波较为清楚；侧边反汇聚，

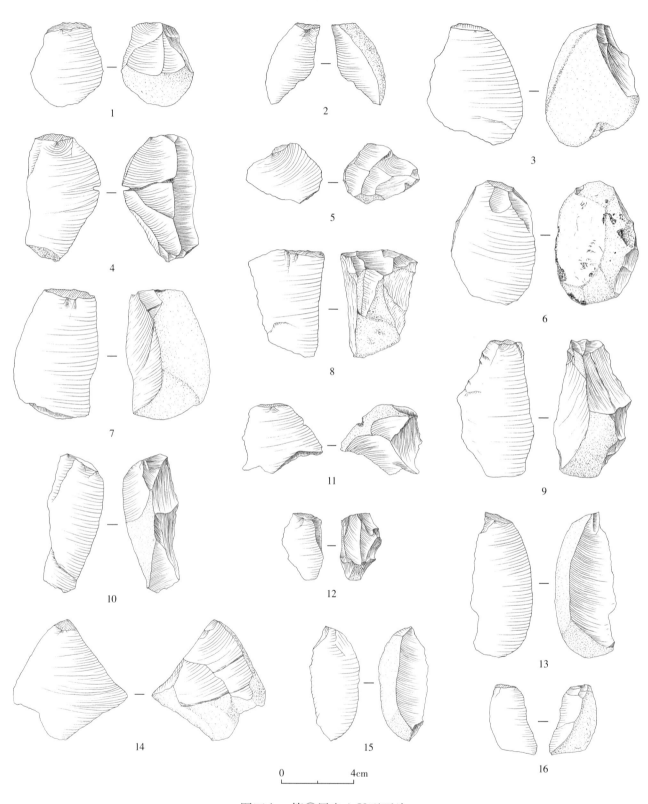

图四七　第②层出土Ⅴ型石片

1. OKW ② 33-1　2. OKW ② 26-3　3. OKW ② 48-1　4. OKW ② 10-2　5. OKW ② 47-4　6. KBS ② 218　7. KBS ② 90
8. KBS ② 397　9. KBS ② 48　10. KBS ② 123　11. 11KW ② 1459　12. 11KW ② 1297　13. 11KW ② 1423　14. 11KW ② 2512
15. 12KW ② 56　16. 13KW ② 399

远端羽状。背面可见多个来自不同方向的石片阴疤。石皮主要分布在末端中部，比例约10%。

KBS②218（图四七，6），原料为灰色石英岩，颗粒中等。保存较好，表面不见磨蚀和风化痕迹。形态近椭圆形，技术尺寸与最大尺寸相同，技术长、宽分别为64.6、46.6mm，厚15.2mm，重62g。破裂面台面，非常平整，长、宽分别为9.9、15.1mm；台面内角120°，台面外角68°。腹面中部凹，打击点清楚，半锥体较为凸出，锥疤较大呈梨形，放射线清楚；侧边扇形，远端台阶状。背面大部分为石皮，比例90%；可见三个背面疤分布在石片左侧边。此外，在石皮面上还可见到许多密集的破损痕迹，应该是该石片的母体石核早期做过石锤使用。

KBS②90（图四七，7），双锥石片。原料为朱红色石英岩，颗粒较为细腻，含少量隐性节理，质地较好。保存较好，表面不见磨蚀和风化痕迹。形态近长方形，技术尺寸与最大尺寸一致，技术长、宽分别为71、45.6mm，厚21.9mm，重74g。破裂面台面，较为平整，长、宽分别为14.5、29.1mm；台面内角115°，台面外角74°。腹面平，打击点清楚，两个半锥体较为凸出，距离很近，放射线明显，锥疤、同心波不见；边缘扇形，末端羽状。背面凸，在右侧可见一个方向向左的阴疤，并与左侧的石皮面相交成一条纵向的脊。石皮面比例60%。

KBS②397（图四七，8），双锥石片。原料为灰色石英岩，颗粒中等，节理明显。保存较好，表面不见磨蚀和风化痕迹。形态近梯形，技术尺寸与最大尺寸相同，技术长、宽分别为56.5、41.3mm，厚18.2mm，重42g。破裂面台面，长、宽分别为4.8、37.3mm；台面内角104°，台面外角117°。腹面较平，打击点清楚，两个半锥体凸出，距离较近，放射线清楚，锥疤、同心波不见；侧边准平行，远端羽状。背面石皮比例40%；阴疤来自多个方向。

KBS②48（图四七，9），原料为黄色石英岩，颗粒较为细腻，含节理。保存较好，表面不见磨蚀和风化痕迹。形态近梨形，技术尺寸与最大尺寸相同，技术长、宽分别为73.3、40.4mm，厚23.1mm，重52g。破裂面台面，呈帽子状，较为平整，长、宽分别为7.6、18.2mm；台面内角112°，台面外角85°。腹面较平，打击点清楚，半锥体较为凸出，放射线较为清楚，锥疤、同心波不见；侧边扇形，远端羽状。背面凸，石皮比例40%，主要集中在下部；背面主要可见多个大阴疤，方向为向左、右和下。

KBS②123（图四七，10），原料为灰黄色石英岩，颗粒较为细腻，含隐性节理。保存较好，表面不见磨蚀和风化痕迹。形态近长方形，技术尺寸与最大尺寸相同，技术长、宽分别为71、33.5mm，厚22.3mm，重39g。破裂面台面，呈三角形。腹面较平，打击点清楚，可见三个半锥体，均较为凸出，彼此距离较近，放射线较为明显，锥疤、同心波不见；侧边准平行，远端羽状。背面凸，石皮分布在左侧下部，比例30%；左侧和上部多个阴疤方向与石片方向相同，右侧多个阴疤来自右侧和下部，左右阴疤相交成一条纵向的脊。

11KW②1459（图四七，11），原料为灰色燧石，颗粒非常细腻，含隐性节理。保存较好，表面不见磨蚀和风化痕迹。形态为三角形，最大长、宽分别为45、36.4mm，技术长、宽分别为36、45mm，厚10.6mm，重15g。破裂面台面，较为平整，长、宽分别为15.8、4.7mm；台面内角124°，台面外角64°。腹面微凹，打击点清楚，半锥体较为凸出，放射线较为清楚；侧边不规则，远端羽状。背面石皮比例30%，主要分布在石片的右侧；背面可见三个阴疤，方向与石片方向相反。

11KW ② 1297（图四七，12），原料为灰黑色石英岩，颗粒较为细腻，节理明显。保存较好，表面不见磨蚀和风化痕迹。形态不规则，最大长、宽分别为38、24.8mm，技术长、宽分别为31.9、23.2mm，厚15.1mm，重11g。破裂面台面，较为平整，长、宽分别为15.9、15.5mm；台面内角110°，台面外角67°。腹面较平，打击点散漫，半锥体浅平，放射线清楚，同心波清楚；侧边汇聚，远端羽状。背面石皮比例20%，主要分布在下部；阴疤来自多个方向。

11KW ② 1423（图四七，13），原料为紫黑色石英岩，颗粒中等。保存较好，表面不见磨蚀和风化痕迹。形态为长椭圆形，最大长、宽分别为78.2、34mm，技术长、宽分别为70.7、34.2mm，厚17.7mm，重43g。破裂面台面，较为平整，呈倾斜状，也可能是打击时自然掉落形成的一个小型破裂面，长、宽分别为18.5、6.1mm；台面内角120°，台面外角54°。腹面较平，打击点散漫，半锥体浅平，放射线清楚，同心波清楚；侧边汇聚，远端羽状。背面石皮比例50%，主要分布在石片的右侧；只见一个阴疤，与石片方向相同。

11KW ② 2512（图四七，14），原料为灰黄色石英岩，颗粒中等，含隐性节理。保存较好，表面不见磨蚀和风化痕迹。形态不规则，最大长、宽分别为65.7、64.7mm，技术长、宽分别为56.6、65.7mm，厚21.2mm，重62g。破裂面台面，较为平整，长、宽分别为18.4、15.8mm；台面内角113°，台面外角68°。腹面微凹，打击点清楚，半锥体非常浅平，放射线较为清楚；侧边反汇聚，远端羽状。背面石皮比例20%，主要分布在石片的右侧下部；背面可见多个阴疤，方向向右，它们的台面是石片较宽的破裂面右侧边。

12KW ② 56（图四七，15），原料为朱红色石英岩，颗粒中等。保存较好，表面不见磨蚀和风化痕迹。形态近椭圆形，技术尺寸与最大尺寸相同，技术长、宽分别为60.2、27mm，厚11.7mm，重14g。点状台面。腹面较平，打击点清楚，半锥体浅平，放射线较为清楚；侧边汇聚，远端羽状。背面石皮比例40%，主要分布在石片右侧，并同左侧与石片方向相同的片疤相交成一条纵向的脊。

13KW ② 399（图四七，16），原料为青灰色石英岩，颗粒细腻，质地较好。保存较好，表面不见磨蚀和风化痕迹。形态近长方形，技术尺寸与最大尺寸相同，技术长、宽分别为39.1、21.6mm，厚7.5mm，重7g。破裂面台面，较为平整，长、宽分别为3.4、10.8mm；台面内角118°，台面外角81°。腹面较平，打击点集中，半锥体浅平，放射线较为清楚，同心波可见；侧边准平行，末端背向卷。背面石皮比例60%，主要分布在石片的左侧，并同左侧与石片方向相同的片疤相交成一条纵向的脊。

6. Ⅵ型石片

195件。原料主要为石英岩，共182件，其中优质者163件，中等者16件，差等者3件；石英9件，燧石4件。尺寸个体差异较小，最大长、宽、厚分别为8.9~63.1、7.5~46.1、2.6~17.5mm，重1~41g，平均最大长、宽、厚为45.6、32.3、11.8mm，平均重6g。可测石片角的石片的台面内角有120件在90°以上，表明大部分石片在剥离石核后还有较好的剥片角度。有118件背面疤数量在2个以上，其中有11件的背面疤数量在5个以上。有146件石片的腹面能观察到打击点；有5件石片在台面缘可以观察到唇；有94件石片的半锥体较为凸出，有14件石片可观察到明显锥疤，有124件石片的放射线清楚，有69件石片可观察到同心波；末端形态以羽状为主，有115件，其次为台阶状，有40件，还有背向卷3件，腹向卷1件，此外还有1件远端呈圆钝棱状，1件远端部分同心波呈凸起的棱，与边缘构成双贝壳状。腹面曲度以凸为主，有 77 件，其次为平，有 64 件，凹者最少，为 19 件。

该类型石片有双锥石片 7 件，长石片 4 件，孔贝瓦石片 2 件，有脊石片 3 件。

OKW ② 48-5，双锥石片。原料为青黄色石英岩，颗粒较为细腻，含隐性节理。保存较好，表面不见磨蚀和风化痕迹。形态近梯形，技术尺寸与最大尺寸相反，技术长、宽分别为 43.8、56mm，厚 15.1mm，重 34g。破裂面台面，不平整，长、宽分别为 11.9、41.1mm；台面内角 118°，台面外角 97°。腹面凸，打击点清楚，可见两个半锥体，其中左侧半锥体已被破坏，放射线可见，不见锥疤和同心波；侧边准平行，远端羽状。背面不平整，可见与石片方向相同的阴疤。

OKW ② 11-4（图四八，1），原料为黄色石英岩，颗粒较为细腻，含隐性节理。保存较好，表面不见磨蚀和风化痕迹。形态近三角形，技术尺寸与最大尺寸相同，技术长、宽分别为 37.8、22.6mm，厚 9.8mm，重 7g。线状台面。腹面较为平整。打击点清楚，半锥体小而凸出，可见放射线和同心波；侧边汇聚，末端羽状。背面凸，由多个片疤构成，来自多个方向，并在中部相交成一条纵脊。

OKW ② 39-3（图四八，2），原料为白色石英岩，颗粒较为细腻。保存较好，表面不见磨蚀和风化痕迹。形态为三角形，技术尺寸与最大尺寸相反，技术长、宽分别为 18.9、25.6mm，厚 5.6mm，重 2g。破裂面台面，较为平整，长、宽分别为 5.7、20.7mm；台面内角 121°，台面外角 62°。腹面微凸，

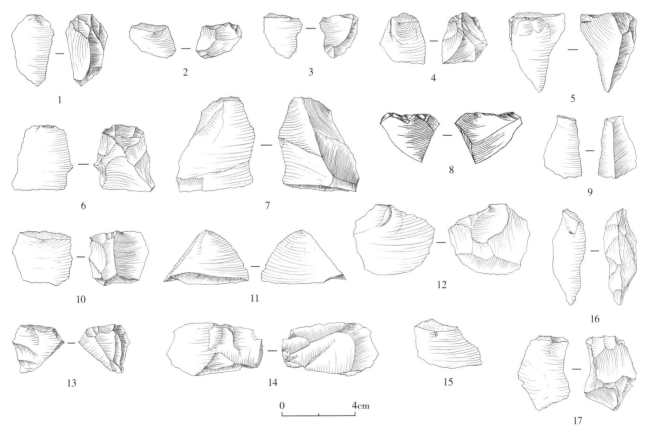

图四八　第②层出土Ⅵ型石片

1. OKW ② 11-4　2. OKW ② 39-3　3. OKW ② 46-4　4. OKW ② 17-7　5. KBS ② 263　6. KBS ② 216　7. KBS ② 352　8. KBS ② 384　9. 11KW ② 1340　10. 11KW ② 1795　11. 11KW ② 131　12. 11KW ② 1903　13. 11KW ② 2606　14. 11KW ② 2438　15. 11KW ② 237　16. 12KW ② 492　17. 13KW ② 418

打击点清楚，可见放射线，不见同心波；侧边汇聚，末端羽状。背面较平，晚期的阴疤与石片方向相同。

OKW ② 46-4（图四八，3），原料为灰黄色石英岩，颗粒较为细腻。保存较好，表面不见磨蚀和风化痕迹。形态为三角形，技术尺寸与最大尺寸相同，技术长、宽分别为 26.6、21.1mm，厚 5.3mm，重 2g。破裂面台面，较为平整，长、宽分别为 5.4、19.3mm；台面内角 108°，台面外角 66°。腹面较平，打击点清楚，半锥体浅平；侧边汇聚，末端羽状。背面中部微凸；最后一个阴疤与石片方向相同。

OKW ② 17-7（图四八，4），原料为朱红色石英岩，颗粒较为细腻，质地较好。保存较好，表面不见磨蚀和风化痕迹。形态近梯形，最大长、宽分别为 29.5、24.9mm，技术长、宽分别为 26.8、25.6mm，厚 13.6mm，重 7g。破裂面台面，中间略凹，长、宽分别为 8.1、15.1mm；台面内角 124°，台面外角 81°。腹面打击点清楚，半锥体非常凸出，放射线清楚，同心波较为清楚；侧边不规则，远端羽状。背面多个来自不同方向的阴疤在石片中部汇聚成一个凸起。

KBS ② 263（图四八，5），双锥石片。原料为朱红色石英岩，颗粒较为细腻。保存较好，表面不见磨蚀和风化痕迹。形态为三角形，技术尺寸与最大尺寸相同，技术长、宽分别为 41.8、32mm，厚 10.9mm，重 10g。破裂面台面，非常平整，长、宽分别为 7.6、28.7mm；台面内角 109°，台面外角 74°。腹面凸，打击点清楚，两个半锥体都较鼓凸，距离较近，放射线清楚，同心波可见；侧边汇聚，末端羽状。背面凸，有两个阴疤，较晚的阴疤方向与石片方向相同。

KBS ② 216（图四八，6），原料为褐色石英岩，颗粒较为粗大。保存较好，表面不见磨蚀和风化痕迹。形态近方形，技术尺寸与最大尺寸相同，技术长、宽分别为 34.4、34mm，厚 6.3mm，重 7g。破裂面台面，较为平整，长、宽分别为 3.1、13mm；台面内角 94°，台面外角 77°。腹面较平，打击点散漫，半锥体浅平；侧边准平行，末端羽状。背面较平，可见来自多个方向的多个阴疤。

KBS ② 352（图四八，7），原料为青灰色石英岩，颗粒中等。保存较好，表面不见磨蚀和风化痕迹。形态近梯形，技术尺寸与最大尺寸相同，技术长、宽分别为 51.1、46.1mm，厚 12.3mm，重 24g。破裂面台面，较为平整，长、宽分别为 10.5、15.3mm；台面内角 108°，台面外角 71°。腹面较平，打击点散漫，半锥体浅平，可见长型锥疤；侧边反汇聚，末端台阶状。背面凸，可见上下相对左右各两个阴疤，并相交成一条纵向的脊。

KBS ② 384（图四八，8），修理台面石片。原料为青黄色石英岩，颗粒细腻，质地较好。形态为三角形，技术尺寸与最大尺寸相反，技术长、宽分别为 28.4、35.1mm，厚 11.3mm，重 9g。台面布满了修理片疤，长、宽分别为 8.5、34.9mm；台面内角 102°。腹面打击点、打击泡都很明显，还可见较大的锥疤。背面可见三个阴疤，较早两个阴疤的打击方向分别来自左下方和右下方，最后一个阴疤方向与石片方向相同。三个阴疤共同构成了一条 "Y" 状脊，"Y" 状开口度数为 98°，很显然这条脊影响了石片的长宽比。该石片的剥片方法很像勒瓦娄哇技术，但鉴于遗址没有发现类似重复标本以及勒瓦娄哇石核，暂不宜认为该石片属于勒瓦娄哇石片。不过考虑到石片的台面内角（＞100°）与勒瓦娄哇石片的台面角（一般 90°~95°）有所差异，因此其更有可能是向心石核的剥片产品。

11KW ② 1340（图四八，9），原料为灰白色石英岩，颗粒较为细腻，质地较好。保存较好，表面不见磨蚀和风化痕迹。形态近梯形，技术尺寸与最大尺寸相同，技术长、宽分别为 32.1、22.4mm，厚 6.2mm，重 4g。破裂面台面，向后倾斜，长、宽分别为 1、10.3mm；台面内角 108°，台面外角68°。腹面较平，打击点较为清楚，半锥体浅平，放射线清楚；侧边准平行，末端腹向卷。背面较凸，左右两个阴疤相交成一条纵向的脊。

11KW②1795（图四八，10），原料为朱红色石英岩，颗粒较为细腻，质地较好。保存较好，表面不见磨蚀和风化痕迹。形态近方形，最大长、宽分别为29.8、32.2mm，技术长、宽分别为23.6、31.9mm，厚10.6mm，重9g。破裂面台面，非常平整，长、宽分别为11、28mm；台面内角120°，台面外角54°。腹面较平，打击点集中，半锥体浅平，放射线清楚；侧边准平行，末端羽状。背面较凸，可见多个来自多个方向的阴疤。

11KW②131（图四八，11），原料为朱红色石英岩，颗粒较为细腻，质地较好。保存较好，表面不见磨蚀和风化痕迹。形态近三角形，最大长、宽分别为47.1、28.6mm，技术长、宽分别为31、47.1mm，厚11.8mm，重15g。点状台面。腹面微凸，打击点清楚，半锥体浅平，放射线清楚；侧边反汇聚，末端台阶状。背面较平，可见一个与石片方向相同的阴疤。

11KW②1903（图四八，12），原料为青灰色石英岩，颗粒中等。保存较好，表面不见磨蚀和风化痕迹。形态近圆形，最大长、宽分别为44.2、41mm，技术长、宽分别为37.4、43.6mm，厚8mm，重13g。破裂面台面，较为平整，长、宽分别为10.2、1.7mm；台面内角110°，台面外角80°。腹面凸，打击点集中，半锥体凸出，放射线清楚，可见同心波；侧边扇形，末端羽状。背面凸，可见来自多个方向的阴疤。

11KW②2606（图四八，13），双锥石片。原料为黄色石英岩，颗粒细腻。保存较好，表面不见磨蚀和风化痕迹。形态近三角形，最大长、宽分别为28.8、25.5mm，技术长、宽分别为25、27.9mm，厚9.6mm，重6g。破裂面台面，非常平整，长、宽分别为18.2、8.8mm；台面内角110°，台面外角70°。腹面较为平整，打击点集中，两个半锥体稍微凸出，且距离较近，放射线清楚；侧边汇聚，末端羽状。背面凸，可见阴疤与石片方向相同。

11KW②2438（图四八，14），双锥石片。原料为朱红色石英岩，颗粒较为细腻，含较多隐性节理。保存较好，表面不见磨蚀和风化痕迹。形态近长椭圆形，最大长、宽分别为52.5、29.8mm，技术长、宽分别为51.4、29.3mm，厚14.5mm，重23g。破裂面台面，较为平整，较小，长、宽分别为14.4、6mm；台面内角118°，台面外角81°。腹面较凸且不平整。打击点集中，两个半锥体凸出并几乎要脱离石片腹面，距离很近，放射线清楚；侧边准平行，末端台阶状。除此之外，在石片的右侧还可见到一个打击点和半锥体，半锥体凸出，放射线清楚。背面较平。

11KW②237（图四八，15），原料为青黄色石英岩，颗粒细腻。保存较好，表面不见磨蚀和风化痕迹。形态近梯形，最大长、宽分别为35.5、25.8mm，技术长、宽分别为21.2、35mm，厚8.6mm，重6g。破裂面台面，非常平整，长、宽分别为23.7、9.2mm；台面内角117°，台面外角45°。腹面凸，打击点集中，半锥体凸出，放射线清楚，可见同心波；侧边平行，末端羽状。背面凸，可见两个主要的阴疤与石片方向相同。

12KW②492（图四八，16），原料为青色石英岩，颗粒较为细腻。保存较好，表面不见磨蚀和风化痕迹。形态为长方形，技术尺寸与最大尺寸相同，技术长、宽分别为48.7、17.2mm，厚9.5mm，重7g。破裂面台面，较为平整，长、宽分别为5.5、13.6mm；台面内角120°，台面外角76°。腹面微凸，打击点集中，半锥体较为凸出，放射线清楚；侧边汇聚，末端羽状。背面凸，左右两侧的阴疤相交成一条纵脊。

13KW②418（图四八，17），原料为灰色燧石，颗粒非常细腻，含节理。保存较好，表面不见磨蚀和风化痕迹。形态不规则，技术尺寸与最大尺寸相同，技术长、宽分别为39.5、28.4mm，厚17.5mm，重13g。破裂面台面，由两个阴疤构成，长、宽分别为6.2、17.9mm；台面内角115°，台面外角88°。腹面上凸下凹，打击点集中，半锥体较为凸出；侧边不规则，末端羽状。背面凸，右侧是一个破裂面，然后以该破裂面为台面向左进行了剥片；再以左侧的剥片面为台面向腹面方向进行剥片。可知，该石片是多台面石核上剥下来的产品。

7. 孔贝瓦石片

3件。该类石片较为特殊，从前文各类型石片中抽离出来予以重点描述。其中Ⅲ型石片1件，Ⅵ型石片2件。

11KW②2114（图四九，1；彩版三〇，1），原料为棕灰色燧石，颗粒非常细腻，含少量隐性节理。保存较好，表面不见磨蚀和风化痕迹。形态近半圆形，最大长、宽分别为25.7、22.6mm，厚8.3mm，重4g。有两个鼓凸的腹面，分别对应两个不同的台面。台面之一为破裂面台面，但已经遭到少许破坏；其对应的腹面微凸，打击点清楚，不见半锥体、锥疤、同心波。台面之二为石皮台面，与台面一相交呈70°的角；该台面几无破坏，可见是该石片相对较晚的打击台面；其对应的腹面凸，打击点清楚，可见两个半锥体。总体上，边缘扇形，远端羽状。

11KW②1549（图四九，2；彩版三〇，2），原料为棕灰色燧石，颗粒非常细腻，含少量隐性节理。保存较好，表面不见磨蚀和风化痕迹。形态为扇形，最大长、宽分别为29.8、20.5mm，厚6.3mm，重3g。两个石片腹面的打击点呈90°分布。由石片腹面可知其中一个为长型石片，一个为宽型石片。其中，宽型石片的台面遭到破坏，可知该石片的腹面应该是较早的一次打击形成的。两个石片的腹面都较为鼓凸，打击点较为清楚。边缘扇形，末端羽状。石片周身不见任何石皮，为Ⅵ型石片。

11KW②148（图四九，3），原料为黄色石英岩，颗粒较为细腻，含少量隐性节理。保存较好，表面不见磨蚀和风化痕迹。形态为椭圆形，最大长、宽分别为40.2、24.6mm，厚7.9mm，重10g。早期的石片台面较平，长、宽分别为8.2、29.5mm；台面内角88°，台面外角87°。可见两个打击点，半锥体凸出浅平，放射线清楚。侧边准平行，远端台阶状。第二次打击的台面与前一个台面呈90°，为自然台面，长、宽分别为6.1、12.9mm；台面内角92°，台面外角89°。腹面较凸。腹面下部还可见到部分石皮，应该是在打击时直接将原石片的背面剥下去一小部分。侧边准平行，远端羽状。

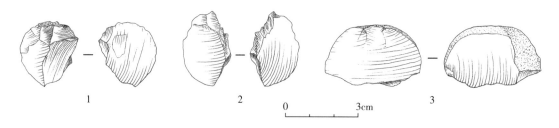

图四九　第②层出土孔贝瓦石片

1. 11KW②2114　2. 11KW②1549　3. 11KW②148

（二）非完整石片

586 件，占石片总数的 57%。

1. 左裂片

198 件。原料主要为石英岩，共 182 件，其中优质者 166 件，中等者 13 件，差等者 3 件；石英 13 件，燧石 3 件。尺寸个体差异较小，最大长、宽、厚分别为 10.1~47.5、2.5~31.8、2.9~17.2mm，重 1~20g，平均最大长、宽、厚为 20.3、14.3、6mm，平均重 2g。大部分左裂片都是沿石片打击点中线断裂。

OKW ② 48–6，原料为灰白色石英岩，颗粒细腻，质地较好。保存较好，表面不见磨蚀和风化痕迹。形态不规则。最大长、宽、厚分别为 23.8、22.6、13.9mm，重 5g。残留台面为破裂面台面，非常平整。

OKW ② 19–1，原料为黄色石英岩，颗粒细腻。保存较好，表面不见磨蚀和风化痕迹。最大长、宽、厚分别为 47.5、31.8、17.2mm，重 20g。石皮台面，打击点、半锥体、放射线非常清楚。

OKW ② 43–5，原料为黄褐色石英岩，颗粒较为细腻，含隐性节理。保存较好，表面不见磨蚀和风化痕迹。最大长、宽、厚分别为 25.5、23.2、8.5mm，重 4g。可见残缺的打击点，半锥体浅平。

OKW ② 25–1，原料为灰色石英岩，颗粒较为细腻。保存较好，表面不见磨蚀和风化痕迹。最大长、宽、厚分别为 23.1、20.7、7.5mm，重 3g。打击点清楚，半锥体浅平，放射线清楚。

OKW ② 16–5，原料为灰白色石英岩，颗粒较为细腻，含隐性节理。保存较好，表面不见磨蚀和风化痕迹。最大长、宽、厚分别为 34.7、15.9、9.2mm，重 4g。

OKW ② 23–1，原料为灰色石英岩，颗粒较为细腻。保存较好，表面不见磨蚀和风化痕迹。最大长、宽、厚分别为 33.2、13.9、7.3mm，重 2g。可见残缺的打击点，放射线较为清楚，半锥体较为凸出。

OKW ② 43–9，原料为黄色石英岩，颗粒中等。保存较好，表面不见磨蚀和风化痕迹。最大长、宽、厚分别为 31.8、9.3、7.2mm，重 3g。可见残缺的打击点和半锥体。

KBS ② 162，原料为黑色石英岩，颗粒较为细腻，含少量节理。保存较好，表面不见磨蚀和风化痕迹。最大长、宽、厚分别为 30.6、25、9.4mm，重 6g。可见残缺的打击点和半锥体，放射线明显。可见背面疤与石片方向相同。

KBS ② 359，原料为灰白色石英岩，颗粒较为细腻，含隐性节理。保存较好，表面不见磨蚀和风化痕迹。最大长、宽、厚分别为 21.6、20.8、8.2mm，重 4g。可见残缺的打击点，半锥体非常凸出。

KBS ② 377，原料为黄色石英岩，颗粒中等。保存较好，表面不见磨蚀和风化痕迹。最大长、宽、厚分别为 29.5、18.5、7.4mm，重 5g。可见残缺的打击点和半锥体，放射线清楚。

KBS ② 100，原料为青色石英岩，颗粒较为细腻。保存较好，表面不见磨蚀和风化痕迹。最大长、宽、厚分别为 29.3、18.5、6.3mm，重 5g。可见残缺的打击点，半锥体浅平，放射线清楚。背面疤与石片方向相同。

KBS ② 345，原料为白色石英岩，颗粒较粗。保存较好，表面不见磨蚀和风化痕迹。最大长、宽、厚分别为 20.9、15.5、5.2mm，重 3g。可见残缺的打击点，半锥体浅平。

11KW ② 2071，原料为灰褐色石英岩，颗粒细腻，质地较好。保存较好，表面不见磨蚀和风化痕迹。

最大长、宽、厚分别为42.5、28.5、12.9mm，重14g。可见残缺的打击点，半锥体浅平，放射线清楚。

11KW②2075，原料为浅黄色石英岩。颗粒细腻，质地较好。保存较好，表面不见磨蚀和风化痕迹。最大长、宽、厚分别为22.3、6.7、3.9mm，重3g。可见残缺的打击点，半锥体浅平。

11KW②1491，原料为灰色带洋红色条纹的石英岩，颗粒细腻，质地较好。保存较好，表面不见磨蚀和风化痕迹。最大长、宽、厚分别为41.1、22.3、12mm，重13g。可见残缺的打击点，半锥体浅平，放射线清楚。

11KW②2082，原料为青灰色石英岩，颗粒细腻，质地较好。保存较好，表面不见磨蚀和风化痕迹。最大长、宽、厚分别为30.5、20.2、10.9mm，重5g。可见残缺的打击点，半锥体浅平，放射线清楚。可见台面和背面全部为石皮。

11KW②2323，原料为白色石英岩，颗粒细腻，含较多内部节理。保存较好，表面不见磨蚀和风化痕迹。最大长、宽、厚分别为28.9、18.5、6.5mm，重5g。可见残缺的打击点，半锥体凸出，放射线清楚。石皮台面。

11KW②1319，原料为灰白色石英岩，颗粒细腻，含隐性节理。保存较好，表面不见磨蚀和风化痕迹。最大长、宽、厚分别为19.2、18.2、4.4mm，重1g。可见残缺的打击点，半锥体浅平，放射线清楚。石皮台面，可见背面疤与石片方向相同。

11KW②1998，原料为黄色石英岩，颗粒较为细腻，含隐性节理。保存较好，表面不见磨蚀和风化痕迹。最大长、宽、厚分别为32.9、18.2、9.9mm，重4g。可见残缺的打击点，半锥体浅平，放射线清楚。点状台面，可见背面疤与石片方向相同。

11KW②1765，原料为白色石英，颗粒粗大，节理较多。保存较好，表面不见磨蚀和风化痕迹。最大长、宽、厚分别为21、17.9、7.4mm，重3g。可见残缺的打击点，放射线清楚。石皮台面。

12KW②63，原料为青灰色石英岩，颗粒较为细腻。保存较好，表面不见磨蚀和风化痕迹。最大长、宽、厚分别为35.4、19、8.9mm，重8g。可见残缺的打击点，放射线清楚。石皮台面。

12KW②364，原料为黄色石英岩，颗粒较为细腻。保存较好，表面不见磨蚀和风化痕迹。最大长、宽、厚分别为28、25.6、9.2mm，重5g。可见残缺的打击点，放射线清楚。石皮台面。

12KW②364，原料为灰色燧石，颗粒非常细腻。保存较好，表面不见磨蚀和风化痕迹。最大长、宽、厚分别为32.2、17.5、7.1mm，重5g。

13KW②598，原料为黄色石英岩，颗粒较为细腻。保存较好，表面不见磨蚀和风化痕迹。最大长、宽、厚分别为32.6、8.4、4.5mm，重0.5g。

13KW②275，原料为深青色石英岩，颗粒中等，含隐性节理。保存较好，表面不见磨蚀和风化痕迹。最大长、宽、厚分别为27.9、17.5、8.2mm，重4g。可见残缺的打击点和半锥体。

2. 右裂片

223件。原料主要为石英岩，共204件，其中优质者180件，中等者13件，差等者11件；石英17件，燧石2件。尺寸个体差异较小，最大长、宽、厚分别为10.5~44.4、9.7~32.6、3.6~12.2mm，重1~16g，平均最大长、宽、厚为21、14.1、6.1mm，平均重2.1g。大部分右裂片都是沿石片打击点中线断裂。

OKW ② 27-1，原料为灰黑色石英岩，颗粒细腻，含隐性节理。保存较好，表面不见磨蚀和风化痕迹。最大长、宽、厚分别为44.4、32.6、12.2mm，重16g。破裂面台面，打击点和放射线非常清楚。

OKW ② 43-3，原料为朱红色石英岩，颗粒细腻。保存较好，表面不见磨蚀和风化痕迹。最大长、宽、厚分别为38.1、12.2、8.8mm，重5g。破裂面台面，非常平整。可见残缺的打击点，放射线清楚。

OKW ② 30-6，原料为灰色石英岩，颗粒中等。保存较好，表面不见磨蚀和风化痕迹。最大长、宽、厚分别为25.3、23.5、7.4mm，重3g。石皮台面。

OKW ② 25-6，原料为白色石英岩，颗粒非常细腻。保存较好，表面不见磨蚀和风化痕迹。最大长、宽、厚分别为26、15.1、6.5mm，重2g。破裂面台面，可见残缺的打击点，半锥体十分凸起，放射线清楚。

OKW ② 41-1，原料为朱红色石英岩，颗粒较为细腻。保存较好，表面不见磨蚀和风化痕迹。最大长、宽、厚分别为25.4、13.2、3.2mm，重1g。破裂面台面。

KBS ② 200，原料为朱红色石英岩，颗粒较为细腻。保存较好，表面不见磨蚀和风化痕迹。最大长、宽、厚分别为28.5、17.6、9mm，重5g。石皮台面，可见残缺的打击点和半锥体、放射线。

KBS ② 95，原料为朱红色石英岩，颗粒较为细腻。保存较好，表面不见磨蚀和风化痕迹。最大长、宽、厚分别为33、29.9、9.4mm，重5g。自然台面，可见残缺的打击点、放射线。

KBS ② 301，原料为深青色石英岩，颗粒细腻。保存较好，表面不见磨蚀和风化痕迹。最大长、宽、厚分别为19.3、15.7、5.8mm，重2g。自然台面，可见残缺的打击点、半锥体和放射线。

KBS ② 376，原料为白色石英，颗粒粗大。保存较好，表面不见磨蚀和风化痕迹。最大长、宽、厚分别为20.3、13.5、11.5mm，重2g。破裂面台面，可见残缺的打击点、放射线。

KBS ② 238，原料为黄色石英岩，颗粒细腻。保存较好，表面不见磨蚀和风化痕迹。最大长、宽、厚分别为19.8、12.4、5.7mm，重1g。石皮台面，可见残缺的打击点、半锥体和放射线。

KBS ② 357，原料为黄红色石英岩，颗粒细腻。保存较好，表面不见磨蚀和风化痕迹。最大长、宽、厚分别为20、12.8、6mm，重1g。破裂面台面，可见残缺的打击点、半锥体和放射线。

11KW ② 1703，原料为青灰色石英岩，颗粒较为细腻。保存较好，表面不见磨蚀和风化痕迹。最大长、宽、厚分别为40.5、27.4、14.3mm，重12g。石皮台面，可见两个打击点、半锥体，其中左侧半锥体残缺一半。

11KW ② 1823，原料为白色石英，颗粒粗大。保存较好，表面不见磨蚀和风化痕迹。最大长、宽、厚分别为37.1、34.6、11.5mm，重11g。石皮台面，打击点清楚。背面有一个非常平整的节理面。

11KW ② 2010，原料为深青色石英岩，颗粒较为细腻。保存较好，表面不见磨蚀和风化痕迹。最大长、宽、厚分别为27.4、23.6、6.9mm，重5g。破裂面台面，放射线清楚。背面疤与石片方向相同。

11KW ② 2508，原料为浅黄白色石英岩，颗粒较为细腻。保存较好，表面不见磨蚀和风化痕迹。最大长、宽、厚分别为30、20.5、6.3mm，重4g。石皮台面，打击点和放射线清楚。背面可见层叠疤痕。

11KW ② 1419，原料为朱红色石英岩，颗粒较为细腻。保存较好，表面不见磨蚀和风化痕迹。最大长、宽、厚分别为20.3、17、7.5mm，重2g。石皮台面，打击点和放射线清楚。

11KW②2430，原料为朱红色石英岩，颗粒较为细腻。保存较好，表面不见磨蚀和风化痕迹。最大长、宽、厚分别为23、13.1、9.3mm，重1g。破裂面台面，打击点和放射线清楚。

11KW②2434，原料为浅黄白色石英岩，颗粒细腻，含隐性节理。保存较好，表面不见磨蚀和风化痕迹。最大长、宽、厚分别为23.8、19、5.5mm，重3g。破裂面台面，打击点和放射线清楚。

12KW②243，原料为深黄石英岩，颗粒较为细腻。保存较好，表面不见磨蚀和风化痕迹。最大长、宽、厚分别为31.7、24.4、10.6mm，重5g。石皮台面。

12KW②61，原料为黄白色石英岩，颗粒较为细腻。保存较好，表面不见磨蚀和风化痕迹。最大长、宽、厚分别为20.7、10.8、6.9mm，重2g。石皮台面。

13KW②424，原料为灰黑色燧石，颗粒非常细腻。保存较好，表面不见磨蚀和风化痕迹。最大长、宽、厚分别为21.4、16.2、5.2mm，重2g。

13KW②433，原料为石英岩，表皮红色，内部浅黄色。颗粒非常细腻。保存较好，表面不见磨蚀和风化痕迹。最大长、宽、厚分别为31.1、25.3、8.6mm，重2g。石皮台面。

3. 近端

48件。原料主要为石英岩，共41件，其中优质者39件，中等者2件；石英2件，燧石5件。尺寸个体差异较小，最大长、宽、厚分别为11.1~43.1、7~19.6、1.8~11.5mm，重1~20g，平均最大长、宽、厚为20.5、14.8、5.9mm，平均重2.6g。

OKW②50-5，原料为白色石英岩，颗粒中等，含少量隐性节理。保存较好，表面可见轻微的磨蚀，不见风化痕迹。最大长、宽、厚分别为27.5、19.1、5.2mm，重2g。石皮台面，长、宽分别为4、9.8mm；台面内角66°，台面外角124°。打击点散漫，半锥体浅平，不见锥疤。背面全部为石皮。

11KW②2415，原料为黄色石英岩，颗粒细腻。保存较好，表面不见磨蚀和风化痕迹。最大长、宽、厚分别为18、17.3、5.6mm，重2g。破裂面台面，较为平整，长、宽分别为3、7mm；台面内角108°，台面外角77°。打击点清楚，半锥体较为凸出，可见台阶状锥疤。

11KW②2377，原料为青色石英岩，颗粒粗大。保存较好，表面不见磨蚀和风化痕迹。最大长、宽、厚分别为18、17.3、5.6mm，重2g。石皮台面，长、宽分别为4.8、19.8mm；台面内角102°，台面外角84°。打击点清楚，半锥体凸出，放射线清楚。

11KW②2096，原料为黄色石英岩，颗粒中等。保存较好，表面不见磨蚀和风化痕迹。最大长、宽、厚分别为20.3、18.8、5.5mm，重3g。破裂面台面，较为平整，长、宽分别为6.6、9.1mm；台面内角111°，台面外角72°。打击点、放射线清楚，半锥体浅平。

11KW②2464，原料为灰黄色石英岩，颗粒中等。保存较好，表面不见磨蚀和风化痕迹。最大长、宽、厚分别为27.1、16.3、7.5mm，重2g。破裂面台面，长、宽分别为6.3、11.9mm；台面内角87°，台面外角89°。打击点散漫，放射线清楚，半锥体浅平。

11KW②64，原料为灰青色石英岩，颗粒细腻。保存较好，表面不见磨蚀和风化痕迹。最大长、宽、厚分别为23.7、13.7、6.3mm，重1g。石皮台面，长、宽分别为9.3、22.7mm；台面内角113°，台面外角56°。打击点较为集中，放射线清楚，半锥体浅平。

11KW②2530，原料为青色石英岩，颗粒较为细腻。保存较好，表面不见磨蚀和风化痕迹。最大长、宽、厚分别为 24.3、9.5、6.2mm，重 1g。石皮台面，长、宽分别为 5.6、16mm；台面内角 172°，台面外角 108°。打击点散漫，放射线清楚，半锥体很平。

11KW ② 2357，原料为青色石英岩，颗粒较为细腻。保存较好，表面不见磨蚀和风化痕迹。最大长、宽、厚分别为 18.1、17、4.1mm，重 1g。线状台面，打击点散漫，放射线清楚，半锥体较为凸出。

11KW ② 2004，原料为灰色燧石，颗粒细腻。保存较好，表面不见磨蚀和风化痕迹。最大长、宽、厚分别为 12.6、12.2、1.9mm，重 1g。点状台面。

12KW ② 807，原料为灰色石英岩，颗粒细腻。保存较好，表面不见磨蚀和风化痕迹。最大长、宽、厚分别为 32.8、31.9、11.5mm，重 10g。石皮台面，打击点集中，半锥体较为凸出，放射线清楚。

12KW ② 840，原料为灰白色石英岩，颗粒细腻。保存较好，表面不见磨蚀和风化痕迹。最大长、宽、厚分别为 19.6、11.9、3.8mm，重 1g。破裂面台面，打击点集中，半锥体凸出，放射线清楚。

4. 远端

95 件。原料主要为石英岩，共 91 件，其中优质者 85 件，中等者 6 件；石英 2 件，燧石 2 件。尺寸个体差异较小，最大长、宽、厚分别为 10.4~13.6、9.5~23.6、3.5~17.7mm，重 1~29g，平均最大长、宽、厚为 23.1、14.5、5.8mm，平均重 2.2g。

OKW ② 46-9，原料为青灰色石英岩，颗粒较为细腻。保存较好，表面不见磨蚀和风化痕迹。最大长、宽、厚分别为 44、28.3、13.2mm，重 10g。末端羽状。

OKW ② 7-1，原料为朱红色石英岩，保存较好，表面不见磨蚀和风化痕迹。最大长、宽、厚分别为 49.1、10.5、17.7mm，重 29g。末端羽状。

OKW ② 50-4，原料为黄白色石英岩，颗粒较为细腻。保存较好，表面不见磨蚀和风化痕迹。最大长、宽、厚分别为 26.6、16.7、4.1mm，重 2g。末端羽状。

OKW ② 43-10，原料为黄色石英岩，颗粒中等。保存较好，表面不见磨蚀和风化痕迹。最大长、宽、厚分别为 26.1、10.5、5.6mm，重 1g。末端羽状。

OKW ② 30-10，原料为灰色石英岩，颗粒较为细腻。保存较好，表面不见磨蚀和风化痕迹。最大长、宽、厚分别为 16、9.4、2.1mm，重 1g。末端羽状。

OKW ② 48-9，原料为灰色燧石，颗粒细腻。保存较好，表面不见磨蚀和风化痕迹。最大长、宽、厚分别为 21.4、10.6、5.3mm，重 1g。末端羽状。

KBS ② 178，原料为灰黄色石英岩，颗粒细腻。保存较好，表面不见磨蚀和风化痕迹。最大长、宽、厚分别为 30.8、15.7、3.6mm，重 1g。末端羽状。

KBS ② 280，原料为黑色石英岩，颗粒细腻。保存较好，表面不见磨蚀和风化痕迹。最大长、宽、厚分别为 20.5、20.1、12.2mm，重 3g。末端背向卷。

KBS ② 118，原料为黄色石英岩，颗粒较为细腻。保存较好，表面不见磨蚀和风化痕迹。最大长、宽、厚分别为 23.1、18.7、8.6mm，重 1g。末端羽状。

11KW ② 2467，原料为黄色石英岩，颗粒较为细腻。保存较好，表面不见磨蚀和风化痕迹。最大长、宽、厚分别为 27、23.8、10mm，重 6g。末端羽状。

11KW ② 2476，原料为深紫色石英岩，颗粒较为细腻。保存较好，表面不见磨蚀和风化痕迹。最大长、宽、厚分别为 19、13、4.8mm，重 1g。末端羽状。

11KW②114，原料为灰色石英岩，颗粒较为细腻。保存较好，表面不见磨蚀和风化痕迹。最大长、宽、厚分别为 21.4、13.2、3.6mm，重 1g。末端羽状。背面可见一条纵脊。

11KW②2454，原料为朱红色石英岩，颗粒较粗。保存较好，表面不见磨蚀和风化痕迹。最大长、宽、厚分别为 38.8、37.4、10.6mm，重 17g。末端羽状。背面全部为石皮。

11KW②2303，原料为白青色石英岩，颗粒较为细腻。保存较好，表面不见磨蚀和风化痕迹。最大长、宽、厚分别为 29.5、21、4mm，重 2g。末端羽状。

11KW②1912，原料为青色石英岩，颗粒较为细腻。保存较好，表面不见磨蚀和风化痕迹。最大长、宽、厚分别为 29、18.5、6.1mm，重 2g。末端羽状。

11KW②1849，原料为浅黄色石英岩，颗粒中等。保存较好，表面不见磨蚀和风化痕迹。最大长、宽、厚分别为 25.5、22.5、9.4mm，重 3g。末端羽状。

11KW②2305，原料为灰蓝色石英岩，颗粒中等。保存较好，表面不见磨蚀和风化痕迹。最大长、宽、厚分别为 38.7、29、13.1mm，重 14g。侧边准平行，末端腹向卷。

12KW②182，原料为青灰色石英岩，颗粒较为细腻。保存较好，表面不见磨蚀和风化痕迹。最大长、宽、厚分别为 25.5、17.3、3mm，重 1g。末端羽状。

13KW②425，原料为灰色燧石，颗粒非常细腻。保存较好，表面不见磨蚀和风化痕迹。最大长、宽、厚分别为 20.4、9.1、5.2mm，重 1g。腹面可见同心波；末端羽状。

5. 中段

22 件。原料主要为石英岩，共 20 件，其中优质者 19 件，差等者 1 件；片麻岩 1 件，燧石 1 件。尺寸个体差异较小，最大长、宽、厚分别为 11.1~43.3、6.9~31.5、3.4~12.2mm，重 1~23g，平均最大长、宽、厚为 21.2、13.5、6.6mm，平均重 3.5g。

OKW②43-11，原料为灰褐色石英岩，颗粒较为细腻。保存较好，表面不见磨蚀和风化痕迹。最大长、宽、厚分别为 19.7、15.8、4.7mm，重 1g。背面全部为石皮。

11KW②2158，原料为青灰色石英岩，颗粒较为细腻。保存较好，表面不见磨蚀和风化痕迹。最大长、宽、厚分别为 17.8、7.3、3.3mm，重 1g。

11KW②1667，原料为白青色石英岩，颗粒细腻，质地较好。保存较好，表面不见磨蚀和风化痕迹。最大长、宽、厚分别为 17.1、9、5.7mm，重 1g。

11KW②1506，原料为白色石英岩，颗粒较为细腻。保存较好，表面不见磨蚀和风化痕迹。最大长、宽、厚分别为 16.9、10.8、4.6mm，重 1g。

11KW②1286，原料为黄色石英岩，颗粒细腻。保存较好，表面不见磨蚀和风化痕迹。最大长、宽、厚分别为 18.9、8.9、1.3mm，重 1g。

三、工具

117 件，占第②层发现石制品总数的 7%。工具类型有锯齿刃器、凹缺器、刮削器、石锥、尖状器、端刮器、琢背石刀、薄刃斧、鸟喙状器、石镞等 10 种。此外，还采集 1 件石球。经统计，锯齿刃器、凹缺器和刮削器这三个类型是所有工具中的主要部分，三者比例合计达81%。其他工具类型，除石锥占到8%外，其余各类型工具比例均在5%以下，数量上也未超过5件（表七）。

　　总的来看，第②层工具原料以石英岩为主，其中又以优质石英岩为多，有109件，比例高达93%，中等和差等石英岩分别有2和1件；其他类型原料还有石英、燧石和片麻岩，分别有3、1和1件。

　　经统计，工具毛坯以石片毛坯为主，包括各类完整石片和非完整石片以及不确定类型的石片，总比例为81%；其次为断块，比例为12%；其他难以确定毛坯类型的工具比例为5%，而石核和砾石毛坯工具各占1%。对于石片毛坯而言，完整石片毛坯是主要部分，比例为69%，其中又以Ⅵ型石片为多，比例为21%。值得一提的是，有1件薄刃斧的毛坯为孔贝瓦石片（表八）。

　　工具尺寸总的来说差别不大，除1件标本尺寸较大，重达到214g外；其余标本最大长、宽、厚分别为12.1~91.5、9.1~89、2.3~33.6mm，重1~214g，平均长、宽、厚为39.3、28、12.9mm，平

表七　第②层出土工具类型统计表

类型	锯齿刃器	凹缺器	刮削器	石锥	尖状器	端刮器	琢背石刀	薄刃斧	鸟喙状器	石镞	合计
数量 N	45	27	23	10	4	2	1	2	2	1	117
比例 %	38	23	20	8	3	2	1	2	2	1	100

表八　第②层出土各类型工具与毛坯的关系

毛坯		锯齿刃器	凹缺器	刮削器	石锥	尖状器	端刮器	琢背石刀	薄刃斧	鸟喙状器	石镞	合计	比例 %	
石片	不确定类型石片				1							1	1	
	Ⅰ型石片	5	1	2	2					1		11	9	
	Ⅱ型石片	9	4	2		1						16	14	
	Ⅲ型石片	9		4					1			14	12	
	Ⅳ型石片	2										2	2	81
	Ⅴ型石片	7	3	1	2	1						14	12	
	Ⅵ型石片	3	8	6		2		1	1	1	1	24	21	
	左裂片		1	3			1					5	4	
	右裂片		2	1								3	3	
	远端	2	1	1			1					5	4	
断块		6	5	2	1							14	12	
石核			1									1	1	19
砾石		1										1	1	
其他		1	1	1	3							6	5	
合计		45	27	23	10	4	2	1	2	2	1	117	100	

表九　第②层出土石片毛坯工具加工方式统计表

加工方式	数量 N	比例 %
正向	58	71
反向	14	17
错向	1	1
交互	1	1
两面	2	2
复向	6	8

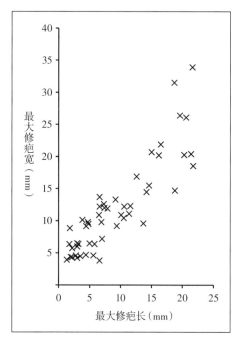

图五〇　第②层出土工具最大修疤长、宽分布

均重 17g。尺寸较为集中，主要是因为其毛坯大多数为完整石片。

工具的加工方法均为硬锤锤击法，加工方式多样。对于完整石片毛坯工具而言，加工方式以单向为主，比例达到 87%，其中又以正向为主，比例为 71%，反向比例为 17%。此外还有复向、两面、交互和错向，比例分别为 8%、2%、1% 和 1%。对于非石片毛坯工具而言，其加工方式也有一定规律性。它们主要选择由较平面向相对不平面进行加工、由破裂面向石皮面进行加工（表九）。

从工具的加工位置来看，石片毛坯工具修理主要集中在石片的远端、左边和右边（合计 83%）。有少量工具（5%）选择在近端加工。还有部分工具（12%）的加工位置超越了一边或一端。除了加工位置为左边加右边（4%）外，其他超越一边或一端的工具其加工部位一般相连，即两个位置构成了一条相连的刃缘。非石片毛坯工具修理边主要选择在毛坯较薄边缘进行加工或者相对较为规整的边缘。

工具修疤形态以鳞状为主，比例为 63%，其次为准平行或平行状，为 7%；台阶状最少，为 2%；其余 28% 为不确定。鱼鳞状修疤一般大小、凹陷程度不均等，体现出一种不规整的状态，是锤击法修理的特征。

从修疤层数来看，62% 的工具只有 1 层修疤，即只对刃缘进行了单次修理；33% 有 2 层修疤；仅 5% 具有 3 层或以上修疤。从工具修理的最大修疤长、宽分布图可知，修疤长、宽主要集中在 0~15mm，并以宽型修疤为主（图五〇）。此外，通过对修疤边缘的观察和统计，82% 的修疤呈弧形，5% 两侧边缘近似平行，2% 呈汇聚状，其余则呈不规则状。

通过对锯齿刃器、刮削器、石锥和尖状器四类工具的统计，它们的加工程度从加工长度指数来看，总体而言，一部分工具的加工长度达到了所在边的总长度，加工最短也接近所在边长的一半；而从平均值来看，超过了加工所在边长的一半；而标准偏差则显示各类工具的加工长度指数变异不大。从加工深度指数来看，虽然有部分工具加工深度指数达到了 1，但总体上来看本层工具的加工程度不是很高；加工深度较低的工具深度指数仅为 0.04，而平均值也未到加工面宽的一半。这表明这些工具基本上属于边缘修理；而且它们的标准偏差都很小，表明这四类工具大部分标本加工深度都很浅（表一〇）。

工具刃缘在修理后，刃角与毛坯原边缘角度比较，有 68% 的标本变钝，29% 变锐，还有 3% 基本不变。刃角主要集中在 51°~79° 之间；角度越小，数量越少；角度越大，数量也越少。

表一〇 第②层出土工具加工长度和深度指数

最大值		最小值		平均值		标准偏差	
长度指数	深度指数	长度指数	深度指数	长度指数	深度指数	长度指数	深度指数
1	1	0.39	0.04	0.87	0.46	0.18	0.31

（一）锯齿刃器

45 件，占工具数量的 38%。原料均为优质石英岩。毛坯主要为石片，比例为 82%；其次为断块，比例为 13%；砾石和其他类型毛坯各 1 件。尺寸个体差异相对较大，最大长、宽、厚分别为 21.2~91.5、19.3~89、7~33.6mm，重 2~214g，平均最大长、宽、厚为 43.6、30.7、14.1mm，平均重 23g。平均刃角 61°。

按刃缘数量可分为单刃锯齿刃器和双刃锯齿刃器，分别有 41 和 4 件，比例分别为 91% 和 9%。

1. 单刃锯齿刃器

41 件。根据刃口形态可进一步分为单直刃、单凸刃和单凹刃锯齿刃器，数量分别为 18、20 和 3 件。

单直刃锯齿刃器

OKW ② 42-1（图五一，1；彩版三〇，3），原料为灰白色石英岩，颗粒较为细腻，含隐性节理。毛坯为Ⅲ型石片，双锥石片。保存较好，表面不见磨蚀和风化痕迹。形态不规则，最大长、宽、厚分别为 45.7、42.8、13.1mm，重 26g。加工位置为石片右侧边，采用锤击法正向加工。刃缘修疤连续，局部可见两层修疤，可见最大修疤长、宽分别为 6.6、13.7mm。刃缘修理延伸至整个边缘，加工长度指数为 1；加工深度不大，加工深度指数为 0.61。加工后刃缘平直，长 39.2mm；刃口形态指数为 0；刃角较石片边缘变钝，刃角 61°。

KBS ② 186（图五一，2；彩版三〇，4），原料为石英岩，表皮黄色，内部灰白色，颗粒中等，含少量隐性节理。毛坯为石片远端。保存较好，表面不见磨蚀和风化痕迹。形态为三角形，最大长、宽、厚分别为 22.5、10.8、5.5mm，重 1g。刃缘加工位置为石片相对较薄的边缘，正向加工。刃缘修疤连续，只见一层修疤，主要由三个修疤构成。刃缘修理延伸至直刃的整个边缘，加工长度指数为 1；修理阴疤延伸不远，加工深度指数为 0.28。刃缘修理后正视平直，长 23mm；刃角 54°。

11KW ② 2469（图五一，3；彩版三〇，5），原料为灰色石英岩，颗粒细腻，质地较好。毛坯为Ⅵ型石片。保存较好，表面不见磨蚀和风化痕迹。形态为三角形，最大长、宽、厚分别为 61.2、50.3、28mm，重 57g。加工位置为石片左侧边缘，采用锤击法反向加工。刃缘修疤连续，可见三层修疤；其中，第一层修疤很大，最后一层修疤较小；最大修疤长、宽分别为 18.7、31.5mm。刃缘修理长度延伸至整个边缘，加工长度指数为 1；加工深度指数达到 0.43。加工后刃缘凹凸不平，但总体呈直线型，长 55mm；刃口形态指数为 0；刃角较原边缘变钝，刃角 59°。

11KW ② 1408（图五一，4；彩版三〇，6），原料为黄色石英岩，颗粒较为细腻，含极少量隐性节理。毛坯为Ⅴ型石片。保存较好，表面不见磨蚀和风化痕迹。形态近长方形，最大长、宽、厚分别为 47.5、19.7、20.3mm，重 20g。加工位置为石片左侧边缘，采用锤击法正向加工。刃缘修疤连续，

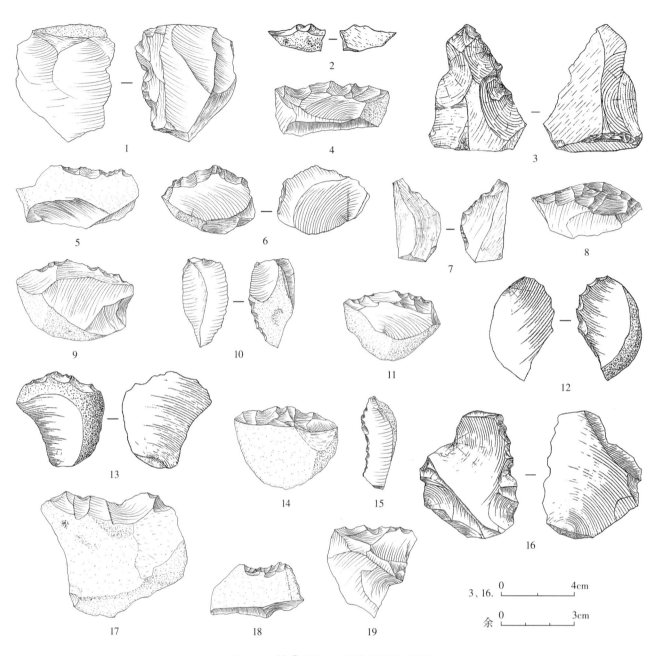

图五一 第②层出土石单刃锯齿刃器

1~5. 单直刃锯齿刃器（OKW ② 42-1、KBS ② 186、11KW ② 2469、11KW ② 1408、11KW ② 1360） 6~14. 单凸刃锯齿刃器（OKW ② 41-2、OKW ② 23-2、11KW ② 1920、11KW ② 2407、KBS ② 243、11KW ② 1462、11KW ② 2329、11KW ② 2391、12KW ② 80） 15~19. 单凹刃锯齿刃器（OKW ② 8-2、11KW ② 1633、11KW ② 1968、12KW ② 132、13KW ② 545）

可见一层修疤，最大修疤长、宽分别为 13.3、12.7mm。刃缘修理长度几乎贯穿整个右侧边缘，加工长度指数为 0.8；加工深度接近修理面的一半，加工深度指数为 0.48。加工后刃缘平直，长 37.1mm；刃口形态指数为 0；刃角较原石片边缘变锐，刃角 70°。

11KW ② 1360（图五一，5；彩版三一，1），原料为青灰色石英岩，颗粒较为细腻，质地较脆。毛坯为 II 型石片。保存较好，表面不见磨蚀和风化痕迹。形态近长方形，最大长、宽、厚分别为 49.5、27、8.7mm，重 12g。加工位置为石片的左侧边，采用锤击法正向加工。连续修理，一共一层修疤，最大修疤长、宽分别为 4.7、9.8mm。刃缘修理长度超过石片边缘的一半，加工长度指数为 0.87；加工深度不大，加工深度指数为 0.21。加工后刃缘平直，长 29mm；刃口形态指数为 0；刃角 57°。

单凸刃锯齿刃器

OKW ② 41-2（图五一，6；彩版三一，2），原料为青黑色石英岩，颗粒较为细腻，含少量隐性节理。毛坯为 Ⅱ 型石片。保存较好，表面不见磨蚀和风化痕迹。最大长、宽、厚分别为 39.4、27.4、12.4mm，重 12g。刃缘加工位置为石片右侧边和远端边缘，采用锤击法反向加工。刃缘加工最多可见两层修疤，最大修疤长、宽分别为 5.4、8.4mm。加工长度指数为 1；加工深度不及加工所在面的一半，加工深度指数为 0.37。修理后的刃缘呈凸弧形，长 47mm；刃口形态指数为 57；刃口较石片边缘角度变钝，刃角 75°。

OKW ② 23-2（图五一，7；彩版三一，3），原料为灰色石英岩，颗粒中等，致密性不高。毛坯为 Ⅲ 型石片。保存较好，表面不见磨蚀和风化痕迹。形态不规则，最大长、宽、厚分别为 34、19.4、9.1mm，重 5g。加工位置为石片远端边缘，采用锤击法反向加工。刃缘修理只见一层修疤，可见最大修疤长、宽分别为 3、5.2mm。刃缘修理几乎延伸至整个远端边缘，加工长度指数为 1；加工深度不大，加工深度指数为 0.04。加工后刃缘呈凸弧状，长 33mm；刃口形态指数为 60；刃角较石片边缘角度变钝，刃角 72°。

KBS ② 243（图五一，10；彩版三一，4），原料为青色石英岩，颗粒细腻，质地较好。毛坯为 Ⅱ 型石片。保存较好，表面不见磨蚀和风化痕迹。形态近梯形，最大长、宽、厚分别为 36.1、20.5、9mm，重 5g。加工位置为石片的右侧边缘靠下部，采用锤击法正向加工。刃缘修疤连续，可见一层修疤，最大修疤长、宽分别为 1.7、6.3mm。刃缘修理约为整个远端的一半，加工长度指数为 0.48；加工深度不大，加工深度指数为 0.09。加工后刃缘略凸，长 18mm；刃口形态指数为 12；刃角较石片边缘角度变钝，刃角 43°。

11KW ② 1920（图五一，8；彩版三一，5），原料为灰色石英岩，颗粒较为细腻，含隐性节理。毛坯为 Ⅲ 型石片，台面很平、很大。保存较好，表面不见磨蚀和风化痕迹。形态近椭圆形，最大长、宽、厚分别为 46.1、21.4、16mm，重 17g。加工位置为石片远端边缘，采用锤击法正向加工。最多可见四层修疤，整体呈鳞状分布，可见最大修疤长、宽分别为 16.8、2.4mm。刃缘修理加工长度指数为 1，加工深度指数为 0.57。加工后刃缘呈凸弧状，长 52mm；刃口形态指数为 41；加工后刃角较原石片边缘变钝，刃角 66°。

11KW ② 2407（图五一，9；彩版三一，6），原料为青灰色石英岩，颗粒细腻，含极少量隐性节理。毛坯为 Ⅱ 型石片。最大长、宽、厚分别为 47.1、31、12mm，重 20g。该石片毛坯右侧背面为破裂面，左侧背面为石皮面。加工位置为石片右侧边缘，正向加工。刃缘修理对石片边缘改变不大，基本保留了原石片毛坯的侧边。修疤仅有一层，中间有一小段不连续，整体来说较为规整。锯齿最大高度 1.4mm，最小高度 0.3mm，锯齿间距 2.2~6.2mm。刃缘修理长度超过石片边缘的一半，加工长度指数为 0.92；加工深度不大，加工深度指数为 0.21。加工后刃缘呈凸弧状，长 48mm；刃口形态指数为 40；刃角 57°。

11KW ② 1462（图五一，11；彩版三二，1），原料为石英岩，表皮深黄色，内部灰色，颗粒较为细腻，质地较好。毛坯为Ⅱ型石片。最大长、宽、厚分别为39.2、27.5、11.1mm，重13g。毛坯台面石皮从石片左侧边一直延伸到远端。加工位置为石片远端边缘，反向加工。连续修理，局部可见三层修疤，呈鳞状。锯齿最大高度2mm，最小高度1mm，锯齿间距2.5~5.1mm。刃缘修理几乎延伸至整个石片边缘，加工长度指数为0.9；加工深度指数为0.4。加工后刃缘略凸，长34mm；刃口形态指数为8；刃角65°。

11KW②2329（图五一，12；彩版三二，2），原料为黄色石英岩，颗粒较为细腻，质地较好。毛坯为Ⅴ型石片。最大长、宽、厚分别为44.7、26.9、10.1mm，重12g。该石片毛坯右侧背面为破裂面，左侧背面为石皮面。加工位置为石片的右侧边缘，正向加工。修疤仅有一层，修疤连续，一共可见五个修疤。锯齿最大高度1.3mm，最小高度1.2mm，锯齿间距3.3~8.1mm。刃缘修理延伸至整个石片边缘，加工长度指数为1；加工深度不大，加工深度指数为0.26。加工后刃缘呈凸弧状，长27mm；刃口形态指数为41；刃角68°。

11KW②2391（图五一，13；彩版三二，3），原料为紫色石英岩，颗粒中等。毛坯为Ⅴ型石片。保存较好，表面不见磨蚀和风化痕迹。形态近半圆形，最大长、宽、厚分别为39.8、34.2、11.3mm，重17g。加工位置为石片的远端边缘，采用锤击法正向加工。刃缘修疤连续，可见两层修疤，其中第二层修疤只在局部分布，可见最大修疤长、宽分别为7.4、12mm。刃缘修理长度超过整个右侧边缘的一半，加工长度指数为0.8；加工深度指数为0.62。加工后刃缘呈凸弧状，长36mm；刃口形态指数为33；刃角较原石片边缘变钝，刃角60°。

12KW②80（图五一，14；彩版三二，4），原料为朱红色石英岩，颗粒中等，质地较好。毛坯为Ⅱ型石片，目前可见台面和背面全为石皮。最大长、宽、厚分别为43.6、33.3、14.8mm，重21g。加工位置为石片的右侧边缘，正向加工。连续修理，局部至少可见两层修疤，呈鳞状。可见最大修疤长、宽分别为11.4、11.1mm。锯齿最大高度2.3mm，最小高度1.5mm，锯齿间距3.1~6.4mm。刃缘加工长度指数为0.72；加工深度指数为0.7。加工后刃缘略凸，长30.7mm；刃口形态指数为12；刃角55°。

单凹刃锯齿刃器

OKW②8-2（图五一，15；彩版三二，5），原料为黄色石英岩，颗粒较为细腻，质地较好。毛坯为Ⅱ型石片，该石片右侧边为石皮面。保存较好，表面不见磨蚀和风化痕迹。形态为半月形，最大长、宽、厚分别为36.6、15.1、8.8mm，重15g。加工位置为石片的左侧边，采用锤击法反向加工。刃缘修疤连续，较为精致，可见一层修疤。加工长度指数为0.78；加工深度指数为0.14。加工后刃缘略呈凹弧形，长24.1mm；刃口形态指数为-18；刃角较石片边缘变钝，刃角76°。

11KW②1633（图五一，16；彩版三二，6），原料为青色石英岩，颗粒细腻，质地较好。毛坯为Ⅲ型石片。最大长、宽、厚分别为65.2、51.4、19.8mm，重56g。该石片毛坯左侧边由两个斜面构成，而右侧边相对薄锐平直，因此打制者选择了右侧边作为修理边。加工长度为整个右侧边的长度，加工方向为正向。刃缘修理对石片边缘改变不大，基本保留了原石片毛坯的侧边。修疤仅有一层，连续分布，但非常规整。锯齿最大高度3.8mm，最小高度1.4mm，锯齿间距5.4~9.8mm。刃角67°。

11KW②1968（图五一，17；彩版三三，1），原料为深黄色石英岩，颗粒中等，含较多隐性节理。毛坯为Ⅳ型石片。保存较好，表面不见磨蚀和风化痕迹。形态近梯形，最大长、宽、厚分别为55.3、

54、15.7mm，重46g。加工位置为石片左侧边缘，采用锤击法正向加工。刃缘修疤连续，可见一层修疤，修疤较大，最大修疤长、宽分别为11.2、18.4mm。刃缘修理长度贯穿整个加工边，加工长度指数为1；加工深度不大，加工深度指数为0.12。加工后刃缘呈凹弧状，长38.7mm；刃口形态指数为-14；刃角较原边缘变钝，刃角66°。

12KW②132（图五一，18；彩版三三，2），原料为浅黄色石英岩，颗粒较为细腻，质地较好。毛坯为断块，除一个断面为破裂面外，其余全部为石皮。最大长、宽、厚分别为39.4、21.1、10mm，重9g。加工位置为断块相对较薄的边缘，单向加工。连续修理，可见两层修疤。锯齿最大高度0.9mm，最小高度0.4mm，锯齿间距2.3~6.2mm。刃缘加工长度指数为0.53；加工深度指数为0.31。加工后刃缘略凹，长18mm；刃口形态指数为-25；刃角68°。

13KW②545（图五一，19），原料为石英岩，表皮黄色，内部灰色，颗粒较为细腻。毛坯为断块，一面为石皮面，非常平整，一面为凸起的破裂面。最大长、宽、厚分别为38.2、36.3、16.9mm，重13g。加工位置为断块相对较薄的边缘，由石皮面向破裂面进行单向加工。连续修理，可见两层修疤，修疤较大。刃缘加工长度指数为1；加工深度指数为0.59。加工后刃缘平直，长33.2mm；刃口形态指数为0；刃角70°。

2. 双刃锯齿刃器

4件。根据刃口形态可分为双直刃、双凸刃、双凹刃和直凸刃锯齿刃器，各1件。

双直刃锯齿刃器

OKW②44-3（图五二，1；彩版三三，4），原料为灰色石英岩，颗粒较为细腻，质地较好。毛坯为石片远端，腹面较平，背面有一条纵脊。保存较好，表面不见磨蚀和风化痕迹。形态近锥形，最大长、宽、厚分别为34.2、21、7.8mm，重6g。在石片的两个侧边均采用锤击法正向加工。其中一个修理边加工片疤较大，可见最大修疤长、宽分别为6.4、9.3mm。加工长度指数为0.88，加工深度指数为0.91。加工后刃缘平直，长27.1mm；刃角65°。另一个修理边修疤较小，加工长度指数为0.68，加工深度指数为0.23；刃角71°。

双凸刃锯齿刃器

OKW②36-2（图五二，2；彩版三三，3），原料为青褐色石英岩，颗粒中等，含隐性节理。毛坯为Ⅲ型石片，腹面较平，背面有一条纵脊。保存较好，表面不见磨蚀和风化痕迹。形态近倒锥形，最大长、宽、厚分别

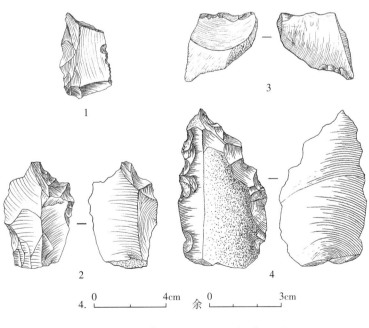

图五二 第②层出土石双刃锯齿刃器

1. 双直刃锯齿刃器（OKW②44-3） 2. 双凸刃锯齿刃器（OKW②36-2）
3. 双凹刃锯齿刃器（OKW②21-3） 4. 直凸刃锯齿刃器（11KW②1684）

为 41.8、28.9、19mm，重 18g。在石片的左侧边采用锤击法反向加工，修疤较大，最大修疤长、宽分别为 13.2、23.4mm。加工后刃缘中部凸起，刃口形态指数为 64，刃角 71°。右侧边采用锤击法正向加工，修疤较小，主要分布在右侧边靠下部，加工后中部凸起，刃口形态指数为 72，刃角 84°。加工后两个刃缘汇聚成一个扁平的刃部。

双凹刃锯齿刃器

OKW ② 21-3（图五二，3；彩版三三，5），原料为灰色石英岩，颗粒较为细腻，含明显的节理。毛坯为 IV 型石片，腹面非常平整，可见台阶状锥疤。保存较好，表面不见磨蚀和风化痕迹。形态近三角形，最大长、宽、厚分别为 37.2、27.4、5.9mm，重 6g。加工位置为石片的左、右侧边。其中，左侧边反向加工，连续修理，可见一层修疤，加工长度不及石片所在边的一半，加工长度指数为 0.42，加工深度指数为 0.11；刃缘略凹，长 14.5mm；刃口形态指数为 -12；加工后角度变钝，刃角 64°。右侧边正向加工，连续修理，只见一层修疤，加工长度贯穿整个右侧边，加工长度指数为 1，加工深度指数为 0.34；刃缘微凹，长 22.1mm；刃口形态指数为 -10；加工后角度变钝，刃角 69°。

直凸刃锯齿刃器

11KW ② 1684（图五二，4；彩版三三，6），原料为灰褐色石英岩，颗粒较为细腻，质地较好。毛坯为 IV 型石片。最大长、宽、厚分别为 88.6、52.4、16.6mm，重 86g。刃缘加工位置为石片左、右侧边，加工长度由石片的末端一直延续到台面，正向加工。刃缘的修理对石片边缘改变不大，加工后的刃缘形态基本上还是石片本身的边缘。如石片右侧边为凸，加工后刃缘也凸。刃缘加工深度也不大，基本上集中在石片边缘，修疤层数最多为两层。锯齿形态变异较大，锯齿最高 4.4mm，最低 2.2mm，锯齿间隔 3.1~16.5mm。刃角 41°。

（二）凹缺器

27 件，占工具数量的 23%。原料以石英岩为主，比例为 93%，其中又以优质石英岩为主，比例为 85%；燧石和片麻岩各 1 件。毛坯主要为石片，比例为 74%；其次为断块，比例为 19%；石核和其他类型毛坯各 1 件。尺寸个体差异相对较小，最大长、宽、厚分别为 14.5~47、3.1~35.2、6.2~14.3mm，重 0.8~17g，平均最大长、宽、厚为 32.9、22.5、11.2mm，平均重 8g。平均刃角 69°。

根据缺口的数量可分为单凹缺器和双凹缺器，前者 25 件，后者 2 件。根据凹缺的修理方式，可分为单次打击即克拉克当型凹缺器、两次打击凹缺器和多次打击凹缺器，数量分别为 15、3 和 9 件。

1. 单凹缺器

25 件。

KBS ② 158（图五三，1），原料为朱褐色石英岩，颗粒细腻，质地较脆。毛坯为断块。保存较好，表面不见磨蚀和风化痕迹。形态近三角形，最大长、宽、厚分别为 43.2、29.6、11mm，重 13g。在毛坯相对较薄边缘采用锤击法加工。刃口由多次打击形成，可见两层修疤。先是打下一个较大的片疤，再在该阴疤上进行下一步修理。缺口宽 10、高 4.7mm，凹口弧度 0.23；修理后角度相对原边缘变锐，刃角 51°。

KBS ② 344（图五三，2），原料为红白色石英岩，颗粒中等，含隐性节理。毛坯为Ⅱ型石片。保存较好，表面不见磨蚀和风化痕迹。形态近三角形，最大长、宽、厚分别为 35.9、35.2、15.5mm，重 16g。在石片右侧边采用锤击法反向加工。刃口由一次打击形成，可见一层修疤。缺口宽 11.1、高 2mm，凹口弧度 0.09；修理后角度相对原边缘变钝，刃角 73°。

KBS ② 79（图五三，3；彩版三四，1），原料为朱红色石英岩，颗粒中等，含少量隐性节理。毛坯为断块。保存较好，表面不见磨蚀和风化痕迹。

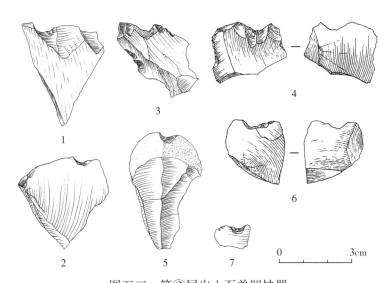

图五三　第②层出土石单凹缺器

1. KBS ② 158　2. KBS ② 344　3. KBS ② 79　4. 11KW ② 144
5. 11KW ② 1489　6. 11KW ② 1609　7. 13KW ② 585

形态不规则，最大长、宽、厚分别为 43.6、32.2、25.3mm，重 11g。加工位置为一个相对较长的边。凹缺口由一次打击形成。缺口宽 9.5、高 3.5mm，凹口弧度 0.18；修理后角度相对原边缘变钝，刃角 73°。该标本除了凹缺的修理外，还在缺口的旁边以及相邻的边有一定的修理。

11KW ② 144（图五三，4；彩版三四，2），原料为青灰色石英岩，颗粒细腻，质地较好。毛坯为Ⅵ型石片。最大长、宽、厚分别为 42.3、31.4、15.8mm，重 17g。刃口加工位置为石片右侧边靠近台面处，正向加工。凹缺由多次打击形成，可见到三个修疤。缺口宽 16.1、高 4.8mm，凹缺刃角 30°。此外，在石片的底端也有一些连续分布的修疤，并形成一条弧形刃，刃角 86°。推测该标本属于多用器型。

11KW ② 1609（图五三，6；彩版三四，3），原料为浅黄色石英岩，颗粒较为细腻，含隐性节理。毛坯为Ⅴ型石片。保存较好，表面不见磨蚀和风化痕迹。形态不规则，最大长、宽、厚分别为 35.3、27.1、10.3mm，重 5g。加工位置为石片远端边缘，反向加工。凹缺器刃口由多次打击形成，最大修疤长、宽分别为 3.2、6.8mm。缺口宽 13.1、高 2.7mm，凹口弧度 0.42；修理后角度相对原边缘变钝，刃角 72°。

11KW ② 1489（图五三，5；彩版三四，4），原料为深黄色石英岩，颗粒较为粗大。毛坯为Ⅴ型石片，背面可见到多个与石片方向相同的阴疤；背面远端为石皮面。保存较好，表面不见任何磨蚀和风化痕迹。最大长、宽、厚分别为 46.1、30、10.9mm，重 12g。刃口加工位置为石片远端边缘中部，正向加工。凹缺由多次打击形成，可见到两层共三个修疤。缺口宽 6.2、高 2.1mm，凹缺刃角 30°。此外，在石片的底端也有一些连续分布的修疤，并形成一条弧形刃，刃角 78°。推测该标本属于多用器型。

13KW ② 585（图五三，7），原料为浅黄白色石英岩，颗粒较为细腻。毛坯为Ⅵ型石片。保存较好，表面不见任何磨蚀和风化痕迹。个体较小，最大长、宽、厚分别为 14.6、8.3、2.3mm，重 0.8g。刃口加工位置为石片台面与腹面的相交边缘，由台面向腹面方向加工。凹缺由多次打击形成。缺口宽 7.6、

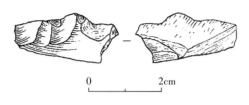

图五四　第②层出土石双凹缺器
（11KW②2625）

高1.9mm，刃角46°。

2. 双凹缺器

2件。

11KW②2625（图五四；彩版三四，5），原料为深黄色石英岩，颗粒较为细腻。毛坯为石片，但难以确定其类型。保存较好，表面不见任何磨蚀和风化痕迹。最大长、宽、厚分别为32.2、14.2、9.6mm，重3g。刃口加工位置为石片的一条平直边，正向加工。两个凹缺均为多次打击形成，最多者可见到四个修疤。左侧缺口宽8.2、高2.1mm，刃角64°；右侧缺口宽10.3、高1.4mm，刃角72°。

（三）刮削器

23件，占工具数量的20%。原料以石英岩为主，比例为87%，且全部为优质石英岩；其次为石英，3件。毛坯主要为石片，比例为83%；断块和其他类型毛坯分别有2、1件。尺寸个体差异相对较小，最大长、宽、厚分别为12.1~58.8、9.3~46.1、3.7~20.5mm，重1~42g，平均最大长、宽、厚为34.7、25、11.8mm，平均重10g。平均刃角63°。

从刃缘数量上来看，全部为单刃刮削器。按刃口形态来分，有直刃、凸刃和凹刃刮削器3种，数量分别为12、8和3件。

单直刃刮削器

OKW②21-2（图五五，1；彩版三五，1），原料为灰白色石英岩，颗粒较为细腻，含隐性节理。毛坯为Ⅵ型石片。保存较好，表面不见磨蚀和风化痕迹。形态为长梯形，最大长、宽、厚分别为30.6、20.5、7.7mm，重4g。刃缘修理位置为石片左侧边缘，采用锤击法正向加工。连续修理，可见一层修疤，修疤小而浅平。加工长度指数为0.58；加工深度指数为0.31。修理后刃缘平直，长

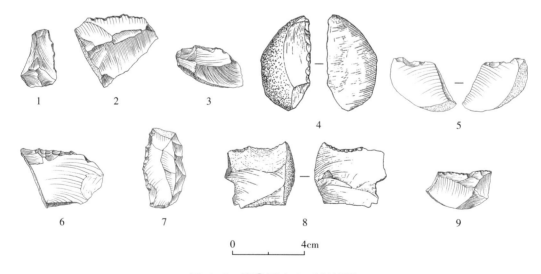

图五五　第②层出土石刮削器

1~5.单直刃刮削器（OKW②21-2、KBS②346、11KW②2401、12KW②834、13KW②274）　6、7.单凸刃刮削器（KBS②149、13KW②439）　8、9.单凹刃刮削器（OKW②14-1、11KW②1347）

14.9mm；刃口形态指数为0；刃口较石片边缘角度变钝，刃角66°。

KBS②346（图五五，2；彩版三五，2），原料为黄色石英岩，颗粒较为细腻，节理明显。毛坯为Ⅲ型石片。保存较好，表面不见磨蚀和风化痕迹。形态为梯形，最大长、宽、厚分别为40.8、36.6、14.8mm，重19g。刃缘修理位置为石片左侧边，采用锤击法正向加工。刃缘修理连续，可见一层修疤，修疤均较小，可见最大修疤长、宽分别为1.3、3.9mm。加工长度指数为1；加工深度指数为0.08。修理后的刃缘基本平直，长30mm；刃口较原边缘角度变钝，刃角81°。

11KW②2401（图五五，3），原料为黄红相间的石英岩，颗粒中等，含节理。毛坯为Ⅴ型石片。保存较好，表面不见磨蚀和风化痕迹。形态近椭圆形，最大长、宽、厚分别为41、21.5、14mm，重10g。刃缘修理位置为石片左侧边缘，采用锤击法正向加工。刃缘修理连续，可见两层修疤，最大修疤长、宽分别为13.3、2.9mm。加工长度指数为1；加工深度指数为0.7。修理后的刃缘较为平直，长32mm；刃口形态指数为0；刃口较原边缘角度变钝，刃角78°。

12KW②834（图五五，4；彩版三五，3），原料为石英岩，表皮红色，内部灰白色，颗粒较为细腻。毛坯为Ⅱ型石片。保存较好，表面不见磨蚀和风化痕迹。形态近椭圆形，最大长、宽、厚分别为45.5、27.3、13.9mm，重15g。刃缘修理位置为石片左侧边靠上部，采用锤击法正向加工。刃缘连续修理，只见一层修疤，较为致密。加工长度指数为1；加工深度指数为0.14。修理后的刃缘平直，长31.5mm；刃口形态指数为1；加工后对原石片边缘改变不大，刃角74°。

13KW②274（图五五，5），原料为黄色石英岩，颗粒较为细腻。毛坯为Ⅱ型石片，左侧因剥片时打击力过大而自然掉落并形成一个大的破裂面；右侧为一个石皮面。保存较好，表面不见磨蚀和风化痕迹。形态不规则，最大长、宽、厚分别为40.2、25.3、10.7mm，重12g。刃缘修理位置为石片末端边缘，采用锤击法复向加工。刃缘连续修理，只见一层修疤。加工长度指数为1；加工深度指数为0.17。修理后的刃缘平直，长20.2mm；刃口形态指数为0；刃角65°。

单凸刃刮削器

KBS②149（图五五，6；彩版三五，4），原料为黄色石英岩，颗粒较为细腻，含隐性节理。毛坯为左裂片。保存较好，表面不见磨蚀和风化痕迹。形态近梯形，最大长、宽、厚分别为43.5、31.2、14.8mm，重17g。刃缘修理位置为石片远端边缘，采用锤击法反向加工。刃缘连续修理，呈鳞状，可见三层修疤，可见最大修疤长、宽分别为4.4、9.1mm。刃缘修理略超过远端边缘的一半，加工长度指数为0.56；加工深度指数为0.3。修理后的刃缘呈凸弧状，长26mm；刃口形态指数为25；刃口较石片边缘角度变钝，刃角57°。

13KW②439（图五五，7），原料为黑色石英岩，颗粒较为细腻。毛坯为Ⅵ型石片。保存较好，表面不见磨蚀和风化痕迹。形态为长方形，最大长、宽、厚分别为42.7、27.4、9.6mm，重10g。刃缘修理位置为石片左侧边缘，采用锤击法正向加工。刃缘连续修理，只见一层修疤。加工长度指数为1；加工深度指数为0.14。修理后的刃缘呈凸弧状，长40.9mm；刃口形态指数为28；刃角45°。

单凹刃刮削器

OKW②14-1（图五五，8；彩版三五，5），原料为黑色和褐色相间的石英岩，颗粒细腻，含少量隐性节理。毛坯为石片远端，右侧边为石皮面。保存较好，表面不见磨蚀和风化痕迹。形态近长方形，最大长、宽、厚分别为41.1、34.9、8.4mm，重19g。刃缘修理位置为石片远端边缘，采用锤击法复向加工。刃缘加工浅平，连续修理，只见一层修疤，修疤大小接近，可见最大修疤长、宽分别为3、4.2mm。加工长度指数为1；加工深度指数为0.19。修理后的刃缘略凹，长41mm；刃口形态指数为-23；刃口较石片边缘角度变钝，刃角68°。

11KW②1347（图五五，9；彩版三五，6），原料为黄红色石英岩，颗粒细腻。毛坯为Ⅲ型石片。保存较好，表面不见磨蚀和风化痕迹。形态近长方形，最大长、宽、厚分别为37.9、20、13mm，重9g。刃缘修理位置为石片末端边缘，采用锤击法正向加工。刃缘连续修理，只见一层修疤，非常致密。加工后刃缘部分非常陡。加工长度贯穿整个右侧边缘，加工长度指数为1；加工深度指数为0.09。修理后的刃缘呈凹弧形，长31.5mm；刃口形态指数为-23；刃口较原边缘角度变钝，刃角74°。

（四）石锥

10件，占工具数量的8%。原料全部为石英岩，且以优质石英岩为主，只有1件为中等石英岩。有石片毛坯6件，比例为50%；断块和其他类型毛坯分别有1、3件。尺寸个体差异相对较小，最大长、宽、厚分别为16.4~61.9、9.5~52、4.5~22.1mm，重1~59g，平均最大长、宽、厚为39.4、28.8、12.7mm，平均重17.2g。平均尖角84°。

OKW②47-3（图五六，1），原料为石英岩，表皮为黄色，内部青色，颗粒较为细腻，含较多节理。毛坯为Ⅰ型石片，腹面非常平整，背面凸起，在一侧还有密集的破损疤痕。保存较好，表面不见磨蚀和风化痕迹。形态近圆形，最大长、宽、厚分别为37.5、39、14.5mm，重30g。加工位置为石片右侧边靠近台面处，采用锤击法反向加工。左右打击多次形成一个矮小的尖部。尖角106°。

11KW②1618（图五六，2；彩版三六，1），原料为黄色石英岩，颗粒较细腻。毛坯为Ⅴ型石片。保存较好，表面不见磨蚀和风化痕迹。最大长、宽、厚分别为53.4、27.7、15.6mm，重21g。采用锤击法在石片右侧边进行正向加工，并在中部形成石锥的尖部。尖角81°。其中，右侧边靠近台面这一半修疤较大，只有一层修疤；而靠下部则可见两层修疤，第一层修疤较大，第二层修疤则较小且只分

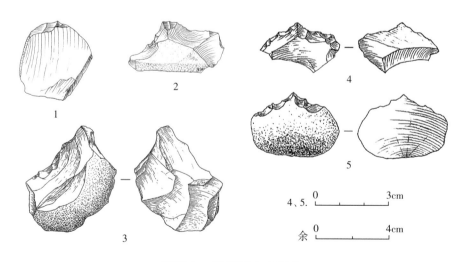

图五六　第②层出土石锥
1. OKW②47-3　2. 11KW②1618　3. 11KW②1648　4. 11KW②127　5. 11KW②68

布在靠近尖部。可见最大修疤长、宽分别为 22.7、5.9mm。该石片毛坯左侧边全部为石皮，是一个较宽的石皮面。

11KW ② 1648（图五六，3；彩版三六，2），原料为灰白色石英岩，颗粒较为细腻，含较多隐性节理。毛坯为 V 型石片。保存较好，表面不见任何磨蚀风化痕迹。形态不规则，个体较大，最大长、宽、厚分别为 61.9、52、22.1mm，重 59g。加工位置为石片石皮和破裂面相交的一端，采用锤击法单向加工；修理后呈一边直一边凹的两个缓肩。尖角 57°。

11KW ② 127（图五六，4；彩版三六，3），原料为青色石英岩，颗粒较为细腻。毛坯为不确定类型石片。最大长、宽、厚分别为 32.1、27.1、8.4mm，重 3g。刃缘加工方向为由较平整面向相对不平整的面，右侧加工深度相对较大。尖角 99°。

11KW ② 68（图五六，5；彩版三六，4），原料为青色石英岩，颗粒较为细腻，但不是很致密。毛坯为 I 型石片。最大长、宽、厚分别为 37.2、25.9、9.7mm，重 9g。刃缘加工位置为石片远端，正向加工，可见两层修疤。尖角 101°。

（五）尖状器

4 件，占工具数量的 3%。原料全部为优质石英岩。毛坯全部为石片。尺寸个体差异相对较小。平均尖角 59°。

OKW ② 54-1（图五七，1；彩版三七，1），原料为红褐色石英岩。毛坯为 VI 型石片。保存较好，表面不见任何磨蚀和风化痕迹。形态近三角形，最大长、宽、厚分别为 51.8、35.3、9.5mm，重 13g。加工位置为石片左、右侧边，其中左侧边为反向加工，右侧边为正向加工，并在远端汇聚。不过可能在加工过程中导致尖部折断。加工只见一层修疤。尖角 83°。

11KW ② 1604（图五七，2；彩版三七，2），原料为青黄色石英岩，颗粒较为细腻，含少量隐性节理。毛坯为 V 型石片，但由于台面遭到破坏，不能确定其具体类型。最大长、宽、厚分别为 43.6、37.2、14.1mm，重 25g。加工位置为石片底端和左侧边，正向加工，并在石片左侧汇聚成尖。底边主要由一个大的片疤构成；在靠近右侧边还可见到几个较早的片疤；左侧边加工较陡，片疤边缘模糊不清，而且修理片疤也没有一直延续到尖部，因此该尖状器的尖刃实际上是由自然边和修理边构成，尖刃向修理边略歪。尖角 71°。

11KW ② 152（图五七，3；彩版三七，3），原料为青白色石英岩，

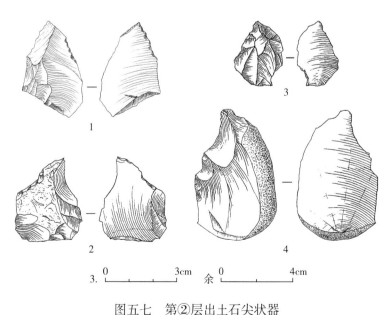

图五七　第②层出土石尖状器

1. OKW ② 54-1　2. 11KW ② 1604　3. 11KW ② 152　4. 12KW ② 854

颗粒十分细腻，含隐性节理。毛坯为Ⅵ型石片。最大长、宽、厚分别为30.4、20.8、9.3mm，重5g。由石片两侧边中部向底端加工并汇聚成尖，正向加工。加工片疤在靠近刃口处相交，形成一条纵脊。由于加工后右侧边较凸，左侧边较直，因此汇聚的尖刃略歪。尖角81°。

12KW②854（图五七，4；彩版三七，4），原料为暗红色石英岩，颗粒中等。石皮表面附着有钙质结核。毛坯为Ⅱ型石片。最大长、宽、厚分别为70.8、44.2、22.4mm，重77g。由石片两侧边中部向底端加工并汇聚成尖，正向加工。加工片疤在靠近刃口处相交，形成一条纵脊。其中，右侧边靠近尖部呈凹弧形，而左侧边靠近尖部则略直，因此汇聚的尖刃略向右侧边倾斜。尖角48°。

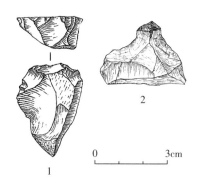

图五八　第②层出土石端刮器
1. OKW②31-5　2. OKW②2-1

（六）端刮器

2件，占工具数量的2%。原料全部为优质石英岩。毛坯全部为石片。平均尖角74°。

OKW②31-5（图五八，1；彩版三七，5），原料为浅黄色石英岩，颗粒细腻而致密。毛坯为左裂片。最大长、宽、厚分别为36.8、27、12.7mm，重12g。对裂片的左侧边和远端均进行了修理，正向加工。远端为端刮器刃缘，有三层修疤，最大修疤长、宽分别为11.9、11.5mm。刃缘呈平弧形，长23mm；较陡，刃角78°。左侧边靠近台面处有一个大的修疤，推测是为了装柄。

OKW②2-1（图五八，2；彩版三七，6），原料为褐色石英岩，颗粒中等。毛坯为石片远端。保存较好，不见任何磨蚀和风化痕迹。最大长、宽、厚分别为34.5、25.2、17.6mm，重13g。对石片远端进行修理，正向加工。远端为端刮器刃缘，可见两层修疤。修理后刃缘呈凸弧形，长50mm；刃口形态指数为94；较陡，刃角71°。

（七）琢背石刀

1件，占工具数量的1%。

11KW②240（图五九，1；彩版三八，1），原料为黄色石英岩，颗粒细腻，质地较好。毛坯为Ⅵ型石片。最大长、宽、厚分别为37.1、17.6、7.8mm，重6g。石片右侧边靠近远端处呈弧形，非常薄锐。打制者充分利用了这一形态特点，没有对其进行进一步修理。但在该侧边靠近台面处则进行了非常细微的修理，修理片疤连续但非常小，修理后边缘变陡，几乎与腹面垂直。使用边刃角53°。

（八）薄刃斧

2件，占工具数量的2%。

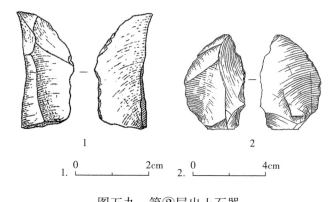

图五九　第②层出土石器
1. 琢背石刀（11KW②240）　2. 石镞（11KW②109）

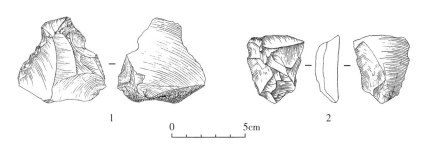

图六〇　第②层出土石薄刃斧

1. 11KW ② 2436　2. 11KW ② 2554

11KW ② 2436（图六〇，1；彩版三八，2），原料为黑色石英岩，颗粒较为细腻，含少量隐性节理。毛坯为Ⅲ型石片。最大长、宽、厚分别为 65.5、59.3、26.4mm，重 78g。加工位置为石片两侧边，正向加工。加工后侧边变陡，特别是左侧边加工后已呈圆钝状，可见其加工并不是为了使用。石片远端平直，没有任何修理，角度为 72°，推测是使用边。这种工具的加工方法完全符合薄刃斧的定义。

11KW ② 2554（图六〇，2；彩版三八，3），原料为朱红色石英岩，颗粒中等，含隐性节理。毛坯为Ⅵ型石片，又属于特殊的孔贝瓦石片。最大长、宽、厚分别为 47.1、41.1、16.2mm，重 28g。孔贝瓦石片毛坯两面鼓凸，远端则由一个斜面和腹面构成。加工位置为石片的两个侧边，但加工方向主要集中在石片的一个腹面，而另一个腹面则只有一个片疤。加工强度较大的腹面布满了修理阴疤，且有部分阴疤超过了中线，只在靠近台面处还可见到打击点和部分打击泡。石片远端则未进行任何加工。远端角度 59°。

（九）鸟喙状器

2 件，占工具数量的 2%。

11KW ② 1255（图六一；彩版三八，4），原料为深黄色石英岩，颗粒较为细腻。毛坯为Ⅵ型石片。最大长、宽、厚分别为 45.1、32.1、19.1mm，重 38g。加工位置为石片左侧。在靠近台面处为反向加工，只有一个片疤；远离台面边则为正向加工，加工较为精致，可见四层修疤，加工长度为 19.8mm。两段不同方向的修理疤交汇后形成鸟喙状器刃部。

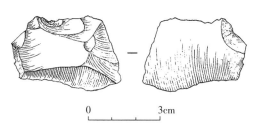

图六一　第②层出土石鸟喙状器

（11KW ② 1255）

（一〇）石镞

1 件，占工具数量的 1%。

11KW ② 109（图五九，2；彩版三八，5），原料为深黄色石英岩，颗粒较为细腻，质地较好。毛坯为Ⅵ型石片。最大长、宽、厚分别为 47.9、33.3、7.8mm，重 13g。该石片毛坯背后有一条纵脊，底端凸弧汇聚成尖。由于台面向右侧延伸，造成左侧面积小于右侧，结果是从台面打击点至石片底端顶点直线两侧不对称。打制者很显然意识到了这一点，于是以石片台面向右侧延伸的平面为底座，对石片进行对称加工。在修理石镞的柄部时，打制者主要采用正向加工的方式在底座两侧分别进行一次打击。左侧打击较重，并破坏了原石片的台面和打击点；右侧打击片疤较小。修理石镞的刃部则采用了错向加工的方式，左侧刃为反向加工，右侧刃为正向加工。加工深度都不是很大，基本没有改变原石片毛坯的侧边轮廓。该石镞修理相对较为原始，但有意修理柄部以及两面对称的轮廓等表明其已经具备石镞的雏形。尖角66°，侧边刃角48°~62°。

（一）石球

1件，为发掘第②层时同层采集的标本。

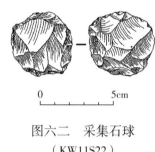

图六二　采集石球
（KW11S22）

KW11S22（图六二；彩版三八，6），原料为黄色石英，颗粒粗大。毛坯为砾石。形态为球形，最大长、宽、厚分别为48.6、41.9、41.8mm，重94g。器身布满了石片疤，但片疤边缘已模糊不清。器身表面也没有任何粗糙感，可能经过一定的磨蚀，也可能是使用所致。

四、碎片

194件。原料主要为石英岩，共165件，比例为85%，其中优质者150件，比例为77%，中等者13件，差等者2件；其次为石英，23件，比例为12%；燧石6件，比例为3%。平均最大长、宽、厚为8.7、6.3、2.4mm，平均重0.7g。

在这些碎片中，部分标本可以看到石片特征，共36件，占碎片比例为19%。可分辨出V型石片、Ⅵ型石片、左裂片、右裂片、近端、中段和远端，分别有2、15、6、5、5、2和1件。其余碎片的腹面和背面均为平整面，观察不到石片特征。

碎片标本中有23件显示出轻微的磨蚀，比例为12%。

11KW②26，可辨认为V型石片。原料为青灰色石英岩，颗粒较为细腻。保存较好，表面不见磨蚀和风化痕迹。形态不规则，最大长、宽、厚分别为9.8、5、2.2mm，重约1g。打击点清楚，半锥体较为凸出，可见放射线。

11KW②1967，可辨认为Ⅵ型石片。原料为浅黄色石英岩，颗粒较为细腻。保存较好，表面不见磨蚀和风化痕迹。形态近长条形，最大长、宽、厚分别为7.7、5.8、1.7mm，重约0.8g。打击点清楚，半锥体浅平，可见放射线。

12KW②124，可辨认为Ⅵ型石片。原料为青黄色石英岩，颗粒细腻。保存较好，表面不见磨蚀和风化痕迹。形态近三角形，最大长、宽、厚分别为6.8、4.8、1.3mm，重0.6g。打击点清楚，半锥体凸出，可见放射线。

11KW②2052，可辨认为左裂片。原料为青灰色石英岩，颗粒细腻。保存较好，表面不见磨蚀和风化痕迹。形态不规则，最大长、宽、厚分别为9.4、5.3、2.8mm，重1g。可见半锥体和放射线。

11KW②2248，可辨认为右裂片。原料为灰黄色石英岩，颗粒较为细腻。保存较好，表面不见磨蚀和风化痕迹。形态近三角形，最大长、宽、厚分别为8、6、1.7mm，重0.7g。可见半锥体和放射线。

五、废片

286件。原料主要为石英岩，共249件，比例为87%，其中优质者211件，比例为73%，中等者26件，比例为9%，差等者12件，比例为4%；石英29件，比例为10%；燧石5件、片麻岩2件、硅质岩1件。尺寸个体差异较大，但总的来看以小型为主。最大长、宽、厚分别为10.3~54.8、7.4~26、2.3~13mm，重1~12g，平均最大长、宽、厚为18.3、11.3、4.8mm，平均重1.6g。

在废片中，部分标本有轻微的磨蚀和风化迹象，有38件，比例为13%。

11KW②1570，原料为青灰色石英岩，颗粒较为细腻。保存较好，表面不见磨蚀和风化痕迹。形态近长条形，最大长、宽、厚分别为28.4、10.6、5mm，重1g。

11KW②243，原料为青灰色石英岩，颗粒较为细腻。保存较好，表面不见磨蚀和风化痕迹。形态近长条形，最大长、宽、厚分别为32.7、7.4、4.6mm，重1g。

11KW②2677，原料为青色石英岩，颗粒较为细腻。保存较好，表面不见磨蚀和风化痕迹。形态近三角形，最大长、宽、厚分别为22.8、7.8、4.5mm，重1g。

11KW②1948，原料为青色石英岩，颗粒较为细腻。保存较好，表面不见磨蚀和风化痕迹。形态近三角形，最大长、宽、厚分别为25.4、11、4.4mm，重2g。

11KW②1311，原料为青色石英岩，颗粒较为细腻。保存较好，表面不见磨蚀和风化痕迹。形态不规则，最大长、宽、厚分别为24.2、8.9、7.2mm，重1g。

11KW②1311，原料为青色石英岩，颗粒较为细腻。保存较好，表面不见磨蚀和风化痕迹。形态为细长条形，最大长、宽、厚分别为16.2、6.5、3.9mm，重0.5g。

13KW②267，原料为黑色石英岩，颗粒较为细腻。保存较好，表面不见磨蚀和风化痕迹。形态不规则，最大长、宽、厚分别为37.9、26、10.7mm，重5g。

13KW②423，原料为黄灰色燧石，颗粒非常细腻。保存较好，表面不见磨蚀和风化痕迹。形态不规则，最大长、宽、厚分别为29.7、17.3、4.9mm，重1g。

六、断块

30件。原料主要为石英岩，共23件，比例为77%，其中优质者16件，中等者2件，差等者5件；石英6件，片麻岩1件。尺寸个体差异较大，最大长、宽、厚分别为10.1~60、7.7~39.3、3.2~28.8mm，重1~65g，平均最大长、宽、厚为24.3、14.2、10.9mm，平均重9g。

在断块中，14件标本有轻微的磨蚀和风化现象，比例为47%。

OKW②51-6，原料为灰色石英岩，颗粒中等，含节理。保存较好，表面不见磨蚀和风化痕迹。最大长、宽、厚分别为14.8、10.3、7.2mm，重1g。

OKW②31-8，原料为黄色石英岩，颗粒较为细腻。保存较好，表面不见磨蚀和风化痕迹。形态不规则，最大长、宽、厚分别为16.6、9.8、9.4mm，重1g。

11KW②2012，原料为白色石英岩，颗粒较粗。保存较好，表面不见磨蚀和风化痕迹。形态不规则，中间略弯，最大长、宽、厚分别为 37.7、15.8、11.2mm，重 5g。

11KW ② 1677，原料为黄色石英岩，颗粒中等。保存较好，表面不见磨蚀和风化痕迹。形态不规则，最大长、宽、厚分别为 23.1、11、9.1mm，重 3g。

11KW ② 1819，原料为白色石英，颗粒较为细腻，含隐性节理。保存较好，表面不见磨蚀和风化痕迹。形态不规则，最大长、宽、厚分别为 26、15.5、8.1mm，重 2g。

11KW ② 2311，原料为黄色石英岩，颗粒中等。保存较好，表面不见磨蚀和风化痕迹。形态不规则，最大长、宽、厚分别为 23.3、11、8.3mm，重 1g。

11KW ② 2325，原料为灰色石英岩，颗粒较为细腻，含隐性节理。保存较好，表面不见磨蚀和风化痕迹。形态不规则，最大长、宽、厚分别为 14.5、13.3、8.5mm，重 1g。

11KW ② 2340，原料为白色石英，颗粒较为细腻，含隐性节理。保存较好，表面不见磨蚀和风化痕迹。形态不规则，最大长、宽、厚分别为 24.4、12.6、6.8mm，重 1g。

12KW ② 211，原料为白色透明石英，较脆，颗粒较为细腻。保存较好，表面不见磨蚀和风化痕迹。形态近方形，最大长、宽、厚分别为 16.5、11.9、10.2mm，重 1g。

12KW ② 355，原料为深黄色石英岩，颗粒较为细腻。保存较好，表面不见磨蚀和风化痕迹。形态近方形，最大长、宽、厚分别为 48.8、44.1、19mm，重 31g。

七、备料

4 件。原料主要为石英岩，共 3 件，还有 1 件为硅质岩。平均最大长、宽、厚为 57.6、33.7、26.7mm，平均重 64.7g。备料表面不见钙斑。

这些备料都具有好的工作台面，即具有较平的砾石面以及较好的原始剥片角度。值得一提的是，其中 3 件备料还有磨蚀十分严重的老破裂疤，可能是在砾石层中形成的。

11KW ② 2527，原料为黄褐色石英岩，颗粒较为细腻。形态不规则，最大长、宽、厚分别为 64.5、34.3、28.9mm，重 77g。该件标本在搬运到遗址之前，已经破裂一次，应该是砾石在河流搬运过程中自然破裂；该破裂阴疤已经风化得很光滑。

11KW ② 1574，原料为黄褐色石英岩，颗粒较为细腻。形态不规则，最大长、宽、厚分别为 60.7、37.3、21.6mm，重 47g。该件标本在搬运到遗址之前，已经破裂一次，应该是砾石在河流搬运过程中自然破裂；该破裂阴疤已经风化得很光滑。

11KW ② 2423，原料为黑褐色石英岩，颗粒较为细腻。形态不规则，最大长、宽、厚分别为 56.8、42.2、27.2mm，重 73g。该件标本在搬运到遗址之前，已经破裂多次，应该是砾石在河流搬运过程中自然破裂；该破裂阴疤已经风化得很光滑。

第五节　第③层石制品

在乌兰木伦遗址 2010~2013 年五次发掘中，第③层共发现石制品 474 件。其中，包括石锤 2 件、石核 13 件、石片 312 件、工具 66 件、碎片 4 件、废片 55 件、断块 20 件、备料 2 件（表一一）。

表一一　第③层石制品分类统计表

类型	石锤	石核	石片	工具	碎片	废片	断块	备料	合计
数量 N	2	13	312	66	4	55	20	2	474
比例 %	0.4	3	66	14	1	12	4	0.4	100

一、石锤

2 件，占第③层发现石制品总数的 0.4%。

OKW ③ 35-2（图六三；彩版三九，1），原料为黑白条纹相间的石英岩，从石皮面可见内部较粗大的颗粒。形态呈不规则方形，最大长、宽、厚分别为 31.8、26.2、18.2mm，重 67g。有一处密集分布的破损痕迹区域，为砾石较小的一端。另外两处破损痕迹相对不太密集的区域分布在一个较为圆钝的凸起部分以及一个平面上。这种较小的石锤在乌兰木伦遗址应该主要用来修理工具。

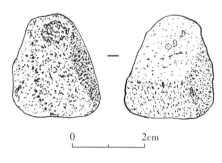

0　　　　2cm

图六三　第③层出土石锤
（OKW ③ 35-2）

二、石核

13 件，占第③层发现石制品总数的 3%。原料以石英岩为主，共 11 件，比例为 85%，其中又以优质石英岩为主，共有 10 件，质量中等者 1 件；此外还有石英和砂岩，各 1 件。初始毛坯以砾石为主，共 10 件，占 77%；其次为石片，有 2 件，占 15%；还有 1 件不确定，但一些特征显示也可能是石片。尺寸存在一定个体差异，但不大，长、宽、厚分别为 17.5~82.4、10.9~80.5、7.9~62.7mm，重 2~534g，平均长、宽、厚为 49.9、43.8、34.2mm，平均重 112.8g。尺寸变化不大主要与石核的初始毛坯有关，古人类采集的这些砾石总的来看大小相差不是很大。

按台面数量和剥片技术进行分类，双台面石核 3 件，占石核比例为 23%；多台面石核 6 件，占 46%；砸击石核 1 件；石片石核 1 件；孔贝瓦石核 1 件；向心石核 1 件。能观察到台面形态的石核，它们的台面以自然台面为主，有 6 件，占 46%；破裂面台面 4 件，占 31%；混合台面 1 件。还有 1 件石片毛坯石核以及砸击石核对台面类型的观察不明显。对所有台面角进行测量显示，台面角大部分在 90° 以下，表明石核仍具备继续剥片的角度；只有 1 件石核的台面角大于 90°，表明已难以继续剥片。从能够较好观察到石核剥片疤的石核来看，剥片疤数量只有 1 个和 2 个的各有 1 件；3 个及以上的有 11 件，占 85%，表明该层发现的石核具有相对较高的剥片程度。石核的剥片程度还可以从石核剥片范围体现出来，剥片面积占石核面积 50% 以上的石核有 8 件，占 62%；只有 1 件石核的剥片范围仅占石核面积的 10%。总的来看，从可观察测量的剥片疤长宽比来看，剥片疤以宽型为主，占 66%。

这些石核保存较好，都没有经历过后期的磨蚀和风化。

（一）双台面石核

3 件。原料主要为优质石英岩，共 2 件；石英 1 件。自然台面、破裂面台面和混合台面各 1 件。平均最大长、宽、厚为 61.4、53.5、44.3mm，重 170g。石核的剥片疤都在 3 个以上；剥片范围都在 30% 以上，其中有 1 件达到了 70%。有 1 件采用了砸击开料技术。

OKW ③ 13-1（图六四，1；彩版三九，2），原料为朱红和白色混杂的石英，有较多内部节理。毛坯为砾石。保存较好，表面不见磨蚀和风化痕迹。最大长、宽、厚分别为 81.6、80.5、62.7mm，重 390g。首次剥片台面为自然石皮面，长、宽分别为 61.5、71.8mm，台面角 83°；在剥片面上可见并列的四个剥片阴疤，最大剥片疤长、宽分别为 33.1、32.6mm。由于原料内部节理的原因，剥片者放弃了该剥片台面，旋转 90° 选择另一个较平的砾石面为台面继续剥片，但与前一次剥片共用一个剥片面；再次剥片的台面长、宽分别为 53.8、69.4mm，台面角 93°，该角度已不适合进行进一步剥片；在剥片面上仅见两个剥片阴疤，最大剥片疤因遇到内部节理而折断，长、宽分别为 38.9、40.3mm。该石核的废弃主要与原料较差有关。另外，在石核剥片面背面三个砾石平面相交的点上可见到密集的破损痕迹，可能在石核剥片之前还当作石锤使用。

OKW ③ 47-9（图六四，2；彩版三九，3），原料为黑色石英岩，质地较为细腻，但在石皮表面可见到一些裂痕。毛坯为砾石。保存较好，表面不见磨蚀和风化痕迹。个体较小，最大长、宽、厚分别为 43.8、35.1、33.2mm，重 46g。首次剥片台面为平整的破裂面，长、宽分别为 28.3、43.7mm，台面角 82°；在剥片面上可见两个剥片阴疤，均较小，且十分浅平，最大剥片疤长、宽分别为 10.9、18.5mm。再次剥片的台面选择在前一次剥片台面 90° 位置，共用一个剥片面；自然台面，长、宽分别为 30.1、28.3mm，台面角 68°；在剥片面上可见三层共四个剥片阴疤，最大剥片疤长、宽分别为 17.9、23.3mm。在石核背面可见分散的破损痕迹。

OKW ③ 21-1（图六四，3；彩版三九，4），原料为石英岩，表皮黄褐色，内部灰褐色，有少量隐性节理。毛坯为砾石。保存较好，表面不见磨蚀和风化痕迹。形态略呈正方形，最大长、宽、厚分别为 59、45.1、37.2mm，重 74g。该石核采用了砸击开料技术，即把砾石砸开成两半，然后再以砸开

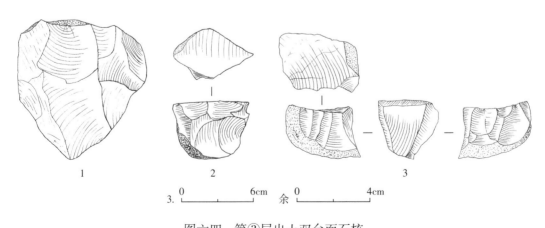

图六四　第③层出土双台面石核

1. OKW ③ 13-1　2. OKW ③ 47-9　3. OKW ③ 21-1

后的破裂面为台面进行剥片。这种方法具有一定的优势，能够快速砸开坚硬的石料，并且得到好的剥片条件，如破裂面台面和好的剥片角度。首次剥片以砸开后的破裂面为台面，在两个对面进行剥片；长、宽分别为 37.9、41.2mm，台面角分别为 78°、90°；在两个剥片面上均可见并列的四个剥片阴疤，最大剥片疤长、宽分别为 17.3、18.4mm，最小剥片疤长、宽分别为 8.5、9.7mm。再次剥片以之前的一个剥片面为台面，长、宽分别为 43.8、24.1mm，台面角 91°，该角度已不适合进行进一步剥片；在剥片面上仅见一个剥片阴疤，长、宽分别为 28.2、21.9mm。

（二）多台面石核

6 件。原料主要为优质石英岩，共 5 件，中等石英岩 1 件。对石核各个台面进行统计，破裂面台面和自然台面各占一半。平均最大长、宽、厚为 53.6、47.8、38.6mm，平均重 146g。大部分石核的剥片疤在 4 个以上，只有 1 件石核可见 2 个剥片疤；大部分石核剥片范围都在 50% 以上，只有 1 件为 20%。有 1 件采用了砸击开料技术。

OKW ③ 26-1（图六五，1；彩版三九，5），原料为石英岩，表皮浅黄色，内部灰色，颗粒不是很细腻，且有较多隐性节理。毛坯为方形砾石。保存较好，表面不见磨蚀和风化痕迹。最大长、宽、厚分别为 59.7、54.8、53.4mm，重 162g。共有四个台面。首次剥片台面为自然石皮面，长、宽分别为 27.3、40.7mm，台面角 98°；最早的两个剥片阴疤几乎延伸至石核底部，但后来的剥片只在剥片面上留下密集排列的打击点，每个打击点对应的剥片阴疤都很小，且十分不平整，其剥片结果可能主要是碎片，这主要是受原料内部隐性节理的影响。剥片者意识到无法进行进一步剥片的情况下，将石核旋转 90° 选择另一个较平的砾石面为台面继续剥片，长、宽分别为 38.4、42.8mm，台面角 92°，该角度已不适合进行进一步剥片；与前一次剥片共用一个剥片面；在剥片面上仅见一个剥片阴疤，且剥下这件石片后其剥片面与首次剥片面形成了 90° 的夹角，因此可以推测该剥片产品是一件短厚型石片。

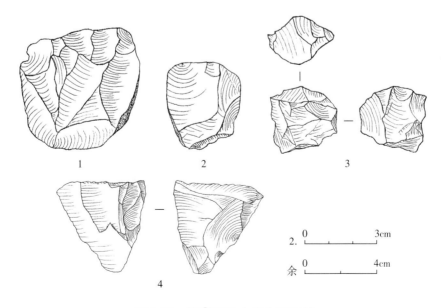

图六五　第③层出土多台面石核
1. OKW ③ 26-1　2. OKW ③ 25-1　3. OKW ③ 14-3　4. OKW ③ 14-1

最后的两次剥片以先前剥片面互为台面和剥片面进行剥片,夹角94°,其中一次剥下了一件石片,另一次剥下了两件石片,最大剥片疤长、宽分别为35、32mm。该石核的废弃主要是已经没有较好的剥片条件,特别是好的剥片角度。石核背面可见到较多分散的破损痕迹,可能在石核剥片之前还当石锤使用。

OKW③25-1(图六五,2;彩版三九,6),原料为石英岩,表皮淡黄色,内部灰白色,颗粒较为细腻,但节理较多。毛坯为砾石。保存较好,表面不见磨蚀和风化痕迹。个体较小,最大长、宽、厚分别为35.8、31.2、21.6mm,重28g。共有三个台面,均为自然台面,共用一个剥片面。首次剥片台面长、宽分别为32.8、21.7mm,台面角91°;依稀可见四个剥片阴疤;受原料内部节理影响,剥片阴疤很不规则,且剥片后剥片面呈鼓凸状,无法进一步剥片。剥片者遂将石核向右旋转90°选择另一个较平的砾石面为台面继续剥片,长、宽分别为22.3、29.6mm,台面角97°,该角度已不适合进一步剥片;可见三个剥片阴疤,但都由于原料内部节理而没有延伸太长;最大剥片疤长、宽分别为9.4、20.6mm。剥片者再次将石核向右旋转90°进行剥片,长、宽分别为19.3、26.2mm,台面角79°;可见两个剥片阴疤,但只有一个较为成功,长、宽分别为22.6、21.7mm。在最后一次剥片的台面边缘还可见多个打击破损痕迹,可能是剥片者试图尝试再次剥下更多的石片,但由于石核核体太小,不好持握而没有打下来,遂废弃。

OKW③14-3(图六五,3),原料为灰黑色石英岩,颗粒较为细腻,但节理较多。保存较好,表面不见磨蚀和风化痕迹。个体很小,最大长、宽、厚分别为33.3、32.6、24.9mm,重18g。无石皮面。周身旋转剥片,台面和剥片面交互使用。各台面角78°~93°。该石核已不见较为完整的剥片阴疤,应该属于石核充分利用后的废弃阶段。值得注意的是,石核上有一个大而平的老破裂面,作为台面进行一周剥片,应该是最早使用的剥片台面;到最后才以剥片面为台面向该破裂面剥下两件石片。这种老剥片面的存在,意味着石核最早采用了砸击技术将毛坯一分为二,然后以破裂面为台面进行剥片。这种技术的优点是能够获得好的剥片条件,如破裂面台面和较好的剥片角度。

OKW③14-1(图六五,4;彩版四〇,1),原料为黑色石英岩,颗粒中等,含隐性节理。从该石核局部特征看,毛坯可能是石片。保存较好,表面不见磨蚀和风化痕迹。最大长、宽、厚分别为53.8、51、32.9mm,重60g。该石核只在局部保留很小的石皮面。最早剥片台面为一个破裂面,长、宽分别为29.8、28.2mm,台面角89°。从剥片面残留的石皮来看,剥下的是一个石皮背面石片,在打击点后方还可见到两个因打击形成的破损点。再一次剥片则以第一次剥片的剥片面为台面,长、宽分别为32.5、45.1mm,台面角86°。共进行了两次打击,但由于原料内部节理的原因而使剥下的石片不规则,最终放弃。最后一次剥片以第二次剥片使用的剥片面上早前的破裂面为台面,长、宽分别为43、46.5mm,台面角59°。共进行三次打击,得到了一个较大的石片,长、宽分别为26、45.4mm,并打破了最早一次使用的剥片台面。该石核大小仍适合持握,且保留有较好的剥片条件,应不属于废弃阶段的石核。

(三)砸击石核

1件。

11KW ③ 321（图六六，1；彩版四〇，3），原料为暗黄色石英岩，颗粒非常细腻，质地较好。形态为椭圆形，个体较小，最大长、宽、厚分别为 17.5、10.8、7.9mm，重不到 1g。背面全为石皮，约占整个石核面积的 40%。剥片面呈凸状，至少可见六个剥片阴疤；剥片阴疤非常浅平，并贯穿整个核体。在两端可见到清楚的受力磨损痕迹。该石核显示出剥片者极高的技术。如此小的核体非常难以持握，剥片者选择了合适的砸击法。不过，该石核由砸击法产生的阴疤特征已与压制法无异，值得注意。

（四）石片石核

1 件。

OKW ③ 37-1（图六六，2；彩版四〇，2），原料为黄色石英岩，颗粒较为细腻。毛坯为自然台面的左裂片。保存较好，表面不见磨蚀和风化痕迹。个体较小，最大长、宽、厚分别为 34.1、27.2、19.2mm，重 12g。以左裂片腹面为台面在其远端和左侧边进行剥片。可见两层修疤，其中第一层修疤有两个较大的剥片阴疤；第二层修疤则几乎只见三个打击点。该左裂片背面也有三个阴疤。

（五）孔贝瓦石核

1 件。

12KW ③ 307（图六六，3；彩版四〇，4），原料为砂岩，表皮深黄色，内部灰白色，颗粒较粗。毛坯为Ⅲ型石片。保存较好，表面不见磨蚀和风化痕迹。形态为方形，最大长、宽、厚分别为 53.4、48.2、24.8mm，重 39g。以石片毛坯台面为台面在腹面进行剥片，可知剥片阴疤长、宽分别为 39.1、31.9mm。背面可见来自多个方向的石片阴疤。

（六）向心石核

1 件。

OKW ③ 4-1（图六六，4；彩版四〇，5），原料为石英岩，表皮灰色和红褐色交错，内部灰色，有较多内部节理。毛坯为砾石。保存较好，表面不见磨蚀和风化痕迹。形态为圆锥形，最大长、宽、厚分别为 37.9、35.8、28.3mm，重 29g。该石核最大的技术特征是采用了向心的剥片方法，即由同一个台面一周向同一个方向剥片，最后在剥片面形成一个凸起。自然台面，略弧，长、宽分别为 24、

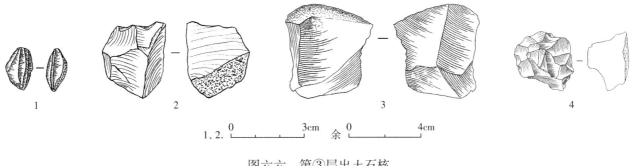

1, 2.　0　　　3cm　余　0　　　4cm

图六六　第③层出土石核

1. 砸击石核（11KW ③ 321）　　2. 石片石核（OKW ③ 37-1）　　3. 孔贝瓦石核（12KW ③ 307）　　4. 向心石核（OKW ③ 4-1）

21mm；最大台面角 92°，最小台面角 71°。剥片面一周可见非常多的阴疤，但由于原料内部节理较多，大部分阴疤都从中间折断，可见最大剥片疤长、宽分别为 17.4、24.9mm。

三、石片

312 件，占第③层发现石制品总数的 66%。原料主要有 3 种，以石英岩为主，共 290 件，占石片总数的 93%，其中，又以优质石英岩为主，有 270 件，占 86%，中等石英岩 18 件，占 6%，差等石英岩 2 件，占 1%；此外，还有石英 20 件，占 6%；燧石 2 件（图六七）。尺寸个体差异较大，最大长、宽、厚分别为 9.6~66.8、7.5~36.7、1.7~16.5mm，重 0.5~72g，平均长、宽、厚为 24.1、16.9、6.9mm，平均重 4.2g。这主要可能与石片本身的属性有关，有些小型石片可能不是剥片者预先想要的，而是剥片过程中自然掉落的，也有一些小型石片可能是修理工具产生的修理石片。总的来看，石片以微型和小型为主，中型较少，不见大型标本（图六八）。

石片可分为完整石片和非完整石片两种，两者数量差不多。其中，完整石片 161 件，占石片总数的 52%，非完整石片 151 件，占石片总数的 48%。完整石片按 Toth 的六型石片分类法，可知人工台面石片占主要成分，共 98 件，占石片总数的 31%；其中又以Ⅵ型石片为主，有 71 件，占 23%。自然台面石片共 63 件，占 20%。在所有的六型石片中，Ⅰ型石片和Ⅳ型石片数量最少，比例均为 2%。非完整石片以左裂片和右裂片为主，分别有 53 件和 50 件，比例分别为 17% 和 16%；近端和远端共有 45 件，比例合计 14%；中段最少，仅有 3 件，比例为 1%（表一二）。

在石片类型中，还有少量特殊石片。其中，有双锥石片 8 件，比例为 3%；孔贝瓦石片 4 件，比例为 1%；有脊石片 2 件，比例为 1%。

从破裂面台面石片来看，大多数石片的台面属于素台面，即由 1 个平的破裂面构成的；但也有少量石片的台面是由阴疤构成的，其中有 1 件石片台面可见 2 个阴疤，还有 1 件台面可见 3 个阴疤。

石片台面长大于宽即石片厚度大于石片宽度的石片只有 2 件。能测量石片台面角的 174 件石

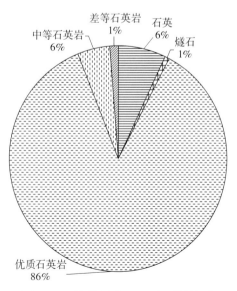

图六七　第③层出土石片原料统计

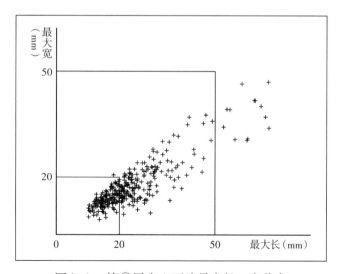

图六八　第③层出土石片最大长、宽分布

片，台面内角大于90°的有118件，这表明有73%（占完整石片的比例）的石片在从石核剥离之后，石核仍有较好的剥片角度；石片外角小于90°的有115件（占完整石片比例71%），也说明同样的问题。有140件石片可以观察到明显的打击点，占石片总数的45%。有66件石片的半锥体较为凸出，比例为21%。有8件石片可以观察到锥疤，比例为3%。有136件石片的放射线很清楚，比例为44%。有62件石片可见到较为清楚的同心波，比例为20%。石片末端形态以羽状为主，有77件，占25%；其次为台阶状，有32件，比例为10%；再次为背向卷和腹向卷，分别有6和4件，它们的比例分别为2%和1%；此外还有2件的远端部分为同心波凸起的棱，与边缘构成双贝壳状。除很小的石片不易观察石片腹面曲度外，可观察的石片腹面曲度以平为主，有121件，比例为39%；其次为凸，有18件，比例为6%；腹面凹的最少，仅12件，比例为4%。可观察石片背面疤的石片，有1个阴疤的有40件，有2个阴疤的有43件，有3个阴疤的有30件，有4个阴疤的有25件，有5个及以上阴疤的有150件。背面疤层数大多数只有1层，有96件；有20件石片背面疤层数有2层到3层。

这些石片均保存较好，没有经历过后期的磨蚀和风化。

表一二 第③层出土石片类型统计表

类型	数量N	比例%
完整石片	161	52
Ⅰ型石片	5	2
Ⅱ型石片	17	5
Ⅲ型石片	41	13
Ⅳ型石片	5	2
Ⅴ型石片	22	7
Ⅵ型石片	71	23
非完整石片	151	48
左裂片	53	17
右裂片	50	16
近端	13	4
远端	32	10
中段	3	1

（一）完整石片

161件，占石片总数的52%。

1. Ⅰ型石片

5件。原料均为石英岩，其中优质者4件，差等者1件。平均最大长、宽、厚为37.5、27.8、8.2mm，平均重11.4g。平均台面内角93°，其中有1件为80°，表明这些石片所对应的石核剥片面大部分还有较好的剥片角度。

OKW③17-1（图六九，1），原料为石英岩，表皮黄褐色，内部灰褐色，颗粒较为细腻，有内部节理。保存较好，表面不见磨蚀和风化痕迹。形态为圆形，技术尺寸与最大尺寸相反，技术长、宽分别为37.9、41.1mm，厚13.5mm，重21g。自然台面，长、宽分别为11.4、27.9mm；台面内角105°，台面外角64°。腹面较平，打击点、半锥体、放射线明显，不见锥疤和同心波等技术特征；末端羽状。背面不是砾石的原始石皮面，而是有一个早期的剥片阴疤，但磨蚀严重，已与石皮无异。

OKW③18-2（图六九，2），原料为石英岩，表皮为夹一些丝状红色的浅白色，内部为灰褐色，颗粒细腻，有内部节理。保存较好，表面不见磨蚀和风化痕迹。形态为三角形，技术尺寸与最大尺寸相反，技术长、宽分别为38.3、44.1mm，厚24mm，重7g。自然台面，长、宽分别为10.3、40.8mm；台面内角94°，台面外角75°。腹面较平，打击点、半锥体、放射线明显，不见锥疤和同心

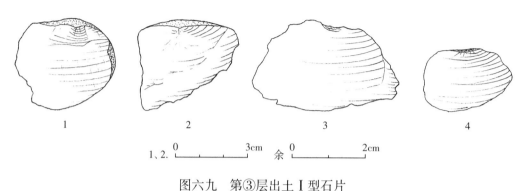

图六九　第③层出土Ⅰ型石片
1. OKW ③ 17-1　2. OKW ③ 18-2　3. 13KW ③ 356　4. 13KW ③ 395

波等技术特征；侧边不规则，末端台阶状。

13KW ③ 356（图六九，3），原料为黑、灰、黄杂色石英岩，颗粒较为粗大，含隐性节理。保存较好，表面不见磨蚀和风化痕迹。形态近梯形，技术尺寸与最大尺寸相反，技术长、宽分别为24.9、39.6mm，厚4.1mm，重4g。线状台面。腹面平，打击点散漫，半锥体浅平；侧边反汇聚，末端羽状。在石片的背面靠近台面部分还可见到很多因打击形成的破损痕迹。

13KW ③ 395（图六九，4），原料为深黄色石英岩，颗粒较为细腻。保存较好，表面不见磨蚀和风化痕迹。形态近椭圆形，技术尺寸与最大尺寸相反，技术长、宽分别为16.2、24.8mm，厚4.8mm，重2g。石皮台面，长、宽分别为3.1、10.5mm；台面内角96°，台面外角90°。腹面凹，打击点较为集中，半锥体微凸，放射线清楚；侧边扇形，末端羽状。

2. Ⅱ型石片

17件。原料主要为石英岩，共14件，均为优质石英岩；石英2件，燧石1件。尺寸个体差异较大，最大长、宽、厚分别为11.6~66.6、9.7~52.6、2.7~19.8mm，重0.5~51g。台面内角有11件在90°以上，平均内角95°。有10件背面疤数量在2个以上。石片腹面均能观察到打击点，有7件石片的半锥体较为凸出，有2件石片可见到明显的锥疤，所有石片的放射线均较为清楚，有5件石片可观察到同心波。末端形态以羽状为主，有14件；其次为台阶状，有3件。腹面曲度以平为主，有12件，其次为凹，有5件。

OKW ③ 5-1（图七〇，1），原料为石英岩，表皮黄色，内部灰褐色，颗粒细腻，含隐性节理。保存较好，表面不见磨蚀和风化痕迹。形态为椭圆形，最大长、宽分别为43.1、29.4mm，技术长、宽分别为30.6、42mm，厚8.6mm，重10g。自然台面，长、宽分别为10.9、21.8mm；台面内角87°，台面外角104°。腹面凹，打击点、半锥体明显，锥疤、放射线和同心波不见；边缘扇形，末端羽状。背面凸，保留石皮面很小，可见三个大的石片阴疤，方向与石片方向相反。

OKW ③ 43-3（图七〇，2），原料为白色石英岩，颗粒细腻，含隐性节理。保存较好，表面不见磨蚀和风化痕迹。形态为长方形，技术尺寸与最大尺寸一致，技术长、宽分别为16.3、11.8mm，厚4.3mm，重1g。自然台面，长、宽分别为4.2、10.1mm；台面内角80°，台面外角98°。腹面平，打击点、半锥体、放射线明显，锥疤和同心波不见；边缘准平行，末端台阶状。背面凸，石皮比例60%，可见两个分别来自左、右方向的石片阴疤。

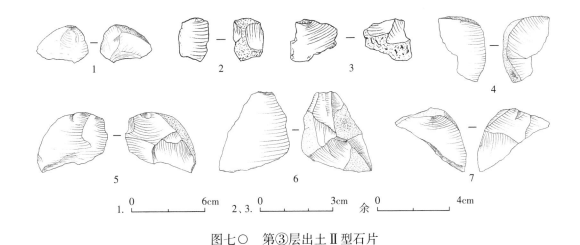

图七〇 第③层出土Ⅱ型石片

1. OKW③5-1 2. OKW③43-3 3. OKW③5-4 4. 11KW③695 5. 13KW③156 6. 13KW③263 7. 13KW③317

OKW③5-4（图七〇，3），原料为灰色燧石，颗粒较为细腻，但表皮有很多凹坑。保存较好，表面不见磨蚀和风化痕迹。形态为梯形，技术尺寸与最大尺寸相反，技术长、宽分别为17.1、22mm，厚7.6mm，重2g。自然台面，长、宽分别为4.9、9mm；台面内角112°，台面外角91°。腹面平，打击点、半锥体、放射线、同心波均可见，锥疤不见；边缘反汇聚，末端羽状。背面凸，石皮比例70%，可见两个与石片方向相同的石片阴疤。

11KW③695（图七〇，4），原料为黄色石英岩，颗粒较为细腻，含节理。保存较好，表面不见磨蚀和风化痕迹。形态为半圆形，技术尺寸与最大尺寸相同，技术长、宽分别为34.6、29mm，厚12.4mm，重9g。自然台面，较为平整，长、宽分别为12.4、18mm；台面内角89°，台面外角61°。腹面较为平整。打击点较为集中，半锥体浅平，放射线较为清楚；边缘不规则，末端台阶状。背面不平整，石皮比例20%，主要分布在右侧边缘；可见两个阴疤，方向与石片方向相同。

13KW③156（图七〇，5），双锥石片。原料为石英岩，表皮黄色，内部灰色，颗粒较为细腻。保存较好，表面不见磨蚀和风化痕迹。形态为半圆形，最大长、宽分别为43.2、27.8mm，技术长、宽分别为27.9、38.6mm，厚10.8mm，重13g。自然台面，长、宽分别为5.4、23.9mm；台面内角89°，台面外角95°。腹面不平整，可见三个打击点和半锥体，距离较近，半锥体均较为凸出，放射线较为清楚；边缘准平行，末端羽状。背面不平整，石皮比例20%，可见两个阴疤，一个方向向右，一个方向向下。

13KW③263（图七〇，6），原料为灰色石英岩，颗粒中等。保存较好，表面不见磨蚀和风化痕迹。形态为三角形，技术尺寸与最大尺寸相同，技术长、宽分别为48.5、32.5mm，厚16.3mm，重19g。自然台面，长、宽分别为2.9、10.5mm；台面内角98°，台面外角84°。腹面平整，打击点集中，半锥体浅平，同心波依稀可见；边缘反汇聚，末端羽状。背面凸，石皮比例50%，自然面在中部形成一个高点，主要阴疤是以背面中间高点为界向两侧剥片。

13KW③317（图七〇，7），原料为红褐色石英岩，颗粒较为细腻。保存较好，表面不见磨蚀和风化痕迹。形态为三角形，技术尺寸与最大尺寸相同，技术长、宽分别为35.4、31.9mm，厚9.2mm，重11g。自然台面，长、宽分别为8.5、30.7mm；台面内角100°，台面外角70°。腹面微凸，打击点集中，半锥体较为凸出，放射线清楚；边缘反汇聚，末端羽状。背面凹，石皮比例20%，主要分布在右侧边缘；其主要阴疤方向与石片方向相同。

3. Ⅲ型石片

41件。原料均为优质石英岩。尺寸个体差异相对较大，最大长、宽、厚分别为12.5~53.5、12.2~43.2、4.4~21.6mm，重1~26g，平均最大长、宽、厚为25.9、18.7、8mm，平均重4.1g。台面内角有24件在90°以上，平均内角95°，表明一部分石片在剥离石核后还有较好的剥片角度。有31件背面疤数量在2个以上。有36件石片的腹面能观察到打击点，其中有3件石片腹面有2个打击点，即属于双锥石片；有8件石片的半锥体较为凸出，有28件石片的放射线清楚，有15件石片可观察到同心波。末端形态以羽状为主，有23件；其次为台阶状，有7件；此外还有背向卷5件，腹向卷2件，还有2件远端部分呈凸起的棱，与边缘构成双贝壳状。腹面曲度以平为主，有30件，其次为凸，有6件，凹者最少，为3件。

OKW ③ 42-2（图七一，1），原料为黄褐色石英岩，颗粒较为细腻，含隐性节理。保存较好，表面不见磨蚀和风化痕迹。形态为长方形，技术尺寸与最大尺寸一致，技术长、宽分别为25.9、16mm，厚6.1mm，重2g。自然台面，非常平整，长、宽分别为6.8、8.2mm；台面内角86°，台面外角82°。腹面较平，打击点、半锥体和放射线清楚，锥疤、同心波均不见；边缘略平行，末端羽状。背面平，可见一个与石片方向相同的阴疤。

OKW ③ 23-7（图七一，2），原料为黄褐色石英岩，颗粒较为细腻。保存较好，表面不见磨蚀和风化痕迹。形态为梯形，技术尺寸与最大尺寸相反，技术长、宽分别为13.2、23.2mm，厚4.4mm，重1g。自然台面，非常平整，长、宽分别为4.4、13.9mm；台面内角100°，台面外角69°。腹面较平，

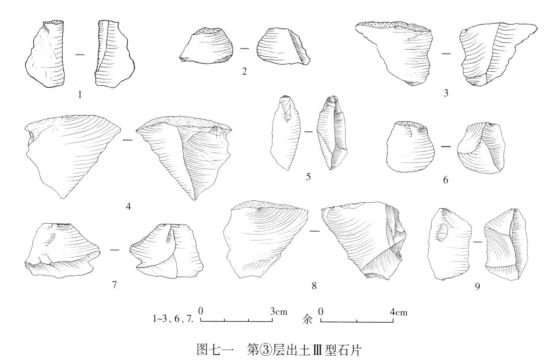

图七一 第③层出土Ⅲ型石片

1. OKW ③ 42-2　2. OKW ③ 23-7　3. OKW ③ 6-1　4. 11KW ③ 386　5. 11KW ③ 708　6. 11KW ③ 707　7. 11KW ③ 369
8. 13KW ③ 318　9. 13KW ③ 319

打击点清楚，半锥体浅平，放射线和锥疤不见，同心波清楚；边缘略平行，末端背向卷。背面平，可见一个从右侧打击的阴疤。

OKW ③ 6-1（图七一，3），原料为黄褐色石英岩，颗粒细腻，含隐性节理。保存较好，表面不见磨蚀和风化痕迹。形态为三角形，最大长、宽分别为36.1、25.1mm，技术长、宽分别为24.6、32.3mm，厚9mm，重4g。自然台面，非常平整，长、宽分别为9.2、31.5mm；台面内角89°，台面外角79°。腹面平，打击点清楚，半锥体、锥疤、放射线和同心波均不见；边缘汇聚，末端背向卷。背面凸，可见两个分别来自上部和左侧的阴疤。

11KW ③ 386（图七一，4），原料为石英岩，表皮深黄色，内部深青色，颗粒较为细腻，含隐性节理。保存较好，表面不见磨蚀和风化痕迹。形态为三角形，技术尺寸与最大尺寸相反，技术长、宽分别为43.2、53.5mm，厚21.6mm，重26g。石皮台面，长、宽分别为21.6、53mm；台面内角85°，台面外角66°。腹面平整，打击点散漫，半锥体浅平，放射线非常清楚。背面凸，左右两个与石片方向相同的阴疤相交成一条纵向的脊。

11KW ③ 708（图七一，5），原料为青灰色石英岩，颗粒较为细腻，质地较好。保存较好，表面不见磨蚀和风化痕迹。形态为长椭圆形，技术尺寸与最大尺寸相同，技术长、宽分别为39.3、15.89mm，厚8.4mm，重4g。石皮台面，较小，长、宽分别为3.4、4.3mm；台面内角104°，台面外角82°。腹面平整，打击点散漫，半锥体浅平，可见台阶状锥疤。背面凸，主要阴疤方向与石片方向相同，中间有一条纵向的脊。

11KW ③ 707（图七一，6），双锥石片。原料为黄色石英岩，颗粒较为细腻。保存较好，表面不见磨蚀和风化痕迹。形态近方形，技术尺寸与最大尺寸相同，技术长、宽分别为21.3、19.8mm，厚5.8mm，重2g。石皮台面，非常平整，长、宽分别为5.3、13.6mm；台面内角106°，台面外角72°。腹面较为平整，在两个打击点中，一个打击点散漫，一个集中；半锥体一个浅平，一个微凸；两个打击点中间形成一条凹陷的纵脊。背面凸，主要阴疤方向与石片方向相同。

11KW ③ 369（图七一，7），原料为灰褐色石英岩，颗粒较为细腻。保存较好，表面不见磨蚀和风化痕迹。形态不规则，技术尺寸与最大尺寸相反，技术长、宽分别为21.5、30.8mm，厚10mm，重5g。石皮台面，窄长，长、宽分别为1.4、12.3mm；台面内角111°，台面外角84°。腹面不平整，上部凸，打击点集中，半锥体凸出，放射线清楚；侧边不规则，末端背向卷。背面较平，主要阴疤方向与石片方向相同。在背面靠近台面处还可见略鼓凸的半锥体。

13KW ③ 318（图七一，8），原料为褐色石英岩，颗粒较细腻。保存较好，表面不见磨蚀和风化痕迹。形态为三角形，技术尺寸与最大尺寸相同，技术长、宽分别为46.9、41.3mm，厚14.2mm，重20g。石皮台面，长、宽分别为13.9、43.2mm；台面内角100°，台面外角74°。腹面鼓凸，打击点集中，半锥体凸出，放射线清楚；侧边汇聚，末端羽状。背面凸，可见来自多个方向的阴疤。

13KW ③ 319（图七一，9），原料为黄褐色石英岩，颗粒中等。保存较好，表面不见磨蚀和风化痕迹。形态为长方形，技术尺寸与最大尺寸相同，技术长、宽分别为37.5、23.1mm，厚9.2mm，重7g。石皮台面，较小，长、宽分别为2.4、5mm；台面内角100°，台面外角87°。腹面较平，打击点集中，半锥体微凸，放射线清楚，可见台阶状锥疤；侧边准平行，末端羽状。背面凸，右侧是一个向左的阴疤，左侧是一个向下的阴疤，并相交成一条纵脊。

4. Ⅳ型石片

5件。原料主要为石英岩，共4件，均为优质石英岩；燧石1件。尺寸个体差异相对较小，最大长、宽、厚分别为20.5~62.5、11.1~46.2、4~16mm，重0.5~42g，平均最大长、宽、厚为43.7、30、9.9mm，平均重16.7g。大部分台面内角均在90°以上，表明石片在剥离石核后都有较好的剥片角度；只有1件台面内角仅为78°。所有石片的腹面都能观察到打击点；有3件石片的半锥体较为凸出，所有石片的放射线均较为清楚，有2件石片可观察到同心波；末端形态以羽状为主，有3件，另有2件石片为台阶状。腹面曲度以平为主，有4件，其次为凸，有1件。

OKW③58-5（图七二，1），原料为石英岩，表皮红褐色，内部灰色，颗粒较为细腻，含隐性节理。保存较好，表面不见磨蚀和风化痕迹。形态不规则，最大长、宽分别为35.4、30.9mm，技术长、宽分别为25.4、18.6mm，厚14mm，重13g。台面一半为石皮，一半为破裂面，但石片打击点落在破裂面上，长、宽分别为13.2、15.2mm；台面内角78°，台面外角96°。腹面打击点、半锥体、锥疤、放射线、同心波明显；边缘汇聚，远端羽状。背面有一半为石皮，一半为与石片同向的阴疤。

11KW③367（图七二，2），原料为黑褐色石英岩，颗粒较为细腻，含隐性节理。保存较好，表面不见磨蚀和风化痕迹。形态不规则，技术尺寸与最大尺寸相反，技术长、宽分别为20.1、27.4mm，厚4.5mm，重2g。破裂面台面，较为平整，长、宽分别为4.7、18.4mm；台面内角108°，台面外角69°。腹面微凸，打击点集中，半锥体较为凸出，放射线清楚；侧边准平行，远端台阶状。

11KW③364（图七二，4），疑似修理台面石片。原料为黄褐色石英岩，颗粒较为细腻。保存较好，表面不见磨蚀和风化痕迹。形态不规则，技术尺寸与最大尺寸相同，技术长、宽分别为62.1、46.3mm，厚11.3mm，重26g。破裂面台面，由两个阴疤构成，并在中间形成一条脊，打击点正好落在脊上；台面右侧的阴疤打击点可见，从背面向腹面方向；长、宽分别为11.3、45.2mm；台面内角103°，台面外角66°。腹面微凸，打击点集中，半锥体较为凸出，放射线清楚，同心波可见；边缘汇聚，远端羽状。

13KW③419（图七二，5），双锥石片。原料为灰黄杂色燧石，颗粒非常细腻，质地很好。保存较好，表面不见磨蚀和风化痕迹。形态为半椭圆形，技术尺寸与最大尺寸相同，技术长、宽分别为62.5、46.2mm，厚16mm，重42g。破裂面台面，非常平整，长、宽分别为14.3、48.3mm；台面内角116°，台面外角72°。腹面微凸，两个打击点距离非常近，半锥体均较为凸出；边缘扇形，远端羽状。

13KW③489（图七二，3），原料为乳白色石英岩，颗粒非常细腻，含节理。保存较好，表面不见磨蚀和风化痕迹。形态近梯形，技术尺寸与最大

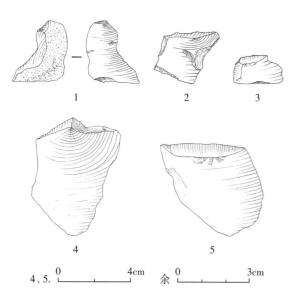

图七二　第③层出土Ⅳ型石片

1. OKW③58-5　2. 11KW③367　3. 13KW③489
4. 11KW③364　5. 13KW③419

尺寸相反,技术长、宽分别为 9.3、20.5mm,厚 4mm,重 0.5g。破裂面台面,不平整,长、宽分别为 11.1、3.8mm;台面内角 120°,台面外角 60°。腹面凸,打击点较为集中,半锥体凸出;边缘不规则,远端台阶状。

5. V型石片

22 件。原料主要为石英岩,共 20 件,均为优质石英岩;石英 2 件。尺寸个体差异不大,最大长、宽、厚分别为 12.3~59.8、11.6~32.5、2.6~12.8mm,重 1~19g,平均最大长、宽、厚为 31.4、24.2、9.4mm,平均重 10.5g。台面内角均在 90° 以上,表明石片在剥离石核后还有较好的剥片角度。有 12 件背面疤数量在 2 个以上,其中有 2 件的背面疤数量在 4 个以上。有 19 件石片的腹面能观察到打击点,其中有 2 件石片腹面有 2 个打击点,即属于双锥石片;有 7 件石片的半锥体较为凸出,有 1 件石片可观察到明显锥疤,有 19 件石片的放射线清楚,有 10 件石片可观察到同心波;末端形态以羽状为主,有 15 件,其次为台阶状,有 7 件。腹面曲度以平为主,有 19 件,其次为凹,为 3 件。

OKW ③ 29-5(图七三,1),原料为黄色石英岩,颗粒较为细腻,质量较好。保存较好,表面不见磨蚀和风化痕迹。形态为长椭圆形,技术尺寸与最大尺寸一致,技术长、宽分别为 59.9、32.5mm,厚 12.8mm,重 19g。破裂面台面,长、宽分别为 4.6、14mm;台面内角 106°,台面外角 78°。腹面打击点清楚,不见半锥体、锥疤、放射线和同心波等技术特征。背面可见多个剥片阴疤,但最新的一个阴疤与该石片共用一个打击点,打击方向相同,并使背面鼓凸,可能在剥下石片时同时掉落的。

OKW ③ 58-4(图七三,2),原料为黄褐色石英岩,颗粒中等,含隐性节理。保存较好,表面不见磨蚀和风化痕迹。形态为正方形,技术尺寸与最大尺寸相反,技术长、宽分别为 20.6、18mm,厚 7.4mm,重 1g。破裂面台面,长、宽分别为 9.5、17.6mm;台面内角 114°,台面外角 52°。腹面不平整,打击点清楚,不见半锥体、锥疤、放射线和同心波等技术特征。背面较平,石皮比例 80%,可见一个剥片阴疤。

OKW ③ 41-1(图七三,3),原料为黄色石英岩,颗粒细腻,含隐性节理。保存较好,表面不

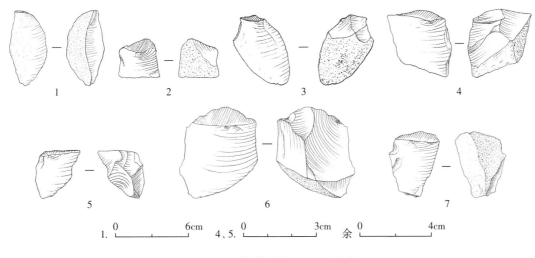

图七三 第③层出土 V型石片

1. OKW ③ 29-5　2. OKW ③ 58-4　3. OKW ③ 41-1　4. 11KW ③ 757　5. 11KW ③ 322　6. 11KW ③ 157　7. 13KW ③ 254

见磨蚀和风化痕迹。形态为长椭圆形，最大长、宽分别为38.1、23.9mm，技术长、宽分别为31、29.1mm，厚6.6mm，重4g。破裂面台面，非常平整，长、宽分别为5.4、12.7mm；台面内角114°，台面外角79°。腹面略凹，打击点、半锥体、放射线清楚，可见一个斜长的锥疤，同心波不见。背面凸，石皮比例80%，可见两个与石片同向的阴疤。

11KW③757（图七三，4），原料为黄褐色石英岩，颗粒细腻，含隐性节理。保存较好，表面不见磨蚀和风化痕迹。形态为菱形，技术尺寸与最大尺寸相反，技术长、宽分别为24.7、27.6mm，厚10.4mm，重6g。破裂面台面，非常平整，长、宽分别为6.5、23.7mm；台面内角125°，台面外角60°。腹面略平，打击点集中，半锥体浅平，放射线清楚。背面凸，石皮比例40%，主要分布在左侧和下部；可见多个与石片同向的阴疤，但因原料内部节理而折断。

11KW③322（图七三，5），原料为浅黄色石英岩，颗粒较为细腻，含节理。保存较好，表面不见磨蚀和风化痕迹。形态为三角形，技术尺寸与最大尺寸相反，技术长、宽分别为19.7、19mm，厚5.6mm，重1g。破裂面台面，非常平整，长、宽分别为5.4、14.4mm；台面内角98°，台面外角74°。腹面略平，打击点散漫，半锥体浅平。背面凸，石皮比例5%，主要分布在下部；可见多个方向的阴疤。

11KW③157（图七三，6），双锥石片。原料为黄褐色石英岩，颗粒较为细腻，质地较好。保存较好，表面不见磨蚀和风化痕迹。形态不规则，技术尺寸与最大尺寸相同，技术长、宽分别为54.5、43.1mm，厚18.9mm，重34g。破裂面台面，非常平整，呈三角形，长、宽分别为19.9、35.4mm；台面内角118°，台面外角68°。腹面略平，两个打击点距离较近，且均较为集中，半锥体微凸。背面凸，石皮比例10%，主要分布在下部；背面阴疤方向主要为向下和向右。

13KW③254（图七三，7），原料为灰褐色石英岩，颗粒较为细腻，质地较好。保存较好，表面不见磨蚀和风化痕迹。形态为梯形，技术尺寸与最大尺寸相同，技术长、宽分别为34.9、25.5mm，厚8.8mm，重8g。破裂面台面，较为平整，呈三角形，长、宽分别为24.2、8.3mm；台面内角110°，台面外角65°。腹面略平，打击点集中，半锥体微凸，放射线清楚，同心波可见。背面凸，中间有一条自然纵脊；石皮比例90%；只有一个小阴疤分布在右下部。

6. Ⅵ型石片

71件。原料主要为石英岩，共66件，其中优质者62件，中等者4件；石英5件。尺寸个体差异较小，最大长、宽、厚分别为10.1~66.8、9.1~36.7、2~16.5mm，重1~26g，平均最大长、宽、厚为21.3、14.6、5.5mm，平均重2.2g。石片的台面长均小于台面宽，表明石片主要是薄型石片。可测石片角的石片台面内角有54件在90°以上，表明大部分石片在剥离石核后还有较好的剥片角度。有45件背面疤数量在2个以上，其中有6件的背面疤数量在5个以上。有58件石片的腹面能观察到打击点，其中有2件石片腹面有2个打击点，即属于双锥石片；有38件石片的半锥体较为凸出，有4件石片可观察到明显锥疤，有62件石片的放射线清楚，有29件石片可观察到同心波；末端形态以羽状为主，有48件，其次为台阶状，有16件，此外还有腹向卷2件，背向卷1件。腹面曲度以平为主，有53件，其次为凸，有10件，凹者最少，为8件。

OKW③38-4（图七四，1），原料为乳白色和黄色相间的石英岩，颗粒细腻。保存较好，表面

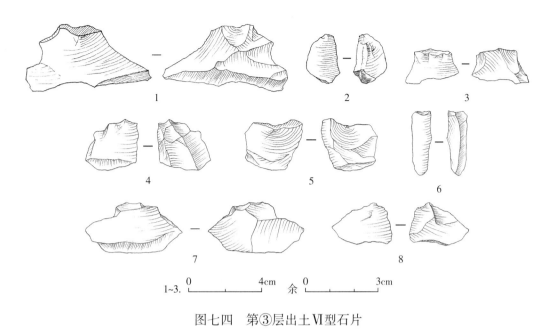

图七四　第③层出土Ⅵ型石片

1. OKW ③ 38-4　2. OKW ③ 32-1　3. OKW ③ 10-2　4. 11KW ③ 690　5. 11KW ③ 362　6. 11KW ③ 490　7. 13KW ③ 257　8. 13KW ③ 193

不见磨蚀和风化痕迹。形态不规则，技术尺寸与最大尺寸相反，技术长、宽分别为 36.7、66.8mm，厚 16.5mm，重 26g。破裂面台面，非常平整，长、宽分别为 8.2、21.9mm；台面内角 128°，台面外角 82°。腹面略凸，打击点、半锥体、放射线、同心波明显，锥疤浅平；侧边反汇聚，末端一半呈羽状，一半呈台阶状。背面较凸，可见两层共五个剥片阴疤，这些阴疤的方向来自多个方向，最大剥片疤长、宽分别为 16.3、17.9mm。该石片背面有一条脊，方向与石片相反，这是决定该石片为宽型石片的主要原因。

OKW ③ 32-1（图七四，2），原料为黄色石英岩，颗粒较为细腻。形态不规则，表面不见磨蚀和风化痕迹。个体较小，技术尺寸与最大尺寸一致，技术长、宽分别为 25.4、18.6mm，厚 5.9mm，重 2g。线状台面。腹面打击点清楚，不见半锥体、锥疤、放射线和同心波等技术特征。背面可见多个剥片阴疤，但最新的一个阴疤与该石片共用一个打击点，打击方向相同，并使背面鼓凸，可能在剥下石片时同时掉落的。

OKW ③ 10-2（图七四，3），双锥石片。原料为灰褐色石英岩，颗粒较为细腻。保存较好，表面不见磨蚀和风化痕迹。形态为梯形，技术尺寸与最大尺寸相反，技术长、宽分别为 17、29.5mm，厚 5mm，重 2g。破裂面台面，非常平整，长、宽分别为 5.7、20.6mm；台面内角 114°，台面外角 61°。腹面略平，打击点、半锥体清楚，不见锥疤、放射线和同心波；侧边略平行，末端羽状。背面较平，可见三个剥片阴疤，这些阴疤的方向与石片方向相反或相同。

11KW ③ 690（图七四，4），双锥石片。原料为黄色石英岩，颗粒较为细腻，含节理。保存较好，表面不见磨蚀和风化痕迹。形态不规则，技术尺寸与最大尺寸相同，技术长、宽分别为 23.5、19.7mm，厚 6.4mm，重 2g。线状台面。腹面略凸，打击点较为散漫，半锥体凸出，放射线较为清楚；侧边准平行，末端背向卷。背面凸，可见上下相对的阴疤。

11KW③362（图七四，5），原料为黄白色石英岩，颗粒细腻，质地较好。保存较好，表面不见磨蚀和风化痕迹。形态为梯形，技术尺寸与最大尺寸相反，技术长、宽分别为21.1、23.6mm，厚4.9mm，重2g。破裂面台面，非常平整，长、宽分别为4.9、16.3mm；台面内角107°，台面外角66°。腹面凸，打击点集中，半锥体凸出，放射线较为清楚；侧边准平行，末端腹向卷。背面凹，最后的阴疤与石片同向。

11KW③490（图七四，6），长型石片。原料为乳白色石英岩，颗粒细腻。保存较好，表面不见磨蚀和风化痕迹。形态为长条形，技术尺寸与最大尺寸相同，技术长、宽分别为25.5、8.5mm，厚5.2mm，重1g。破裂面台面，较为平整，长、宽分别为4.9、6.8mm；台面内角94°，台面外角76°。腹面略凹，打击点散漫，半锥体浅平，不见锥疤、放射线和同心波；侧边平行，末端羽状。背面凸，有一条纵脊。

13KW③257（图七四，7），原料为黄色石英岩，颗粒较为细腻。保存较好，表面不见磨蚀和风化痕迹。形态为梯形，技术尺寸与最大尺寸相反，技术长、宽分别为19.8、38.3mm，厚7.7mm，重5g。破裂面台面，呈弧形，长、宽分别为6.7、16.3mm；台面内角97°，台面外角91°。腹面凸，打击点散漫，半锥体凸出，放射线较为清楚；侧边反汇聚，末端背向卷。背面凹，最后的阴疤与石片同向。

13KW③193（图七四，8），原料为灰色石英岩，颗粒细腻。保存较好，表面不见磨蚀和风化痕迹。形态为三角形，技术尺寸与最大尺寸相反，技术长、宽分别为16、23.9mm，厚3.6mm，重1g。点状台面。腹面较平，打击点集中，半锥体微凸，放射线较为清楚；侧边反汇聚，末端台阶状。背面微凸，主要阴疤与石片同向。

7. 孔贝瓦石片

4件。该类石片较为特殊，从前文各类型石片中抽离出来予以重点描述。其中Ⅵ型石片3件、Ⅲ型石片1件。原料均为石英岩。

OKW③28-1（图七五，1；彩版四一，1），原料为灰白色石英岩，颗粒细腻。保存较好，表面不见磨蚀和风化痕迹。形态为扇形，技术尺寸与最大尺寸相反，技术长、宽分别为20.5、34.5mm，厚7.5mm，重4g。自然台面，长、宽分别为7.5、17.2mm；台面内角92°，台面外角76°。可见两个鼓凸的腹面，来自同一个台面，但难以区分先后。腹面之一形态平，打击点、半锥体、放射线明显，锥疤和同心波不见。腹面之二形态平，打击点、放射线清楚，可见一个较大的半圆形半锥体，不见锥疤和同心波。边缘扇形，末端羽状。除台面外仅有的石皮出现在一个侧边。

OKW③65-4（图七五，2），原料为黄色石英岩，颗粒中等，含隐性节理。保存较好，表面不见磨蚀和风化痕迹。形态为长方形，最大长、宽分别为30.8、21.9mm，厚12.3mm，重7g。有两个鼓凸的腹面，分别对应两个不同的台面。台面之一为破裂面台面，长、宽分别为13.7、27.9mm；台面内角96°；

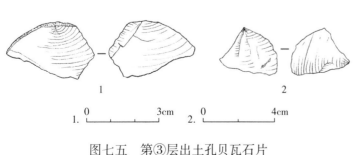

图七五　第③层出土孔贝瓦石片
1. OKW③28-1　2. OKW③65-4

其对应的腹面平整，打击点、放射线清楚，不见半锥体、锥疤、同心波。台面之二为线状台面，其对应的腹面形态平，中部有一条因原料内部节理形成的凹痕，打击点、半锥体、放射线明显，锥疤和同心波不见。

（二）非完整石片

151 件，占石片总数的 48%。

1. 左裂片

53 件。原料主要为石英岩，共 51 件，其中优质者 44 件，中等者 6 件，差等者 1 件；石英 2 件。尺寸个体差异较小，最大长、宽、厚分别为 10.4~37.1、8.3~21、2.1~8.5mm，重 0.8~8g，平均最大长、宽、厚为 20.6、14.4、6.2mm，平均重 2g。大部分左裂片都是沿石片打击点中线断裂。

这些标本均保存较好，未发现有磨蚀和风化现象。

OKW ③ 11-2，原料为黄色石英岩，颗粒较为细腻。最大长、宽、厚分别为 31.8、23.2、7mm，重 2g。可见残缺的打击点和半锥体，放射线明显。背面可见一个剥片阴疤，方向为从左侧向右侧打击。背面下部和左侧边保留石皮。

OKW ③ 40-1，原料为浅灰色石英岩，颗粒较粗。最大长、宽、厚分别为 37.1、18.9、8.5mm，重 8g。可见残缺的打击点和半锥体。背面可见一个剥片阴疤，方向与石片方向相同。

OKW ③ 43-6，原料为黄色石英岩，颗粒细腻，含隐性节理。最大长、宽、厚分别为 22.1、14、5.7mm，重 1g。可见残缺的打击点和半锥体。

OKW ③ 6-2，原料为灰褐色石英岩，颗粒较为细腻，含隐性节理。最大长、宽、厚分别为 21.2、15.4、6.2mm，重 2g。可见残缺的打击点和半锥体，放射线清楚。

OKW ③ 9-3，原料为黄色石英岩，颗粒较为细腻，含隐性节理。最大长、宽、厚分别为 28.5、11.9、8.2mm，重 2g。可见残缺的打击点和半锥体。

11KW ③ 671，原料为朱红色石英岩，颗粒较为细腻。最大长、宽、厚分别为 23.1、21、4.3mm，重 2g。可见残缺的打击点和半锥体。

11KW ③ 689，原料为青色石英岩，颗粒较为细腻。最大长、宽、厚分别为 22.3、16.9、8.8mm，重 3g。半锥体较为凸出。

11KW ③ 792，原料为青黄色石英岩，颗粒较为细腻，含隐性节理。最大长、宽、厚分别为 17、15.4、5.7mm，重 1g。

11KW ③ 255，原料为青白色石英岩，颗粒较为细腻，质地较好。最大长、宽、厚分别为 20.7、12.9、7.3mm，重 1g。

11KW ③ 331，原料为黄色石英岩，颗粒较为细腻，质地较好。最大长、宽、厚分别为 21.4、16.7、3.2mm，重 1g。放射线清楚。

13KW ③ 316，原料为红褐色石英岩，颗粒较为细腻，质地较好。最大长、宽、厚分别为 30.9、19.4、11.8mm，重 4g。

13KW ③ 257a，原料为灰白色石英岩，颗粒较为细腻。最大长、宽、厚分别为 21.6、14.8、

7mm，重 1g。

13KW ③ 315，原料为黄褐色石英岩，颗粒较为细腻。最大长、宽、厚分别为 22.2、14.8、5.3mm，重 0.8g。

2. 右裂片

50 件。原料主要为石英岩，共 45 件，其中优质者 42 件，中等者 3 件；石英 5 件。尺寸个体差异较大，最大长、宽、厚分别为 11.5~60.1、8.5~33.1、3.2~14.9mm，重 1~28g，平均最大长、宽、厚为 22.6、15.3、7.3mm，平均重 2.6g。大部分右裂片都是沿石片打击点中线断裂。

这些标本均保存较好，未发现有磨蚀和风化现象。

OKW ③ 12-1，原料为灰白色石英岩，颗粒较为细腻，含隐性节理。最大长、宽、厚分别为 31.5、16.9、9.4mm，重 6g。可见残缺的打击点和半锥体，放射线清楚。

OKW ③ 47-4，原料为黑色石英岩，颗粒中等。最大长、宽、厚分别为 15.1、12.1、3.6mm，重 1g。可见残缺的打击点，半锥体不清楚。

OKW ③ 23-4，原料为灰褐色石英岩，颗粒细腻。最大长、宽、厚分别为 21.6、14、4.6mm，重 1g。可见残缺的打击点和半锥体，放射线清楚。

OKW ③ 29-4，原料为乳白色石英岩，颗粒细腻。最大长、宽、厚分别为 20.9、13.2、4.1mm，重 1g。可见残缺的打击点和半锥体。

OKW ③ 30-1，原料为白色石英，颗粒较粗。最大长、宽、厚分别为 22.7、19.6、7.6mm，重 3g。可见残缺的打击点和半锥体，放射线清楚。

11KW ③ 710，原料为青黄色石英岩，颗粒细腻。最大长、宽、厚分别为 20.3、16.6、6.6mm，重 1g。可见残缺的打击点，半锥体浅平，放射线清楚。

11KW ③ 497，原料为黄白色石英岩，颗粒细腻。最大长、宽、厚分别为 27.5、15.4、9mm，重 4g。

11KW ③ 377，原料为青白色石英岩，颗粒较为细腻。最大长、宽、厚分别为 17.7、15.9、6.4mm，重 1g。

11KW ③ 734，原料为青灰色石英岩，颗粒较为细腻。最大长、宽、厚分别为 24.6、14.1、3.2mm，重 1g。

11KW ③ 669，原料为灰色石英，颗粒较粗。最大长、宽、厚分别为 22、18、9mm，重 2g。

13KW ③ 330，原料为青黄色石英岩，颗粒较为细腻。最大长、宽、厚分别为 26.3、12.9、6.4mm，重 1g。

13KW ③ 158，原料为浅黄白色石英岩，颗粒较为细腻，节理较多。个体较大，最大长、宽、厚分别为 60.1、33.1、14.9mm，重 28g。

13KW ③ 198，原料为青黄色石英岩，颗粒较为细腻。最大长、宽、厚分别为 18.1、16.3、5.8mm，重 1g。

3. 近端

13 件。原料主要为石英岩，共 12 件，均为优质石英岩；石英 1 件。尺寸个体差异较大，最大长、宽、厚分别为 10.2~64.3、5.9~44.3、1.7~28.2mm，重 0.5~60.1g，平均最大长、宽、厚为 22.3、14.6、

5.9mm，平均重6.3g。台面以破裂面台面为主，有8件，自然台面5件。所有近端的打击点均较为集中，大部分半锥体较为凸出。

这些标本均保存较好，未发现有磨蚀和风化现象。

OKW ③ 27-5，原料为浅黄色石英岩，颗粒细腻。最大长、宽、厚分别为15.6、5.9、1.7mm，重1g。石皮台面。打击点集中，半锥体较为凸出。

11KW ③ 347，原料为灰色石英，颗粒较粗。最大长、宽、厚分别为28.1、12.1、4.8mm，重1g。破裂面台面，长、宽分别为5.3、21.1mm。打击点集中，半锥体较为凸出。

11KW ③ 422，原料为青黄色石英岩，颗粒较为细腻。最大长、宽、厚分别为16.8、13.5、3.7mm，重1g。线状台面。打击点集中，半锥体浅平。

11KW ③ 308，原料为浅黄白色石英岩，颗粒较为细腻。最大长、宽、厚分别为15.4、13.4、2.7mm，重1g。点状台面。打击点集中，半锥体浅平。

11KW ③ 541，原料为灰黄色石英岩，颗粒较为细腻。最大长、宽、厚分别为16.1、10.1、4.5mm，重1g。石皮台面。打击点较为集中，半锥体浅平。

11KW ③ 335，原料为深黄色石英岩，颗粒中等。最大长、宽、厚分别为64.3、44.3、28.2mm，重61g。破裂面台面，较为平整，长、宽分别为7.8、30.3mm；台面内角104°，台面外角106°。值得注意的是，在左侧边可见以石片背面为台面向腹面剥下的阴疤。

13KW ③ 365，原料为浅灰黄色石英岩，颗粒中等。最大长、宽、厚分别为31.6、14.8、5.5mm，重2g。破裂面台面，长、宽分别为2.3、13.5mm。打击点集中，半锥体较为凸出。

4. 远端

32件。原料主要为石英岩，共29件，其中优质者26件，中等者3件；石英3件。尺寸个体差异较小，最大长、宽、厚分别为9.6~65.7、7.5~40.6、1.6~13.1mm，重0.5~29g，平均最大长、宽、厚为22.5、14.8、6.1mm，平均重3.2g。末端形态以羽状为主，有27件，其次为台阶状，有4件，还有背向卷1件。

这些标本均保存较好，未发现有磨蚀和风化现象。

OKW ③ 32-1a，原料为石英岩，表皮灰色和红色相间，内部灰褐色，颗粒较粗，含隐性节理。最大长、宽、厚分别为52.5、37.1、19.1mm，重34g。末端台阶状。背面大部分为石皮，左侧可见三个不完整阴疤。

OKW ③ 7-1，原料为灰白色石英岩，颗粒细腻，含隐性节理。最大长、宽、厚分别为65.7、40.6、13.1mm，重29g。末端背向卷。

OKW ③ 3-2，原料为灰白色石英岩，颗粒细腻。最大长、宽、厚分别为21.8、17.8、10.7mm，重1g。可见同心波，末端羽状。

OKW ③ 20-1，原料为灰白色石英岩，颗粒中等，含隐性节理。最大长、宽、厚分别为29.7、21.1、14.6mm，重6g。可见同心波，末端羽状。

OKW ③ 27-1，原料为黄白色石英岩，颗粒细腻，含隐性节理。最大长、宽、厚分别为28.7、17.8、3.4mm，重1g。可见同心波，末端台阶状。

OKW③44-3，原料为黄色石英岩，颗粒细腻，含隐性节理。最大长、宽、厚分别为9.6、7.5、4.5mm，重 1g。可见放射线，末端羽状。

11KW③458，原料为青黑色石英岩，颗粒较为细腻。最大长、宽、厚分别为18.9、11.3、43.3mm，重 1g。末端羽状。

11KW③261，原料为浅黄色石英岩，颗粒细腻，质地较好。最大长、宽、厚分别为20.9、15.8、6.4mm，重 2g。同心波较为清楚，末端羽状。

11KW③348，原料为浅黄色石英，颗粒粗大。最大长、宽、厚分别为24.5、17.7、8.8mm，重 2g。末端羽状。

13KW③169，原料为青灰色石英岩，颗粒较为细腻。最大长、宽、厚分别为22.8、13.6、4.4mm，重 1g。末端羽状。

13KW③327，原料为黄白色石英岩，颗粒较为细腻。最大长、宽、厚分别为19.2、11.2、4.2mm，重 0.5g。末端台阶状。

13KW③359，原料为灰褐色石英岩，颗粒细腻。最大长、宽、厚分别为10.4、10.2、1.6mm，重 0.5g。末端羽状。

5. 中段

3件。

11KW③465，原料为青黑色石英岩，颗粒较为细腻。保存较好，表面不见磨蚀和风化痕迹。最大长、宽、厚分别为17.7、14.1、6.6mm，重 2g。

13KW③314，原料为黄褐色石英岩，颗粒中等。保存较好，表面不见磨蚀和风化痕迹。最大长、宽、厚分别为30.4、28.7、10mm，重 9g。

13KW③325，原料为褐色石英岩，颗粒中等。保存较好，表面不见磨蚀和风化痕迹。最大长、宽、厚分别为 14、11.6、2.6mm，重 1g。

四、工具

66件，占第③层发现石制品总数的14%。工具类型有锯齿刃器、凹缺器、刮削器、石锥、尖状器、雕刻器、薄刃斧等7种。经统计，锯齿刃器、凹缺器和刮削器这三个类型是所有工具中的主要部分，三者比例合计达83%。其他工具类型，除石锥和尖状器比例均占到6%外，其余各类型工具比例均在5%以下，数量也未超过3件（表一三）。

总的来看，第③层工具原料以石英岩为主，其中又以优质石英岩为多，有58件，比例高达88%，中等石英岩1件；其他类型原料还有石英、燧石和玉髓，分别有4、2和1件。

表一三　第③层出土工具类型统计表

类型	锯齿刃器	凹缺器	刮削器	石锥	尖状器	雕刻器	薄刃斧	合计
数量 N	30	13	12	4	4	2	1	66
比例 %	45	20	18	6	6	3	2	100

表一四　第③层出土各工具类型与毛坯的关系

毛坯		锯齿刃器	凹缺器	刮削器	石锥	尖状器	雕刻器	薄刃斧	合计	比例 %	
石片	不确定类型石片	1	1	1					3	5	86
	I 型石片	1	1						2	3	
	II 型石片	9	1		3			1	14	21	
	III 型石片	5							5	8	
	IV 型石片			1					1	2	
	V 型石片	4		4		1	1		10	15	
	VI 型石片	6	4	1			1		12	18	
	左裂片		1						1	2	
	中段	1		1					2	3	
	远端	3	3			1			7	11	
断块			2	3			1		6	9	14
其他				1	1	1			3	5	
合计		30	13	12	4	4	2	1	66	100	

经统计，工具毛坯以石片毛坯为主，包括各类型完整石片和非完整石片以及不确定类型的石片，总比例为86%；其次为断块，比例为9%；其他难以确定毛坯类型的工具比例为5%。就石片毛坯而言，完整石片毛坯是主要部分，比例为67%，其中又以 II 型石片和 VI 型石片为多，比例分别为21%和20%。值得一提的是，非完整石片毛坯中有一件锯齿刃器的毛坯为更新石核台面桌板（表一四）。

工具尺寸总的来说差别不大，最大长、宽、厚分别为16.5~81.7、14.9~39.6、3.8~19.1mm，重1~78g，平均最大长、宽、厚为36.1、25.9、11.9mm，平均重12g。尺寸较为集中，主要是因为其毛坯大多数为完整石片。

工具的加工方法均为硬锤锤击法，加工方式较为多样。对于具有统计意义的石片毛坯工具而言，加工方式以单向为主，比例达到91%，其中又以正向为主，比例为74%，反向比例为17%。此外还有错向、交互，比例分别为5%、4%（表一五）。对于非石片毛坯工具而言，其加工方式也有一定规律性。它们主要选择由较平面向相对不平面进行加工、由破裂面向石皮面进行加工。

从工具的加工位置来看，石片毛坯工具修理主要集中在石片的远端、左边和右边（合计72%）。有少量工具（8%）选择在近端加工。还有部分工具的加工位置超越了一边或一端。除了加工位置为左边加右边（6%）外，其他超越一边或一端的工具其加工部位一般相连，即两个位置构成了一条相连的刃缘。非石片毛坯工具修理边主要选择在毛坯较薄边缘或者相对较为

表一五　第③层出土石片毛坯工具
加工方式统计表

加工方式	数量 N	比例 %
正向	42	74
反向	10	17
错向	3	5
交互	2	4

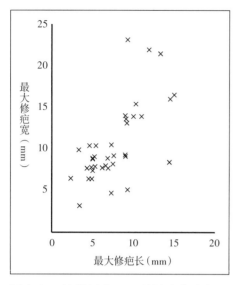

图七六　第③层出土工具最大修疤长、
宽分布

规整的边缘进行加工。

工具修疤形态以鳞状为主，比例为62%，其次为准平行或平行状，比例为11%；台阶状最少，比例为1%；其余为不确定。鱼鳞状修疤一般大小、凹陷程度不均等，体现出一种不规整的状态，是锤击法修理的特征。

从修疤层数来看，62%的工具只有1层修疤，即只对刃缘进行了单次修理；35%有两层修疤；仅1件标本具有3层或以上修疤。从工具修理的最大修疤长、宽分布图可知，修疤长、宽主要集中在5~10mm，并以宽型修疤为主（图七六）。此外，通过对修疤边缘的观察和统计，77%的修疤呈弧形，8%两侧边缘近似平行，1%呈汇聚状，其余则呈不规则状。

通过对锯齿刃器、刮削器、石锥和尖状器四类工具的统计，它们的加工程度从加工长度指数来看，总体而言，一部分工具的加工长度达到了所在边的总长度，加工最短也接近所在边长的一半；从平均值来看，超过了加工所在边长的一半，达到了0.88；而标准偏差则显示各类工具的加工长度指数变异不大。从加工深度指数来看，虽然有部分工具加工深度指数达到了1，但总体上来看本层工具的加工程度不是很高。加工深度较低的工具深度指数为0.16，而平均值也未到加工面宽的一半，为0.45。这表明这些工具基本上属于边缘修理；而且它们的标准偏差都很小，表明这四类工具大部分标本加工深度都较浅（表一六）。

表一六　第③层出土工具加工长度和深度指数

最大值		最小值		平均值		标准偏差	
长度指数	深度指数	长度指数	深度指数	长度指数	深度指数	长度指数	深度指数
1	1	0.38	0.16	0.88	0.45	0.16	0.34

工具刃缘在修理后，刃角与毛坯原边缘角度比较，有73%的标本变钝，22%变锐，还有5%基本不变。刃角主要集中在50°~78°之间。角度越小，数量越少；角度越大，数量也越少。

（一）锯齿刃器

30件，占工具数量的45%。原料主要为优质石英岩，有27件，中等石英岩1件；此外还有石英、燧石、玉髓各1件。毛坯全部为石片毛坯。其中，有25件为完整石片毛坯，4件为非完整石片毛坯，1件毛坯为不确定类型的石片。尺寸个体差异相对不大，最大长、宽、厚分别为19.5~65.4、15.8~39.6、7~19.1mm，重1~43g，平均最大长、宽、厚为37.7、25.9、12.3mm，平均重12g。平均刃角64°。

按刃缘数量可分为单刃锯齿刃器和双刃锯齿刃器，分别有27和3件，比例分别为90%和10%。

1. 单刃锯齿刃器

27件。根据刃口形态可进一步分为单直刃、单凸刃和单凹刃锯齿刃器，数量分别为18、8和1件。

单直刃锯齿刃器

OKW ③ 1-3（图七七，1；彩版四一，2），原料为石英岩，表皮浅黄色，内部灰褐色，颗粒中等，含隐性节理。毛坯为Ⅱ型石片。保存较好，表面不见磨蚀和风化痕迹。形态为长椭圆状，最大长、宽、厚分别为48.6、28.7、12.5mm，重20g。加工位置为石片右侧边，采用锤击法交互加工。这种加工方式在乌兰木伦遗址较为少见，加工后刃缘正视呈"S"形。刃缘修疤连续，可见两层修疤；修疤较大，可见最大修疤长、宽分别为9.3、23.1mm，最小修疤长6.3、宽9.4mm。刃缘较钝，刃角80°。

OKW ③ 15-3（图七七，2；彩版四一，3），原料为乳白色石英岩，颗粒中等。毛坯为石片远端。保存较好，表面不见磨蚀和风化痕迹。形态为长方形，最大长、宽、厚分别为40.7、20.9、10.6mm，重9g。加工位置为石片末端，采用锤击法正向加工。刃缘修疤连续，呈鳞状；可见两层修疤，最大修疤长、宽分别为7.5、8.2mm。刃缘修理主要集中在末端的中部，加工长度指数为0.75；加工深度不大，加工深度指数为0.34。加工后刃缘略平直，长30mm；刃角较石片边缘角变钝，刃角71°。

OKW ③ 41-4（图七七，4；彩版四一，4），原料为黄褐色石英岩，颗粒中等，含隐性节理。毛坯为Ⅱ型石片。保存较好，表面不见磨蚀和风化痕迹。形态为三角形，最大长、宽、厚分别为35、

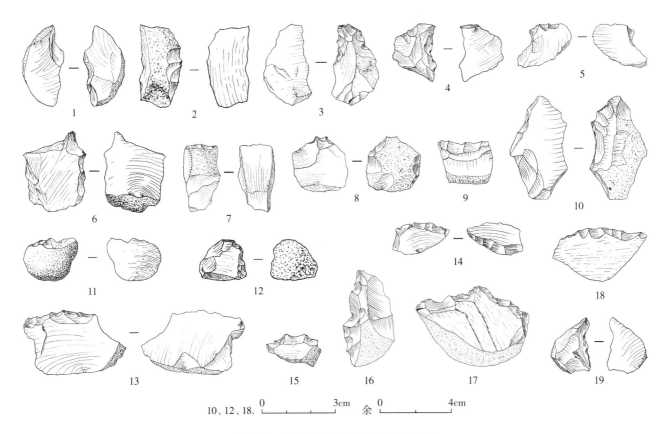

图七七 第③层出土石单刃锯齿刃器

1~11. 单直刃锯齿刃器（OKW ③ 1-3、OKW ③ 15-3、OKW ③ 8-2、OKW ③ 41-4、OKW ③ 43-13、OKW ③ 38-6、OKW ③ 38-7、OKW ③ 41-2、OKW ③ 39-2、11KW ③ 415、11KW ③ 393） 12~18. 单凸刃锯齿刃器（OKW ③ 3-3、OKW ③ 4-2、OKW ③ 43-9、OKW ③ 18-2、11KW ③ 273、12KW ③ 308、13KW ③ 250） 19. 单凹刃锯齿刃器（OKW ③ 60-1）

33.6、18.8mm，重16g。加工位置为石片左侧边，采用锤击法正向加工。刃缘修疤连续，呈鳞状；可见两层修疤，最大修疤长、宽分别为7.3、10.5mm，最小修疤长、宽分别为3.4、5.8mm。刃缘修理延伸至整个侧边，加工长度指数为1；加工深度较大，超过加工面的一半，加工深度指数为0.54。加工后刃缘略平直，长33.1mm；刃角较石片边缘角变钝，刃角84°。

OKW③38-6（图七七，6；彩版四一，5），原料为乳白色石英岩，颗粒细腻，含较多节理。毛坯为Ⅲ型石片。保存较好，表面不见磨蚀和风化痕迹。形态为长方形，最大长、宽、厚分别为50.4、40、15.8mm，重28g。加工位置为石片右侧边，采用锤击法正向加工。刃缘修疤连续，呈鳞状；可见两层修疤，最大修疤长、宽分别为9.1、13.6mm。刃缘修理贯穿整个右侧边，加工长度指数为1；加工深度不大，加工深度指数为0.29。加工后刃缘略平直，长41.2mm；刃角较石片边缘角变钝，刃角66°。

OKW③38-7（图七七，7），原料为石英岩，表皮红褐色，内部浅黄色，颗粒细腻，含隐性节理。毛坯为Ⅱ型石片。保存较好，表面不见磨蚀和风化痕迹。形态为长方形，最大长、宽、厚分别为39.8、22.3、18.2mm，重18g。加工位置为石片左侧边，采用锤击法交互加工。刃缘修疤连续，可见一层修疤，最大修疤长、宽分别为7.4、3.2mm，最小修疤长、宽分别为3.2、4.8mm。刃缘修理贯穿整个左侧边，加工长度指数为1；加工深度不大，加工深度指数为0.19。加工后刃缘俯视略平直，长19.4mm，但由于采用了交互加工的方式，刃缘正视呈"S"形；刃角较石片边缘角变钝，刃角64°。

OKW③41-2（图七七，8；彩版四一，6），原料为红褐色石英岩，颗粒细腻，含少量隐性节理。毛坯为Ⅴ型石片。保存较好，表面不见磨蚀和风化痕迹。形态为圆形，最大长、宽、厚分别为37.9、33.3、13.9mm，重18g。加工位置为石片远端，采用锤击法反向加工。刃缘修疤连续，可见两层修疤；其修理方法是在打下一个大的阴疤后，再在该阴疤内部打下两个小的阴疤，形成锯齿状刃缘。最大修疤长、宽分别为15、16.5mm，最小修疤长、宽分别为2.8、6.1mm。刃缘修理长度约为远端边缘的一半，加工长度指数为0.5；由于第一个修理阴疤延伸较远，加工深度指数达到0.51。刃缘长22mm，刃角63°。在刃缘左侧还有少量正向修理片疤，但并未形成使用刃缘。

OKW③43-13（图七七，5；彩版四二，1），原料为灰褐色燧石，颗粒细腻，含隐性节理。毛坯为Ⅵ型石片。保存较好，表面不见磨蚀和风化痕迹。形态为三角形，最大长、宽、厚分别为37.3、21.8、8.9mm，重6g。加工位置为石片相对较薄锐的右侧边，采用锤击法正向加工。一共可见三个修疤，最大修疤长、宽分别为9.3、5.1mm。刃缘修理加工长度指数为0.72；加工深度不大，加工深度指数为0.33。加工后刃缘较平直，长13.8mm；刃口形态指数为0；刃角56°。

OKW③8-2（图七七，3；彩版四二，2），原料为紫色石英岩，颗粒细腻，含隐性节理。毛坯为Ⅴ型石片。保存较好，表面不见磨蚀和风化痕迹。形态为三角形，最大长、宽、厚分别为47.9、28.8、14mm，重16g。加工位置为石片左侧边，采用锤击法正向加工。可见一层共五个修疤，最大修疤长、宽分别为9、14mm。刃缘修理长度略长于石片边缘的一半，加工长度指数为0.58；加工深度不大，加工深度指数为0.49。加工后刃缘较平直，长24.6mm；刃口形态指数为0；刃角62°。值得注意的是，在修理刃缘的相对边即石片的右侧边靠近远端部位也有前缘修理，但构不成刃缘，有可能是为了修理手握。

OKW③39-2（图七七，9；彩版四二，3），原料为淡黄色石英岩，颗粒较为细腻。毛坯为Ⅱ型石片。保存较好，表面不见磨蚀和风化痕迹。形态为梯形，最大长、宽、厚分别为33.2、25.1、9.2mm，重11g。加工位置为石片右侧边，采用锤击法正向加工。一共可见三个修疤，最大修疤长、宽分别为11、13.9mm。刃缘修理长度贯穿整个石片右侧边，加工长度指数为1；加工深度较大，加工深度指数为0.72。加工后刃缘较平直，长31.1mm；刃口形态指数为0；刃角66°。

11KW③415（图七七，10；彩版四二，4），原料为石英岩，表皮红色，内部青黄色，颗粒较为细腻。毛坯为Ⅱ型石片。保存较好，表面不见磨蚀和风化痕迹。形态为椭圆形，最大长、宽、厚分别为40.6、23.8、11.3mm，重8g。加工位置为石片左侧边，采用锤击法正向加工。一共可见两个修疤，最大修疤长、宽分别为11.9、21.9mm。刃缘修理长度贯穿整个石片左侧边，但该侧边靠下部加工非常陡，并形成可以使用的刃缘，加工长度指数为1；加工深度较大，加工深度指数为0.48。加工后刃缘较平直，长13.4mm；刃口形态指数为0；刃角56°。此外，在石片右侧边下部也有反向修理。

11KW③393（图七七，11；彩版四二，5），原料为青色石英岩，颗粒细腻，质地较好。毛坯为Ⅰ型石片。保存较好，表面不见磨蚀和风化痕迹。形态为半圆形，最大长、宽、厚分别为33.9、25.3、7.3mm，重6g。加工位置为石片末端边缘，采用锤击法正向加工。最多可见两层修疤，最大修疤长、宽分别为6.8、8.8mm。刃缘修理长度贯穿整个石片末端，加工长度指数为1；加工深度不大，加工深度指数为0.34。加工后刃缘较平直，长28mm；刃口形态指数为0；刃角58°。

单凸刃锯齿刃器

OKW③3-3（图七七，12；彩版四三，1），原料为石英岩，表皮黄色，内部灰白色，颗粒十分细腻。毛坯为石片远端。保存较好，表面不见磨蚀和风化痕迹。形态为半圆状，个体较小，最大长、宽、厚分别为19.5、15.8、7mm，重2g。刃缘加工位置为远端和左、右侧边，正向加工。刃缘加工较为简单，连续修理，呈鳞状；可见两层修疤，但每层修疤的阴疤都很小；可见最大修疤长、宽分别为4.5、6.4mm。加工长度指数为1；但加工深度不大，基本集中在毛坯边缘，加工深度指数为0.12。修理后的刃缘呈凸弧形，长34.5mm；刃口形态指数为52；刃口较石片边缘角度变钝，刃角38°。

OKW③4-2（图七七，13；彩版四三，2），原料为黄褐色石英岩，颗粒中等，含少量隐性节理。毛坯为Ⅴ型石片。保存较好，表面不见磨蚀和风化痕迹。形态略呈三角形，最大长、宽、厚分别为65.4、39.5、17.6mm，重43g。加工位置为石片左侧边，采用锤击法正向加工。刃缘修疤连续，呈鳞状；可见两层修疤；其修理方法是在打下两个大的阴疤后，再在该阴疤内部打击多次，形成锯齿状刃缘。最大修疤长、宽分别为5.3、7.9mm，最小修疤长、宽分别为3.9、7.2mm。刃缘修理长度贯穿整个左侧边，加工长度指数为1；由于第一个修理阴疤延伸较远，加工深度指数达到0.53。加工后刃缘呈凸弧状，长43.7mm；刃口形态指数为15；刃角71°。

OKW③43-9（图七七，14；彩版四三，3），原料为浅黄色石英岩，颗粒较为细腻，含少量隐性节理。毛坯为更新石核台面桌板，Ⅵ型石片。保存较好，表面不见磨蚀和风化痕迹。形态为扇形，最大长、宽、厚分别为36.2、20.1、11.5mm，重8g。加工位置为石片远端，采用锤击法正向加工。刃缘修疤连续，呈鳞状；可见一层修疤，最大修疤长、宽分别为4.3、7.7mm。刃缘修理长度贯穿整个左侧边，加工长度指数为1；加工深度不大，加工深度指数为0.26。加工后刃缘呈凸弧状，长32.1mm；刃口形态指数为17；刃角77°。

OKW③18-2（图七七，15；彩版四三，4），原料为淡紫色石英岩，颗粒细腻，含少量隐性节理。毛坯为Ⅱ型石片。保存较好，表面不见磨蚀和风化痕迹。形态为扇形，最大长、宽、厚分别为34.4、18.7、16.1mm，重8g。加工位置为石片远端，采用锤击法正向加工。刃缘修疤连续，呈鳞状；可见两层修疤，第一层修疤较大，第二层修疤只有一个；最大修疤长、宽分别为5.4、10.4mm。刃缘修理长度贯穿整个石片远端，加工长度指数为1；加工深度不及修理面的一半，加工深度指数为0.37。加工后刃缘呈凸弧状，长41mm；刃口形态指数为24；刃角67°。

11KW③273（图七七，16；彩版四三，5），原料为青黄色石英岩，颗粒较为细腻。毛坯为Ⅴ型石片。保存较好，表面不见磨蚀和风化痕迹。形态近三角形，最大长、宽、厚分别为51.1、27.9、19.1mm，重20g。加工位置为石片右侧边缘，采用锤击法正向加工。局部可见两层修疤，最大修疤长、宽分别为15.4、19.2mm。刃缘修理长度贯穿整个石片的修理边，加工长度指数为1；加工深度指数为0.84。加工后刃缘呈凸弧状，长49.6mm；刃口形态指数为9；刃角69°。

12KW③308（图七七，17；彩版四三，6），原料为黄色石英岩，颗粒较为细腻。毛坯为Ⅱ型石片，其中一个侧边为全石皮面。保存较好，表面不见磨蚀和风化痕迹。形态近三角形，最大长、宽、厚分别为64、42.3、20.9mm，重47g。加工位置为石片较长破裂面的边缘，采用锤击法正向加工。局部最多可见三层修疤，最大修疤长、宽分别为14.5、16mm。刃缘修理长度贯穿整个石片的修理边，加工长度指数为1；加工深度指数为0.36。加工后刃缘呈凸弧状，长60.8mm；刃口形态指数为39；刃角56°。

13KW③250（图七七，18；彩版四四，1），原料为青黄色石英岩，颗粒较为细腻。毛坯为Ⅱ型石片。保存较好，表面不见磨蚀和风化痕迹。形态近半圆形，最大长、宽、厚分别为39.2、21.1、13.1mm，重7g。加工位置为石片末端边缘，采用锤击法正向加工。可见一层修疤。刃缘修理长度贯穿整个石片的修理边，加工长度指数为1；加工深度指数为0.2。加工后刃缘呈凸弧状，长43mm；刃口形态指数为28；刃角62°。

单凹刃锯齿刃器

OKW③60-1（图七七，19；彩版四四，2），原料为黄色石英岩，颗粒中等，含隐性节理。毛坯为Ⅲ型石片。保存较好，表面不见磨蚀和风化痕迹。形态为三角形，个体较小，最大长、宽、厚分别为35.3、26.4、11.1mm，重8g。刃缘加工位置为石片右侧边，正向加工。刃缘加工较为简单，连续修理，呈鳞状；只见一层修疤，但每层修疤的阴疤都很小；可见最大修疤长、宽分别为3.3、9.9mm。加工长度指数为0.83；加工深度不大，基本集中在毛坯边缘，加工深度指数为0.22。修理后的刃缘呈凹弧形，长26.9mm；刃口形态指数为–12；刃口较石片边缘角度变钝，刃角66°。

2. 双刃锯齿刃器

3件。根据刃口形态可分为直凸刃和凹凸刃，分别有2和1件。

直凸刃锯齿刃器

OKW③28-2（图七八，1；彩版四四，3），原料为红褐色石英岩，颗粒细腻。毛坯为Ⅱ型石片。

保存较好，表面不见磨蚀和风化痕迹。形态为三角形，最大长、宽、厚分别为 23.5、18.8、13.7mm，重 4g。刃缘加工位置为石片左、右侧边，采用锤击法正向加工。刃缘修疤连续修理，但加工较为简单，只见一层修疤，且修疤都很小，呈鳞状；可见最大修疤长、宽分别为 9、9.3mm。左侧边修理后刃缘平直，修理片疤延伸至整个侧边，加工长度指数为 1；加工深度不大，基本集中在毛坯边缘，加工深度指数为 0.18；刃缘长 13.6mm；加工后刃口较原石片边缘角度变钝，刃角 69°。右侧边修理后刃缘呈凸弧状，修理延伸至整个侧

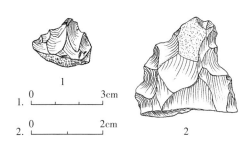

图七八　第③层出土石双刃锯齿刃器
1. 直凸刃锯齿刃器（OKW ③ 28-2）
2. 凹凸刃锯齿刃器（13KW ③ 175）

边，加工长度指数为 1；从加工深度指数上看，个别修疤延伸至末端；刃缘长 14.4mm；刃口形态指数为 21；刃口较石片边缘变锐，刃角 58°。该标本两加工刃缘汇聚，也可称为汇聚型锯齿刃器。

凹凸刃锯齿刃器

13KW ③ 175（图七八，2；彩版四四，4），原料为黄红色石英岩，颗粒较为细腻，质地较好。毛坯为石片远端。保存较好，表面不见磨蚀和风化痕迹。形态为三角形，最大长、宽、厚分别为 28.2、27、9.1mm，重 6g。刃缘修理位置为石片两个侧边，采用锤击法正向加工。其中，左侧刃缘加工较陡，连续修理，可见两层修疤，呈鳞状；加工长度指数为 0.78；加工深度指数为 0.21；修理后的刃缘略凹，长 22.9mm；刃口形态指数为 -15；刃口较原边缘角度变钝，刃角 64°。右侧边修理可见两层修疤；加工长度指数为 1，加工深度指数为 0.22；刃缘略凸，长 22.8mm；刃口形态指数为 11；刃角 67°。

（二）凹缺器

13 件，占工具数量的 20%。原料均为优质石英岩。毛坯主要为石片毛坯，比例为 85%；此外还有 2 件为断块。石片毛坯中，完整石片毛坯有 6 件。尺寸个体差异相对较小，最大长、宽、厚分别为 16.5~56.7、15.8~34.2、3.8~10.6mm，重 1~20g，平均最大长、宽、厚为 29.7、21、8.6mm，平均重 6g。平均刃角 72°。

凹缺器均为单凹缺。而根据凹缺的修理方式，可分为单次打击即克拉克当型凹缺器、两次打击凹缺器和多次打击凹缺器，数量分别为 7、3 和 3 件。

OKW ③ 43-12（图七九，1；彩版四五，1），原料为浅白色石英岩，颗粒中等。毛坯为断块。保存较好，表面不见磨蚀和风化痕迹。形态为三角形，最大长、宽、厚分别为 25.9、18.6、8.7mm，重 4g。由一个较平的面向较厚的边缘进行加工。凹缺由两次打击形成。缺口宽 8.1、高 2mm，凹口弧度 0.48；修理后角度相对原边缘变钝，刃角 84°。

OKW ③ 41-3（图七九，2；彩版四五，2），原料为石英岩，表皮浅红色，内部红褐色，颗粒中等。毛坯为石片远端。保存较好，表面不见磨蚀和风化痕迹。形态为梯形，最大长、宽、厚分别为 41.8、22.5、10.8mm，重 9g。在石片右侧边采用锤击法正向加工。凹缺器刃口由一次打击形成。缺口宽 9.5、高 1.8mm，凹口弧度 0.38；修理后角度相对原边缘变钝，刃角 61°。

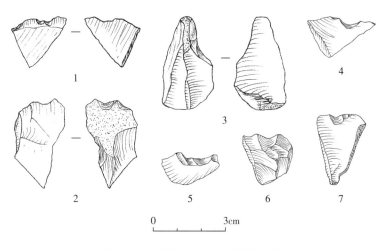

图七九　第③层出土石单凹缺器

1.OKW③43-12　2.OKW③41-3　3.OKW③15-2　4.11KW③268
5.13KW③333　6.13KW③253　7.13KW③583

OKW③15-2（图七九，3；彩版四五，3），原料为石英岩，表皮黄色，内部灰褐色，颗粒细腻，含隐性节理。毛坯为Ⅱ型石片。保存较好，表面不见磨蚀和风化痕迹。形态为长三角形，最大长、宽、厚分别为37.2、21.8、10.4mm，重8g。在石片右侧边采用锤击法正向加工。凹缺器刃口由多次打击形成，可见两层修疤，加工深度指数为0.59。缺口宽12.4、高2mm，凹口弧度0.32；修理后角度相对原边缘变钝，刃角69°。

11KW③268（图七九，4；彩版四五，4），原料为灰白色石英岩，颗粒较为细腻。毛坯为不确定类型石片。保存较好，表面不见磨蚀和风化痕迹。形态为长三角形，最大长、宽、厚分别为24.1、18.1、6.9mm，重1g。在毛坯的较薄边缘采用锤击法单向加工。凹缺器刃口由单次打击形成，修疤形态呈长扁平状。缺口宽9.4、高2mm，凹口弧度0.11；修理后角度相对原边缘变钝，刃角76°。

13KW③333（图七九，5），原料为青灰色石英岩，颗粒较为细腻，质地较好。毛坯为Ⅵ型石片。保存较好，表面不见磨蚀和风化痕迹。形态为半圆形，最大长、宽、厚分别为23.4、11.7、7mm，重1g。修理位置为石片台面和背面相交边缘，采用锤击法由台面向背面方向加工。凹缺器刃口由两次打击形成。缺口宽12.4、高3mm，凹口弧度0.48；修理后角度相对原边缘变锐，刃角82°。

13KW③253（图七九，6），原料为深红色石英岩，颗粒较为细腻，含隐性节理。毛坯为Ⅵ型石片，点状台面。保存较好，表面不见磨蚀和风化痕迹。形态近梯形，最大长、宽、厚分别为20、18.6、9mm，重3g。修理位置为石片右侧边缘，采用锤击法正向加工。凹缺器刃口由单次打击形成。缺口宽7.5、高5.6mm，凹口弧度0.15；修理后角度相对原边缘变锐，刃角66°。

13KW③583（图七九，7；彩版四五，5），原料为灰色石英岩，颗粒较为细腻，含隐性节理。毛坯为Ⅵ型石片。保存较好，表面不见磨蚀和风化痕迹。形态为长三角形，最大长、宽、厚分别为29、20.2、9.7mm，重4g。在毛坯较厚的边缘采用锤击法加工。凹缺器刃口由两次打击形成。缺口宽8.2、高1.7mm，凹口弧度0.41；修理后角度相对原边缘变锐，刃角77°。

（三）刮削器

12件，占工具数量的18%。原料以优质石英岩为主，比例为75%；其次为石英，有3件。毛坯以石片毛坯为主，有8件，比例为67%，其中又以完整石片为主，有6件，还有2件分别是中段和不确定类型石片；其次为断块，有3件；其他不确定毛坯类型的1件。尺寸个体差异很小，最大长、宽、厚分别为23.5~54.5、14.9~37.7、7.9~12.5mm，重3~23g，平均最大长、宽、厚为33.7、26.4、12.8mm，平均重12g。平均刃角68°。

从刃缘数量上看，以单刃刮削器为主，有 10 件，另外 2 件为双刃刮削器。

1. 单刃刮削器

10 件。按刃口形态来分，以单直刃为主，有 8 件，还有 2 件为单凸刃。以下标本均为单直刃刮削器。

OKW ③ 47-7（图八〇，1；彩版四六，1），原料为石英岩，表皮淡黄色，内部灰白色，颗粒中等，可见少量隐性节理。毛坯为 V 型石片，表面不见磨蚀和风化痕迹。形态为梯形，最大长、宽、厚分别为 54.5、37.7、12.5mm，重 20g。刃缘修理位置为石片左侧边，采用锤击法正向加工。刃缘加工较为精致，连续修理，呈鳞状；可见两层修疤，最后一层修疤小而密集；可见最大修疤长、宽分别为 10.3、15.4mm。加工长度指数为 0.73，加工深度指数为 0.36。修理后的刃缘基本平直，长 31.1mm；刃口较石片边缘角度变钝，刃角 63°。在石片的右侧边即刃缘的相对边可见两个修理疤痕，但角度很钝，为 89°。这种很钝的修疤很适于持握，是乌兰木伦遗址工具修理手握的证据。

OKW ③ 38-5（图八〇，2；彩版四六，3），原料为灰褐色石英岩，颗粒中等，可见少量隐性节理。毛坯为 V 型石片。保存较好，表面不见磨蚀和风化痕迹。形态不规则，最大长、宽、厚分别为 35.7、24.4、9.2mm，重 5g。刃缘修理位置为石片右侧边，采用锤击法正向加工。刃缘加工较为精致，连续修理，呈鳞状；可见一层修疤，修疤小而密集。整个右侧边均有修理，加工长度指数为 1；修疤短小，延伸不远，加工深度指数为 0.41。修理后的刃缘基本平直，长 29mm；刃口较石片边缘角度变钝，刃角 74°。

OKW ③ 25-3（图八〇，3；彩版四六，4），原料为红褐色石英岩，颗粒细腻。毛坯为 V 型石片。保存较好，表面不见磨蚀和风化痕迹。形态为长椭圆形，最大长、宽、厚分别为 25.1、14.9、7.9mm，重 3g。刃缘修理位置为石片左侧边，采用锤击法正向加工。刃缘加工较为精致，连续修理，呈鳞状；可见两层修疤，最后一层修疤较小；可见最大修疤长、宽分别为 6.6、8mm，最小修疤长、宽分别为 2.7、4.4mm。加工长度指数为 1，即对整个左侧边进行了加工；加工深度指数为 0.6，主要是第一层修疤延伸较远。修理后的刃缘基本平直，长 13.9mm；刃口较石片边缘角度变钝，刃角 65°。

OKW ③ 20-2（图八〇，4；彩版四六，2），原料为白色石英，颗粒较粗，含隐性节理。毛坯不确

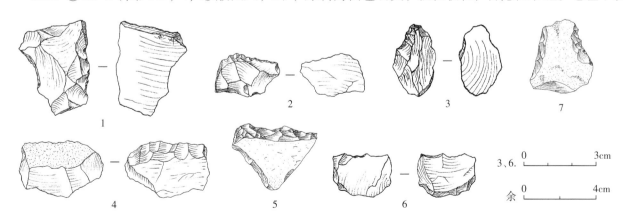

图八〇　第③层出土石刮削器

1~6. 单直刃刮削器（OKW ③ 47-7、OKW ③ 38-5、OKW ③ 25-3、OKW ③ 20-2、13KW ③ 509、OKW ③ 23-5）　7. 直凹刃刮削器（OKW ③ 31-1）

定，但器身可见较多石皮面。保存较好，表面不见磨蚀和风化痕迹。形态为长方形，最大长、宽、厚分别为 45.5、27.6、17.8mm，重 23g。刃缘修理位置为一个非常平整的砾石面与破裂面的相交边缘，采用锤击法由石皮面向破裂面方向加工。刃缘加工较为精致，连续修理，呈鳞状；可见两层修疤，修疤密集。修疤贯穿整个边缘，加工长度指数为 1；加工深度指数为 0.4。修理后的刃缘基本平直，长 39.5mm；刃口较原边缘角度变钝，刃角 69°。

OKW ③ 23-5（图八〇，6；彩版四六，5），原料为灰白色优质石英岩，颗粒较为细腻。毛坯为 Ⅵ 型石片。保存较好，表面不见磨蚀和风化痕迹。形态近长方形，最大长、宽、厚分别为 26.8、21.6、8.9mm，重 6g。刃缘修理位置为石片左侧边的一段，采用锤击法由破裂面向石皮面方向加工。刃缘加工较为简单，只见一层修疤。刃缘加工长度指数为 0.43；加工深度较浅，属于边缘修理。修理后的刃缘基本平直，长 10.6mm；刃口较原边缘角度变钝，刃角 74°。

13KW ③ 509（图八〇，5），原料为白色石英，颗粒较粗。毛坯为 Ⅴ 型石片，一面全部为石皮，一面为破裂面。保存较好，表面不见磨蚀和风化痕迹。形态为三角形，最大长、宽、厚分别为 40.8、29.3、13.4mm，重 16g。刃缘修理位置为石片较长边，采用锤击法由破裂面向石皮面方向加工。刃缘加工较为精致，连续修理，最多可见四层修疤，呈鳞状。修疤贯穿整个边缘，加工长度指数为 1；加工深度指数为 0.44。修理后的刃缘基本平直，长 31mm；刃口较原边缘变钝，刃角 66°。

2. 双刃刮削器

2 件。按刃口形态来分，均为直凹刃。

OKW ③ 31-1（图八〇，7；彩版四六，6），原料为青黑色石英岩，颗粒较为细腻，质地较好。毛坯为 Ⅳ 型石片。保存较好，表面不见磨蚀和风化痕迹。形态为梯形，最大长、宽、厚分别为 39.2、34.3、10.9mm，重 21g。刃缘修理位置为石片的两个侧边，采用锤击法正向加工。其中，左侧刃缘加工较为精致，连续修理，可见两层修疤，呈鳞状；加工长度指数为 0.81，加工深度指数为 0.16；修理后的刃缘基本平直，长 30.2mm；刃口形态指数为 0；刃口较原边缘角度变钝，刃角 79°。右侧边修理可见三层修疤，但修疤形态不清楚，整体呈鳞状；加工长度指数为 0.63，加工深度指数为 0.22；刃缘略凹，长 26.5mm；刃口形态指数为 –14；刃角 72°。

（四）石锥

4 件，占工具数量的 6%。原料主要为优质石英岩，有 3 件；还有燧石 1 件。毛坯有完整石片 3 件，不确定类型毛坯 1 件。尺寸个体差异相对较小，平均最大长、宽、厚为 31、26.1、14mm，平均重 12.5g。平均尖角 69°。

OKW ③ 24-3（图八一，1；彩版四七，1），原料为黄色石英岩，颗粒较细腻，含隐性节理。毛坯为 Ⅱ 型石片，但已无明显的石片特征。保存较好，表面不见磨蚀和风化痕迹。形态近梯形，最大长、宽、厚分别为 38.1、36.7、23mm，重 25g。加工位置为没有石皮的边缘，采用锤击法加工。左侧边只有一个较大的修理疤痕，长、宽分别为 17.1、24.7mm；右侧边可见两层修疤。修理后形成两个较为对称的缓肩。尖角 67°。

OKW ③ 7-3（图八一，2；彩版四七，2），原料为灰色燧石，细腻光滑。毛坯为 Ⅱ 型石片。

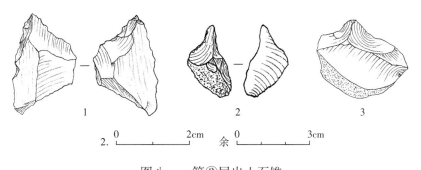

图八一　第③层出土石锥
1. OKW ③ 24-3　2. OKW ③ 7-3　3. 11KW ③ 262

表面磨蚀严重，但不见风化痕迹。形态为三角形，个体较小，最大长、宽、厚分别为 21.4、11.1、6.7mm，重 1g。加工位置为石片右侧边和远端，采用锤击法正向加工。修理后形成一个歪的缓肩。尖角 67°。

11KW ③ 262（图八一，3；彩版四七，3），原料为紫色石英岩，颗粒中等。毛坯为 Ⅱ 型石片。表面磨蚀严重，但不见风化痕迹。形态不规则，最大长、宽、厚分别为 34.1、28.3、13.8mm，重 13g。加工位置为石片右侧，采用锤击法正向加工；一侧进行两次打击，一侧进行一次大的打击，并形成两个缓肩。尖角 107°。

（五）尖状器

4 件，占工具数量的 6%。原料均为优质石英岩。毛坯有完整石片 2 件，远端 1 件，其他不确定毛坯类型 1 件。尺寸个体差异相对较小，平均最大长、宽、厚为 37.8、28.4、11.5mm，平均重 13.2g。平均尖角 86°。

OKW ③ 65-1（图八二，1），原料为乳白色石英岩，颗粒非常细腻，质量很好。毛坯为 Ⅴ 型石片。保存较好，表面不见磨蚀和风化痕迹。形态为长方形，最大长、宽、厚分别为 44.1、36、14.5mm，重 27g。在石片左侧和远端边缘采用锤击法正向加工，并相交形成尖状器尖部，不过尖部残缺。修理至少可见三层修疤，其中第一层修疤延伸较远，第三层修疤则主要集中在边缘附近，非常细碎；修疤连续，呈鳞状。有意思的是，这件标本的远端和左侧也都形成了短的尖刃。

OKW ③ 9-1（图八二，2；彩版四七，4），原料为乳白色石英岩，颗粒非常细腻，含隐性节理。毛坯为石片远端。保存较好，表

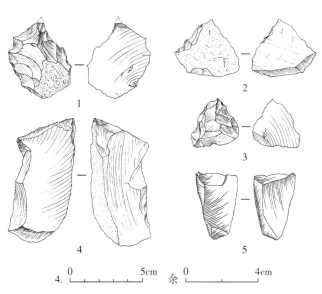

图八二　第③层出土石器
1~3. 尖状器（OKW ③ 65-1、OKW ③ 9-1、OKW ③ 21-2）
4、5. 雕刻器（OKW ③ 44-2、11KW ③ 288）

面不见磨蚀和风化痕迹。形态为三角形，最大长、宽、厚分别为 38.8、32.5、7.6mm，重 8g。在石片左、右侧边采用锤击法错向加工，并相交形成尖状器尖部。左侧边修理采用正向加工，可见两层修疤，第一层修疤含两个较大的修理阴疤，第二层则为两个极小的阴疤；这些修疤构成左侧边的锯齿状边缘；可见最大修疤长、宽分别为 6.9、7.7mm。右侧边修理采用反向加工，可见一层修疤，修疤均很小，并且非常细碎。两侧边修理长度都达到了整个侧边的长度，加工长度指数为 1。修理后尖角为 78°。

OKW ③ 21-2（图八二，3；彩版四七，5），原料为乳白色石英岩，颗粒细腻，含较多隐性节理。毛坯为Ⅵ型石片。保存较好，表面不见磨蚀和风化痕迹。形态为三角形，最大长、宽、厚分别为 27.9、25.1、14.3mm，重 8g。在石片左、右侧边和远端边缘采用锤击法正向加工。远端和右侧边缘均可见两层修疤，其中第一层修疤延伸较远，第二层修疤则主要集中在边缘附近；修疤连续，呈鳞状；可见最大修疤长、宽分别为 5、8.9mm。左侧边有三个修理片疤，但非常小且不连续。远端边缘和右侧边相交形成尖状器尖部。尖角 81°。

（六）雕刻器

2 件。原料全部为优质石英岩。

OKW ③ 44-2（图八二，4；彩版四七，6），原料为白黄相间的石英岩。毛坯为Ⅴ型石片，远端背向卷；背面右侧为石皮，左侧为阴疤。最大长、宽、厚分别为 81.7、38、13.4mm，重 27g。加工位置为石片台面和右侧边相交的角。先是在石片台面打击两次形成一个破裂面，长 11.2mm；再以该破裂面为台面向石片右侧边打击一次，形成破裂面，长 17mm。两者相交构成雕刻器刃口，刃口长 3.4mm；刃角 74°。

11KW ③ 288（图八二，5；彩版四七，7），原料为青褐色石英岩，颗粒细腻，质地较好。毛坯为断块，一个边全部为石皮。最大长、宽、厚分别为 38.8、25.6、11mm，重 12g。加工位置为石皮边相对的两个边。先是在较长的边上打击一次形成一个破裂面，长 18.6mm；再在相交边从后侧打击一次，形成破裂面，长 12.7mm。两者相交构成雕刻器斜向刃口，刃口长 10.5mm；刃角 67°。

五、碎片

4 件。原料均为石英岩，其中优质者 3 件，中等者 1 件。平均最大长、宽、厚为 9.2、7.2、2mm，平均重 0.6g。在这些碎片中，有 2 件标本可以看到石片特征，为右裂片。

这些标本均保存较好，不见任何磨蚀和风化现象。

11KW ③ 476，观察不到石片特征。原料为灰色石英岩，颗粒较为细腻。形态不规则，最大长、宽、厚分别为 8.1、7.4、3.2mm，重约 0.7g。

12KW ③ 309，观察不到石片特征。原料为黄色石英岩，颗粒细腻。形态不规则，最大长、宽、厚分别为 9.7、7.7、1.6mm，重 0.8g。

12KW ③ 306，可辨认为右裂片。原料为浅黄色石英岩，颗粒较为细腻。形态近半圆形，最大长、宽、厚分别为 9.5、5.4、1.4mm，重约 0.6g。可见放射线和残缺的半锥体。

13KW③488，可辨认为右裂片。原料为灰色石英岩，颗粒较为细腻。形态近三角形，最大长、宽、厚分别为9.6、8.6、1.9mm，重0.5g。可见半锥体和放射线。

六、废片

55件。原料均为石英岩，其中优质者52件，比例为95%，中等者2件，差等者1件。尺寸个体差异较大，但总的来看以小型为主，最大长、宽、厚分别为10.2~49.5、5.1~20.6、2.5~13.1mm，重0.3~9g，平均最大长、宽、厚为20.2、12.2、5.7mm，平均重1.5g。

OKW③9-4，原料为浅黄色石英岩，颗粒较大。保存较好，表面不见磨蚀和风化痕迹。形态为椭圆形，最大长、宽、厚分别为24.3、17.1、7.9mm，重2g。

OKW③6-5，原料为优质石英岩，颗粒细腻，质地较好。保存较好，表面不见磨蚀和风化痕迹。形态不规则，最大长、宽、厚分别为23.9、8.7、4.8mm，重1g。

OKW③23-6，原料为灰白色石英岩，颗粒较为细腻。保存较好，表面不见磨蚀和风化痕迹。形态近长方形，最大长、宽、厚分别为27.7、13.4、5.3mm，重1g。

11KW③411，原料为浅黄色石英岩，颗粒较为细腻。保存较好，表面不见磨蚀和风化痕迹。形态为三角形，最大长、宽、厚分别为19.4、12.4、7.1mm，重1g。

13KW③258，原料为白色石英岩，颗粒细腻。保存较好，表面不见磨蚀和风化痕迹。形态为长条形，最大长、宽、厚分别为20.4、5.1、2.8mm，重0.5g。

13KW③217，原料为黄褐色石英岩，颗粒细腻，含隐性节理。保存较好，表面不见磨蚀和风化痕迹。形态为三角形，最大长、宽、厚分别为17.5、13.8、5.1mm，重0.8g。

13KW③385，原料为杂色石英岩，颗粒混杂，质地较差。保存较好，表面不见磨蚀和风化痕迹。形态为半圆形，最大长、宽、厚分别为32.2、20.1、10mm，重4g。

七、断块

20件。原料主要为石英岩，共12件，比例为60%，其中优质者18件，中等者1件，差等者1件；石英7件，片麻岩1件。尺寸个体差异较小，最大长、宽、厚分别为14.1~46.6、6.5~46.5、4.2~25.2mm，重1~38g，平均最大长、宽、厚为29.6、20.6、13.7mm，平均重10g。

OKW③37-2，原料为石英，表皮黄色，内部白色，颗粒较大。保存较好，表面不见磨蚀和风化痕迹。形态为三角形，最大长、宽、厚分别为41.9、27.6、18mm，重16g。

OKW③11-1，原料为黄白相间的石英岩，颗粒细腻。保存较好，表面不见磨蚀和风化痕迹。形态不规则，最大长、宽、厚分别为43.8、24.4、16.5mm，重5g。

OKW③12-2，原料为黄白相间的石英岩，颗粒细腻。保存较好，表面不见磨蚀和风化痕迹。形态不规则，最大长、宽、厚分别为44.4、22、14.3mm，重5g。

OKW③2-1，原料为灰黄色石英，颗粒很粗。保存较好，表面不见磨蚀和风化痕迹。形态为三角形，最大长、宽、厚分别为36.1、32.5、17.2mm，重24g。

OKW③25-2，原料为浅白色石英岩，颗粒细腻，含节理。保存较好，表面不见磨蚀和风化痕迹。

形态为三角形，最大长、宽、厚分别为 25.6、19.7、13.1mm，重 5g。

OKW③ 30-3，原料为浅白色石英岩，颗粒中等，含节理。保存较好，表面不见磨蚀和风化痕迹。形态不规则，最大长、宽、厚分别为 27.2、20.1、17.2mm，重 5g。

OKW③ 43-15，原料为白色石英，颗粒较粗，含节理。保存较好，表面不见磨蚀和风化痕迹。形态不规则，最大长、宽、厚分别为 43.8、26.9、15.7mm，重 17g。

OKW③ 23-2，原料为黄色石英岩，颗粒较为细腻。保存较好，表面不见磨蚀和风化痕迹。形态为三角形，最大长、宽、厚分别为 30.3、20.2、14.2mm，重 16g。

OKW③ 47-5，原料为黄红色石英岩，颗粒较粗，质量很差。保存较好，表面不见磨蚀和风化痕迹。形态为正方形，最大长、宽、厚分别为 27.4、26.8、13.6mm，重 15g。

13KW③ 182，原料为白色石英，颗粒较粗，含很多节理。保存较好，表面不见磨蚀和风化痕迹。形态不规则，最大长、宽、厚分别为 26.3、18.6、11.6mm，重 6g。

13KW③ 508，原料为白色石英岩，颗粒较粗。保存较好，表面不见磨蚀和风化痕迹。最大长、宽、厚分别为 33.8、21.6、12.3mm，重 6g。

八、备料

2 件。

13KW③ 332，原料为黄色石英岩，颗粒细腻。保存较好，表面不见风化痕迹。形态为椭圆形，最大长、宽、厚分别为 35.7、28.8、21.1mm，重 31g。一端有一个破裂面，并形成一个直角形的台阶。表面不见钙斑。

13KW③ 251，原料为灰褐色石英岩，颗粒较为细腻。保存较好，表面不见风化痕迹。形态近条状，最大长、宽、厚分别为 39.8、24.4、11.6mm，重 19g。表面不见钙斑。

第六节　第④层石制品

在乌兰木伦遗址 2010~2013 年五次发掘中，第④层共发现石制品 320 件。其中，包括石锤 2 件、石核 14 件、石片 172 件、工具 66 件、碎片 8 件、废片 38 件、断块 19 件、备料 1 件（表一七）。

表一七　第④层石制品分类统计表

类型	石锤	石核	石片	工具	碎片	废片	断块	备料	合计
数量 N	2	14	172	66	8	38	19	1	320
比例 %	0.7	4	54	21	3	12	6	0.3	100

一、石锤

2 件，占第④层发现石制品总数的 0.7%。

OKW④ 14-1（图八三，1；彩版四八，1），原料为黄色石英岩，表皮非常光滑。形态为长椭圆形，最大长、宽、厚分别为 57.5、47.2、25.9mm，重 95g。在该石锤上有七个密集分布的破损痕迹区域，主要分布在砾石的一端。

OKW ④ 10-1（图八三，2；彩版四八，2），原料为深黄色石英岩，表皮较为光滑。形态近圆形，最大长、宽、厚分别为 38.1、37.5、29.1mm，重59g。在该石锤上有三个较为密集分布的破损痕迹区域。

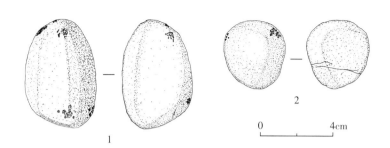

图八三　第④层出土石锤
1. OKW ④ 14-1　2. OKW ④ 10-1

二、石核

14 件，占第④层发现石制品总数的 4%。原料以优质石英岩为主，共 11 件，比例为 79%；此外还有石英和燧石，分别有 1 和 2 件。初始毛坯以砾石为主，共 10 件，占 71%；其次为石片，有 2 件；此外还有 2 件不确定毛坯类型。尺寸个体差异较大，最大长、宽、厚分别为 32.6~148.8、16.8~58.8、16.2~81.6mm，重 11~350g，平均长、宽、厚为 59.4、38.5、37.5mm，平均重 102.4g。

按台面数量和剥片技术进行分类，单台面石核 3 件，占石核比例为 21%；双台面石核 5 件，占36%；多台面石核 4 件，占 29%；石片石核 2 件，占 14%。按台面类型进行分类，自然台面 5 件，占36%；破裂面台面 4 件，占 29%；混合台面 5 件，占 36%。对所有台面角进行测量显示，台面角大部分在 90° 以下，有 9 件，表明石核仍具备继续剥片的角度；有 3 件石核其中有一个台面的台面角大于100°，表明已难以继续剥片，但有 2 件转移了剥片台面。从能够较好观察到石核剥片疤的石核来看，剥片疤数量均在 3 个以上，其中多于 5 个的有 6 件，占 43%，表明该层发现的石核具有较高的剥片程度。石核的剥片程度还可以从石核剥片范围体现出来，剥片面积占石核面积 50% 以上的石核有 8 件，占57%，其中有 1 件石核是周身全部剥片；剥片范围最低者也达到了 30%。从可观察测量的剥片疤长宽比来看，剥片疤以宽型为主，占 91%。

这些石核中有 3 件采用了砸击开料的剥片技术。

石核保存较好，都没有经历过后期的磨蚀和风化。

（一）单台面石核

3 件。原料均为优质石英岩。剥片程度不高，最多可见 5 个剥片疤，且大部分剥片疤较小。

（二）双台面石核

5 件。原料以优质石英岩为主，有 4 件；石英 1 件。以自然台面为主，共 3 件；还有 2 件混合台面。最大长、宽、厚分别为 32.6~62.4、26.4~54.4、16.8~49.6mm，重 15~156g。石核的剥片范围都在 30%以上。

OKW ④ 55-1（图八四，1；彩版四八，5），原料为朱红和灰褐色混杂的石英岩，颗粒中等，含少量内部节理。毛坯为砾石。保存较好，表面不见任何磨蚀和风化痕迹。最大长、宽、厚分别为 51.4、38.9、26.9mm，重 64g。首次剥片以砾石一个磨蚀严重的早期剥片阴疤为台面，该台面略凹，长、宽分别为 16.8、39.2mm，台面角 111°；在剥片面上可见到两个较大的剥片阴疤，这也是较早剥下的石片疤。之后又有多次打击，但打下的石片都不理想，并且形成了现在可见的大的剥片角度，遂放弃。第二次剥片则以第一次剥片剥下的第一个阴疤为台面，并成功剥下了两个石片疤。再次剥片的台面长、宽分别为 28.2、42.7mm，台面角 82°，该角度仍适合进一步剥片。剥片面可见最大剥片疤长、宽分别为 30.4、30.1mm。另外，在石核残存的石皮面上可见到密集的破损痕迹，可能在石核剥片之前还当石锤使用。

OKW ④ 45-1（图八四，2；彩版四八，4），原料为石英岩，表皮黄红色，内部乳白色，质地较为细腻，但可见到一些裂痕。毛坯为砾石。保存较好，表面不见磨蚀和风化痕迹。形态不规则，最大长、宽、厚分别为 60.5、51.2、49.6mm，重 156g。在砾石的较宽段以较平的自然石皮面为台面进行首次剥片，长、宽分别为 38.1、51.6mm，台面角 98°；在剥片面上可见两层共五个剥片阴疤，早期的剥片疤较大，晚期的因原料内部节理而延展性不好，最大剥片疤长、宽分别为 19.2、19.4mm。再次剥片的台面选择在前一次剥片的剥片面，而以前一次剥片的台面为剥片面，长、宽分别为 12.9、39.5mm，台面角 105°；在剥片面上可见两个剥片疤；最后一个剥片疤折断。值得注意的是，在该石核的较小端有密集分布的破损痕迹，并且掉下了一个凸面阴疤，这是被当作石锤使用造成的。

OKW ④ 36-1（图八四，3；彩版四八，3），原料为灰褐色石英岩，颗粒中等，有少量隐性节

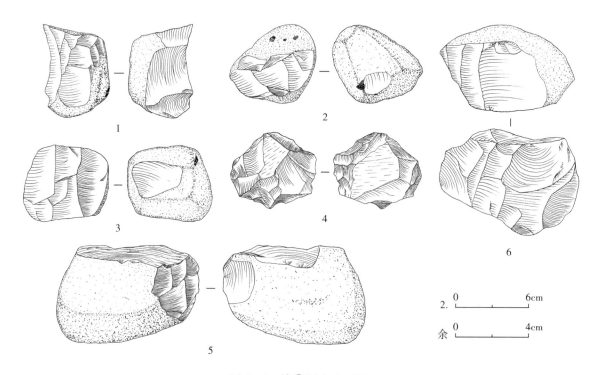

图八四　第④层出土石核

1~3.双台面石核（OKW ④ 55-1、OKW ④ 45-1、OKW ④ 36-1）　4~6.多台面石核（OKW ④ 3-1、OKW ④ 4-1、OKW ④ 12-1）

理。毛坯为砾石。保存较好，表面不见磨蚀和风化痕迹。形态不规则，最大长、宽、厚分别为49.9、38.9、37.7mm，重91g。两次剥片没有交集。其中一次剥片以较平的砾石面为台面，长、宽分别为16.7、19.7mm，台面角78°；在该剥片面上至少可见到六个剥片阴疤，最大剥片疤长、宽分别为37.8、23.4mm，最小剥片疤长、宽分别为22.4、18.5mm。另一次剥片则选择了另一个相对较小的砾石面为台面，长、宽分别为19.7、25.6mm，台面角89°；在剥片面上仅见一个剥片阴疤，长、宽分别为31.1、22.7mm。

（三）多台面石核

4件。原料有优质石英岩和燧石各2件。

OKW ④ 4-1（图八四，5；彩版四九，1），原料为石英岩，表皮深黄色，内部灰褐色，颗粒较为细腻，含一定数量的隐性节理，表面有很多钙质结核。毛坯为方形砾石。保存较好，表面不见磨蚀和风化痕迹。最大长、宽、厚分别为80.3、58.8、81.6mm，重350g。该石核非常清楚的展示了古人类采用砸击开料的剥片方法。共有五个台面。首次剥片台面选择的是砾石毛坯的一个较大凸面，该台面现保留长、宽分别为78.4、53.5mm；采用砸击法首先对砾石进行开料，但是失败了，并在石核上残留了一个角度非常大的剥片阴面，角度接近170°；而且该次砸击开料过程打击了多次，并且在阴面形成了两个凸出的锥疤。在剥片者意识到在凸面砸击失败的情况下，将砸击面转移到相对的平面上，并经过多次打击成功将砾石一分为二。开料完成后，剥片者选择以破裂面相对的石皮面为台面进行剥片，长、宽分别为64.6、37.5mm，台面角114°，该角度已不适合进行进一步剥片；残留一个剥片阴疤，只可见到打击点。该次剥片在一定程度上是一次失败的剥片，但可能是为了创造一个好的剥片条件，即好的剥片面。第四次剥片以砸击开料后形成的破裂面为台面，长、宽分别为62.8、47.9mm，台面角93°；该次剥片在剥片面上至少可见到五个以上的阴疤，最大剥片疤长、宽分别为21.1、16.4mm。在缺失了较好的剥片角度后，剥片者再一次转换台面，以上一次的剥片面为台面进行剥片，长、宽分别为45.6、42.9mm，台面角94°；并成功地剥下了一件石片，长、宽分别为19.2、24.2mm。该石核的废弃主要是已经没有较好的剥片条件，特别是好的剥片角度。在石核剥片面相对的一端可见到密集的破损阴疤，可能在石核剥片之前还当作石锤使用。

OKW ④ 3-1（图八四，4；彩版四九，3），原料为浅黄色石英岩，颗粒较为细腻，节理较多。保存较好，无磨蚀和风化痕迹。个体中等，最大长、宽、厚分别为52.9、38、30.3mm，重78g。周身旋转剥片，台面和剥片面交互使用。剥片后已不见任何石皮面。各台面角89°~115°，这样的角度范围表明石核已经不具备进一步剥片的合理角度。一个残留的鼓凸面犹如石片的腹面，有明显的两个打击点和两个半锥体，这表明该石核在剥片之前采用了砸击开料的方法，而这件石核毛坯应该属于砸击开料后的具有石片特征的部分。

OKW ④ 12-1（图八四，6；彩版四九，2），原料为燧石，表皮红褐色，内部灰白色和红褐色相间，局部颗粒非常细腻，节理较多。毛坯为砾石。保存较好，表面不见磨蚀和风化痕迹。个体较大，最大长、宽、厚分别为74.2、55.7、47.3mm，重240g。该石核非常清楚的展示了古人类采用砸击开料的剥片方法。共有三个台面。首次剥片以砾石的一个凸面为台面采用砸击法进行开料，从残存的多个打击点和半锥体来看，开料过程进行了多次打击，最后形成了一个较平的带有石片腹面性质的破裂面。进一步的剥片以砸击开料产生的破裂面为台面进行剥片，长、宽分别为 37.8、65.2mm，台面角 87°；目前可见两个剥片阴疤，其中一个阴疤较大，长、宽分别为 35.9、36.7mm。从砾石毛坯的形态大小看，该剥片面显然进行了多次剥片，并不只有这两个剥片阴疤。还有一次剥片是以与砸击开料产生的破裂面相对自然平整石皮面为台面在上一次的剥片面上进行剥片，长、宽分别为 39.8、62.4mm，台面角 101°；可见一个剥片阴疤，但因原料内部节理而并不是很成功。在石核残留的石皮面上还可见到一些打击痕迹，可见进行了多次剥片尝试。该石核最后的废弃，可能是因为原料节理多、韧性大，不太适合剥片。

（四）石片石核

2 件。原料均为优质石英岩。

OKW ④ 1-3，原料为石英岩，表皮黄色，内部灰白色，颗粒较为细腻。毛坯为较大的石片。表面不见磨蚀和风化痕迹。最大长、宽、厚分别为 148.8、28.6、16.9mm，重 350g。以石片的腹面为台面在其远端和右侧边进行剥片。可见一层共四个剥片疤。

OKW ④ 44-1，原料为石英岩，表皮黄色，内部白色，颗粒较为细腻。毛坯为石片。表面不见磨蚀和风化痕迹。最大长、宽、厚分别为 29.7、20.9、20.9mm，重 11g。以石片的腹面为台面在其右侧边进行剥片。可见一层共四个剥片疤。

三、石片

172 件，占第④层发现石制品总数的 54%。原料主要有 3 种，以石英岩为主，共 159 件，占石片总数的 92%。其中，又以优质石英岩为主，有 151 件，占 88%；中等石英岩 7 件，占 4%；差等石英岩 1 件。此外，还有石英 12 件，占 7%；玛瑙 1 件（图八五）。尺寸个体差异较大，最大长、宽、厚分别为 10.6~71.9、8.8~51.2、2.4~19.2mm，重 0.8~65g，平均长、宽、厚为 27.6、19.7、8.1mm，平均重 5.7g。这一方面与石核尺寸的个体差异有关，大的石核相对来说能够得到大的石片，小的石核则相反；另一方面也与石片本身的属性有关，有些小型石片可能不是剥片者预先想要的，而是剥片过程中自然掉落的，也有一些小型石片可能是修理工具产生的修理石片。总的来看，石片以微型和小型为主，中型较少，没有大型标本（图八六）。

石片可分为完整石片和非完整石片两种。其中，完整石片和非完整石片各有 86 件，均占石片总数的 50%。完整石片按 Toth 的六型石片分类法，可知人工台面石片占主要成分，共 49 件，占石片总数的 28%；其中又以Ⅵ型石片为主，有 30 件，占 17%。自然台面石片共 37 件，占

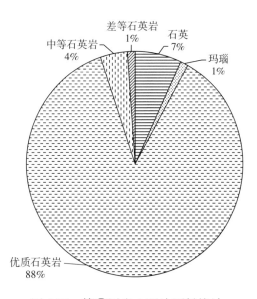

图八五　第④层出土石片原料统计

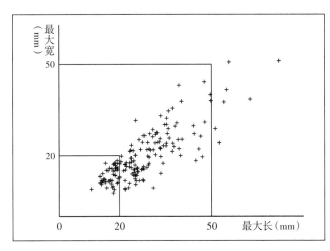

图八六　第④层出土石片最大长、宽分布

表一八　第④层出土石片类型统计表

类型	数量 N	比例 %
完整石片	86	50
Ⅰ型石片	4	2
Ⅱ型石片	18	10
Ⅲ型石片	15	9
Ⅴ型石片	19	11
Ⅵ型石片	30	17
非完整石片	86	50
左裂片	33	19
右裂片	32	19
近端	10	6
远端	8	5
中段	3	2

22%。在所有的六型石片中，Ⅰ型石片数量最少，Ⅳ型石片没有。非完整石片以左裂片和右裂片为主，分别有 33 件和 32 件，比例均为 19%；中段最少，仅有 3 件，比例为 2%（表一八）。

在石片类型中，还有少量特殊石片，有双锥石片 4 件。

从破裂面台面石片来看，大多数石片的台面只有 1 个剥片阴疤，即一个素台面，但也有极少量石片的台面是由 2 个及以上阴疤构成的，共 4 件。其中，有 2 个和 3 个阴疤的各 2 件。

完整石片中，总的来看以长型石片为主，即石片技术长大于技术宽的有 30 件，占完整石片的 35%。石片台面长大于宽的石片有 2 件，即石片的厚度要大于石片的宽度，可见这些石片以薄型为主。能测量石片台面角的 85 件石片，台面内角大于 90° 的有 70 件，比例为 82%，这表明大部分石片在从石核剥离之后，石核仍有较好的剥片角度；台面外角小于 90° 的也有 70 件，说明了同样的问题。完整石片和近端中有 93 件可以明显观察到打击点，占石片总数的 54%。有 48 件石片的半锥体较为凸出，比例为 28%。有 13 件石片可以观察到锥疤，比例为 8%。所有石片中有 115 件放射线很清楚，比例为 67%。有 68 件石片可见到较为清楚的同心波，比例为 40%。完整石片和远端中末端形态以羽状为主，有 62 件，占 36%；其次为台阶状，有 25 件，比例为 15%；再次为背向卷和腹向卷，分别有 4 和 3 件。除很小的石片不易观察石片腹面曲度外，可观察的石片腹面曲度以平为主，有 71 件；其次为凸，有 12 件；腹面凹的最少，仅 4 件。可观察石片背面疤的石片，只有 1 个阴疤的有 17 件；有 2 个阴疤的有 62 件；有 3 个及以上阴疤的有 34 件。背面疤层数大多数只有 1 层，有 76 件；仅有 9 件石片可观察到 2 层背面阴疤。

这些石片均保存较好，都没有经历过后期的磨蚀和风化。

（一）完整石片

86 件，占石片总数的 50%。

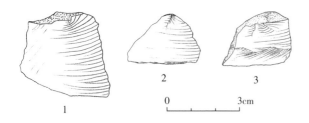

图八七　第④层出土 I 型石片

1. OKW ④ 15-2　2. 11KW ④ 896　3. 11KW ④ 1021

1. I 型石片

4件。原料主要为优质石英岩，共3件；石英1件。

OKW ④ 15-2（图八七，1），原料为黄色石英岩，内部颗粒中等，表皮因磨蚀十分光滑，有少量内部节理。保存较好，表面不见磨蚀和风化痕迹。形态为梯形，技术尺寸与最大尺寸相反，技术长、宽分别为34.7、35.9mm，厚10.7mm，重10g。自然台面，长、宽分别为9.2、24.2mm；台面内角96°，台面外角84°。腹面较平，打击点、半锥体、放射线、同心波明显，锥疤不见；末端台阶状。

11KW ④ 896（图八七，2），原料为黄色石英岩，颗粒细腻。保存较好，表面不见磨蚀和风化痕迹。形态为三角形，技术尺寸与最大尺寸相反，技术长、宽分别为19.8、29.1mm，厚4.8mm，重1g。自然台面，长、宽分别为3.5、8.1mm；台面内角87°，台面外角102°。腹面微凸，打击点集中，半锥体凸出，放射线明显，同心波也较为清楚；侧边反汇聚，末端羽状。

11KW ④ 1021（图八七，3），原料为黑色石英岩，颗粒较为细腻，质地较好。保存较好，表面不见磨蚀和风化痕迹。形态近梯形，技术尺寸与最大尺寸相反，技术长、宽分别为21.8、29.9mm，厚13.4mm，重8g。自然台面，长、宽分别为8、19.4mm；台面内角119°，台面外角62°。腹面凸，打击点集中，半锥体凸出，放射线清楚，不见锥疤和同心波等技术特征；侧边准平行，末端羽状。

2. II 型石片

18件。原料主要为优质石英岩，共16件；石英2件。尺寸个体差异不大，最大长、宽、厚分别为18~47.8、8.7~31、6.4~17mm，重1~23g。台面内角有12件在90°以上。有13件背面疤数量在2个以上。石片腹面均能观察到打击点，有7件石片的半锥体较为凸出，有1件石片的锥疤较为明显，所有石片的放射线清楚，有7件石片可观察到同心波，此外还有1件为凸；末端形态以羽状为主，其次为台阶状。腹面曲度以平为主，有14件，其次为凹，为3件，此外还有1件为凸。

OKW ④ 51-1（图八八，1），原料为黄色石英岩，颗粒中等，含隐性节理。保存较好，表面不

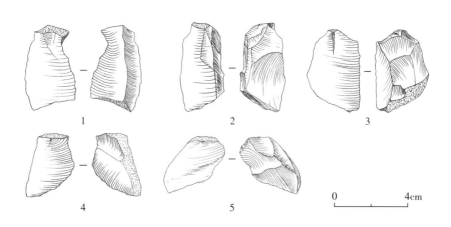

图八八　第④层出土 II 型石片

1. OKW ④ 51-1　2. OKW ④ 24-1　3. OKW ④ 59-9　4. OKW ④ 39-1　5. 11KW ④ 1044

见磨蚀和风化痕迹。形态为长方形，技术尺寸与最大尺寸一致，技术长、宽分别为 39.4、22.3mm，厚 6.9mm，重 14g。自然台面，较平整，长、宽分别为 7、15mm；台面内角 108°，台面外角 69°。腹面平，打击点、放射线清楚，不见锥疤、半锥体和同心波；边缘准平行，末端台阶状。背面凸，有一条纵向的脊；石皮比例 10%，主要分布在末端；可见两个向左和向下的阴疤。

OKW ④ 24-1（图八八，2），原料为石英岩，表皮黄色，内部乳白色，含隐性节理。保存较好，表面不见磨蚀和风化痕迹。形态近长方形，技术尺寸与最大尺寸相同，技术长、宽分别为 46.5、26.4mm，厚 10.4mm，重 13g。自然台面，长、宽分别为 7.2、12.5mm；台面内角 95°，台面外角 76°。腹面不平整，打击点、半锥体、放射线清楚，并形成了一个大的长三角状锥疤，同心波不见；边缘准平行，末端羽状。背面较平，可见两个方向分别为向下和向右的阴疤；石皮只分布在局部，比例约 20%。

OKW ④ 59-9（图八八，3），原料为石英岩，表皮黄色，内部黑色，颗粒较为细腻，含少量隐性节理。保存较好，表面不见磨蚀和风化痕迹。形态为菱形，技术尺寸与最大尺寸一致，技术长、宽分别为 44.1、29.8mm，厚 14.8mm，重 16g。自然台面，呈帽子状，长、宽分别为 3.3、5.6mm；台面内角 105°，台面外角 89°。腹面靠近台面处呈竖状凸起，打击点、半锥体、锥疤、放射线均可见，同心波不清楚；边缘汇聚，末端羽状。背面略凹，保留石皮面很少，约 20%，可见五个阴疤，分别来自多个不同方向。

OKW ④ 39-1（图八八，4），原料为黄褐色石英岩，颗粒细腻，在褐色部分含隐性节理。保存较好，表面不见磨蚀和风化痕迹。形态为梯形，技术尺寸与最大尺寸一致，技术长、宽分别为 37.7、23mm，厚 9mm，重 6g。自然台面，长、宽分别为 8、17.3mm；台面内角 104°，台面外角 76°。腹面略凸，打击点、半锥体、放射线明显，锥疤和同心波不见；边缘准平行，末端羽状。背面微凸，保留石皮面积约 40%；可见两个大的石片阴疤，方向向左。

11KW ④ 1044（图八八，5），原料为石英岩，表皮黄色，内部乳灰色。保存较好，表面不见磨蚀和风化痕迹。形态近椭圆形，技术尺寸与最大尺寸相反，技术长、宽分别为 30.2、34.6mm，厚 11.7mm，重 6g。自然台面，长、宽分别为 7.1、14.7mm；台面内角 106°，台面外角 61°。腹面微凸，打击点集中，半锥体凸出，放射线清楚；边缘准平行，其中左侧边为石皮面，末端羽状。背面微凸，石皮比例约 30%；可见来自上、下方向的阴疤。

3. Ⅲ型石片

15 件。原料主要为优质石英岩，共 14 件；石英 1 件。尺寸个体差异相对较小，最大长、宽、厚分别为 14.3~54.9、11.5~41.7、4.7~17.7mm，重 1~37g，平均最大长、宽、厚为 21.7、21.2、7.1mm，平均重 6g。台面内角有 13 件在 90° 以上，表明大部分石片在剥离石核后还有较好的剥片角度。有 12 件背面疤数量在 2 个以上。所有石片的腹面能观察到打击点，有 6 件石片的半锥体较为凸出，有 2 件石片可观察到明显锥疤，大多数石片的放射线都很清楚，有 8 件石片可观察到同心波；末端形态以台阶状为主，有 8 件，其次为羽状，有 6 件，此外还有腹向卷 1 件。腹面曲度以平为主，有 14 件，其次为凸，有 1 件。

OKW ④ 21-4（图八九，1），原料为灰白色石英，颗粒粗大，节理较多。保存较好，表面不见

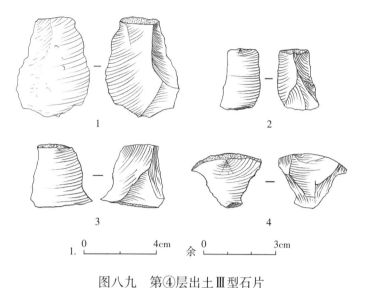

图八九　第④层出土Ⅲ型石片

1. OKW④21-4　2. OKW④57-8　3. OKW④3-3　4. OKW④13-2

磨蚀和风化痕迹。形态为梨形，技术尺寸与最大尺寸相同，技术长、宽分别为54.9、41.7mm，厚17.7mm，重37g。石皮台面，长、宽分别为11.1、21.9mm；台面内角87°，台面外角106°。腹面不平整，打击点清楚，不见半锥体、锥疤、放射线和同心波等技术特征。背面竖凸，隐约可见两个剥片阴疤，分别为左、右方向。

OKW④57-8（图八九，2），原料为黄褐色石英岩，颗粒较为细腻，含隐性节理。保存较好，表面不见磨蚀和风化痕迹。形态为长方形，技术尺寸与最大尺寸一致，技术长、宽分别为24.6、14.5mm，厚7.5mm，重2g。石皮台面，但在左侧有约10%的破裂面，较为平整，长、宽分别为8.5、12.6mm；台面内角88°，台面外角84°。腹面平，打击点、放射线清楚，半锥体、锥疤、同心波均不见；边缘准平行，末端背向卷。背面凸，有一条纵向脊，可见三个左右方向的阴疤。

OKW④3-3（图八九，3），原料为黄色石英岩，颗粒较为细腻，含少量隐性节理。保存较好，表面不见磨蚀和风化痕迹。形态为梯形，技术尺寸与最大尺寸相反，技术长、宽分别为25.3、26.2mm，厚6.5mm，重4g。自然台面，非常平整，长、宽分别为4.2、15.6mm；台面内角102°，台面外角87°。腹面较平，打击点清楚，半锥体、放射线、锥疤、同心波均不见；边缘准平行，末端台阶状。背面凸，可见三个不同方向的阴疤。

OKW④13-2（图八九，4），原料为灰色石英岩，颗粒较为细腻。保存较好，表面不见磨蚀和风化痕迹。形态为三角形，技术尺寸与最大尺寸相反，技术长、宽分别为22、28.8mm，厚5.5mm，重3g。自然台面，呈弧形，长、宽分别为5.3、28.6mm；台面内角98°，台面外角76°。腹面较平，打击点清楚，半锥体浅平，放射线可见，锥疤、同心波不见；边缘汇聚，末端台阶状。背面不平整，其中一个较大阴疤方向与石片方向相同。

4. V型石片

19件。原料主要为优质石英岩，共18件；石英1件。尺寸个体差异较大，最大长、宽、厚分别为15.1~71.9、11.5~51.2、4.3~19.2mm，重1~65g，平均最大长、宽、厚为32.6、25.9、10.2mm，平均重12.8g。台面内角有9件在90°以上。有14件背面疤数量在2个以上，其中有1件背面疤数量在5个以上。有17件石片的腹面能观察到打击点，其中有1件石片腹面有两个打击点，即属于双锥石片；有13件石片的半锥体较为凸出，有3件石片可观察到明显锥疤，绝大部分石片的放射线清楚，有8件石片可观察到同心波；末端形态以羽状为主，有16件，其次为台阶状，有2件，此外还有背向卷1件。腹面曲度以平为主，有13件，其次为凸，有5件，凹者最少，为1件。

OKW ④ 7-2（图九〇，1），原料为黄色石英岩，颗粒细腻，含隐性节理。保存较好，表面不见磨蚀和风化痕迹。形态为长方形，技术尺寸与最大尺寸相同，技术长、宽分别为35.1、23.2mm，厚11.7mm，重17g。破裂面台面，台面可见两个剥片疤，较为平整，长、宽分别为1.3、9.1mm；台面内角91°，台面外角80°。腹面较平，打击点、半锥体、放射线清楚，锥疤、同心波不见；侧边准平行，远端羽状。背面凸，石皮比例60%；在石片右侧和下部有两个阴疤，方向分别为向下和向上。

OKW ④ 6-2（图九〇，2），原料为黄色石英岩，颗粒较为细腻，含少量隐性节理。保存较好，表面不见磨蚀和风化痕迹。形态为圆形，技术尺寸与最大尺寸相同，技术长、宽分别为37.2、35.6mm，厚11mm，重15g。破裂面台面，可见多个破损疤痕，由这些疤痕集中向打击点分布来看应该是在剥下该石片时打击力造成的自然脱落；长、宽分别为8、30.2mm；台面内角84°，台面外角83°。腹面较平，腹面左侧还有两个凹陷，打击点、半锥体、放射线清楚，锥疤、同心波不见；侧边扇形，远端羽状。背面凸，石皮比例40%；可见多个向下和向右的石片阴疤。

OKW ④ 11-2（图九〇，3），原料为石英岩，表皮红褐色，内部黄色，颗粒中等，含隐性节理。保存较好，表面不见磨蚀和风化痕迹。形态为梯形，技术尺寸与最大尺寸相同，技术长、宽分别为47.4、44.3mm，厚14.4mm，重36g。破裂面台面，非常平整，长、宽分别为14.1、28.5mm；台面内角107°，台面外角84°。腹面平整，打击点、放射线清楚，半锥体、锥疤、同心波不见；侧边准平行，远端背向卷。背面凸，石皮比例40%；可见两个阴疤，其中一个与石片方向相同。

OKW ④ 39-2（图九〇，4），原料为白色石英岩，颗粒较为细腻，质地较好。保存较好，表面不见磨蚀和风化痕迹。形态为半圆形，技术尺寸与最大尺寸相反，技术长、宽分别为15.6、27.8mm，厚5.2mm，重2g。破裂面台面，非常平整，长、宽分别为5.3、17.1mm；台面内角110°，台面外角67°。腹面微凸，打击点、半锥体、放射线清楚，锥疤、同心波不见；侧边扇形，远端羽状。背面凸，石皮比例30%，可见多个与石片方向相同的阴疤。

OKW ④ 58-3（图九〇，5），原料为灰褐色石英岩，颗粒细腻，含少量隐性节理，质地较好。

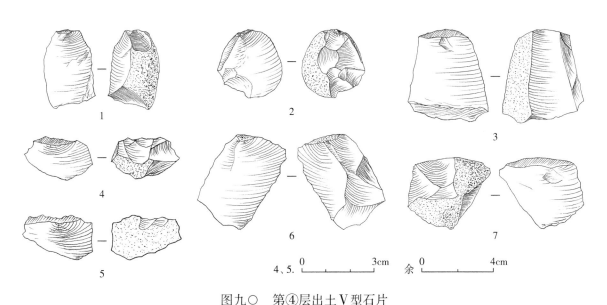

图九〇　第④层出土Ⅴ型石片
1. OKW ④ 7-2　2. OKW ④ 6-2　3. OKW ④ 11-2　4. OKW ④ 39-2　5. OKW ④ 58-3　6. OKW ④ 25-4　7. OKW ④ 1-1

保存较好，表面不见磨蚀和风化痕迹。形态为半圆形，技术尺寸与最大尺寸相反，技术长、宽分别为17.5、29.5mm，厚4.3mm，重1g。破裂面台面，中间即打击点处微微凸起，较为平整，长、宽分别为4.2、24.3mm；台面内角103°，台面外角63°。腹面微凸，打击点、半锥体、放射线清楚，锥疤、同心波不见；侧边汇聚，远端羽状。背面平，石皮比例90%，只在靠近台面处有两个很小的阴疤。背面阴疤是为剥下该石片而打下来的，可见该石片应该是石核某一剥片面剥下的第一件石片。

OKW ④ 25-4（图九〇，6），原料为石英岩，大部分灰白色局部浅黄色，颗粒中等，含少量隐性节理。保存较好，表面不见磨蚀和风化痕迹。形态为长方形，技术尺寸与最大尺寸一致，技术长、宽分别为54、37.7mm，厚19.1mm，重33g。破裂面台面，在剥片时石锤打击用力而使得石皮掉落；长、宽分别为17.9、28.5mm；台面内角85°，台面外角85°。腹面打击点、半锥体、锥疤均很清楚，放射线和同心波等技术特征不见。背面石皮主要分布在台面附近，比例约10%；可见五个较大的剥片阴疤，方向与石片方向相同或相反。

OKW ④ 1-1（图九〇，7），原料为黄色带红色石英岩，颗粒中等，含少量隐性节理。保存较好，表面不见磨蚀和风化痕迹。形态为不规则三角形，技术长、宽分别为39.9、44mm，最大长、宽分别为49.8、38.1mm，厚15.7mm，重25g。破裂面台面，非常平整，长、宽分别为11.1、37.7mm；台面内角105°，台面外角88°。腹面平整，打击点、放射线、锥疤清楚，半锥体、同心波不见；侧边汇聚，远端羽状。背面凸，石皮比例60%；可见两个阴疤，方向与石片方向相同。

5. Ⅵ型石片

30件。原料主要为石英岩，共25件，其中优质者23件，中等者2件；石英4件，玛瑙1件。尺寸个体差异不大，最大长、宽、厚分别为13.4~62.6、13.2~38.6、4.2~16.2mm，重1~41g，平均最大长、宽、厚为25.8、19.1、7.2mm，平均重4.6g。可测石片角的石片台面内角有25件在90°以上，表明大部分石片在剥离石核后还有较好的剥片角度。有24件背面疤数量在2个以上，其中有2件的背面疤数量在5个以上。有29件石片的腹面能观察到打击点，其中有2件石片腹面有两个打击点，即属于双锥石片；有14件石片的半锥体较为凸出，有6件石片可观察到明显锥疤，有24件石片的放射线清楚，有26件石片可观察到同心波；末端形态以羽状为主，有20件，其次为台阶状，有7件，此外还有背向卷3件。腹面曲度以平为主，有25件，其次为凸，有5件。

OKW ④ 20-7（图九一，1），原料为乳白色石英岩，颗粒中等，含极少量隐性节理。保存较好，表面不见磨蚀和风化痕迹。形态为三角形，技术尺寸与最大尺寸相同，技术长、宽分别为31.6、27mm，厚4.2mm，重3g。线状台面。腹面平，打击点、放射线较为清楚，半锥体、同心波、锥疤不见；侧边反汇聚，末端羽状。背面较平，可见两层共三个剥片阴疤，最后一个阴疤方向与石片方向相同。

OKW ④ 40-1（图九一，2），原料为灰褐色玛瑙，质地非常细腻，含极少隐性节理。保存较好，表面不见磨蚀和风化痕迹。形态为梯形，个体较小，技术尺寸与最大尺寸相反，技术长、宽分别为21.8、23.5mm，厚6.2mm，重3g。破裂面台面，长、宽分别为2.7、9.6mm；台面内角104°，台面外角82°。腹面打击点清楚，半锥体、同心波可见，锥疤浅平，不见放射线。背面可见多个来自不同方向的剥片阴疤。

OKW ④ 20-3（图九一，3），原料为黄色石英岩，颗粒中等，含少量隐性节理。保存较好，

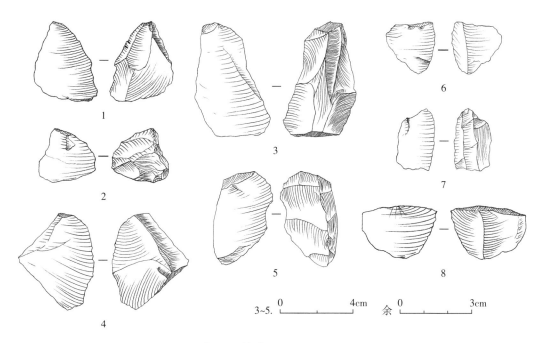

图九一　第④层出土Ⅵ型石片

1. OKW ④ 20-7　2. OKW ④ 40-1　3. OKW ④ 20-3　4. OKW ④ 15-1　5. OKW ④ 29-2　6. 11KW ④ 877　7. 11KW ④ 891
8. OKW ④ 56-7

表面不见磨蚀和风化痕迹。形态为长梯形，技术尺寸与最大尺寸相同，技术长、宽分别为 62.6、38.6mm，厚 16.2mm，重 41g。破裂面台面，由两个阴疤构成，并相交成一条脊，打击点正好落在台面脊上；长、宽分别为 12.2、21.1mm；台面内角 111°，台面外角 105°。腹面较平，打击点、放射线较为清楚，半锥体凸出，同心波、锥疤不见；侧边准平行，末端台阶状。背面凸，可见两层多个剥片阴疤，阴疤方向为多向。

OKW ④ 15-1（图九一，4），原料为黄色石英岩，颗粒中等，含较多隐性节理。保存较好，表面不见磨蚀和风化痕迹。形态近三角形，技术尺寸与最大尺寸相同，技术长、宽分别为 51.6、41.5mm，厚 15.2mm，重 22g。破裂面台面，长、宽分别为 6.3、9.7mm；台面内角 95°，台面外角 84°。腹面不平整，打击点清楚，半锥体、放射线、锥疤和同心波等均不见；侧边反汇聚，末端台阶状。背面凸，可见两个上下方向相对的阴疤。

OKW ④ 29-2（图九一，5），原料为黄白色石英岩，颗粒较粗，含较细的隐性节理。保存较好，表面不见磨蚀和风化痕迹。形态为长锥状，技术尺寸与最大尺寸相同，技术长、宽分别为 51.2、28.9mm，厚 11.5mm，重 16g。破裂面台面，非常平整，长、宽分别为 9.4、14.9mm；台面内角 98°，台面外角 69°。腹面平，打击点清楚，半锥体、放射线、同心波、锥疤均不见；侧边准平行，末端背向卷。背面凸，有一条纵向的脊，背面疤一共两层，所有阴疤均由该脊向两侧剥片。在其中一个面上，没有剥片成功的打击点散乱，显示出多次打击的结果。

OKW ④ 56-7（图九一，8），原料为红褐色石英岩，颗粒较为细腻，含极少量隐性节理。保存较好，表面不见磨蚀和风化痕迹。形态为扇形，技术尺寸与最大尺寸相反，技术长、宽分别为 20.3、31.6mm，厚 8.1mm，重 4g。破裂面台面，较为平整，长、宽分别为 9.6、31.2mm；台面内角 75°，台面外角88°。腹面平,打击点、放射线非常清楚,半锥体、同心波、锥疤不见;侧边扇形,末端羽状。背面较平,可见一层共两个剥片阴疤,方向与石片方向相同。

11KW④877(图九一,6),双锥石片。原料为浅黄白色石英岩,颗粒较为细腻,含少量隐性节理。保存较好,表面不见磨蚀和风化痕迹。形态为三角形,技术尺寸与最大尺寸相反,技术长、宽分别为19.8、20.4mm,厚4.3mm,重1g。破裂面台面,较为平整,长、宽分别为3.6、16.2mm;台面内角93°,台面外角84°。腹面不太平整,两个打击点都较为清楚,且距离较近,半锥体微凸,同心波、锥疤不见;侧边汇聚,末端羽状。背面较平,可见向左和向下两个阴疤。

11KW④891(图九一,7),原料为黄色石英岩,颗粒较为细腻。保存较好,表面不见磨蚀和风化痕迹。形态近长方形,技术尺寸与最大尺寸相同,技术长、宽分别为24.7、15.4mm,厚6.9mm,重2g。点状台面。腹面微凸,打击点集中,半锥体凸出;侧边准平行,末端台阶状。背面凸,主要阴疤方向与石片方向相同。

6. 孔贝瓦石片

1件。该类石片较为特殊,从前文各类型石片中抽离出来予以重点描述。为Ⅵ型石片。

OKW④23-6(图九二;彩版四九,4),原料为乳白色石英岩,颗粒较为细腻,含隐性节理。保存较好,表面不见磨蚀和风化痕迹。形态不规则,技术尺寸与最大尺寸相同,技术长、宽分别为19、18.4mm,厚7.5mm,重1g。其中一个台面为破裂面台面,较为平整,

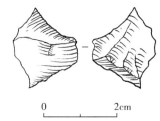

图九二 第④层出土孔贝瓦石片(OKW④23-6)

呈三角状,并向后翘起;长、宽分别为6.2、15.7mm;台面内角136°,台面外角48°。腹面略平,打击点、半锥体清楚,可见一个非常小的锥疤,不见放射线和同心波;侧边汇聚,末端羽状。另一个台面与前一个台面相对,非常平整,长、宽分别为6.1、17.1mm;台面内角109°,台面外角74°。该台面可见两个锥疤。整个腹面呈三角状,不平整;侧边汇聚,远端羽状。

(二)非完整石片

86件,占石片总数的50%。

1. 左裂片

33件。原料主要为石英岩,共32件,其中优质者29件,中等者3件;石英1件。尺寸个体差异较小,最大长、宽、厚分别为10.6~55.7、8.8~50.8、2.4~24.1mm,重1~45g,平均最大长、宽、厚为24.5、16.7、7.6mm,平均重4.8g。大部分左裂片都是沿石片打击点中线断裂。

OKW④23-5,原料为乳白色石英岩,颗粒细腻,含少量隐性节理。保存较好,表面不见磨蚀和风化痕迹。最大长、宽、厚分别为23.7、19.2、5.9mm,重1g。可见残缺的打击点和半锥体。

OKW④37-1,原料为石英岩,表皮黄色,内部乳白色,颗粒较为细腻,节理明显。保存较好,表面不见磨蚀和风化痕迹。个体较大,最大长、宽、厚分别为49.6、40.1、16.7mm,重35g。可见残缺的打击点和半锥体,放射线清楚。可见背面疤与石片方向相同。

OKW④13-4,原料为黄白色石英岩,颗粒较为细腻。保存较好,表面不见磨蚀和风化痕迹。最

大长、宽、厚分别为 17.3、15.7、5mm，重 2g。可见残缺的打击点和半锥体。

11KW④828，原料为青黄色石英岩，颗粒较为细腻。保存较好，表面不见磨蚀和风化痕迹。最大长、宽、厚分别为 18.4、17.5、7.8mm，重 3g。可见残缺的打击点和半锥体。

11KW④975，原料为青色石英岩，颗粒细腻，质地较好。保存较好，表面不见磨蚀和风化痕迹。最大长、宽、厚分别为 17.6、9.7、6.3mm，重 1g。可见残缺的打击点和半锥体。

11KW④815，原料为白色石英岩，颗粒细腻。保存较好，表面不见磨蚀和风化痕迹。最大长、宽、厚分别为 17.2、11.2、3.5mm，重 1g。可见残缺的打击点和半锥体。

11KW④845，原料为浅黄色石英岩，颗粒较为细腻。保存较好，表面不见磨蚀和风化痕迹。最大长、宽、厚分别为 23、16.3、6.7mm，重 2g。可见残缺的打击点和半锥体。

11KW④885，原料为灰色石英岩，颗粒中等。保存较好，表面不见磨蚀和风化痕迹。最大长、宽、厚分别为 22.7、9.3、2.4mm，重 1g。可见残缺的打击点和半锥体。

2. 右裂片

32 件。原料主要为石英岩，共 31 件，其中优质者 28 件，中等者 2 件，差等者 1 件；石英 1 件。尺寸个体差异较小，最大长、宽、厚分别为 13.4~52.4、11.9~27.3、2.5~17.1mm，重 1~20g，平均最大长、宽、厚为 26.2、17.1、7.5mm，平均重 4g。大部分右裂片都是沿石片打击点中线断裂。

OKW④6-1，原料为灰褐色石英岩，颗粒较为细腻，含少量隐性节理。保存较好，表面不见磨蚀和风化痕迹。最大长、宽、厚分别为 47、19.6、6.5mm，重 16g。自然台面。可见残缺的打击点和半锥体，放射线较为明显。背面可见一个剥片阴疤，方向与石片方向相同。石片右侧边保留石皮。

OKW④55-6，原料为浅灰白色石英岩，颗粒较为细腻，含极少量节理。保存较好，表面不见磨蚀和风化痕迹。最大长、宽、厚分别为 33.4、19.7、10.9mm，重 4g。自然台面。可见残缺的打击点和半锥体。背面可见两个剥片阴疤，方向为上下相对。

OKW④14-3，原料为黄色石英岩，颗粒中等。保存较好，表面不见磨蚀和风化痕迹。最大长、宽、厚分别为 38.1、29.7、4.7mm，重 6g。破裂面台面。可见残缺的打击点和半锥体，同心波清楚。

OKW④59-5，原料为黄色石英岩，颗粒较为细腻，含隐性节理。保存较好，表面不见磨蚀和风化痕迹。最大长、宽、厚分别为 39.9、20、13mm，重 8g。自然台面。几乎不见残缺打击点和半锥体，放射线清楚。

OKW④59-1，原料为白色石英岩，颗粒细腻，含一定数量的节理。保存较好，表面不见磨蚀和风化痕迹。最大长、宽、厚分别为 35.5、27.3、10.3mm，重 9g。自然台面。可见残缺的打击点和半锥体，锥疤可见。背面有一个与石片方向相同的阴疤。

OKW④11-5，原料为暗红色和黄褐色石英岩，颗粒细腻。保存较好，表面不见磨蚀和风化痕迹。最大长、宽、厚分别为 24.4、13.5、4.2mm，重 1g。

11KW④1008，原料为黑色石英岩，颗粒细腻。保存较好，表面不见磨蚀和风化痕迹。最大长、宽、厚分别为 29.5、22.1、10.1mm，重 3g。

11KW④813，原料为灰黑色石英岩，颗粒细腻。保存较好，表面不见磨蚀和风化痕迹。最大长、宽、厚分别为 52.4、24.2、17.1mm，重 20g。破裂面台面。背面全部为石皮。

11KW ④ 959，原料为黄白色石英岩，颗粒中等，较为疏松。保存较好，表面不见磨蚀和风化痕迹。最大长、宽、厚分别为 34.2、23.2、18.9mm，重 11g。石皮台面。

11KW ④ 1002，原料为紫黄色石英岩，颗粒中等。保存较好，表面不见磨蚀和风化痕迹。最大长、宽、厚分别为 23.1、21.4、9.9mm，重 3g。破裂面台面。

11KW ④ 900，原料为紫红色石英岩，颗粒中等。保存较好，表面不见磨蚀和风化痕迹。最大长、宽、厚分别为 25.7、15.9、6.2mm，重 1g。石皮台面。

11KW ④ 888，原料为黄色石英岩，颗粒细腻。保存较好，表面不见磨蚀和风化痕迹。最大长、宽、厚分别为 16.8、11.9、4.3mm，重 1g。破裂面台面。

3. 近端

10 件。原料均为优质石英岩。尺寸个体差异较小，最大长、宽、厚分别为 17.5~31.6、15.1~24.2、5.6~9.4mm，重 1~7g，平均最大长、宽、厚为 23.5、20.1、8.9mm，平均重 4.4g。石片台面有自然台面 5 件，破裂面台面 4 件，线状台面 1 件。平均台面角 96°。打击点均较为清楚，有 3 件半锥体凸出，1 件可观察到锥疤，放射线均清楚。

OKW ④ 34-3，原料为黑灰色石英岩，颗粒细腻，含少量隐性节理。保存较好，表面不见磨蚀和风化痕迹。最大长、宽、厚分别为 31.6、25.1、13.1mm，重 11g。自然台面，可见一个剥片疤；长、宽分别为 11.8、21.4mm；台面内角 120°，台面外角 64°。打击点和放射线清楚，半锥体凸出，不见锥疤。

OKW ④ 51-1a，原料为浅黄色石英岩，颗粒较为细腻，含少量隐性节理。保存较好，表面不见磨蚀和风化痕迹。最大长、宽、厚分别为 28.1、26.6、9.1mm，重 8g。破裂面台面，长、宽分别为 8、19.3mm；台面内角 104°，台面外角 79°。打击点和放射线清楚，半锥体凸出，不见锥疤。

OKW ④ 13-8，原料为白色透明石英岩，颗粒中等，含隐性节理。保存较好，表面不见磨蚀和风化痕迹。最大长、宽、厚分别为 24.3、21.6、7.7mm，重 3g。破裂面台面，可见两个阴疤；长、宽分别为 7、18.8mm；台面内角 98°，台面外角 72°。打击点和放射线清楚，半锥体浅平，不见锥疤。

11KW ④ 898，原料为朱红色石英岩，颗粒中等。保存较好，表面不见磨蚀和风化痕迹。最大长、宽、厚分别为 17.5、15.1、5.6mm，重 1g。破裂面台面，长、宽分别为 3.6、6.1mm；台面内角 92°，台面外角 93°。打击点较为清楚，半锥体浅平。

4. 远端

8 件。原料主要为优质石英岩，共 7 件；石英 1 件。尺寸个体差异较小，最大长、宽、厚分别为 19.8~44.3、11.8~27.2、5.5~12.6mm，重 1~14g，平均最大长、宽、厚为 32.7、22.4、9.5mm，平均重 5.7g。

OKW ④ 40-2，原料为浅灰白色石英岩，颗粒较为细腻，含隐性节理。保存较好，表面不见磨蚀和风化痕迹。最大长、宽、厚分别为 34.1、17.5、6.5mm，重 3g。末端羽状。

OKW ④ 56-4，原料为白色石英，颗粒较粗。保存较好，表面不见磨蚀和风化痕迹。最大长、宽、厚分别为 19.8、17.3、5.5mm，重 1g。末端羽状。

OKW ④ 27-3，原料为黄褐色石英岩，颗粒较粗，含隐性节理。保存较好，表面不见磨蚀和风化痕迹。最大长、宽、厚分别为 26.3、11.8、8.3mm，重 1g。末端羽状。

OKW ④ 22–2，原料为黄白色石英岩，颗粒细腻，含少量隐性节理。保存较好，表面不见磨蚀和风化痕迹。最大长、宽、厚分别为 37.3、24.1、10.8mm，重 9g。可见同心波，末端羽状。

OKW ④ 45–2，原料为浅黄色石英岩，颗粒中等，含少量隐性节理。保存较好，表面不见磨蚀和风化痕迹。最大长、宽、厚分别为 27.7、16.4、12.6mm，重 2g。可见放射线，末端羽状。

11KW ④ 841，原料为白色石英岩，颗粒较为细腻，质地较好。保存较好，表面不见磨蚀和风化痕迹。最大长、宽、厚分别为 44.3、27.2、8.8mm，重 7g。可见同心波，末端羽状。

5. 中段

3 件。

OKW ④ 56–5，原料为灰色石英岩，颗粒较为细腻，含少量隐性节理。保存较好，表面不见磨蚀和风化痕迹。最大长、宽、厚分别为 29.1、24.3、5.8mm，重 4g。

OKW ④ 18–3，原料为浅黄白色石英岩，颗粒细腻，含隐性节理。保存较好，表面不见磨蚀和风化痕迹。最大长、宽、厚分别为 37.3、24.1、10.8mm，重 9g。

11KW ④ 984，原料为灰白色石英岩，颗粒细腻。保存较好，表面不见磨蚀和风化痕迹。最大长、宽、厚分别为 20.2、18、6.5mm，重 2g。

四、工具

66 件，占第④层发现石制品总数的 21%。工具类型有锯齿刃器、凹缺器、刮削器、石锥、端刮器等，分别有 19、11、26、7、2 件；此外，还有粗制品 1 件。锯齿刃器、凹缺器、刮削器这三个类型是所有工具中的主要部分，三者比例合计 85%（表一九）。

总的来看，第④层工具原料以石英岩为主，其中又以优质石英岩为主，有 63 件，比例高达 94%，中等石英岩 1 件；其他类型原料还有石英、燧石，各 1 件。

经统计，工具毛坯以石片毛坯为主，包括各类型完整石片和非完整石片以及不确定类型的石片，总比例为 77%；其次为断块，比例为 9%；石核毛坯工具比例 5%，其他不确定毛坯类型的工具比例为 9%。对于石片毛坯而言，完整石片毛坯是主要部分，比例为 55%，其中又以 Ⅱ 型、Ⅴ 型和 Ⅵ 型石片为多，比例分别为 17%、14%、14%（表二○）。

工具尺寸总的来说差别不大，最大长、宽、厚分别为 20.1~74.4、11.3~54.3、6.5~22mm，重 1~60g，平均长、宽、厚为 39.2、28.2、12.6mm，平均重 15g。

工具的加工方法均为硬锤锤击法，加工方式多样。对于石片毛坯工具而言，加工方式以单向为主，比例达到 65%，其中又以正向为主，比例为 45%，反向比例为 21%。此外还有错向、交互、两面和互向，

表一九　第④层出土工具类型统计表

类型	锯齿刃器	凹缺器	刮削器	石锥	端刮器	粗制品	合计
数量 N	19	11	26	7	2	1	66
比例 %	29	17	39	11	3	2	100

表二〇　第④层出土各工具类型与毛坯的关系

	毛坯	锯齿刃器	凹缺器	刮削器	石锥	端刮器	粗制品	合计	比例%	
石片	不确定类型石片	1	1	1			1	4	6	77
	Ⅰ型石片					1		1	2	
	Ⅱ型石片	6	2	4				12	17	
	Ⅲ型石片	3	2		1			6	8	
	Ⅳ型石片	1						1	2	
	Ⅴ型石片		3	4		1		8	14	
	Ⅵ型石片	2	1	3	3			9	14	
	左裂片	1		6				7	11	
	远端	2			1			3	5	
断块				6				6	9	23
石核		1			2			3	5	
其他		2	2	2				6	9	
合计		19	11	26	7	2	1	66	100	

比例均较低。对于非石片毛坯工具而言，其加工方式也有一定规律性。它们主要选择由较平面向相对不平面进行加工、由破裂面向石皮面进行加工。

从工具的加工位置来看，石片毛坯工具修理主要集中在石片腹面的右边、远端和左边（合计86%）。有少量工具（3%）选择在近端加工。还有部分工具（11%）的加工位置超越了一边或一端。非石片毛坯工具修理边主要选择在毛坯较薄边缘或者相对较为规整的边缘进行加工。

工具修疤形态以鳞状为主，比例为82%，其次为准平行或平行状，比例为5%；台阶状最少，比例为1%；其余12%为不确定。鳞状修疤一般大小、凹陷程度不均等，体现出一种不规整的状态，是锤击法修理的特征。

从修疤层数来看，68%的工具只有1层修疤，即只对刃缘进行了单次修理；28%有2层修疤；仅4%具有3层或以上修疤。从工具修理的最大修疤长、宽分布图可知，修疤长、宽主要集中在5~15mm，总的来看，修疤长宽基本等比（图九三）。此外，通过对修疤边缘的观察和统计，86%的修疤呈弧形，3%两侧边缘近似平行，1%呈汇聚状，其余则呈不规则状。

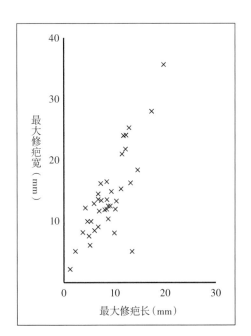

图九三　第④层出土工具最大修疤长、宽分布

通过对锯齿刃器、刮削器、石锥三类工具的统计，它们的加工程度从加工长度指数来看，总体而言，一部分工具的加工长度达到了所在边的总长度，加工最短也接近所在边长的三分之一；而从平均值来看，超过了加工所在边长的一半；而标准偏差则显示各类工具的加工长度指数变异不大。从加工深度指数来看，虽然有部分工具加工深度指数达到了 1，但总体上来看本层工具的加工程度不是很高；加工深度较低的工具深度指数仅为 0.06，而平均值也未到加工面宽的一半。表明这些工具基本属于边缘修理；而且它们的标准偏差都很小，表明这三类工具大部分标本加工深度都很浅（表二一）。

表二一　第④层出土工具加工长度和深度指数

最大值		最小值		平均值		标准偏差	
长度指数	深度指数	长度指数	深度指数	长度指数	深度指数	长度指数	深度指数
1	1	0.31	0.06	0.89	0.33	0.16	0.34

工具刃缘在修理后，刃角与毛坯原边缘角度比较，有 72% 的标本变钝，24% 变锐，还有 6% 基本不变。刃角主要集中在 54°~78°；角度越小，数量越少；角度越大，数量也越少。

（一）锯齿刃器

19 件，占工具数量的 29%。原料主要为优质石英岩，有 18 件；中等石英岩 1 件。毛坯以石片毛坯为主。其中，有 12 件为完整石片毛坯，3 件为非完整石片毛坯，1 件为不确定。尺寸个体差异相对不大，最大长、宽、厚分别为 24.1~74.4、20.5~47、7.2~22mm，重 3~60g，平均最大长、宽、厚为42.4、29.5、13.1mm，平均重 19.3g。平均刃角 65°。

按刃缘数量可分为单刃锯齿刃器和双刃锯齿刃器，分别有 17 和 2 件，比例分别为 89% 和 11%。

1. 单刃锯齿刃器

17 件。根据刃口形态可进一步分为单直刃、单凸刃和单凹刃锯齿刃器，数量分别为 11、5 和 1 件。

单直刃锯齿刃器

OKW ④ 31-1（图九四，1；彩版五〇，1），原料为黑色石英岩，颗粒较为细腻，含一定隐性节理。毛坯为 Ⅵ 型石片，该石片腹面可见两个打击点和打击泡，属于双锥石片；有意思的是，这两个打击泡距离很远，几乎是 180°。保存较好，表面不见磨蚀和风化痕迹。形态不规则，最大长、宽、厚分别为 34.1、25.7、15.5mm，重 11g。加工位置为石片左侧边，采用锤击法正向加工。刃缘修疤连续，呈鳞状；可见两层共三个修疤，其中第二层修疤只有一个且形态较小。最大修疤长、宽分别为 2、14.5mm。刃缘修理长度贯穿整个左侧边，加工长度指数为 1；加工深度指数为 0.7。加工后刃缘较平直，长 35mm；刃口形态指数为 0；刃角较原石片边缘变钝，刃角 70°。

OKW ④ 7-5（图九四，2；彩版五〇，4），原料为石英岩，表皮白色带红色丝纹，内部乳白色，颗粒十分细腻，含隐性节理。毛坯为 Ⅲ 型石片，同时也是双锥石片。保存较好，表面不见磨蚀和风化痕迹。形态大体呈三角形，最大长、宽、厚分别为 37、26.3、8.3mm，重 6g。刃缘加工位置为石片左侧边，正向加工。刃缘加工较为简单，只见连续的三个修疤构成锯齿状刃缘；可见最大修疤长、宽分别

图九四　第④层出土石锯齿刃器

1~7. 单直刃锯齿刃器（OKW ④ 31-1、OKW ④ 7-5、OKW ④ 55-2、OKW ④ 31-2、OKW ④ 27-1、OKW ④ 20-2、OKW ④ 43-1）　8~11. 单凸刃锯齿刃器（OKW ④ 20-6、OKW ④ 100-1、OKW ④ 27-4、OKW ④ 56-2）　13. 单凹刃锯齿刃器（OKW ④ 19-3）　12、14. 直凸刃锯齿刃器（OKW ④ 22-1、OKW ④ 21-2）

为 5.3、10mm。加工长度指数为 0.89；但加工深度不大，基本集中在毛坯边缘，加工深度指数为 0.12。修理后的刃缘平直，长 26mm；刃口较石片边缘角度变钝，刃角 59°。

OKW ④ 55-2（图九四，3；彩版五〇，2），原料为灰褐色石英岩，颗粒非常细腻，含少量隐性节理。毛坯为Ⅱ型石片。保存较好，表面不见磨蚀和风化痕迹。形态为三角形，最大长、宽、厚分别为 43.8、21.6、9.7mm，重 9g。刃缘加工位置为石片右侧边，正向加工。连续修理，可见三层修疤，呈鳞状，越往后层修疤越小。可见最大修疤长、宽分别为 8.8、9.1mm。刃缘修理延伸至整个边缘，加工长度指数为 1；加工深度指数为 0.57。修理后的刃缘平直，长 28mm；刃口形态指数为 0；刃口较石片边缘角度变钝，刃角 68°。

OKW ④ 31-2（图九四，4；彩版五〇，5），原料为石英岩，表皮黄褐色，内部灰褐色，颗粒较为细腻，含少量隐性节理。毛坯为Ⅱ型石片。保存较好，表面不见磨蚀和风化痕迹。形态不规则，最大长、宽、厚分别为 47.9、27.4、14.4mm，重 22g。加工位置为没有石皮的一端，由非常平整的破裂面向另一个破裂面加工。刃缘修疤连续，可见两层修疤；其修理方法是在打下一个大的阴疤后，再在该阴疤内部打下三个小的阴疤，形成锯齿状刃缘。最大修疤长、宽分别为 6.7、9.1mm。刃缘修理延伸至整个边缘，加工长度指数为 1；由于第一个修理阴疤延伸较远，加工深度指数达到 0.52。刃缘长 31mm，刃角 70°。

OKW ④ 27–1（图九四，5；彩版五〇，3），原料为黑色石英岩，颗粒中等，含隐性节理。毛坯为Ⅲ型石片。保存较好，表面不见磨蚀和风化痕迹。形态近菱形，最大长、宽、厚分别为 40.2、32、11.6mm，重 15g。加工位置为石片远端，采用锤击法反向加工。刃缘修疤连续；可见两大一小共三个修疤，最大修疤长、宽分别为 8.7、16.5mm。刃缘修理延伸至整个远端，加工长度指数为 1；加工深度不大，加工深度指数为 0.48。加工后刃缘略平直，长 28mm；刃角较石片边缘变钝，刃角 63°。

OKW ④ 20–2（图九四，6；彩版五〇，6），原料为浅红色石英岩，颗粒中等，含较多隐性节理。毛坯为左裂片。保存较好，表面不见磨蚀和风化痕迹。形态为长方形，最大长、宽、厚分别为 32.1、17.5、11.1mm，重 7g。加工位置为石片左侧边，采用锤击法正向加工。刃缘修疤连续，可见一层修疤，最大修疤长、宽分别为 6.7、13.6mm。刃缘修理长度贯穿整个左侧边，加工长度指数为 1；加工深度不大，加工深度指数为 0.35。加工后刃缘平直，长 23mm；刃角较原边缘变钝，刃角 66°。

OKW ④ 43–1（图九四，7），原料为黑色石英岩，颗粒中等，含少量隐性节理。毛坯为Ⅱ型石片。保存较好，表面不见磨蚀和风化痕迹。形态略呈长方形，最大长、宽、厚分别为 54.6、45.8、20.1mm，重 60g。加工位置为石片左侧边，采用锤击法正向加工。刃缘修疤连续，可见一层修疤。最大修疤长、宽分别为 7.3、13.4mm。刃缘修理长度不及整个左侧边，加工长度指数为 0.85；加工深度指数为 0.37。加工后刃缘平直，长 34mm；刃角较原边缘变钝，刃角 64°。

单凸刃锯齿刃器

OKW ④ 100–1（图九四，9；彩版五一，1），原料为白色石英，颗粒粗大，含隐性节理。毛坯为Ⅲ型石片。保存较好，表面不见磨蚀和风化痕迹。形态为长方形，最大长、宽、厚分别为 47.8、39、19.9mm，重 44g。加工位置为石片远端，采用锤击法正向加工。刃缘修疤连续，可见一层修疤；修疤较大，可见最大修疤长、宽分别为 11.8、18.2mm。刃缘修理延伸至整个侧边，加工长度指数为 1；加工深度不大，加工深度指数为 0.36。加工后刃缘略凸，长 43.6mm；刃口形态指数为 14；刃角较石片边缘变钝，刃角 67°。

OKW ④ 27–4（图九四，10；彩版五一，2），原料为黑色石英岩，颗粒中等。毛坯为石片远端。保存较好，表面不见磨蚀和风化痕迹。形态近梯形，最大长、宽、厚分别为 45.1、30.4、12.6mm，重 18g。加工位置为石片较长边，采用锤击法正向加工。刃缘修疤连续，呈鳞状；可见两层修疤，最大修疤长、宽分别为 10.3、13.3mm。刃缘修理并未延伸至整个边缘，加工长度指数为 0.87；加工深度不大，加工深度指数为 0.35。加工后刃缘呈凸弧形，长 55mm；刃口形态指数为 36；刃角较石片边缘变钝，刃角 70°。

OKW ④ 56–2（图九四，11；彩版五一，3），原料为黑色石英岩，颗粒细腻，含较多节理。毛坯为Ⅱ型石片。保存较好，表面不见磨蚀和风化痕迹。形态为长方形，最大长、宽、厚分别为 51.3、27.7、17.4mm，重 23g。加工位置为石片左侧边，采用锤击法正向加工。刃缘修疤连续，呈鳞状；可见两层修疤，最大修疤长、宽分别为9.1、12.5mm。刃缘修理贯穿整个左侧边，加工长度指数为1；加工深度差不多为加工面的一半，加工深度指数为0.49。加工后刃缘呈凸弧状，长26mm；刃口形态指数为17；刃角较石片边缘变钝，刃角64°。

OKW④20-6（图九四，8；彩版五一，4），原料为灰褐色石英岩，颗粒较为细腻，含少量隐性节理。毛坯为Ⅱ型石片。保存较好，表面不见磨蚀和风化痕迹。形态为梯形，最大长、宽、厚分别为61.5、50、11.6mm，重32g。加工位置为石片右侧边，采用锤击法正向加工。刃缘修疤连续，可见两层修疤，最大修疤长、宽分别为8、9mm。刃缘修理贯穿整个右侧边，加工长度指数为1；加工深度不大，加工深度指数为0.37。加工后刃缘呈凸弧状，长62mm；刃口形态指数为43；刃角较石片边缘变锐，刃角59°。

单凹刃锯齿刃器

OKW④19-3（图九四，13），原料为石英岩，表皮黄白色，内部黑色，颗粒细腻，含隐性节理。毛坯为Ⅱ型石片。保存较好，表面不见磨蚀和风化痕迹。形态为扇形，最大长、宽、厚分别为27.2、18、7.2mm，重5g。加工位置为石片右侧边，采用锤击法正向加工。刃缘修疤连续，呈鳞状；可见两层修疤；最大修疤长、宽分别为5.1、6.1mm。刃缘修理长度接近整个石片右侧边的长度，加工长度指数为0.92；加工深度不及修理面的一半，加工深度指数为0.43。加工后刃缘呈凹弧状，长23mm；刃口形态指数为-16；刃角较原石片边缘变钝，刃角78°。

2. 双刃锯齿刃器

2件。均为直凸刃。

OKW④22-1（图九四，12；彩版五一，5），原料为石英岩，表皮浅红色，内部灰褐色，颗粒细腻，含隐性节理。毛坯为石片，但后期改造大，难以确认具体的石片类型。保存较好，表面不见磨蚀和风化痕迹。形态为三角形，最大长、宽、厚分别为50.2、44.6、15.8mm，重34g。在两个边缘采用锤击法正向加工。其中一个修理边呈弧形，刃缘修疤连续，但加工较为简单，只见一层修疤，且修疤都较大，呈鳞状；可见最大修疤长、宽分别为11.4、21mm；加工长度指数为1，加工深度指数也为1；修理后刃缘长10mm，刃角71°。另一个侧边修理后刃缘平直，连续修理，可见两层修疤，修疤较大，呈鳞状；可见最大修疤长、宽分别为10、5mm；修理片疤延伸至整个侧边，加工长度指数为1，加工深度指数为1；修理后刃缘长42mm，刃角76°。两个刃缘加工后刃口较原石片边缘都变钝。两加工刃缘汇聚，也可称为汇聚型锯齿刃器。

OKW④21-2（图九四，14；彩版五一，6），原料为灰色石英岩，颗粒中等，含隐性节理。毛坯为石片远端。保存较好，表面不见磨蚀和风化痕迹。形态为三角形，最大长、宽、厚分别为37.1、27.1、11.2mm，重9g。在两个边采用锤击法正向加工。左侧刃缘修疤连续，只见一层修疤，修疤相对较大；可见最大修疤长、宽分别为8.7、10.4mm；加工长度指数为1，加工深度指数为0.48；修理后刃缘平直，长38mm，刃角58°。右侧刃缘修疤连续，可见一层修疤，修疤相对较小；可见最大修疤长、宽分别为3.9、5.8mm；修理片疤未延伸至整个侧边，加工长度指数为0.87，加工深度指数为0.37；修理后刃缘长20.3mm，刃角67°。两个刃缘加工后刃口较原石片边缘都变钝。两加工刃缘汇聚，但并未相交。

（二）凹缺器

11件，占工具数量的17%。原料均为优质石英岩。毛坯主要为石片毛坯，比例为82%；此外还有2件不确定毛坯类型。石片毛坯中，完整石片毛坯有7件。尺寸个体差异相对较小，最大长、宽、厚分别为20.1~67.5、11.3~47、6.5~18.6mm，重1~55g，平均最大长、宽、厚为41.1、29.7、12.5mm，平均重18.7g。平均刃角67°。

根据凹缺数量，可进一步分为单凹缺器和双凹缺器，分别有9和2件。而根据凹缺的修理方式，可分为单次打击即克拉克当型凹缺器和多次打击凹缺器，数量分别为8和3件。

1. 单凹缺器

9件。其中有3件为多次打击形成。

OKW④42-1（图九五，1；彩版五二，1），原料为黄色石英岩，颗粒中等，少见隐性节理。毛坯为Ⅴ型石片。保存较好，表面不见磨蚀和风化痕迹。形态近长方形，最大长、宽、厚分别为48.3、38.7、14.9mm，重23g。加工位置为石片右侧边靠下部，反向加工。凹缺由多次打击形成。缺口宽19、高3.9mm，凹口弧度0.43；修理后角度相对原边缘变钝，刃角52°。

OKW④58-1（图九五，2；彩版五二，2），原料为灰色石英岩，颗粒细腻，含少量隐性节理。毛坯为Ⅱ型石片。保存较好，表面不见磨蚀和风化痕迹。形态不规则，最大长、宽、厚分别为36.4、20.5、7.8mm，重6g。加工位置为石片左侧边下部，采用锤击法反向加工。凹缺器刃口由多次打击形成，可见两层修疤，加工深度指数为0.15。缺口宽12.2、高2mm，凹口弧度0.32；修理后角度相对原边缘变钝，刃角71°。此外，在左侧边上部还可见到密集的修理疤痕，但加工深度极小，且加工后刃角非常钝，可能是为了使用时手握方便。

OKW④58-2（图九五，3；彩版五二，3），原料为乳白色石英岩，颗粒细腻，含少量隐性节理。毛坯为Ⅵ型石片。保存较好，表面不见磨蚀和风化痕迹。形态近三角形，最大长、宽、厚分别为34.1、18.3、8.7mm，重4g。在毛坯较薄边缘由一个较大平面向凸面进行加工。凹缺器刃口由多次打击形成，可见两层修疤。缺口宽7.6、高2.7mm，凹口弧度0.71；修理后角度相对原边缘变钝，刃角70°。

OKW④28-2（图九五，4；彩版五二，4），原料为浅黄色石英岩，颗粒细腻，含少量隐性节理。毛坯为Ⅲ型石片。保存较好，表面不见磨蚀和风化痕迹。形态近正方

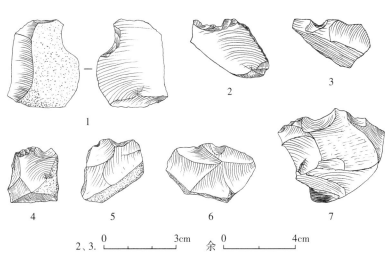

图九五 第④层出土石凹缺器

1~5. 单凹缺器（OKW④42-1、OKW④58-1、OKW④58-2、OKW④28-2、OKW④30-1） 6、7. 双凹缺器（OKW④10-3、OKW④9-1）

形，最大长、宽、厚分别为 37.7、35、20.7mm，重 17g。加工位置为石片左侧较薄边缘，反向加工。凹缺器刃口由一次打击形成，修疤长、宽分别为 6.7、14.5mm。缺口宽 6.2、高 2.2mm，凹口弧度 0.7；修理后角度相对原边缘变锐，刃角 65°。在凹缺口的下部边缘也有一定程度的修理，较钝，角度为 88°。

OKW ④ 30-1（图九五，5；彩版五二，5），原料为黄褐色石英岩，颗粒较为细腻，含少量隐性节理。毛坯为 V 型石片。保存较好，表面不见磨蚀和风化痕迹。形态为梯形，最大长、宽、厚分别为 41.8、28.7、12.1mm，重 16g。加工位置为石片左侧靠近台面处，正向加工。凹缺器刃口由一次打击形成，修疤长、宽分别为 13.4、5.1mm。缺口宽 13.2、高 3.3mm，凹口弧度 0.5；修理后角度相对原边缘变钝，刃角 77°。

2. 双凹缺器

2 件。

OKW ④ 10-3（图九五，6；彩版五二，6），原料为黑色石英岩，颗粒细腻，含隐性节理。毛坯为 II 型石片。保存较好，表面不见磨蚀和风化痕迹。形态不规则，最大长、宽、厚分别为 49.6、30、13.7mm，重 23g。加工位置为石片右侧边，采用锤击法正向加工。凹缺器的两个刃口均由一次打击形成。其中一个刃口缺口宽 7.4、高 2.8mm，凹口弧度 0.55；修理后角度相对原边缘变钝，刃角 64°。另一个刃口缺口宽 6.5、高 1.3mm，凹口弧度 0.2；修理后角度相对原边缘变钝，刃角 78°。

OKW ④ 9-1（图九五，7；彩版五三，1），原料为乳白色石英岩，颗粒细腻，含隐性节理。毛坯为 III 型石片。保存较好，表面不见磨蚀和风化痕迹。形态为三角形，最大长、宽、厚分别为 60.2、54.3、19.6mm，重 53g。加工位置为石片远端，正向加工。凹缺器的两个刃口均由一次打击形成。其中一个刃口缺口宽 17.6、高 3.4mm，凹口弧度 0.38；修理后角度相对原边缘变钝，刃角 65°。另一个刃口缺口宽 9.6、高 1.7mm，凹口弧度 0.35；修理后角度相对原边缘变钝，刃角 81°。

（三）刮削器

26 件，占工具数量的 39%。原料均为优质石英岩。毛坯以石片毛坯为主，有 18 件，比例为 69%，其中包括完整石片 11 件、左裂片 6 件和不确定类型石片 1 件。其次为断块，有 6 件；其他不确定毛坯类型的 2 件。尺寸个体差异很小，最大长、宽、厚分别为 26.4~61.2、22.9~50.8、7.1~19.4mm，重 1~31g，平均最大长、宽、厚为 36.7、27.2、11.5mm，平均重 22.6g。平均刃角 64°。

从刃缘数量上来看，可分为单刃刮削器和双刃刮削器，分别有 25 件和 1 件。

1. 单刃刮削器

25 件。按刃口形态可分为单直刃、单凹刃和单凸刃，分别有 14、6 和 5 件。

单直刃刮削器

OKW ④ 59-3（图九六，1；彩版五三，3），原料为石英岩，表皮黄色，内部白色，颗粒较为细腻，含少量隐性节理。毛坯为 V 型石片。保存较好，表面不见磨蚀和风化痕迹。形态近长方形，最大长、宽、厚分别为 41.9、27.5、9.5mm，重 12g。刃缘修理位置为石片右侧边，采用锤击法正向加工。刃缘加工较为精致，连续修理，可见两层修疤。修疤贯穿整个边缘，加工长度指数为 1；加工深度指数为 0.39。修理后的刃缘基本平直，长 32mm；刃口较原边缘角度变锐，刃角 64°。

OKW ④ 11-1（图九六，2；彩版五三，4），原料为黑色石英岩，颗粒较为细腻，含少量节理。毛坯为 V 型石片，背面一半是石皮，一半为破裂面。保存较好，表面不见磨蚀和风化痕迹。形态近半圆形，最大长、宽、厚分别为 61.2、38.2、16.6mm，重 31g。刃缘修理位置为石片右侧边中部，采用锤击法正向加工。刃缘加工较为精致，连续修理，局部可见三层修疤。加工长度指数为 0.52；加工深度指数为 0.36。修理后的刃缘基本平直，长 31.6mm；刃口较原边缘角度变锐，刃角 79°。

OKW ④ 57-3（图九六，3；彩版五三，5），原料为灰褐色石英岩，颗粒较为细腻，可见少量隐性节理。毛坯为 II 型石片。保存较好，表面不见磨蚀和风化痕迹。形态近圆形，非常薄，最大长、宽、厚分别为 67、50.8、8.8mm，重 28g。刃缘修理位置为石片远端，采用锤击法正向加工。刃缘加工较为精致，连续修理，呈鳞状；可见三层修疤，修疤小而密集，层叠分布。加工长度只占石片远端的很小一部分，加工长度指数为 0.33；修疤短小，延伸不远，加工深度指数为 0.26。修理后的刃缘基本平直，长 28mm；刃口较石片边缘角度变钝，刃角 63°。在石片腹面的右侧靠近台面处还有一个较大的剥片疤，可能是剥取石片形成的，是一种孔贝瓦技术的打法。

OKW ④ 57-5（图九六，4；彩版五三，6），原料为黄褐色石英岩，颗粒细腻，含少量隐性节理。毛坯为 V 型石片，腹面非常鼓凸。保存较好，表面不见磨蚀和风化痕迹。形态为长方形，最大长、宽、厚分别为 44.8、34.5、10.3mm，重 15g。刃缘修理位置为石片左侧边，采用锤击法反向加工。刃缘加

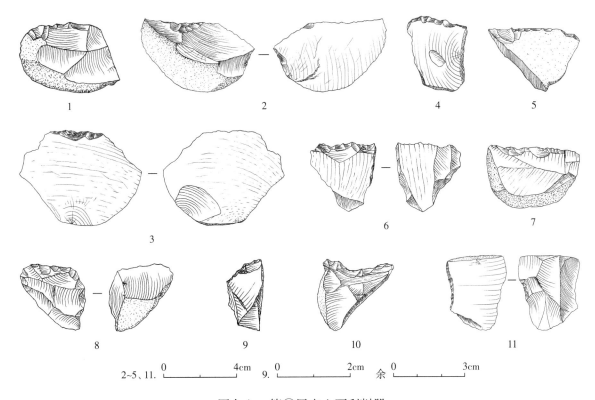

图九六　第④层出土石刮削器

1~7. 单直刃刮削器（OKW ④ 59-3、OKW ④ 11-1、OKW ④ 57-3、OKW ④ 57-5、OKW ④ 7-1、11KW ④ 945、11KW ④ 940）　8、9. 单凸刃刮削器（OKW ④ 13-1、11KW ④ 1007）　10. 单凹刃刮削器（11KW ④ 1092）　11. 直凹刃刮削器（11KW ④ 827）

工较为精致，连续修理，可见一层修疤。修疤贯穿整个边缘，加工长度指数为1；加工深度指数为0.34。修理后的刃缘基本平直，长31mm；刃口较原边缘角度变钝，刃角71°。

OKW④7-1（图九六，5；彩版五三，2），原料为石英岩，表皮为白红色夹杂，内部乳白色，颗粒细腻，含少量隐性节理。毛坯为Ⅱ型石片。保存较好，表面不见磨蚀和风化痕迹。形态为三角形，最大长、宽、厚分别为49.5、34.4、15.1mm，重23g。刃缘修理位置为石片较薄边缘，采用锤击法由破裂面向石皮面加工。刃缘加工浅平，连续修理，呈鳞状；可见两层修疤，最后一层修疤较小；可见最大修疤长、宽分别为13.1、16.3mm。加工长度指数为1，即对整个左侧边进行了加工；加工深度指数为0.38，主要是第一层修疤延伸较远，不过在靠近尖部修疤延伸较远，而越往后则只是很小的修疤。修理后的刃缘基本平直，长48mm；刃口较石片边缘角度变锐，刃角59°。

11KW④945（图九六，6；彩版五四，1），原料为黄色石英岩，颗粒较为细腻。毛坯为断块，周身不见任何石皮面。保存较好，表面不见磨蚀和风化痕迹。形态近三角形，最大长、宽、厚分别为28.6、27.9、7.1mm，重5g。刃缘修理位置为断块的相对较长边，采用锤击法单向加工。刃缘加工较为精致，连续修理，局部可见两层修疤。加工长度指数为1；加工深度指数为0.31。修理后的刃缘基本平直，长24.7mm；刃口较原边缘角度变锐，平均刃角65°。

11KW④940（图九六，7；彩版五四，2），原料为石英岩，表皮黄色，内部灰白色，颗粒较为细腻。毛坯为Ⅱ型石片，石皮在石片左侧边从台面一直延伸到末端。保存较好，表面不见磨蚀和风化痕迹。形态近长方形，最大长、宽、厚分别为38.5、24.4、10mm，重11g。刃缘修理位置为石片右侧边缘，采用锤击法正向加工。刃缘加工较为精致，连续修理，局部可见两层修疤，修疤较为浅平。加工长度指数为0.88；加工深度指数为0.23。修理后的刃缘基本平直，长29.2mm；刃口较原边缘角度变锐，平均刃角54°。

单凸刃刮削器

OKW④13-1（图九六，8；彩版五四，3），原料为灰褐色石英岩，颗粒细腻，可见少量隐性节理。毛坯为Ⅴ型石片，该毛坯石片非常特殊，其台面为石片的腹面，可见这件石片是由石片石核上剥离下来的。保存较好，表面不见磨蚀和风化痕迹。形态为三角形，最大长、宽、厚分别为32.7、22.9、14.4mm，重8g。刃缘修理位置为石片右侧边，采用锤击法正向加工。连续修理，可见一层修疤；可见最大修疤长、宽分别为6、8.5mm。加工长度指数为1，加工深度指数为0.44。修理后的刃缘呈凸弧形，长27mm；刃口形态指数为24；刃口较石片边缘变钝，刃角70°。

11KW④1007（图九六，9；彩版五四，4），原料为灰白色石英岩，颗粒较为细腻。毛坯为Ⅵ型石片。保存较好，表面不见磨蚀和风化痕迹。形态不规则，最大长、宽、厚分别为20.2、9.5、7.1mm，重1g。刃缘修理位置为石片较薄边缘，采用锤击法由平整面向不平整面加工。刃缘连续修理，局部可见三层修疤。加工长度指数为1；加工深度指数为0.09。修理后的刃缘呈凸弧形，长21.4mm；刃口形态指数为14；刃口较原边缘角度变钝，平均刃角54°。

单凹刃刮削器

11KW④1092（图九六，10；彩版五四，5），原料为灰白色石英岩，颗粒较为细腻，含少量隐性节理。毛坯为左裂片，石皮从台面延伸到石片左侧边。保存较好，表面不见磨蚀和风化痕迹。形态近三角形，最大长、宽、厚分别为 36.5、22.9、12.7mm，重 7g。刃缘修理位置为石片左侧边缘下部，采用锤击法正向加工。刃缘连续修理，局部可见两层修疤。局部修疤由于原料的原因有一些破损。加工长度指数为 0.78；加工深度指数为 0.88。修理后的刃缘呈凹弧形，长 28.5mm；刃口形态指数为 –35；刃口较原边缘角度变钝，平均刃角 78°。

2. 双刃刮削器

1 件。为直凹刃。

11KW ④ 827（图九六，11；彩版五四，6），原料为青色石英岩，颗粒较为细腻。毛坯为 Ⅱ 型石片，较厚。保存较好，表面不见磨蚀和风化痕迹。形态近梯形，最大长、宽、厚分别为 39.8、33.8、19.4mm，重 24g。刃缘修理位置为石片两个侧边，采用锤击法错向加工。其中，石片左侧边缘为反向加工，连续修理，只见一层修疤；加工长度指数为 1；加工深度指数为 0.17；修理后的刃缘呈凹弧状，长 24.2mm；刃口形态指数为 –18；刃口较原边缘变锐，刃角 86°。石片右侧边缘为正向加工，连续修理，可见一层修疤；其中有一个是大阴疤，其他小阴疤则分布在大阴疤的一侧，平行状；加工长度指数为 0.62；加工深度指数为 0.81；修理后的刃缘略平直，长 29.6mm；刃口形态指数为 0；刃口较原边缘角度变锐，刃角 74°。

（四）石锥

7 件，占工具数量的 11%。原料主要为优质石英岩，有 6 件；还有 1 件为石英。毛坯有完整石片 4 件，远端 1 件，石核 2 件。尺寸个体差异相对较小，平均最大长、宽、厚为 35.8、28.1、14.8mm，平均重 14.5g。平均尖角 100°。

OKW ④ 25-1（图九七，1），原料为灰褐色石英岩，颗粒较为细腻，含少量隐性节理。毛坯为 Ⅵ 型石片。保存较好，表面不见磨蚀和风化痕迹。形态不规则，最大长、宽、厚分别为 47、37.1、10.1mm，重 8g。加工位置为石片台面，采用锤击法由台面向背面加工；只见左右各一个修疤，其中左侧修疤还将石片分裂；修理后形成两个较为对称的缓肩。尖角 78°。

OKW ④ 7-4（图九七，2；彩版五五，1），原料为石英岩，表皮紫色，内部浅黄色，颗粒较细

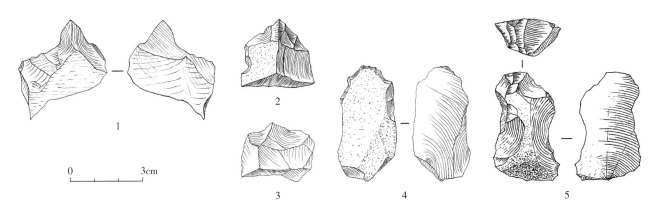

0 ____ 3cm

图九七　第④层出土石器

1~3. 石锥（OKW ④ 25-1、OKW ④ 7-4、11KW ④ 981）　4、5. 端刮器（OKW ④ 16-1、OKW ④ 34-1）

腻。毛坯为石片，但已无明显的石片特征。保存较好，表面不见磨蚀和风化痕迹。形态为三角形，最大长、宽、厚分别为30.7、26.7、14.9mm，重10g。加工边一个边为破裂面，一个边为石皮面；采用锤击法由平面向凸面加工；可见两层修疤，最大修疤长、宽分别为8.4、12mm。尖角96°。

11KW④981（图九七，3；彩版五五，2），原料为黄色石英岩，细腻光滑。毛坯为Ⅵ型石片。保存较好，表面不见任何磨蚀和风化痕迹。形态近长方形，个体中等，最大长、宽、厚分别为30.7、23.4、12.6mm，重7g。加工位置为石片右侧边，采用锤击法正向加工；打击两次形成一个尖角。尖角67°。

（五）端刮器

2件，占工具数量的3%。

OKW④16-1（图九七，4；彩版五五，3），原料为灰红色燧石，颗粒非常细腻。毛坯为Ⅴ型石片。保存中等，石皮面有很多风化磨蚀的凹坑，破裂面可见一定程度的磨蚀和风化痕迹。最大长、宽、厚分别为46.2、25.4、12.6mm，重16g。对石片的远端进行修理，正向加工。远端为端刮器刃缘，可见一层修疤。修理后刃缘呈弧形，长43mm；刃口形态指数为94；较陡，刃角80°。

OKW④34-1（图九七，5；彩版五五，4），原料为黄色石英岩，颗粒较为细腻，含少量隐性节理。毛坯为Ⅰ型石片。保存较好，破裂面不见任何磨蚀和风化痕迹。最大长、宽、厚分别为44.5、28.7、14.7mm，重22g。对石片的侧边和远端均进行了修理，正向加工。远端为端刮器刃缘，可见到三层修疤，最大修疤长、宽分别为15.1、12mm。修理后刃缘呈弧形，长27mm；较陡，刃角71°。左右侧边中间修理出一个对称的凹口，推测是为了装柄使用。

五、碎片

8件，占第④层发现石制品总数的3%。原料主要为石英岩，其中优质者4件，中等者1件；其余均为石英。平均最大长、宽、厚为9.4、8.1、1.8mm，平均重0.7g。

这些标本均保存较好，不见任何磨蚀和风化现象。

11KW④1075，不见石片特征。原料为灰色石英岩，颗粒细腻。形态不规则，最大长、宽、厚分别为5.3、4.2、1.4mm，重约0.3g。

11KW④1072，不见石片特征。原料为黄色石英岩，颗粒较为细腻。形态近半圆形，最大长、宽、厚分别为10、6.5、1.4mm，重约0.5g。

11KW④901，不见石片特征。原料为白色石英岩，颗粒细腻。形态不规则，最大长、宽、厚分别为6.9、6.5、0.7mm，重0.1g。

11KW④1165，原料为灰黄色石英岩，颗粒较为细腻。形态近三角形，最大长、宽、厚分别为9.8、8、2.5mm，重0.4g。

六、废片

38件，占第④层发现石制品总数的12%。

11KW ④ 840，原料为青黄色石英岩，颗粒中等。保存较好，表面不见磨蚀和风化痕迹。最大长、宽、厚分别为 31.7、9.7、6.6mm，重 2g。

11KW ④ 936，原料为灰黄色石英岩，颗粒中等。保存较好，表面不见磨蚀和风化痕迹。最大长、宽、厚分别为 27.4、8.8、4.9mm，重 1g。

11KW ④ 1240，原料为浅白色石英岩，颗粒较为细腻，含节理。保存较好，表面不见磨蚀和风化痕迹。最大长、宽、厚分别为 13.1、10.5、3mm，重 1g。

11KW ④ 1150，原料为灰色燧石，但质地较差。保存较好，表面不见磨蚀和风化痕迹。最大长、宽、厚分别为 12.7、6.4、3.4mm，重 1g。

七、断块

19 件，占第④层发现石制品总数的 6%。原料以石英岩为主，占 95%；其余均为石英。

OKW ④ 11-8，原料为浅黄色石英，颗粒较为细腻。保存较好，表面不见磨蚀和风化痕迹。形态为三角形，最大长、宽、厚分别为 17.4、10.7、7.7mm，重 0.5g。

OKW ④ 29-3，原料为乳白色石英岩，颗粒较为细腻，含隐性节理。保存较好，表面不见磨蚀和风化痕迹。形态不规则，最大长、宽、厚分别为 26、12.7、6.4mm，重 2g。

OKW ④ 16-6，原料为白色石英，颗粒较粗。保存较好，表面不见磨蚀和风化痕迹。形态为三角形，最大长、宽、厚分别为 21.7、20.2、11mm，重 2g。

OKW ④ 16-7，原料为黄色石英岩，颗粒较为细腻。保存较好，表面不见磨蚀和风化痕迹。形态为三角形，最大长、宽、厚分别为 21.7、20.2、11mm，重 2g。

OKW ④ 10-5，原料为灰白色石英岩，颗粒较为细腻，节理明显。保存较好，表面不见磨蚀和风化痕迹。形态不规则，最大长、宽、厚分别为 25.6、11.3、6.4mm，重 2g。

OKW ④ 34-2，原料为石英岩，表皮黄色，内部灰褐色，颗粒中等，含隐性节理。保存较好，表面不见磨蚀和风化痕迹。形态为长方形，最大长、宽、厚分别为 56.1、23.6、12.2mm，重 17g。

OKW ④ 57-9，原料为乳白色石英岩，颗粒细腻，含隐性节理。保存较好，表面不见磨蚀和风化痕迹。形态为长方形，最大长、宽、厚分别为 25.6、21.8、8.9mm，重 6g。

OKW ④ 7-2，原料为乳白色石英岩，颗粒细腻，含隐性节理。保存较好，表面不见磨蚀和风化痕迹。形态为长方形，最大长、宽、厚分别为 38.2、33.7、20mm，重 16g。

OKW ④ 59-4，原料为石英岩，表皮黄色，内部乳白色，颗粒较为细腻。保存较好，表面不见磨蚀和风化痕迹。形态不规则，最大长、宽、厚分别为 41、30.2、13.7mm，重 12g。

八、备料

1 件，占石制品总数的 0.3%。

OKW ④ 56-1a，原料为黄色石英岩。颗粒较为细腻，含明显节理。形态不规则，最大长、宽、厚分别为 85、60.6、47.1mm，重 316g。该标本在搬运到遗址之前，已经破裂一次，可能是更早人类打制造成，也可能是砾石在河流搬运过程中自然破裂；该破裂阴疤已经风化得很光滑。

第七节　第⑤层石制品

在乌兰木伦遗址 2010~2013 年五次发掘中，第⑤层共发现石制品 422 件。其中，包括石锤 2 件、石核 54 件、石片 220 件、工具 76 件、碎片 13 件、废片 29 件、断块 20 件、备料 8 件（表二二）。

表二二　第⑤层石制品分类统计表

类型	石锤	石核	石片	工具	碎片	废片	断块	备料	合计
数量 N	2	54	220	76	13	29	20	8	422
比例 %	0.5	13	52	18	3	7	5	2	100

一、石锤

2 件，占第⑤层发现石制品总数的 0.5%。

OKW ⑤ 33-1（图九八；彩版五六，1），原料为红褐色石英岩，表皮较为光滑。形态为短椭圆状，最大长、宽、厚分别为 69.7、56.7、36.6mm，重 195g。在该石锤上有多个密集分布的破损痕迹区域，砾石两端和中部都有分布。

0　　　　4cm

图九八　第⑤层
出土石锤
（OKW ⑤ 33-1）

二、石核

54 件，占第⑤层发现石制品总数的 13%。原料以优质石英岩为主，共 41 件，比例为 76%，中等石英岩 2 件，差等石英岩 1 件；此外还有石英 7 件、燧石 2 件、砂岩 1 件。初始毛坯以砾石为主，共 50 件，占 93%；其余均为石片。尺寸个体差异较大，最大长、宽、厚分别为 25.2~70.3、23~59、15~49mm，重 8~190g，平均最大长、宽、厚为 47.1、37.3、33.8mm，平均重 64.8g。

按台面数量和剥片技术进行分类，单台面石核 21 件，占石核比例为 39%；双台面石核 17 件，占 31%；多台面石核 10 件，占 19%；石片石核 4 件，占 7%；向心石核 2 件。按台面形态统计，自然台面 27 件，占 50%；破裂面台面 12 件，占 22%；混合台面 15 件，占 28%。对所有台面角进行测量显示，台面角大部分在 90° 以下，有 42 件，表明石核仍具备继续剥片的角度；有 12 件石核其中一个台面的台面角大于 100°，表明已难以继续剥片。从能够较好观察到剥片疤的石核上来看，剥片疤数量均在 3 个以上，其中多于 5 个的有 21 件，占 39%，剥片最多者可观察到 8 个剥片阴疤，表明该层发现的石核具有较高的剥片程度。石核的剥片程度还可以从石核剥片范围体现出来，剥片面积占石核面积 50% 以上的石核有 22 件，占 41%。总的来看，从可观察测量的剥片疤长宽比来看，剥片疤以宽型为主，占 87%。

这些石核中有 3 件采用了砸击开料的剥片技术，还有 2 件具有修理台面的特征。

石核保存较好，大部分没有经历过后期的磨蚀和风化，只有 2 件可观察到轻微的磨蚀。

（一）单台面石核

21 件，占石核总数的 39%。原料以石英岩为主，有 16 件，其中优质者 13 件，中等者 2 件，差等者 1 件；此外还有石英、燧石各 2 件，砂岩 1 件。

OKW ⑤ 59-1（图九九，1；彩版五六，2），修理台面石核，这在乌兰木伦遗址比较少见。原料为朱红色石英岩，颗粒中等，含隐性节理。毛坯为圆柱形砾石。保存较好，表面不见任何磨蚀和风化痕迹。最大长、宽、厚分别为 51.8、48.1、37.1mm，重 99g。选择砾石形态为倾斜面的一端为台面，并以倾斜面的高处为有效台面进行剥片，选择高处的好处是有一个天然的剥片锐角。不过值得注意的是，在剥片前还对有效台面进行了修理，并可见到多个修理疤痕。长、宽分别为 28.9、33.2mm，台面角 84°，该角度仍适合进一步剥片。剥片面只有一个剥片阴疤，长、宽分别为 27.2、15.3mm。另外，在石核台面相对一端的石皮面两侧可见到密集的破损痕迹，可能在石核剥片之前还当作石锤使用。

OKW ⑤ 61-3（图九九，2；彩版五六，3），原料为石英岩，表皮灰白色和红色相间，内部灰褐色，颗粒中等，含隐性节理。毛坯为砾石。保存较好，表面不见任何磨蚀和风化痕迹。最大长、宽、厚分别为 44.6、36.8、28.3mm，重 60g。该石核的剥片采用了砸击开料的方法，即采用砸击法将砾石分为两半，再以破裂面为台面进行剥片。台面长、宽分别为 25.8、41.3mm；台面角 73°，该角度仍适合进一步剥片。剥片面可见两层阴疤，其中第一层阴疤较大，并纵向贯穿整个石核，最大剥片阴疤长、宽分别为 36.9、20.2mm；第二层阴疤则很小，剥片没有成功。另外，在石核台面相对一端的石皮面可见到密集的破损痕迹，可能在石核剥片之前还当作石锤使用。

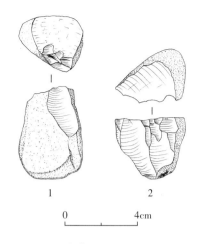

图九九　第⑤层出土单台面石核
1. OKW ⑤ 59-1　2. OKW ⑤ 61-3

（二）双台面石核

17 件，占石核总数的 31%。原料以石英岩为主，有 14 件，全部为优质石英岩；其余均为石英。

OKW ⑤ 27-2（图一〇〇，1；彩版五六，4），原料为灰白色石英，颗粒较大，节理较多。毛坯为砾石，但由于后期剥片而几乎不见砾石面。保存较好，表面不见磨蚀和风化痕迹。最大长、宽、厚分别为 67.9、55.8、48.1mm，重 174g。该石核的剥片采用了砸击开料技术，即先采用砸击

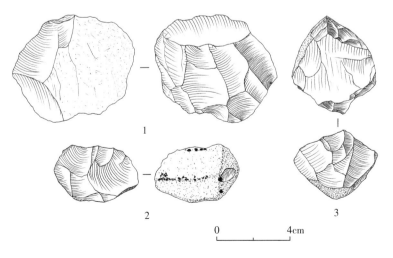

图一〇〇　第⑤层出土双台面石核
1. OKW ⑤ 27-2　2. OKW ⑤ 65-7　3. OKW ⑤ 40-1

法将砾石分成两半，再以破裂面为台面一周进行剥片。台面长、宽分别为52.7、48mm；最大台面角89°，最小台面角79°。一周均有剥片阴疤，可见最大剥片疤长、宽分别为29.9、18.7mm。另一个剥片台面选择在前一次剥片台面的相对面，长、宽分别为8.8、8.3mm；台面角91°。只剥下了两个阴疤，最大剥片疤长、宽分别为13.2、7mm。

OKW⑤65-7（图一〇〇，2；彩版五六，5），原料为石英岩，表皮黄色，内部乳白色，颗粒细腻，含少量节理。毛坯为砾石。保存较好，表面不见任何磨蚀和风化痕迹。最大长、宽、厚分别为46.2、31.2、27mm，重30g。两个台面相对，并共用同一个剥片面。首次剥片的阴疤因后期剥片打破而只可见很小的范围。第二次剥片成功剥下了多个石片，长、宽分别为22.9、39.6mm，台面角64°，该角度仍适合进一步剥片。剥片面可见最大剥片疤长、宽分别为20.6、19.5mm。另外，在石核残存的石皮面上可见到密集的破损痕迹，可能在石核剥片之前还当作石锤使用。在背面还可见到一个阴疤，是当作石锤使用时掉落的。

OKW⑤40-1（图一〇〇，3），原料为石英岩，表皮浅黄色，内部灰黑色，质地较为细腻，含隐性节理。毛坯为砾石。保存较好，表面不见磨蚀和风化痕迹。最大长、宽、厚分别为52.5、50.5、49mm，重104g。砾石经过打击后形成一个不平整的面，并以该面为台面进行剥片，长、宽分别为47.6、37.8mm；最大台面角104°，最小台面角94°。在相对的两个面进行剥片，其中一个剥片面上可见三层多个剥片阴疤，最大剥片疤长、宽分别为9.7、17.8mm；相对的另一个剥片面可见两层多个阴疤。再次剥片的台面选择在前一次剥片的一个剥片面，长、宽分别为18.4、8.4mm，台面角125°；只剥下了两个小的阴疤。

（三）多台面石核

10件，占石核总数的19%。原料以石英岩为主，有9件，全部为优质石英岩；其余均为石英。

OKW⑤71-2（图一〇一，1；彩版五六，6），修理台面石核。原料为黑褐色石英岩，颗粒较为细腻，含少量隐性节理。毛坯为方形砾石。保存较好，表面不见磨蚀和风化痕迹。最大长、宽、厚分别为48.5、40.1、30.3mm，重71g。共有四个台面。其中首次剥片的剥片面可能是为了修理台面，先

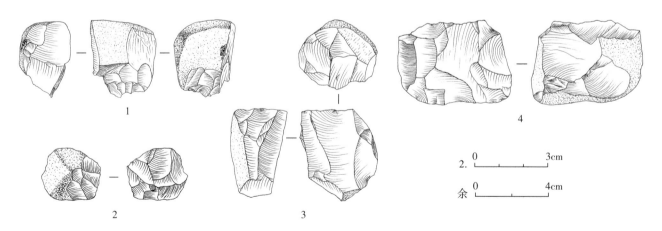

图一〇一　第⑤层出土多台面石核

1. OKW⑤71-2　2. OKW⑤67-2　3. OKW⑤N-1a　4. OKW⑤23-1

是打下几个大的片疤，然后在边缘进行小的修理；该修理台面还可见到磨蚀非常严重的早期剥片阴疤。修理台面现保留长、宽分别为 21.4、33.6mm；台面角 84°；并成功剥下了至少四件石片。在修理台面的相对砾石面采用了砸击开料的方法，从砾石面上保留的大量砸击痕迹来看，应该经过多次砸击并将砾石分成两半。随后，又在砸击破裂面上以 90° 夹角在两个台面进行剥片，并成功剥下多件石片。此外，在石核剥片面相对的一端可见到密集的破损阴疤，可能在石核剥片之前还当作石锤使用。

OKW ⑤ 67-2（图一○一，2；彩版五七，1），原料为灰黑色石英岩，颗粒较为细腻，含隐性节理。毛坯为砾石。保存较好，表面不见磨蚀和风化痕迹。个体较小，最大长、宽、厚分别为 25.2、24、22.3mm，重 10g。共有三个台面。该石核保留的砾石面只有 30%，可见进行了一定程度的剥片。从保留的石皮面可以推测该砾石毛坯体积较小，剥下的阴疤也比较小。这种小的砾石在剥片过程中很难持握，不排除砸击剥片的可能性。

OKW ⑤ N-1a（图一○一，3；彩版五七，2），原料为石英岩，表皮浅黄色，内部乳白色，颗粒较为细腻，质地较好。毛坯为砾石。保存较好，表面不见磨蚀和风化痕迹。形态不规则，最大长、宽、厚分别为 56.1、45.2、40.9mm，重 96g。先是以一个不平整的破裂面为台面进行剥片，长、宽分别为 36.8、38.9mm，台面角 81°；其是石核最早的剥片面，方向与现在的剥片面垂直，可见多个阴疤。以该台面剥下的石片阴疤都比较大，早期的阴疤纵向贯穿整个石核。最后一次剥片以前一次剥片台面相对的石皮面为台面，只见一个剥片，可能是台面角度较大的缘故，台面角为 97°。剥下的片疤长、宽分别为 25.1、21mm。

OKW ⑤ 23-1（图一○一，4；彩版五七，4），原料为灰褐色石英岩，颗粒较为细腻。保存较好，不见磨蚀和风化痕迹。个体中等，最大长、宽、厚分别为 66.5、49.5、46.8mm，重 159g。一共有四个台面。台面和剥片面交互使用，其中有一个剥片面对向剥片。剥片后还保留有 30% 的石皮面。各台面角为 72°~104°。可见最大剥片疤长、宽分别为 35.9、22mm。

（四）石片石核

4 件，占石核总数的 7%。

OKW ⑤ 59-8（图一○二，1；彩版五七，3），原料为紫红色石英岩，颗粒粗大，含隐性节理。毛坯为 Ⅱ 型石片，腹面较平，打击点清楚，可见放射线。保存较好，表面不见磨蚀和风化痕迹。个体较大、很厚，最大长、宽、厚分别为 61.3、50.3、19.2mm，重 100g。以腹面为台面在其左侧边进行剥片。可见两层剥片疤，其中第一层片疤延伸至石片背面的最高处；第二层修疤为并列的两个剥片疤，

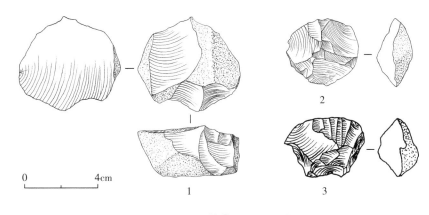

图一○二　第⑤层出土石核

1. 石片石核（OKW ⑤ 59-8）　2、3. 向心石核（OKW ⑤ 8-1、11KW ⑤ 1191）

最大剥片疤长、宽分别为 19.3、12.4mm。该石片毛坯背面右侧有一个来自右侧的早期阴疤。

（五）向心石核

2 件，占石核总数的 4%。

OKW ⑤ 8-1（图一〇二，2；彩版五七，5），原料为石英岩，表皮深红色，内部灰白色，颗粒较为细腻，有较多内部节理。毛坯为砾石。保存较好，表面不见磨蚀和风化痕迹。形态为圆形，最大长、宽、厚分别为 41.2、37、20.9mm，重 29g。该石核最大的技术特征是采用了向心的剥片方法，即由同一个台面一周向同一个方向剥片，最后在剥片面形成一个凸起。自然台面，略弧；测量最大台面角 89°，最小台面角 72°。剥片面一周可见非常多的阴疤，并在剥片面靠近中部汇聚。可见最大剥片疤长、宽分别为 17.7、24.5mm。

11KW ⑤ 1191（图一〇二，3；彩版五七，6），原料为石英岩，表皮淡黄色，内部灰黄色。保存较好，表面不见任何磨蚀和风化痕迹。形态呈龟背状，正视轮廓为扁椭圆形，最大长、宽、厚分别为 45.1、34.1、20.4mm，重 32g。该石核有两个凸面，但均较为扁平，且台面为全石皮面，意味着该石核在向心剥片前没有对剥片台面进行预制。在剥片面上一周可见多于 10 个向心剥片阴疤，并在石核中心形成一个最高点。在剥片面上可以清楚地见到剥片者对预制剥片阴疤形成的技术特征如剥片角和脊的利用。

三、石片

220 件，占第⑤层发现石制品总数的 52%。原料主要有 3 种，以石英岩为主，共 205 件，占石片总数的 93%。其中，又以优质石英岩为主，有 194 件，占 88%；中等石英岩 10 件，占 5%；差等石英岩 1 件。此外，还有石英 11 件，占 6%，燧石 4 件（图一〇三）。

尺寸个体差异较大，最大长、宽、厚分别为 10.2~73.3、7.5~46.2、2~21.4mm，重 0.1~73g，平均长、宽、厚为 30.9、22、9.3mm，平均重 7.9g。这与石片本身的属性有关，有些小型石片可能不是剥片者预先想要的，而是剥片过程中自然掉落的，也有一些小型石片可能是修理工具产生的修理石片。总的来看，石片以小型为主，微型和中型较少，没有大型标本（图一〇四）。

石片可分为完整石片和非完整石片两种。其中，完整石片和非完整石片分别有 124 件和 96 件，比例分别为 56% 和 44%。完整石片按 Toth 的六型石片分类法，可知人工台面石片和自然台面石片比例相当；其中以 Ⅱ 型、Ⅴ 型和 Ⅵ 型石片为多，三者比例相当，均为 15%~16%。在所有的六型石片中，Ⅰ 型石片较少，只有 6 件。非完整石片以左裂片和右裂片为主，分别

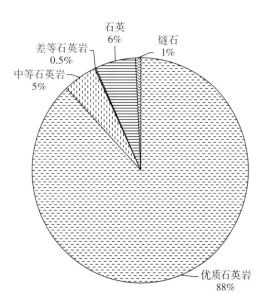

图一〇三　第⑤层出土石片原料统计

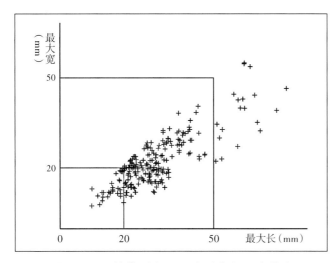

图一〇四　第⑤层出土石片最大长、宽分布

表二三　第⑤层出土石片类型统计表

类型	数量 N	比例 %
完整石片	124	56
Ⅰ型石片	6	3
Ⅱ型石片	34	16
Ⅲ型石片	15	7
Ⅴ型石片	33	15
Ⅵ型石片	35	16
砸击石片	1	0.5
非完整石片	96	44
左裂片	41	19
右裂片	28	13
近端	6	3
远端	18	8
中段	3	1

有 41 件和 28 件，比例分别为 19% 和 13%；近端和中段较少，分别只有 6 件和 3 件，比例分别为 3% 和 1%（表二三）。

在石片类型中，还有少量特殊石片。其中，有双锥石片 6 件，砸击石片 1 件，孔贝瓦石片 2 件，更新石核台面桌板 1 件。

从破裂面台面石片来看，大多数石片的台面只有 1 个剥片阴疤，即一个素台面，共 60 件；有少量石片的台面是由 2 个阴疤构成的，共 5 件；只有 1 件可观察到 3 个剥片阴疤。

完整石片中，总的来看是长型石片为主，即石片技术长大于技术宽的有 82 件，占完整石片的 66%。石片总的来看以薄型为主。能测量石片台面角的有 120 件石片，台面内角大于 90° 的有 87 件，比例为 73%，这表明较大部分石片在从石核剥离之后，石核仍有较好的剥片角度；台面外角小于 90° 的也有 85 件，也说明了同样的问题。有 122 件石片可以明显观察到打击点，占石片总数的 55%。有 70 件石片的半锥体较为凸出，比例为 32%。只有 9 件石片可以观察到锥疤，比例为 4%。有 120 件石片的放射线很清楚，比例为 55%。有 30 件石片可见到较为清楚的同心波，比例为 14%。石片末端形态以羽状为主，有 98 件，占 45%；其次为台阶状，有 18 件，比例为 8%；再次为背向卷和腹向卷，分别有 3 件和 4 件。除很小的石片不易观察石片腹面曲度外，可观察的石片腹面曲度以平为主，有 97 件；其次为凸，有 14 件；腹面凹的最少，仅 9 件。可观察石片背面疤的石片，只有 1 个阴疤的有 42 件；有 2 个阴疤的有 25 件；有 3 个及以上阴疤的有 44 件。背面疤层数大多数只有 1 层，有 102 件；仅有 8 件石片可观察到 2 层背面阴疤。

这些石片均保存较好，都没有经历过后期的磨蚀和风化。

（一）完整石片

124 件，占石片总数的 56%。

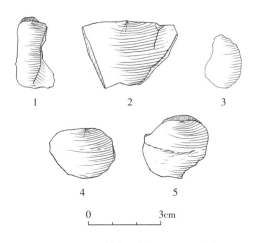

图一〇五　第⑤层出土 I 型石片

1. OKW ⑤ 57-3　2. OKW ⑤ 25-5　3. OKW
⑤ 1094　4. OKW ⑤ 3-4　5. OKW ⑤ 26-8

1. I 型石片

6 件。原料主要为石英岩和石英，分别有 4 和 2 件。最大长、宽、厚分别为 21.1~46.9、14.9~27、4.1~17.2mm，重 1~20g。台面内角只有 2 件在 90° 以上，表明这些石片所对应的石核剥片面在第一次剥片后就失败了。

OKW ⑤ 57-3（图一〇五，1），原料为白色石英，颗粒粗大，含内部节理。保存较好，表面不见磨蚀和风化痕迹。形态为长方形，技术尺寸与最大尺寸相同，技术长、宽分别为 28.9、16.9mm，厚 7.6mm，重 3g。自然台面，长、宽分别为 5.9、12.7mm；台面内角 97°，台面外角 88°。腹面平，只见打击点；末端台阶状。

OKW ⑤ 25-5（图一〇五，2），原料为石英岩，表皮黄色夹一些红色丝状，内部黄色，颗粒细腻，有内部节理。保存较好，表面不见磨蚀和风化痕迹。形态为梯形，技术尺寸与最大尺寸相反，技术长、宽分别为 25.8、38.7mm，厚 6.4mm，重 8g。自然台面，长、宽分别为 5.4、38.1mm；台面内角 66°，台面外角 107°。腹面较平，打击点明显，半锥体、放射线、锥疤和同心波等技术特征不见；侧边扇形，末端羽状。石片的左侧边是一个断面，是石片打下时因内部节理自然断裂而形成的。

OKW ⑤ 1094（图一〇五，3），原料为白色石英岩，颗粒细腻，含隐性节理。保存较好，表面不见磨蚀和风化痕迹。形态近梨形，技术尺寸与最大尺寸相同，技术长、宽分别为 21.1、14.9mm，厚 4.1mm，重 1g。线状台面。腹面非常平整，打击点较为清楚；侧边扇形，末端羽状。

OKW ⑤ 3-4（图一〇五，4），原料为灰白色石英岩，内部颗粒非常细腻。保存较好，表面不见磨蚀和风化痕迹。形态为半圆形，技术尺寸与最大尺寸相反，技术长、宽分别为 19.4、26.9mm，厚 5.7mm，重 2g。自然台面，长、宽分别为 5.5、20.3mm；台面内角 76°，台面外角 95°。腹面较平，打击点、放射线明显，半锥体、锥疤、同心波等不见；边缘扇形，末端羽状。

OKW ⑤ 26-8（图一〇五，5），原料为灰黄色石英，颗粒中等，含内部节理。保存较好，表面不见磨蚀和风化痕迹。形态近圆形，技术尺寸与最大尺寸相同，技术长、宽分别为 28.4、27mm，厚 11.4mm，重 7g。自然台面，长、宽分别为 9.4、16mm；台面内角 92°，台面外角 81°。腹面凹，主要因为内部节理而在腹面中部形成一条横向的折痕；可见打击点和放射线；侧边扇形，末端羽状。

2. II 型石片

34 件。原料主要为石英岩，共 31 件，其中优质者 30 件，中等者 1 件；石英 2 件，燧石 1 件。尺寸个体差异不是很大，最大长、宽、厚分别为 19.6~73.3、10.7~46.3、4.3~21.4mm，重 1~65g。台面内角有 22 件在 90° 以上。有 15 件背面疤数量在 2 个以上。石片腹面均能观察到打击点，有 22 件石片的半锥体较为凸出，均观察不到锥疤，绝大多数石片的放射线清楚，有 12 件石片可观察到同心波；末端形态以羽状为主，有 29 件，其次为台阶状，有 5 件。腹面曲度以平为主，有 26 件，其次为凸和凹，各 4 件。

OKW ⑤ 27-9（图一〇六，1），原料为红色和浅黄色相间的石英岩，颗粒较为细腻，节理较多。保存较好，表面不见磨蚀和风化痕迹。形态为方形，技术尺寸与最大尺寸相同，技术长、宽分别为59.8、39.7mm，厚15mm，重31g。自然台面，长、宽分别为5、8.1mm；台面内角100°，台面外角98°。腹面不平整，打击点和放射线清楚，半锥体、锥疤、同心波不见；边缘扇形，但左侧边由于原料内部节理而断裂，末端羽状。背面凸，石皮比例60%，主要分布在远端；可见与石片方向相同的阴疤。

OKW ⑤ 66-6（图一〇六，2），原料为石英岩，表皮黄色，内部黑色，颗粒较为细腻，含一定隐性节理。保存较好，表面不见磨蚀和风化痕迹。形态为长方形，技术尺寸与最大尺寸一致，分别为29.5、20.3mm，厚10mm，重6g。自然台面，长、宽分别为7.6、15.1mm；台面内角94°，台面外角89°。腹面平，打击点清楚，半锥体凸出，放射线明显，锥疤和同心波不见；边缘平行，末端台阶状。背面凸，保留石皮面积约40%；可见一个大的石片阴疤，方向向下。

OKW ⑤ 25-9（图一〇六，3），原料为黄色透明石英岩，颗粒较粗。保存较好，表面不见磨蚀和风化痕迹。形态为方形，技术尺寸与最大尺寸相反，技术长、宽分别为22.6、29.9mm，厚9.5mm，重4g。自然台面，长、宽分别为10.3、19.1mm；台面内角98°，台面外角68°。腹面较平整，打击点清楚，半锥体较为凸出，放射线、锥疤、同心波不见；边缘准平行，末端羽状。背面较平，石皮分布在左侧，比例约30%；可见多个阴疤，其中最后一个阴疤与石片方向相同。

OKW ⑤ 37-4（图一〇六，4），原料为灰黑色石英岩，颗粒较为细腻，含隐性节理。保存较好，表面不见磨蚀和风化痕迹。形态为葫芦状，技术尺寸与最大尺寸相同，技术长、宽分别为31.2、18mm，厚9.9mm，重3g。自然台面，长、宽分别为0.9、4.9mm；台面内角95°，台面外角105°。腹面较平整，打击点清楚，半锥体凸出，放射线、锥疤、同心波不见；边缘汇聚，末端羽状。背面凸，石皮分布在远端和两侧，比例约60%；可见两个与石片方向相同的阴疤。

OKW ⑤ 51-1（图一〇六，5），原料为石英岩，表皮红黄色，内部乳白色，颗粒细腻，含少量

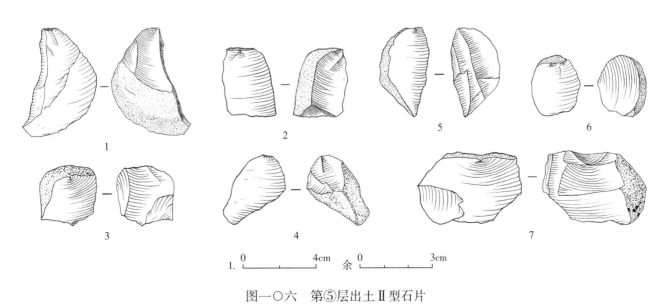

图一〇六 第⑤层出土Ⅱ型石片

1. OKW ⑤ 27-9 2. OKW ⑤ 66-6 3. OKW ⑤ 25-9 4. OKW ⑤ 37-4 5. OKW ⑤ 51-1 6. OKW ⑤ 61-2 7. OKW ⑤ 61-5

隐性节理。保存较好，表面不见磨蚀和风化痕迹。形态为半圆形，技术尺寸与最大尺寸一致，技术长、宽分别为35.1、19.6mm，厚11.6mm，重8g。自然台面，长、宽分别为7.5、18.9mm；台面内角118°，台面外角75°。腹面平，打击点清楚，半锥体凸出，不见锥疤、放射线和同心波；边缘汇聚，末端羽状。背面凸，石皮比例30%；可见六个上下相对的阴疤。

OKW ⑤ 61-2（图一〇六，6），原料为燧石，表皮深红色，内部白黑相间，颗粒非常细腻，质地极好。保存较好，表面不见磨蚀和风化痕迹。形态为椭圆形，技术尺寸与最大尺寸一致，技术长、宽分别为25.2、19.8mm，厚10.1mm，重5g。自然台面，长、宽分别为6.9、10.2mm；台面内角118°，台面外角78°。打击点清楚，半锥体凸出，锥疤、放射线、同心波不见；边缘扇形，末端羽状。背面略凹，保留石皮面很少，约20%；可见一个阴疤，来自石片右侧。

OKW ⑤ 61-5（图一〇六，7），原料为灰色石英岩，颗粒中等，含隐性节理。保存较好，表面不见磨蚀和风化痕迹。形态近方形，技术尺寸与最大尺寸相反，技术长、宽分别为29.2、42.7mm，厚6.2mm，重8g。自然台面，长、宽分别为5.5、28.7mm；台面内角108°，台面外角71°。腹面平，打击点清楚，半锥体较小，放射线明显，锥疤、同心波不见；边缘扇形，末端羽状。背面较平，石皮比例20%，主要分布在左侧；可见与石片方向相同的两个和来自左侧的一个阴疤。

3. Ⅲ型石片

15件。原料主要为石英岩，共13件，均为优质；此外还有石英和燧石各1件。尺寸个体差异相对较小，最大长、宽、厚分别为23.1~70.1、20.2~39、8.8~16.4mm，重2~40g，平均最大长、宽、厚为33.3、24.7、10.4mm，平均重8.8g。

OKW ⑤ N-10（图一〇七，1），原料为灰白色石英岩，颗粒较为细腻，节理较多。保存较好，表面不见磨蚀和风化痕迹。形态不规则，个体较大，技术尺寸与最大尺寸相同，技术长、宽分别为70.1、39mm，厚11.9mm，重40g。自然台面，长、宽分别为3.9、11.3mm；台面内角106°，台面外角86°。腹面不平整，在靠近台面处由于受到打击力的作用以及内部节理的原因形成了很多裂面，打击点清楚，半锥体凸出但破损，放射线、锥疤不见，可见同心波；两侧边均为破裂面，末端尖状。背面略凹，早期的较大阴疤与石片方向相同，后期的阴疤来自右上角。

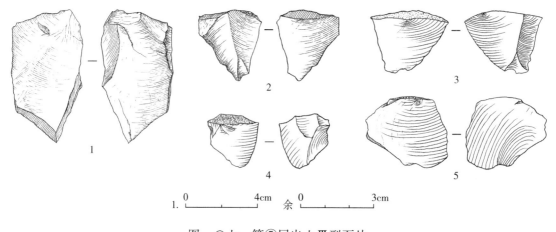

图一〇七 第⑤层出土Ⅲ型石片

1. OKW ⑤ N-10 2. OKW ⑤ 6-7 3. OKW ⑤ 68-2 4. OKW ⑤ 12-1 5. OKW ⑤ 15-1

OKW ⑤ 6-7（图一〇七，2），原料为黑色石英岩，颗粒较为细腻，含少量隐性节理。保存较好，表面不见磨蚀和风化痕迹。形态为三角形，技术尺寸与最大尺寸相同，技术长、宽分别为 29.9、25.8mm，厚 9.8mm，重 3g。自然台面，非常平整，长、宽分别为 10、23.9mm；台面内角 103°，台面外角 66°。腹面较平，打击点和放射线都很清楚，半锥体浅平，锥疤、同心波等不见；边缘汇聚，末端羽状。背面凸，可见三个来自不同方向的阴疤。

OKW ⑤ 68-2（图一〇七，3），原料为黄色石英，颗粒较粗，含一定的节理。保存较好，表面不见磨蚀和风化痕迹。形态为梯形，技术尺寸与最大尺寸相反，技术长、宽分别为 26.5、31.9mm，厚 9.3mm，重 6g。石皮台面，长、宽分别为 9.1、31.9mm；台面内角 104°，台面外角 70°。腹面微凸，打击点清楚，半锥体较大，放射线明显，不见锥疤和同心波等技术特征。背面凸，隐约可见两个剥片阴疤，方向均向下。

OKW ⑤ 12-1（图一〇七，4），原料为石英岩，表皮黄色，内部灰色，颗粒细腻。保存较好，表面不见磨蚀和风化痕迹。形态为三角形，技术尺寸与最大尺寸一致，技术长、宽分别为 21.5、20.2mm，厚 9.7mm，重 3g。自然台面，非常平整，长、宽分别为 10.5、21.1mm；台面内角 80°，台面外角 68°。腹面平，打击点和放射线清楚，半锥体、同心波均不见；侧边汇聚，末端羽状。背面凸，可见两个与石片方向相同的阴疤。

OKW ⑤ 15-1（图一〇七，5），原料为石英岩，表皮红色，内部黄色，颗粒非常细腻，质地很好。保存较好，表面不见磨蚀和风化痕迹。形态近三角形，技术尺寸与最大尺寸相反，技术长、宽分别为 27.8、33.7mm，厚 6.6mm，重 7g。自然台面，长、宽分别为 4.1、18.1mm；台面内角 92°，台面外角 86°。腹面凸，打击点清楚，半锥体大而凸，放射线、同心波可见；边缘扇形，末端台阶状。背面凸，只有一个来自左下侧的阴疤。

4. V型石片

33 件。原料主要为石英岩，共 29 件，均为优质石英岩；燧石 2 件，石英 2 件。尺寸个体差异较大，最大长、宽、厚分别为 13.1~61.6、10.3~53.5、3.2~18.3mm，重 0.5~73g，平均最大长、宽、厚为 34.5、25.9、10.2mm，平均重 12.3g。台面内角有 25 件在 90° 以上，表明大部分石片在剥离石核后还有较好的剥片角度。有 16 件背面疤数量在 2 个以上。有 30 件石片的腹面能观察到打击点，其中有 1 件石片腹面有两个打击点，即属于双锥石片；有 18 件石片的半锥体较为凸出，有 3 件石片可观察到明显锥疤，有 30 件石片的放射线清楚，有 11 件石片可观察到同心波；末端形态以羽状为主，有 29 件，其次为台阶状，有 2 件，此外还有背向卷 1 件，腹向卷 1 件。腹面曲度以平为主，有 24 件，其次为凹，有 6 件，凸者最少，为 3 件。

OKW ⑤ N-14（图一〇八，1），原料为浅红色石英岩，颗粒中等，含少量隐性节理。保存较好，表面不见磨蚀和风化痕迹。形态为半圆形，技术尺寸与最大尺寸相同，技术长、宽分别为 34.1、26.3mm，厚 8.4mm，重 6g。破裂面台面，长、宽分别为 19.5、7.5mm；台面内角 115°，台面外角 68°。腹面较平，打击点较为清楚，半锥体浅平，放射线清楚，锥疤清楚，同心波可见；侧边扇形，远端羽状。背面石皮比例 80%，只在左侧有个长型的断裂面。

OKW ⑤ 63-6（图一〇八，2），原料为灰黄色石英岩，颗粒中等，含少量隐性节理。保存较

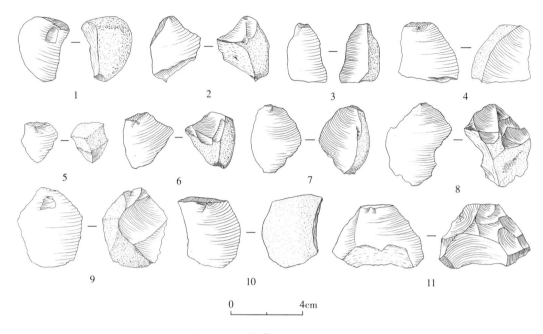

图一〇八　第⑤层出土 V 型石片

1. OKW ⑤ N-14　2. OKW ⑤ 63-6　3. OKW ⑤ 59-3　4. 11KW ⑤ 1081　5. 11KW ⑤ 1126　6. OKW ⑤ 32-1　7. OKW ⑤ 60-4
8. OKW ⑤ 68-1　9. 12KW ⑤ 266　10. OKW ⑤ 17-2　11. OKW ⑤ 71-5

好，表面不见磨蚀和风化痕迹。形态不规则，技术尺寸与最大尺寸一致，技术长、宽分别为 35.3、18.6mm，厚 11.5mm，重 9g。点状台面。腹面打击点清楚，放射线明显，半锥体、锥疤、同心波等技术特征均不见。背面石皮主要分布在远端和两侧，比例约 70%；可见一个与石片方向相同的剥片阴疤，应该是在剥离该石片时同时掉落的。

OKW ⑤ 59-3（图一〇八，3），原料为白色石英，表皮有红色锈斑，颗粒非常细腻，但布满隐性节理。保存较好，表面不见磨蚀和风化痕迹。形态为梯形，技术尺寸与最大尺寸相同，技术长、宽分别为 31、21.5mm，厚 12.4mm，重 8g。破裂面台面，较为平整，长、宽分别为 6.9、8.3mm；台面内角 98°，台面外角 102°。腹面平整，打击点隐约可见，放射线、半锥体、锥疤、同心波等均不见；侧边准平行，远端台阶状。背面凸，石皮比例 40%；可见一个与石片方向相反的阴疤。

OKW ⑤ 32-1（图一〇八，6），原料为红褐色石英岩，颗粒较为细腻，含少量隐性节理。保存较好，表面不见磨蚀和风化痕迹。形态为梯形，技术尺寸与最大尺寸相同，技术长、宽分别为 28.3、28.3mm，厚 8.5mm，重 5g。破裂面台面，非常平整，长、宽分别为 6.6、12.9mm；台面内角 116°，台面外角 72°。腹面较平，打击点清楚，半锥体浅平，放射线清楚，锥疤、同心波不见；侧边反汇聚，远端羽状。背面凸，石皮比例 60%，主要集中在远端和左侧；可见多个与石片方向相同的阴疤。

OKW ⑤ 60-4（图一〇八，7），原料为红褐色石英岩，颗粒中等，含极少量隐性节理。保存较好，表面不见磨蚀和风化痕迹。形态为椭圆形，技术尺寸与最大尺寸相同，技术长、宽分别为 36.2、27.5mm，厚 5.8mm，重 3g。破裂面台面，打击后破损，较为平整，长、宽分别为 3.1、7.2mm；台面内角 90°，台面外角 89°。腹面微凸，打击点、半锥体、放射线清楚，锥疤、同心波不见；侧边汇聚，远端羽状。背面微凸，石皮比例 30%；可见一个与石片方向相同的阴疤。

OKW⑤68-1（图一〇八，8），原料为白色石英，表皮有黄色锈斑，颗粒粗大，节理较多。保存较好，表面不见磨蚀和风化痕迹。形态近长方形，技术尺寸与最大尺寸相同，技术长、宽分别为41.6、32.1mm，厚17.1mm，重20g。点状台面。腹面平，可见打击点和放射线，半锥体、锥疤、同心波不见；侧边不规则，远端羽状。背面凸，石皮比例40%；可见来自多个方向的阴疤。

OKW⑤17-2（图一〇八，10），原料为朱红色石英岩，颗粒中等，含少量隐性节理。保存较好，表面不见磨蚀和风化痕迹。形态近方形，技术尺寸与最大尺寸相同，技术长、宽分别为35.6、33mm，厚7.8mm，重11g。破裂面台面，非常平整，长、宽分别为8.1、28mm；台面内角98°，台面外角79°。腹面较平，打击点清楚，半锥体浅平，放射线清楚，同心波可见；侧边扇形，远端羽状。背面石皮比例99%，只在左侧有个长型的断裂面。

OKW⑤71-5（图一〇八，11），原料为红褐色石英岩，颗粒较粗，含隐性节理。保存较好，表面不见磨蚀和风化痕迹。形态近梯形，技术尺寸与最大尺寸相反，技术长、宽分别为34.5、50.9mm，厚16.8mm，重30g。破裂面台面，非常平整，长、宽分别为9、15.3mm；台面内角106°，台面外角98°。腹面不平，在远端有一个较大凹陷，可能是因内部节理自然脱落，可见多个打击点和半锥体，放射线明显，锥疤、同心波不见；侧边反汇聚，远端羽状。背面凸，石皮比例1%；可见多个来自不同方向的阴疤。

11KW⑤1081（图一〇八，4），原料为浅黄色石英岩，颗粒中等，质地较好。保存较好，表面不见磨蚀和风化痕迹。形态近梯形，最大长、宽分别为40、31.7mm，技术长、宽分别为36.3、32.5mm，厚8.5mm，重9g。破裂面台面，较为平整，长、宽分别为8.5、16.6mm；台面内角106°，台面外角65°。腹面较平，打击点较为清楚，半锥体凸出，放射线清楚；侧边反汇聚，远端台阶状。背面石皮比例40%，分布在石片右侧的背面；阴疤方向与石片方向相同。

11KW⑤1126（图一〇八，5），原料为青黑色石英岩，颗粒细腻，质地较好。保存较好，表面不见磨蚀和风化痕迹。形态近三角形，技术尺寸与最大尺寸相同，技术长、宽分别为21、19.8mm，厚6mm，重2g。破裂面台面，非常平整，长、宽分别为5.5、15.5mm；台面内角128°，台面外角51°。腹面凹，打击点较为清楚，半锥体凸出，放射线清楚；侧边汇聚，远端羽状。背面石皮比例80%；阴疤方向与石片方向相反，主要分布在下部。

12KW⑤266（图一〇八，9），原料为浅黄褐色石英岩，颗粒中等。保存较好，表面不见磨蚀和风化痕迹。形态近圆形，技术尺寸与最大尺寸相同，技术长、宽分别为42.3、35.7mm，厚9.3mm，重14g。线状台面。腹面微凸，打击点散漫，半锥体较为凸出，放射线清楚，可见层叠状锥疤；侧边扇形，远端羽状。背面石皮比例40%；两个阴疤方向与石片方向相同。

5. Ⅵ型石片

35件。原料主要为石英岩，共33件，其中优质者31件，中等者2件；此外还有石英2件。尺寸个体差异不大，最大长、宽、厚分别为10.2~50.5、7.5~32.4、2~17.8mm，重0.5~20g，平均最大长、宽、厚为27.7、20、8mm，平均重4.5g。可测石片角的石片，台面内角有25件在90°以上，表明大部分石片在剥离石核后还有较好的剥片角度。有28件背面疤数量在2个以上，其中有19件的背面疤数量在3个以上。有28件石片的腹面能观察到打击点，其中有3件石片腹面有2个打击点，即属于双锥石片；有19件石片的半锥体较为凸出，有5件石片可观察到明显锥疤，有31件石片的放射线清楚，有3件石片可观察到同心波；末端形态以羽状为主，有28件，其次为台阶状，有5件，此外还有背向卷1件，腹向卷1件。腹面曲度以平为主，有30件，其次为凸，有5件。

OKW ⑤ 22-3（图一〇九，1），原料为青灰色石英岩，颗粒细腻，含较多隐性节理。保存较好，表面不见磨蚀和风化痕迹。形态为菱形，技术尺寸与最大尺寸相反，技术长、宽分别为32.4、33.5mm，厚12.6mm，重12g。破裂面台面，非常平整，长、宽分别为9.4、14.9mm；台面内角98°，台面外角69°。腹面平，非常平整，长、宽分别为16.5、32.2mm；台面内角114°，台面外角56°。打击点和放射线清楚，半锥体浅平，同心波、锥疤等不见；侧边汇聚，均为断面，末端台阶状。背面凸，可见来自左右两侧的阴疤。

OKW ⑤ 62-6（图一〇九，2），原料为紫色石英岩，颗粒中等，含极少量隐性节理。保存较好，表面不见磨蚀和风化痕迹。形态为梯形，技术尺寸与最大尺寸相反，技术长、宽分别为19.7、33.5mm，厚11mm，重4g。破裂面台面，非常平整，长、宽分别为8.5、16.5mm；台面内角116°，台面外角82°。腹面平，打击点、半锥体、同心波、锥疤均不见，只可见放射线；侧边反汇聚，末端羽状。背面凸，可见来自多个方向的阴疤。

OKW ⑤ 49-2（图一〇九，3），原料为灰白色石英，颗粒粗大，含一定数量的隐性节理。保存较好，表面不见磨蚀和风化痕迹。形态为梯形，技术尺寸与最大尺寸相同，技术长、宽分别为27、22.6mm，厚10.4mm，重6g。破裂面台面，长、宽分别为9.3、8.8mm；台面内角61°，台面外角126°。腹面平，打击点较为清楚，半锥体、同心波、锥疤、放射线均不见；侧边反汇聚，末端羽状。

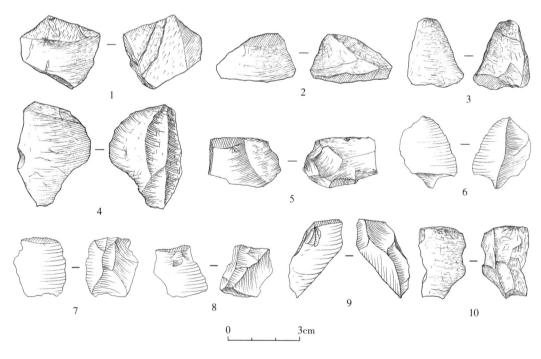

0 ____ 3cm

图一〇九　第⑤层出土Ⅵ型石片

1. OKW ⑤ 22-3　2. OKW ⑤ 62-6　3. OKW ⑤ 49-2　4. OKW ⑤ 16-1　5. OKW ⑤ 44-7　6. 11KW ⑤ 1122　7. 11KW ⑤ 1124
8. 11KW ⑤ 1129　9. OKW ⑤ 63-9　10. OKW ⑤ 10-3

背面凸，可见来自多个方向的阴疤。

OKW ⑤ 16-1（图一〇九，4），原料为浅黄白色石英岩，颗粒中等，含极少隐性节理。保存较好，表面不见磨蚀和风化痕迹。形态近三角形，技术尺寸与最大尺寸相同，技术长、宽分别为 39.8、30.8mm，厚 7.8mm，重 8g。点状台面。腹面打击点清楚，不见半锥体、同心波、锥疤和放射线。背面可见多个与石片方向相同的阴疤。

OKW ⑤ 44-7（图一〇九，5），原料为灰黑色石英岩，颗粒细腻，含少量隐性节理。保存较好，表面不见磨蚀和风化痕迹。形态为长方形，技术尺寸与最大尺寸相反，技术长、宽分别为 19.7、30.5mm，厚 5mm，重 3g。破裂面台面，非常平整，长、宽分别为 5.6、24.6mm；台面内角 108°，台面外角 66°。腹面较平，可见三个打击点和半锥体，其中左侧半锥体较为凸出，右侧两个半锥体较为接近但很浅平，放射线较为清楚，同心波、锥疤不见；侧边准平行，末端羽状。背面较平，可见多个与石片方向相同的阴疤，以及一个早期的来自左侧的阴疤。

OKW ⑤ 63-9（图一〇九，9），原料为黄色石英岩，颗粒细腻，质地较好。保存较好，表面不见磨蚀和风化痕迹。形态不规则，技术尺寸与最大尺寸相同，技术长、宽分别为 35.3、16.9mm，厚 8.4mm，重 4g。破裂面台面，非常平整，长、宽分别为 4.2、11mm；台面内角 116°，台面外角 79°。腹面凸，打击点清楚，半锥体凸出，可见多个锥疤；侧边汇聚，末端羽状。背面凸，可见多个阴疤，较晚的阴疤方向与石片方向相同。

OKW ⑤ 10-3（图一〇九，10），原料为乳白色石英，颗粒中等，含一定数量的隐性节理。保存较好，表面不见磨蚀和风化痕迹。形态不规则，技术尺寸与最大尺寸相同，技术长、宽分别为 28.5、21.2mm，厚 5.6mm，重 2g。破裂面台面，长、宽分别为 5.3、18.1mm；台面内角 111°，台面外角 78°。腹面平，打击点、半锥体、同心波、锥疤等均不见，只见放射线；侧边汇聚，末端羽状。背面凸，可见来自多个方向的阴疤。

11KW ⑤ 1122（图一〇九，6），原料为青白色石英岩，颗粒较为细腻，质地较好。保存较好，表面不见磨蚀和风化痕迹。形态近长方形，技术尺寸与最大尺寸相反，技术长、宽分别为 27.6、28mm，厚 5.3mm，重 2g。点状台面。腹面微凸，打击点较为清楚，半锥体浅平；侧边反汇聚，末端背向卷。背面凸，左右各有一个与石片方向相同的阴疤，并相交成一条纵脊。

11KW ⑤ 1124（图一〇九，7），原料为黄白色石英岩，颗粒较为细腻。保存较好，表面不见磨蚀和风化痕迹。形态近方形，技术尺寸与最大尺寸相同，技术长、宽分别为 23.4、21.5mm，厚 5.3mm，重 2g。破裂面台面，较为平整，长、宽分别为 4.6、16.8mm；台面内角 118°，台面外角 52°。腹面平整，打击点较为清楚，半锥体浅平；侧边准平行，末端羽状。背面微凸，可见来自多个方向的多个阴疤。

11KW ⑤ 1129（图一〇九，8），原料为青褐色石英岩，颗粒细腻，质地较好。保存较好，表面不见磨蚀和风化痕迹。形态近方形，技术尺寸与最大尺寸相反，技术长、宽分别为 20.3、22.5mm，厚 5.4mm，重 2g。破裂面台面，较为平整，长、宽分别为 4.7、14.7mm；台面内角 102°，台面外角 67°。腹面较为平整，打击点较为清楚，半锥体凸出；侧边准平行，末端台阶状。背面微凸，主要阴疤方向与石片方向相同。

6. 砸击石片

1 件。

OKW ⑤ 43-2（图一一〇，1；彩版五八，1），原料为白色石英，表皮部分呈朱红色，颗粒粗大，含大量隐性节理。保存较好，表面不见磨蚀和风化痕迹。形态为长椭圆形，技术尺寸与最大尺寸相同，技术长、宽分别为 46.9、24.3mm，厚 17.2mm，重 20g。向下两个台面均为自然台面。腹面鼓凸，可见到由于上下冲击造成相交的脊，打击点、放射线较为清楚，半锥体、同心波、锥疤不见。

7. 孔贝瓦石片

2 件。该类石片较为特殊，从前文各类型石片中抽离出来予以重点描述。

OKW ⑤ 74-3（图一一〇，2；彩版五八，2），原料为灰黑色石英岩，颗粒细腻，含少量隐性节理。保存较好，表面不见磨蚀和风化痕迹。形态近长方形，技术尺寸与最大尺寸相反，最大长、宽分别为 28.6、15.4mm，厚 10.2mm，重 5g。较早的台面为自然台面，呈线状，腹面略凸，因第二次打击只可见近端部分；打击点清楚，半锥体凸出。第二次打击的台面与前一个台面呈 90°，为自然台面，在左侧还有一个阴疤，长、宽分别为 10.1、12.4mm；台面内角 100°，台面外角 92°。侧边准平行，远端台阶状。腹面略凹。石皮比例 50%。

8. 更新石核台面桌板

1 件。该类石片较为特殊，从前文各类型石片中抽离出来予以重点描述。

OKW ⑤ 41-2（图一一〇，3；彩版五八，3），原料为紫色石英岩，颗粒中等，含少量隐性节理。保存较好，表面不见磨蚀和风化痕迹。形态不规则，技术尺寸与最大尺寸相同，技术长、宽分别为 42.1、32.7mm，厚 13.7mm，重 20g。破裂面台面，长、宽分别为 6.4、16.2mm；台面内角 100°，台面外角 88°。腹面平整，打击点和放射线清楚，半锥体浅平，锥疤和同心波等不见；侧边汇聚，末端羽状。背面略凹，可见两处密集的打击痕迹，推测在该石片剥下来之前是用作台面，这是修理台面时打下来的石片。

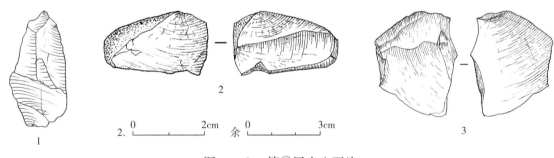

图一一〇　第⑤层出土石片

1. 砸击石片（OKW ⑤ 43-2）　2. 孔贝瓦石片（OKW ⑤ 74-3）　3. 更新石核台面桌板（OKW ⑤ 41-2）

（二）非完整石片

96 件，占石片总数的 44%。

1. 左裂片

41 件。原料主要为优质石英岩，只有 1 件为中等。尺寸个体差异较小，最大长、宽、厚分别为

12.2~41.8、10.8~29.2、4.4~10.4mm，重 0.5~11g，平均最大长、宽、厚为 25、17.6、7.7mm，平均重 3g。大部分左裂片都是沿石片打击点中线断裂。

OKW ⑤ 50-1，原料为灰褐色石英岩，颗粒较为细腻，含少量隐性节理。保存较好，表面不见磨蚀和风化痕迹。最大长、宽、厚分别为 28.5、26.6、10.9mm，重 8g。除了裂开的半锥体外，在左侧还可见到一个半锥体，两者夹角呈 90°。

OKW ⑤ 25-6，原料为乳白色石英岩，颗粒较为细腻，含少量隐性节理。保存较好，表面不见磨蚀和风化痕迹。最大长、宽、厚分别为 22.9、17.1、8.8mm，重 3g。可见残缺的打击点和半锥体。

OKW ⑤ 26-4，原料为黄色石英岩，颗粒较为细腻，含少量节理。保存较好，表面不见磨蚀和风化痕迹。最大长、宽、厚分别为 38.7、25.2、10.3mm，重 6g。可见残缺的打击点，放射线清楚。可见背面疤与石片方向相同。

OKW ⑤ 44-8，原料为深紫色石英岩，颗粒中等，含隐性节理。保存较好，表面不见磨蚀和风化痕迹。最大长、宽、厚分别为 38.9、29.2、11.8mm，重 11g。

OKW ⑤ 26-12，原料为浅黄色半透明石英岩，颗粒较为细腻，含少量节理。保存较好，表面不见磨蚀和风化痕迹。最大长、宽、厚分别为 24.4、18.8、5.7mm，重 3g。可见残缺的打击点，放射线清楚。

OKW ⑤ 70-9，原料为深黄色石英岩，颗粒较为细腻，含节理。保存较好，表面不见磨蚀和风化痕迹。最大长、宽、厚分别为 20、18.9、8.6mm，重 2g。可见残缺的打击点和半锥体。

OKW ⑤ 69-9，原料为黑灰色石英岩，颗粒较为细腻，含少量节理。保存较好，表面不见磨蚀和风化痕迹。最大长、宽、厚分别为 30.8、15.5、6.5mm，重 3g。可见残缺的打击点和半锥体。可见背面疤与石片方向相同。

OKW ⑤ 24-3，原料为石英岩，表皮黄色，内部灰褐色，颗粒较为细腻，含少量节理。保存较好，表面不见磨蚀和风化痕迹。最大长、宽、厚分别为 24.4、12、6mm，重 1g。

OKW ⑤ 63-3，原料为石英岩，表皮黄色，内部白灰色，颗粒较为细腻。保存较好，表面不见磨蚀和风化痕迹。最大长、宽、厚分别为 23.2、13.6、4.4mm，重 1g。可见残缺的打击点和半锥体，放射线清楚。可见背面疤与石片方向相同。

OKW⑤N-2，原料为黑色石英岩，颗粒较为细腻。保存较好，表面不见磨蚀和风化痕迹。最大长、宽、厚分别为 38.5、38.1、10.4mm，重 15g。可见残缺的打击点、半锥体、锥疤和放射线。背面疤来自右侧。

11KW ⑤ 1175，原料为青色石英岩，颗粒较为细腻。保存较好，表面不见磨蚀和风化痕迹。最大长、宽、厚分别为 21.5、11.9、6.3mm，重 1g。石皮台面。可见残缺的打击点、半锥体和放射线。背面疤与石片方向相同。

11KW ⑤ 1130，原料为青色石英岩。颗粒较为细腻。保存较好，表面不见磨蚀和风化痕迹。最大长、宽、厚分别为 14.1、11.9、5.2mm，重 0.8g。可见残缺的打击点、半锥体和放射线。背面疤与石片方向相同。

11KW ⑤ 1186，原料为浅黄色石英岩，颗粒较为细腻。保存较好，表面不见磨蚀和风化痕迹。最大长、宽、厚分别为 12.8、7.9、5.8mm，重 0.5g。可见残缺的打击点、半锥体和放射线。背面疤与石片方向相同。

12KW⑤219，原料为灰黑色石英岩，颗粒较为细腻。保存较好，表面不见磨蚀和风化痕迹。最大长、宽、厚分别为41.8、24.7、8.6mm，重8g。可见残缺的打击点、半锥体和放射线。背面疤与石片方向相同。

2. 右裂片

28件。原料主要为优质石英岩，只有1件中等者；此外还有石英1件。尺寸个体差异较小，最大长、宽、厚分别为15.5~64.8、10.5~32.3、2.8~18.5mm，重0.5~20g，平均最大长、宽、厚为28.5、19.1、7.9mm，平均重4.3g。大部分右裂片都是沿石片打击点中线断裂。

OKW⑤73-3，原料为黄色石英岩，颗粒较为细腻，含少量隐性节理。保存较好，表面不见磨蚀和风化痕迹。最大长、宽、厚分别为28.5、24.3、18.5mm，重9g。破裂面台面。可见残缺的打击点和放射线。

OKW⑤28-2，原料为黄色石英岩，颗粒中等，含极少量节理。保存较好，表面不见磨蚀和风化痕迹。最大长、宽、厚分别为29.2、17.3、8.4mm，重4g。自然台面。可见残缺的打击点和放射线。背面可见一个剥片阴疤，与石片方向相同。右侧边全部为石皮。

OKW⑤30-3，原料为浅灰色石英岩，颗粒较为细腻。保存较好，表面不见磨蚀和风化痕迹。最大长、宽、厚分别为25.6、16.4、7.4mm，重2g。破裂面台面。可见残缺的打击点和半锥体。

OKW⑤63-8，双锥石片。原料为灰色石英岩，颗粒非常细腻，含隐性节理。保存较好，表面不见磨蚀和风化痕迹。最大长、宽、厚分别为27.7、18.3、6.1mm，重5g。自然台面。除了裂开的一个半锥体外，在右侧还可见到一个完整的半锥体。

OKW⑤27-4，原料为白色石英岩，颗粒较粗，含少量隐性节理。保存较好，表面不见磨蚀和风化痕迹。最大长、宽、厚分别为28.9、24.4、8mm，重4g。自然台面。可见残缺的打击点和放射线。背面有一个与石片方向相同的阴疤。

OKW⑤62-3，原料为暗红色石英岩，颗粒较为细腻。保存较好，表面不见磨蚀和风化痕迹。最大长、宽、厚分别为33.2、15.1、5.9mm，重3g。

OKW⑤58-2，原料为乳白色石英岩，颗粒较为细腻。保存较好，表面不见磨蚀和风化痕迹。最大长、宽、厚分别为25.4、14.7、4.4mm，重3g。破裂面台面。可见残缺的打击点和半锥体、放射线。

OKW⑤58-2，原料为灰白色石英岩，颗粒较为细腻。保存较好，表面不见磨蚀和风化痕迹。最大长、宽、厚分别为38.7、27.8、12.3mm，重11g。自然台面。可见残缺的打击点、放射线，半锥体浅平宽大。

OKW⑤37-5，原料为黑色石英岩，颗粒较为细腻。保存较好，表面不见磨蚀和风化痕迹。最大长、宽、厚分别为31.4、19.5、6.8mm，重3g。破裂面台面。可见残缺的打击点、放射线。

OKW⑤58-1，原料为乳白色石英岩，颗粒中等。保存较好，表面不见磨蚀和风化痕迹。最大长、宽、厚分别为30.3、12.2、9.1mm，重3g。破裂面台面。可见残缺的打击点、放射线。

OKW⑤N-11，原料为黄色石英岩，颗粒中等。保存较好，表面不见磨蚀和风化痕迹。最大长、宽、厚分别为64.8、32.3、12.3mm，重20g。石皮台面。可见残缺的打击点、放射线。

3. 近端

6件。原料主要为石英岩，其中优质者4件，中等者2件。尺寸个体差异较小，最大长、宽、厚分别为 18.5~54.2、8.6~29.3、2.2~14.6mm，重 0.5~218g，平均最大长、宽、厚为 29.6、10.1、6.8mm，平均重 5.2g。

OKW⑤63-4，原料为黑色石英岩，颗粒细腻，含少量隐性节理。保存较好，表面不见磨蚀和风化痕迹。最大长、宽、厚分别为 20.2、18.8、12.5mm，重 6g。破裂面台面，长、宽分别为 11.1、19.4mm；台面内角 102°，台面外角 90°。打击点和放射线清楚，半锥体浅平，不见锥疤。

OKW⑤1-1，原料为乳白色石英岩，颗粒较粗，含隐性节理。保存较好，表面不见磨蚀和风化痕迹。最大长、宽、厚分别为 39.5、27.6、15mm，重 16g。石皮台面，长、宽分别为 10、22.7mm；台面内角 99°，台面外角 96°。打击点和放射线清楚，不见半锥体和锥疤。

OKW⑤16-2，原料为紫色透明石英岩，颗粒中等，含隐性节理。保存较好，表面不见磨蚀和风化痕迹。最大长、宽、厚分别为 20.6、8.6、5.8mm，重 1g。线状台面。打击点和放射线清楚，不见半锥体和锥疤。

11KW⑤1142，原料为青色石英岩，颗粒中等，含隐性节理。保存较好，表面不见磨蚀和风化痕迹。最大长、宽、厚分别为 27、15.8、6.1mm，重 2g。线状台面。打击点和放射线清楚，半锥体浅平。

11KW⑤1267，原料为青色石英岩，颗粒较为细腻。保存较好，表面不见磨蚀和风化痕迹。最大长、宽、厚分别为 18.7、11.6、2.2mm，重 0.5g。线状台面。打击点较为清楚，半锥体浅平。背面全部为石皮。

4. 远端

18件。原料主要为石英岩，共17件，其中优质者15件，中等者1件，差等者1件；石英1件。尺寸个体差异不大，最大长、宽、厚分别为 9.6~58.4、7.5~39.8、3.9~16.7mm，重 0.5~39g，平均最大长、宽、厚为 31.9、21.5、9.6mm，平均重 8.1g。

OKW⑤29-5，原料为石英岩，表皮红褐色，内部浅红色，颗粒较为细腻，含隐性节理。保存较好，表面不见磨蚀和风化痕迹。最大长、宽、厚分别为 45.2、23、12.9mm，重 12g。末端羽状。

OKW⑤15-2，原料为石英岩，表皮黄色，内部浅黄色。保存较好，表面不见磨蚀和风化痕迹。最大长、宽、厚分别为 33.2、24.2、6.9mm，重 4g。末端羽状。

OKW⑤231-1，原料为黄色石英岩，颗粒较为细腻，含少量隐性节理。保存较好，表面不见磨蚀和风化痕迹。最大长、宽、厚分别为 29.2、20.3、5.2mm，重 4g。末端台阶状。

OKW⑤44-3，原料为黄色石英岩，颗粒细腻，含隐性节理。保存较好，表面不见磨蚀和风化痕迹。最大长、宽、厚分别为 9.6、7.5、4.5mm，重 1g。可见放射线，末端羽状。

11KW⑤1270，原料为白色石英，颗粒粗大。保存较好，表面不见磨蚀和风化痕迹。最大长、宽、厚分别为 34.6、21.3、8.4mm，重 4g。

11KW⑤1146，原料为青灰色石英岩，颗粒较为细腻。保存较好，表面不见磨蚀和风化痕迹。最大长、宽、厚分别为 16.3、11.7、3.9mm，重 0.5g。可见同心波，末端羽状。

5. 中段

3件。原料均为优质石英岩。

OKW⑤4-1，原料为灰白色石英岩，颗粒较为细腻。保存较好，表面不见磨蚀和风化痕迹。最大长、宽、厚分别为 24.7、17.6、7.3mm，重 3g。

OKW ⑤ 10-6，原料为灰白色石英岩，颗粒中等，含隐性节理。保存较好，表面不见磨蚀和风化痕迹。最大长、宽、厚分别为 31.8、17.7、6mm，重 3g。

OKW ⑤ 31-2，原料为灰黑色石英岩，颗粒细腻，质地较好。保存较好，表面不见磨蚀和风化痕迹。最大长、宽、厚分别为 20.8、19.3、6.6mm，重 3g。

四、工具

76 件，占第⑤层发现石制品总数的 18%。工具类型有锯齿刃器、凹缺器、刮削器、石锥、尖状器、琢背石刀、鸟喙状器等 7 种。经统计，锯齿刃器、凹缺器和刮削器这三个类型是所有工具中的主要部分，三者比例合计达 80%。其他工具类型，除石锥、尖状器各占到 8% 外，其余各类型工具比例均在 5% 以下，数量上也未超过 5 件（表二四）。

表二四　第⑤层出土工具类型统计表

类型	锯齿刃器	凹缺器	刮削器	石锥	尖状器	琢背石刀	鸟喙状器	合计
数量 N	42	10	9	6	6	2	1	76
比例 %	55	13	12	8	8	3	1	100

总的来看，第⑤层工具原料以石英岩为主，其中又以优质石英岩为多，有 72 件，比例高达 95%，中等和差等石英岩各 1 件；此外还有石英 2 件。

经统计，工具毛坯以石片毛坯为主，包括各类型完整石片和非完整石片以及不确定类型的石片，总比例为 88%；其次为石核，比例为 9%；断块毛坯占 3%。对于石片毛坯而言，完整石片毛坯是主要部分，比例为 60%，其中又以Ⅲ型石片为多，比例为 16%；Ⅵ型和Ⅴ型也占有一定比例，均为 14%（表二五）。

工具尺寸总的来说差别不大，最大长、宽、厚分别为 19.2~71.1、17.5~63.7、8~15mm，重 2~40g，平均最大长、宽、厚为 41.1、29、13.7mm，平均重 6.5g。尺寸较为集中，主要是因为其毛坯大多数为完整石片。

工具的加工方法均为硬锤锤击法，加工方式多样。对于石片毛坯工具而言，加工方式以单向为主，比例达到 89%，其中又以正向为主，比例为 77%，反向比例为 14%。此外还有对向、两面、错向、交互和复向，比例分别为 3%、3%、1%、1% 和 1%（表二六）。对于非石片毛坯工具而言，其加工方式也有一定规律性，主要选择由较平面向相对不平面进行加工、由破裂面向石皮面进行加工。

从工具的加工位置来看，石片毛坯工具修理主要集中在石片的左边、右边和远端（合计 82%）。有少量工具（7%）选择在近端加工。还有部分工具（11%）的加工位置超越了一边或一端；除了加工位置为左边加右边（6%）外，其他超越一边或一端的工具其加工部位一般相连，即两个位置构成了一条相连的刃缘。非石片毛坯工具器修理边主要选择在毛坯较薄边缘或者相对较为规整的边缘进行加工。

工具修疤形态以鳞状为主，比例为 80%，其次为准平行或平行状，比例为 8%；台阶状最少，比

表二五　第⑤层出土各工具类型与毛坯的关系

毛坯		锯齿刃器	凹缺器	刮削器	石锥	尖状器	鸟喙状器	琢背石刀	合计	比例 %	
石片	不确定类型石片	1			1	1	1		4	5	88
	Ⅰ型石片	3				1			4	5	
	Ⅱ型石片	2	1	3					6	8	
	Ⅲ型石片	7	2	1		2			12	16	
	Ⅳ型石片	2							2	3	
	Ⅴ型石片	6	1	1	1			2	11	14	
	Ⅵ型石片	4	2	2	2	1			11	14	
	左裂片	4							4	5	
	中段	1							1	1	
	右裂片	3		1					4	5	
	远端	4	1	1	1	1			8	12	
断块		1	1						2	3	12
石核		4	2		1				7	9	
合计		42	10	9	6	6	1	2	76	100	

例为 1%；其余 11% 为不确定。鳞状修疤一般大小、凹陷程度不均等，体现出一种不规整的状态，是锤击法修理的特征。

　　从修疤层数来看，62% 的工具只有 1 层修疤，即只对刃缘进行了单次修理；38% 有 2 层及以上修疤。从工具修理的最大修疤长、宽分布图可知，修疤长、宽主要集中在 5~10mm，并以宽型修疤为主（图一一一）。此外，

表二六　第⑤层出土石片毛坯工具加工方式统计表

加工方式	数量 N	比例 %
正向	51	77
反向	9	14
错向	1	1
交互	1	1
对向	2	3
两面	2	3
复向	1	1

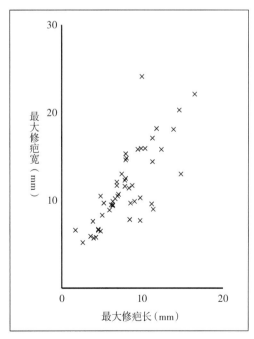

图一一一　第⑤层出土工具最大修疤长、宽分布

通过对修疤边缘的观察和统计，76% 的修疤呈弧形，3% 两侧边缘近似平行，2% 呈汇聚状，其余则呈不规则状。

通过对锯齿刃器、刮削器、石锥和尖状器四类工具的统计，它们的加工程度从加工长度指数来看，总体而言，一部分工具的加工长度达到了所在边的总长度，加工最短也接近所在边长的一半；而从平均值来看，超过了加工所在边长的一半；而标准偏差则显示各类工具的加工长度指数变异不大。从加工深度指数来看，虽然有部分工具加工深度指数达到了 1，但总体上来看本层工具的加工程度不是很高，加工深度较低的工具深度指数仅为 0.06，而平均值也未到加工面宽的一半。这表明这些工具基本上属于边缘修理；而且它们的标准偏差都很小，表明这四类工具大部分标本加工深度都很浅（表二七）。

表二七　第⑤层出土工具加工长度和深度指数

最大值		最小值		平均值		标准偏差	
长度指数	深度指数	长度指数	深度指数	长度指数	深度指数	长度指数	深度指数
1	1	0.39	0.06	0.87	0.46	0.18	0.31

工具刃缘在修理后，刃角与毛坯原边缘角度比较，有 68% 的标本变钝，29% 变锐，还有 3% 基本不变。刃角主要集中在 51°~79°；角度越小，数量越少；角度越大，数量也越少。

（一）锯齿刃器

42 件，占工具数量的 55%。原料主要为优质石英岩，共 40 件，此外还有石英 2 件。毛坯主要为石片，比例为 82%；石核和断块分别有 4、1 件。尺寸个体差异相对较大，最大长、宽、厚分别为 21.2~91.5、19.3~89、7~33.6mm，重 2~214g，平均最大长、宽、厚为 43.6、30.7、14.1mm，平均重 23g。平均刃角 61°。

按刃缘数量可分为单刃锯齿刃器和双刃锯齿刃器，分别有 40 和 2 件，比例分别为 95% 和 5%。

1. 单刃锯齿刃器

40 件。按刃口形态可分为单直刃、单凸刃、单凹刃和多功能型工具，分别有 34、4、1 和 1 件。

单直刃锯齿刃器

OKW ⑤ 60-3（图一一二，1；彩版五八，4），原料为灰黄色石英岩，颗粒细腻。毛坯为 V 型石片，双锥石片。保存较好，表面不见磨蚀和风化痕迹。形态为长方形，最大长、宽、厚分别为 46.7、24.4、13mm，重 14g。加工位置为石片远端，采用锤击法正向加工。刃缘修疤连续，较为精致，呈鳞状；可见两层修疤。刃缘修理主要集中在远端边缘的右侧，加工长度指数为 0.66；加工深度差不多为加工面的一半，加工深度指数为 0.5。加工后刃缘平直，长 28mm；刃口形态指数为 1；刃角较石片边缘角度变钝，刃角 72°。

OKW ⑤ 44-14（图一一二，2；彩版五八，5），原料为灰白色石英岩，颗粒中等，含少量隐性节理。毛坯为 V 型石片。保存较好，表面不见磨蚀和风化痕迹。形态不规则，最大长、宽、厚分别

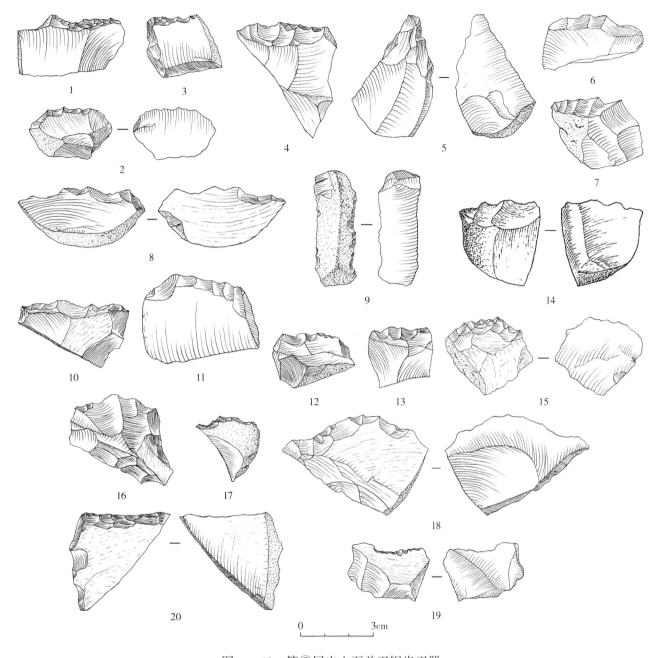

图一一二　第⑤层出土石单刃锯齿刃器

1~14.单直刃锯齿刃器（OKW ⑤ 60-3、OKW ⑤ 44-14、OKW ⑤ 64-5、OKW ⑤ 49-3、OKW ⑤ 44-2、OKW ⑤ 29-2、OKW ⑤ 73-8、OKW ⑤ 38-1、OKW ⑤ 6-2、OKW ⑤ 62-7、OKW ⑤ 61-8、OKW ⑤ 62-8、OKW ⑤ 51-3、11KW ⑤ 1178） 15~18.单凸刃锯齿刃器（OKW ⑤ 46-2、OKW ⑤ 13-5、OKW ⑤ 66-4a、OKW ⑤ 65-8）　19.单凹刃锯齿刃器（OKW ⑤ 3-5） 20.多功能型工具（OKW ⑤ 6-5）

为 33.4、20、9.5mm，重 6g。加工位置为石片右侧边，采用锤击法正向加工。连续修理，一共一层修疤；最大修疤长、宽分别为 3.9、7.6mm。刃缘修理长度略长于石片边缘的一半，加工长度指数为 0.51；加工深度不大，加工深度指数为 0.25。加工后刃缘略平直，长 16mm；刃口形态指数为 0；刃角 73°。

OKW ⑤ 64-5（图一一二，3；彩版五八，6），原料为灰褐色石英岩，颗粒较为细腻，质地较好。

毛坯为左裂片，自然台面，背面是一个非常平整的破裂面。保存较好，表面不见磨蚀和风化痕迹。形态近方形，最大长、宽、厚分别为29.3、24.1、10.3mm，重8g。加工位置为石片左侧边，采用锤击法反向加工。连续修理，一共两层修疤，呈鳞状；最大修疤长、宽分别为4、4.7mm。刃缘修理长度延伸至整个边缘，加工长度指数为1；加工深度不大，加工深度指数为0.18。加工后刃缘平直，长19mm；刃口形态指数为0；刃角较原边缘变钝，刃角58°。

OKW⑤44-2（图一一二，5；彩版五九，1），原料为黄灰色相间的石英岩，颗粒较为细腻，含节理。毛坯为V型石片。保存较好，表面不见磨蚀和风化痕迹。形态为三角形，最大长、宽、厚分别为52.2、29.3、12.5mm，重21g。加工位置为石片右侧边靠下部，采用锤击法正向加工。连续修理，一层共三个修疤；最大修疤长、宽分别为6.7、10.2mm。刃缘修理长度延伸未及整个边缘，加工长度指数为0.57；加工深度指数为0.55。加工后刃缘平直，长28mm；刃口形态指数为0；刃角较原边缘变化不大，刃角74°。

OKW⑤49-3（图一一二，4；彩版五九，2），原料为乳白色石英岩，颗粒较为细腻，质地较好。毛坯为石片远端。保存较好，表面不见磨蚀和风化痕迹。形态为三角形，最大长、宽、厚分别为52.5、37、16.7mm，重23g。加工位置为石片较薄边缘，采用锤击法正向加工。连续修理，一共两层修疤，呈鳞状；最大修疤长、宽分别为11.3、14.4mm，最小修疤长、宽分别为3.5、6.4mm。刃缘修理长度延伸至整个边缘，加工长度指数为1；加工深度较大，加工深度指数为0.6。加工后刃缘平直，长37mm；刃口形态指数为0；刃角较原边缘变钝，刃角65°。

OKW⑤29-2（图一一二，6；彩版五九，3），原料为石英岩，表皮黄红色，内部灰黑色，颗粒细腻，含隐性节理。毛坯为左裂片。保存较好，表面不见磨蚀和风化痕迹。形态为长条形，最大长、宽、厚分别为43.4、19.9、10mm，重12g。加工位置为石片左侧边，采用锤击法正向加工。一共可见三个修疤，最大修疤长、宽分别为8、12.5mm。刃缘修理加工长度指数为1；加工深度不大，加工深度指数为0.34。加工后刃缘较平直，长38mm；刃口形态指数为0；刃角75°。

OKW⑤73-8（图一一二，7；彩版五九，4），原料为灰褐色石英，颗粒较为细腻，含明显的节理。毛坯为V型石片。保存较好，表面不见磨蚀和风化痕迹。形态为长方形，最大长、宽、厚分别为42.5、29.5、19.7mm，重18g。加工位置为石片远端，采用锤击法正向加工。刃缘修疤连续，可见一层修疤；修疤较大，可见最大修疤长、宽分别为14.8、13mm。刃缘修理不及整个远端边缘，加工长度指数为0.46；加工深度较大，加工深度指数为0.76。加工后刃缘平直，长25mm；刃口形态指数为0；刃角较石片边缘变钝，刃角72°。

OKW⑤38-1（图一一二，8；彩版五九，5），原料为石英岩，表皮黄褐色，内部灰黑色，颗粒较为细腻，含少量隐性节理。毛坯为Ⅱ型石片。保存较好，表面不见磨蚀和风化痕迹。形态为半圆形，最大长、宽、厚分别为51.8、23.7、14.4mm，重17g。加工位置为石片远端，采用锤击法复向加工。这种加工方式在乌兰木伦遗址的工具修理中比较少。刃缘修疤连续，可见一层修疤，最大修疤长、宽分别为6.9、12.1mm。刃缘修理贯穿整个远端边缘，加工长度指数为1；加工深度不大，加工深度指数为0.31。加工后刃缘较为平直，长44mm；刃口形态指数为0；刃角较石片边缘变锐，刃角72°。

OKW⑤6-2（图一一二，9；彩版五九，6），原料为黄色石英岩，颗粒中等，含少量隐性节理。

毛坯为Ⅴ型石片。保存较好，表面不见磨蚀和风化痕迹。形态为弧形长方形，最大长、宽、厚分别为46.8、18.8、9.1mm，重8g。加工位置为石片左侧边，正向加工。刃缘修疤连续，可见一层修疤。刃缘修理未延伸至整个边缘，加工长度指数为0.76；修理阴疤延伸不远，加工深度指数为0.29。刃缘修理后正视平直，但由于毛坯呈弧形所以刃缘侧视也呈弧形，长32mm；刃角64°。

OKW⑤62-7（图一一二，10；彩版五九，7），原料为黑色石英岩，颗粒较为细腻，含一定的隐性节理。毛坯为石片远端。保存较好，表面不见磨蚀和风化痕迹。形态不规则，最大长、宽、厚分别为44.4、26、8.7mm，重11g。加工位置为石片最长边，采用锤击法正向加工。刃缘修疤连续，呈鳞状；可见两层修疤。最大修疤长、宽分别为6.4、9.9mm。刃缘修理长度贯穿整个边缘，加工长度指数为1；加工深度指数为0.42。加工后刃缘较平直，长43mm；刃口形态指数为0；刃角较原石片边缘变钝，刃角71°。

OKW⑤61-8（图一一二，11；彩版五九，8），原料为石英岩，表皮黄色，内部灰白色，颗粒中等，但含隐性节理。毛坯为Ⅳ型石片，打击点和半锥体等都不是很明显，背面为鼓凸的石皮面。保存较好，表面不见磨蚀和风化痕迹。形态为长方形，最大长、宽、厚分别为49.9、36.8、15.8mm，重35g。刃缘加工位置为石片左侧边，采用锤击法反向加工。刃缘加工较为简单，只见连续的四个修疤构成锯齿状刃缘；可见最大修疤长、宽分别为8.5、7.8mm。在整个左侧边都有修理，加工长度指数为1；但加工深度不大，基本集中在毛坯边缘，加工深度指数为0.15。修理后的刃缘平直，长31mm；刃口较石片边缘角度变钝，刃角81°。

OKW⑤62-8（图一一二，12；彩版六〇，1），原料为乳白色石英岩，颗粒非常细腻，含少量隐性节理。毛坯为Ⅴ型石片。保存较好，表面不见磨蚀和风化痕迹。形态为三角形，最大长、宽、厚分别为32、22.4、15.2mm，重11g。刃缘加工位置为石片左侧边，正向加工。连续修理，只见一层修疤；可见最大修疤长、宽分别为7.1、10.7mm。刃缘修理不及整个边缘，加工长度指数为0.65；加工深度指数为0.38。修理后的刃缘平直，长25mm；刃口形态指数为0；刃口较石片边缘角度变钝，刃角68°。

OKW⑤51-3（图一一二，13；彩版六〇，2），原料为紫红色石英岩，颗粒较为细腻，含隐性节理。毛坯为右裂片。保存较好，表面不见磨蚀和风化痕迹。形态为方形，最大长、宽、厚分别为27.8、23.6、8.4mm，重5g。加工位置为石片右侧边，采用锤击法反向加工。刃缘修疤连续；可见两层修疤，第一层一个修疤，第二层三个修疤；最大修疤长、宽分别为5.3、9.7mm。刃缘修理延伸至整个远端，加工长度指数为1；加工深度不大，加工深度指数为0.23。加工后刃缘略平直，长22mm；刃角较石片边缘变钝，刃角53°。

11KW⑤1178（图一一二，14；彩版六〇，3），原料为灰色石英岩，颗粒较为细腻，含少量节理。毛坯为左裂片。保存较好，表面不见磨蚀和风化痕迹。形态为梯形，最大长、宽、厚分别为29.7、26.8、9.6mm，重8g。加工位置为石片末端边缘，采用锤击法正向加工。连续修理，局部可见两层修疤，第一层有三个修疤，第二层只有一个修疤；可见最大修疤长、宽分别为10.3、15.7mm。刃缘修理长度延伸至整个边缘，加工长度指数为1；加工深度指数为0.43。加工后刃缘平直，长24.6mm；刃口形态指数为0；刃角较原边缘变化不大，刃角55°。

单凸刃锯齿刃器

OKW ⑤ 46-2（图一一二，15；彩版六〇，4），原料为白色石英，颗粒较为细腻和致密。毛坯为Ⅲ型石片。保存较好，表面不见磨蚀和风化痕迹。形态为梯形，最大长、宽、厚分别为31.6、30、11.8mm，重13g。加工位置为石片左侧边，采用锤击法正向加工。连续修理，一共两层修疤，呈鳞状；最大修疤长、宽分别为9.8、10.3mm。刃缘修理长度长于石片边缘的一半，加工长度指数为0.85；加工深度不大，加工深度指数为0.44。加工后刃缘呈凸弧状，长30mm；刃口形态指数为39；刃角67°。

OKW ⑤ 13-5（图一一二，16；彩版六〇，5），原料为石英岩，表皮红色和黄色相间，内部黄褐色，颗粒中等，含少量隐性节理。毛坯为断块。保存较好，表面不见磨蚀和风化痕迹。形态不规则，最大长、宽、厚分别为50.3、30.7、23mm，重29g。加工位置为断块较薄边缘，采用锤击法由石皮面向破裂面加工。刃缘修疤连续，可见一层修疤；最大修疤长、宽分别为6.2、9.5mm。刃缘修理长度延伸至整个边缘，加工长度指数为1；加工深度指数达到0.36。加工后刃缘呈凸弧形，长36mm；刃口形态指数为27；刃角较原边缘变锐，刃角60°。

OKW ⑤ 66-4a（图一一二，17；彩版六〇，6），原料为黑色石英岩，颗粒中等。保存较好，表面不见磨蚀和风化痕迹。毛坯为右裂片。形态近三角形，最大长、宽、厚分别为26.6、24.8、7.1mm，重3g。加工位置为石片远端，采用锤击法正向加工。刃缘修疤连续，呈鳞状；可见两层修疤，第一层只有一个修疤。刃缘修理并未延伸至整个边缘，加工长度指数为0.57；加工深度不大，加工深度指数为0.35。加工后刃缘呈凸弧形，长22mm；刃口形态指数为25；刃角较石片边缘变钝，刃角60°。

OKW ⑤ 65-8（图一一二，18；彩版六〇，7），原料为浅黄灰色石英岩，颗粒较为细腻，含较多隐性节理。毛坯为右裂片，在该右裂片腹面有一个由台面打下的片疤。保存较好，表面不见磨蚀和风化痕迹。形态为三角形，最大长、宽、厚分别为54.6、36.6、13.3mm，重26g。加工位置为石片右侧边，采用锤击法正向加工。刃缘修疤连续，可见两层修疤。最大修疤长、宽分别为7.9、12.3mm。刃缘修理长度不及整个右侧边，加工长度指数为0.89；加工深度不大，加工深度指数为0.31。加工后刃缘呈凸弧形，长61mm；刃口形态指数为42；刃角较原边缘变钝，刃角71°。

单凹刃锯齿刃器

OKW ⑤ 3-5（图一一二，19；彩版六〇，8），原料为灰黑色石英岩，颗粒较为细腻，含隐性节理。毛坯为Ⅱ型石片，双锥石片。保存较好，表面不见磨蚀和风化痕迹。形态为梯形，最大长、宽、厚分别为30.8、25.4、12.3mm，重6g。加工位置为石片远端，采用锤击法正向加工。刃缘修疤连续，非常细小；可见一层修疤。刃缘修理长度不及整个石片远端边缘，加工长度指数为0.75；加工深度不及修理面的一半，加工深度指数为0.13。加工后刃缘呈凹弧状，长21mm；刃口形态指数为16；刃角较原石片边缘变钝，刃角70°。

多功能型工具

OKW ⑤ 6-5（图一一二，20；彩版六一，1），一个刃缘为单直刃锯齿刃器，另一个刃缘为单直刃刮削器。原料为灰褐色石英岩，颗粒较为细腻。毛坯为左裂片，自然台面。保存较好，表面不见磨蚀和风化痕迹。形态为三角形，最大长、宽、厚分别为53.9、33.1、11.2mm，重18g。锯齿刃缘加工位置为石片台面与背面相交的边缘，采用锤击法由台面向背面加工。一共可见三个修疤，最大修疤长、宽分别为 9.1、9.9mm。刃缘加工长度指数为 0.6；加工深度较大，加工深度指数为 0.39。加工后刃缘较平直，长 25mm；刃口形态指数为 0；刃角 64°。刮削器刃缘加工位置为石片左侧边，采用锤击法正向加工。连续修理，可见三层修疤，呈鳞状，加工较为精致。刃缘加工长度指数为 0.6；加工深度较大，加工深度指数为 1。刃缘修理后平直，长 38mm；刃角 74°。

2. 双刃锯齿刃器

2 件。按刃缘形态可分为双直刃和直凹刃，各 1 件。

双直刃锯齿刃器

12KW ⑤ 273（图一一三，1；彩版六一，3），原料为暗黄色石英岩，颗粒细腻，质地较好。毛坯为石片中段；从目前可观察的石片中段来看，没有石皮；两侧边平行；背面有一条平直纵脊，上部还有一个窄长型片疤将该纵脊打破。这些特征与石叶非常像。该工具可确认为有意截断，因为在上部和下部的两个截面均可看到打击点，且打击点打破了工具修理疤痕。最大长、宽、厚分别为 41.1、19.3、10.5mm，重 20g。加工位置为石片两个侧边，对向加工。对向加工在乌兰木伦遗址工具修理中使用较少。刃缘修理对石片侧边改变不大。修疤连续，可见一层修疤。锯齿较为平缓，但总体不是很规整。刃角 66°。

直凹刃锯齿刃器

OKW ⑤ 1-2（图一一三，2；彩版六一，2），原料为灰白色石英岩，颗粒中等，含隐性节理。毛坯为Ⅵ型石片，但后期改造大；在石片背面可见一条纵向的脊，在脊的右侧面还可见到以左侧面为台面剥下的阴疤。保存较好，表面不见磨蚀和风化痕迹。形态为长方形，最大长、宽、厚分别为 50.8、32.3、14.7mm，重 27g。在石片的左、右侧边采用锤击法正向加工。其中左侧边呈凹弧形，刃缘修疤连续，只见一层修疤，修疤小而细密；加工长度指数为 1，加工深度指数为 0.11；刃缘长 38.5mm，刃缘形态指数为 -2，刃角 63°。右侧边修理后刃缘平直，连续修理，可见一层修疤，修疤相对较大；可见最大修疤长、宽分别为 11.4、9mm；修理片疤延伸至整个侧边，长 42.6mm，加工长度指数为 1，加工深度指数为 0.12；修理后刃角 58°。两个刃缘加工后刃口较原石片边缘都变钝。

（二）凹缺器

10 件，占工具数量的 13%。原料主要为优质石英岩，只有 1 件差等石英岩。毛坯主要为石片毛坯，比例为 70%；此外还有 2 件为石核，1 件为断块。石片毛坯中，完整石片毛坯有 6 件。尺寸个体差异相对较小，最大长、宽、厚分别为 20.3~68.9、12.5~34.3、3.3~19.7mm，重 5~38g，平均最大长、宽、厚为 36.6、26.5、15.1mm，平均重 14.2g。平均刃角 73°。

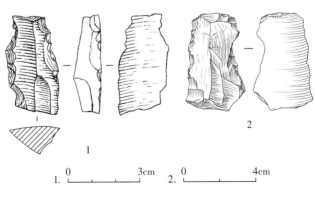

图一一三　第⑤层出土石双刃锯齿刃器
1. 双直刃锯齿刃器（12KW ⑤ 273）　2. 直凹刃锯齿刃器（OKW ⑤ 1-2）

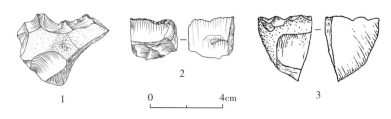

图一一四　第⑤层出土石凹缺器

1. 单凹缺器（OKW⑤68-8）　2. 多功能型工具（OKW⑤64-6）　3. 双凹缺器（11KW⑤1166）

根据凹缺数量，凹缺器可进一步分为单凹缺器和双凹缺器，分别有 8 和 2 件。

1. 单凹缺器

8 件，含多功能型工具 1 件。

OKW⑤68-8（图一一四，1；彩版六一，4），原料为石英岩，表皮灰褐色，内部黄色，颗粒较为细腻，质地较好。毛坯为 V 型石片。保存较好，表面不见磨蚀和风化痕迹。形态为方形，最大长、宽、厚分别为 48.3、38.7、14.9mm，重 23g。在石片右侧边靠下部反向加工。凹缺由多次打击形成。缺口宽 19、高 3.9mm，凹口弧度 0.43；修理后刃角相对原边缘变钝，刃角 52°。

多功能型工具

OKW⑤64-6（图一一四，2；彩版六一，5），原料为黄灰色石英岩，质地较好。毛坯为 Ⅲ 型石片。保存较好，表面不见磨蚀和风化痕迹。形态近方形，最大长、宽、厚分别为 27.3、23.6、10.2mm，重 7g。在石片左、右侧边均有修理，正向加工。凹缺由多次打击形成。缺口宽 8.7、高 2.2mm，凹口弧度 0.51；修理后刃角相对原边缘变钝，刃角 65°。还有一条刃近似锯齿刃缘。

2. 双凹缺器

2 件。

11KW⑤1166（图一一四，3），原料为青灰色石英岩，颗粒较为细腻，含少量隐性节理。毛坯为 Ⅲ 型石片。保存较好，表面不见磨蚀和风化痕迹。形态不甚规则，最大长、宽、厚分别为 41.5、32.8、19.3mm，重 21g。加工位置为石片远端，正向加工。凹缺器的两个刃口均由一次打击形成。其中一个刃口缺口宽 11.7、高 4.5mm，凹口弧度 0.38；修理后刃角相对原边缘变钝，刃角 98°。另一个刃口缺口宽 10.1、高 2.3mm，凹口弧度 0.21；修理后刃角相对原边缘变钝，刃角 83°。

（三）刮削器

9 件，占工具数量的 12%。原料主要为优质石英岩，只有 1 件为中等石英岩。毛坯均为石片毛坯。尺寸个体差异相对较小，最大长、宽、厚分别为 27.4~60.8、27.3~43.5、9.9~16.8mm，重 7~38g，平均最大长、宽、厚为 48、34.4、11.4mm，平均重 23.3g。平均刃角 69°。

根据刃缘数量，全部为单刃刮削器。根据刃口形态，可分为单直刃和单凹刃刮削器，分别有 5 和 4 件。

单直刃刮削器

OKW⑤21-2（图一一五，1；彩版六二，1），原料为黑紫色石英岩，颗粒中等，含少量隐性节理。毛坯为 V 型石片，有意思的是在腹面右侧边是早期剥片的台面，并在该石片腹面可见到因早期打击而留下的内部破损。保存较好，表面不见磨蚀和风化痕迹。形态近长方形，最大长、宽、厚分别为 60.8、40.6、16.8mm，重 38g。刃缘修理位置为石片左侧边，采用锤击法正向加工。刃缘加工较为

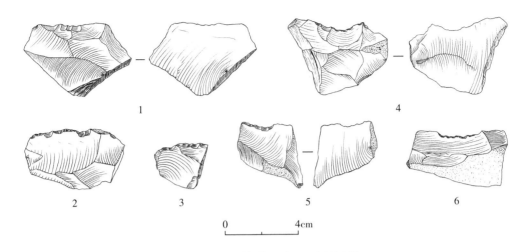

图一一五　第⑤层出土石刮削器

1~3. 单直刃刮削器（OKW ⑤ 21-2、OKW ⑤ 69-11、OKW ⑤ 73-7）　4~6. 单凹刃刮削器（OKW ⑤ 70-2、OKW ⑤ 66-3、OKW ⑤ 49-4）

精致，连续修理，可见两层修疤。第一层修疤较大，但数量少；第二层修疤小而连续。可见最大修疤长、宽分别为 4.9、10.5mm。加工长度指数为 1；加工深度指数为 0.38。修理后的刃缘基本平直，长 33mm；刃口较原边缘角度变钝，刃角 64°。

OKW ⑤ 69-11（图一一五，2；彩版六二，2），原料为紫色石英岩，颗粒中等。毛坯为 Ⅱ 型石片，腹面打击点和放射线清楚，半锥体浅平，侧边准平行，远端台阶状；背面布满石片疤，石皮面主要集中在远端边缘。保存较好，表面不见磨蚀和风化痕迹。形态近长方形，最大长、宽、厚分别为 54.5、34.6、9.9mm，重 19g。刃缘修理位置为石片左侧边，采用锤击法正向加工。刃缘加工浅平，连续修理；只见一层修疤，且每个修疤都非常小；可见最大修疤长、宽分别为 9.8、7.7mm。加工长度指数为 0.81；加工深度指数为 0.26，修疤延伸不远。修理后的刃缘基本平直，长 43mm；刃口较石片边缘角度变锐，刃角 63°。

OKW ⑤ 73-7（图一一五，3；彩版六二，3），原料为灰褐色石英岩，颗粒中等。毛坯为 Ⅵ 型石片。保存较好，表面不见磨蚀和风化痕迹。形态近三角形，最大长、宽、厚分别为 27.4、27.3、12.4mm，重 7g。刃缘修理位置为石片远端，采用锤击法正向加工。刃缘加工较为精致，连续修理，呈鳞状；可见两层修疤。刃缘修理延伸至整个远端，加工长度指数为 1；第一层修疤有一定的延伸，加工深度指数为 0.48。修理后的刃缘基本平直，长 29mm；刃口较石片边缘角度变钝，刃角 69°。

单凹刃刮削器

OKW ⑤ 70-2（图一一五，4；彩版六二，5），原料为紫色石英岩，颗粒非常细腻，含少量隐性节理。毛坯为 Ⅱ 型石片。保存较好，表面不见磨蚀和风化痕迹。形态近梯形，最大长、宽、厚分别为 57.1、43.5、18.6mm，重 35g。刃缘修理位置为石片右侧边，采用锤击法正向加工。刃缘加工较为精致，连续修理，可见两层修疤。应该是先打下一个大的修疤，再在该大修疤内部进行细小的修理。修疤贯穿整个边缘，加工长度指数为 1；加工深度指数为 0.15。修理后的刃缘呈凹弧形，长 36mm；刃口形态指数为 -26；刃口较原边缘变锐，刃角 74°。此外，在该刃缘靠近台面处也有少量修理，并与刮削器刃缘相交成一个尖，尖角83°。

OKW⑤66-3（图一一五，5），原料为灰褐色石英岩，颗粒较为细腻。毛坯为Ⅱ型石片。保存较好，表面不见磨蚀和风化痕迹。形态近梯形，最大长、宽、厚分别为47.4、37.7、15.8mm，重16g。刃缘修理位置为石片左侧边，采用锤击法正向加工。刃缘加工较为精致，连续修理，可见一层修疤，修疤都非常细小。加工长度不及整个边缘，加工长度指数为0.64；加工深度指数为0.14。修理后的刃缘呈凹弧形，长16mm；刃口形态指数为-30；刃口较原边缘角度变锐，刃角78°。

OKW⑤49-4（图一一五，6；彩版六二，4），原料为灰黑色石英岩，颗粒较粗，节理明显。保存较好，表面不见磨蚀和风化痕迹。形态为长方形，最大长、宽、厚分别为54.9、31.1、16.4mm，重31g。刃缘修理位置为石片左侧边，选择在早期剥片阴疤的面上，边缘相对薄锐；采用锤击法正向加工。连续修理，可见一层修疤。加工主要集中在石片边缘的中部，加工长度指数为0.46；加工深度指数为0.26。修理后的刃缘呈凹弧形，长22mm；刃口形态指数为-35；刃口较石片边缘角度变钝，刃角76°。

（四）石锥

6件，占工具数量的8%。原料均为优质石英岩。毛坯主要为石片毛坯，只有1件为石核毛坯。尺寸个体差异相对较小，平均最大长、宽、厚40.1、27.4、15mm，平均重40g。平均刃角93°。

OKW⑤25-2（图一一六，1；彩版六二，6），原料为灰褐色石英岩，颗粒较细腻。毛坯为不确定类型石片。保存较好，表面不见磨蚀和风化痕迹。形态为三角形，最大长、宽、厚分别为51.8、40.7、10.7mm，重22g。加工位置为石片一个侧边，采用锤击法由破裂面向石皮面加工；可见两层修疤。修理后尖角107°。

OKW⑤69-7（图一一六，2），原料为黑色石英岩，颗粒较为细腻，含少量隐性节理。毛坯为Ⅴ型石片。保存较好，表面不见磨蚀和风化痕迹。形态略呈梯形，最大长、宽、厚分别为34.6、23.6、12.3mm，重6g。加工位置为石片左侧边，采用锤击法反向加工；只见左、右各一个修疤，修理后形成一个小尖。尖角89°。

OKW⑤N-4（图一一六，3；彩版六二，7），原料为紫红色石英岩，颗粒较为细腻，含一定隐性节理。毛坯为Ⅵ型石片。保存较好，表面不见任何磨蚀风化痕迹。形态呈长方形，个体较小，最大长、宽、厚分别为34.8、20、14.4mm，重11g。加工位置为石片远端，采用锤击法正向加工；修理成一边陡一边斜的两个缓肩。尖角71。

（五）尖状器

6件，占工具数量的8%。原料均为优质石英岩。毛坯均为石片毛坯。尺寸个体差异相对较小，平均最大长、宽、厚为41.2、33.1、17.2mm，平均重20g。平均尖角76°。

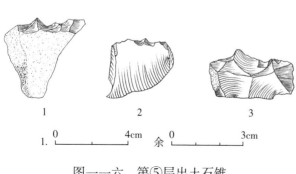

图一一六　第⑤层出土石锥

1. OKW⑤25-2　2. OKW⑤69-7　3. OKW⑤N-4

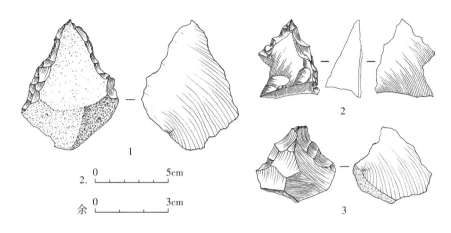

图一一七　第⑤层出土石尖状器
1. OKW ⑤ N–8　2. OKW ⑤ 59–6　3. OKW ⑤ 24–2

OKW ⑤ N–8（图一一七，1），原料为石英岩，表皮浅红褐色，内部灰白色，颗粒较为细腻。毛坯为 I 型石片。保存较好，表面不见磨蚀和风化痕迹。形态为三角形，最大长、宽、厚分别为 51、40.1、13.7mm，重 25g。加工位置为石片右侧边和远端边缘，采用锤击法正向加工，并相交形成尖状器尖部。右侧边修理可见两层修疤，远离尖部则修理越陡；远端边缘的修理可见两层修疤，其中第一层修疤较大，第二层修疤较小且少；可见最大修疤长、宽分别为 10、24.1mm。两侧边修理长度都达到了整个侧边的长度，加工长度指数为 1。尖角 77°。

OKW ⑤ 59–6（图一一七，2；彩版六三，1），原料为灰黑色石英岩。毛坯为石片远端。保存较好，表面不见任何磨蚀和风化痕迹。最大长、宽、厚分别为 49.5、41.4、22.6mm，重 38g。加工位置为器身相对较薄的石片底边，正向加工。加工精制，可见到三层修疤。加工长度包括整个修理边的长度。尖角 78°。

OKW ⑤ 24–2（图一一七，3），原料为黄色石英岩，颗粒较为细腻，质量较好。毛坯为 Ⅲ 型石片。保存较好，表面不见磨蚀和风化痕迹。形态近方形，最大长、宽、厚分别为 32.4、30.5、14.8mm，重 12g。加工位置为石片左侧边和远端边缘，采用锤击法正向加工，并相交形成尖状器尖部。修疤连续，呈鳞状；可见两层修疤，其中一层修疤在标本中部相交，形成一个尖顶。可见最大修疤长、宽分别为 8.1、14.8mm。尖角 80°。

（六）琢背石刀

2 件。

OKW ⑤ 29–4（图一一八，1；彩版六三，2），原料为灰褐色石英岩，颗粒较为细腻，含少量隐性节理。毛坯为 V 型石片。保存较好，表面不见磨蚀和风化痕迹。形态为半圆形，最大长、宽、厚分别为 31.7、22.6、7mm，重 4g。对石片两侧边进行修理，正向加工，但不连续。远端边缘则未进行任何修理，但锋利薄锐，为石刀的刃缘。刃角 54°。

12KW ⑤ 274（图一一八，2；彩版六三，3），原料为黄色石英岩，颗粒较为细腻，质地较好。毛坯为 V 型石片。最大长、宽、厚分别为 71.1、63.7、15mm，重 40g。从背面片疤分布可知其左侧为

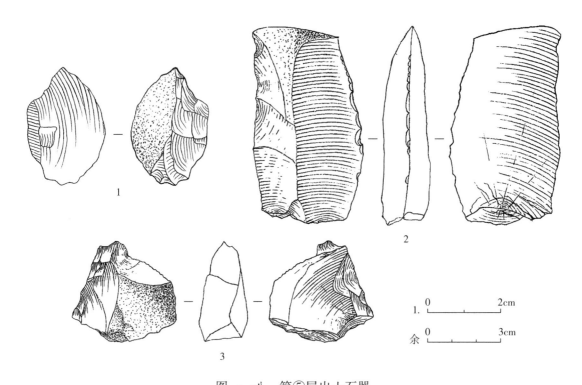

图一一八　第⑤层出土石器
1、2.琢背石刀（OKW ⑤ 29-4、12KW ⑤ 274）　3.鸟喙状器（OKW ⑤ 26-1）

较早的剥片阴疤，右侧为石皮面，两者在中部形成一条半人工半自然面的纵脊。打制者选择有石皮面的左侧边进行修理，正向加工，修疤较大，基本上去掉了大部分石皮，是为琢背；而对右侧边则不进行修理，但也有一些很小的碎疤，未修理边即琢背石刀刃缘。刃角38°。

（七）鸟喙状器

1件。

OKW ⑤ 26-1（图一一八，3；彩版六三，4），原料为石英岩，表皮红褐色，内部灰黑色，颗粒较为细腻，含节理。毛坯为石片，但由于台面遭到破坏，不能确定其具体类型。最大长、宽、厚分别为45.1、42.7、20mm，重38g。加工位置主要为石片左侧边和底边。左侧边采用两面加工的方式，片疤大而少，加工后角度变得很陡，达到89°；在左侧边和底边相交处采用交互打法，形成鸟喙状器刃部。

五、碎片

13件，占第⑤层发现石制品总数的3%。原料主要为优质石英岩，只有1件石英。平均最大长、宽、厚为9.3、5.9、2.7mm，平均重0.7g。

这些标本均保存较好，不见任何磨蚀和风化现象。

11KW ⑤ 1223，原料为青色石英岩，颗粒较为细腻，质地较好。形态近半椭圆形，最大长、宽、厚分别为9.4、7.5、2.3mm，重0.4g。

11KW⑤1266，原料为黄色石英岩，颗粒较为细腻。形态近三角形，最大长、宽、厚分别为9.2、6.2、2.4mm，重0.3g。

11KW⑤1515，原料为白色石英岩，颗粒较为细腻。形态近三角形，最大长、宽、厚分别为6.1、4.6、0.7mm，重0.1g。

六、废片

29件，占第⑤层发现石制品总数的7%。原料主要为石英岩，有24件，其中优质者22件，中等者2件；此外有石英4件，玛瑙1件。平均最大长、宽、厚为22、14.6、6.5mm，平均重2.3g。

这些标本均保存较好，不见任何磨蚀和风化现象。

OKW⑤28-3，原料为灰褐色石英岩，颗粒较为细腻。形态为半椭圆形，最大长、宽、厚分别为24.1、16.2、6.1mm，重1g。

OKW⑤18-1，原料为浅黄色石英岩，颗粒中等。形态近三角形，最大长、宽、厚分别为35.2、25.5、8mm，重5g。

11KW⑤1160，原料为灰褐色石英岩，颗粒较为细腻。形态近长条形，最大长、宽、厚分别为34.1、12.5、7mm，重4g。

七、断块

20件，占第⑤层发现石制品总数的5%。原料主要为石英岩，有13件，其中优质者9件，中等者3件，差等者1件；此外还有石英6件，石英砂岩1件。平均最大长、宽、厚为38.4、26.4、19.4mm，平均重25g。

这些标本均保存较好，不见任何磨蚀和风化现象。

OKW⑤25-5，原料为石英岩，表皮黄褐色，内部白色，颗粒中等，含较多节理。最大长、宽、厚分别为28.7、23.3、20.8mm，重16g。

OKW⑤4-3，原料为灰褐色石英岩，颗粒中等。最大长、宽、厚分别为37.3、24.9、16.4mm，重12g。

OKW⑤17-3，原料为暗黄色石英岩，颗粒中等。最大长、宽、厚分别为36.1、21.7、21mm，重14g。

OKW⑤18-2，原料为黄色石英岩，颗粒较为细腻。最大长、宽、厚分别为28.2、15.3、12.2mm，重3g。

OKW⑤65-10，原料为灰黄色石英岩，颗粒较为细腻。最大长、宽、厚分别为38.4、20.6、14.6mm，重9g。

OKW⑤34-1，原料为暗灰色石英岩，颗粒较为细腻。最大长、宽、厚分别为59.8、4.2、26mm，重84g。

OKW⑤41-3，原料为深灰色石英岩，颗粒中等。最大长、宽、厚分别为45.2、30.9、17mm，重28g。

八、备料

8 件，占第⑤层发现石制品总数的 2%。原料有石英岩、石英和燧石，分别有 5、2 和 1 件。平均最大长、宽、厚为 52.2、36.2、27.3mm，平均重 70.5g。

OKW ⑤ 33-1，原料为黄红色石英岩，颗粒较为细腻。形态为扁圆形，最大长、宽、厚分别为 66.9、57.3、36.9mm，重 195g。该标本在搬运到遗址之前一端已经破裂一次，应该是砾石在河流搬运过程中自然破裂；破裂阴疤已经风化得很光滑。

OKW ⑤ 11-4，原料为灰褐色石英岩，颗粒较为细腻。形态为长扁圆形，最大长、宽、厚分别为 79.9、41.7、38.8mm，重 159g。该标本有一个较为平整的面。

OKW ⑤ 68-3，原料为黄白色石英岩，颗粒较为细腻，含节理。形态为扁圆形，最大长、宽、厚分别为 31.3、29.7、19.8mm，重 26g。

OKW ⑤ 12-2，原料为青灰色石英岩，颗粒较为细腻，表面有很多孔。形态为扁平三角状，最大长、宽、厚分别为 60、39.9、22.5mm，重 68g。

第八节　第⑥层石制品

在乌兰木伦遗址 2010~2013 年五次发掘中，第⑥层共发现石制品 249 件。其中，包括石核 24 件、石片 123 件、工具 53 件、碎片 6 件、废片 25 件、断块 14 件、备料 4 件（表二八）。

表二八　第⑥层石制品分类统计表

类型	石核	石片	工具	碎片	废片	断块	备料	合计
数量 N	24	123	53	6	25	14	4	249
比例 %	10	50	21	2	10	6	1	100

一、石核

24 件，占第⑥层发现石制品总数的 10%。原料以优质石英岩为主，共 20 件，比例为 83%，中等石英岩 2 件；此外还有石英 2 件。初始毛坯以砾石为主，共 20 件，占 83%；此外还有断块 1 件、石片 2 件以及具有早期破裂面的砾石 1 件。尺寸个体差异较大，最大长、宽、厚分别为 27.8~70.3、27~59、17~48.6mm，重 11~190g，平均最大长、宽、厚为 68.1、40.1、19.3mm，平均重 161g。

按台面数量和剥片技术进行分类，单台面石核 11 件，占石核比例为 46%；双台面石核 4 件，占 17%；多台面石核 7 件，占 29%；石片石核 2 件，占 8%。除石片石核外，能观察到的台面形态，自然台面有 11 件，占 46%；破裂面台面 3 件，占 13%；混合台面 8 件，占 33%。对所有台面角进行测量，台面角大部分在 90° 以下，有 19 件，表明石核仍具备继续剥片的角度；有 5 件其中有一个台面的台面角大于 100°，表明已难以继续剥片。从能够较好观察到石核剥片疤的石核上来看，剥片疤数量平均为 3 个，其中有 16 件在 3 个以上，占 67%，剥片最多者可观察到 7 个剥片阴疤，表明该层发现的石核具有较高的剥片程度。石核的剥片程度还可以从石核剥片范围体现出来，剥片面积占石核面积 50% 以上的有 11 件，占 46%。总的来看，从可观察测量的剥片疤长宽比来看，剥片疤以宽型为主，占 91%。

这些石核中有 3 件采用了砸击开料的剥片技术，还有 1 件具有修理台面的特征。

石核保存较好，大部分没有经过后期的磨蚀和风化，只有 1 件可观察到轻微的磨蚀。

（一）单台面石核

11 件，占石核总数的 46%。原料以石英岩为主，有 10 件，其中优质者 9 件，中等者 1 件；此外还有石英 1 件。其中有 3 件砸击开料石核。

OKW ⑥ 12-3（图一一九，1；彩版六四，1），砸击开料石核。原料为灰黑色石英岩，颗粒较为细腻，含隐性节理。毛坯为圆形砾石。保存较好，表面不见任何磨蚀

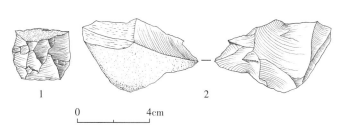

图一一九　第⑥层出土单台面石核
1. OKW ⑥ 12-3　2. OKW ⑥ 28-3

和风化痕迹。最大长、宽、厚分别为 32.1、31.9、31.9mm，重 26g。先将砾石进行砸击开料，形成一个平整的破裂面，再以破裂面为台面进行剥片。台面长、宽分别为 30.3、25.8mm；平均台面角 78°，该角度仍适合进一步剥片。剥片面占了整个石核面积的一半，至少可见三层剥片疤；最大剥片疤长、宽分别为 15、16.2mm。

OKW ⑥ 28-3（图一一九，2；彩版六四，2），原料为石英岩，表皮黄红色，内部灰白色，颗粒较为细腻，含隐性节理。毛坯未知，可见砾石面。保存较好，表面不见任何磨蚀和风化痕迹。最大长、宽、厚分别为 68.1、40.1、19.3mm，重 40g。台面一半为砾石面，一半为古老的磨蚀严重的破裂面以及较为新鲜的破裂面，台面长、宽与石核的最大长、宽一致；平均台面角 64°，该角度仍适合进一步剥片。剥片面可见一层剥片阴疤，最大剥片阴疤长、宽分别为 28.4、32.8mm。

（二）双台面石核

4 件，占石核总数的 17%。原料均为石英岩，其中 3 件为优质石英岩，另 1 件为中等。

OKW ⑥ 6-3（图一二〇，1；彩版六四，4），原料为浅黄白色石英岩，颗粒中等，含隐性节理。毛坯为砾石。保存较好，表面不见磨蚀和风化痕迹。最大长、宽、厚分别为 31.5、27.4、26.3mm，重 21g。首次剥片以一个弧形的石皮面为台面，在相对的两个面进行剥片；长、宽分别为 23.2、36.9mm，平均台面角 86°。再次剥片的台面选择在前一次剥片的一个剥片面，长、宽分别为 25.4、37.4mm，台面角 86°；只剥下了一个阴疤。

OKW ⑥ N-1（图一二〇，3；彩版六四，3），原料为石英岩，表皮红褐色，内部黄色，颗粒中等，含隐性节理。毛坯为砾石。保存较好，表面不见任何磨蚀和风化痕迹。最大长、宽、厚分别为 57.5、

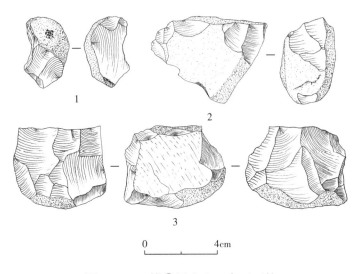

图一二〇　第⑥层出土双台面石核
1. OKW ⑥ 6-3　2. 11KW ⑥ 579　3. OKW ⑥ N-1

44.9、43.6mm，重 161g。两个台面相交呈 90°。先是以一个平整的石皮面为台面进行剥片，长、宽分别为 47.8、43.7mm，平均台面角 89°；除了另一个台面外几乎一周都有剥片。再一次剥片采用的是砸击开料后形成的破裂面为台面，长、宽分别为 48.8、34.3mm，平均台面角 91°；在一周均进行了剥片，包括早期剥片的台面，但由于剥片角度的原因并不是很成功。可见最大剥片疤长、宽分别为 42.9、26.2mm。石核经剥片后石皮比例约为 30%。

11KW ⑥ 579（图一二〇，2；彩版六四，5），原料为青黑色石英岩，颗粒中等。毛坯为砾石。保存较好，表面不见磨蚀和风化痕迹。最大长、宽、厚分别为 68.7、47.5、30.2mm，重 103g。两个剥片台面均为石皮面。其中，一个主要的剥片台面较为平整，长、宽分别为 68、32mm，平均台面角 81°；在台面两端进行多次剥片，但由于原料的原因每次剥片的延伸性都不是很好；可见最大剥片疤长、宽分别为 28、17mm。另一个剥片台面呈凸弧形，只进行了一次剥片尝试，且以失败告终。

（三）多台面石核

7 件，占石核总数的 29%。原料以石英岩为主，有 6 件，全部为优质石英岩；其余 1 件为石英。

OKW ⑥ 10-1（图一二一，1；彩版六五，1），原料为石英岩，表皮黄褐色，内部黑色，颗粒细腻，质地较好。毛坯为砾石。保存较好，表面不见磨蚀和风化痕迹。最大长、宽、厚分别为 48.8、40.9、35.1mm，重 80g。共有四个台面。其中首次剥片的台面为后来的剥片面，本次剥片只见一个剥片阴疤。后三次剥片共用一个剥片面，该剥片面上一共可见六个剥片阴疤。其中第一次剥片的台面为一个平整的石皮面，并成功剥下两件石片；再一次剥片向右旋转 90° 即以最早一次剥片的剥片面为台面并成功剥下了三件石片；最后一次剥片则又转移到相对的平整石皮面，并成功剥下了一件石片。该石核保留的砾石面有 60%，仍可进一步剥片。

OKW ⑥ 11-2（图一二一，2），原料为灰黑色石英岩，颗粒较为细腻，节理较多。毛坯为砾石。保存较好，表面不见

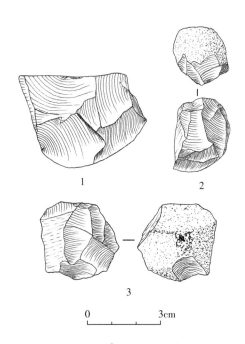

图一二一　第⑥层出土多台面石核
1. OKW ⑥ 10-1　2. OKW ⑥ 11-2
3. OKW ⑥ 1-4

磨蚀和风化痕迹。最大长、宽、厚分别为 29.2、23.8、20.3mm，重 17g。第一次剥片以一个较为平整的石皮面为台面，长、宽分别为 26.5、14.2mm，台面角 81°；剥下了三件石片，可见最大剥片疤长、宽分别为 20.5、9.9mm。第二次剥片的台面选择在前一次剥片面的相对面，为石皮台面，长、宽分别为 16.7、18.6mm，台面角 88°；剥下了多个阴疤，但晚期的阴疤由于内部节理而中途折断。最后一次剥片以第二次剥片的剥片面为台面并在第二次剥片的台面进行剥片，但由于原料节理原因，剥片都不是很成功。

OKW ⑥ 1-4（图一二一，3；彩版六五，2），原料为黄色石英岩，颗粒较为细腻，含隐性节理。毛坯为砾石。保存较好，表面不见磨蚀和风化痕迹。最大长、宽、厚分别为 28.7、28.7、27.8mm，重 30g。共有四个台面。首次剥片以平整的石皮面为台面，阴疤均被后来的继续剥片所打破。再一次剥片的台面是在第一次台面向左转向 90°，并剥下一个石片。第三次剥片台面以第一次剥片台面向右转向 90°，并剥下多件石片。前三次剥片共用一个剥片面。最后一次剥片以早期剥片面为台面，并成功剥下一件石片。此外，在石核早期剥片面相对的一端可见到密集的破损痕迹，可能在石核剥片之前还当作石锤使用。

（四）石片石核

2 件，占石核总数的 8%。

OKW ⑥ 26-1，原料为灰色石英岩，颗粒中等。毛坯为Ⅰ型石片，自然台面，腹面较平，打击点清楚，可见放射线。保存较好，表面不见磨蚀和风化痕迹。个体较小、很厚，最大长、宽、厚分别为 27.8、27、17mm，重 11g。以腹面为台面在其左侧边进行剥片。可见一层共四个剥片疤，最大剥片疤长、宽分别为 12.8、11.4mm。

二、石片

123 件，占第⑥层发现石制品总数的 50%。原料主要有 4 种，以石英岩为主，共 109 件，占石片总数的 89%。其中，又以优质石英岩为主，有 101 件，占 82%；中等石英岩 6 件，占 5%；差等石英岩 2 件。此外，还有石英 12 件，占 10%，燧石 1 件，石英砂岩 1 件（图一二二）。尺寸个体差异较大，最大长、宽、厚分别为 11.6~67.4、6.8~45.1、3.1~28.3mm，重 0.1~67g，平均长、宽、厚为 31.1、27.8、9.4mm，平均重 8g。这与石片本身的属性有关，大部分石片是打制者有意从石核上打下的，但有些小型石片则可能不是剥片者预先想要的，而是剥片过程中自然掉落的，或者是修理工具产生的修理石片。总的来看，石片以小型为主，微型和中型较少，没有大型标本（图一二三）。

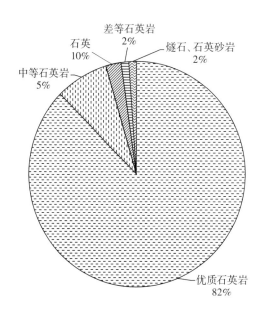

图一二二　第⑥层出土石片原料统计

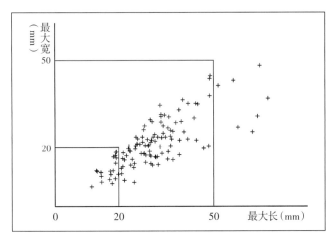

图一二三　第⑥层出土石片最大长、宽分布

表二九　第⑥层出土石片类型统计表

类型	数量 N	比例 %
完整石片	81	66
Ⅰ型石片	4	3
Ⅱ型石片	13	11
Ⅲ型石片	14	11
Ⅳ型石片	2	2
Ⅴ型石片	28	23
Ⅵ型石片	20	16
非完整石片	42	34
左裂片	12	10
右裂片	15	12
近端	5	4
远端	10	8

石片可分为完整石片和非完整石片两种。其中，完整石片和非完整石片分别有 81 件和 42 件，比例分别为 66% 和 34%。完整石片按 Toth 的六型石片分类法，可知人工台面石片相对较多，共有 50 件，其中以 Ⅴ 型和 Ⅵ 型石片为多；自然台面石片中，Ⅱ 型和 Ⅲ 型相对较多。在所有的六型石片中，Ⅰ 型石片和 Ⅳ 型石片数量最少，分别只有 4 和 2 件。非完整石片以左裂片、右裂片和远端较多，分别有 12 件、15 件和 10 件，比例分别为 10%、12% 和 8%；近端只有 5 件，比例为 4%；不见中段（表二九）。

在石片类型中，还有少量特殊石片。其中，有双锥石片 2 件，孔贝瓦石片 1 件。

从破裂面台面石片来看，大多数石片的台面只有 1 个剥片阴疤，即一个素台面，共有 47 件；有少量石片的台面是由 2 个阴疤构成的，共 3 件。从类型上看，有 2 件为点状台面，1 件为线状台面。

完整石片中，总的来看以长型石片为主，即石片技术长大于技术宽的有 76 件，占完整石片的 94%。石片总的来看以薄型为主。能测量石片台面角的 79 件石片，台面内角大于 90° 的有 62 件，比例为 78%，这表明大部分石片在从石核剥离之后，石核仍有较好的剥片角度；平均内角 101°。台面外角小于 90° 的也有 68 件，也说明了同样的问题。有 71 件石片可以明显观察到打击点，占石片总数的 58%。有 46 件石片的半锥体较为凸出，比例为 37%。只有 6 件石片可以观察到锥疤。有 79 件石片的放射线很清楚，比例为 64%。有 18 件石片可见到较为清楚的同心波，比例为 15%。石片末端形态以羽状为主，有 54 件，占 44%；其次为台阶状，有 11 件，比例为 9%；再次为背向卷和腹向卷，分别有 2 和 6 件。除很小的石片不易观察石片腹面曲度外，可观察的石片腹面曲度以平为主，有 53 件；腹面凸和凹的较少，分别是 8 和 14 件。可观察石片背面疤的石片，只有 1 个阴疤的有 17 件；有 2 个阴疤的有 20 件；有 3 个及以上阴疤的有 31 件。背面疤层数大多数只有 1 层，有 52 件；仅有 13 件石片可观察到 2 层背面阴疤。

这些石片均保存较好，只有 1 件标本可观察到轻微的磨蚀。

（一）完整石片

81 件，占石片总数的 66%。

1. Ⅰ型石片

4 件。原料主要为石英岩和石英，分别有 3 和 1 件。平均最大长、宽、厚为 27、23.3、7.7mm，平均重 5.2g。

OKW ⑥ 2-1a（图一二四，1），原料为灰色石英岩，内部颗粒细腻，含隐性节理。保存较好，表面不见磨蚀和风化痕迹。形态近梯形，技术尺寸与最大尺寸相同，技术长、宽分别为 33.4、28.7mm，厚 10.1mm，重 11g。点状台面。腹面较平，打击点、放射线明显，半锥体、锥疤、同心波等不见；边缘反汇聚，末端背向卷。

11KW ⑥ 650（图一二四，2），原料为青灰色石英岩，颗粒较为细腻，质地较好。保存较好，表面不见磨蚀和风化痕迹。形态近半圆形，技术尺寸与最大尺寸相同，技术长、宽分别为 27.9、26.5mm，厚 7.7mm，重 5g。自然台面，较为平整，长、宽分别为 7.3、20.6mm；台面内角 85°，台面外角 86°。腹面凸，由于内部节理的原因，从台面中部有一条纵向脊至石片中部；打击点集中，半锥体凸出，放射线清楚；侧边扇形，远端羽状。

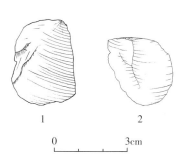

图一二四　第⑥层出土Ⅰ型石片

1. OKW ⑥ 2-1a　2. 11KW ⑥ 650

2. Ⅱ型石片

13 件。原料主要为石英岩，共 12 件，其中优质石英岩 11 件，中等者 1 件；石英 1 件。尺寸个体差异中等，最大长、宽、厚分别为 14.5~57.9、11.8~35.5、2.1~27.5mm，重 0.3~26g。台面内角有 9 件在 90° 以上。有 7 件背面疤数量在 2 个以上。石片腹面均能观察到打击点，有 7 件半锥体较为凸出，均观察不到锥疤，10 件放射线清楚，有 4 件可观察到同心波；末端形态以羽状为主，有 10 件，此外还有台阶状和背向卷各 1 件，远端部分同心波呈凸起的棱 1 件。腹面曲度以平为主，有 12 件，此外有凹 1 件。

OKW ⑥ N-11（图一二五，1），原料为褐色石英岩，颗粒细腻，质地较好。保存较好，表面不见磨蚀和风化痕迹。形态为梯形，技术尺寸与最大尺寸相反，技术长、宽分别为 35.5、42mm，厚 9.1mm，重 11g。自然台面，长、宽分别为 2.8、11.3mm；台面内角 90°，台面外角 87°。打击点散漫，半锥体浅平，放射线清楚，锥疤、同心波不见；边缘反汇聚，末端羽状。背面略平，保留石皮面较少，比例约 30%，主要分布在末端；可见两个与

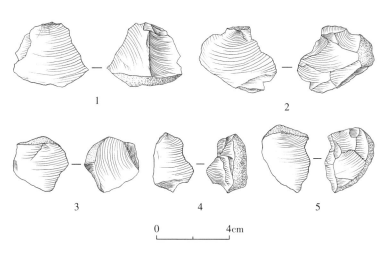

图一二五　第⑥层出土Ⅱ型石片

1. OKW ⑥ N-11　2. OKW ⑥ 24-4　3. OKW ⑥ 7-8　4. OKW ⑥ 7-9
5. OKW ⑥ 19-1

石片方向相同的阴疤，并相交成一条纵脊。

OKW ⑥ 24-4（图一二五，2），原料为深黄色石英岩，颗粒中等，含隐性节理。保存较好，表面不见磨蚀和风化痕迹。形态不规则，技术尺寸与最大尺寸相反，技术长、宽分别为 35.5、44.4mm，厚 13.3mm，重 20g。自然台面，长、宽分别为 5.3、14.7mm；台面内角 114°，台面外角 72°。腹面凸，打击点清楚，半锥体凸出，放射线明显，锥疤和同心波不见；边缘反汇聚，末端台阶状。背面不平整，保留石皮面积约 20%，主要分布在右侧边缘；可见多个与石片方向相同的阴疤，层叠分布。

OKW ⑥ 7-8（图一二五，3），原料为红褐色石英岩，颗粒较为细腻，含隐性节理。保存较好，表面不见磨蚀和风化痕迹。形态不规则，技术尺寸与最大尺寸相同，技术长、宽分别为 30.6、29.2mm，厚 11.1mm，重 10g。自然台面，长、宽分别为 12.8、22mm；台面内角 104°，台面外角 62°。腹面较平整，打击点清楚，半锥体较为凸出，放射线清楚，锥疤、同心波不见；边缘不规则，末端羽状。背面较平，石皮主要分布在台面两侧，比例约 10%；主要为一个来自左侧的阴疤。

OKW ⑥ 7-9（图一二五，4），原料为黑色石英岩，颗粒中等，质地较好。保存较好，表面不见磨蚀和风化痕迹。形态不规则，技术尺寸与最大尺寸相同，技术长、宽分别为 31.5、22.5mm，厚 8.9mm，重 5g。自然台面，长、宽分别为 6.9、6.7mm；台面内角 98°，台面外角 72°。该石片的台面在打击时右侧向背面发生破裂。腹面较平，打击点清楚，半锥体浅平，放射线、锥疤、同心波不见；边缘准平行，末端背向卷。背面凸，左侧主要为来自右侧的阴疤，右侧全部为石皮，比例 40%；两者相交成一条纵向的脊。

OKW ⑥ 19-1（图一二五，5），原料为灰褐色石英岩，颗粒较为粗大。保存较好，表面不见磨蚀和风化痕迹。形态为泪滴状，技术尺寸与最大尺寸相同，技术长、宽分别为 37.2、25.9mm，厚 8.7mm，重 9g。自然台面，长、宽分别为 7.3、24.2mm；台面内角 123°，台面外角 74°。腹面微凹，打击点清楚，半锥体较小，放射线、锥疤、同心波不见；边缘汇聚，末端羽状。背面平，石皮分布在右侧，比例约 30%；可见多个与石片方向相同的阴疤。

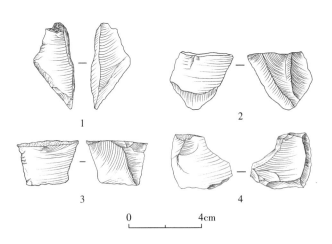

图一二六　第⑥层出土Ⅲ型石片

1. OKW ⑥ 6-5　2. OKW ⑥ 16-1　3. OKW ⑥ 11-2　4. 11KW ⑥ 646

3. Ⅲ型石片

14 件。原料主要为石英岩，共 13 件，有 12 件为优质，1 件为差等；此外还有石英 1 件。尺寸个体差异相对较小，最大长、宽、厚分别为 13.1~46.9、12.4~31.5、3.3~14.5mm，重 0.2~14.5g，平均最大长、宽、厚为 30、22.3、8.2mm，平均重 5.8g。

OKW ⑥ 6-5（图一二六，1），原料为浅黄色石英岩，颗粒较为细腻，含少量隐性节理。保存较好，表面不见磨蚀和风化痕迹。形态为三角形，技术尺寸与最大尺寸相同，技术长、宽分别为 46.9、20.1mm，厚 9.6mm，重 8g。自然台面，较为平整，长、宽分别为9.5、11.1mm；台面内角106°，台面外角83°。腹面凸，打击点清楚，半锥体凸出，放射线、锥疤、同心波等不见。右侧边是一个截面，基本从打击点处裂开到末端；左侧边可见到一些类似修理疤痕的凹陷，这是因为原料内部构造而造成的。背面可见一个与石片方向相同的阴疤。

OKW⑥16-1（图一二六，2），原料为石英岩，表皮黄色，内部灰褐色，颗粒较为细腻，含隐性节理。保存较好，表面不见磨蚀和风化痕迹。形态为三角形，技术尺寸与最大尺寸相同，技术长、宽分别为34.5、31.5mm，厚8.3mm，重10g。自然台面，较为平整，长、宽分别为8.5、29.5mm；台面内角114°，台面外角81°。腹面较为平整，打击点散漫，半锥体浅平，放射线清楚，不见锥疤、同心波；侧边汇聚，末端背向卷。背面由三个片疤相交呈两条纵脊。

OKW⑥11-2（图一二六，3），原料为灰白色石英岩，颗粒较为细腻，含少量隐性节理。保存较好，表面不见磨蚀和风化痕迹。形态为梯形，技术尺寸与最大尺寸相反，技术长、宽分别为25.2、34.1mm，厚14.5mm，重9g。自然台面，较为平整，长、宽分别为15.5、34.5mm；台面内角95°，台面外角57°。腹面非常平整，打击点散漫，半锥体不见，放射线清楚，锥疤、同心波不见；侧边准平行，末端羽状。背面不平整，主要由两个左右对向的较大阴疤构成。

11KW⑥646（图一二六，4），原料为暗红色石英岩，颗粒较为细腻，含极少量隐性节理。保存较好，表面不见磨蚀和风化痕迹。形态近梯形，最大长、宽分别为38.1、28.9mm，技术长、宽分别为30.7、34.5mm，厚6mm，重6g。自然台面，非常平整，长、宽分别为6、16.4mm；台面内角105°，台面外角58°。腹面微凹，打击点和放射线清楚，半锥体较为浅平；边缘不规则，末端羽状。背面微凹，可见与石片方向相同的阴疤。

4. Ⅳ型石片

2件。

11KW⑥641（图一二七，1），原料为灰白色石英岩，颗粒较为细腻。保存较好，表面不见磨蚀和风化痕迹。形态近半圆形，技术尺寸与最大尺寸相同，技术长、宽分别为30、29.9mm，厚6.9mm，重7g。破裂面台面，较为平整；长、宽分别为6.9、20.8mm；台面内角96°，台面外角70°。腹面打击点清楚，半锥体凸出，放射线较为清楚，可见一个较小的斜向锥疤；边缘扇形，远端羽状。背面全部为石皮。

11KW⑥1434（图一二七，2），原料为青白色石英，颗粒细腻，含少量隐性节理。保存较好，表面不见磨蚀和风化痕迹。形态近长方形，最大长、宽分别为32.4、25.9mm，技术长、宽分别为31.6、24.1mm，厚6.7mm，重5g。破裂面台面，长、宽分别为8、22.5mm；台面内角108°，台面外角59°。在打击点处还有一个向背面掉落的破裂面，应该是在打击时同时掉落的。腹面微凹，打击点集中，半锥体微凸，放射线较为清楚；侧边准平行，末端羽状。

5. Ⅴ型石片

28件。原料主要为石英岩，共23件，其中20件为优质石英

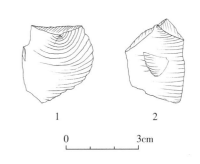

图一二七　第⑥层出土Ⅳ型石片

1. 11KW⑥641　2. 11KW⑥1434

岩，2 件为中等石英岩，1 件为差等石英岩；石英 3 件，燧石 1 件，石英砂岩 1 件。尺寸个体差异较大，最大长、宽、厚分别为 14.7~67.4、8.4~48.6、3.3~28.3mm，重 0.3~67g，平均最大长、宽、厚为 37.5、25.6、11.1mm，平均重 12g。台面内角有 22 件在 90° 以上，表明大部分石片在剥离石核后还有较好的剥片角度。有 17 件背面疤数量在 2 个以上，其中有 1 件背面疤达到 7 个。有 21 件石片的腹面能观察到打击点；有 12 件石片的半锥体较为凸出，有 3 件石片可观察到明显锥疤，有 22 件石片的放射线清楚，有 3 件石片可观察到同心波；末端形态以羽状为主，有 21 件，其次为台阶状，有 4 件，此外还有背向卷 2 件，腹向卷 1 件。腹面曲度以平为主，有 22 件，其次为凹，有 5 件，凸者最少，为 1 件。

OKW ⑥ 15-3（图一二八，1），原料为灰白色燧石，颗粒非常细腻，含少量隐性节理。保存较好，表面不见磨蚀和风化痕迹。形态近三角形，技术尺寸与最大尺寸相反，技术长、宽分别为 44.1、48.8mm，厚 15.5mm，重 30g。点状台面。腹面较平，打击点清楚，半锥体凸出，可见一个较大的三角形锥疤，隐约可见放射线，同心波不见；侧边反汇聚，远端羽状。背面石皮比例 80%，只在靠近台面和两侧可见少量的破裂面。

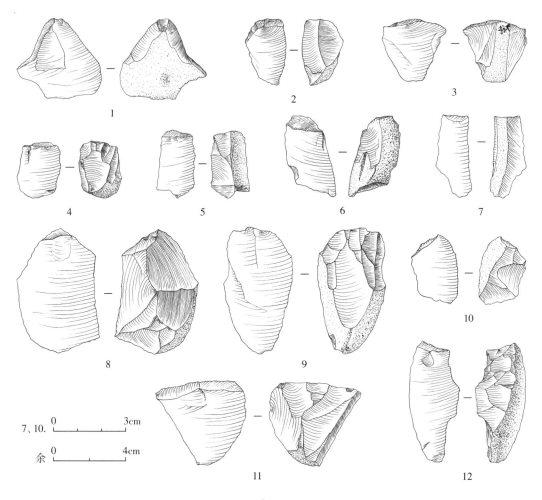

图一二八　第⑥层出土Ⅴ型石片

1. OKW ⑥ 15-3　2. OKW ⑥ 28-1　3. OKW ⑥ 26-2a　4. OKW ⑥ 12-1　5. OKW ⑥ 24-3　6. OKW ⑥ 5-3　7. 11KW ⑥ 620
8. OKW ⑥ 32-5　9. OKW ⑥ N-10　10. 11KW ⑥ 649　11. OKW ⑥ 24-6　12. OKW ⑥ 7-3

　　OKW ⑥ 28-1（图一二八，2），原料为灰褐色石英岩，颗粒较为细腻。保存较好，表面不见磨蚀和风化痕迹。形态近三角形，技术尺寸与最大尺寸相同，技术长、宽分别为 36.8、23.2mm，厚 8.9mm，重 8g。台面中部为石皮，两侧为破裂阴疤，打击点落在右侧的阴疤上，较为平整；长、宽分别为 9.9、23.7mm；台面内角 118°，台面外角 67°。腹面较平，打击点清楚，半锥体浅平，放射线较为清楚，同心波不见；侧边汇聚，远端羽状。背面较凸，石皮比例 20%，主要集中在右侧；背面主要可见两个大的阴疤，方向与石片方向相同。

　　OKW ⑥ 26-2a（图一二八，3），原料为浅黄色石英岩，颗粒细腻，但节理明显。保存较好，表面不见磨蚀和风化痕迹。形态为三角形，技术尺寸与最大尺寸相同，技术长、宽分别为 39.8、29.3mm，厚 14.3mm，重 12g。破裂面台面，由多个阴疤构成，其中部分方向为由背面向腹面，较为平整；长、宽分别为 8.4、34.3mm；台面内角 89°，台面外角 83°。腹面平整，打击点、放射线清楚，半锥体、锥疤、同心波不见；侧边汇聚，远端羽状。背面微凸，石皮比例 40%，分布在背面的中部；两侧各有一个方向相对的阴疤。

　　OKW ⑥ 12-1（图一二八，4），原料为灰黑色石英岩，颗粒较为细腻，含隐性节理。保存较好，表面不见磨蚀和风化痕迹。形态为长方形，技术尺寸与最大尺寸相同，技术长、宽分别为 30.2、22.1mm，厚 8.2mm，重 8g。破裂面台面，非常平整，长、宽分别为 6.1、15.1mm；台面内角 116°，台面外角 67°。腹面略凹，打击点、半锥体隐约可见，放射线、锥疤、同心波不见；侧边准平行，远端台阶状。背面平，石皮比例 20%，主要分布在右下部；可见多个上下方向相对的阴疤。

　　OKW ⑥ 24-3（图一二八，5），原料为浅黄色石英岩，颗粒较为细腻。保存较好，表面不见磨蚀和风化痕迹。形态为长方形，技术尺寸与最大尺寸相同，技术长、宽分别为 36.5、20.9mm，厚 12.3mm，重 8g。破裂面台面，非常平整，在台面左侧可见几个浅平的阴疤；长、宽分别为 8.7、16.5mm；台面内角 118°，台面外角 76°。腹面较平，打击点较为清楚，半锥体、放射线、锥疤、同心波不见；侧边准平行，远端羽状。背面凸，石皮比例 50%，主要集中在右侧；右侧石皮与左侧的阴疤相交成一条纵向的脊，左侧阴疤来自多个方向。

　　OKW ⑥ 5-3（图一二八，6），原料为白色石英岩，颗粒较为细腻，含少量隐性节理。保存较好，表面不见磨蚀和风化痕迹。形态近平行四边形，技术尺寸与最大尺寸一致，技术长、宽分别为 44.6、22.8mm，厚 13.4mm，重 13g。破裂面台面，较为平整，长、宽分别为 12.7、20.1mm；台面内角 128°，台面外角 74°。腹面平，打击点清楚，半锥体较为凸出，放射线明显，不见锥疤、同心波；边缘准平行，末端羽状。背面凸，石皮比例 70%；在左侧可见一个与石片方向相同的阴疤，并与右侧的石皮面相交成一条纵向的脊。

　　OKW ⑥ 32-5（图一二八，8），原料为朱红色石英岩，颗粒中等，含少量隐性节理。保存较好，表面不见磨蚀和风化痕迹。形态略呈长椭圆状，技术尺寸与最大尺寸一致，技术长、宽分别为 64.8、48.6mm，厚 28.3mm，重 67g。破裂面台面，长、宽分别为 15、27.9mm；台面内角 117°，台面外角 89°；在台面的右半部分有一个从背面向腹面打击形成的阴疤，而石片的打击点处又可清楚见到打破该阴疤侧边的痕迹，可见该石片台面非常不平整，一半高一半低，而打击点恰好落在两者的交界处。腹面打击点清楚，放射线明显，半锥体浅平，锥疤、同心波等技术特征不见。有一个纵向凸起的脊，其右侧是由两个阴疤组成的一个平面,在该平面上可见到一些打击痕迹,表明该平面是早期作为台面使用的;由该台面向左侧剥下了四个阴疤。石皮主要分布在右下角,比例约20%。侧边扇形,远端台阶状。

OKW ⑥ N-10（图一二八,9）,双锥石片。原料为黄色石英岩,颗粒较为细腻,含隐性节理。保存较好,表面不见磨蚀和风化痕迹。形态近椭圆形,技术尺寸与最大尺寸相同,技术长、宽分别为67.4、37.3mm,厚13.3mm,重38g。破裂面台面,较为平整,十分窄长,长、宽分别为1.7、14.3mm;台面内角96°,台面外角83°。腹面平整,可见两个打击点和半锥体,放射线可见,锥疤、同心波等不见;侧边汇聚,远端羽状。背面凸,石皮比例30%;可见多个与石片方向相同的阴疤。

OKW ⑥ 24-6（图一二八,11）,原料为石英岩,表皮黑色,内部黄色,颗粒细腻,含隐性节理。保存较好,表面不见磨蚀和风化痕迹。形态为三角形,技术尺寸与最大尺寸相反,技术长、宽分别为45.1、49mm,厚15.3mm,重33g。破裂面台面,较为平整,长、宽分别为12.2、47.9mm;台面内角113°,台面外角68°。台面由两个片疤构成,左侧的片疤是由左侧打击,保留了完整的打击技术特征;右侧片疤推测是由腹面向背面方向。腹面平,打击点和半锥体都不是很清楚,可见放射线,隐约可见锥疤,同心波不见;在腹面右侧还可见到一个打击点;侧边汇聚,远端台阶状。背面凹凸不平,石皮比例20%,主要分布在下部;可见多个阴疤,方向与石片方向相同。

OKW ⑥ 7-3（图一二八,12）,原料为浅红褐色石英岩,颗粒较粗。保存较好,表面不见磨蚀和风化痕迹。形态近三角形,技术尺寸与最大尺寸相同,技术长、宽分别为64.1、31.1mm;厚12.9mm,重20g。破裂面台面,非常平整,长、宽分别为7、18.7mm;台面内角128°,台面外角77°。腹面呈上下凹弧状,打击点清楚,半锥体小而浅平,放射线明显,锥疤可见,同心波不见;侧边汇聚,远端羽状。背面凸,石皮比例60%,主要分布在左侧;右侧的阴疤呈鱼鳞状,方向与石片方向相同。

11KW ⑥ 620（图一二八,7）,原料为暗红色石英岩,颗粒中等,不是很致密。保存较好,表面不见磨蚀和风化痕迹。形态为长条形,技术尺寸与最大尺寸相同,技术长、宽分别为32.5、14.5mm,厚8.3mm,重3g。破裂面台面,长、宽分别为8.3、11.6mm;台面内角92°,台面外角79°。腹面微凹,打击点散漫,半锥体浅平,放射线清楚;侧边准平行,远端羽状。背面石皮比例40%,分布在右侧,并与左侧与石片方向相同的阴疤构成一条纵脊。

11KW ⑥ 649（图一二八,10）,原料为朱红色石英岩,颗粒较为细腻。保存较好,表面不见磨蚀和风化痕迹。形态为梯形,技术尺寸与最大尺寸相同,技术长、宽分别为27.1、18.3mm,厚8mm,重3g。点状台面。腹面微凹,打击点集中,半锥体微凸,放射线清楚;侧边准平行,远端羽状。背面石皮比例30%,分布在右侧;左侧的阴疤主要来自左侧和下部。

6. VI型石片

20件。原料主要为石英岩,共15件,其中优质者13件,中等者2件;此外还有石英5件。尺寸个体差异较小,最大长、宽、厚分别为18~41.9、7.9~33.1、4.7~10.5mm,重0.5~12g,平均最大长、宽、厚为26.7、17.6、7.3mm,平均重3g。台面内角有17件在90°以上,表明大部分石片在剥离石核后还有较好的剥片角度。有17件背面疤数量在2个以上,其中有10件的背面疤数量在3个以上。有

15件石片的腹面能观察到打击点，其中有1件石片腹面有2个打击点，即属于双锥石片；有14件石片的半锥体较为凸出，有2件石片可观察到明显锥疤，有18件石片的放射线清楚，有3件石片可观察到同心波；末端形态以羽状为主，有16件，此外还有汇聚、准平行、反汇聚和台阶状各1件。腹面曲度以平为主，有12件，凸和凹各4件。

OKW⑥26-2（图一二九，1），原料为白色石英，颗粒粗大，含隐性节理。保存较好，表面不见磨蚀和风化痕迹。形态近三角形，技术尺寸与最大尺寸相反，技术长、宽分别为32.1、39.4mm，厚7.7mm，重7g。线状台面。腹面打击点清楚，不见半锥体、同心波、锥疤和放射线；侧边反汇聚，远端羽状。背面多个来自不同方向的阴疤在石片中部汇聚成一个凸起。

OKW⑥2-1（图一二九，2），双锥石片。原料为白色石英，颗粒粗大，含隐性节理。保存较好，表面不见磨蚀和风化痕迹。形态为三角形，技术尺寸与最大尺寸相反，技术长、宽分别为23.9、27.5mm，厚10.5mm，重6g。破裂面台面，非常平整，长、宽分别为6.7、23.7mm；台面内角104°，台面外角64°。腹面微凸，隐约可见两个锥疤，可见明显的放射线；侧边汇聚，末端羽状。背面凸，可见来自多个方向的阴疤。

OKW⑥14-3（图一二九，3），原料为青灰色石英岩，颗粒细腻，含较多隐性节理。保存较好，表面不见磨蚀和风化痕迹。形态为三角形，技术尺寸与最大尺寸相同，技术长、宽分别为41.9、23.2mm，厚8.5mm，重6g。破裂面台面，非常平整，长、宽分别为2.3、8.3mm；台面内角106°，台面外角83°，打击点和放射线清楚，半锥体凸出，同心波、锥疤等不见；两侧边汇聚，其中右侧边是从打击点处垂直向下一直到末端，末端羽状。背面平，其中一个较大的阴疤与石片方向相同。

OKW⑥28-5（图一二九，5），原料为灰褐色石英岩，颗粒较为细腻，含隐性节理。保存较好，表面不见磨蚀和风化痕迹。形态为长方形，技术尺寸与最大尺寸相同，技术长、宽分别为29.9、17.8mm，厚8.1mm，重3g。破裂面台面，不平整，长、宽分别为6.8、14.3mm；台面内角84°，台面外角106°。腹面微凸，打击点清楚，半锥体浅平，可见长型锥疤；侧边准平行，末端台阶状。背面凸，并有一条纵向的脊；可见一层共两个剥片阴疤。

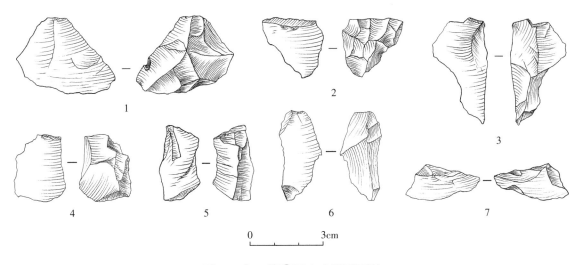

图一二九　第⑥层出土Ⅵ型石片

1. OKW⑥26-2　2. OKW⑥2-1　3. OKW⑥14-3　4. 11KW⑥606　5. OKW⑥28-5　6. 11KW⑥565　7. OKW⑥12-5

OKW⑥12-5（图一二九，7），原料为浅黄色石英岩，颗粒较为细腻，含隐性节理。保存较好，表面不见磨蚀和风化痕迹。形态为梯形，技术尺寸与最大尺寸相反，技术长、宽分别为14.8、30.2mm，厚8.4mm，重2g。破裂面台面，较为平整，长、宽分别为8.3、21mm；台面内角103°，台面外角64°。腹面凸，可见放射线；侧边反汇聚，末端羽状。背面较平，可见多个与石片方向相同的阴疤。

11KW⑥606（图一二九，4），原料为青色石英，颗粒中等，不是很致密。保存较好，表面不见磨蚀和风化痕迹。形态近梯形，技术尺寸与最大尺寸相同，技术长、宽分别为26.7、21.4mm，厚8.6mm，重5g。破裂面台面，长、宽分别为2.7、10.2mm；台面内角106°，台面外角82°。腹面微凹，打击点较为集中，半锥体较为凸出，放射线较为清楚；侧边准平行，末端羽状。背面凸，大部分阴疤方向与石片方向相同。

11KW⑥565（图一二九，6），原料为暗黄色石英岩，颗粒中等。保存较好，表面不见磨蚀和风化痕迹。形态为长条形，技术尺寸与最大尺寸相同，技术长、宽分别为35.7、19mm，厚8.2mm，重3g。破裂面台面，长、宽分别为3.6、8.5mm；台面内角101°，台面外角80°。腹面微凹，打击点较为清楚，半锥体凹，放射线清楚；侧边准平行，末端羽状。背面凸，可见来自多个方向的阴疤并构成一条纵脊。

7. 孔贝瓦石片

1件。该类石片较为特殊，从前文各类型石片中抽离出来予以重点描述。为Ⅱ型石片。

11KW⑥566，原料为灰色石英岩，颗粒较为细腻。保存较好，表面不见磨蚀和风化痕迹。形态近长方形，技术尺寸与最大尺寸相反，技术长、宽分别为19.1、23.7mm，厚6mm，重3g。较早的台面为自然台面，呈线状，腹面略凸，因第二次打击只可见近端部分，打击点清楚，半锥体凸出。第二次打击的台面与前一个台面呈90°，为自然台面，在左侧还有一个阴疤，石皮面占50%；长、宽分别为10.1、12.4mm；台面内角100°，台面外角92°。腹面略凹；侧边准平行，远端台阶状。

（二）非完整石片

42件，占石片总数的34%。

1. 左裂片

12件。原料主要为优质石英岩，有10件，此外还有2件石英。尺寸个体差异中等，最大长、宽、厚分别为11.6~48.8、6.8~38.2、4.5~12.1mm，重0.1~18g，平均最大长、宽、厚为27.2、18.8、8.3mm，平均重3.8g。大部分左裂片都是沿石片打击点中线断裂。

OKW⑥14-2，原料为石英岩，表皮黄色，内部灰白色，颗粒细腻。保存较好，表面不见磨蚀和风化痕迹。最大长、宽、厚分别为48.8、38.2、10.2mm，重18g。石皮台面。打击点、半锥体、放射线非常清楚，锥疤可见。

OKW⑥N-3，原料为石英岩，表皮黄色，内部褐色，颗粒较为细腻，含隐性节理。保存较好，表面不见磨蚀和风化痕迹。最大长、宽、厚分别为30.9、23.9、12.1mm，重11g。可见残缺的打击点和半锥体。

OKW⑥10-3，原料为黑色石英岩，颗粒粗大，含少量隐性节理。保存较好，表面不见磨蚀和风化痕迹。最大长、宽、厚分别为33.7、18.4、7.6mm，重5g。半锥体浅平，放射线清楚。

11KW⑥1417，原料为黄色石英岩，颗粒中等。保存较好，表面不见磨蚀和风化痕迹。最大长、宽、厚分别为23.3、20.7、4.8mm，重1g。

2. 右裂片

15件。原料主要为优质石英岩，有10件，另有3件中等者；此外还有石英2件。尺寸个体差异较小，最大长、宽、厚分别为17.2~48.5、9.3~29.1、5.6~21.9mm，重0.5~15g，平均最大长、宽、厚为26.4、18.5、7.2mm，平均重4.1g。大部分右裂片都是沿石片打击点中线断裂。

OKW⑥2-2，原料为朱红色石英岩，颗粒中等，含少量隐性节理。保存较好，表面不见磨蚀和风化痕迹。形态为倒锥形，远端粗大，最大长、宽、厚分别为33.4、29.1、21.9mm，重15g。残留台面为破裂面台面。可见残缺的打击点和放射线。

OKW⑥4-1，原料为黄色石英岩，颗粒较粗，含极少量节理。保存较好，表面不见磨蚀和风化痕迹。最大长、宽、厚分别为48.5、20.8、12.5mm，重12g。破裂面台面，非常平整。可见残缺的打击点和放射线。

OKW⑥9-3，原料为灰白色石英岩，颗粒较为细腻。保存较好，表面不见磨蚀和风化痕迹。最大长、宽、厚分别为29.8、19.1、8.5mm，重5g。破裂面台面。可见残缺的打击点。

OKW⑥26-4a，原料为灰白色石英岩，颗粒非常细腻。保存较好，表面不见磨蚀和风化痕迹。最大长、宽、厚分别为19.1、15、7.4mm，重3g。自然台面。打击点、半锥体、放射线都很清楚，锥疤浅平。

OKW⑥20-4，原料为灰白色石英岩，颗粒中等，含少量隐性节理。保存较好，表面不见磨蚀和风化痕迹。最大长、宽、厚分别为24.8、13.5、7.6mm，重2g。自然台面。可见残缺的打击点。

OKW⑥28-2，原料为石英岩，表皮浅黄色，内部灰褐色，颗粒较为细腻。保存较好，表面不见磨蚀和风化痕迹。最大长、宽、厚分别为21.5、18.6、5.5mm，重6g。自然台面。打击点、放射线、半锥体清楚。

11KW⑥1261，原料为灰白色石英岩，颗粒中等，质地较好。保存较好，表面不见磨蚀和风化痕迹。最大长、宽、厚分别为36.4、26.3、11.1mm，重8g。破裂面台面。可见残缺的打击点和放射线。

11KW⑥645，原料为青灰色石英岩，颗粒细腻，质地较好。保存较好，表面不见磨蚀和风化痕迹。最大长、宽、厚分别为28.4、21、5.1mm，重3g。破裂面台面。可见残缺的打击点，半锥体凸出，同心波清楚。

3. 近端

5件。原料大部分为优质石英岩，只有1件中等者。平均最大长、宽、厚为28.4、19.3、10.1mm，平均重7.1g。

OKW⑥25-4，原料为黄色石英岩，颗粒较为细腻，含少量隐性节理。保存较好，表面不见磨蚀和风化痕迹。最大长、宽、厚分别为36.4、24.2、13.4mm，重11g。破裂面台面，长、宽分别为11.3、14.6mm；台面内角102°，台面外角81°。打击点和放射线清楚，半锥体浅平，不见锥疤。

OKW⑥9-2，原料为灰色石英岩，颗粒细腻。保存较好，表面不见磨蚀和风化痕迹。最大长、宽、厚分别为28.6、17.8、9.6mm，重5g。破裂面台面，长、宽分别为9.2、17.3mm；台面内角83°，台面外角85°。

OKW⑥18-5，原料为黄色石英岩，颗粒中等，含隐性节理。保存较好，表面不见磨蚀和风化痕迹。最大长、宽、厚分别为30.3、22.8、6.6mm，重3g。破裂面台面。打击点和半锥体清楚，不见放射线和锥疤。

OKW⑥21-2，原料为灰褐色石英岩，颗粒细腻。保存较好，表面不见磨蚀和风化痕迹。最大长、宽、厚分别为23.5、19.2、12.9mm，重4g。破裂面台面。打击点、放射线和半锥体清楚，不见锥疤。

11KW⑥651，原料为黄色石英岩，颗粒较为细腻。保存较好，表面不见磨蚀和风化痕迹。最大长、宽、厚分别为21.3、16.6、6.6mm，重2g。点状台面。打击点较为集中，半锥体浅平，放射线清楚。

4. 远端

10件。原料均为优质石英岩。平均最大长、宽、厚为31.2、20.1、9.7mm，平均重12.4g。

OKW⑥7-6，原料为朱红色石英岩，颗粒中等，含少量隐性节理。保存较好，表面不见磨蚀和风化痕迹。最大长、宽、厚分别为43.9、30.5、13.7mm，重16g。末端羽状。

OKW⑥18-4，原料为灰褐色石英岩。保存较好，表面不见磨蚀和风化痕迹。最大长、宽、厚分别为30.7、14.3、7.5mm，重3g。末端台阶状。

OKW⑥14-1，原料为黄白色石英岩，颗粒较为细腻。保存较好，表面不见磨蚀和风化痕迹。最大长、宽、厚分别为18.4、17.2、3.1mm，重2g。末端台阶状。

OKW⑥20-6，原料为灰白色石英岩，颗粒中等，含隐性节理。保存较好，表面不见磨蚀和风化痕迹。最大长、宽、厚分别为31.4、24.8、10.6mm，重11g。末端羽状。

11KW⑥585，原料为青色石英岩，颗粒较为细腻。保存较好，表面不见磨蚀和风化痕迹。最大长、宽、厚分别为31.8、17、10.7mm，重5g。末端羽状。

11KW⑥545，原料为青色石英岩，颗粒中等。保存较好，表面不见磨蚀和风化痕迹。最大长、宽、厚分别为33.1、20.6、5mm，重4g。可见同心波，末端羽状。

三、工具

53件，占第⑥层发现石制品总数的21%。工具类型有锯齿刃器、凹缺器、刮削器、石锥、尖状器、端刮器、石镞等7种。经统计，锯齿刃器、凹缺器和刮削器这三个类型是所有工具中的主要部分，三者比例合计达85%。其他工具类型中，尖状器比例为8%，但其他各类型工具数量均在5件以下（表三〇）。

表三〇　第⑥层出土工具类型统计表

类型	锯齿刃器	凹缺器	刮削器	石锥	尖状器	端刮器	石镞	合计
数量 N	24	8	13	2	4	1	1	53
比例 %	45	15	25	4	8	2	2	100

表三一　第⑥层出土各工具类型与毛坯的关系

毛坯		锯齿刃器	凹缺器	刮削器	石锥	尖状器	石镞	端刮器	合计	比例 %	
石片	不确定类型石片	1					1		2	4	
	Ⅰ型石片	3		2					5	9	
	Ⅱ型石片	6	1	3		1		1	12	23	
	Ⅲ型石片	2		1		1			4	7	91
	Ⅴ型石片	3		3	1				7	13	
	Ⅵ型石片	3				1			4	8	
	左裂片		1	1					2	4	
	右裂片	1							1	2	
	远端	2	5	2	1	1			11	21	
断块		2	1	1					4	7	
石核		1							1	2	
合计		24	8	13	2	4	1	1	53	100	

总的来看，第⑥层工具原料以石英岩为主，共49件，其中又以优质石英岩为多，有48件，比例高达91%。此外还有石英2件，燧石1件，玉髓1件。

经统计，工具毛坯以石片毛坯为主，包括各类型完整石片和非完整石片以及不确定类型的石片，总比例为91%；断块和石核毛坯分别有7%和2%。对于石片毛坯而言，完整石片毛坯是主要部分，比例为60%，其中又以Ⅱ型石片为多，比例为23%；其次为Ⅴ型石片，比例为13%（表三一）。

工具尺寸总的来说差别不大，最大长、宽、厚分别为20.4~70.4、10.8~45.2、2.8~21.7mm，重2~54g，平均长、宽、厚为39.9、27.4、12.9mm，平均重15g。尺寸较为集中，主要是因为其毛坯大多数为完整石片。

工具的加工方法均为硬锤锤击法，加工方式多样。对于石片毛坯工具而言，加工方式以单向为主，比例达到94%，其中又以正向为主，比例为73%，反向比例为21%。此外还有错向和复向，比例分别为4%和2%（表三二）。对于非石片毛坯工具而言，其加工方式也有一定规律性。它们主要选择由较平面向相对不平面进行加工、由破裂面向石皮面进行加工。

从工具的加工位置来看，石片毛坯工具修理主要集中在石片的左边、右边和远端（合计84%）。有少量工具（8%）选择在近端包括台面加工。还有部分工具（8%）的加工位置超越了一边或一端，两个修理边汇聚形成尖状器或者近似平行形成双刃器。非石片毛坯工具修理边主要选择在毛坯较薄边缘或者相对较为规整的边缘进行加工。

工具修疤形态以鳞状为主，比例为78%，其次为准平行或平

表三二　第⑥层出土石片毛坯
工具加工方式统计表

加工方式	数量 N	比例 %
正向	35	73
反向	10	21
错向	2	4
复向	1	2

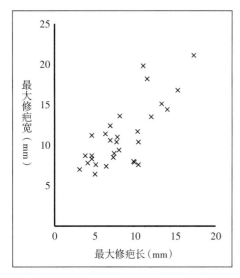

图一三〇　第⑥层出土工具最大修疤
长、宽分布

行状，比例为 10%；台阶状最少，比例为 2%；其余 10% 为不确定。鳞状修疤一般大小、凹陷程度不均等，体现出一种不规整的状态，是锤击法修理的特征。

从修疤层数来看，47% 的工具只有 1 层修疤，即只对刃缘进行了单次修理；36% 有 2 层修疤，17% 可观察到 3 层及以上修疤。从工具修理的最大修疤长、宽分布图可知，修疤长、宽主要集中在 5~15mm，并以宽型修疤为主（图一三〇）。此外，通过对修疤边缘的观察和统计，73% 的修疤呈弧形，4% 两侧边缘近似平行，2% 呈汇聚状，其余则呈不规则状。

通过对锯齿刃器、刮削器、石锥和尖状器四类工具的统计，它们的加工程度从加工长度指数来看，总体而言，一部分工具的加工长度达到了所在边的总长度，加工最短也接近所在边长的一半；而从平均值来看，超过了加工所在边长的一半；而标准偏差则显示各类工具的加工长度指数变异不大。从加工深度指数来看，虽然有部分工具加工深度指数达到了 1，但总体上来看本层工具的加工程度不是很高；加工深度较低的工具深度指数仅为 0.03，而平均值也未到加工面宽的一半。这表明这些工具基本上属于边缘修理；而且它们的标准偏差都很小，表明这四类工具大部分标本加工深度都很浅（表三三）。

表三三　第⑥层出土工具加工长度和深度指数

最大值		最小值		平均值		标准偏差	
长度指数	深度指数	长度指数	深度指数	长度指数	深度指数	长度指数	深度指数
1	1	0.36	0.03	0.78	0.42	0.16	0.3

工具刃缘在修理后，刃角与毛坯原边缘角度比较，有 72% 的标本变钝，24% 变锐，还有 4% 基本不变。刃角主要集中在 51°~78°；角度越小，数量越少；角度越大，数量也越少。

（一）锯齿刃器

24 件，占工具数量的 45%。原料主要为优质石英岩，共 20 件，比例为 83%；此外有石英 2 件，燧石 1 件，玉髓 1 件。毛坯主要为石片，有 21 件，比例为 88%；其次为断块和石核，分别有 2 和 1 件。尺寸个体差异相对不大，最大长、宽、厚分别为 20.4~70.4、10.8~45.2、6.2~21.7mm，重 4~54g，平均最大长、宽、厚为 36.8、22.4、10.5mm，平均重 19g。平均刃角 66°。

按刃缘数量划分，只有单刃锯齿刃器一类，根据刃口形态可进一步分为单直刃、单凸刃和单凹刃锯齿刃器，分别有 22、1 和 1 件。

单直刃锯齿刃器

OKW ⑥ 32-6（图一三一，1；彩版六五，3），原料为黄色石英岩，颗粒较为细腻，含隐性节理。毛坯为Ⅱ型石片。保存较好，表面不见磨蚀和风化痕迹。形态为三角形，最大长、宽、厚分别为59.1、45.2、21.7mm，重43g。加工位置为石片末端边缘，采用锤击法正向加工。刃缘修疤连续，可见两层修疤，最大修疤长、宽分别为7.8、11mm。刃缘修理贯穿整个远端边缘，加工长度指数为1；加工深度不大，加工深度指数为0.32。加工后刃缘较为平直，长53mm；刃口形态指数为0；刃角较石片边缘变锐，刃角64°。

OKW⑥27-3（图一三一，2；彩版六五，4），原料为紫褐色石英岩，颗粒中等，含较多隐性节理。毛坯为不确定类型石片。保存较好，表面不见磨蚀和风化痕迹。形态为三角形，最大长、宽、厚分别为52.4、26.4、9.5mm，重25g。加工位置为毛坯的石皮面与破裂面的相交边缘，采用锤击法由石皮面向破裂面方向加工。刃缘修疤连续，可见两层修疤，呈鳞状。最大修疤长、宽分别为5、6.4mm。刃缘修理长度贯穿整个加工边，加工长度指数为1；加工深度不大，加工深度指数为0.18。加工后刃缘平直，长51mm；刃口形态指数为0；刃角较原边缘变钝，刃角76°。

OKW⑥16-4（图一三一，3；彩版六五，5），原料为白色石英，含较多隐性节理。毛坯为Ⅱ型石片。保存较好，表面不见磨蚀和风化痕迹。形态为长条形，最大长、宽、厚分别为51.7、29.4、14.9mm，重37g。加工位置为石片远端，采用锤击法错向加工，但主要在石片的腹面加工较多。可见

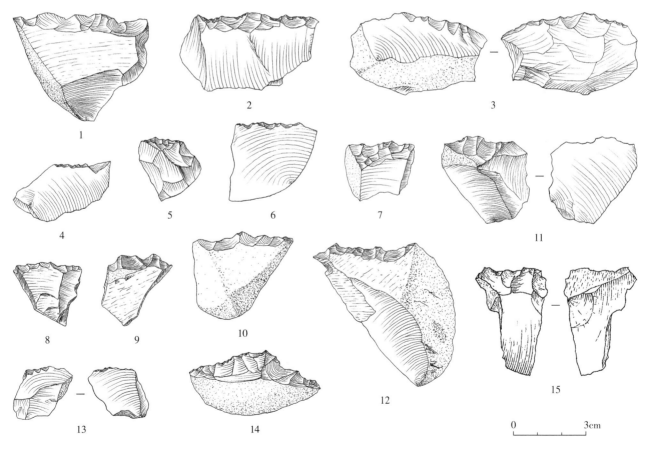

图一三一　第⑥层出土石单刃锯齿刃器

1~13. 单直刃锯齿刃器（OKW⑥32-6、OKW⑥27-3、OKW⑥16-4、OKW⑥32-2、OKW⑥9-1a、OKW⑥5-1、11KW⑥1418、OKW⑥1-2、OKW⑥39-4、OKW⑥26-3、OKW⑥12-1、OKW⑥N-7、OKW⑥27-2）　14. 单凸刃锯齿刃器（OKW⑥21-1）　15. 单凹刃锯齿刃器（11KW⑥574）

一个修疤，长、宽分别为9.2、9.3mm。刃缘修理加工长度指数为1；加工深度不大，加工深度指数为0.24。加工后刃缘较平直，长59mm；刃口形态指数为0；刃角68°。

OKW ⑥ 32-2（图一三一，4；彩版六五，6），原料为灰色燧石，但变质程度不高，颗粒较为细腻，含隐性节理。毛坯为Ⅵ型石片。保存较好，表面不见磨蚀和风化痕迹。形态不规则，最大长、宽、厚分别为41.8、20.6、5.8mm，重5g。加工位置为石片右侧边缘的下部，采用锤击法反向加工。刃缘修疤连续，可见一层修疤，整体形态呈台阶状。刃缘修理长度略长于右侧边缘一半，加工长度指数为0.56；加工深度不及修理面的一半，加工深度指数为0.2。加工后刃缘平直，长21.8mm；刃口形态指数为0；刃角较原石片边缘变锐，刃角58°。

OKW ⑥ 9-1a（图一三一，5；彩版六五，7），原料为灰褐色石英岩。颗粒中等，含少量隐性节理。毛坯为Ⅴ型石片。保存较好，表面不见磨蚀和风化痕迹。形态不规则，最大长、宽、厚分别为26.7、22.7、9.4mm，重5g。加工位置为石片末端边缘，采用锤击法正向加工。刃缘修疤连续，可见两层修疤。刃缘修理长度延伸至整个边缘，加工长度指数为1；加工深度指数为0.34。加工后刃缘平直，长17mm；刃口形态指数为0；刃角较原边缘变钝，刃角68°。

OKW ⑥ 5-1（图一三一，6；彩版六五，8），原料为红褐色石英岩，颗粒中等，含少量隐性节理。毛坯为Ⅲ型石片。保存较好，表面不见磨蚀和风化痕迹。形态为三角形，最大长、宽、厚分别为44、32.1、7mm，重9g。刃缘加工位置为石片左侧边，反向加工。刃缘修疤连续，只见一层修疤。刃缘修理未延伸至整个边缘，加工长度指数为0.81；修理阴疤延伸不远，加工深度指数为0.21。刃缘修理后正视平直，长26mm；刃角55°。此外，石片的右侧边也见有两个修理阴疤。

OKW ⑥ 1-2（图一三一，8；彩版六六，1），原料为暗红色石英岩，颗粒较为细腻，含少量隐性节理。保存较好，表面不见磨蚀和风化痕迹。毛坯为石片远端。形态为三角形，最大长、宽、厚分别为32.4、25.4、8.7mm，重7g。刃缘加工位置为石片远端的一个边缘，正向加工。连续修理，只见一层修疤。可见最大修疤长、宽分别为5.1、7.6mm。刃缘修理贯穿整个边缘，加工长度指数为1；加工深度指数为0.39。修理后的刃缘平直，长27mm；刃口形态指数为0；刃口较原石片边缘角度变钝，刃角77°。

OKW ⑥ 39-4（图一三一，9），原料为黄色石英岩，颗粒较为细腻，含明显的节理。毛坯为石片远端。保存较好，表面不见磨蚀和风化痕迹。形态不规则，最大长、宽、厚分别为30.3、20.8、7.7mm，重5g。加工位置为石皮背面和腹面相交边缘，采用锤击法正向加工。修理可见两层修疤，其中第一层修疤较大，连续，可见最大修疤长、宽分别为6.9、10.6mm；第二层修疤较小，不连续。刃缘修理贯穿整个远端边缘，加工长度指数为1；加工深度指数为1。加工后刃缘平直，长28mm；刃口形态指数为0；刃角较原石片边缘变钝，刃角54°。

OKW ⑥ 26-3（图一三一，10；彩版六六，2），原料为黄色石英岩，颗粒中等，含结晶，质地较为疏松。毛坯为Ⅰ型石片。保存较好，表面不见磨蚀和风化痕迹。形态近梯形，最大长、宽、厚分别为45.9、33.1、16.5mm，重22g。加工位置为石片远端，采用锤击法正向加工。刃缘修疤连续，只见一层修疤。刃缘修理延伸至整个边缘，加工长度指数为1；加工深度不大，加工深度指数为0.36。加工后刃缘平直，长44mm；刃口形态指数为0；刃角较原石片边缘变钝，刃角72°。

OKW⑥12-1（图一三一，11；彩版六六，3），原料为黄红色石英岩，颗粒中等，但含隐性节理。毛坯为Ⅱ型石片，双锥石片，打击点和半锥体等都很明显。保存较好，表面不见磨蚀和风化痕迹。最大长、宽、厚分别为41.7、32.3、14.6mm，重13g。刃缘加工位置为石片末端边缘，采用锤击法正向加工。刃缘加工可见两层修疤，其中第一层修疤较大，连续；第二层修疤很小，不连续；可见最大修疤长、宽分别为8、9.4mm。整个末端边缘都有修理，加工长度指数为1；加工深度超过加工所在面的一半，加工深度指数为0.56。修理后的刃缘平直，长35mm；刃口较原石片边缘角度变钝，刃角68°。

OKW⑥N-7（图一三一，12；彩版六六，5），原料为石英岩，表皮黄色，内部灰白色。颗粒粗大，含隐性节理。毛坯为Ⅱ型石片。保存较好，表面不见磨蚀和风化痕迹。形态为三角形，最大长、宽、厚分别为70.4、41.4、21.7mm，重50g。加工位置为石片末端边缘，采用锤击法正向加工。刃缘修理可见两层修疤，其中第一层较大，连续，可见最大修疤长、宽分别为6.9、12.4mm；第二层修疤较好，且不连续。刃缘修理延伸至整个远端，加工长度指数为1；加工深度不大，加工深度指数为0.35。加工后刃缘略平直，长44mm；刃角较原石片边缘变钝，刃角69°。

OKW⑥27-2（图一三一，13），原料为灰色石英岩，颗粒较为细腻，含一定的隐性节理。毛坯为Ⅴ型石片。保存较好，表面不见磨蚀和风化痕迹。形态为菱形，最大长、宽、厚分别为28.1、19.1、8.1mm，重4g。加工位置为石片左侧边缘，采用锤击法复向加工。复向加工在乌兰木伦遗址的工具修理方式中比较少见。刃缘修疤连续，可见一层修疤。刃缘修理长度约为整个右侧边缘的一半，加工长度指数为0.5；加工深度指数为0.27。加工后刃缘较平直，中间微凸，长18mm；刃角较原石片边缘变钝，刃角64°。

11KW⑥1418（图一三一，7；彩版六六，4），原料为灰白色石英岩，颗粒较为细腻和致密。毛坯为Ⅱ型石片。保存较好，表面不见磨蚀和风化痕迹。形态近方形，最大长、宽、厚分别为28.5、22.1、11mm，重8g。加工位置为石片较长边缘，采用锤击法单向加工。连续修理，一共两层修疤，呈鳞状；最大修疤长、宽分别为7.4、9mm。刃缘修理长度延伸至整个修理边，加工长度指数为1；加工深度较大，加工深度指数为0.92。加工后刃缘呈凹凸状，长26.2mm；刃口形态指数为0；刃角60°。

单凸刃锯齿刃器

OKW⑥21-1（图一三一，14；彩版六六，6），原料为石英岩，表皮红褐色，内部乳白色，颗粒细腻，结构致密，质地较好。毛坯为Ⅰ型石片。保存较好，表面不见磨蚀和风化痕迹。形态为三角形，最大长、宽、厚分别为54.4、26.1、19.5mm，重23g。加工位置为石片左侧边和末端边缘，采用锤击法正向加工。刃缘修疤连续，较为精致，呈鳞状；可见三层修疤。加工长度指数为1；加工深度指数为1。加工后刃缘中部凸起，长61mm；刃口形态指数为43；刃角较原石片边缘变钝，刃角74°。

单凹刃锯齿刃器

11KW⑥574（图一三一，15；彩版六六，7），原料为乳白色夹杂灰褐色玉髓，颗粒非常细腻。毛坯为右裂片。保存较好，表面不见磨蚀和风化痕迹。形态近梯形，最大长、宽、厚分别为36.1、25.7、10.9mm，重8g。加工位置为石片台面与背面相交边缘，采用锤击法由台面向背面方向加工。连续修理，一共三层修疤，整体呈鳞状；最大修疤长、宽分别为9.9、7.9mm。刃缘修理长度延伸至整个修理边，加工长度指数为1；加工深度不大，加工深度指数为0.27。加工后刃缘略呈凹弧形，长22.1mm；刃口形态指数为 –18；加工后刃缘角度较修理前变锐，刃角68°。

（二）凹缺器

8件，占工具数量的15%。原料均为优质石英岩。毛坯以石片毛坯为多，另有少量断块。尺寸个体差异相对较小，最大长、宽、厚分别为24~42.7、19.1~37.7、10.5~16mm，重2~19g，平均最大长、宽、厚为33.4、28.1、12.9mm，平均重9.5g。平均刃角77°。

根据凹缺数量，凹缺器可进一步分为单凹缺器和双凹缺器，分别有6和2件。

1. 单凹缺器

6件。

OKW⑥9-1（图一三二，1；彩版六六，8），原料为灰色石英岩，颗粒细腻。毛坯为石片远端。保存较好，表面不见磨蚀和风化痕迹。形态近三角形，最大长、宽、厚分别为31.1、22.2、8.7mm，重5g。加工位置为石片相对较薄边缘，采用锤击法正向加工。凹缺器刃口由多次打击形成，可见两层修疤。缺口宽8.7、高2.4mm，凹口弧度0.54；修理后刃角相对原边缘变钝，刃角74°。

OKW⑥7-4（图一三二，2；彩版六七，1），原料为灰色石英岩，颗粒细腻，含少量隐性节理。毛坯为断块。保存较好，表面不见磨蚀和风化痕迹。形态不规则，最大长、宽、厚分别为33.6、29.1、16mm，重9g。加工位置为毛坯的最薄边缘，采用锤击法正向加工。凹缺器刃口由两次打击形成，可见一层修疤。缺口宽6.8、高1.9mm，凹口弧度0.5；修理后刃角相对原边缘变锐，刃角54°。

OKW⑥26-4（图一三二，4；彩版六七，2），原料为灰褐色石英岩，颗粒较为细腻，质地较好。毛坯为石片远端。保存较好，表面不见磨蚀和风化痕迹。形态为梯形，最大长、宽、厚分别为33.8、24.8、9.9mm，重6g。加工位置为石片末端边缘，正向加工。凹缺由多次打击形成。缺口宽6、高1.5mm，凹口弧度0.5；修理后刃角相对原边缘变钝，刃角51°。

11KW⑥1303（图一三二，3；彩版六七，3），原料为石英岩，表皮黄色，内部灰白色，颗粒较为细腻，质地较好。毛坯为石片远端。保存较好，表面不见磨蚀和风化痕迹。形态近方形，最大长、宽、厚分别为42.7、37.7、15.3mm，重17g。加工位置为石片右侧边，反向加工。凹缺器刃口由一次打击形成，修疤长、宽分别为11.5、18.2mm。缺口宽11.9、高3.1mm，凹口弧度0.52；修理后刃角相对原边缘变锐，刃角58°。

2. 双凹缺器

2件。

OKW⑥21-3（图一三二，6；

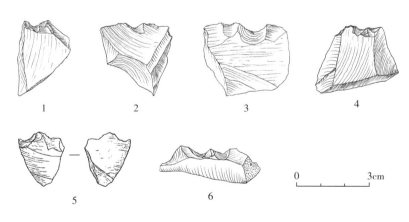

图一三二　第⑥层出土石凹缺器

1~4. 单凹缺器（OKW⑥9-1、OKW⑥7-4、11KW⑥1303、OKW⑥26-4）
5、6. 双凹缺器（11KW⑥595、OKW⑥21-3）

彩版六七，4），原料为灰白色石英岩，颗粒较为细腻，含隐性节理。毛坯为石片远端。保存较好，表面不见磨蚀和风化痕迹。形态为梯形，最大长、宽、厚分别为 41.6、13、9.2mm，重 4g。加工位置为石片相对较短边，采用锤击法正向加工。凹缺器的两个刃口均由一次打击形成。其中一个刃口缺口宽 8.1、高 1.8mm，凹口弧度 0.45；修理后刃角相对原边缘变钝，刃角 98°。另一个刃口缺口宽 8.7、高 1.9mm，凹口弧度 0.44；修理后刃角相对原边缘变钝，刃角 91°。

11KW ⑥ 595（图一三二，5），原料为白色石英岩，颗粒细腻，含少量隐性节理。毛坯为左裂片。保存较好，表面不见磨蚀和风化痕迹。形态为三角形，最大长、宽、厚分别为 24、19.1、10.5mm，重 5g。加工位置为石片较宽边缘。凹缺器一个缺口由一次打击形成，缺口宽 7.1、高 1.4mm，凹口弧度 0.41；修理后刃角相对原边缘变锐，刃角 64°。另一个则由三次打击形成，缺口宽 6.1、高 1.7mm，凹口弧度 0.61；修理后刃角相对原边缘变钝，刃角 76°。

（三）刮削器

13 件，占工具数量的 25%。原料主要为优质石英岩，只有 1 件为中等石英岩。毛坯主要为石片毛坯，比例为 92%；只有 1 件为断块。石片毛坯中，完整石片毛坯有 9 件。尺寸个体差异相对较小，最大长、宽、厚分别为 30.2~64.3、15.3~34、2.8~14.6mm，重 2~26g，平均最大长、宽、厚为 40.3、27.1、11.4mm，平均重 13g。平均刃角 64°。

根据刃缘数量和刃口形态，可分为单刃刮削器和双刃刮削器，分别有 12、1 件。

1. 单刃刮削器

12 件。根据刃口形态，可分为单直刃和单凹刃刮削器，分别有 10 和 2 件。

单直刃刮削器

OKW ⑥ 32-8（图一三三，1；彩版六七，9），原料为灰褐色石英岩，颗粒中等，含隐性节理。毛坯为Ⅱ型石片。保存较好，表面不见磨蚀和风化痕迹。形态为三角形，最大长、宽、厚分别为

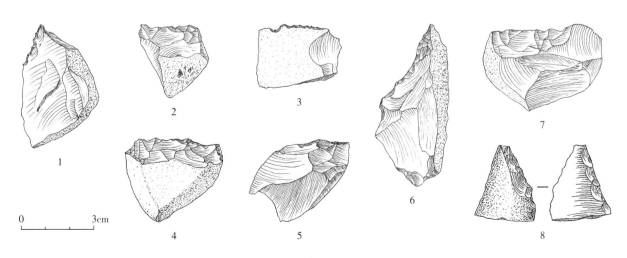

图一三三　第⑥层出土石刮削器

1~5.单直刃刮削器（OKW ⑥ 32-8、OKW ⑥ 2-3a、OKW ⑥ 2-2a、OKW ⑥ 1-1、OKW ⑥ N-5）　6、7.单凹刃刮削器（OKW ⑥ N-8、OKW ⑥ 12-2）　8.双直刃刮削器（12KW ⑥ 257）

49.4、32.1、8.6mm，重 12g。刃缘修理位置为石片远端边缘，边缘相对薄锐；采用锤击法正向加工。连续修理，可见一层修疤。加工主要集中在石片边缘的右侧，加工长度指数为 0.36；加工深度指数为 0.14。修理后的刃缘平直，长 18mm；刃口较石片边缘角度变钝，刃角 76°。

OKW⑥2-3a（图一三三，2；彩版六七，5），原料为灰褐色石英岩，颗粒中等，含隐性节理。毛坯为Ⅱ型石片。保存较好，表面不见磨蚀和风化痕迹。形态为梯形，最大长、宽、厚分别为 30.7、24、13.4mm，重 9g。刃缘修理位置为石片右侧边，采用锤击法正向加工。刃缘加工较为精致，连续修理，可见三层修疤，呈鳞状；可见最大修疤长、宽分别为 6.4、7.4mm。加工长度指数为 1；加工深度指数为 1。修理后的刃缘基本平直，长 22mm；刃口较原边缘角度变钝，刃角 64°。

OKW⑥2-2a（图一三三，3；彩版六七，7），原料为黄色石英岩，颗粒中等。毛坯为Ⅴ型石片。保存较好，表面不见磨蚀和风化痕迹。形态近长方形，最大长、宽、厚分别为 35.9、15.3、2.8mm，重 6g。刃缘修理位置为石片右侧边，采用锤击法正向加工。刃缘加工简单，连续修理，只见一层修疤，且每个修疤延展性很差。加工长度几乎贯穿整个右侧边缘，加工长度指数为 0.91；加工深度指数为 0.12。修理后的刃缘较为平直，长 25.6mm；刃口形态指数为 0；刃口较原边缘角度变锐，刃角 78°。

OKW⑥1-1（图一三三，4；彩版六七，6），原料为黑色石英岩，颗粒较为细腻。毛坯为Ⅰ型石片。保存较好，表面不见磨蚀和风化痕迹。形态近三角形，最大长、宽、厚分别为 40.1、33.6、12.1mm，重 21g。刃缘修理位置为石片右侧边，采用锤击法正向加工。刃缘加工较为精致，连续修理，最多可见四层修疤，呈鳞状。加工长度贯穿整个右侧边缘，加工长度指数为 1；加工深度指数为 1。修理后的刃缘较为平直，长 38mm；刃口形态指数为 0；刃口较原边缘角度变锐，刃角 76°。

OKW⑥N-5（图一三三，5；彩版六七，8），原料为灰褐色石英岩，颗粒较为细腻。毛坯为Ⅲ型石片。保存较好，表面不见磨蚀和风化痕迹。形态不规则，最大长、宽、厚分别为 40.6、29、13.3mm，重 13g。刃缘修理位置为石片右侧边，采用锤击法正向加工。刃缘连续修理，呈鳞状；可见两层修疤，但修疤都比较小。刃缘修理延伸至整个右侧边，加工长度指数为 1；加工深度指数为 0.7。修理后的刃缘基本平直，长 27mm；刃口较石片边缘角度变钝，刃角 62°。

单凹刃刮削器

OKW⑥N-8（图一三三，6），原料为石英岩，表皮黄红色，内部灰褐色。颗粒较为细腻，含隐性节理。毛坯为石片远端，背面一半为石皮面，一半为破裂面。保存较好，表面不见磨蚀和风化痕迹。形态近三角形，最大长、宽、厚分别为 64.3、30.3、14.6mm，重 23g。刃缘修理位置为石片破裂面与腹面相交的边，采用锤击法正向加工。刃缘加工浅平，连续修理；只见两层修疤，每个修疤都非常小。加工长度指数为 1；加工深度指数为 0.31，修疤延伸不远。修理后的刃缘呈凹弧状，长 43mm；刃口形态指数为 -7；刃口较石片边缘角度变钝，刃角 73°。此外，在该毛坯相对较钝的一端也有修理，并形成一个尖角，角度为 113°。

OKW⑥12-2（图一三三，7；彩版六八，1），原料为石英岩，表皮红褐色，内部灰褐色，颗粒中等，含隐性节理。毛坯为Ⅴ型石片。保存较好，表面不见磨蚀和风化痕迹。形态近长方形，最大长、宽、厚分别为 49.4、34、13.4mm，重 21g。刃缘修理位置为石片右侧边，采用锤击法正向加工。刃缘修理可见两层修疤，第一层修疤较大，连续；第二层修疤较小，且不连续。修疤贯穿不及整个右侧边缘，加工长度指数为0.63；加工深度指数为0.73。修理后的刃缘略凹弧，长28mm；刃口形态指数为–13；刃口较原边缘角度变钝，刃角68°。

2. 双刃刮削器

1件。为双直刃刮削器。

12KW ⑥ 257（图一三三，8；彩版六八，2），原料为深黄色石英岩，颗粒较为细腻，质地较好。毛坯为石片远端，不过在断面可清楚观察到一个从背面向腹面的打击点，似为有意截断。最大长、宽、厚分别为33.1、27.4、8.6mm，重8g。修理位置为石片两个侧边，错向修理，其中右侧边为正向，左侧边为反向。该加工方向在乌兰木伦遗址较为少见。修理使石片毛坯边缘略有变化，但基本没有改变其走向。加工长度包括了整个侧边。修疤最多为两层，连续分布，总体呈鳞状。第一层修疤的界限已经模糊不清，可见修疤之浅平。刃缘较为平缓。左侧刃角63°，右侧刃角68°。

（四）石锥

2件。原料均为优质石英岩。

OKW ⑥ 16-3（图一三四，1；彩版六八，3），原料为深黄色石英岩，颗粒较为细腻，含隐性节理。毛坯为V型石片，腹面中间非常凹陷，背面有多个与石片方向相同的阴疤。保存较好，表面不见磨蚀和风化痕迹。形态不规则，个体较大，最大长、宽、厚分别为49.4、34、20.7mm，重38g。加工位置为石片远端，采用锤击法反向加工，且由石皮背面向石片腹面加工；只见左右各两个修疤，修理后形成一个小尖。尖角97°。

（五）尖状器

4件。原料均为优质石英岩。

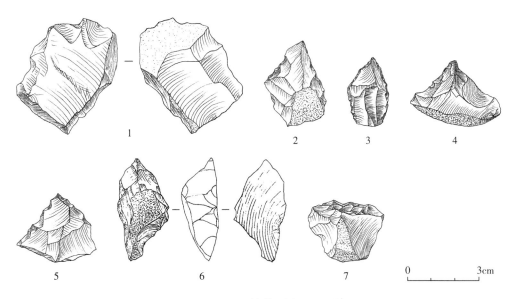

图一三四　第⑥层出土石器

1. 石锥（OKW ⑥ 16-3）　2~5. 尖状器（OKW ⑥ 15-7、OKW ⑥ 26-1、OKW ⑥ 3-1、OKW ⑥ 2-3）　6. 石镞（12KW ⑥ 250）　7. 端刮器（OKW ⑥ N-9）

OKW⑥15-7（图一三四，2；彩版六八，4），原料为灰褐色石英岩。毛坯为石片远端。保存较好，表面不见任何磨蚀和风化痕迹。最大长、宽、厚分别为34.4、24.5、12.4mm，重8g。加工位置为石片全是破裂面的一端，正向加工。加工较为精制，可见三层修疤。尖角82°。

OKW⑥26-1（图一三四，3；彩版六八，5），原料为灰黄色石英岩，颗粒较为细腻，含隐性节理。毛坯为Ⅲ型石片，双锥石片；腹面平整，背面上部为与石片方向相同的几个平行片疤，下部为来自左右方向的两个片疤，并使得石片侧边汇聚。保存较好，表面不见磨蚀和风化痕迹。形态为菱形，最大长、宽、厚分别为27.7、17.5、6mm，重2g。加工位置为石片两个侧边，采用锤击法正向加工，并相交形成尖状器尖部。修疤连续，但都很小，对石片的边缘改变不大。尖角74°。

OKW⑥3-1（图一三四，4；彩版六八，6），原料为黄褐色石英岩，颗粒较为细腻，质量较好。毛坯为Ⅱ型石片。保存较好，表面不见磨蚀和风化痕迹。形态为三角形，最大长、宽、厚分别为37.8、25.9、16.2mm，重10g。加工位置为石片右侧边和末端边缘，采用锤击法正向加工，并相交形成尖状器尖部。其中末端边缘修理相对较为精致，可见两层修疤。可见最大修疤长、宽分别为11、19.8mm。尖角85°。

OKW⑥2-3（图一三四，5），原料为灰褐色石英岩，颗粒较为细腻，含隐性节理。毛坯为Ⅵ型石片。保存较好，表面不见磨蚀和风化痕迹。形态为三角形，最大长、宽、厚分别为32.9、27.9、10.9mm，重8g。加工位置为石片右侧边和末端边缘，采用锤击法正向加工，并相交形成尖状器尖部。右侧边修理可见两层修疤，修理后边缘角度较陡；远端边缘的修理只见一层修疤。两侧边修理长度都达到了整个侧边的长度，加工长度指数为1。尖角85°。

（六）端刮器

1件。

OKW⑥N-9（图一三四，7；彩版六八，7），原料为黄色石英岩，颗粒中等，含少量隐性节理。毛坯为Ⅱ型石片。保存较好，破裂面不见任何磨蚀和风化痕迹。最大长、宽、厚分别为33、25.2、17.3mm，重13g。对石片远端均进行修理，正向加工。远端为端刮器刃缘，可见到两层修疤，第二层修疤较为细碎。加工长度指数为0.8。修理后刃缘较为平直，长28mm；较陡，刃角78°。

（七）石镞

1件。

12KW⑥250（图一三四，6；彩版六八，8），原料为黑色石英岩，颗粒中等。毛坯为石片，但由于后期的修理改造较大，难以确定其具体类型；不过从目前可见的石片腹面特征来看，属于宽型石片。最大长、宽、厚分别为45.9、23.8、15.2mm，重16g。打制者选择石片的右侧来修理石镞的柄部，而左侧则为石镞的尖部。加工后器身非常对称。正向加工，整个器身一周均有修理，非常精致。石片毛坯背面除顶部保留一部分石皮外，其余均为修理片疤。石镞两侧加工较陡，特别是左侧几乎与石片腹面垂直。柄部的修理亦是经过多次打击而成，其中左侧较为平直，右侧则形成了一个凹口。尖刃修理非常锐利，侧边夹角72°，面角41°。

四、碎片

6 件，占第⑥层发现石制品总数的 2%。原料主要为石英岩，其中优质者 3 件，中等者 1 件；此外还有石英 1 件、燧石 1 件。平均最大长、宽、厚为 7.9、6.3、1.6mm，平均重 0.2g。

这些标本均保存较好，不见任何磨蚀和风化现象。

11KW⑥1515，不见任何石片特征。原料为浅灰色石英岩，颗粒较为细腻。形态不规则，最大长、宽、厚分别为 6.1、4.6、1.4mm，重约 0.3g。

11KW⑥1516，不见石片特征。原料为灰黄色石英岩，颗粒较为细腻。形态不规则，最大长、宽、厚分别为 7.7、6.2、3.9mm，重约 0.2g。

11KW⑥1518，不见石片特征。原料为白色石英。形态不规则，最大长、宽、厚分别为 8.3、7.1、1.8mm，重 0.2g。

11KW⑥1416，原料为灰色燧石，颗粒较为细腻。形态近三角形，最大长、宽、厚分别为 10、8、2.5mm，重 0.2g。

五、废片

25 件，占第⑥层发现石制品总数的 10%。平均最大长、宽、厚为 23.5、13、6.4mm，平均重 2.6g。

这些标本均保存较好，不见任何磨蚀和风化现象。

OKW⑥11-3，原料为黄色石英岩，颗粒细腻。最大长、宽、厚分别为 25.6、15.8、5mm，重 5g。

11KW⑥602，原料为浅灰色石英岩，颗粒中等。最大长、宽、厚分别为 17.7、9.7、5.6mm，重 0.8g。

11KW⑥1521，原料为褐色石英岩，颗粒较为细腻。最大长、宽、厚分别为 29、12.5、5.2mm，重 1g。

六、断块

14 件，占第⑥层发现石制品总数的 6%。原料均为石英岩，其中优质者 10 件，中等者 1 件，差等者 3 件。平均最大长、宽、厚为 37.5、26.6、15.7mm，平均重 20g。

这些标本均保存较好，不见任何磨蚀和风化现象。

OKW⑥32-1，原料为石英岩，表皮浅黄色，内部灰褐色，颗粒较为细腻，含节理。最大长、宽、厚分别为 40.5、38.5、18.6mm，重 23g。

OKW⑥33-1，原料为灰褐色石英岩，颗粒较为细腻。形态不规则，最大长、宽、厚分别为 26.7、18.4、7.2mm，重 4g。

OKW⑥9-4，原料为朱红色石英岩，颗粒较粗。形态不规则，最大长、宽、厚分别为 46.8、34.4、13.1mm，重 23g。

OKW⑥15-5，原料为黑褐色石英岩，颗粒中等，含较多隐性节理。形态为三角形，最大长、宽、厚分别为 46.6、28.3、20.4mm，重 28g。

OKW⑥28-4，原料为浅黄石英岩，颗粒较为细腻，含少量隐性节理。形态不规则，最大长、宽、厚分别为 43.6、38.2、14.8mm，重 21g。

七、备料

4 件，占第⑥层发现石制品总数的 1%。原料均为石英岩。

OKW⑥17-1，原料为黄色石英岩，颗粒较为细腻，很致密。形态为球形，最大长、宽、厚分别为 90.2、78.8、64.2mm，重 576g。

OKW⑥30-1，原料为黄色石英岩。颗粒较为细腻，含层状隐性节理。形态为半圆形，最大长、宽、厚分别为 86.9、70.4、59.3mm，重 438g。该砾石存在两个较为平整的平面。

第九节　第⑦层石制品

在乌兰木伦遗址 2010~2013 年五次发掘中，第⑦层共发现石制品 274 件。其中，包括石核 14 件、石片 177 件、工具 36 件、碎片 13 件、废片 25 件、断块 6 件、备料 3 件（表三四）。

表三四　第⑦层石制品分类统计表

类型	石核	石片	工具	碎片	废片	断块	备料	合计
数量 N	14	177	36	13	25	6	3	274
比例 %	5	65	13	5	9	2	1	100

一、石核

14 件，占第⑦层发现石制品总数的 5%。原料以石英岩为主，共 11 件，比例为 79%，其中优质者 9 件，中等石英岩 2 件；此外还有石英 3 件。初始毛坯以砾石为主，共 13 件，占 93%；只有 1 件初始毛坯为石片。尺寸个体差异较大，最大长、宽、厚分别为 29.8~104.9、21.6~91.3、15.1~90.4mm，重 12~843g，平均最大长、宽、厚为 54.8、44.4、26.6mm，平均重 126.3g。

按台面数量和剥片技术进行分类，单台面石核 3 件，占石核比例为 21%；双台面石核 7 件，占 50%；多台面石核 2 件，占 14%；向心石核 1 件，占 7%；石片石核 1 件，占 7%。能观察到台面形态的砾石石核，自然台面有 6 件，占 43%；破裂面台面 1 件，占 7%；混合台面 6 件，占 43%。对所有台面角进行测量，台面角大部分在 90° 以下，表明石核仍具备继续剥片的角度；只有 1 件多台面石核所有台面的台面角均大于 90°，表明已难以继续剥片，这种频繁更换台面的现象也恰好说明每次剥片不是很成功。从能够较好观察到剥片疤的石核来看，剥片疤数量平均为 3.6 个，其中有 11 件在 3 个以上，占 79%，剥片最多者可观察到 8 个剥片阴疤，表明该层发现的石核具有较高的剥片程度。石核的剥片程度还可以从石核剥片范围体现出来，剥片面积占石核面积 50% 以上的石核有 9 件，占 64%。总的来看，从可观察测量的剥片疤长宽比来看，剥片疤以宽型为主，占 80%。

在这些石核中，有 2 件石核上可观察到很多经过打击的斑点，表明剥片没成功，另外在成功剥片的附近也有斑点，表明在剥片过程中不能很好地控制石锤的落点；还有 1 件石核显示出剥片过程较乱、屡换台面，且剥下石片后台面角都在 90° 以上，以致无法继续剥片。这都表明剥片者剥片技术不是很高。

石核保存较好，大部分没有经历过后期的磨蚀和风化，只有 1 件可观察到轻微的磨蚀。

（一）单台面石核

3 件，占石核总数的 21%。原料均为石英岩，其中优质者 2 件，中等者 1 件。

OKW ⑦ 13-2（图一三五，1；彩版六九，1），原料为灰黑色石英岩，颗粒较为细腻，含节理。毛坯为近半圆形砾石。保存较好，表面不见任何磨蚀和风化痕迹。最大长、宽、厚分别为 51.9、44.2、45mm，重 108g。以砾石相对较大且较平的面为台面进行剥片，并成功进行了多次剥片。平均台面角 88°。最大剥片疤长、宽分别为 17.3、33.5mm。在该石核的边缘可见到多处密集破损痕迹，应该是当作石锤使用过。

12KW ⑦ 710（图一三五，2；彩版六九，2），原料为石英岩，表皮黄红色，内部丹红色，颗粒细腻，含隐性节理。毛坯为砾石，可见砾石面。保存较好，表面不见任何磨蚀和风化痕迹。最大长、宽、厚分别为 48、47.2、45.5mm，重 50g。一面一半为石皮面，一半为较早的剥片阴疤；另一面一半为节理面，一半可见多个剥片阴疤，可见到打击点，为相对较晚的剥片。平均台面角 67°，该角度仍适合进一步剥片。剥片面可见两层剥片阴疤，最大剥片阴疤长、宽分别为 35.7、27.8mm。

（二）双台面石核

7 件，占石核总数的 50%。原料有优质石英岩 4 件，石英 3 件。平均最大长、宽、厚为 54.1、43.9、35.2mm，平均重 165.5g。

OKW ⑦ N-1a，原料为黑白相间的石英岩，颗粒中等，节理明显。毛坯为砾石。保存较好，表面不见任何磨蚀和风化痕迹。最大长、宽、厚分别为 104.9、91.3、90.4mm，重 843g。两个台面相交呈 90°。剥片面和台面相互进行了三次转换，即先以一个较平石皮面为台面剥片，该次剥片只剥下了一件石片；之后，再以该剥片面所在的石皮面为台面向先前的台面进行剥片，并进行了多次剥片；然后再以该剥片面为台面进行了最后一次剥片，并剥下了一件石片，其远端呈台阶状。可见最大剥片疤长、

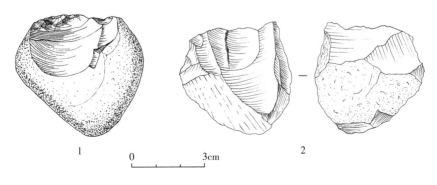

图一三五　第⑦层出土单台面石核
1. OKW ⑦ 13-2　2. 12KW ⑦ 710

宽分别为 59.2、82.8mm。石核经剥片后石皮面所占比例约为 70%。

OKW ⑦ 20-1（图一三六，1；彩版六九，3），原料为白色石英，颗粒粗大，节理较多。保存较好，表面不见磨蚀和风化痕迹。最大长、宽、厚分别为 44.4、32.9、23.2mm，重 35g。其中一个台面为点状台面，似乎是砸击剥片产生的。再次剥片以其中一个侧面为台面，只剥下了一个石片。不见石皮。

（三）多台面石核

2 件，占石核总数的 14%。

OKW ⑦ 12-1（图一三六，2），原料为褐绿色石英岩，颗粒中等，含隐性结晶，有节理。毛坯为扁凸状砾石。保存较好，表面不见磨蚀和风化痕迹。最大长、宽、厚分别为 100.2、89.3、70.6mm，重 295g。共有四个台面。可能是原料本身的原因，进行了多次剥片却只见到一个相对较大的剥片阴疤，其他的剥片阴疤或中途折断，或延展性较差。此外，在相对较凸的石皮面上可见到密集的破损痕迹，可能在石核剥片之前还当作石锤使用或者是对其进行过砸击。

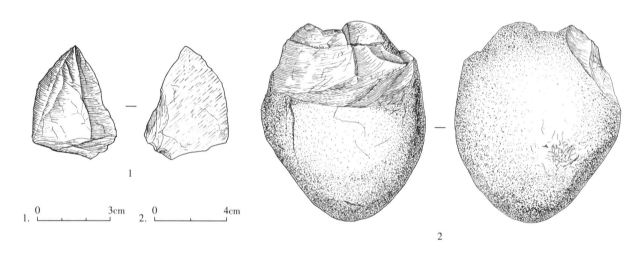

1. 0 ___ 3cm   2. 0 ___ 4cm

图一三六 第⑦层出土石核

1. 双台面石核（OKW ⑦ 20-1） 2. 多台面石核（OKW ⑦ 12-1）

（四）石片石核

1 件，占石核总数的 7%。

13KW ⑦ 38（图一三七，1；彩版六九，4），原料为石英岩，表皮青黄色，内部黑色，颗粒较为细腻，质地较好。毛坯为Ⅳ型石片，破裂面台面，腹面较平，打击点较为清楚。保存较好，表面不见磨蚀和风化痕迹。形态为椭圆形，较厚，最大长、宽、厚分别为 49.1、33.6、15.1mm，重 24g。以背面为台面在其左侧边和右侧边对向剥片，并成功剥下了三件石片。最大剥片疤长、宽分别为 18.8、31.8mm。该石核属于广义的孔贝瓦石核。

（五）向心石核

1 件，占石核总数的 7%。

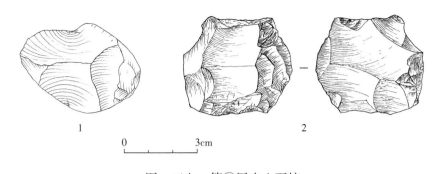

图一三七　第⑦层出土石核

1. 石片石核（13KW ⑦ 38）　2. 向心石核（OKW ⑦ N-2）

OKW ⑦ N-2（图一三七，2；彩版六九，5），原料为优质石英岩，表皮黄色，内部灰白色，颗粒较为细腻。毛坯为砾石。保存较好，表面不见磨蚀和风化痕迹。形态为多边形，最大长、宽、厚分别为48.1、44.5、26.7mm，重52g。该石核最大的技术特征是采用了向心的剥片方法，即由同一个台面一周向同一个方向剥片，最后在剥片面形成一个凸起。混合台面，略弧；最大台面角78°，最小台面角66°。两侧剥片面均可见较多的阴疤，并在剥片面靠近中部汇聚。剥片范围达到90%。可见最大剥片疤长、宽分别为10.9、23.6mm。

二、石片

177 件，占第⑦层发现石制品总数的65%。原料主要有3种，以石英岩为主，共166件，占石片总数的95%。其中，又以优质石英岩为主，有162件，占92%；中等石英岩4件，占3%。此外，还有石英8件，占4%；燧石3件，占1%（图一三八）。尺寸个体差异较大，最大长、宽、厚分别为10~89.8、7~46.7、1.4~32mm，重0.2~53g，平均最大长、宽、厚为29、21、9.2mm，平均重7g。这与石片本身的属性有关，大部分石片是打制者有意从石核上打下的，而有些小型石片则可能不是剥片者预先想要的，而是剥片过程中自然掉落的，或者是修理工具产生的修理石片。总的来看，石片以小型为主，其次为微型和中型，没有大型标本（图一三九）。

石片可分为完整石片和非完整石片两种。其中，完整石片和非完整石片分别有96件和81件，比例分别为54%和46%。完整石片按Toth的六型石片分类法，人工台面石片相对较多，共有60件，其中以Ⅴ型和Ⅵ型石片为多；自然台面石片中，Ⅱ型和Ⅲ型相对较多。在所有的六型石片中，Ⅰ型石片和Ⅳ型石片数量最少，分别只有5件和7件。非完整石片以左裂片、右裂片较多，分别有28件和27件，比例分别为16%和15%（表三五）。

在石片类型中，还有少量特殊石片，有双锥石片2件。

从破裂面台面石片来看，大多数石片的台面只有1个剥

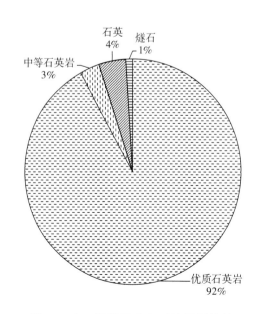

图一三八　第⑦层出土石片原料统计

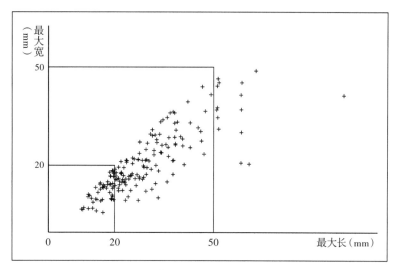

图一三九 第⑦层出土石片最大长、宽分布

表三五 第⑦层出土石片类型统计表

类型	数量 N	比例 %
完整石片	96	54
Ⅰ型石片	5	3
Ⅱ型石片	11	6
Ⅲ型石片	20	11
Ⅳ型石片	7	4
Ⅴ型石片	21	12
Ⅵ型石片	32	18
非完整石片	81	46
左裂片	28	16
右裂片	27	15
近端	9	5
远端	15	8
中段	2	1

片阴疤，即一个素台面，共有 15 件；有少量石片的台面是由 2 个或者 3 个阴疤构成的，共 5 件。从类型上看，有 8 件为点状台面，3 件为线状台面。

在 96 件完整石片中，总的来看是以宽型石片为主，即石片技术长小于技术宽的有 71 件，占完整石片的 74%。石片总的来看以薄型为主。能测量石片台面角的 91 件石片，台面内角大于 90° 的有 79 件，比例为 87%，这表明较大部分的石片在从石核剥离之后，石核仍有较好的剥片角度；平均内角 100°。台面外角小于 90° 的也有 75 件，也说明了同样的问题。所有完整石片均可以明显的观察到打击点。有 51 件石片的半锥体较为凸出，比例为 53%。只有 8 件石片可以观察到锥疤，比例为 8%。有 76 件石片的放射线很清楚，比例为 79%。有 18 件石片可见到较为清楚的同心波，比例为 19%。石片末端形态以羽状为主，有 77 件，占 80%；其次为台阶状，有 13 件，比例为 14%；再次为汇聚状、背向卷和准平行状，分别有 3、2 和 1 件。除很小的石片不易观察石片腹面曲度外，可观察的石片腹面曲度以平为主，有 76 件，比例为 79%；腹面凸和凹的较少，分别是 13 和 5 件。可观察石片背面疤的石片，只有 1 个阴疤的有 22 件；有 2 个阴疤的有 28 件；有 3 个及以上阴疤的有 29 件，其中有 1 件背面疤达到 12 个。背面疤层数大多数只有 1 层，有 60 件；有 21 件石片可观察到 2 层及以上背面阴疤，其中最多的 1 件有 4 层。

这些石片均保存较好，但有 1 件标本可观察到重度磨蚀。

（一）完整石片

96 件，占石片总数的 54%。

1. Ⅰ型石片

5 件。原料均为优质石英岩。平均最大长、宽、厚为 30.3、20.3、7.6mm，平均重 5.5g。

OKW ⑦ 3-3（图一四〇，1），原料为石英岩，表皮黄色，内部黄白色，颗粒较为细腻，含少量隐性节理。保存较好，表面不见磨蚀和风化痕迹。形态近椭圆形，技术尺寸与最大尺寸相同，技术长、宽分别为 36.4、28.8mm，厚 11.7mm，重 13g。石皮台面，长、宽分别为 4.4、10.4mm；台面内角 100°，台面外角 79°。腹面较平，打击点、放射线明显，半锥体浅平，锥疤、同心波等不见；边缘汇聚，末端羽状。

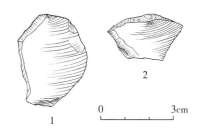

图一四〇　第⑦层出土 I 型石片
1. OKW ⑦ 3-3　2. OKW ⑦ 7-29

OKW ⑦ 7-29（图一四〇，2），原料为黄褐色石英岩，颗粒细腻，有内部节理。保存较好，表面不见磨蚀和风化痕迹。形态近梯形，技术尺寸与最大尺寸相反，技术长、宽分别为 19.2、31.1mm，厚 6.7mm，重 3g。自然台面，长、宽分别为 6.7、31mm；台面内角 96°，台面外角 80°。腹面较平，打击点明显，半锥体较为浅平，放射线清楚，锥疤和同心波等技术特征不见；侧边扇形，末端羽状。

2. II 型石片

11 件。原料均为优质石英岩。尺寸个体差异较小，平均最大长、宽、厚为 47.4、36.3、14.9mm，平均重 23.7g。有 7 件台面内角在 90° 以上。有 8 件背面疤数量在 2 个以上。

OKW ⑦ 6-8（图一四一，1），原料为褐色石英岩，颗粒细腻，含隐性节理。保存较好，表面不见磨蚀和风化痕迹。形态近梯形，技术尺寸与最大尺寸相同，技术长、宽分别为 49.2、41.9mm，厚 32mm，重 17g。自然台面，长、宽分别为 21.5、19.3mm；台面内角 115°，台面外角 68°。腹面平整，打击点清楚，半锥体浅平，放射线非常清楚，同心波亦较为清楚；边缘扇形，末端羽状。背面凹，石皮分布在右侧靠近台面处，比例约 5%；可见多个来自左侧和上部的阴疤。

OKW ⑦ N-7（图一四一，2），原料为石英岩，表皮黄色，内部灰白色，颗粒细腻，含隐性节理。保存较好，表面不见磨蚀和风化痕迹。形态不规则，技术尺寸与最大尺寸相反，技术长、宽分别为 34.2、34.6mm，厚 8.2mm，重 8g。自然台面，长、宽分别为 7.9、32.1mm；台面内角 98°，台面外角 78°。腹面微凸，打击点清楚，半锥体凸出，放射线较为明显，可见多个锥疤；边缘扇形，

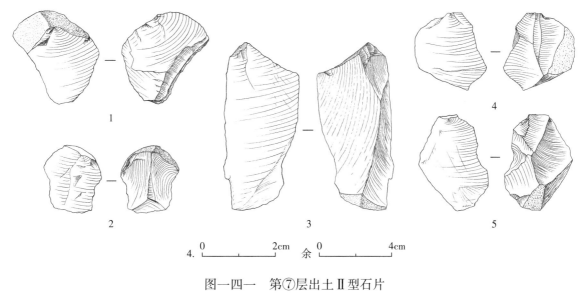

图一四一　第⑦层出土 II 型石片
1. OKW ⑦ 6-8　2. OKW ⑦ N-7　3. OKW ⑦ 12-3　4. OKW ⑦ 13-8　5. OKW ⑦ 7-16

末端羽状。背面不平整，保留石皮面积约 5%，主要分布在石片靠近台面的两侧边；可见多个左右相对的石片阴疤。

OKW ⑦ 12-3（图一四一，3），双锥石片。原料为黄色石英岩，颗粒细腻，质地较好。保存较好，表面不见磨蚀和风化痕迹。形态为长方形，技术尺寸与最大尺寸相同，技术长、宽分别为 89.8、41.6mm，厚 18.2mm，重 53g。自然台面，长、宽分别为 6.1、13.2mm；台面内角 117°，台面外角 74°。腹面平，可见两个打击点，距离较近，半锥体浅平，放射线清楚，锥疤、同心波不见；边缘准平行，末端为石皮，呈台阶状。背面略凸，可见两个与石片方向相同的阴疤，并相交成一条纵脊。

OKW ⑦ 13-8（图一四一，4），原料为浅红白色石英岩，颗粒较为细腻，含少量隐性节理。保存较好，表面不见磨蚀和风化痕迹。形态不规则，技术尺寸与最大尺寸相同，技术长、宽分别为 24.3、21.6mm，厚 7.7mm，重 3g。线状台面。腹面较平整，打击点清楚，半锥体浅平，放射线清楚，锥疤、同心波不见；边缘不规则，末端台阶状。背面微凸，石皮主要分布在左下角，比例约 30%；可见两个与石片方向相同的阴疤和一个方向相反的阴疤。

OKW ⑦ 7-16（图一四一，5），原料为黑灰色石英岩，颗粒较为细腻，含隐性节理。保存较好，表面不见磨蚀和风化痕迹。形态不规则，技术尺寸与最大尺寸相同，技术长、宽分别为 51.1、37.9mm，厚 19mm，重 26g。自然台面，较小，长、宽分别为 4.4、11.4mm；台面内角 117°，台面外角 98°。腹面微凹，打击点清楚，半锥体较为凸出，放射线清楚，锥疤、同心波不见；边缘不规则，末端羽状。背面凸，远端分布有石皮，比例 20%；阴疤方向为上、左和右。

3. Ⅲ型石片

20 件。原料主要为优质石英岩，共 18 件；此外还有中等石英岩 1 件、石英 1 件。尺寸个体差异较小，平均最大长、宽、厚为 26.5、19.8、8.5mm，平均重 4g。

OKW ⑦ 5-4（图一四二，1），原料为灰褐色石英岩，颗粒细腻，含隐性节理。保存较好，表面不见磨蚀和风化痕迹。形态为梯形，技术尺寸与最大尺寸相反，技术长、宽分别为 26.5、34.3mm，厚 9.8mm，重 8g。石皮台面，长、宽分别为 8.5、32.6mm；台面内角 124°，台面外角 71°。腹面微凸，打击点清楚，半锥体较为浅平，放射线明显，不见锥疤和同心波等技术特征；侧边准平行，末端羽状。背面凹，背面阴疤主要与石片方向相同。

OKW ⑦ 8-2（图一四二，2），原料为灰白色石英岩，颗粒粗大，较为松散。保存较好，表面不见磨蚀和风化痕迹。形态为长方形，技术尺寸与最大尺寸相同，技术长、宽分别为 20.1、18.1mm，厚 7.8mm，重 3g。自然台面，较为平整，长、宽分别为 8.1、15.5mm；台面内角 100°，台面外角 72°。腹面微凸，打击点清楚，半锥体凸出，放射线清楚，锥疤、同心波不见；侧边准平行，末端略背向卷。背面微凸，主要由两个阴疤构成，方向一个向下一个向上，并相交成一条纵向的脊。

OKW ⑦ 17-1（图一四二，3），原料为灰色石英岩，颗粒细腻，含极少量隐性节理。保存较好，表面不见磨蚀和风化痕迹。形态近梯形，技术尺寸与最大尺寸相反，技术长、宽分别为 21.9、29.3mm，厚 8.6mm，重 4g。自然台面，较为平整，长、宽分别为 8.6、28.7mm；台面内角 82°，台面外角 84°。腹面较为平整，打击点散漫，半锥体浅平，放射线清楚，不见锥疤、同心波；侧边扇形，末端羽状。背面可见两个阴疤，方向与石片方向相反。

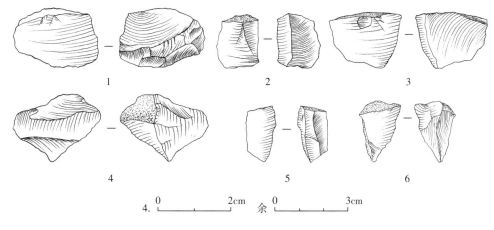

图一四二 第⑦层出土Ⅲ型石片

1. OKW ⑦ 5-4 2. OKW ⑦ 8-2 3. OKW ⑦ 17-1 4. OKW ⑦ 16-7 5. 13KW ⑦ 47 6. 13KW ⑦ 85

OKW ⑦ 16-7（图一四二，4），原料为朱红色石英岩，颗粒较为细腻，含少量隐性节理。保存较好，表面不见磨蚀和风化痕迹。形态不规则，技术尺寸与最大尺寸相同，技术长、宽分别为28.7、20.2mm，厚20.1mm，重3g。台面一半为破裂面，一半为石皮，相交成凸脊，打击点落在靠近石皮一侧；中部凸，长、宽分别为19.7、13.1mm；台面内角107°，台面外角57°。腹面较平，打击点散漫，半锥体不见，放射线清楚，锥疤、同心波等不见；侧边不规则，末端羽状。背面凸，阴疤主要来自左、右两个方向。

13KW ⑦ 47（图一四二，5），原料为石英岩，表皮深黄色，内部灰色，颗粒细腻。保存较好，表面不见磨蚀和风化痕迹。形态近长方形，技术尺寸与最大尺寸相同，技术长、宽分别为22.4、12.7mm，厚7.8mm，重1g。自然台面，长、宽分别为7.3、10.9mm；台面内角91°，台面外角76°。腹面平，打击点集中，半锥体浅平，放射线清楚；边缘准平行，末端台阶状。背面凸，可见阴疤为上、下方向。

13KW ⑦ 85（图一四二，6），原料为深黄色石英岩，颗粒较为细腻，含少量节理。保存较好，表面不见磨蚀和风化痕迹。形态为三角形，技术尺寸与最大尺寸一致，技术长、宽分别为24.3、17mm，厚7.1mm，重1g。自然台面，非常平整，长、宽分别为8.3、16.7mm；台面内角116°，台面外角53°。腹面平，打击点散漫，半锥体浅平；侧边汇聚，末端羽状。背面凸，可见两个与石片方向相同的阴疤并相交成一条纵脊。

4. Ⅳ型石片

7件。原料均为优质石英岩。尺寸个体差异较小，平均最大长、宽、厚为38、28.2、10.5mm，平均重13.4g。

OKW ⑦ 7-11（图一四三，1），原料为石英岩，表皮朱红色，内部灰褐色，颗粒较为细腻，含隐性节理。保存较好，表面不见磨蚀和风化痕迹。形态近椭圆形，技术尺寸与最大尺寸相同，技术长、宽分别为42.9、33.3mm，厚11.6mm，重17g。破裂面台面，长、宽分别为8.8、24.4mm；台面内角114°，台面外角75°。腹面平，打击点清楚，半锥体浅平，放射线较为清楚，锥疤和同心波不见；

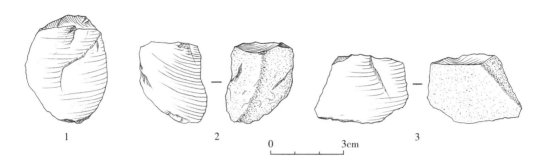

图一四三　第⑦层出土Ⅳ型石片
1. OKW⑦7-11　2. OKW⑦3-4　3. OKW⑦8-3

边缘扇形，末端羽状。背面凸，全部为石皮。

OKW⑦3-4（图一四三，2），原料为灰色石英岩，颗粒较为细腻，含隐性节理。保存较好，表面不见磨蚀和风化痕迹。形态为半圆形，技术尺寸与最大尺寸相同，技术长、宽分别为35.5、26.7mm，厚7.3mm，重7g。破裂面台面，长、宽分别为8.1、21.8mm；台面内角90°，台面外角83°。腹面平，打击点清楚，半锥体浅平，放射线清楚，锥疤和同心波不见；边缘扇形，末端羽状。背面凸，全部为石皮。

OKW⑦8-3（图一四三，3），原料为浅黄白色石英岩，颗粒较为细腻，含隐性节理。保存较好，表面不见磨蚀和风化痕迹。形态近梯形，技术尺寸与最大尺寸相反，技术长、宽分别为26.6、38.4mm，厚10mm，重7g。破裂面台面，长、宽分别为11.3、26mm；台面内角70°，台面外角96°。腹面打击点清楚，半锥体浅平，放射线清楚，锥疤、同心波不见；边缘准平行，末端羽状。

5. Ⅴ型石片

21件。原料均为优质石英岩。尺寸个体差异不大，平均最大长、宽、厚为39.6、28.6、11.6mm，平均重14.1g。

OKW⑦11-4（图一四四，1），原料为黄色石英岩，颗粒中等，含少量节理。保存较好，表面不见磨蚀和风化痕迹。形态略呈三角形，技术尺寸与最大尺寸相同，技术长、宽分别为46.6、44.3mm，厚14.2mm，重29g。破裂面台面，由两个阴疤构成，较为平整，长、宽分别为15、30.7mm；台面内角115°，台面外角71°。腹面微凸，打击点、放射线清楚，半锥体微凸，锥疤、同心波不见；侧边汇聚，末端台阶状。背面略平，石皮比例5%，分布在背面的右下部；主要有两个阴疤，方向与石片方向相同。

OKW⑦9-3（图一四四，2），原料为朱红色石英岩，颗粒较为细腻。保存较好，表面不见磨蚀和风化痕迹。形态略近圆形，技术尺寸与最大尺寸相同，技术长、宽分别为27.6、27.4mm，厚5.1mm，重4g。台面呈帽子状，较为平整，长、宽分别为4.1、17.5mm；台面内角106°，台面外角88°。腹面较平，打击点清楚，半锥体浅平，放射线较为清楚，锥疤可见，同心波不见；侧边弧形，末端羽状。背面略平，石皮比例40%，主要集中在远端；背面主要可见多个大的阴疤，方向与石片方向相同。

OKW⑦7-12（图一四四，3），原料为浅黄白色石英岩，颗粒细腻，含少量隐性节理。保存较好，表面不见磨蚀和风化痕迹。形态为不规则圆形，技术尺寸与最大尺寸一致，技术长、宽分别为51.6、

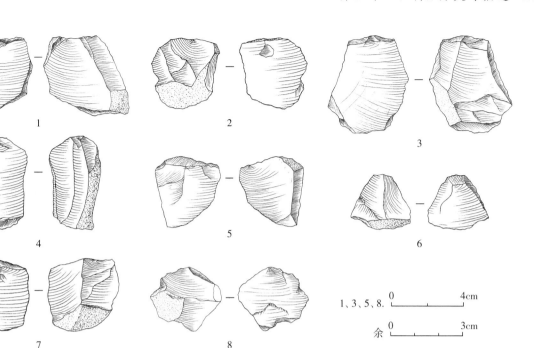

图一四四 第⑦层出土 V 型石片

1. OKW ⑦ 11–4 2. OKW ⑦ 9–3 3. OKW ⑦ 7–12 4. OKW ⑦ 1–4 5. OKW ⑦ 18–5 6. OKW ⑦ 16–3 7. OKW ⑦ 17–6
8. OKW ⑦ 5–3

45.5mm，厚 10.5mm，重 27g。破裂面台面，可见三个片疤，长、宽分别为 6.3、26.5mm；台面内角
107°，台面外角 76°。腹面打击点清楚，半锥体凸出，放射线明显，锥疤、同心波等技术特征不见；
侧边准平行，末端羽状。背面石皮主要分布在右下角，比例约 10%；可见多个石片阴疤，方向为向
下和向左。

OKW ⑦ 1–4（图一四四，4），原料为褐色石英岩，颗粒细腻。保存较好，表面不见磨蚀和风化
痕迹。形态为长方形，技术尺寸与最大尺寸相同，技术长、宽分别为 37.9、21.9mm，厚 12.6mm，重
7g。点状台面。腹面较平，打击点较为清楚，半锥体凸出，放射线较为明显，锥疤、同心波不见；侧
边准平行，末端台阶状。背面凸，石皮比例 30%，主要集中在右侧；左侧阴疤一共有三个，呈长条形，
方向与石片方向相同。

OKW ⑦ 18–5（图一四四，5），原料为灰褐色石英岩，颗粒较为细腻，含隐性节理。保存较
好，表面不见磨蚀和风化痕迹。形态为三角形，技术尺寸与最大尺寸相同，技术长、宽分别为 36.8、
36.3mm，厚 11.8mm，重 16g。破裂面台面，较为平整，长、宽分别为 10.8、28.1mm；台面内角
113°，台面外角 69°。腹面凸，整个腹面向右下侧侧屈，打击点清楚，半锥体浅平，可见放射线，不
见锥疤、同心波；侧边汇聚，末端羽状。背面凹凸不平，石皮比例 5%，主要分布在左上部；可见三
个阴疤，其中最大的石片阴疤方向与石片方向相同。

OKW ⑦ 16–3（图一四四，6），原料为朱红色石英岩，颗粒中等，含少量隐性节理。保存较
好，表面不见磨蚀和风化痕迹。形态近三角形，技术尺寸与最大尺寸相反，技术长、宽分别为 22.3、
25.9mm，厚 7.2mm，重 4g。破裂面台面，较为平整，长、宽分别为 7.7、10.2mm；台面内角 110°，
台面外角 65°。腹面凹，打击点清楚，半锥体凸出，不见锥疤、放射线、同心波；侧边反汇聚，末端

羽状。背面石皮比例20%，主要分布在下部；可见两个背面疤，与石片方向相同。

OKW⑦17-6（图一四四，7），原料为石英岩，表皮红褐色，内部黄褐色，颗粒中等。保存较好，表面不见磨蚀和风化痕迹。形态近半圆形，技术尺寸与最大尺寸相同，技术长、宽分别为30.8、29.9mm，厚10.5mm，重10g。破裂面台面，左侧凹陷，长、宽分别为8.9、25.4mm；台面内角107°，台面外角80°。腹面略凸，打击点清楚，半锥体凸出，放射线明显，锥疤可见，同心波不见；侧边圆弧形，末端羽状。背面较平，石皮比例40%，主要分布在远端；背面阴疤方向与石片方向相同。

OKW⑦5-3（图一四四，8），原料为白色石英岩，颗粒较为细腻，含较多隐性节理。保存较好，表面不见磨蚀和风化痕迹。形态为菱形，技术尺寸与最大尺寸相反，技术长、宽分别为33.5、39mm，厚12mm，重13g。点状台面。腹面略平，打击点清楚，半锥体浅平，放射线清楚，锥疤、同心波不见；侧边反汇聚，末端台阶状。背面凸，石皮比例30%，主要分布在左侧；可见多个上下方向相对的阴疤。

6. Ⅵ型石片

32件。原料主要为优质石英岩，有30件，还有1件中等；另外还有燧石1件。尺寸个体差异中等，平均最大长、宽、厚为27.5、19.7、9.1mm，平均重5.5g。

OKW⑦6-9（图一四五，1），原料为黑褐色石英岩，颗粒较为细腻，含隐性节理。保存较好，表面不见磨蚀和风化痕迹。形态近梨形，技术尺寸与最大尺寸相同，技术长、宽分别为50.9、37.2mm，厚50.9mm，重15g。破裂面台面，略凹，狭小，长、宽分别为2.3、7.8mm；台面内角122°，台面外角74°。腹面略凹，打击点清楚，半锥体浅平，放射线可见，同心波清楚，锥疤不见；侧边反汇聚，末端羽状。背面凸，可见来自多个方向的石片阴疤。

OKW⑦13-5（图一四五，2），原料为朱红色石英岩，颗粒较为细腻，含少量隐性节理。保存较好，

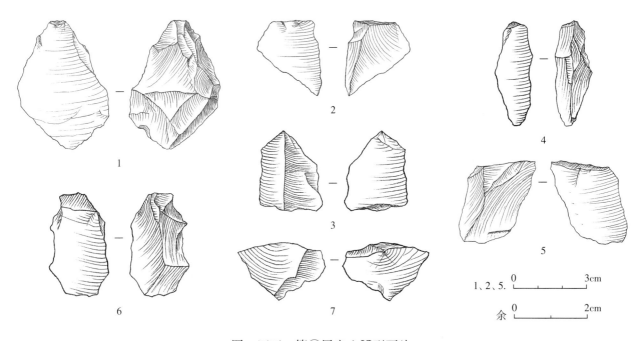

图一四五　第⑦层出土Ⅵ型石片

1. OKW⑦6-9　2. OKW⑦13-5　3. OKW⑦7-47　4. OKW⑦15-1　5. OKW⑦15-6　6. OKW⑦14-2　7. OKW⑦2-9

表面不见磨蚀和风化痕迹。形态近三角形，技术尺寸与最大尺寸相同，技术长、宽分别为 29.5、25.2mm，厚 7.1mm，重 4g。破裂面台面，较为平整，长、宽分别为 6.8、17.6mm；台面内角 96°，台面外角 86°。打击点清楚，半锥体较为凸出，放射线清楚，同心波、锥疤等不见；两侧边汇聚，末端台羽状。背面平，有一个较大与石片方向相同的阴疤以及一个方向向左的阴疤。

OKW ⑦ 7-47（图一四五，3），原料为朱红色石英岩，颗粒中等，含少量隐性节理。保存较好，表面不见磨蚀和风化痕迹。形态为倒三角形，技术尺寸与最大尺寸相同，技术长、宽分别为 22.2、18.7mm，厚 4.1mm，重 1g。点状台面。腹面平，打击点、放射线清楚，半锥体、同心波、锥疤均不见；侧边反汇聚，末端台阶状。背面凸，有两个阴疤，方向与石片方向相同，并在石片中部相交成一条纵向的脊。

OKW ⑦ 15-1（图一四五，4），原料为灰白色石英岩，颗粒较为细腻。保存较好，表面不见磨蚀和风化痕迹。形态为长条形，技术尺寸与最大尺寸相同，技术长、宽分别为 29.2、9.2mm，厚 4.1mm，重 1g。破裂面台面，较为平整，长、宽分别为 3.1、6.1mm；台面内角 116°，台面外角 67°。腹面较平，打击点略可见；侧边准平行，末端羽状。背面中部微凸，并形成一条纵脊，可见多个与石片方向相同的阴疤。

OKW ⑦ 15-6（图一四五，5），原料为朱红色石英岩，颗粒中等。保存较好，表面不见磨蚀和风化痕迹。形态近长方形，技术尺寸与最大尺寸相同，技术长、宽分别为 31.4、31.2mm，厚 11.7mm，重 10g。破裂面台面，非常平整，长、宽分别为 10.2、24.4mm；台面内角 91°，台面外角 82°。腹面打击点清楚，半锥体浅平，放射线清楚，同心波、锥疤不见；侧边准平行，末端羽状。背面多个来自不同方向的阴疤在石片中部汇聚成一个凸起。

OKW ⑦ 14-2（图一四五，6），原料为灰色石英岩，颗粒较为细腻，含明显的隐性节理。保存较好，表面不见磨蚀和风化痕迹。形态为长方形，技术尺寸与最大尺寸相同，技术长、宽分别为 27.5、16.3mm，厚 9.2mm，重 4g。破裂面台面，较为平整，长、宽分别为 6.6、9.4mm；台面内角 122°，台面外角 70°。腹面较为平整，打击点清楚，半锥体浅平，不见放射线和同心波；侧边准平行，末端台阶状。背面凸，两侧与石片方向相同的阴疤在石片中部相交成一条纵向的脊。

OKW ⑦ 2-9（图一四五，7），原料为灰白色石英岩，颗粒细腻。保存较好，表面不见磨蚀和风化痕迹。形态为三角形，技术尺寸与最大尺寸相反，技术长、宽分别为 16.2、24.3mm，厚 5.7mm，重 1g。破裂面台面，由两个阴疤构成，长、宽分别为 4.4、12.4mm；台面内角 94°，台面外角 88°。腹面微凸，打击点位于台面两个阴疤的交界处，可见放射线，不见同心波；侧边汇聚，末端羽状。背面微凸，可见两个与石片方向相同的阴疤。

（二）非完整石片

81 件，占石片总数的 46%。

1. 左裂片

28 件。原料主要为优质石英岩，有 25 件，还有 1 件中等者；此外还有石英 1 件，燧石 1 件。尺寸个体差异较小，平均最大长、宽、厚为 23.2、16.3、7.6mm，平均重 3.3g。大部分左裂片都是沿石片打击点中线断裂。

OKW ⑦ 17-5，原料为黄色石英岩，颗粒细腻。保存较好，表面不见磨蚀和风化痕迹。最大长、宽、厚分别为 33.9、33.6、10.3mm，重 10g。石皮台面。打击点、半锥体、放射线非常清楚。

OKW ⑦ 16-2，原料为黄褐色石英岩，表皮黄色，内部褐色，颗粒较为细腻，含隐性节理。保存较好，表面不见磨蚀和风化痕迹。最大长、宽、厚分别为 28.9、19.8、8.6mm，重 4g。可见残缺的打击点，半锥体浅平。

OKW ⑦ 2-10，原料为黑色石英岩，颗粒较为细腻。保存较好，表面不见磨蚀和风化痕迹。最大长、宽、厚分别为 26.8、17.5、6.8mm，重 3g。打击点清楚，半锥体凸出，放射线清楚。

OKW ⑦ 23-1，原料为灰白色石英岩，颗粒较为细腻，含隐性节理。保存较好，表面不见磨蚀和风化痕迹。最大长、宽、厚分别为 25.4、22.6、7.1mm，重 3g。

OKW ⑦ 5-6，原料为黑色石英岩，颗粒较为细腻。保存较好，表面不见磨蚀和风化痕迹。最大长、宽、厚分别为 21.5、15.5、8.1mm，重 2g。可见残缺的打击点，放射线清楚，半锥体凸出。

12KW ⑦ 700，原料为青黄色燧石，颗粒较为细腻，含节理。保存较好，表面不见磨蚀和风化痕迹。最大长、宽、厚分别为 32.4、14.8、7.9mm，重 3g。可见残缺的打击点和半锥体。

13KW ⑦ 59，原料为黄灰色石英岩，颗粒较为细腻。保存较好，表面不见磨蚀和风化痕迹。最大长、宽、厚分别为 29.8、19.7、10.9mm，重 8g。可见残缺的打击点。可见背面疤与石片方向相同。

13KW ⑦ 70，原料为石英岩，表皮黄色，内部青色，颗粒较为细腻。保存较好，表面不见磨蚀和风化痕迹。最大长、宽、厚分别为 13、10.3、3.4mm，重 0.4g。

2. 右裂片

27 件。原料主要为优质石英岩，有 22 件；此外还有石英 4 件，燧石 1 件。尺寸个体差异较大，平均最大长、宽、厚为 25.5、17.8、9.1mm，平均重 6.3g。绝大部分右裂片都是沿石片打击点中线断裂。

OKW ⑦ 18-7，原料为白色石英，颗粒粗大，含明显节理。保存较好，表面不见磨蚀和风化痕迹。形态为三角形，远端粗大，最大长、宽、厚分别为 51.3、46.7、21.5mm，重 52g。残留台面为石皮台面。

OKW ⑦ 21-4，原料为白色石英，颗粒粗大，含明显节理。保存较好，表面不见磨蚀和风化痕迹。最大长、宽、厚分别为 38.2、33.2、19.7mm，重 22g。石皮台面。

OKW ⑦ 4-1，原料为灰色燧石，颗粒非常细腻。保存较好，表面不见磨蚀和风化痕迹。最大长、宽、厚分别为 35.9、15.3、9.4mm，重 4g。破裂面台面，非常平整。可见残缺的打击点。

OKW ⑦ 15-5，原料为朱红色石英岩，颗粒非常细腻。保存较好，表面不见磨蚀和风化痕迹。最大长、宽、厚分别为 19.4、18.6、5.3mm，重 2g。破裂面台面，打击点、半锥体、放射线都很清楚。

OKW ⑦ 16-5，原料为灰白色石英岩，颗粒中等。保存较好，表面不见磨蚀和风化痕迹。最大长、宽、厚分别为 18.5、18.3、6.5mm，重 1g。自然台面。可见残缺的打击点。

OKW ⑦ 17-2，原料为灰色石英岩，颗粒较为细腻，含隐性节理。保存较好，表面不见磨蚀和风化痕迹。最大长、宽、厚分别为 17.5、13.4、7.4mm，重 1g。自然台面。

13KW ⑦ 48，原料为黄白色石英岩，颗粒较为细腻。保存较好，表面不见磨蚀和风化痕迹。最大长、宽、厚分别为 20.3、16、5.7mm，重 2g。破裂面台面。可见残缺的打击点。

13KW ⑦ 42，原料为黄色石英岩，颗粒较为细腻。保存较好，表面不见磨蚀和风化痕迹。最大长、宽、厚分别为 19.7、9.9、3.7mm，重 1g。自然台面。可见残缺的打击点、放射线，半锥体较为凸出。

3. 近端

9 件。原料主要为优质石英岩，有 6 件，还有 1 件为中等；此外还有石英 2 件。尺寸个体差异较小，平均最大长、宽、厚为 19.6、16.4、8.5mm，平均重 3.5g。

OKW ⑦ 18-4，原料为黄色石英岩，颗粒中等，含少量隐性节理。保存较好，表面不见磨蚀和风化痕迹。最大长、宽、厚分别为 27.6、27.5、17.1mm，重 15g。破裂面台面，非常平整，长、宽分别为 11.1、24.1mm；台面内角 113°，台面外角 92°。打击点散漫，放射线清楚，半锥体浅平，不见锥疤。

OKW ⑦ 14-6，原料为石英岩，表皮黄色，内部灰白色，颗粒细腻。保存较好，表面不见磨蚀和风化痕迹。最大长、宽、厚分别为 21.2、19.8、10.4mm，重 4g。石皮台面，非常平整，长、宽分别为 9.4、17.4mm；台面内角 106°，台面外角 84°。

OKW ⑦ 2-13，原料为白色石英，颗粒粗大。保存较好，表面不见磨蚀和风化痕迹。最大长、宽、厚分别为 19.3、18.8、11.5mm，重 4g。线状台面。打击点和半锥体、放射线清楚，不见锥疤。

4. 远端

15 件。原料均为优质石英岩。尺寸个体差异较小，平均最大长、宽、厚为 26.5、17.9、6.9mm，平均重 3.7g。

OKW ⑦ 15-2，原料为白色石英岩，颗粒中等。保存较好，表面不见磨蚀和风化痕迹。最大长、宽、厚分别为 13.5、9.1、2.4mm，重 1g。末端羽状。

OKW ⑦ 7-22，原料为黑褐色石英岩。保存较好，表面不见磨蚀和风化痕迹。最大长、宽、厚分别为 28.5、16.1、11mm，重 5g。末端羽状。

OKW ⑦ 7-23，原料为黄色石英岩，颗粒较为细腻。保存较好，表面不见磨蚀和风化痕迹。最大长、宽、厚分别为 23.6、21.3、7.6mm，重 4g。末端羽状。

OKW ⑦ 7-18，原料为灰褐色石英岩，颗粒中等。保存较好，表面不见磨蚀和风化痕迹。最大长、宽、厚分别为 20.1、14.2、2.8mm，重 1g。末端羽状。

12KW ⑦ 718，原料为灰色石英岩，颗粒中等。保存较好，表面不见磨蚀和风化痕迹。最大长、宽、厚分别为 32.2、29.6、7.4mm，重 6g。可见同心波；末端羽状。

13KW ⑦ 49，原料为紫色石英岩，颗粒较为细腻。保存较好，表面不见磨蚀和风化痕迹。最大长、宽、厚分别为 19.1、10、3.1mm，重 0.5g。末端羽状。

5. 中段

2 件。原料均为优质石英岩。

OKW ⑦ 7-43，原料为浅黄色石英岩，颗粒较为细腻。保存较好，表面不见磨蚀和风化痕迹。最大长、宽、厚分别为 26.5、14.2、6.6mm，重 2g。

OKW ⑦ 19-2，原料为灰色石英岩，颗粒中等，含隐性节理。保存较好，表面不见磨蚀和风化痕迹。最大长、宽、厚分别为 38.2、36.3、12mm，重 25g。

三、工具

36 件，占第⑦层发现石制品总数的 13%。工具类型有锯齿刃器、凹缺器、刮削器、石锥、鸟喙状器、雕刻器等 6 种。经统计，锯齿刃器和刮削器这两个类型是所有工具中的主要部分，二者比例合计达 72%。其他工具类型，只有凹缺器达到 5 件，其他各类型工具数量均在 5 件以下（表三六）。

表三六　第⑦层出土工具类型统计表

类型	锯齿刃器	凹缺器	刮削器	石锥	鸟喙状器	雕刻器	合计
数量 N	16	5	12	1	1	1	36
比例 %	44	14	33	3	3	3	100

总的来看，第⑦层工具原料以石英岩为主，共 34 件，其中又以优质石英岩为多，有 32 件，比例达 89%。此外还有石英、燧石各 1 件。

经统计，毛坯以石片毛坯为主，包括各类型完整石片和非完整石片以及不确定类型的石片，总比例为 94%；断块和石核毛坯均为 3%。对于石片毛坯而言，完整石片毛坯是主要部分，比例为 66%，其中又以 V 型石片为多，比例为 31%（表三七）。

工具尺寸总的来说差异中等，最大长、宽、厚分别为 13.2~62.4、8.2~46.6、3.9~25.4mm，重 0.5~55g，平均长、宽、厚为 40.9、28.8、13.5mm，平均重 17.4g。

工具的加工方法均为硬锤锤击法，加工方式种类不多。对于石片毛坯工具而言，加工方式以单向为主，比例达到 88%，其中又以正向为主，比例为 70%，反向比例为 18%。此外还有错向和复向，比例分别为 9% 和 3%（表三八）。对于非石片毛坯工具而言，其加工方式也有一定规律性。它们主

表三七　第⑦层出土各工具类型与毛坯的关系

毛坯		锯齿刃器	凹缺器	刮削器	石锥	鸟喙状器	雕刻器	合计	比例 %	
石片	不确定类型石片	3	1	1				5	14	94
	Ⅱ型石片	3	2	2				7	19	
	Ⅲ型石片	2		1				3	8	
	V型石片	5		4	1		1	11	31	
	Ⅵ型石片	1		2				3	18	
	左裂片	1						1	3	
	远端	1	2	1				4	11	
断块				1				1	3	
石核						1		1	3	
合计		16	5	12	1	1	1	36	100	

要选择由较平面向相对不平面加工、由破裂面向石皮面加工。

从工具的加工位置来看，石片毛坯工具修理主要集中在石片的左边、右边，比例达到 75%。还有部分工具的加工位置超越了一边或一端，形成近似平行的双刃器。非石片毛坯工具主要选择在毛坯较薄边缘或者相对较为规整的边缘进行加工。

工具修疤形态主要为鳞状，比例为 64%。

从修疤层数来看，74% 的工具只有 1 层修疤，即只对刃缘进行了单次修理；22% 有 2 层修疤，4% 可观察到 3 层及以上修疤。从工具修理的最大修疤长、宽分布来看，以宽型修疤为主，长、宽主要集中在 5~15mm。此外，通过对修疤边缘的观察和统计，88% 的修疤呈弧形，12% 两侧边缘近似平行和汇聚状。

通过对锯齿刃器、刮削器、石锥三类工具的统计，它们的加工程度从加工长度指数来看，总体而言，有 10 件标本加工长度达到了所在边的总长度，加工最短也超过所在边长的一半；而从平均值来看，超过了加工所在边长的一半，为 0.84；而标准偏差则显示各类工具的加工长度指数变异不大。从加工深度指数来看，虽然有部分工具加工深度指数达到了 1，但总体上来看本层工具的加工程度不是很高。加工深度较低的工具深度指数仅为 0.1，而平均值也未到加工面宽的一半。这表明这些工具基本上属于边缘修理；而且它们的标准偏差都很小，表明这三类工具大部分标本加工深度都很浅（表三九）。

表三八　第⑦层出土石片毛坯工具加工方式统计表

加工方式	数量 N	比例 %
正向	24	70
反向	6	18
错向	3	9
复向	1	3

表三九　第⑦层出土工具加工长度和深度指数

最大值		最小值		平均值		标准偏差	
长度指数	深度指数	长度指数	深度指数	长度指数	深度指数	长度指数	深度指数
1	1	0.52	0.1	0.84	0.38	0.13	0.27

工具刃缘在修理后，刃角与毛坯原边缘角度比较，有 69% 的标本变钝，25% 变锐，还有 6% 基本不变。刃角主要集中在 57°~78°；角度越小，数量越少；角度越大，数量也越少。

（一）锯齿刃器

16 件，占工具数量的 44%。原料主要为石英岩，共 14 件，比例为 93%，其中又以优质者为主，有 13 件，差等者 1 件；此外有石英和燧石各 1 件。毛坯均为石片毛坯，又以完整石片为主。尺寸个体差异相对不大，只有 1 件标本个体较小，最大长、宽、厚分别为 13.2~62.4、8.2~40.9、3.9~24.4mm，重 0.5~55g，平均最大长、宽、厚为 43.2、28.1、12.5mm，平均重 17.5g。平均刃角 66°。

按刃缘数量划分，可分为单刃锯齿刃器和双刃锯齿刃器，分别有 14 和 2 件。

1. 单刃锯齿刃器

14 件。原料主要为石英岩，有 12 件，其中优质者 11 件，差等者 1 件；此外还有燧石、石英各 1 件。

平均最大长、宽、厚为 44.3、28.4、12.5mm，平均重 18.2g。

按刃口形态，可分为单直刃、单凸刃和单凹刃锯齿刃器，分别有 9、3 和 2 件。

单直刃锯齿刃器

OKW ⑦ 18-2（图一四六，1；彩版七〇，1），原料为石英岩，表皮黄色，内部灰褐色，局部深红色，颗粒较为细腻，质地较好。毛坯为Ⅲ型石片。保存较好，表面不见磨蚀和风化痕迹。形态为梯形，最大长、宽、厚分别为 42.2、40.9、11.9mm，重 19g。加工位置为石片右侧边，采用锤击法正向加工。刃缘修疤连续，较为精致；可见一层修疤。加工长度指数为 0.91；加工深度指数为 0.24。加工后刃缘较为平直，长 34mm；刃口形态指数为 0；刃角较石片边缘变钝，刃角 61°。

OKW ⑦ 3-5（图一四六，2；彩版七〇，2），原料为灰色石英岩，颗粒较为细腻，含明显的节理。毛坯为石片，但腹面特征已不太清楚。保存较好，表面不见磨蚀和风化痕迹。形态近长方形，最大长、宽、厚分别为 47、25.8、10.1mm，重 13g。加工位置为石片右侧边靠下部，采用锤击法正向加工。可见两层修疤，其中第一层修疤较大，不连续；第二层修疤较小，连续。刃缘修理略超过加工所在边的一半，加工长度指数为 0.52；加工深度指数为 0.35。加工后刃缘平直，长 20mm；刃口形态指数为 0；刃角较石片边缘变钝，刃角 76°。

OKW ⑦ 1-1（图一四六，3；彩版七〇，3），原料为黄色石英岩，颗粒较为细腻。毛坯为左裂片。保存较好，表面不见磨蚀和风化痕迹。最大长、宽、厚分别为 33.3、18.3、8.4mm，重 3g。刃缘加工位置为石片左侧边，采用锤击法正向加工。刃缘加工可见一层修疤；最大修疤长、宽分别为 7.1、13.9mm。加工长度指数为 1；加工深度不及加工所在面的一半，加工深度指数为 0.42。修理后的刃缘平直，长 29mm；刃口较石片边缘变钝，刃角 61°。

单凸刃锯齿刃器

OKW ⑦ 1-3（图一四六，4；彩版七〇，4），原料为黄红色石英岩，颗粒较粗，含细小结晶。

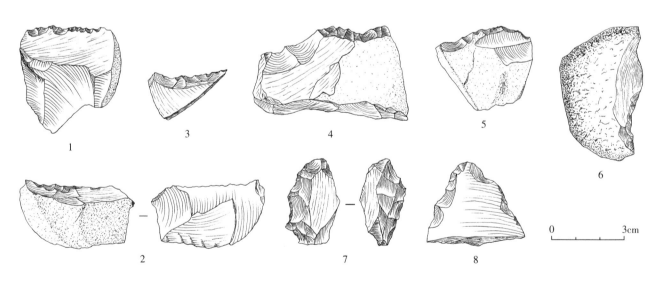

图一四六　第⑦层出土石锯齿刃器

1~3. 单直刃锯齿刃器（OKW ⑦ 18-2、OKW ⑦ 3-5、OKW ⑦ 1-1）　4、5. 单凸刃锯齿刃器（OKW ⑦ 1-3、OKW ⑦ 7-45）
6. 单凹刃锯齿刃器（OKW ⑦ 16-14）　7. 双凸刃锯齿刃器（OKW ⑦ N-1）　8. 直凸刃锯齿刃器（OKW ⑦ 8-4）

毛坯为V型石片。保存较好，表面不见磨蚀和风化痕迹。形态近长梯形，最大长、宽、厚分别为62.4、38.5、24.4mm，重55g。加工位置为石片左侧边，采用锤击法正向加工。刃缘修疤连续，局部可见两层修疤。靠近台面处修疤较大，可见最大修疤长、宽分别为12.8、16.6mm。刃缘修理延伸至整个边缘，加工长度指数为1；加工深度不大，加工深度指数为0.39。加工后刃缘平直，长54mm；刃口形态指数为23；刃角较石片边缘变钝，刃角69°。

OKW ⑦ 7–45（图一四六，5；彩版七〇，5），原料为黄白色石英岩，颗粒较为细腻，含节理。毛坯为Ⅱ型石片。保存较好，表面不见磨蚀和风化痕迹。形态为梯形，最大长、宽、厚分别为39.7、34.4、8.9mm，重12g。加工位置为石片右侧边，采用锤击法正向加工。刃缘修理局部可见两层修疤，可见最大修疤长、宽分别为5.3、6.9mm。刃缘修理几乎延伸至整个右侧边，加工长度指数为0.9；加工深度不大，加工深度指数为0.23。加工后刃缘略凸，长36mm；刃口形态指数为21；刃角较石片边缘变钝，刃角60°。

单凹刃锯齿刃器

OKW ⑦ 16–14（图一四六，6；彩版七〇，6），原料为燧石，表皮黄色，内部灰褐色，颗粒细腻，质地较好。毛坯为V型石片。保存较好，表面不见磨蚀和风化痕迹。形态近三角形，最大长、宽、厚分别为51.4、35.4、12.4mm，重24g。加工位置为石片左侧边缘靠下部，采用锤击法正向加工。刃缘修疤连续，可见两层修疤，最大修疤长、宽分别为4.7、6.4mm。刃缘修理约为整个远端的一半，加工长度指数为0.53；加工深度不大，加工深度指数为0.32。加工后刃缘略凹，长24mm；刃口形态指数为–23；刃角较石片边缘变锐，刃角60°。

2. 双刃锯齿刃器

2件。按刃口形态，可分为双凸刃和直凸刃锯齿刃器，各1件。

双凸刃锯齿刃器

OKW ⑦ N–1（图一四六，7；彩版七〇，7），原料为朱红色石英岩，颗粒中等，含较多隐性节理。毛坯为石片，但由于后期改造较大，已难知石片的具体类型。保存较好，表面不见磨蚀和风化痕迹。形态近椭圆形，最大长、宽、厚分别为33.9、20.2、15mm，重12g。在两个侧边采用锤击法正向加工。右侧刃缘修疤连续，可见两层修疤，呈鳞状；可见最大修疤长、宽分别为6.9、7.7mm；加工长度指数为1，加工深度指数为0.49；修理后刃缘呈凸弧形，长35.4mm，角度较陡，刃角78°。左侧刃缘修疤连续，可见两层修疤，其中第二层修疤非常密集破碎；修理片疤延伸至整个侧边，长35.8mm，加工长度指数为1，加工深度指数为0.89；刃缘角度非常陡，达88°。两加工刃缘汇聚后呈弧形。

直凸刃锯齿刃器

OKW ⑦ 8–4（图一四六，8；彩版七〇，8），原料为黑褐色石英岩，颗粒中等。毛坯为石片远端，腹面较平，背面全部为石皮。保存较好，表面不见磨蚀和风化痕迹。形态近三角形，最大长、宽、厚分别为39.4、33、11mm，重4g。在石片左、右侧边采用锤击法反向加工，由石皮面向破裂面加工。加工后两个刃缘均平直，且均只有一层修疤。其中左侧刃缘加工后长31.3mm，加工长度指数为0.87，加工深度指数为0.21；刃角68°。右侧刃缘加工后长32.3mm，加工长度指数为0.91，加工深度指

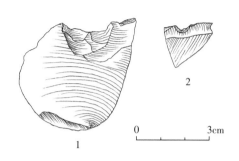

图一四七　第⑦层出土石单凹缺器
1. OKW ⑦ N-5　2. OKW ⑦ 2-11

数为 0.19；刃角 76°。两个刃缘加工后刃口较原石片边缘都变钝。

（二）凹缺器

5件，占工具数量的 14%。原料均为石英岩。毛坯均为石片，分别有Ⅱ型石片、远端和不确定类型石片各 2、2 和 1 件。平均最大长、宽、厚为 32.2、22、13.6mm，平均重 13g。平均刃角 80°。均为单凹缺器。

OKW ⑦ N-5（图一四七，1；彩版七二，1），原料为黄褐色石英岩，颗粒中等，含少量隐性节理。毛坯为Ⅱ型石片。保存较好，表面不见磨蚀和风化痕迹。形态不规则，最大长、宽、厚分别为 55.5、40.7、24.9mm，重 46g。凹缺由多次打击形成。缺口宽 18、高 4.3mm，凹口弧度 0.48；刃角修理后相对原边缘变钝，刃角 83°。

OKW ⑦ 2-11（图一四七，2；彩版七二，2），原料为黄色石英岩，颗粒较为细腻。毛坯为石片远端。保存较好，表面不见磨蚀和风化痕迹。形态为三角形，最大长、宽、厚分别为 23.1、17.7、10mm，重 3g。在石片最薄边缘采用锤击法加工。凹缺器刃口由一次打击形成，可见一层修疤。缺口宽 5.3、高 2.1mm，凹口弧度 0.93；刃角修理后相对原边缘变锐，刃角 81°。

（三）刮削器

12件，占工具数量的 33%。原料均为优质石英岩。毛坯主要为石片毛坯，比例为 92%；只有 1 件为断块。石片毛坯中，完整石片毛坯有 9 件。尺寸个体差异较小，最大长、宽、厚分别为 29.1~60.7、23.3~46.6、8~25.4mm，重 5~50g，平均最大长、宽、厚为 41.2、31.6、13.4mm，平均重 16.5g。平均刃角 68°。

根据刃缘数量可分为单刃刮削器和双刃刮削器，分别有 11 和 1 件。

1. 单刃刮削器

11件。根据刃口形态，可分为单直刃、单凸刃和单凹刃刮削器，分别有 4、5 和 2 件。

单直刃刮削器

OKW ⑦ 7-24（图一四八，1；彩版七一，1），原料为石英岩，表皮黄色，内部灰白色。颗粒较为细腻，含隐性节理。毛坯为Ⅱ型石片，右侧边为石皮面。保存较好，表面不见磨蚀和风化痕迹。形态近三角形，最大长、宽、厚分别为 31.7、16.4、8mm，重 6g。刃缘修理位置为石片远端边缘，采用锤击法正向加工。刃缘加工浅平，连续修理，只见一层修疤，修疤大小不一；可见最大修疤长、宽分别为 8、10.1mm。加工长度指数为 1；加工深度指数为 0.78。修理后的刃缘平直，长 25mm；刃口较石片边缘角度变化不大，刃角 66°。

OKW ⑦ N-6（图一四八，2；彩版七一，2），原料为褐色石英岩，颗粒细腻，含节理。毛坯为 V 型石片。保存较好，表面不见磨蚀和风化痕迹。形态近长方形，最大长、宽、厚分别为 59.6、40.1、11.7mm，重 29g。刃缘修理位置为石片右侧边缘，采用锤击法复向加工。刃缘修理只见一层修疤。

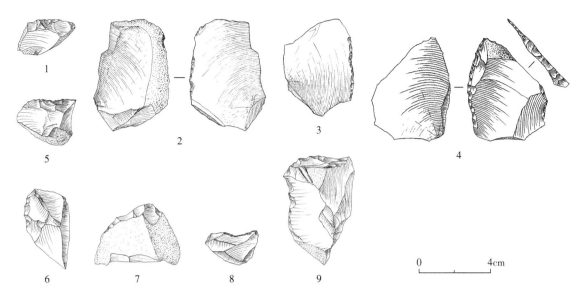

图一四八 第⑦层出土石刮削器

1~3. 单直刃刮削器（OKW ⑦ 7-24、OKW ⑦ N-6、OKW ⑦ 14-1） 4~7. 单凸刃刮削器（OKW ⑦ 17-7、OKW ⑦ 8-5、12KW ⑦ 657、13KW ⑦ 72） 8. 单凹刃刮削器（OKW ⑦ 16-10） 9. 直凸刃刮削器（13KW ⑦ 60）

加工长度指数为 1；加工深度指数为 0.11。修理后的刃缘平直，长 38mm；刃口形态指数为 0；刃口较原边缘角度变锐，刃角 66°。

OKW ⑦ 14-1（图一四八，3；彩版七一，3），原料为白色石英岩，颗粒较为细腻，质地较好。毛坯为 V 型石片。保存较好，表面不见磨蚀和风化痕迹。形态为梯形，最大长、宽、厚分别为 52、39.4、8.5mm，重 16g。刃缘修理位置为石片远端边缘，采用锤击法反向加工。刃缘加工较为精致，连续修理，可见两层修疤。加工长度指数为 1；加工深度指数为 0.1。修理后的刃缘基本平直，右侧微呈弧形，长 32mm；刃口较原边缘角度变钝，刃角 57°。

单凸刃刮削器

OKW ⑦ 17-7（图一四八，4；彩版七一，4），原料为灰色石英岩，颗粒较为细腻，含隐性节理。毛坯为 V 型石片。形态为三角形，最大长、宽、厚分别为 60.9、46.9、11.5mm，重 35g。刃缘修理位置为石片左侧边，正向加工。刃缘加工精致，至少可见到三层修疤，最后一层每个修疤的形态、大小都较为一致，平行排列，显示出压制法的特点。修理后刃缘呈凸弧形，长 44.8mm；刃口形态指数为 28；刃角 71°。打制者在刃缘相对边即石片底端也进行了非常精细的修理，并将持握时食指要放的地方修理出一个非常平整的面，而且石片背面有一个非常有利于拇指持放的石片疤。该标本提供了乌兰木伦遗址工具修理手握的证据。

OKW ⑦ 8-5（图一四八，5；彩版七一，5），原料为石英岩，表皮黄色，内部灰白色，颗粒较为细腻，含隐性节理。毛坯为 III 型石片。保存较好，表面不见磨蚀和风化痕迹。形态近三角形，最大长、宽、厚分别为 31.3、29.3、11.5mm，重 10g。刃缘修理位置为石片远端边缘，采用锤击法正向加工。刃缘连续修理，呈鳞状；可见两层修疤，第一层修疤较少，第二层修疤小而密集。刃缘修理延伸至整个边缘，加工长度指数为 1；加工深度指数为 0.33。修理后的刃缘呈凸弧状，长 38mm；刃口形态指数为 20；刃口较石片边缘角度变钝，刃角 78°。

12KW ⑦ 657（图一四八，6），原料为青灰色石英岩，颗粒细腻，质地较好。毛坯为Ⅵ型石片。保存较好，表面不见磨蚀和风化痕迹。形态近半圆形，最大长、宽、厚分别为 45.5、25、18mm，重 14g。刃缘修理位置为石片最薄边缘，采用锤击法由石皮面向破裂面方向加工。刃缘加工可见两层修疤，其中第一层修疤很大，而第二层修疤则很小。加工长度略长于修理边的一半，加工长度指数为 0.6；加工深度指数为 0.65。修理后的刃缘呈凸弧状，长 34mm；刃口形态指数为 34；刃口较原边缘角度变锐，刃角 44°。

13KW ⑦ 72（图一四八，7），原料为青黄色石英岩，颗粒较为细腻。毛坯为石片远端。保存较好，表面不见磨蚀和风化痕迹。形态近半圆形，最大长、宽、厚分别为 46.6、37.5、18.4mm，重 9g。刃缘修理位置为石片末端边缘，采用锤击法正向加工。刃缘加工局部可见两层修疤，修理得非常陡。加工长度指数为 1；加工深度指数为 0.08。修理后的刃缘呈凸弧状，长 51mm；刃口形态指数为 38；刃口较原边缘角度变钝，刃角 89°。

单凹刃刮削器

OKW ⑦ 16-10（图一四八，8；彩版七一，6），原料为灰褐色石英岩，颗粒较为细腻，含隐性节理。毛坯为Ⅵ型石片。保存较好，表面不见磨蚀和风化痕迹。形态为三角形，最大长、宽、厚分别为 29.6、17.9、12.1mm，重 5g。刃缘修理位置为石片远端边缘，采用锤击法正向加工。连续修理，可见一层修疤，修疤非常细小。加工长度指数为 0.76；加工深度指数为 0.08。修理后刃缘呈凹弧状，长 16.5mm；刃口形态指数为 -29；刃口较石片边缘角度变钝，刃角 69°。

2. 双刃刮削器

1 件。为直凸刃。

13KW ⑦ 60（图一四八，9），汇聚型刮削器。原料为青灰色石英岩，颗粒较为细腻，质地较好。毛坯为Ⅴ型石片，背面石皮主要分布在靠近台面处；石片的右侧边为一个破裂面，是早期石核的剥片面，可见上下相对的阴疤。保存较好，表面不见磨蚀和风化痕迹。形态近梯形，最大长、宽、厚分别为 56.4、39.3、25.4mm，重 50g。刃缘修理位置为石片最薄边缘，即左侧边和末端边缘，采用锤击法正向加工。刃缘加工最多可见三层修疤。左侧边加工长度指数为 1，加工深度指数为 0.18；刃缘平直，长 35.3mm，刃角 64°。末端边缘加工长度指数为 1，加工深度指数为 0.46；刃缘微凸，长 35.1mm，刃口形态指数为 17，刃角 44°。

（四）石锥

1 件，占工具数量的 3%。

OKW ⑦ 3-8（图一四九，1；彩版七二，3），原料为灰褐色石英岩，颗粒较为细腻，含较多节理。毛坯为石片远端，腹面非常平整，背面凸起。保存较好，表面不见磨蚀和风化痕迹。形态近长方形，最大长、宽、厚分别为 36.7、19.8、14.4mm，重 11g。加工位置为石片较长端，采用锤击法正向加工。加工较为精致，石锥尖部的左侧形成一个凹缺，右侧则较为平直。尖角 91°。在与尖部相对的较长边也有一些疑似修理痕迹，但非常陡。

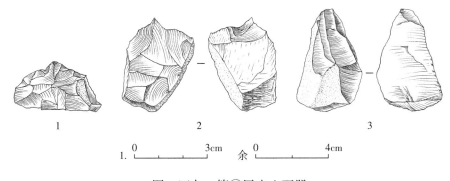

图一四九　第⑦层出土石器

1. 石锥（OKW⑦3-8）　2. 鸟喙状器（OKW⑦21-6）　3. 雕刻器（OKW⑦6-2）

（五）鸟喙状器

1件，占工具数量的3%。

OKW⑦21-6（图一四九，2；彩版七二，4），原料为白色石英岩，颗粒较为细腻，但含节理较多。毛坯为石核。最大长、宽、厚分别为46.6、34.3、23.5mm，重48g。在左侧边和底边相交处采用交互打法，形成鸟喙状器刃部。刃角104°。

（六）雕刻器

1件，占工具数量的3%。

OKW⑦6-2（图一四九，3；彩版七二，5），原料为石英岩，表皮黄色，内部灰黑色。毛坯为V型石片，远端呈汇聚状；背面疤方向与石片方向相反，并主要集中在右侧。最大长、宽、厚分别为54.9、34.2、13.7mm，重26g。加工位置为石片远端边缘。加工直接利用了石片毛坯背面疤，并以其为台面向石片左侧边打击一次，形成一个剥片面，长16.3mm。石片背面早期的背面疤与后期剥片疤相交形成一个斜向雕刻器刃口，刃口长6.9mm，刃角81°。

四、碎片

13件，占第⑦层发现石制品总数的5%。原料主要为优质石英岩，有11件；此外还有石英2件。平均最大长、宽、厚为8.2、6.3、1.9mm，平均重0.12g。

这些标本均保存较好，不见磨蚀和风化现象。

11KW⑦2381，不见石片特征。原料为青色石英岩，颗粒细腻。形态不规则，最大长、宽、厚分别为9.1、7.8、1.5mm，重约0.2g。

12KW⑦32，不见石片特征。原料为浅黄色石英岩，颗粒较为细腻。形态近圆形，最大长、宽、厚分别为6.9、6.4、1.6mm，重约0.1g。

12KW⑦318，不见石片特征。原料为黄白色石英岩，颗粒细腻。形态不规则，最大长、宽、厚分别为7.4、4.5、1.9mm，重0.1g。

12KW⑦713，原料为灰色石英岩，颗粒较为细腻。形态不规则，最大长、宽、厚分别为7.6、6.7、

2.45mm，重 0.1g。

五、废片

25 件，占第⑦层发现石制品总数的 9%。原料以石英岩为主，有 21 件；此外还有石英 3 件，燧石 1 件。平均最大长、宽、厚为 14.6、9.5、3.2mm，平均重 0.5g。

这些标本保存较好，不见任何磨蚀和风化现象。

OKW ⑦ 17-4，原料为浅黄色石英岩，颗粒细腻。形态不规则，最大长、宽、厚分别为 23.5、16、7.2mm，重 3g。

12KW ⑦ 728，原料为黄褐色石英岩，颗粒细腻。形态近圆形，最大长、宽、厚分别为 11.9、11.8、2.2mm，重 0.4g。

13KW ⑦ 71，原料为青灰色石英岩，颗粒较为细腻。形态为三角形，最大长、宽、厚分别为 16.7、7.5、1.4mm，重 0.2g。

13KW ⑦ 81，原料为灰白色石英岩，颗粒细腻，且较为致密。形态近三角形，最大长、宽、厚分别为 26、24.6、5.5mm，重 3g。

13KW ⑦ 79，原料为灰黑色燧石，颗粒非常细腻。形态近三角形，最大长、宽、厚分别为 19.5、14.5、5.3mm，重 1g。

六、断块

6 件，占第⑦层发现石制品总数的 2%。原料主要为优质石英岩，只有 1 件为燧石，但质量较差。平均最大长、宽、厚为 39.7、23、14mm，平均重 17.1g。

这些标本均保存较好，不见任何磨蚀和风化现象。

OKW ⑦ 5-3，原料为白色石英岩，颗粒较为细腻，含节理。最大长、宽、厚分别为 39.1、33.3、13mm，重 7g。

OKW ⑦ 7-1，原料为灰褐色石英岩，颗粒中等。最大长、宽、厚分别为 27、14.1、11.5mm，重 4g。

OKW ⑦ 8-1，原料为黄色石英岩，颗粒较为细腻。最大长、宽、厚分别为 74.5、32.3、29.3mm，重 62g。

OKW ⑦ 21-5，原料为灰黄色石英岩，颗粒较为细腻。最大长、宽、厚分别为 53.2、32、14.3mm，重 25g。

12KW ⑦ 25，原料为青灰色石英岩，颗粒较为细腻。最大长、宽、厚分别为 25.7、15.2、6.3mm，重 3g。

七、备料

3 件，占第⑦层发现石制品总数的 1%。原料均为石英岩。

OKW ⑦ 19-3，原料为暗灰黄色石英岩，颗粒较为细腻。形态为扁平块状，最大长、宽、厚分别为 83.7、37.1、26.1mm，重 138g。有三个非常好的平面。

11KW⑦697，原料为暗黄色石英岩，颗粒较为细腻。形态为扁椭圆形，最大长、宽、厚分别为 50.7、42.8、25.5mm，重197g。该标本在搬运到遗址之前，一端已经破裂一次，可能是砾石在河流搬运过程中自然破裂；该破裂阴疤已经风化得很光滑。

11KW⑦781，原料为灰褐色石英岩，颗粒较为粗大。形态近圆形，最大长、宽、厚分别为 66.5、52.9、39.3mm，重78g。有两个面较为平整。

第一○节　第⑧层石制品

在乌兰木伦遗址 2010~2013 年五次发掘中，第⑧层共发现石制品 825 件。其中，包括石锤 1 件、石核 11 件、石片 335 件、工具 49 件、碎片 182 件、废片 213 件、断块 26 件、备料 8 件（表四○）。

表四○　第⑧层石制品分类统计表

类型	石锤	石核	石片	工具	碎片	废片	断块	备料	合计
数量 N	1	11	335	49	182	213	26	8	825
比例 %	0.1	1	41	6	22	26	3	1	100

一、石锤

1 件，占第⑧层发现石制品总数的 0.1%。

OKW⑧15-1（图一五○；彩版七三，1），原料为黄褐色石英岩，表皮非常光滑。形态近三角形，最大长、宽、厚分别为 70.9、50.8、36mm，重 193g。在一个凸起的棱处有密集破损痕迹。

二、石核

11 件，占第⑧层发现石制品总数的 1%。原料以优质石英岩为主，共 7 件，比例为 64%；此外还有石英 4 件，比例为 36%。初始毛坯以砾石为主，共 8 件，占 73%；此外还有 1 件为石片，1 件为有早期破裂面的砾石，还有 1 件不确定。

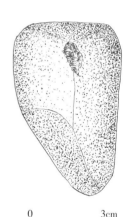

0　　　3cm

图一五○　第⑧层出土石锤（OKW⑧15-1）

尺寸个体差异不大，最大长、宽、厚分别为 28.1~67、22.1~42、20.8~40.6mm，重 14~112g，平均最大长、宽、厚为 42.5、31.2、26.9mm，平均重 36.2g。

按台面数量和剥片技术进行分类，有单台面石核 5 件，占石核比例为 45%；双台面石核 1 件，占 9%；多台面石核 4 件，占 36%；砸击石核 1 件，占 9%。按台面形态分类，有自然台面 4 件，占 36%；破裂面台面 5 件，占 45%；混合台面 2 件，占 18%。对所有台面角进行测量，台面角均在 90° 以下，表明石核仍具备继续剥片的角度。从能够较好观察到石核剥片疤的石核来看，剥片疤数量有 5 件在 3 个以上，有 2 件可观察到 2 个，有 2 件只有 1 个剥片阴疤。石核的剥片范围有 7 件超过 50%，其中有 3 件达到 100%。总的来看，从可观察测量的剥片疤长宽比来看，剥片疤以长型为主，占 55%。

这些石核中有 2 件采用了砸击开料的剥片技术。

石核保存较好，都没有经历后期的磨蚀和风化。

（一）单台面石核

5 件。原料有优质石英岩 3 件，石英 2 件。

12KW ⑧ 859（图一五一，1；彩版七三，2），原料为深黄色石英岩，颗粒较为细腻，质地较好。毛坯为砾石，但由于后期充分剥片已不见砾石面。保存较好，表面不见任何磨蚀和风化痕迹。最大长、宽、厚分别为 44.1、23.3、22.1mm，重 17g。破裂面台面，非常平整，可能是采用砸击开料的方法形成的。平均台面角 69°，仍可进一步剥片。围绕台面一周进行剥片，可见最大剥片疤长、宽分别为 23、22.2mm。

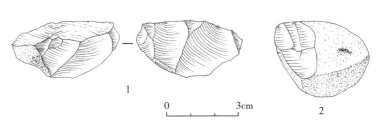

图一五一　第⑧层出土单台面石核

1. 12KW ⑧ 859　2. 12KW ⑧ 1281

12KW ⑧ 1281（图一五一，2；彩版七三，3），原料为浅黄色石英岩，颗粒较为细腻，质地较脆。毛坯为砾石，可见砾石面。保存较好，表面不见任何磨蚀和风化痕迹。最大长、宽、厚分别为 39.8、33.6、31.6mm，重 37g。只进行了两次剥片，最大剥片疤长、宽分别为 24.4、20.3mm。

（二）双台面石核

1 件。

13KW ⑧ 22，原料为白色石英，颗粒粗大，节理较多。保存较好，表面不见磨蚀和风化痕迹。最大长、宽、厚分别为 47.9、32.1、31.8mm，重 48g。两个剥片面的剥片都不是很成功，虽可见到两层剥片疤，但是从最大剥片疤尺寸上看，均比较小。不见石皮。

（三）多台面石核

4 件。原料均为优质石英岩。

OKW ⑧ 2-1（图一五二，1；彩版七三，4），原料为浅黄色石英岩，颗粒中等，含隐性节理。毛坯为砾石，但已不见石皮。保存较好，表面不见磨蚀和风化痕迹。最大长、宽、厚分别为 38.5、35.3、25.2mm，重 36g。多个台面交替使用，即相互以剥片面为台面，但整体技术构思不是很好。

OKW ⑧ 5-2（图一五二，2；彩版七三，5），原料为石英岩，表皮黄色，内部灰白色，颗粒较为细腻，含隐性节理。毛坯为砾石。保存较好，表面不见磨蚀和风化痕迹。最大长、宽、厚分别为 51.6、34.3、25.3mm，重 45g。一共有三个台面。其中两个台面为破裂面台面，较为平整，两者相交呈 135°。其中一个可明显看出打击方向，可能采用了砸击开料的方法。以破裂面为台面的剥片成功剥下多个石片，多为宽型石片。另一个台面为石皮台面，剥下的石片疤已被后来的剥片打破。可见最

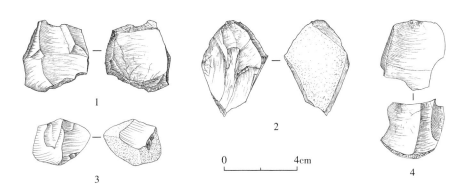

图一五二 第⑧层出土多台面石核
1. OKW ⑧ 2-1 2. OKW ⑧ 5-2 3. 12KW ⑧ 879 4. OKW ⑧ 5-1

大剥片疤长、宽分别为 19.7、28.5mm。石皮面约为 40%。

OKW ⑧ 5-1（图一五二，4；彩版七三，6），原料为石英岩，表皮黄色，内部白色，颗粒中等。毛坯为砾石。保存较好，表面不见磨蚀和风化痕迹。最大长、宽、厚分别为 36.2、36.1、26.2mm，重 33g。共有四个台面。最早的一次剥片被后来的剥片打破已难以知道其具体情况。其他几次剥片，只有一次剥片是以石皮面为台面，并成功剥下了一件石片；其余两次剥片均以先前的剥片面为台面进行剥片。每次剥片均较为成功，得到了一定大小的石片。可见最大剥片疤长、宽分别为 28.9、24.4mm。石核保留石皮面积约 50%。

12KW ⑧ 879（图一五二，3；彩版七三，7），原料为灰黄色石英岩，颗粒较为细腻。毛坯为砾石。保存较好，表面不见任何磨蚀和风化痕迹。最大长、宽、厚分别为 28.1、24.5、20.8mm，重 14g。最早是以较为平整的石皮面为台面，长、宽分别为 24、27.9mm，台面角 79°，并成功进行了多次剥片，可见两层阴疤，其中第一层阴疤延展至剥片面底部。第二次剥片以上一次剥片面为台面，反转在原来的台面进行剥片。只进行了一次剥片，且从阴疤形态来看，剥下的石片很薄。最后一次剥片则以第二次剥片的剥片面为台面，在第一次剥片面的左侧石皮面进行剥片，但并未成功。

（四）砸击石核

1 件。

12KW ⑧ 1319（图一五三；彩版七三，8），原料为白色石英，颗粒粗大。形态为楔形，最大长、宽、厚分别为 37.2、22.1、22.5mm，重 18g。两端薄锐，在正、背面均有剥片阴疤。从该石核正面来看，最后一次砸击剥片并没有贯穿整个核体，而是剥下了两件石片并在石核阴面斜线相交。无任何石皮残留。

三、石片

335 件，占第⑧层发现石制品总数的 41%。石片原料主要有 3 种，以石英岩为主，共 287 件，占石片总数的 86%。其中，又

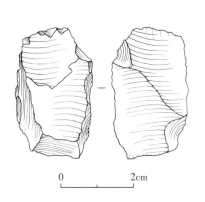

图一五三 第⑧层出土砸击石核
（12KW ⑧ 1319）

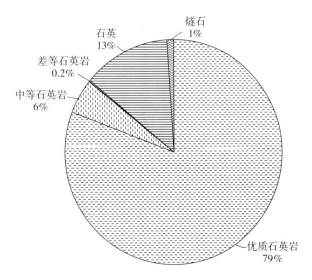

图一五四　第⑧层出土石片原料统计

以优质石英岩为主，有 265 件，占 79%；中等石英岩 21 件，占 6%；差等石英岩 1 件。此外，还有石英 44 件，占 13%；燧石 4 件，比例为 1%（图一五四）。

尺寸差异不大，最大长、宽、厚分别为 10.6~62.2、5.1~49.7、1.8~21.6mm，重 0.1~30g，平均最大长、宽、厚为 25.5、19.6、8.1mm，平均重 8g（图一五五）。

石片可分为完整石片和非完整石片。其中，完整石片有 181 件，比例为 54%，非完整石片有 154 件，比例为 46%。完整石片按 Toth 的六型石片分类法，可知人工台面石片占主要成分，共 125 件，占石片总数的 37%；其中又以 Ⅵ 型石片为主，有 90 件，占 27%。自然台面石片共 56 件，占 17%。在所有的六型石片中，Ⅰ 型石片和 Ⅳ 型石片数量最少，均只有 3 件。非完整石片以左裂片和右裂片为主，分别有 53 件和 54 件，比例均为 16%；中段最少，仅有 6 件，比例为 2%（表四一）。

在石片类型中，还有少量特殊石片。其中，有双锥石片 8 件，砸击石片 4 件，更新石核台面桌板 1 件。

从破裂面台面石片来看，大多数石片的台面只有 1 个剥片阴疤，即一个素台面，有 93 件，比例为 28%；但也有极少量石片的台面是由 2 个阴疤构成的，共 8 件，比例为 2%。

完整石片中，总的来看是宽型石片为主，即石片技术长小于技术宽的有 146 件，比例为 81%；石片技术长大于技术宽的有 35 件，比例为 19%。石片台面长均小于台面宽，即石片的厚度都小于石片的宽度，可见

表四一　第⑧层出土石片类型统计表

类型	数量 N	比例 %
完整石片	181	54
Ⅰ 型石片	3	1
Ⅱ 型石片	12	4
Ⅲ 型石片	41	12
Ⅳ 型石片	3	1
Ⅴ 型石片	28	8
Ⅵ 型石片	90	27
砸击石片	4	1
非完整石片	154	46
左裂片	53	16
右裂片	54	16
近端	14	4
远端	27	8
中段	6	2

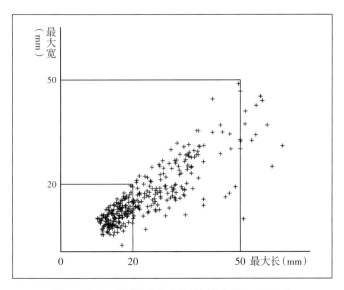

图一五五　第⑧层出土石片最大长、宽分布

这些石片均为薄型。能测量石片台面角的 184 件石片，台面内角大于 90° 的有 117 件，比例为 64%，这表明大部分石片在从石核剥离之后，石核仍有较好的剥片角度；台面外角小于 90° 的也有 133 件，说明了同样的问题。有 176 件石片可以明显观察到打击点，占石片总数的 53%。有 127 件石片的半锥体较为凸出，38%。有 9 件石片可以观察到锥疤，比例为 3%。有 160 件石片的放射线很清楚，比例为 48%。有 30 件石片可见到较为清楚的同心波，比例为 9%。石片末端形态以羽状为主，有 129 件，占 38%；其次为台阶状，有 62 件，比例为 19%；再次为背向卷和腹向卷，分别有 12 和 4 件，还有 1 件远端部分同心波呈凸起的棱。除很小的石片不易观察石片腹面曲度外，可观察的石片腹面曲度以平为主，有 93 件；其次为凸，有 59 件；腹面凹的最少，仅 29 件。可观察石片背面疤的石片，只有 1 个阴疤的有 71 件；有 2 个阴疤的有 45 件；有 3 个及以上阴疤的有 56 件。背面疤层数大多数只有 1 层，有 138 件；仅有 32 件石片可观察到 2 层背面阴疤。

这些石片均保存较好，绝大部分都没有经历后期的磨蚀和风化，只有 1 件标本为重度磨蚀。

（一）完整石片

181 件，占石片总数的 54%。

1. Ⅰ型石片

3 件。原料均为优质石英岩。

12KW⑧1806（图一五六，1），原料为青色石英岩，颗粒细腻，含少量节理。保存较好，表面不见磨蚀和风化痕迹。形态近半圆形，最大长、宽分别为 35.7、28.2mm，技术长、宽分别为 29.1、34.8mm，厚 7.3mm，重 7g。线状台面。腹面较平，打击点集中，半锥体浅平，放射线清楚；边缘汇聚，末端台阶状。

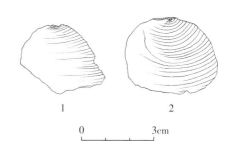

图一五六　第⑧层出土Ⅰ型石片
1. 12KW⑧1806　2. 12KW⑧434

12KW⑧434（图一五六，2），原料为青褐色石英岩，颗粒中等。保存较好，表面不见磨蚀和风化痕迹。形态近圆形，技术尺寸与最大尺寸相反，技术长、宽分别为 31.1、38.3mm，厚 9.4mm，重 12g。自然台面，长、宽分别为 4.7、21.8mm；台面内角 93°，台面外角 88°。腹面非常凸，打击点集中，半锥体凸出，放射线清楚，同心波可见；侧边扇形，末端羽状。

2. Ⅱ型石片

12 件。原料主要为石英岩，共 11 件，其中优质者 9 件，中等者 2 件；石英 1 件。尺寸个体差异中等，最大长、宽、厚分别为 13.7~57.8、5.1~37.5、3.1~17.7mm，重 0.2~35g，平均最大长、宽、厚为 40.2、29.5、11.5mm，平均重 14g。台面内角有 7 件在 90° 以上。有 4 件背面疤数量在 2 个以上。有 10 件石片腹面能观察到打击点，有 7 件石片的半锥体较为凸出，均没有锥疤，所有石片的放射线清楚，有 1 件石片可观察到同心波；末端形态以台阶状和羽状为主，分别有 6 和 5 件，此外还有 1 件为腹向卷。腹面曲度以平和凹为主，均为 5 件，凸的有 2 件。

11KW⑧1050（图一五七，1），原料为青色石英岩，颗粒较为细腻，质地较好。保存较好，表面不见磨蚀和风化痕迹。形态近梯形，技术尺寸与最大尺寸相反，技术长、宽分别为 23.1、31.2mm，厚 10.4mm，重 7g。自然台面，长、宽分别为 10.4、24.2mm；台面内角 105°，台面外角

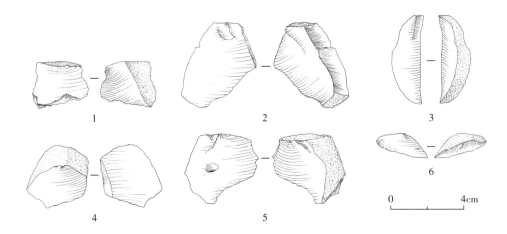

图一五七　第⑧层出土Ⅱ型石片

1. 11KW ⑧ 1050　2. 12KW ⑧ 1393　3. 12KW ⑧ 1840　4. 12KW ⑧ 952　5. 12KW ⑧ 1338　6. 12KW ⑧ 1688

66°。腹面微凸，打击点散漫，半锥体浅平，放射线清楚，锥疤、同心波不见；边缘准平行，末端台阶状。背面略凸，石皮比例40%；右侧可见一个与石片方向相同的阴疤，并与左侧石皮面相交成一条斜向的脊。

12KW ⑧ 1393（图一五七，2），原料为黄色石英岩，颗粒中等，含隐性节理。保存较好，表面不见磨蚀和风化痕迹。形态近梯形，技术尺寸与最大尺寸相同，技术长、宽分别为50.3、33.1mm，厚8.3mm，重13g。自然台面，长、宽分别为7.6、14mm；台面内角75°，台面外角88°。腹面微凹，打击点较散漫，半锥体微凸，放射线较为清楚；边缘准平行，末端羽状。背面微凸，保留石皮面积约10%，主要分布在下部；可见多个与石片方向相同的阴疤。

12KW ⑧ 1840（图一五七，3），原料为石英岩，表皮黄红色，内部灰色，颗粒细腻，质地较好。保存较好，表面不见磨蚀和风化痕迹。形态为长半圆形，技术尺寸与最大尺寸相同，技术长、宽分别为46.2、16.2mm，厚6.8mm，重5g。自然台面，长、宽分别为5.3、7mm；台面内角70°，台面外角100°。腹面靠近台面处的中间有一条纵向的脊，一直延伸到腹面中部，打击点集中，半锥体凸出，放射线非常清楚；边缘汇聚，末端羽状。背面凸，石皮分布在左侧，比例约60%，并与右侧的破裂面相交成一条纵向的脊；可见一个与石片方向相反的阴疤。

12KW ⑧ 952（图一五七，4），原料为灰白色石英岩，颗粒较为细腻。保存较好，表面不见磨蚀和风化痕迹。形态近圆形，最大长、宽分别为35.7、31.7mm，技术长、宽分别为30.1、34.2mm，厚10mm，重5g。自然台面，长、宽分别为15、21.5mm；台面内角112°，台面外角35°。腹面微凸，打击点集中，半锥体微凸，放射线清楚，同心波可见；边缘扇形，末端羽状。背面平，石皮主要分布在台面两侧，比例20%；阴疤方向与石片方向相反。

12KW ⑧ 1338（图一五七，5），原料为红白色石英岩，颗粒较为细腻，含节理。保存较好，表面不见磨蚀和风化痕迹。形态不规则，最大长、宽分别为42.3、35.3mm，技术长、宽分别为36.5、40.4mm，厚13.5mm，重15g。自然台面，长、宽分别为14.1、30.6mm；台面内角81°，台面外角77°。腹面较平，打击点集中，半锥体浅平，放射线清楚，锥疤、同心波不见；边缘形态不规则，末端羽状。背面凹，石皮主要分布在左侧，比例约30%；可见一个与石片方向相同的阴疤。

12KW ⑧ 1688（图一五七，6），双锥石片。原料为青灰色石英岩，颗粒较为细腻。保存较好，表面不见磨蚀和风化痕迹。形态为半圆形，技术尺寸与最大尺寸相反，技术长、宽分别为10.6、29.2mm，厚8.9mm，重3g。自然台面，长、宽分别为9.6、19.3mm；台面内角82°，台面外角76°。腹面微凸，打击点集中，半锥体微凸，放射线清楚；另一个打击点和半锥体与前者呈90°方向，分布在石片的左侧；边缘反汇聚，末端台阶状。背面凹，石皮比例60%，主要分布在台面两侧；可见与石片方向相反的阴疤。

3. Ⅲ型石片

41件。原料主要为石英岩，共36件，其中优质者34件，中等者2件；石英5件。尺寸个体差异中等，最大长、宽、厚分别为11.7~56.5、9.9~49.7、2.9~14.4mm，重0.1~30g，平均长、宽、厚为27.9、20.5、7.5mm，平均重5g。台面内角有21件在90°以上。有27件背面疤数量在2个以上。有38件石片腹面能观察到打击点，有29件石片的半锥体较为凸出，只有1件可观察到锥疤，有37件石片的放射线清楚，有3件石片可观察到同心波；末端形态以台羽状为主，有25件，其次为台阶状，有13件，此外还有2件为腹向卷，1件为背向卷。腹面曲度以平为主，有27件，凸和凹分别有11和3件。

OKW ⑧ 8（图一五八，1），原料为白色石英岩，颗粒中等，含少量隐性节理。保存较好，表面不见磨蚀和风化痕迹。形态近梯形，技术尺寸与最大尺寸相同，技术长、宽分别为38.4、35.8mm，

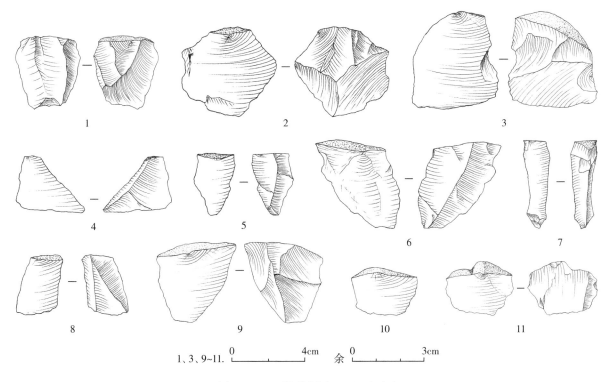

图一五八　第⑧层出土Ⅲ型石片

1. OKW ⑧ 8　2. OKW ⑧ 2-1　3. OKW ⑧ 1-1　4. 12KW ⑧ 336　5. 12KW ⑧ 1836　6. 13KW ⑧ 105　7. 13KW ⑧ 97
8. 12KW ⑧ 1481　9. 12KW ⑧ 1219　10. 12KW ⑧ 1163　11. 12KW ⑧ 1147

厚 10mm，重 15g。石皮台面，长、宽分别为 10.2、30.3mm；台面内角 82°，台面外角 103°。腹面中部有一条纵向的凹陷，打击点清楚，半锥体凸出，放射线清楚，锥疤、同心波等不见；侧边汇聚，但并未在远端汇聚，末端羽状。背面局部凸，阴疤方向为上下相对。

OKW ⑧ 2-1（图一五八，2），原料为灰褐色石英岩，颗粒中等，含极少量隐性节理。保存较好，表面不见磨蚀和风化痕迹。形态近圆形，技术尺寸与最大尺寸相同，技术长、宽分别为 37.9、35.8mm，厚 10.2mm，重 11g。自然台面，较为平整，长、宽分别为 7.9、18.5mm；台面内角 108°，台面外角 74°。腹面较为平整，打击点散漫，半锥体浅平，放射线清楚，不见锥疤，可见同心波；侧边扇形，末端羽状。背面可见来自多个方向的多个阴疤。

OKW ⑧ 1-1（图一五八，3），原料为黄色石英岩，颗粒中等，含隐性节理。保存较好，表面不见磨蚀和风化痕迹。形态不规则，技术尺寸与最大尺寸相同，技术长、宽分别为 49.9、49.7mm，厚 14.4mm，重 30g。石皮台面，长、宽分别为 14.6、47.8mm；台面内角 75°，台面外角 106°。腹面微凸，打击点散漫，半锥体较为浅平，放射线和同心波明显，不见锥疤；侧边准平行，末端羽状。背面较平，背面阴疤主要来自左和右两个方向。

12KW ⑧ 336（图一五八，4），原料为石英岩，表皮黄色，内部灰白色，颗粒细腻，质地较好。保存较好，表面不见磨蚀和风化痕迹。形态为三角形，最大长、宽分别为 31.3、18.5mm，技术长、宽分别为 20.5、28.1mm，厚 2.5mm，重 1g。自然台面，非常平整，长、宽分别为 2.3、7.7mm；台面内角 81°，台面外角 83°。腹面平，打击点清楚，半锥体浅平，放射线清楚；侧边反汇聚，末端羽状。背面平，可见阴疤方向与石片方向相同。

12KW ⑧ 1836（图一五八，5），原料为朱红色石英岩，颗粒较为细腻，含隐性节理。保存较好，表面不见磨蚀和风化痕迹。形态为长三角形，技术尺寸与最大尺寸相同，技术长、宽分别为 26.1、15.7mm，厚 6.8mm，重 2g。石皮台面，较为平整，长、宽分别为 5.3、14.8mm；台面内角 104°，台面外角 67°。腹面平，打击点集中，半锥体较平。背面凸，主要阴疤方向为上、下对向。

12KW ⑧ 1481（图一五八，8），原料为朱红色石英岩，颗粒较为细腻。保存较好，表面不见磨蚀和风化痕迹。形态为长方形，技术尺寸与最大尺寸相同，技术长、宽分别为 22.2、16.1mm，厚 5.5mm，重 3g。石皮台面，较为平整，长、宽分别为 5.5、12.6mm；台面内角 101°，台面外角 62°。腹面平，打击点集中，半锥体浅平。背面凸，主要阴疤方向为上、下对向。

12KW ⑧ 1219（图一五八，9），原料为青黄色石英岩，颗粒较为细腻，质地较好。保存较好，表面不见磨蚀和风化痕迹。形态为梯形，最大长、宽分别为 51.7、37.8mm，技术长、宽分别为 40.2、44.2mm，厚 13mm，重 20g。自然台面，较为平整，长、宽分别为 15.5、43.8mm；台面内角 111°，台面外角 58°。腹面较平，打击点集中，半锥体微凸，放射线清楚；侧边汇聚，末端羽状。背面凸，可见来自多个方向的阴疤。

12KW ⑧ 1163（图一五八，10），原料为朱红色石英岩，颗粒较为细腻。保存较好，表面不见磨蚀和风化痕迹。形态为长方形，技术尺寸与最大尺寸相反，技术长、宽分别为 25.5、36.4mm，厚 9.7mm，重 9g。台面为中间凸的石皮面，长、宽分别为 9.6、36.2mm；台面内角 82°，台面外角 83°。腹面较平，打击点集中，半锥体浅平，放射线清楚；边缘准平行，末端羽状。背面凹，主要阴疤方向与石片方向相同。

12KW⑧1147（图一五八，11），原料为深褐色石英岩，颗粒细腻，质地很好。保存较好，表面不见磨蚀和风化痕迹。形态近半圆形，技术尺寸与最大尺寸相反，技术长、宽分别为28、37.3mm，厚10.2mm，重9g。自然台面，长、宽分别为11.2、37.4mm；台面内角98°，台面外角53°。腹面凸，打击点集中，半锥体凸出，放射线清楚，同心波可见；边缘扇形，末端羽状。背面凹，主要阴疤方向为向左。

13KW⑧105（图一五八，6），原料为灰黄色石英岩，颗粒较为细腻，含隐性节理。保存较好，表面不见磨蚀和风化痕迹。形态为长三角形，技术尺寸与最大尺寸相同，技术长、宽分别为34.9、28.6mm，厚9.4mm，重7g。石皮台面，较为平整，长、宽分别为10、28.7mm；台面内角100°，台面外角83°。腹面较平，打击点集中，半锥体凸出。背面凸，可见两个与石片方向相同的阴疤，并相交成一条纵脊。

13KW⑧97（图一五八，7），原料为青色石英岩，颗粒较为细腻，含隐性节理。保存较好，表面不见磨蚀和风化痕迹。形态为长方形，技术尺寸与最大尺寸相同，技术长、宽分别为34.7、10.7mm，厚8.7mm，重1g。石皮台面，呈弧形，长、宽分别为8.6、9.5mm；台面内角83°，台面外角112°。腹面凹，打击点集中，半锥体浅平；侧边平行，末端背向卷。背面凸，左、右侧是两个向上的阴疤相交成一条纵脊。

4. Ⅳ型石片

3件。原料有优质石英岩2件，石英1件。

12KW⑧1526（图一五九，1），原料为黄红色石英岩，颗粒较为细腻。保存较好，表面不见磨蚀和风化痕迹。形态近半圆形，技术尺寸与最大尺寸相反，技术长、宽分别为25.1、35.4mm，厚4.4mm，重3g。破裂面台面，长、宽分别为3.9、14mm；台面内角91°，台面外角83°。腹面微凸，打击点集中，半锥体凸出，放射线清楚，同心波可见；边缘扇形，远端羽状。

5. Ⅴ型石片

28件。原料主要为石英岩，共26件，其中优质者25件，差等者1件；石英1件，燧石1件。尺寸个体差异中等，最大长、宽、厚分别为14.3~62.2、8.5~31.2、2.8~16.5mm，重0.2~26g，平均最大长、宽、厚为33.6、22.3、9.3mm，平均重9g。台面内角有20件在90°以上。有14件背面疤数量在2个以上。有26件石片腹面能观察到打击点，有21件石片的半锥体较为凸出，只有4件可观察到锥疤，所有石片的放射线清楚，有9件石片可观察到同心波；末端形态以羽状为主，有15件，其次为台阶状，有10件，此外还有1件为腹向卷，1件为背向卷，1件远端部分同心波呈凸起的棱，呈贝壳状。腹面曲度以平为主，有11件；凸和凹分别有9和8件。

OKW⑧6-2（图一五九，3），原料为黄色石英岩，颗粒中等。保存较好，表面不见磨蚀和风化痕迹。形态为椭圆形，技术尺寸与最大尺寸一致，技术长、宽分别为47.7、30.4mm，厚11.4mm，重15g。破裂面台面，较为平整，长、宽分别为5.4、10.6mm；台面内角109°，台面外角74°。腹面中部凹，打击点较为清楚，半锥体浅平，放射线较为明显，锥疤不见，可见同心波；侧边汇聚，远端羽状。背面左侧为石皮，石皮比例约40%；右侧为阴疤，相交位置可见打击点，可见石皮面为早期台面。

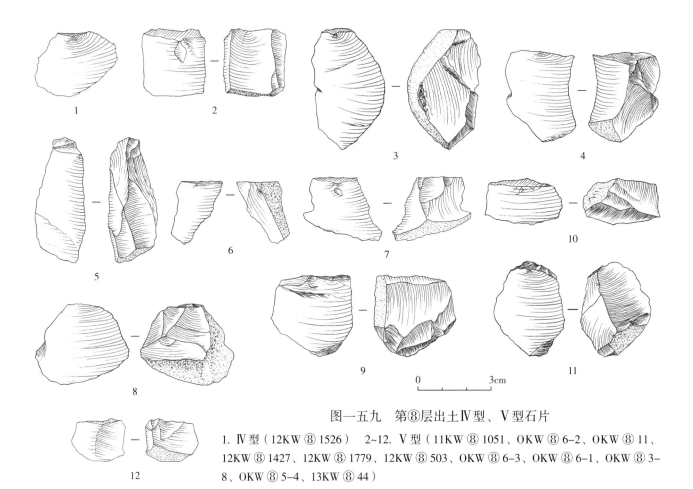

图一五九　第⑧层出土Ⅳ型、Ⅴ型石片

1. Ⅳ型（12KW⑧1526）　2~12. Ⅴ型（11KW⑧1051、OKW⑧6-2、OKW⑧11、12KW⑧1427、12KW⑧1779、12KW⑧503、OKW⑧6-3、OKW⑧6-1、OKW⑧3-8、OKW⑧5-4、13KW⑧44）

OKW⑧11（图一五九，4），原料为灰褐色石英岩，颗粒中等。保存较好，表面不见磨蚀和风化痕迹。形态不规则，技术尺寸与最大尺寸相同，技术长、宽分别为37.1、29.9mm，厚10.2mm，重9g。破裂面台面，一个阴疤与石片打击点在同一位置，长、宽分别为10.8、25.6mm；台面内角66°，台面外角117°。腹面打击点散漫，半锥体浅平，放射线清楚，同心波清楚；侧边准平行，远端羽状。背面凸，石皮主要分布在石片远端；背面疤方向与石片方向相同或相反。

OKW⑧6-3（图一五九，8），原料为灰黑色石英岩，颗粒中等。保存较好，表面不见磨蚀和风化痕迹。形态近梯形，技术尺寸与最大尺寸相反，技术长、宽分别为31.2、38.5mm，厚13.9mm，重14g。线状台面。腹面微凸，打击点不清楚，半锥体浅平，放射线清楚，锥疤、同心波不见；侧边反汇聚，远端台阶状。背面凸，石皮比例50%，主要分布在石片左侧和远端；可见多个与石片方向相同的阴疤。

OKW⑧6-1（图一五九，9），原料为朱红色石英岩，颗粒中等，含隐性节理。保存较好，表面不见磨蚀和风化痕迹。形态近半圆形，技术尺寸与最大尺寸相同，技术长、宽分别为34.3、31mm，厚8.1mm，重10g。破裂面台面，长、宽分别为5.7、29.4mm；台面内角84°，台面外角92°。腹面凹，打击点清楚，半锥体凸出，放射线明显，锥疤和同心波不见；侧边扇形，远端台阶状。背面较平，石皮比例20%，主要分布在石片的右侧边缘。台阶状远端边缘是早期石片的一个腹面，仍可见打击点和半锥体；以该腹面为台面在石片背面进行了剥片，即现在石片的背面阴疤。

OKW⑧3-8（图一五九，10），原料为白色石英，颗粒粗大。保存较好，表面不见磨蚀和风化痕迹。形态近长方形，技术尺寸与最大尺寸相反，技术长、宽分别为16、31.6mm，厚16mm，重9g。破裂面台面，较为平整，长、宽分别为15.8、11.5mm；台面内角72°，台面外角89°。腹面微凸，打击点散漫，半锥体浅平，放射线较为清楚，锥疤、同心波不见；侧边准平行，远端羽状。背面石皮比例10%，分布在石皮的右侧，以其为台面打击形成的两个阴疤构成了该石片背面的阴疤。

OKW ⑧ 5-4（图一五九，11），修理台面石片。原料为黄褐色石英岩，颗粒中等，含隐性节理。保存较好，表面不见磨蚀和风化痕迹。形态近椭圆形，技术尺寸与最大尺寸相同，技术长、宽分别为37.8、28.7mm，厚15.3mm，重11g。修理台面，可见两层多个来自石片背面方向的阴疤，中部略凸，长、宽分别为7.4、19.9mm；台面内角110°，台面外角84°。腹面中部略凹，打击点较为清楚，半锥体浅平，可见放射线，不见锥疤和同心波；侧边汇聚，远端羽状。背面凸，石皮比例30%，主要分布在远端；可见三个阴疤，方向为向左、向下和向上。

11KW ⑧ 1051（图一五九，2），原料为紫红色和灰白色相间的石英岩，颗粒细腻。保存较好，表面不见磨蚀和风化痕迹。形态为方形，技术尺寸与最大尺寸相同，技术长、宽分别为25.4、25mm，厚9.2mm，重8g。破裂面台面，非常平整，长、宽分别为9.9、25.4mm；台面内角106°，台面外角65°。腹面凸，打击点较为集中，半锥体凸出，放射线较为明显，锥疤可见；侧边平行，远端台阶状。背面凹，石皮比例10%，主要分布在石片的末端边缘；背面主要阴疤方向与石片方向相同。

12KW ⑧ 1427（图一五九，5），原料为青黄色石英岩，颗粒较为细腻。保存较好，表面不见磨蚀和风化痕迹。形态为长方形，技术尺寸与最大尺寸相同，技术长、宽分别为49、19.2mm，厚12mm，重12g。台面呈台阶状，一边高一边低，打击点落在较低面的边缘，长、宽分别为15.1、11.1mm；台面内角110°，台面外角65°。腹面较凸，打击点清楚，半锥体浅平，放射线较为清楚；侧边准平形，远端羽状。背面凸，石皮比例5%，分布在远端；背面可见多个阴疤，方向与石片方向相同，这些阴疤在中部相交成一条弯曲的纵脊。

12KW ⑧ 1779（图一五九，6），原料为朱红色石英岩，颗粒较为细腻。保存较好，表面不见磨蚀和风化痕迹。形态近梯形，技术尺寸与最大尺寸相同，技术长、宽分别为24.1、18.2mm，厚6.9mm，重3g。破裂面台面，较为平整，长、宽分别为6.8、7.4mm；台面内角90°，台面外角70°。腹面平，打击点清楚，半锥体浅平，放射线不清楚；侧边准平行，远端台阶状。背面石皮比例50%，主要分布在左侧；右侧石片疤是以左侧石皮面为台面打下的。

12KW ⑧ 503（图一五九，7），原料为灰黄色石英岩，颗粒较为细腻，含少量隐性节理。保存较好，表面不见磨蚀和风化痕迹。形态近梯形，最大长、宽分别为35.4、25.6mm，技术长、宽为23.9、32.6mm，厚5.6mm，重3g。破裂面台面，非常平整，长、宽分别为5、18.2mm；台面内角106°，台面外角70°。腹面较平，打击点清楚，半锥体较为凸出，放射线明显，不见锥疤、同心波；边缘准平行，末端羽状。背面微凸，石皮比例30%，主要分布在远端；可见三个与石片方向相同的阴疤。

13KW ⑧ 44（图一五九，12），原料为灰黄色石英岩，颗粒较为细腻。保存较好，表面不见磨蚀和风化痕迹。形态为半圆形，技术尺寸与最大尺寸相反，技术长、宽分别为17.2、21.9mm，厚5.2mm，重1g。破裂面台面，非常平整，长、宽分别为4.7、17.8mm；台面内角106°，台面外角76°。腹面凸，打击点集中，半锥体凸出，放射线清楚；侧边扇形，末端羽状。背面石皮比例40%，分布在远端；

可见阴疤方向与石片方向相同。

6. Ⅵ型石片

90件。原料主要为石英岩，共79件，其中优质者75件，中等者4件；石英9件，燧石2件。尺寸个体差异中等，最大长、宽、厚分别为10.9~54.8、8.9~43.3、2.1~15.3mm，重0.1~28g，平均长、宽、厚为21.1、14.3、5.5mm，平均重2g。台面内角有56件在90°以上。有54件背面疤数量在2个以上。有85件石片腹面能观察到打击点，有58件石片的半锥体较为凸出，只有3件可观察到锥疤，有86件石片的放射线清楚，有14件石片可观察到同心波；末端形态以羽状为主，有61件，其次为台阶状，有26件，此外还有2件为腹向卷，1件为背向卷。腹面曲度以平为主，有49件；凸和凹分别有30和11件。

OKW⑧4-5（图一六〇，1），原料为褐色石英岩，颗粒中等，含隐性节理。保存较好，表面不见磨蚀和风化痕迹。形态近菱形，技术尺寸与最大尺寸相同，技术长、宽分别为28.6、23.1mm，厚8.6mm，重6g。破裂面台面，长、宽分别为6.9、12.6mm；台面内角123°，台面外角75°。腹面凹，打击点清楚，半锥体较为凸出，放射线可见，锥疤不见；侧边汇聚，远端羽状。背面凸，可见来自多个方向的石片阴疤。

OKW⑧1-5（图一六〇，5），原料为浅黄色石英岩，颗粒中等，含少量隐性节理。保存较好，表面不见磨蚀和风化痕迹。形态近三角形，技术尺寸与最大尺寸相同，技术长、宽分别为30.9、

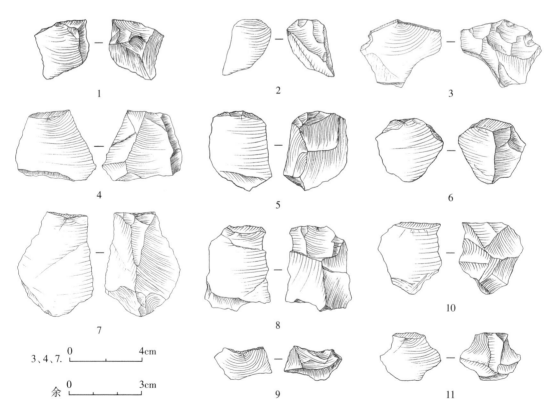

图一六〇 第⑧层出土Ⅵ型石片

1. OKW⑧4-5 2. 13KW⑧98 3. 13KW⑧121 4. 12KW⑧1839 5. OKW⑧1-5 6. OKW⑧1-4 7. 12KW⑧1357 8. 12KW⑧1211 9. OKW⑧3-4 10. 12KW⑧1428 11. 12KW⑧976

24.6mm，厚 15.3mm，重 9g。疑似修理台面，可见到来自石片背面的阴疤，长、宽分别为 7.1、21.5mm；台面内角 107°，台面外角 72°。打击点散漫，半锥体浅平，放射线较为清楚，同心波、锥疤等不见；侧边准平行，末端台阶状。背面靠近右侧有一条明显凸起的纵向脊，以该脊为界可见左、右两个方向的阴疤。

OKW ⑧ 1-4（图一六〇，6），原料为黄褐色石英岩，颗粒较为细腻，含隐性节理。保存较好，表面不见磨蚀和风化痕迹。形态近梯形，技术尺寸与最大尺寸相同，技术长、宽分别为 27.4、25.8mm，厚 12.7mm，重 7g。破裂面台面，不平整，由多个阴疤构成，长、宽分别为 7、16.9mm；台面内角 115°，台面外角 85°。腹面较为平整，打击点较为清楚，半锥体浅平，可见放射线和同心波；侧边扇形，末端羽状。背面凸，中间有一条纵向的脊，两侧有多个阴疤。

OKW ⑧ 3-4（图一六〇，9），原料为白色石英岩，颗粒细腻致密。保存较好，表面不见磨蚀和风化痕迹。形态近长方形，技术尺寸与最大尺寸相反，技术长、宽分别为 11.9、24.5mm，厚 4.3mm，重 1g。破裂面台面，平整、狭长，长、宽分别为 4.4、16.5mm；台面内角 109°，台面外角 82°。腹面非常凸起，打击点清楚，半锥体凸出，可见放射线，不见同心波；侧边形态不规则，末端羽状。背面凹，可见层叠的与石片方向相同的阴疤。该石片可能是修理石片。

12KW ⑧ 1839（图一六〇，4），原料为朱红色石英岩，颗粒较为细腻，较脆。保存较好，表面不见磨蚀和风化痕迹。形态近梯形，技术尺寸与最大尺寸相反，技术长、宽分别为 37.5、44.6mm，厚 10.5mm，重 18g。破裂面台面，非常平整，长、宽分别为 9.9、22mm；台面内角 104°，台面外角 69°。腹面较平，打击点较为集中，半锥体浅平，放射线较为清楚；侧边反汇聚，末端台阶状。背面较平，主要阴疤方向为上、下相对。

12KW ⑧ 1357（图一六〇，7），原料为白紫色石英岩，颗粒较为细腻，含隐性节理。保存较好，表面不见磨蚀和风化痕迹。形态为长方形，技术尺寸与最大尺寸相同，技术长、宽分别为 54.8、43.3mm，厚 14.3mm，重 28g。破裂面台面，长、宽分别为 7.1、23.1mm；台面内角 98°，台面外角 76°。腹面较平，打击点集中，半锥体凸出，放射线清楚，同心波可见；侧边扇形，末端羽状。背面凸，主要阴疤方向与石片方向相同。背面中部有一条纵脊。

12KW ⑧ 1211（图一六〇，8），原料为红色石英岩，颗粒细腻，节理较多。保存较好，表面不见磨蚀和风化痕迹。形态近长方形，技术尺寸与最大尺寸相同，技术长、宽分别为 34.8、27.2mm，厚 9.2mm，重 8g。破裂面台面，非常平整，长、宽分别为 6.8、16.9mm；台面内角 118°，台面外角 64°。腹面平，打击点散漫，半锥体浅平；侧边准平行，末端背向卷。背面凸，主要片疤方向为上、下对向。

12KW ⑧ 1428（图一六〇，10），原料为白色石英，颗粒中等，含一定数量的隐性节理。保存较好，表面不见磨蚀和风化痕迹。形态不规则，技术尺寸与最大尺寸相同，技术长、宽分别为 28.4、26.9mm，厚 11.9mm，重 9g。破裂面台面，长、宽分别为 6.1、19.7mm；台面内角 109°，台面外角 92°。腹面平，打击点散漫，半锥体浅平；侧边形态不规则，末端台阶状。背面凸，可见来自多个方向的阴疤。

12KW ⑧ 976（图一六〇，11），原料为灰褐色石英岩，颗粒较为细腻。保存较好，表面不见磨蚀和风化痕迹。形态近半圆形，技术尺寸与最大尺寸相反，技术长、宽分别为19.4、24.8mm，厚4.8mm，重3g。破裂面台面，较为平整，长、宽分别为4.7、12.9mm；台面内角109°，台面外角60°。腹面凸，打击点集中，半锥体凸出，放射线清楚，同心波可见；侧边扇形，末端羽状。背面微凸，可见多个来自不同方向的阴疤。

13KW⑧98（图一六〇，2），原料为深青色石英岩，颗粒细腻，质地较好。保存较好，表面不见磨蚀和风化痕迹。形态为三角形，技术尺寸与最大尺寸相同，技术长、宽分别为26.3、17mm，厚4.3mm，重2g。线状台面。腹面微凸，打击点集中，半锥体凸出，放射线清楚，可见同心波；侧边汇聚，末端羽状。背面略凹，主要阴疤方向为上、下相对。

13KW⑧121（图一六〇，3），原料为灰黑色石英岩，颗粒较为细腻。保存较好，表面不见磨蚀和风化痕迹。形态不规则，技术尺寸与最大尺寸相反，技术长、宽分别为35.4、45.2mm，厚10.2mm，重13g。破裂面台面，由两个平整阴疤构成，并在中部相交成一条纵脊；长、宽分别为8.4、38.6mm；台面内角94°，台面外角89°。腹面凸，打击点集中，半锥体凸出，放射线较为清楚，可见同心波；侧边不规则，末端台阶状。背面不平整，主要阴疤方向与石片方向相同，可见晚期阴疤由于原料内部节理折断而形成台阶状裂口。

7. 砸击石片

4件。原料均为石英。

OKW⑧3-1（图一六一，1），原料为白色石英，颗粒粗大。保存较好，表面不见磨蚀和风化痕迹。形态为长椭圆形，技术尺寸与最大尺寸相同，技术长、宽分别为36.7、16.6mm，厚10.7mm，重5g。石片两端均为线状。腹面平，可见到由于上、下两个力冲击形成的放射线。背面中部凸起，上、下两个方向的阴疤在中部相交成一条横向的脊。

12KW⑧1509（图一六一，2；彩版七四，1），原料为白色石英，颗粒较为细腻。保存较好，表面不见磨蚀和风化痕迹。形态为长三角形，技术尺寸与最大尺寸相同，技术长、宽分别为34.5、18.2mm，厚7.9mm，重5g。较窄一端为点状，应该是打击台面；相对的远端为羽状，暗示该砸击石片是在底部没有着力的情况下掉下来的。腹面凹，中间有一条由于上下受力而形成的斜向凹陷纵脊。背面中部凸起；在靠近台面处可以看到因砸击而掉落的阴疤。

12KW⑧942（图一六一，3；彩版七四，2），原料为白色石英，颗粒粗大。保存较好，表面不见磨蚀和风化痕迹。形态为长椭圆形，技术尺寸与最大尺寸相同，技术长、宽分别为31.2、16.9mm，厚13.7mm，重6g。两端均为线状。腹面凸，中间有一条由于上下受力而形成的斜向纵脊。背面中部凸起。

8. 更新石核台面桌板

1件。该类石片较为特殊，从前文各类型石片中抽离出来予以重点描述。为Ⅵ型石片。

12KW⑧1877（图一六二；彩版七四，

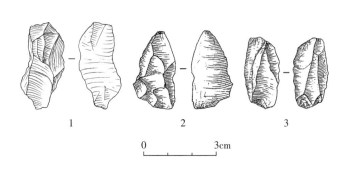

图一六一　第⑧层出土砸击石片

1.OKW⑧3-1　2.12KW⑧1509　3.12KW⑧942

3），原料为灰黄色石英岩，颗粒较为细腻，含隐性节理。形态为多边形，技术长、宽分别为50.4、47.5mm，厚17mm，重44g。台面内角101°。台面和右侧边由数个剥片阴疤构成，其中有五个为原石核剥片疤的近端；台面在打击点处的背面有两个较桌板剥片早的石片疤，应该是原石核修理台面留下的阴疤，再一次为修理台面而打击时剥下了该桌板。

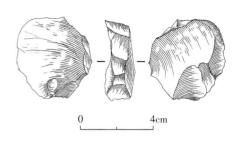

图一六二　第⑧层出土更新石核台面桌板（12KW⑧1877）

（二）非完整石片

154件，占石片总数的46%。

1. 左裂片

53件。原料主要为石英岩，共42件，其中优质者38件，中等者4件；石英11件。尺寸个体差异中等，最大长、宽、厚分别为10.6~54.7、8.8~34.6、1.8~21.6mm，重0.1~46g，平均最大长、宽、厚为21.7、13.8、5.8mm，平均重2g。大部分左裂片都是沿石片打击点中线断裂。

OKW⑧2-1，原料为黄色石英岩，颗粒较为细腻。保存较好，表面不见磨蚀和风化痕迹。最大长、宽、厚分别为54.7、34.6、21.6mm，重46g。石皮台面。打击点、放射线非常清楚，可见一个较大的三角形锥疤。

OKW⑧4-1，原料为灰色石英岩，颗粒较为细腻。保存较好，表面不见磨蚀和风化痕迹。最大长、宽、厚分别为34.5、18.5、7.4mm，重6g。可见残缺的半锥体。

12KW⑧1391，原料为灰黄色石英岩，颗粒较为细腻，质地较好。保存较好，表面不见磨蚀和风化痕迹。最大长、宽、厚分别为51.3、9.7、8.4mm，重5g。打击点较为清楚，半锥体浅平。

12KW⑧1243，原料为石英，表皮黄色，内部白色，颗粒粗大。保存较好，表面不见磨蚀和风化痕迹。最大长、宽、厚分别为38.3、28.7、14.7mm，重17g。

12KW⑧1307，原料为白色石英，颗粒粗大。保存较好，表面不见磨蚀和风化痕迹。最大长、宽、厚分别为27.6、18.8、11.4mm，重6g。可见残缺的打击点，半锥体浅平。

12KW⑧1881，原料为白色石英岩，颗粒较为细腻，较脆。保存较好，表面不见磨蚀和风化痕迹。最大长、宽、厚分别为33.2、15.8、11.6mm，重6g。可见残缺的打击点。

12KW⑧1099，原料为灰褐色石英岩，颗粒细腻，质地较好。保存较好，表面不见磨蚀和风化痕迹。最大长、宽、厚分别为21.1、20.5、7.2mm，重3g。破裂面台面。可见残缺的打击点和半锥体。可见背面疤与石片方向相同。

12KW⑧1455，原料为褐色石英岩，颗粒较为细腻。保存较好，表面不见磨蚀和风化痕迹。最大长、宽、厚分别为25.2、13.6、5.3mm，重1g。石皮台面。可见残缺的打击点。

12KW⑧1534，原料为灰黄色石英岩，颗粒较为细腻，质地较好。保存较好，表面不见磨蚀和风化痕迹。最大长、宽、厚分别为22.1、17.5、7.5mm，重3g。可见残缺的打击点和半锥体，放射线清楚。

12KW⑧1467，原料为浅黄色石英岩，颗粒较为细腻，含隐性节理。保存较好，表面不见磨蚀和风化痕迹。最大长、宽、厚分别为 35.1、20.2、8.4mm，重 5g。混合台面，但打击点落在石皮上。

12KW ⑧ 970，原料为深黄色石英岩，颗粒较为细腻。保存较好，表面不见磨蚀和风化痕迹。最大长、宽、厚分别为 27.9、15.9、6.5mm，重 3g。破裂面台面。可见残缺的打击点和放射线。

12KW ⑧ 519，原料为灰白色石英岩，颗粒细腻，质地较好。保存较好，表面不见磨蚀和风化痕迹。最大长、宽、厚分别为 24.2、13.3、6.6mm，重 2g。石皮台面。可见残缺的打击点和半锥体。

13KW ⑧ 103，原料为灰黄色石英岩，颗粒较为细腻。保存较好，表面不见磨蚀和风化痕迹。最大长、宽、厚分别为 13.6、12.1、6mm，重 0.5g。破裂面台面。可见残缺的打击点和半锥体。

13KW ⑧ 116，双锥石片。原料为石英岩，表皮黄白色，内部灰白色，颗粒细腻。保存较好，表面不见磨蚀和风化痕迹。最大长、宽、厚分别为 18、15.8、8.5mm，重 1g。石皮台面。

2. 右裂片

54 件。原料主要为石英岩，共 46 件，其中优质者 42 件，中等者 4 件；石英 7 件，燧石 1 件。尺寸个体差异中等，最大长、宽、厚分别为 10.2~50.4、9.9~33.2、3.3~16.1mm，重 0.1~25g，平均最大长、宽、厚为 20、13.6、5.6mm，平均重 1.9g。大部分右裂片都是沿石片打击点中线断裂。

OKW ⑧ 1-3a，原料为浅黄白色石英，颗粒较为细腻，含隐性节理。保存较好，表面不见磨蚀和风化痕迹。形态近三角形。最大长、宽、厚分别为 39.8、26.6、9mm，重 8g。残留台面为石皮台面，右侧边全部为石皮。

OKW ⑧ 2-2，原料为白色石英，表皮黄色，颗粒粗大，含明显节理。保存较好，表面不见磨蚀和风化痕迹。最大长、宽、厚分别为 38.2、33.2、19.7mm，重 22g。石皮台面。

OKW ⑧ 3-2，原料为灰色石英岩，颗粒中等。保存较好，表面不见磨蚀和风化痕迹。最大长、宽、厚分别为 29.6、15.2、8mm，重 3g。线状台面。

OKW ⑧ 4-2，原料为红褐色石英岩，颗粒中等。保存较好，表面不见磨蚀和风化痕迹。最大长、宽、厚分别为 27、13.8、4.2mm，重 2g。破裂面台面，打击点、半锥体、放射线较为清楚。

OKW ⑧ 13，原料为灰色石英岩，颗粒中等。保存较好，表面不见磨蚀和风化痕迹。最大长、宽、厚分别为 21.2、21.1、4.7mm，重 1g。自然台面。可见残缺的打击点。

12KW ⑧ 1485，原料为黄色石英岩，颗粒较为细腻，含隐性节理。保存较好，表面不见磨蚀和风化痕迹。最大长、宽、厚分别为 23.5、22.3、10.7mm，重 5g。自然台面。

12KW ⑧ 1475，原料为朱红色石英岩，颗粒较为细腻。保存较好，表面不见磨蚀和风化痕迹。最大长、宽、厚分别为 33.9、18.6、5.7mm，重 4g。破裂面台面。可见残缺的打击点和半锥体、放射线。

12KW ⑧ 1482，原料为浅黄色石英岩，颗粒较为细腻。保存较好，表面不见磨蚀和风化痕迹。最大长、宽、厚分别为 30.8、19.1、7.1mm，重 3g。破裂面台面。可见残缺的打击点、放射线。

12KW ⑧ 1334，原料为黄褐色石英岩，颗粒较为细腻。保存较好，表面不见磨蚀和风化痕迹。最大长、宽、厚分别为 27、17.4、10.5mm，重 1g。石皮台面。可见残缺的打击点、半锥体和放射线。

12KW ⑧ 450，原料为灰褐色石英岩，颗粒较为细腻。保存较好，表面不见磨蚀和风化痕迹。最大长、宽、厚分别为 22、12.5、8.5mm，重 2g。破裂面台面。

12KW ⑧ 1671，原料为灰色石英岩，颗粒较为细腻。保存较好，表面不见磨蚀和风化痕迹。最大长、宽、厚分别为 20.1、12.7、5.6mm，重 1g。破裂面台面。背面全部为石皮。

12KW ⑧ 800，原料为白色石英，颗粒较为细腻。保存较好，表面不见磨蚀和风化痕迹。最大长、宽、厚分别为 28.7、24.7、8.5mm，重 5g。石皮台面。可见残缺的打击点和半锥体。

13KW ⑧ 135，原料为黄色石英岩，颗粒较为细腻。保存较好，表面不见磨蚀和风化痕迹。最大长、宽、厚分别为 36.4、23.2、7.5mm，重 5g。石皮台面。可见残缺的打击点和半锥体。

13KW ⑧ 123，原料为黄褐色燧石，颗粒细腻。保存较好，表面不见磨蚀和风化痕迹。最大长、宽、厚分别为 36.3、24.9、8.8mm，重 10g。石皮台面。可见近乎完整的打击点，半锥体浅平。

3. 近端

14 件。原料主要为优质石英岩，有 11 件；此外还有石英 3 件。尺寸个体差异不大，最大长、宽、厚分别为 11~34.5、8.3~26.7、2.6~20.8mm，重 0.2~18g，平均最大长、宽、厚为 19.3、11.8、5.9mm，平均重 2g。石片台面有自然台面 4 件，破裂面台面 4 件，点状台面 2 件，线状台面 4 件。平均台面角 97°，打击点只有 1 件不是很清楚，有 6 件半锥体凸出，有 10 件放射线清楚。

OKW ⑧ 1–3，原料为灰色石英岩，颗粒中等，含隐性节理。保存较好，表面不见磨蚀和风化痕迹。最大长、宽、厚分别为 34.5、26.7、20.8mm，重 18g。石皮台面，呈凸弧状，长、宽分别为 11.1、22.3mm；台面内角 112°，台面外角 92°。打击点散漫，放射线清楚，半锥体浅平。

OKW ⑧ 3–5，原料为白色石英。保存较好，表面不见磨蚀和风化痕迹。最大长、宽、厚分别为 29.3、18.6、6.8mm，重 2g。线状台面。

OKW ⑧ 4–6，双锥石片。原料为灰色石英岩，颗粒较为细腻。保存较好，表面不见磨蚀和风化痕迹。最大长、宽、厚分别为 20、8.5、7mm，重 1g。线状台面。打击点、半锥体、放射线清楚，可见两个半锥体。

12KW ⑧ 1071，原料为黑褐色石英岩，颗粒细腻。保存较好，表面不见磨蚀和风化痕迹。最大长、宽、厚分别为 23.1、20、4.9mm，重 2g。线状台面。可见两个打击点和半锥体，距离较近。

12KW ⑧ 1348，原料为石英岩，表皮深黄色，内部灰褐色，颗粒细腻。保存较好，表面不见磨蚀和风化痕迹。最大长、宽、厚分别为 26.5、12、7.1mm，重 2g。石皮台面，长、宽分别为 6.3、22.6mm；台面内角 90°，台面外角 88°。打击点集中，半锥体浅平。

12KW ⑧ 325，原料为灰褐色石英岩，颗粒细腻。保存较好，表面不见磨蚀和风化痕迹。最大长、宽、厚分别为 18.5、12.3、4mm，重 1g。破裂面台面，长、宽分别为 2.4、10.4mm；台面内角 92°，台面外角 87°。打击点散漫，半锥体较为凸出。

12KW ⑧ 1850，原料为白色石英，颗粒细腻。保存较好，表面不见磨蚀和风化痕迹。最大长、宽、厚分别为 17.5、8.3、2.6mm，重 0.5g。线状台面。打击点散漫，半锥体较为凸出。

4. 远端

27 件。原料主要为石英岩，其中优质者 21 件，中等者 5 件；此外还有石英 1 件。尺寸个体差异不大，最大长、宽、厚分别为 11.8~44.6、5~29、1.9~11.5mm，重 0.1~13g，平均最大长、宽、厚为 22.7、15.6、6mm，平均重 2.6g。

12KW ⑧ 1309，原料为褐色石英岩，颗粒较为细腻。保存较好，表面不见磨蚀和风化痕迹。最大长、宽、厚分别为 33.1、22.8、10.2mm，重 8g。末端羽状。

12KW ⑧ 1079，原料为深黄色石英岩。保存较好，表面不见磨蚀和风化痕迹。最大长、宽、厚分别为 32.3、27.1、11.5mm，重 8g。末端羽状。

12KW ⑧ 1898，原料为黄褐色石英岩，颗粒较为细腻。保存较好，表面不见磨蚀和风化痕迹。最大长、宽、厚分别为 30.7、30.2、4.9mm，重 3g。末端羽状。

12KW ⑧ 1876，原料为深黄色石英岩，颗粒较为细腻。保存较好，表面不见磨蚀和风化痕迹。最大长、宽、厚分别为 39.8、13.7、5.9mm，重 3g。末端台阶状。

12KW ⑧ 1486，原料为朱红色石英岩，颗粒较为细腻。保存较好，表面不见磨蚀和风化痕迹。最大长、宽、厚分别为 24.6、16.4、2.8mm，重 1g。可见同心波；末端羽状。

12KW ⑧ 1418，原料为白色石英岩，颗粒较为细腻。保存较好，表面不见磨蚀和风化痕迹。最大长、宽、厚分别为 19.3、13.4、9.9mm，重 2g。可见放射线；末端羽状。

12KW ⑧ 1411，原料为朱红色石英岩，颗粒较为细腻。保存较好，表面不见磨蚀和风化痕迹。最大长、宽、厚分别为 19、12.4、6.1mm，重 1g。可见放射线；末端羽状。

5. 中段

6 件。原料均为优质石英岩。

12KW ⑧ 1724，原料为灰色石英岩，颗粒较为细腻。保存较好，表面不见磨蚀和风化痕迹。最大长、宽、厚分别为 31.9、15.9、6.4mm，重 4g。

12KW ⑧ 1630，原料为深黄色石英岩，颗粒中等，含隐性节理。保存较好，表面不见磨蚀和风化痕迹。最大长、宽、厚分别为 42.3、45.2、9.1mm，重 8g。

12KW ⑧ 1484，原料为黄褐色石英岩，颗粒中等。保存较好，表面不见磨蚀和风化痕迹。最大长、宽、厚分别为 33.2、28.8、10mm，重 9g。

12KW ⑧ 1531，原料为浅黄白色石英岩，颗粒中等，含隐性节理。保存较好，表面不见磨蚀和风化痕迹。最大长、宽、厚分别为 33、24.1、8.4mm，重 4g。

12KW ⑧ 1635，原料为白色石英岩，颗粒较为细腻，含隐性节理。保存较好，表面不见磨蚀和风化痕迹。最大长、宽、厚分别为 20.4、14.5、3.4mm，重 1g。

12KW ⑧ 439，原料为黄色石英岩，颗粒较为细腻。保存较好，表面不见磨蚀和风化痕迹。最大长、宽、厚分别为 17.7、11.4、6.9mm，重 0.8g。

四、工具

49 件，占第⑧层发现石制品总数的 6%。工具类型有锯齿刃器、凹缺器、刮削器、石锥、尖状器、两面器粗坯等，分别有 14、14、13、5、1、2 件。可见，锯齿刃器、凹缺器和刮削器这三个类型是所有工具中的主要部分，三者比例合计 84%（表四二）。

总的来看，第⑧层工具原料以石英岩为主，共 43 件，其中又以优质石英岩为多，有 42 件，比例高达 86%，中等石英岩 1 件；石英 5 件，燧石 1 件。

经统计，工具毛坯均为石片毛坯，包括各类型完整石片和非完整石片以及不确定类型的石片。

表四二 第⑧层出土工具类型统计表

类型	锯齿刃器	凹缺器	刮削器	石锥	尖状器	两面器粗坯	合计
数量 N	14	14	13	5	1	2	49
比例 %	29	29	27	10	2	4	100

表四三 第⑧层出土各工具类型与毛坯的关系

毛坯		锯齿刃器	凹缺器	刮削器	石锥	尖状器	两面器粗坯	合计	比例 %
石片	不确定类型石片	2		4				6	12
	Ⅰ型石片	2	2					4	8
	Ⅱ型石片	3	5	1	4		2	15	31
	Ⅲ型石片	2	2	5				9	18
	Ⅳ型石片				1			1	2
	Ⅴ型石片	2	2					4	8
	Ⅵ型石片	1		1		1		3	6
	左裂片	1		1				2	4
	右裂片			1				1	2
	近端		2					2	4
	远端	1	1					2	4
合计		14	14	13	5	1	2	49	100

完整石片毛坯是主要部分，比例为73%，其中又以Ⅱ型和Ⅲ型石片为多，比例分别为31%和18%（表四三）。

工具尺寸总的来说差异较大，最大长、宽、厚分别为18~85.9、13.3~58.8、6.2~25.6mm，重1~42g，平均最大长、宽、厚为40.6、30.6、12.7mm，平均重16g。

工具的加工方法均为硬锤锤击法，加工方式较为多样。加工方式以单向为主，比例达63%，其中又以正向为主，比例为51%，反向比例为7%。此外还有交互、两面和复向，比例分别为8%、5%和10%。

从工具的加工位置来看，修理主要集中在石片腹面的左、右侧边，比例为87%。有4%的工具选择在近端加工。

工具修疤形态均为鳞状。鳞状修疤一般大小、凹陷程度不均等，体现出一种不规整的状态，是锤击法修理的特征。

从修疤层数来看，47%的工具只有1层修疤，即只对刃缘进行了单次修理；45%有2层修疤；仅8%具有3层或以上修疤。从工具修理的最大修疤长、宽分布图可知，修疤长、宽主要集中在5~15mm，总的来看，修疤宽要大于修疤长（图一六三）。此外，通过对修疤边缘的观察和统计，82%的修疤呈弧形，4%两侧边缘近似平行，1%呈汇聚状，其余则呈不规则状。

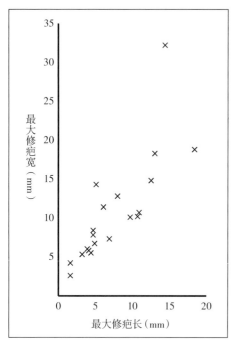

图一六三　第⑧层出土工具最大修疤
长、宽分布

通过对锯齿刃器、刮削器、石锥和尖状器四类工具的统计，它们的加工程度从加工长度指数来看，总体而言，一部分工具的加工长度达到了所在边的总长度，加工最短也接近所在边长的三分之一；而从平均值来看，超过了加工所在边长的一半；而标准偏差则显示各类工具的加工长度指数变异不大。从加工深度指数来看，虽然有部分工具加工深度指数达到了 1，但总体上来看本层工具的加工程度不是很高；加工深度较低的工具深度指数仅为 0.06，而平均值也不到加工面宽的一半。这表明这些工具基本上属于边缘修理；而且它们的标准偏差都很小，表明这四类工具大部分标本加工深度都很浅（表四四）。

工具刃缘在修理后，刃角与毛坯原边缘角度比较，有 49% 的标本变钝，5% 变锐，还有 46% 基本不变。刃角主要集中在 54°~77°；角度越小，数量越少；角度越大，数量也越少。

表四四　第⑧层出土工具加工长度和深度指数

最大值		最小值		平均值		标准偏差	
长度指数	深度指数	长度指数	深度指数	长度指数	深度指数	长度指数	深度指数
1	1	0.36	0.06	0.83	0.42	0.16	0.41

（一）锯齿刃器

14 件，占工具数量的 29%。原料主要为优质石英岩，有 11 件；此外还有石英 2 件，燧石 1 件。毛坯均为石片毛坯。尺寸个体差异相对不大，平均最大长、宽、厚为 44.1、32.1、12.7mm，平均重 8g。平均刃角 56°。

按刃缘数量划分，均为单刃锯齿刃器。按刃缘形态可分为单直刃、单凸刃和单凹刃，分别有 7、2 和 5 件。

单直刃锯齿刃器

12KW ⑧ 1650（图一六四，1；彩版七四，4），原料为石英岩，表皮深黄色，内部浅黄色，颗粒中等。毛坯为 Ⅱ 型石片。保存较好，表面不见磨蚀和风化痕迹。形态近三角形，最大长、宽、厚分别为 38.8、36.2、5.3mm，重 7g。加工位置为石片右侧边，采用锤击法正向加工。刃缘修疤连续，只见一层修疤。修疤都很小。加工长度指数为 0.62；加工深度不大，加工深度指数为 0.06。加工后刃缘平直，长 22.7mm；刃口形态指数为 0；刃角较石片边缘变钝，刃角 45°。

12KW ⑧ 1385（图一六四，2；彩版七四，5），原料为黄色石英岩，颗粒较为细腻。毛坯为石

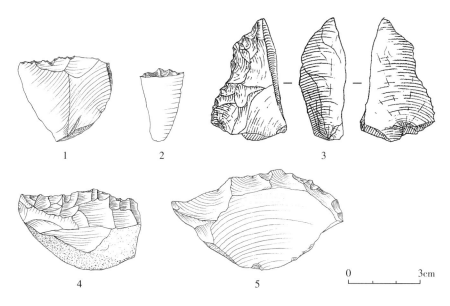

图一六四 第⑧层出土石单刃锯齿刃器

1、2. 单直刃锯齿刃器（12KW ⑧ 1650、12KW ⑧ 1385） 3、4. 单凹刃锯齿刃器（12KW ⑧ 1312、12KW ⑧ 592a） 5. 单凸刃锯齿刃器（13KW ⑧ 92）

片远端，腹面很平，背面全部为石皮。保存较好，表面不见磨蚀和风化痕迹。形态近半椭圆形，最大长、宽、厚分别为28.7、18.3、3.6mm，重1g。加工位置为石片破裂面，采用锤击法由石皮面向破裂面加工。修理可见一层共四个修疤。加工长度指数为1；加工深度指数为1。加工后刃缘较平直，长18.2mm；刃口形态指数为0；刃角较石片边缘变锐，刃角47°。

单凸刃锯齿刃器

13KW ⑧ 92（图一六四，5；彩版七四，6），原料为灰色燧石，颗粒细腻，质地较好。毛坯为Ⅱ型石片。保存较好，表面不见磨蚀和风化痕迹。形态为半圆形，最大长、宽、厚分别为69.1、37.3、15.5mm，重38g。加工位置为石片末端边缘，采用锤击法正向加工。刃缘修疤连续，非常精致，局部可见两层修疤；可见最大修疤长、宽分别为13、18.3mm。加工长度指数为1；加工深度指数为0.37。加工后刃缘呈凸弧形，长76mm；刃口形态指数为15；刃角较石片边缘变锐，刃角68°。

单凹刃锯齿刃器

12KW ⑧ 1312（图一六四，3；彩版七四，7），原料为白色石英，颗粒粗大。毛坯为左裂片。保存较好，表面不见磨蚀和风化痕迹。形态为三角形，最大长、宽、厚分别为48.9、32.6、18.8mm，重26g。刃缘加工位置为石片左侧边，采用锤击法正向加工。连续修理，可见两层修疤。加工长度指数为1；加工深度指数为0.47。修理后的刃缘呈凹凸状，长47.1mm；刃口形态指数为 –22；刃口较石片边缘变钝，刃角66°。

12KW ⑧ 592a（图一六四，4），原料为紫褐色石英岩，颗粒较为细腻。毛坯为不确定类型石片。保存较好，表面不见磨蚀和风化痕迹。形态为三角形，一个长边为石皮面，另一个长边则为两个破裂面相交的边缘，最大长、宽、厚分别为49.5、32.5、22.8mm，重32g。加工位置为石片非石皮面长边，采用锤击法单向加工。刃缘修理精致，局部最多可见四层修疤，可见最大修疤长、宽分别为7.3、4.5mm。

加工长度指数为1；加工深度不大，加工深度指数为0.45。加工后刃缘局部略凹，长45mm；刃口形态指数为 -16；刃角较石片边缘变钝，刃角64°。

（二）凹缺器

14件，占工具数量的29%。原料均为优质石英岩。毛坯均为石片毛坯。尺寸个体差异相对较小，平均最大长、宽、厚为30.4、22.7、9.8mm，平均重7.8g。平均刃角71°。

根据凹缺数量，凹缺器可进一步分为单凹缺器和双凹缺器，分别有13和1件。而根据凹缺的修理方式，一次打击形成的有5件，两次打击形成的有5件，多次打击形成的有4件。

1. 单凹缺器

13件。

OKW ⑧ 2-10（图一六五，1；彩版七五，1），原料为灰褐色石英岩，颗粒中等，含少量隐性节理。毛坯为石片远端。保存较好，表面不见磨蚀和风化痕迹。形态近三角形，最大长、宽、厚分别为28.8、18.6、8.6mm，重4g。凹缺由多次打击形成。缺口宽6.8、高2.3mm，凹口弧度0.67；刃角修理后相对原边缘变钝，刃角71°。

12KW ⑧ 456（图一六五，2；彩版七五，2），原料为深紫色石英岩，颗粒细腻，质地较好。毛坯为Ⅱ型石片。最大长、宽、厚分别为40.4、32.7、10.6mm，重11g。刃口修理位置为石片右侧边靠近台面处，反向加工。可见到两层共四个修疤。第一层有三个修疤，打击顺序为从下到上层叠分布；最后一个修疤在第一层修疤的中间。凹缺由多次打击形成。缺口宽9.1、高2mm；刃角81°。

13KW ⑧ 127（图一六五，3；彩版七五，3），原料为深黄色石英岩，颗粒中等。毛坯为Ⅱ型石片。保存较好，表面不见磨蚀和风化痕迹。形态为长方形，最大长、宽、厚分别为52.4、45.7、13.5mm，重36g。加工位置为石片左侧边中部，采用锤击法反向加工。凹缺器刃口由两次打击形成。缺口宽14.5、高3.4mm，凹口弧度0.43；刃角修理后相对原边缘变钝，刃角79°。

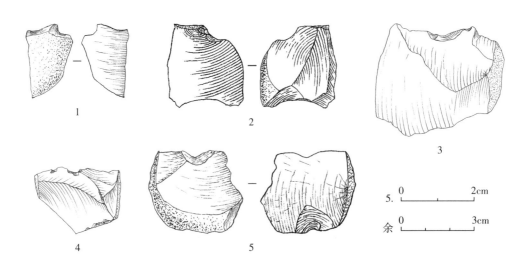

图一六五　第⑧层出土石凹缺器

1~4.单凹缺器（OKW ⑧ 2-10、12KW ⑧ 456、13KW ⑧ 127、13KW ⑧ 142）　5.双凹缺器（OKW ⑧ 2-3）

13KW ⑧ 142（图一六五，4），原料为黄色石英岩，颗粒较为细腻，质地较好。毛坯为 II 型石片。保存较好，表面不见磨蚀和风化痕迹。形态近梯形，最大长、宽、厚分别为 35.4、26、6.2mm，重 7g。加工位置为石片末端边缘，采用锤击法正向加工。凹缺器刃口由多次打击形成。缺口宽 5.6、高 1.8mm，凹口弧度 0.64；刃角修理后相对原边缘变钝，刃角 58°。

2. 双凹缺器

1 件。

OKW ⑧ 2-3（图一六五，5；彩版七五，4），原料为灰白色石英岩，颗粒较为细腻，含隐性节理。毛坯为 II 型石片。保存较好，表面不见磨蚀和风化痕迹。形态近方形，最大长、宽、厚分别为 26.4、22.2、6.9mm，重 3g。加工位置为石片左、右侧边，采用锤击法加工凹缺器刃口。其中左侧边为正向加工，右侧边为反向加工，两个刃口均由一次打击形成。左侧刃口缺口宽 8.4、高 1.4mm，凹口弧度 0.33；刃角修理后相对原边缘变钝，刃角 56°。另一个刃口缺口宽 5.6、高 1.2mm，凹口弧度 0.42；刃角修理后相对原边缘变锐，刃角 64°。

（三）刮削器

13 件，占工具数量的 27%。原料主要为优质石英岩，有 10 件；石英 3 件。毛坯均为石片毛坯。尺寸个体差异很小，平均最大长、宽、厚为 37.2、31.3、14.8mm，平均重 14g。平均刃角 65°。

从刃缘数量上来看，均为单刃刮削器。按刃缘形态可分为单直刃和单凸刃，分别有 11、2 件。

单直刃刮削器

OKW ⑧ 6-4（图一六六，1；彩版七五，5），原料为红色石英岩，颗粒较为细腻，质地较好。毛坯为石片，台面已遭后期改造，远端为石皮面。保存较好，表面不见磨蚀和风化痕迹。形态不规则，最大长、宽、厚分别为 32.5、31.8、7.5mm，重 6g。刃缘修理位置为石片台面和左侧边缘上部，采用

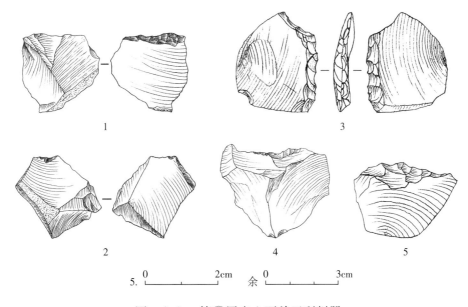

图一六六　第⑧层出土石单刃刮削器

1~4. 单直刃刮削器（OKW ⑧ 6-4、OKW ⑧ 9、12KW ⑧ 1247、13KW ⑧ 134）　5. 单凸刃刮削器（12KW ⑧ 1311）

锤击法反向加工。刃缘加工浅平，连续修理，较陡；至少可见两层修疤，修疤大小不一，呈鳞状。可见最大修疤长、宽分别为3.2、5.3mm。加工长度指数为1。修理后的刃缘平直，长25mm；刃口较石片边缘角度变钝，刃角87°。

OKW⑧9（图一六六，2；彩版七五，6），原料为灰褐色石英岩，颗粒较为细腻，含隐性节理。毛坯为左裂片。保存较好，表面不见磨蚀和风化痕迹。形态近长方形，最大长、宽、厚分别为34.7、27、17.7mm，重14g。刃缘修理位置为石片远端的右侧边缘，采用锤击法复向加工。连续修理，可见一层修疤，修疤非常细小。加工长度指数为1；加工深度指数为0.12。修理后刃缘平直，长9mm；刃口较石片边缘角度变锐，刃角58°。

12KW⑧1247（图一六六，3；彩版七五，7），原料为青色石英岩，颗粒较为细腻，质地较好。毛坯为Ⅱ型石片，腹面锥疤明显。形态近半圆形，最大长、宽、厚分别为37.6、35.5、6.8mm，重10g。刃缘加工位置为石片底端，两面加工。该加工方式在乌兰木伦遗址发现较少。刃缘加工非常精致，两面均有两层修疤，且加工后两个加工面非常对称。刃缘正视、俯视均平直，长28.1mm；刃角73°。

13KW⑧134（图一六六，4），原料为黄色石英岩，颗粒较为细腻。保存较好，表面不见磨蚀和风化痕迹。毛坯为Ⅵ型石片。形态为三角形，最大长、宽、厚分别为43.7、40.3、10.7mm，重15g。刃缘修理位置为石片右侧边缘，采用锤击法正向加工。刃缘加工较浅，只见一层修疤。加工长度指数为0.27；加工深度指数为0.13。修理后的刃缘基本平直，长9.9mm；刃口形态指数为0；刃口较原边缘角度变钝，刃角56°。

单凸刃刮削器

12KW⑧1311（图一六六，5；彩版七五，8），原料为青褐色石英岩，颗粒较为细腻，含隐性节理。毛坯为Ⅲ型石片。保存较好，表面不见磨蚀和风化痕迹。形态近三角形，最大长、宽、厚分别为28.8、21.2、12.5mm，重7g。刃缘修理位置为石片远端边缘，采用锤击法反向加工。刃缘连续修理，可见两层修疤，呈鳞状。加工长度指数为0.85；加工深度指数为0.4。修理后的刃缘呈凸弧状，长24.1mm，刃口形态指数为24；刃口较石片边缘角度变钝，刃角65°。

（四）石锥

5件，占工具数量的10%。原料均为优质石英岩。毛坯均为石片毛坯。尺寸个体差异相对较小，平均最大长、宽、厚为55.8、40.4、12.8mm，平均重34g。平均尖角113°。

OKW⑧7（图一六七，1；彩版七二，6），原料为红褐色石英岩，颗粒中等。毛坯为Ⅳ型石片，腹面较为平整，背面略凸，且全部为石皮。保存较好，表面不见磨蚀和风化痕迹。形态近圆形，最大长、宽、厚分别为60.4、54.6、12.5mm，重50g。加工位置为石片右侧边缘，采用锤击法正向加工。打击了两次，形成两个宽而浅平的凹缺，中间相交部分即为石锥的尖部。尖角98°。另在石片远端边缘也有几个破损疤痕，正向加工，但难以认为其形成了可以使用的刃缘。

11KW⑧599（图一六七，3），原料为黄色石英岩，颗粒较细腻，含少量隐性节理。毛坯为Ⅱ型石片，点状台面。保存较好，表面不见磨蚀和风化痕迹。形态近椭圆形，最大长、宽、厚分别为

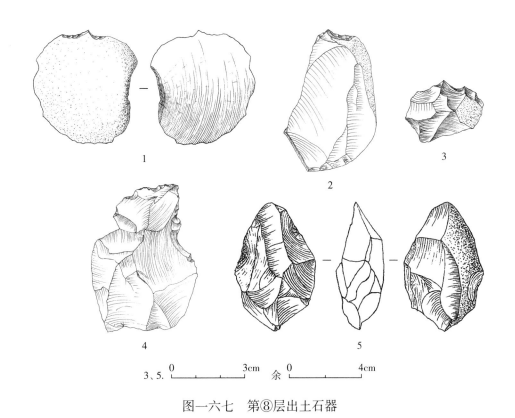

图一六七　第⑧层出土石器

1~3. 石锥（0KW⑧7、12KW⑧1052、11KW⑧599）　4. 尖状器（13KW⑧739）　5. 两面器粗坯（12KW⑧341）

33.3、21.6、11.2mm，重7g。加工位置为石片右侧边，采用锤击法正向加工。连续修理，最多可见三层修疤。最大修疤长、宽分别为12.8、2.6mm。修理后尖角109°。

12KW⑧1052（图一六七，2），原料为青灰色石英岩，颗粒细腻，含一定隐性节理。毛坯为Ⅱ型石片。保存较好，不见任何磨蚀风化痕迹。形态不规则，个体较大，最大长、宽、厚分别为76.2、52.1、14.6mm，重55g。加工位置为石片远端，采用锤击法正向加工。修理后呈一边陡一边斜的两个缓肩。尖角108°。

（五）尖状器

1件，占工具数量的2%。

13KW⑧739（图一六七，4），原料为朱红色石英岩，保存较好，表面不见任何磨蚀和风化痕迹。毛坯为Ⅵ型石片，背面有一条弧形的纵脊，使得石片末端向右侧略歪。最大长、宽、厚分别为85.9、58.8、25.6mm，重42g。加工位置为石片两个侧边，由中部开始向末端方向正向加工。加工较为精制，可见一层修疤。尖角86°。

（六）两面器粗坯

2件，占工具数量的4%。

12KW⑧341（图一六七，5；彩版七二，7），原料为石英岩，表皮黄褐色，内部黄色，颗粒细腻，质地较好。毛坯为Ⅱ型石片。最大长、宽、厚分别为50.4、32.8、15.7mm，重26g。加工主要集中在石片腹面，背面只有少数几个片疤，但均来自不同方向。腹面布满修理片疤，除了打击点和部分打击泡保留外，石片腹面特征几乎难以观察。腹面加工除无来自台面方向外，其他各个方向均有加工片疤，部分片疤过中线。背面左侧保留一条贯穿石片上下的石皮，右侧可见五个修疤，而在左侧石皮面上也有两个修疤。目前，该标本已经形成了一个标准的两面器雏形。

五、碎片

182件，占第⑧层发现石制品总数的22%。原料主要为石英岩，其中优质者比例为88%，中等者比例为8%；其余均为石英。平均最大长、宽、厚为8.1、5.8、2.3mm，平均重0.1g。

这些标本均保存较好，不见任何磨蚀和风化现象。

OKW⑧321，可辨为Ⅵ型石片。原料为灰白色石英岩，颗粒细腻。形态不规则，最大长、宽、厚分别为9.4、8.4、2.2mm，重0.1g。

12KW⑧1880，可辨为Ⅵ型石片。原料为灰褐色石英岩，颗粒细腻。形态不规则，最大长、宽、厚分别为9.9、4.9、3.6mm，重约0.2g。

12KW⑧640，可辨为左裂片。原料为浅透明黄色石英岩，颗粒较为细腻。形态近三角形，最大长、宽、厚分别为9.1、6.1、1.6mm，重约0.2g。

12KW⑧345，无石片特征。原料为灰黄色石英岩，颗粒较为细腻。形态不规则，最大长、宽、厚分别为7.3、5.7、1.8mm，重0.1g。

六、废片

213件，占第⑧层发现石制品总数的26%。原料主要为石英岩，其中优质者142件，比例为67%，中等者22件，比例为10%，差等者4件，比例为2%；此外还有石英44件，比例为21%，石英砂岩1件。平均最大长、宽、厚为16.9、9.9、4.3mm，平均重1g。

这些标本均保存较好，不见任何磨蚀和风化现象。

OKW⑧3-9，原料为白色透明石英，颗粒较为细腻。形态不规则，最大长、宽、厚分别为21.1、13.2、4.3mm，重1g。

12KW⑧1625，原料为青黄色石英岩，颗粒较为细腻。最大长、宽、厚分别为49.4、24.9、13.3mm，重13g。

13KW⑧140，原料为灰色石英岩，颗粒较为细腻。最大长、宽、厚分别为17.2、13.8、5.1mm，重1g。

13KW⑧115a，原料为黄色石英岩，颗粒较为细腻。最大长、宽、厚分别为17.2、10.1、3.4mm，重0.8g。

13KW⑧115，原料为白色石英，颗粒粗大。最大长、宽、厚分别为20.2、14.3、7.3mm，重1g。

13KW⑧91，原料为青褐色石英岩，颗粒较为细腻。最大长、宽、厚分别为26.4、15.4、9.5mm，重2g。

七、断块

26 件，占第⑧层发现石制品总数的 3%。原料主要为石英岩，共 16 件，其中优质者 10 件，中等者 6 件；石英 6 件，燧石 1 件，石英砂岩 2 件，片麻岩 1 件。平均最大长、宽、厚为 32.1、21.5、14.4mm，平均重 16g。

大部分标本没有磨蚀和风化现象，只有 1 件有轻微磨蚀，1 件有中度磨蚀。

12KW⑧1144，原料为朱红色石英岩。颗粒较为细腻，含节理。保存较好，表面不见磨蚀和风化痕迹。最大长、宽、厚分别为 21.3、14.5、9mm，重 1g。

12KW⑧1512，原料为黄色石英岩，颗粒较为细腻。保存较好，表面不见磨蚀和风化痕迹。形态不规则，最大长、宽、厚分别为 26.6、22.5、16.3mm，重 7g。

12KW⑧1315，原料为白色石英，颗粒较粗。保存较好，表面不见磨蚀和风化痕迹。形态不规则，最大长、宽、厚分别为 19.9、14.7、11.1mm，重 1g。

12KW⑧1741，原料为灰褐色石英岩，颗粒中等，含隐性节理。保存较好，表面不见磨蚀和风化痕迹。形态不规则，最大长、宽、厚分别为 16.3、9.3、2.5mm，重 0.5g。

12KW⑧1454，原料为白色石英，颗粒粗大。保存较好，表面不见磨蚀和风化痕迹。形态不规则，最大长、宽、厚分别为 14、10.8、10.8mm，重 0.8g。

12KW⑧438，原料为白色石英，颗粒粗大。保存较好，表面不见磨蚀和风化痕迹。形态近梯形，最大长、宽、厚分别为 16.2、8.6、6mm，重 0.3g。

12KW⑧1649，原料为灰色石英岩，颗粒细腻。保存较好，表面不见磨蚀和风化痕迹。形态不规则，最大长、宽、厚分别为 29.4、22.3、8.9mm，重 0.3g。

12KW⑧1305，原料为白色石英，颗粒粗大。保存较好，表面不见磨蚀和风化痕迹。形态为长方形，最大长、宽、厚分别为 15.5、11.1、9.5mm，重 0.5g。

13KW⑧128，原料为黄色石英岩，颗粒较为细腻，含节理。保存较好，表面不见磨蚀和风化痕迹。形态不规则，最大长、宽、厚分别为 27.7、18.1、13.2mm，重 7g。

八、备料

8 件，占第⑧层发现石制品总数的 1%。原料有石英岩 6 件，石英 2 件。平均最大长、宽、厚为 44.4、37.5、28.5mm，平均重 59g。

12KW⑧1796，原料为黄色石英岩。形态不规则，最大长、宽、厚分别为 58.6、56.8、53.2mm，重 142g。表面可见早期的破裂面，应该是在搬运过程中砾石之间相互撞击造成的。表皮磨蚀得很细腻光滑。

12KW⑧1761，原料为青灰色石英岩。形态为椭圆形，最大长、宽、厚分别为 45、35、28.4mm，重 61g。表皮磨蚀得很细腻光滑，并可见一层钙质结核，这与基岩砾石层中部分砾石表面可见钙质结核一致。

13KW⑧146，原料为青灰色石英岩。形态为三角形，并呈石片状，仿佛具有一些石片的特征，但肯定是砾石之间相互碰撞掉落形成的。最大长、宽、厚分别为 51、50.4、20.3mm，重 62g。表皮磨蚀得很细腻光滑。

第一一节 石制品拼合

石制品拼合是旧石器遗址综合研究的重要内容，对一些科学问题的解答具有重要意义。可拼合的石制品可以被用来探讨石制品打制的程序，因为它能够将一件石片如何被打下来的信息表现出来；也能够反映出遗址结构和遗址埋藏过程的变化；还可以反映遗址的形成过程。从某种程度上说，对考古遗址出土遗物进行拼合研究是探索遗址埋藏和形成过程必不可少的环节之一。在现在的旧石器考古研究中，拼合研究已经十分普遍[1]。其中最为人所熟知的是 Cahen 等对比利时米尔（Meer）中石器时代遗址石制品的拼合研究，所揭示的石制品拼合率达到 18.5%，拼合组之一由 69 件石制品拼合而成，其中 10 件还被修理成工具。这项拼合研究较好的揭示了当时石器制造者的剥片程序和修理技术。不过，需要指出的是，拼合研究需要耗费大量的时间和精力，这在一定程度上影响了石制品拼合研究的广泛使用[2]。

对乌兰木伦遗址 2010 年首次试掘到 2013 年出土的编号石制品进行拼合研究，合计 4280 件，不包括筛洗和采集标本。一共获得 31 个拼合组，含 70 件石制品，包括石核 5 件、石片 10 件、近端 5 件、远端 4 件、左裂片 22 件、右裂片 22 件、工具 1 件和断块 1 件。拼合组原料以石英岩（用字母 A 代替）为主，共 57 件，颜色有青绿色、淡黄色、红色、青灰色、玫瑰红色、浅红色、乳白色；其次为石英（用字母 B 代替）和燧石（用字母 C 代替），分别有 4 件，石英原料的颜色均为白色，燧石原料均为灰白色；最少为石英砂岩（用字母 D 代替），共 3 件，颜色为红白色夹杂。从地层上来看，除第⑦层外，其他各层均发现有拼合石制品，其中第②层发现的拼合组最多，共 16 组，35 件石制品；第⑤层发现 4 组，9 件石制品；第⑥层 4 组，12 件石制品；第④层 3 组，6 件石制品；第③和第⑧层分别发现 2 组，分别为 4 件石制品（表四五）。需要说明的是第⑦层没有发现拼合组，主要有两个方面原因。首先，第⑦层发现的大部分石制品都是在 2010 年第一次试掘时候获得，由于当时发掘比较粗放，造成了部

[1] Bamforth D. B., Becker M. S., Core/biface ratios, mobility, refitting and artifact use-lives:a paleoindian example, *Plains Anthropologist*, 2000, 45:272–290; Cooper C., *Refitting the Southsiderlithic assemblage:determining extent of site disturbance*, The thesis of University of Wyoming for the degree of PhD in the Department of Anthropology, 2002; Cziesla E., Refitting of stone artefacts. In:Cziesla E., Eickhoff S., Arts N.,et al. (eds.), *The Big Puzzle:International Symposium on Refitting Stone Artefacts*, Studies in Modern Archaeology, 1990, pp. 9–44; Laughlin J. P., Kelly R. L., Experimental analysis of the practical limits of lithic refitting, *Journal of Archaeological Science*, 2010, 37:427–433; Morrow T. W., Lithic refitting and archaeological site formation processes:a case study from the Twin Ditch Site, Greene County, Illinois. In:Odell G. H. (eds.), *Stone Tools:Theoretical Insights into Human Prehistory*, Springer Science & Business Media, 1996, pp. 345–373; 谢飞、李君：《拼合研究在岑家湾遗址综合分析中的应用》，《文物季刊》1995 年第 1 期；谢飞、凯西·石克、屠尼克等：《岑家湾遗址 1986 年出土石制品的拼合研究》，《文物季刊》1994 年第 3 期；王社江：《洛南花石浪龙牙洞 1995 年出土石制品的拼合研究》，《人类学学报》2005 年第 1 期。

[2] Gamble C., *The Palaeolithic Societies of Europe*, Cambridge University Press, 1999.

表四五 各拼合组石制品的原料、类型和拼合形式

拼合组	地层	原料	c	f	fl	fr	fp	fd	tool	ch	总数	拼合形式	拼合结果	拼合关系
1	⑥	A	1	4					1		6	工具 – Ⅱ – Ⅱ – Ⅲ – Ⅲ – 石核	石核	拼对
2	②	A	1	2							3	Ⅲ + Ⅱ – 单台面石核	石核	拼对
3	③	A			1	1					2	左裂片 + 右裂片	Ⅲ	拼接
4	③	A			1	1					2	左裂片 + 右裂片	Ⅵ	拼接
5	②	A			1	1					2	左裂片 + 右裂片	Ⅲ	拼接
6	④	A					1	1			2	近端 + 远端	Ⅴ	拼接
7	④	B			1	1					2	左裂片 + 右裂片	Ⅲ	拼接
8	⑤	D					1	1		1	3	断块 + 近端 + 远端	左裂片	拼接
9	④	A			1	1					2	左裂片 + 右裂片	Ⅱ	拼接
10	⑤	A			1	1					2	左裂片 + 右裂片	Ⅴ	拼接
11	⑤	A			1	1					2	左裂片 + 右裂片	Ⅱ	拼接
12	②	C			1	1					2	左裂片 + 右裂片	Ⅴ	拼接
13	②	C			1	1					2	左裂片 + 右裂片	Ⅵ	拼接
14	②	A			1	1					2	左裂片 + 右裂片	Ⅵ	拼接
15	②	A			1	1					2	左裂片 + 右裂片	Ⅵ	拼接
16	②	A			1	1					2	左裂片 + 右裂片	Ⅵ	拼接
17	②	A			1	1					2	左裂片 + 右裂片	Ⅵ	拼接
18	②	A			1	1					2	左裂片 + 右裂片	Ⅰ	拼接
19	②	A			1	1					2	左裂片 + 右裂片	Ⅲ	拼接
20	②	A			1	1					2	左裂片 + 右裂片	Ⅲ	拼接
21	②	A			1	1					2	左裂片 + 右裂片	Ⅱ	拼接
22	②	A					1	1			2	近端 + 远端	Ⅴ	拼接
23	②	A			1	1					2	左裂片 + 右裂片	Ⅲ	拼接
24	②	A		2							2	Ⅱ – Ⅱ	Ⅱ	拼对
25	②	A		1	1	1	1				4	Ⅲ – 近端 + 左裂片 + 右裂片	Ⅱ	拼对
26	⑧	B	1	1							2	Ⅲ – 石核	石核	拼对
27	⑧	A			1	1					2	左裂片 + 右裂片	凹缺器	拼接
28	⑤	A	2								2	石核 – 石核	石片石核	拼对
29	⑥	A			1	1					2	左裂片 + 右裂片	Ⅱ	拼接
30	⑥	A			1	1					2	左裂片 + 右裂片	Ⅱ	拼接
31	⑥	A					1	1			2	近端 + 远端	Ⅱ	拼接
合计			5	10	22	22	5	4	1	1	70			

注：c 为石核；f 为石片；fl 为左裂片；fr 为右裂片；fp 为近端；fd 为远端；tool 为工具；ch 为断块。

分可拼合石制品的丢失，这从 2010 年第一次试掘所获的拼合石制品所占目前已发现的拼合石制品的比例也能看出来。2010 年第一次试掘发现拼合石制品 15 件，只占拼合石制品总数的 21%。此外，第⑦层只在后续的 2012 年度发掘中有极少的揭露，获得石制品数量较少，与其他地层石制品数量相比简直就是冰山一角，这必然也要造成较低的石制品拼合率，甚至没有。

一、拼合结果

从目前的拼合结果来看，石制品拼合率为 1.6%。在这 31 个拼合组中，有 27 组由 2 件石制品组成，占总数的 87%，包括左裂片 + 右裂片拼合组 21 组、近端 – 远端拼合组 3 组、石片 – 石核拼合组 1 组，石核 – 石核拼合组 1 组和石片 – 石片拼合组 1 组；有 2 组由 3 件石制品拼合而成，占总数的 6%，包括石片 + 石片 – 石核 1 组和近端 + 远端 + 断块 1 组；1 组由 4 件石制品组成，为石片 – 近端 + 左裂片 + 右裂片；1 组由 6 件石制品组成，为工具 –4 件石片 – 石核。如果按拼对关系和拼接关系来分的话，这 31 个拼合组中含拼对关系 6 组，拼接关系 25 组。拼合石制品中的完整石片均为自然台面石片。在表四五的拼合结果一项中，"–"表示前者从后者身上剥离，"+"表示两者的剥离时间无法分辨，很显然，前者是人工有意打击破裂，具有先后次序；后者是因为原料内部节理或者打击失误而造成的自然破裂。

二、拼合石制品的空间分布

在未经过扰动的地层中，拼合石制品之间的直线距离应该是石制品剥片和修理过程的直接反映。当然，石制品在埋藏过程中，尤其是旧石器时代遗址，由于受后期自然因素影响较大，一般绝对的不受后期扰动是很少的，但是，如果扰动较少，还是能够较好地反映石制品剥片和修理过程以及后期的埋藏状况。正因如此，我们通过对石制品的水平、垂直分布，也能够反过来推论遗址的埋藏性质。

一般来说，对于拼对关系中的石核—石片（修理石片工具、废片和断块）而言，它们之间的最大及最小直线距离的差值小于别的拼合类型，石制品之间的平均距离介于其他拼对类型及不完整石片拼接关系之间。石片—石片（包括单件二次加工修理的石片工具、废片渣和断块）拼对组石制品之间的直线距离相对较大，这说明人类在直接使用石片过程中、选择石片二次加工时、或者使用中将它们带离了原来的位置[1]。而拼合组中不完整石片的直线距离则最能反映遗址的埋藏情况，拼合组中不完整石片之间的平均距离越短，则说明受到后期的扰动越小。特别是对于距离特别近的不完整石片拼合组，只有两种原因会造成这种情况，一是在剥片过程中因剥片技术或者原料内部节理造成的破裂而直接落在地表并且没有受到太多自然力的影响，二是完整石片在落到地表后，由于受到后期人为或者自然营力的挤压而破裂。但无论何种情况，都表明遗址并没有受到太大的扰动。

图一六八是乌兰木伦遗址第②层可拼合石制品的水平分布图。从图中可以看出，一共有 11 个非完整石片拼合组在水平距离上非常近，相距不到 5cm；但也有个别非完整石片拼合组距离较远，如第 19 拼合组两件左、右裂片的水平距离就超过了 250cm。这么多组距离如此之近的非完整石片拼合组

---

[1] 王社江：《洛南花石浪龙牙洞 1995 年出土石制品的拼合研究》，《人类学学报》2005 年第 1 期。

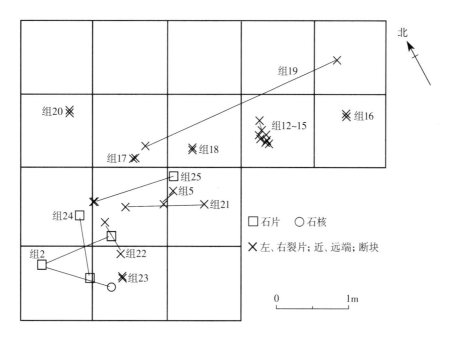

图一六八　第②层出土拼合石制品水平分布图

表四六　各层不同类型拼合组水平距离

（单位：cm）

地层	拼接关系			拼对关系			总体平均距离
	最大距离	最小距离	平均距离	最大距离	最小距离	平均距离	
②	260	0.6	32	140	1	56	45
③	45						45
④	2						2
⑥	12	9		72			72
⑧	124			49			86

从客观上表明乌兰木伦遗址第②层原地埋藏的性质，即受到后期扰动极少。而较远的水平距离拼合组则可能是剥片过程中飞溅所致，而与后期埋藏无关。此外，石片—石片、石核—石片、完整石片—非完整石片的拼合组其水平距离在100cm左右，也从一个侧面验证了较远水平距离可能是剥片过程中造成的。

　　从表四六中可以看出，在第③、④、⑥、⑧层发现的拼合组其拼接和拼对关系水平距离都不是很远。第⑧层拼接关系水平距离在这几组中是最远的，但也仅仅是124cm，而该层的拼对关系拼合组的水平距离则为49cm。第③和④层只发现了拼接关系拼合组，两层的拼合组水平距离非常近，第③层相对较远，但也仅为45cm，第④层则仅为2cm。第⑥层拼对关系拼合组水平距离为72cm，距离也不远；两个拼接关系拼合组，其水平距离最大为12cm。可知，从可拼合石制品的水平分布上来看，乌兰木伦遗址各层均体现出原地埋藏的性质。

　　图一六九和图一七○是乌兰木伦遗址第②层可拼合石制品的垂直分布距离，其中图一六九是沿X

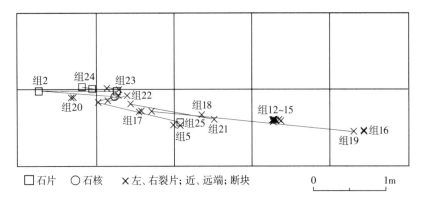

图一六九　第②层出土拼合石制品沿 X 轴垂直分布图

表四七　各层不同类型拼合组垂直距离

（单位：cm）

地层	拼接关系			拼对关系			总体平均距离
	最大距离	最小距离	平均距离	最大距离	最小距离	平均距离	
②	19	0	5	36	1	15	7
③	1						1
④	0.5						0.5
⑥	0.3	0		4	0.2	2.1	1.6
⑧	6			7			6.5

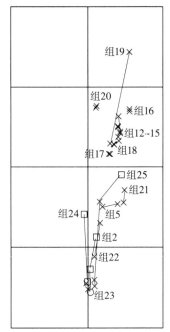

图一七○　第②层出土拼合石制品沿 Y 轴垂直分布图

轴的垂直分布图，图一七○是沿 Y 轴的垂直分布图；表四七是各层中不同类型拼合组的垂直距离统计。结果显示，各层不同类型拼合组最大垂直分布距离都没有超过 50cm，最小者甚至为 0cm，即完全处于同一个水平层上。而各拼合组的平均垂直距离则没有超过 10cm。拼对关系拼合组的垂直距离相对较大，这与在表四六所显示的垂直分布距离相似。拼对关系最大者垂直分布距离为 36cm，但最小者不到 1cm，这表明拼接关系和拼对关系拼合组在垂直距离分布上并没有太大的差异。

三、石制品拼合结果所反映的遗址埋藏情况

拼合石制品的水平分布可以较好地反映遗址的埋藏信息，已有研究表明多种因素会影响石制品在遗址中的埋藏状况。这些因素包括自然营力如水流搬运等、生物行为如动物搬运和植物根系的影响、人类技术行为如石器制作方法或石器制作者的个人习惯等以及其他一些原因，如踩踏和工具使用策略如一些特殊工具的携带等[1]。在能够确认石制品的分布受到人类技术行为的影响，然后评估自然因

[1] Barton R.,Bergman C., Hunters at Henistbury:Some evidence from experimental archaeology, *Word Archaeology*, 1982, 14:237–248; Newcomer M., Sieveking G., Experimental flake scatter-patterns:a new interpretative technique, *Journal of Field Archaeology*, 1980, 7:345–352; Villa P., Conjoinable pieces and site formation process, *America Antiquity*, 1982, 47:276–290; Villa P., Courtin J., The interpretation of stratified sites: a view from undetground, *Journal of Archaeology Sciences*, 1983, 10:267–281.

表四八 拼对关系分布位置信息统计

（单位：cm）

拼合组	地层	拼合形式	最大水平距离	最小水平距离	最大垂直距离	最小垂直距离	最大水平距离器类	最小水平距离器类
1	⑥	工具－Ⅱ－Ⅱ－Ⅲ－Ⅲ－石核	72	1	4	0.2	Ⅱ－Ⅲ	工具－Ⅲ
2	②	Ⅲ－Ⅱ－石核	96	4	8	1	Ⅲ－Ⅱ	Ⅲ－石核
24	②	Ⅱ－Ⅱ	88		3		Ⅱ－Ⅱ	Ⅱ－Ⅱ
25	②	Ⅲ－近端＋左裂片＋右裂片	140	11	36	1	Ⅲ－右裂片	左裂片－右裂片
26	⑧	Ⅲ－石核	49		7		Ⅲ－石核	Ⅲ－石核
28	⑤	石核－石核	无三维坐标，但从编号上（OKW⑤9–1和9–3）可知两者距离很近					

素对石制品分布的影响，就可以知道遗址的埋藏性质是属于原地埋藏还是经过后期的搬运和改造。

人类技术行为对石制品分布的影响可以从石器拼合组中的拼对关系来进行探讨。在乌兰木伦遗址发现的31个石器拼合组中，有6组是拼对关系，分别来自第②、⑤、⑥、⑧层（表四八）。这些拼对关系中，拼合组1拼合标本数量最多，有6件，由石核和石片以及工具组成，基本反映了石核剥片以及选择毛坯加工工具的过程。拼合组1拼合标本最大水平距离为72cm，最小水平距离仅1cm，可以说距离非常近，而垂直距离则在0.2~4cm之间，基本在一个水平面上。从拼合标本的类型与距离的关系可以看出，最大水平距离器类为Ⅲ型石片－右裂片，而最小水平距离则为工具－Ⅲ型石片。拼合结果显示，在拼合组1中，石片工具是这6件标本中最早剥下的石片，其最先从石核上剥落，如果在剥片过程中剥片者转移了位置，则该标本应该与石核距离最远，但实际上并非如此，距离最远的是剥片过程中的两件石片。表明这6件标本的距离差异应该是在剥片过程中造成的，而且在剥片时，剥片者甚至没有转移位置，然后又直接选择石片进行了加工。另外5组拼对关系也表现出水平距离不远但有一定距离，而垂直距离则完全在一个水平面上，这些情况基本反映了剥片过程中石片掉落的距离。如第25拼合组中，左裂片和右裂片的水平距离在该组拼合标本中距离最近，反映了剥片的真实情况。总之，从拼对关系的石制品拼合组来看，其反映了人类剥片行为对石制品分布的影响。

拼接关系能够较好地反映石制品埋藏后所发生的事件，即是否有后期埋藏过程的影响。从表四九中可以看出乌兰木伦遗址发现的31个拼合组绝大多数都是2件石制品之间的拼合，达27组，比例达到87%；在这27组中，又有21组是由左、

表四九 不同数量石制品拼合统计

石制品数量	拼合类型	拼合组数	比例%
2件	左裂片＋右裂片	21	68
	近端＋远端	3	10
	石片＋石片	1	3
	石片－石核	1	3
	石核－石核	1	3
3件	石片－石片－石核	1	3
	断块＋近端＋远端	1	3
4件	石片＋近端－左裂片－右裂片	1	3
6件	工具－石片（4件）－石核	1	3
总计		31	100

表五〇　拼接关系分布位置信息统计

（单位：cm）

拼合形式	拼合组	地层	水平距离	平均水平距离	垂直距离	平均垂直距离
左裂片+右裂片	4	③	45	42	1	4
	5	②	15		1	
	9	④	2		0.5	
	12	②	17		1.4	
	13	②	7.6		2	
	14	②	6		3	
	15	②	20		2.7	
	16	②	3		0	
	17	②	2.5		1.3	
	18	②	0.6		0	
	19	②	260		26	
	20	②	1.8		0.8	
	21	②	106		19	
	23	②	15		2.5	
	29	⑥	8			
	30	⑥	11		0	
	27	⑧	124		6	
近端+远端	22	②	41	41	7	7
	31	⑥	12	22	0.3	2

右裂片组成的拼合组，比例达到 78%，占总拼合组数的 68%。可见，大部分拼合标本都是在打击点处纵向破裂的石片。这些左裂片和右裂片的拼合组其分布距离非常的近（表五〇），距离最大者为 260cm，而最小者仅 0.6cm，平均 42cm。这种近距离的破裂关系由两种原因可以造成，一是在剥片过程中断裂，二是在埋藏过程中踩踏断裂。已有实验证明踩踏与石制品的水平分布存在十分密切的关系[1]。不过，如果是后期埋藏踩踏导致的破裂，其破裂方式应该比较随机，而乌兰木伦遗址发现的由 2 件标本组成的拼合组有 80% 是在石片打击点处纵向断裂的高比率。而且，通过对遗址石制品的观察我们发现，石制品边缘几乎没有破损的痕迹，也可见踩踏对乌兰木伦遗址石制品影响较小。因此，这种破裂关系只能是在剥片过程中形成，事实上，石英岩的剥片实验也较好地反映了这一点，这在后文中会有详细叙述。当然，究竟踩踏会对石制品的分布造成多大影响，特别是会形成怎么样的断裂方式，在将来我们还要进行踩踏实验来进行对比。

此外，标本的重量与水平距离能够较好地反映水流的搬运情况[2]。通过对各拼合组的平均重量和平均水平距离进行线性回归分析表明，其相关系数平方为 0.0005（图一七一），可见标本重量与水平分布几乎不存在正相关关系，即这些拼合标本没有显示出轻型标本相距较远而较重的标本则相距较近的情况，说明没有经过水流搬运的影响。

总之，从拼合石制品的水平分布来看，主要是人类行为造成的，而且从拼对关系拼合组的水平分布来看，其反映了当时石器剥片过程的原始位置；而从拼接关系拼合标本的水平分布来看，其反映了遗址快速埋藏的过程，几乎没有受到后期埋藏因素的影响。

相对于乌兰木伦遗址拼合标本的水平分布而言，其纵向分布则没有表现出复杂性。图一六九、图一七〇、表四八和表五〇表明乌兰木伦拼合石制品垂直距离大部分在 10cm 以内，最大者为 36cm，

---

［1］Villa P., Conjoinable pieces and site formation process, *America Antiquity*, 1982, 47:276–290.

［2］尤玉柱：《史前考古埋藏学概论》，文物出版社，1989 年。

而最小者则为 0cm。

有学者通过对砂土状堆积遗址的埋藏学研究和模拟实验研究表明，较重的石制品有穿透沉积物并且埋藏较深的趋势[1]。不过乌兰木伦遗址拼合石制品的垂直位移并没有表现出这样的趋势。图一七二是不同拼合组石制品的平均重量与平均垂直距离的线性回归分析，显示平均重量与平均垂直距离的相关系数平方仅为 0.0007，基本上不具备相关性。

人类和其他动物的踩踏也会对石制品的垂直分布造成影响[2]。不过正如前文所述，人类活动的踩踏在乌兰木伦遗址的可能性并不是很明显，不过这只是在水平分布和石制品破裂情况下而言。因为乌兰木伦遗址的地层为砂状堆积，在踩踏过程中由于砂质较为松软而使得石制品不易破裂，但这更有利于石制品下陷。拼合组中最大垂直分布距离达到 36cm，目前来看最有可能与踩踏有关。我们在未来的工作中，也将进行踩踏实验以进行对比。

综上所述，从乌兰木伦可拼合石制品的水平和垂直分布来看，基本可以肯定乌兰木伦遗址原地埋藏的性质。

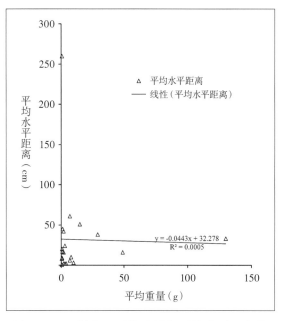

图一七一　拼合组平均重量与平均水平距离的线性回归分析

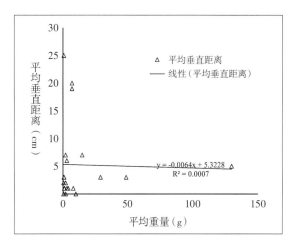

图一七二　拼合组平均重量与平均垂直距离的线性回归分析

四、拼合标本描述

1. 第 1 拼合组

拼 合 标 本 为 11KW ⑥ 584、11KW ⑥ 587、11KW ⑥ 567、11KW ⑥ 558、OKW ⑥ 24-1、11KW ⑥ 568，拼对关系，拼合结果为石核（图一七三）。原料为玫瑰红和灰色结合的石英岩，质地非常细腻。这 6 件标本能清楚地反映其剥片过程，其剥片顺序是 11KW ⑥ 584（锯齿刃器）—11KW ⑥ 587（Ⅱ型石片）—11KW ⑥ 567（Ⅱ型石片）—11KW ⑥ 558（Ⅲ型石片）—OKW ⑥ 24-1（Ⅲ型石片）—11KW ⑥ 568（单台面石核）。

11KW ⑥ 584（图一七三，1），锯齿刃器，毛坯为Ⅱ型石片，最大长、宽、厚分别为46.5、

---

[1] Cahen D., Moeyersons J., Subsurface movements of stone artefacts and their implications for the prehistory of central Africa, *Nature*, 1977, 266:812–815; Hofman J., Vertical movements of artifacts in alluvial and stratified deposits, *Current Anthropology*, 1986, 27:163–171.

[2] Villa P., Conjoinable pieces and site formation process, *America Antiquity*, 1982, 47:276–290; Villa P., Courtin J., The interpretation of stratified sites:a view from undetground, *Journal of Archaeology Sciences,* 1983, 10:267–281.

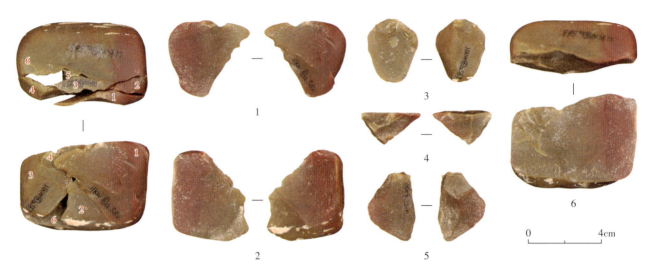

图一七三　第 1 拼合组

1. 11KW ⑥ 584　2. 11KW ⑥ 587　3. 11KW ⑥ 567　4. 11KW ⑥ 558　5. OKW ⑥ 24-1　6. 11KW ⑥ 568

41.5、7.6mm；腹面打击点、放射线、同心波都非常清楚；侧边汇聚，远端羽状；背面有该石核剥下的第 1 个石片阴疤，方向与该石片相同；加工位置为石片的右侧，正向加工，共 3 个修疤，构成了锯齿刃器的刃缘；应该是该石核剥下的第 2 件石片，剥片选择在石核的右侧。

11KW ⑥ 587（图一七三，2），Ⅱ型石片，最大长、宽、厚分别为 50.8、43.6、13mm，刃角110°；台面、石片左侧和底部的石皮连接在一起；腹面打击点、放射线和同心波都很清楚；背面只有1 个剥片阴疤，是该石核剥下的第 3 件石片，打击方向与先前的剥片方向相同。

11KW ⑥ 567（图一七三，3），Ⅱ型石片，最大长、宽、厚分别为 34、27.8、8.6mm，台面角84°；腹面凹陷，打击点、放射线和同心波都很清楚；背面有 1 个较小的石片阴疤；是该石核剥下的第 5 件石片。

11KW ⑥ 558（图一七三，4），Ⅲ型石片，宽型，最大长、宽、厚分别为 38、26.8、9.1mm；台面为非常平整的石皮；腹面打击点、放射线很清楚，侧边呈三角形；背面可见 2 个剥片阴疤，均在拼合石制品中不见；是该石核剥下的第 9 件石片。

OKW ⑥ 24-1（图一七三，5），Ⅲ型石片，最大长、宽、厚分别为 37.3、27.2、9.5mm；台面较小，长、宽分别为 3.7、12.2mm，台面角 108°；腹面平整，打击点、放射线很清楚，远端羽状；背面有 3 个剥片阴疤，方向与该石片相同。

11KW ⑥ 568（图一七三，6），单台面石核，剥片阴面有 3 个剥片阴疤，现有台面角 57°。拼合后的石核已经完整的体现出了石核毛坯的原状，是一个窄长型的长方体，可准确知道其最大长、宽、厚为 68.1、44.1、39.1mm，其剥片面选择在宽型面上，可能是为了获得较宽型的石片。

5 件标本最大水平距离为 72cm，最大垂直距离仅 5cm；最小水平距离仅 0.2cm，最小垂直距离不到 1cm，反映出原地埋藏的特征。

2. 第 2 拼合组

拼合标本为 KBS ② 121、KBS ② 150 和 KBS ② 65，拼对关系，拼合结果为石核（图一七四）。

原料为灰黑色石英岩，质地细腻。3 件标本表面均很新鲜，没有磨蚀和风化痕迹。该拼合组能清楚地反映出石核的剥片过程，其剥片的先后顺序是 KBS ② 121（Ⅲ型石片）—KBS ② 150（Ⅱ型石片）—KBS ② 65（石核）。

KBS ② 121（图一七四，1），Ⅲ型石片，最大长、宽、厚分别为 40.8、37.1、15.6mm，台面为平整的石皮，台面角 108°；腹面打击点、放射线清楚，半锥体有一条非常明显的横向脊，再往下还有一条横向脊，两条脊构成了一个不太封闭的大型锥疤，长、宽分别为 22.4、38.4mm；远端腹向卷；背面有 3 个剥片阴疤，2 个与石片同向，1 个来自左侧。

KBS ② 150（图一七四，2），Ⅱ型石片，最大长、宽、厚分别为 83.4、57.1、30.1mm。石皮和人工混合台面，台面左侧为先前剥片留下的线状脊，台面角 120°。该件石片一直打穿到了石核底部，并在底部留下了长 27.1mm 的石皮。从腹面上看，很明显有 2 次打击，第 1 次打击已经在石核内部形成了一个隐形的半锥体，但是打击者又转移到了右侧并最终打下了该石片，但是第 1 次打击实际上是剥先前的石片即 KBS ② 121 的真正打击，并且 KBS ② 121 的半锥体残留在了 KBS ② 150 的腹面。因此，这 2 件石片标本还可能是同时产生的，即在剥 1 件大石片时，第 1 次打击在石核内部形成隐形半锥体后，又转移到下一个打击点，并成功剥下了石片，但同时也把 KBS ② 121 震裂。

KBS ② 65（图一七四，3），双台面石核，最大长、宽、厚分别为 84.1、57.2、30.5mm。在剥片阴面可见到 2 个剥片阴疤，其中 1 个阴疤产生的石片没有找到，但可知该石片为Ⅲ型石片，其打击方向来自石核的右侧。

3 件标本的埋藏距离不是太远，水平距离最远 96cm，垂直距离最大 8cm，为较早的剥片即 KBS ② 121 与石核之间的距离；而石核与 KBS ② 150 的水平距离仅 30cm，垂直距离仅 2cm。可以推测，这种距离是石核在剥片过程中转移造成的，也可能是在剥片过程中较小的标本容易飞溅而距离较远。

0   4cm

图一七四　第 2 拼合组
1. KBS ② 121　2. KBS ② 150　3. KBS ② 65

总之，该组拼合反映了其埋藏环境为原地埋藏的事实。

3. 第 4 拼合组

拼合标本为 YHYJ1 ③ 53 和 YHYJ1 ③ 30，拼接关系，拼合结果为Ⅵ型石片（图一七五）。原料为白色石英岩，质地较好。分别为左裂片和右裂片。标本表面非常新鲜，没有任何磨蚀和风化的痕迹，特别是石片薄锐边缘都没有任何的破损。

YHYJ1 ③ 53（图一七五，1），左裂片，较小，最大长、宽、厚分别为 14.5、12.5、5.8mm；打击点只保留了一小部分。YHYJ1 ③ 30（图一七五，2），右裂片，较大，最大长、宽、厚分别为 16.7、15.4、6.8mm；较为完整的保存了打击点和放射线，半锥体不明显。拼合后台面为破裂面台面，破裂方向可较为清楚的识别为从右侧向左侧打击。背面只有 1 个与该石片方向相同的阴疤。石片台面角为 80°。值得注意的是，在右裂片腹面的破裂处有 1 个纵向的破损阴疤，从打击点处一直延续到石片底缘，最宽处 3.5mm，导致在拼合处出现一个凹陷。其应该是在剥片时破裂，断裂面较为平整。

2 件标本水平距离为 5.4cm，垂直距离为 1.7cm，距离非常近。

图一七五　第 4 拼合组
1. YHYJ1 ③ 53　2. YHYJ1 ③ 30

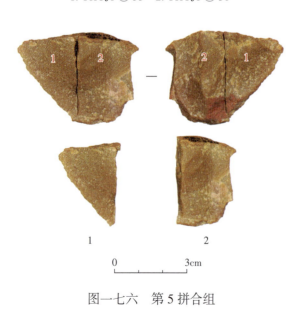

图一七六　第 5 拼合组
1. KBS ② 338　2. KBS ② 340

4. 第 5 拼合组

拼合标本为 KBS ② 338 和 KBS ② 340，拼接关系，拼合结果为Ⅲ型石片（图一七六）。原料为黄色石英岩，颗粒较小，质地细腻。分别为左裂片和右裂片。标本表面新鲜，没有磨蚀和风化迹象，其剥片留下的边缘薄锐锯齿都得以完好保留。

KBS ② 338（图一七六，1），左裂片，相对较小，最大长、宽、厚分别为 33.8、25.3、9.2mm；保留部分打击点和放射线，但没有锥疤。KBS ② 340（图一七六，2），右裂片，较大，最大长、宽、厚分别为 37.1、25、10.7mm；可清楚地看到打击点、放射线和半锥体，锥疤明显，并完整的保存了原石片的远端，为腹向卷。拼合后台面为石皮和破裂面构成的混合台面，但打击点在石皮处，石皮比例 60%。背面为人工背面，表面凹凸不平，可见到 3 个剥片阴疤，方向与该石片相同。在 KBS ② 340 的打击点靠近断裂面处，有 1 个纵向的长型破损阴疤，导致拼合时在半锥体的断裂面处不能完整结合。在断裂面可见到有打击点扩散出去的放射线，且在左裂片的断裂面处表现出石片的特征，即有半锥体和放射线存在，打击点则与石片共用，而右裂片的断裂面则为凹陷阴疤。以上证据均表明，该石片的破裂是在剥片过程中出现的，方向是在打击点处纵向破裂。

2 件标本距离较近，水平距离为 15cm，垂直距离为 10cm。

5. 第 11 拼合组

拼合标本为 OKW ⑤ 25-8 和 OKW ⑤ 26-11（图一七七），拼接关系，拼合结果为 Ⅱ 型石片。原料为灰色石英岩，质地细腻。分别为左裂片和右裂片。标本表面新鲜，没有磨蚀风化现象。

OKW ⑤ 25-8（图一七七，1），左裂片，较大，最大长、宽、厚分别为 29.4、28.9、12.7mm。OKW ⑤ 26-11（图一七七，2），右裂片，相对较小，最大长、宽、厚分别为 28.6、24.5、13.6mm。拼合后台面为全石皮台面，腹面打击点和放射线清楚，半锥体不是很凸出，远端阶梯状。背面凹凸不平，可见到 4 个剥片阴疤。石片在打击点处斜向右断裂，断裂面较为平整，还可见到由打击点斜向背面的放射线。值得说明的是，OKW ⑤ 26-11 台面靠近破裂处有一小块明显的破裂，拼合后导致与 OKW ⑤ 25-8 在台面破裂处有一个缺口。该缺口和断裂面由打击点扩散出的放射线的存在表明该石片的破裂是在剥片过程中破裂的，而不是在后期埋藏过程中因踩踏而破裂。

该拼合组是在 2010 年第 1 次发掘时获得，没有三维坐标，因此不知道其确切的水平距离和垂直距离。但是当时的编号规律是按遗物出土的富集度，即以好几个距离较近的石制品为一组进行编号，在同一组则表明两者距离较近。这 2 件标本不在同一组，表明其有一定距离，但也是相近的两组，因此其距离也不会太远。

图一七七　第 11 拼合组
1. OKW ⑤ 25-8　2. OKW ⑤ 26-11

6. 第 20 拼合组

拼合标本为 11KW ② 1257 和 11KW ② 1258，拼接关系，拼合结果为 Ⅲ 型石片（图一七八）。原料为朱红色石英岩，质地较好。分为左裂片和右裂片。标本表面新鲜，即使石片薄锐的边缘都保存较好，很明显没有经过后期的磨蚀和风化。

11KW ② 1257 为左裂片，11KW ② 1258 为右裂片。拼合后的 Ⅲ 型石片台面为平整的石皮，腹面打击点、放射线和同心波都很清楚；石片背面非常平整，是一个与该石片方向相同的早期剥片阴疤。该 Ⅲ 型石片在打击点处纵向断裂，在 11KW ② 1257 断裂腹面靠近台面打击点处有一个向下的长 12.1、宽 3.4mm 的小破损裂片阴疤，导致与 11KW ② 1258 拼合后在腹面靠近打击点的半锥体处有一个纵向破损而不平整，应该是剥片过程中断裂。

这 2 件标本相距非常近，水平距离仅 2cm，垂直距离仅 1cm。

7. 第 21 拼合组

拼合标本为 KBS ② 330 和 KBS ② 234，拼接关系，拼合结果为 Ⅱ 型石片（图一七九）。原料为

图一七八　第 20 拼合组
1. 11KW ② 1257　2. 11KW ② 1258

灰色石英岩，质地细腻。分为左裂片和右裂片。

KBS ② 330，左裂片，较大，最大长、宽、厚分别为 39.4、37.6、9.1mm（图一七九，1）。KBS ② 234，右裂片，相对较小，最大长、宽、厚分别为 30.4、27.4、9mm（图一七九，2）。拼合后的 II 型石片台面为有一定弧度的石皮，腹面打击点、放射线清楚，在远端还有因石料内部节理形成的凹凸形态；背面凹陷，由 2 个先后剥片阴疤构成，方向与该石片方向相同。背面的较晚剥片阴疤并不是很成功，主要集中在 KBS ② 234 上，由于原料内部结构关系左侧边缘在现纵向断裂线上停止。较晚剥片也造成台面在 KBS ② 234 非常薄，于是引起了下次剥片即剥下拼合后的 II 型石片时，在打击点处沿着原料内部结构纵向断裂。

这 2 件标本的埋藏距离很近，水平距离仅 2cm，垂直距离为 19cm。

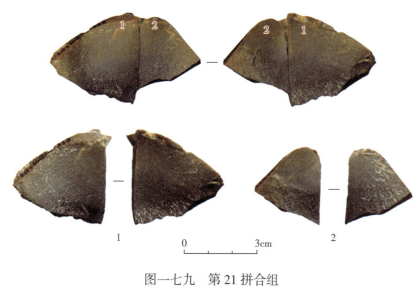

图一七九　第 21 拼合组
1. KBS ② 330　2. KBS ② 234

8. 第 24 拼合组

拼合标本为 KBS ② 49 和 KBS ② 192，拼对关系，拼合结果为Ⅱ型石片（图一八〇）。原料为灰黑色石英岩，质地细腻。2 件标本均表面新鲜，没有后期磨蚀风化的迹象。

KBS ② 192（图一八〇，1），Ⅱ型石片，最大长、宽、厚分别为 62.2、40.2、19.2mm；台面为较为平整的石皮，与右侧石皮相连并一直延续到底缘，台面角 108°；腹面打击点、放射线、同心波均很清楚，远端背向卷。背面除 KBS ② 49 留下的阴疤外，在左侧还有 3 个来自左侧的阴疤。

KBS ② 49（图一八〇，2），Ⅱ型石片，最大长、宽、厚分别为 78.8、31.4、15.2mm；台面是相对较平的石皮，并在右侧一直延续到石片底缘，台面角 112°；腹面打击点、放射线、同心波都很清楚，还可见到 3 个锥疤。该石片左侧几乎与正面的腹面垂直，但不是裂片的断裂面，因为其左侧一直延续到了石片的正面腹面，因此在该石片的腹面上部有一条凸脊，在底部则非常平整。有意思的是在腹面上部凸脊与下部平面交界处有一个三角形的阴疤，应该是该石片的锥疤，因此也可以知道腹面上的凸脊应该是该石片的半锥体。2 件标本拼合后，KBS ② 49 腹面锥疤对应的鼓凸并没有在 KBS ② 192 背面找到，可见在剥片的同时掉落了。

这 2 件标本水平距离 88cm，垂直距离 3cm。这样的距离应该是剥片过程造成的，因为在 2 件标本产生期间还有 3 个石片的剥片过程。

9. 第 25 拼合组

拼合标本为 KBS ② 318、KBS ② 145、KBS ② 153 和 KBS ② 230，拼对关系，拼合结果为Ⅱ型石片（图一八一）。原料为灰色石英岩，质地细腻。4 件标本表面都非常新鲜，没有磨蚀和风化

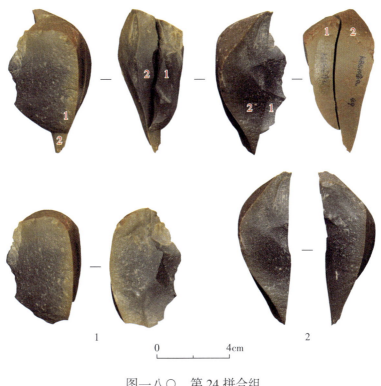

图一八〇　第 24 拼合组
1. KBS ② 192　2. KBS ② 49

图一八一　第 25 拼合组
1. KBS ② 230　2. KBS ② 145　3. KBS ② 153　4. KBS ② 318

迹象。该拼合组能够较好地反映出剥片顺序和破裂原因，剥片顺序是 KBS ② 318（Ⅲ型石片）—
KBS ② 145+KBS ② 153+KBS ② 230（后 3 件拼合为Ⅱ型石片），剥下该Ⅱ型石片时沿打击点纵向断
裂成 3 块。

　　KBS ② 318 是Ⅲ型石片，在腹面可以看到 2 个半锥体。该标本拼合到后 3 件标本拼合成的Ⅱ型
石片背面阴疤上时，并不能完整结合，而后 3 件标本拼合成的Ⅱ型石片的背面阴疤很明显是一个完整
的阴疤，可见在剥下 KBS ② 318 的同时，还有数件废片同时落下。后 3 件标本拼合成的Ⅱ型石片也
是双锥石片，台面有唇；打击点、半锥体都很清楚，锥疤也很明显；远端呈阶梯状。断裂方式是靠近
中部的半锥体整体脱落，右侧的半锥体连同右裂片一起脱落，左裂片则只保留了小部分打击点。3 件
标本拼合后在台面的断裂处有 1 个凹缺，应该是断裂的同时掉落。实际上，如果将 KBS ② 230 单独
拿出来，那它就是一件Ⅲ型石片，但拼合后来观察的话，那它其实是一件有台面、打击点、半锥体的
裂片。

　　这 4 件标本最大水平距离 140cm，最小水平距离 11cm；最大垂直距离 36cm，最小垂直距离仅
1cm。最小水平距离者为 KBS ② 145 和 KBS ② 153，分别为体型相对较大的左、右裂片，可能是因为
太重而掉落距离不远；KBS ② 318 与其他标本相聚较远，因为其是最早剥下的Ⅲ型石片，表明在剥
下该石片后，石核还被带离一定距离才进行下一次剥片，其垂直距离也是最大的。KBS ② 230 与其
他标本的水平距离也比较远，最大为 120cm，应该是在剥片时飞溅所致。总体来说，该拼合组的非完
整石片拼合情况反映了遗址的原地埋藏性质，而总体拼合情况也反映了石核在剥片过程中还有转移地
点的情况。

10. 第 27 拼合组

　　拼合标本为 12KW ⑧ 1508 和 12KW ⑧ 1658，拼接关系，拼合结果为凹缺器（图一八二）。原料

为玫瑰红色石英岩，质地非常细腻。2件标本保存都很好，表面新鲜，没有磨蚀和风化迹象。

12KW⑧1658，最大长、宽、厚分别为23.7、17.3、5.8mm（图一八二，1）；12KW⑧1508，最大长、宽、厚分别为26.2、13.4、6mm（图一八二，2）。该凹缺器的毛坯为V型石片，从残存台面来看，是较为平整的破裂面；腹面打击点、半锥体、锥疤、放射线都很清楚，远端台阶状；背面凹陷，是1个从右侧打过来的阴疤。利用该V型石片修理的凹缺器，修理位置为台面后缘，修理方向为从台面向背面，可见到2个修理阴疤。较早的修理疤较大，长、宽分别为7.2、15.5mm；较晚的修疤较小，也是一次不成功而导致标本断裂的修理。2次修理都选择在石片原打击点处。

这2件拼合标本的水平距离为120cm，垂直距离为6cm，均不是太远，是原地埋藏的最好反映。

图一八二　第27拼合组
1. 12KW⑧1658　2. 12KW⑧1508

11. 第28拼合组

拼合标本为OKW⑤9-1和OKW⑤9-3，拼对关系，拼合结果为石片石核（图一八三）。原料为黄色石英岩，颗粒较粗。均为石核。2件标本表面均非常新鲜，没有任何磨蚀风化。

OKW⑤9-3，较大，最大长、宽、厚分别为62.7、56.4、27.3mm（图一八三，1）；OKW⑤9-1，相对较小，最大长、宽、厚分别为61.6、33.7、22.8mm（图一八三，2）。拼合后石核的毛坯石片基本完整，可知为I型石片，台面被打破，腹面较平整，可见到同心波，打击点、放射线也不是很清楚；腹面有5个剥片阴疤，主要分布在石片左侧，剥片顺序为从石片底缘顺时针一直到台面处，最大剥片阴疤长、宽分别为29.5、27.7mm。该石片毛坯在遗址的石片组合中尺寸相对较大，并不是乌兰木伦古人类需要的毛坯，石片边缘角度较小，有利于进一步剥片，在该石片上进行剥片是为了获得相对尺寸较小的石片。其破裂原因是在进行最后一次剥片时没有成功而导致横向断裂，在较大标本的断裂面可以清楚地见到打击点和放射线。

图一八三　第28拼合组
1. OKW⑤9-3　2. OKW⑤9-1

该拼合组是在 2010 年第 1 次发掘时获得，由于当时没有测量遗物出土的三维坐标，因此不知道其确切的水平距离和垂直距离。但是当时的编号规律是按遗物出土的富集度即以几个距离较近的石制品为一组进行编号，在同一组则表明两者距离较近。

五、小结

乌兰木伦遗址拼合石制品研究结果可以归纳如下。

1. 拼合结果

在 4280 件石制品中共发现拼合组 31 个，包含石制品 70 件，拼合率为 1.6%。

2. 拼合类型

拼合石制品可以分为拼接关系和拼对关系两种类型。这两种拼合关系具有不同的含义。拼对关系主要反映标本埋藏前的过程，而拼接关系则主要反映标本埋藏后的过程，也因此拼接关系对于遗址埋藏学的研究更具指示意义。乌兰木伦遗址可拼合标本拼接关系类型占 81%，因此相对来说能够较好的揭示遗址的埋藏成因。

3. 空间分布

从可拼合石制品的水平分布和垂直分布以及拼合类型等方面来看，都指示乌兰木伦遗址原地埋藏的性质。目前石制品的分布状况主要是人类行为造成的。在剥片和工具加工过程中，标本遗落到地表后被堆积物迅速埋藏。也因此，乌兰木伦遗址保留了古人类活动最原始的信息。

4. 埋藏成因

拼合标本断裂面的状态也更多地指示这些标本是在剥片过程中断裂的，而不是后期埋藏因素如踩踏造成的。

5. 石制品打制技术

由于乌兰木伦遗址目前发现的拼合石制品不是很多，且以拼接关系为主，因此难以对石制品打制技术进行深入探讨。不过，从石制品拼合的角度，我们还是可以梳理出以下几点石制品打制技术特征：

（1）剥片技术特征

1）台面：选择相对较平的自然面为台面直接剥片，而不对台面进行修理。在剥片过程中，没有台面转移的现象。如拼对关系中的第 1、2 拼合组的拼合结果均为单自然台面石核。

2）剥片面：没有选择石核较长平面作为剥片面，可能暗示剥片者并不追求得到长型石片。

3）剥片方法：只有硬锤锤击法。

4）孔贝瓦技术：第 28 拼合组的拼合结果是一件以石片为毛坯的石核，且剥片面选择在石片的腹面，因此属于孔贝瓦技术。从剥片结果来看，在石片一周均有剥片。其中只有 1 个剥片是从原石片台面打下，即只产生了 1 件两面均有打击泡的石片。这意味着，广义上的孔贝瓦技术产生的剥片产品并不是都能识别出来。

5）剥片产品特征：大量拼接关系拼合组表明，石英岩硬锤锤击剥片产生的裂片以左、右裂片为主；每次打击并不只会产生 1 件石片，有时候会产生 2 件甚至更多的剥片产品。如第 25 拼合组，一共有 4 件拼合标本,可能是 1 次打击形成的。

（2）工具加工技术特征

目前只在第 1 拼合组有 1 件工具,类型为锯齿刃器。以长、宽等比石片为毛坯,加工部位选择在相对较薄的平直边。加工程度不高。

需要说明的是,由于拼合石制品数量有限,其仅仅反映了乌兰木伦遗址石核剥片技术与序列的一部分特点。目前可见的拼合标本体现了遗址石核剥片的单台面石核剥片和孔贝瓦石核剥片两个序列。

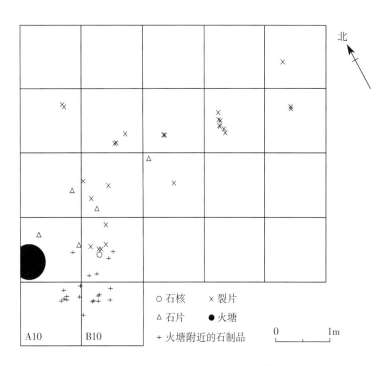

图一八四　第②层出土拼合石制品与火塘位置

6. 遗址功能分区

以发现拼合组较多的第②层为例。拼合石制品主要分布在遗址发掘区的西部,较为集中。值得注意的是,在拼合石制品垂直分布距离约 30cm 的范围内,探方 A11 西壁上目前还可见到一个火塘遗迹的剖面。该火塘于 2011 年发掘时发现,其高度在拼合石制品的垂直分布范围内。同时,在火塘的清理过程中,还对火塘附近含炭屑堆积中的石制品进行了单独编号。

图一八四中的火塘即现在推测的火塘中心位置。含炭屑堆积及其出土的石制品主要分布在火塘的东南部。拼合石制品则分布在火塘的东北部,特别是石核和石片等拼合标本较为靠近火塘。石制品相对于火塘的分布位置,基本上可以确认古人类围绕火塘打制石器的一个状态。这可能代表了遗址的空间功能分区,即围绕该火塘是古人类打制石器的一个功能区。当然,这只是根据仅有材料进行的推测,还有待进一步的工作进行更为深入的研究。

第一二节　石器微痕分析

为进一步了解乌兰木伦遗址出土石器的功能与用途,推测该遗址人群的行为方式,进而管窥晚更新世生活在鄂尔多斯地区的古代人群的生计模式,对乌兰木伦遗址第 1 地点部分石器进行了微痕分析。该课题主要由浙江大学陈虹博士完成,主要进行了两个方面的工作:一是针对乌兰木伦遗址石制品原料的种类与属性,开展石英岩质打制石器的微痕实验,希望通过模拟实验的方法,观察石英岩石器在使用后产生的微痕特征,总结规律,建立可参考的资料数据库,并与考古标本的观察进行对比,以便更准确地判断考古标本的使用情况;二是对遗址发掘出土考古标本进行微痕观察和分析,为推测乌兰木伦石制品的功能和人类行为提供证据。

乌兰木伦遗址出土的标本原料主要为石英岩,质地较为粗糙。本次微痕分析选择相对石英岩较为适用的低倍法，使用 Olympus AZX16 体式显微镜（放大倍数为 8.75X–143.75X）。采用"功能单位 Functional Unit（FU）"来统计微痕的数量，包括使用以及执握、装柄所产生的痕迹。

一、石英岩质打制石器的微痕实验研究

（一）研究背景

中国最早进行的微痕实验开展于 20 世纪 80 年代，侯亚梅、黄蕴平、夏竞峰、王幼平、李卫东、顾玉才等学者对以燧石为主的各类石质工具如雕刻器、尖状器、刮削器、石钻等进行模拟制作和使用，并对使用痕迹进行显微观察和记录。2004 年，IVPP 微痕分析培训研讨班开展了 5 组燧石质打制石器的微痕实验，积累了对不同加工对象、不同运动方式及其微痕规律的基本认识。2009 年，张晓凌在其博士论文中公布了有关燧石质刮削器、尖状器使用与踩踏的微痕实验[1]。方启的《吉林省东部地区黑曜岩石器微痕研究》是中国第一部系统进行石器微痕实验的博士论文，他以微痕数据为基准初步建立起一套有关黑曜岩石器类型与功能的判定标准，为此类石器的微痕分析提供了参考标尺[2]。2013 年，陈虹开展的多阶段燧石制品"刮骨"微痕实验，增进了对使用微痕之形成和发展的动态过程的了解[3]。

国内外开展的微痕实验和研究大多针对黑曜岩与燧石，对于石英岩打制石器的微痕研究则相对较少。关于石英岩的岩相学、剥片机制和热处理等特点的研究目前还不多。欧洲学者的文章中零星可见有关石英岩石器的微痕观察记录。相较于黑曜岩与燧石，石英岩均质性差，颗粒、裂隙多，具有较强的透光性，在开展微痕分析上具有一定的难度，因而目前国内外尚未开展针对石英岩石器的系统微痕实验。但石英岩是史前人类最常使用的原料之一，对于中国的旧石器遗址而言，石英岩打制石器占据了主要与重要地位。乌兰木伦遗址出土石制品基本以石英岩为原料，少见黑曜岩与燧石等。而不同石料之间的微痕实验数据具有一定的差异性，缺乏石英岩打制石器微痕实验数据，将限制对以石英岩为主要原料的遗址开展石器功能分析，同时也影响遗址分析的深入开展。

为了更好地对乌兰木伦遗址石制品进行功能研究，同时为日后的石英岩微痕分析工作打好基础，特开展了几组石英岩质打制石器的微痕实验。原料是来自乌兰木伦遗址第 10 地点的石英岩，颜色有黑色、白色、黄褐色和红褐色，质地较好。所选的 53 件石制品是 2012 年石器打制实验的部分产品，均为未经二次修理的初级石片，针对不同的加工对象进行分组实验。第一组是动物性物质加工实验，包括骨质加工 15 件，鲜肉加工 6 件，冻肉加工 7 件，筋类加工 2 件，以及皮类加工 8 件。第二组是木质加工实验，木质加工 15 件，其中 9 件进行装柄实验，用来观察装柄微痕。每组实验中还特意选取几件石制品进行分阶段实验，以期了解石英岩石器在不同的使用阶段产生微痕的差异及其发育情况。

---

[1]张晓凌：《石器功能与人类适应行为：虎头梁遗址石制品微痕分析》，中国科学院古脊椎动物与古人类研究所博士学位论文，2009 年。

[2]方启：《吉林省东部地区黑曜岩石器微痕研究》，吉林大学博士学位论文，2009 年 12 月。

[3]陈虹、张晓凌、沈辰：《石制品使用微痕多阶段成形轨迹的实验研究》，《人类学学报》2013 年第 1 期。

（二）动物性物质加工实验

从乌兰木伦遗址中发现的带有明显切割痕迹的动物骨化石碎片以及烧骨和用火遗迹，推测处理肉类可能是乌兰木伦遗址第 1 地点的主要任务之一。第一组实验针对动物性物质展开。加工对象根据硬度分为两类，第一类是中、硬性动物物质，包括鲜骨与冻肉；第二类是软性动物物质，主要是鲜肉。所有材料均买自市场。

1. 中、硬性动物物质微痕实验

选择 15 件标本进行骨质加工实验，对象包括新鲜的牛骨和羊骨。运动方式分为切、刮、钻、砍砸 4 种，其中 3 件用于切，其余动作各 4 件。用于钻的标本中有 2 件分阶段操作实验，其余每种运动方式仅设计 1 件分阶段实验。最后对实验效果与微痕特征描述进行了总结（表五一）。

考虑到乌兰木伦遗址地处内蒙古高原，一年中冬季时间较长，特设计 7 件标本用于冻肉加工实验。分为切和钻 2 种运动方式，其中切 3 件、钻 4 件，每种运动方式均设计 1 件标本分阶段实验。同样，也对实验效果与微痕特征进行了描述（表五二）。

表五一　骨质实验效果和微痕特征

	实验效果	微痕特征
切	700 次 /9 分，刃缘崩落严重，较费劲，效率一般	多羽状及阶梯状大片疤，片疤嵌套，层叠破裂，40X 下小片疤有多向性，有一面痕迹较明显
刮	1000 次 /9 分，崩落明显，前期效率尚可，可刮下大量骨粉	接触面分散分布羽状中、大片疤，非接触面连续分布小、中片疤。有个别片疤嵌套，中至重度磨圆
钻	600 次 /6 分，已接近失效，有崩落片疤，刃角明显变钝。执握较为困难，效率较低	多连续羽状中、大片疤，片疤嵌套，重度磨圆。有粉碎状晶体
砍砸	500 次 /12 分，失去效力，片疤崩落严重，砍砸效果一般，震手现象明显	多羽状及阶梯状中、大片疤，片疤嵌套和磨圆明显

表五二　冻肉实验效果和微痕特征

	实验效果	微痕特征
切	500 次 / 分左右变钝，效率较高	连续分布羽状小、中片疤，中度磨圆
钻	1200 次 /18 分，效率很高，越硬的部位钻的越顺利	羽状小、中、大片疤皆可见，重度磨圆

2. 软性动物物质微痕实验

用于鲜肉加工的标本为 6 件，分为切和剔 2 种运动方式，其中切 2 件，剔 4 件。最后详细记录了实验效果与微痕特征（表五三）。

用于鲜皮加工的标本为 8 件，分为刮和切 2 种运动方式，各 4 件。同样详细记录了其实验效果与微痕特征（表五四）。

表五三　鲜肉实验效果和微痕特征

	实验效果	微痕特征
切	2000 次 /18 分，效率很高	有极零星小片疤
剔	500 次 /9 分，效率较高	连续分布羽状小、大片疤

表五四　鲜皮实验效果和微痕特征

	实验效果	微痕特征
刮	1500 次 /15 分，效率很高	非接触面有连续分布的羽状小、中片疤，接触面有分散分布的羽状小片疤，中度磨圆
切	1500 次 /15 分，效率很高	分散分布的羽状小片疤

（三）植物性物质加工实验

为了解并确认木质加工和装柄的行为，考察石英岩石制品上木质加工与装柄微痕的特征与规律，以及手握工具与装柄工具在使用效率上的区别，特地设计了一组相互对照的木质加工实验和装柄实验。木质材料是乌兰木伦遗址附近采来的新鲜杨木枝和捡拾的干柳树枝。

1. 木质加工实验

木质加工标本为 6 件，分为钻、刮和砍砸 3 种运动方式，每种方式各 2 件（表五五）。

2. 装柄微痕实验

复合工具的发明是史前时期人类制作技术的一次革命，装柄工具是复合工具的重要形式。在制作装柄工具的过程中，离不开对木质材料或骨质材料的利用。此次装柄微痕实验共设计 9 件标本，其中 3 件只装柄不使用，用于观察捆绑过程中产生的装柄微痕；其余 6 件用于加工木质材料，具体分为刮、钻、锯等动作（表五六）。

3 件装柄不使用的石器，产生的捆绑微痕不明显，仅见零星分散分布的小凹缺和不明显的磨圆。

表五五　木质实验效果和微痕特征

	实验效果	微痕特征
钻	700 次 /15 分，效率较高，但执握时感觉疲惫	连续分布的羽状小、中片疤，重度磨圆
刮	5000 次 /15 分，效率较低	有明显的翻越状片疤，侧面呈半月形，连续分布羽状小片疤，中度磨圆
砍砸	1100 次 /15 分，效率尚可，有震手感	连续分布羽状、阶梯状小、中片疤，有翻越状片疤

表五六　捆绑实验效果和微痕特征

	实验效果	微痕特征
刮	2 件倚靠式、1 件嵌入式装柄，2000 次 / 分，有 1 件很快失去效率，另 2 件效率一般	连续分布羽状小、中片疤，偶见大片疤，片疤有嵌套现象，有翻越状片疤。装柄处可见翻越刃脊的片疤痕或疑似压痕，偶见不规则分布羽状小片疤，轻度磨圆
钻	嵌入式装柄，2000 次 /15 分，双手搓木杆，来回对树干做旋转运动，效率较高，钻孔形状规则，较少感到疲惫	连续分布羽状小片疤，有翻越状片疤，中度磨圆
锯	嵌入式装柄，2000 次 /10 分，手握木杆，与树干来回垂直运动，效率较低，石片持续崩裂，不适合继续进行	

（四）结果与认识

在加工骨质、冻肉这类中、硬性物质的标本上，能看到明显微痕，且有一定的规律可循。但在加工鲜肉这类软性物质的实验中，微痕不甚明显。在木质加工标本上发现的微痕痕迹较为明显，典型的翻越状片疤广泛出现，表明以往关于燧石或黑曜岩的木质加工微痕经验也适用于石英岩，同时也为考古标本中发现的装柄微痕提供了佐证。装柄微痕在经过使用的标本上更加明显，在未经使用的标本上则不太明显，可能和石英岩的颗粒较大、耐磨性较好有关系。在石英岩标本上确认装柄微痕相对于燧石或黑曜岩较为困难，因此，在下一步的工作中需要加大捆绑力度，继续开展装柄实验，以收集更多的参考数据。

几组模拟实验表明，与传统认为的优质原料燧石和黑曜岩相比，石英岩的有效性和耐磨性毫不逊色，这大大出乎我们的意料。尤其是加工软性动物材料的石英岩标本，即使经过高强度使用（2000次以上），刃缘上形成的微痕也不是很明显，偶见的几个中型片疤，也是因接触砧板所至。过去普遍认为石英岩是劣质原料，石英岩不经二次加工就直接使用是技术落后的表现，这些观点应重新斟酌与考量。由于石英岩的岩性特质，石片刃缘即具有较好的效能与效力，可以直接用于某些任务。这同时带给我们启发：许多经过使用的石英岩标本可能很难辨别出确切的微痕，经微痕分析确认的微痕比例和使用情况，可能远远小于遗址实际的工具使用比例；具有合适刃缘形状的石器，都有被使用的可能。因此，在今后的微痕观察和遗址功能分析中，应考虑到这种可能性，可结合残留物分析等其他科技手段，对石器进行更深入而准确的分析。

对比同一动作的手握工具和装柄工具，发现装柄工具更省力、更高效，具体的物理原理有待进一步分析。就此次实验而言，经过装柄的石锥可以大大减轻操作者手臂的负担。在完成"刮"和"切"等动作时，效率也略有提高。今后将开展更多实验，探索更多可能的、合适的操作方式，以更好地对史前人类行为进行模拟与分析。

二、乌兰木伦遗址石器的微痕分析

（一）观察结果

乌兰木伦遗址的微痕分析标本主要选择了2010年第1次试掘获得的石制品，共计283件，占该年试掘石制品总数的21%，类型有石片、锯齿刃器、尖状器（石锥等）、刮削器、鸟喙状器、琢背石刀、凹缺器等。共在134件标本上观察到了微痕，占观察样本的47%。其中，有17件标本观察到2处以上的微痕，共计154处功能单位。在6件标本上同时发现使用微痕和装柄微痕。使用率达到50%及以上的类型依次为石镞、尖状器（石锥等）、琢背石刀和石片（表五七）。

目前从发现微痕的134件标本上共识别出8种较为明确的使用方式，分别为切（锯）、剔（片）、刮、穿刺、钻、装柄（捆绑）、刻和执握等。其中，切和锯的区别在于前者为单向运动，后者为双向运动；切和剔的区别在于前者是垂直运动，后者是斜向运动；装柄则包括手柄和捆绑与石器的接触。在这8种使用方式中，切（锯）的频率最高，其次是剔（片）和刮，再次为装柄、钻、穿刺和执握（图

表五七　观察标本的微痕结果统计

类型	观察标本（件）	有微痕的标本（件）	比例（%）
琢背石刀	19	11	58
尖状器（石锥等）	44	28	64
凹缺器	38	10	26
石片	42	24	57
锯齿刃器	92	38	41
刮削器	26	12	46
鸟喙状器	6	2	33
石镞	6	5	83
其他	10	5	38

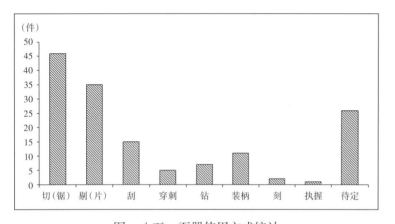

图一八五　石器使用方式统计

一八五）。

根据材料的硬度，一般将加工对象分为软性植物类（草、根茎等）、软性动物类（肉、新鲜皮革等）、中软性物质（鲜木、鱼鳞）、中硬性物质（干木、冻肉）、硬性动物类（骨、干皮革）和特硬性动物类（干骨、角等）、硬性无机物（岩石）等。根据观察标本的微痕特征，主要是动物性物质，硬度略有差异，包括肉、皮、骨等。结合使用方式和加工对象，不少微痕显示出同时触碰肉和骨的可能性，推测处理动物肉类是乌兰木伦遗址古人类的主要任务之一，特别是剥皮和从骨头上剔肉的2种动作。此外，还发现有3件可能是加工鲜木的标本，可观察到"翻越式"微痕。

（二）标本举例

OKW③24-3（彩版七六，1），石锥，形态近梯形，最大长、宽、厚分别为38.1、36.7、23mm。在修理边发现使用微痕，在底部及其两侧发现装柄微痕，共计4处FU。修理刃的背面分布丛簇状小片疤，多为羽状终端，偶见卷边状。边缘较平滑，片疤分布受修理刃形状所限。腹面边缘呈不规则小锯齿状，片疤无方向。刃脊中度磨圆。标本底部右侧背面零星分布小缺口，为月牙状；腹面零星分布小片疤，由背面向腹面破裂。底部左侧背面零星分布月牙状小片疤，由腹面向背面破裂；腹面间隔式分布月牙状小缺口。底缘背面轻度磨圆，偶见压痕。

OKW④22-1（彩版七六，2），直凸刃锯齿刃器，最大长、宽、厚分别为50.2、44.6、15.8mm。共计发现3处FU。修理刃背面边缘近连续分布中、小片疤，小片疤为多，羽状，由腹面向背面破裂。腹面边缘有近连续分布的小缺口，边缘较平滑。刃脊凸起部分为中度磨圆，偶见散漫光泽，凹缺处轻度磨圆，个别位置严重磨圆，呈垂直线形擦痕，疑为反复刮擦骨头所致。底部右侧边缘零星分布有小缺口，刃脊轻度磨圆。尖底轻微磨损，棱脊有疑似光泽。

OKW⑦5-4（彩版七七，1），石片，技术长、宽、厚分别为26.5、34.3、9.8mm，使用刃背面边缘连续分布大、中型片疤，偶见方向，片疤间偶有间断。腹面情况同背面，PC3处有一个翻越状片疤。刃脊有严重磨圆，轮廓呈"S"形。

OKW-C5（彩版七七，2），琢背石刀，左侧使用刃长 19.6mm，右侧使用刃长 14.6mm。最大长、宽、厚分别为 46.8、28.4、12.5mm。尖部及左右侧刃均发现使用微痕，共计 3 处 FU。尖部破损，背面有零星极小片疤。左侧刃背面不连续分布有中片疤，个别小片疤位于中片疤内边缘处，使中片疤的凹缺剖面呈折断状，靠近尖部连续分布有小片疤，羽状为多，还有卷边状。左侧刃腹面，中度磨圆，连续分布有极小片疤，有方向。右侧刃背面，连续分布有小片疤，磨圆轻到中度，偶尔有中片疤，也有方向。刃脊中度磨圆，有几处片疤呈粉碎状。

OKW ⑦ 7-32（彩版七八，1），石片，自然台面，左侧使用刃长 3.4mm。最大长、宽、厚分别为 26.4、15.5、5.6mm。尖部和底部发现有微痕，共计 3 处 FU。尖部磨损，顶端变钝，中度磨圆，有 3 个片疤，1 个为阶梯状。尖部腹面似有小片疤，但由于粘有胶水，不能确定。尖部左侧刃连续分布中片疤，呈大锯齿状，大锯齿内有小片疤剥离。底部左侧刃，轻度磨圆，有羽状小片疤，由背面剥向腹面，疑似捆绑痕迹。底部右侧刃，边缘呈小锯齿状，间隔分布小片疤，方向不明，疑似装柄、压痕。

三、初步认识

乌兰木伦遗址石制品微痕分析结果表明，不少石器是经过使用的，个别标本还经过装柄。使用方式以切（锯）和剔（片）为主，加工对象以动物性物质为主。这与遗址中发现的大量动物化石碎片并且在解剖学部位残留有明显的石器切割痕迹相互印证。这也表明，处理肉类应该是乌兰木伦古人类的主要任务之一，特别是剥皮和从骨头上剔肉这 2 种动作。此外，还发现有加工新鲜木头的微痕，但由于样本量少，目前还难以了解此类工作任务。

微痕分析还有一个重要的发现是装柄痕迹。通过装柄形成复合工具，是一种技术创新，常见于旧石器时代晚期，通常被认为是现代人的重要特征。乌兰木伦遗址装柄微痕的发现，为我国旧石器时代中期是否出现了复合工具提供了重要的材料。

第六章　动物化石

至 2013 年，乌兰木伦遗址共出土含筛洗的动物化石 15674 件（表五八），其中包括具有人工痕迹如切割痕的碎骨、烧骨和骨片以及骨制工具。经中国科学院古脊椎动物与古人类研究所董为研究员鉴定，有大哺乳、小哺乳、鸟类和软体类动物[1]。因为乌兰木伦遗址第①～⑧层年代为距今 6.5 万～5 万年，这意味着遗址底部到顶部的年代差异仅为 1.5 万年，这个差别在地质时代上来讲是可以忽略不计的，因此在描述乌兰木伦遗址动物化石时直接当成一个动物群。

表五八　乌兰木伦遗址出土动物化石

类别		②	③	④	⑤	⑥	⑦	⑧	合计
大哺乳动物化石	骨	7128	265	172	112	52	1479	1202	10410
	牙	296	80	95	66	141	268	625	1571
小哺乳动物化石		305	121	263	82	690	1468	764	3693
合计		7729	466	530	260	883	3215	2591	15674

第一节　哺乳动物化石

一、系统记述

（一）哺乳动物纲　Mammalia Linnaeus，1758

1. 奇蹄目　Perissodactyla Owen，1848

犀总科　Rhinocerotoidea Gill，1872

犀科　Rhinocerotidae Owen，1845

角犀亚科　Dicerorhininae Simpson，1945

腔齿犀属　*Coelodonta* Bronn，1831

［1］Dong W., Hou Y. M., Yang Z. M., et al., Late Pleistocene mammalian fauna from Wulanmulun Paleolithic Site, Nei Mongol, China, *Quaternary International*, 2014, 347:139–147.

披毛犀 *Coelodonta antiquitatis*（Bumenbach，1807）

（1）标本

OKW ⑧ G5-1（图一八六，1），包含 p3-m4 的左下颌骨碎片；OKW10GC241（图一八六，2），一个近乎完整的左下颌骨，以及原地埋藏的一具近乎完整的骨架（图一八六，3），此外还有一些骨骼碎片。

（2）描述

在下颌骨碎片上有保存较好的下臼齿（OKW ⑧ G5-1）。它们具有典型的披毛犀特征，其颊面相对梅氏犀没那么厚，颊软骨釉质是波状的。乌兰木伦遗址的臼齿与其他地点发现的臼齿测量比较见表五九。可知，乌兰木伦遗址披毛犀臼齿的测量值与小孤山、阎家岗、萨拉乌苏比较接近，同时也落在了欧洲和西伯利亚的测量值之间。下颌骨（OKW ⑧ G5-1）在 m2 和 m3 处的厚度分别为 58.9mm 和 58.1mm。OKW10GC241 下颌骨则相对要大和强壮一些。

1

2

1. $\underset{\text{0}}{\rule{0pt}{0pt}}$ 5cm 2. $\underset{\text{0}}{\rule{0pt}{0pt}}$ 10cm

图一八六 披毛犀化石

1. OKW ⑧ G5-1 2. OKW10GC241 3. 一具部分揭露的较为完整的披毛犀骨架

表五九　乌兰木伦遗址披毛犀臼齿与其他地点标本比较

（单位：mm）

	OKW ⑧ G5-1	小孤山	阎家岗	萨拉乌苏	欧洲和西伯利亚
p4 L	40.4	42.3		38	35~48.5
p4 W	32.9	25		29	22~31.5
m1 L	36.3			45	38~56
m1 W	32.7			26	23~33
m2 L	50.9	50.7	50.7	52	42.5~58.5
m2 W	37.4	34.3	30	27	24~38.5
m3 L	56.4			56	47~62
m3 W	33.2				28~37
m1~3 L	140.8			147	123.5~181

马科　Equidae Gray，1821

马属　*Equus* Linnaeus，1758

普氏野马（相似种）　*Equus przewalskii* Poliakof，1881

（1）标本

OKWG80-1（图一八七，1），一颗上臼齿，M1 或 M2；OKW ⑤ G21-1（图一八七，2），一个包含前臼齿 P2-P4 的右上颌骨；OKW ⑥ G5-3（图一八七，3），一颗左下第二臼齿 p2；OKW ⑥ G24-2

图一八七　马牙化石

1. OKWG80-1　2. OKW ⑤ G21-1　3. OKW ⑥ G5-3　4. OKW ⑥ G24-2　5. OKW ⑥ G24-1

（图一八七，4），一颗右下中臼齿；OKW ⑥ G24-1（图一八七，5），一颗右下第二前臼齿 p2。

（2）描述

上前臼齿属于中等大小，P2-P4齿尖由小变大。马的原小尖和次附尖在上白齿比较发达，牙齿原脊在上前臼齿比较发达而在后臼齿则不明显或者不见，近中和末端的小窝不是很多。这些特征具有明显的普氏野马的特点。乌兰木伦遗址上前臼齿的尺寸与楼房子和萨拉乌苏以及现存的马类标本比较接近（表六○）。下第二前臼齿俯视近似三角形，其下前尖发达并且俯视近似半圆形，下原尖相对较小，同时颊面轻微向外凸出，下次尖相对较长较大，同时颊面微凹，齿褶皱发达；下后尖和下后附尖尺寸几乎相等，并且俯视近似三角形。乌兰木伦下第二前臼齿的尺寸要比楼房子、阎家岗以及现生标本大。

表六○　乌兰木伦遗址普氏野马臼齿与其他地点标本比较

（单位：mm）

	乌兰木伦	萨拉乌苏	楼房子	现生
P2 L	40.5	37；40	35.9	40~43
P2 W	21.8	25；23	23.2	26.5~31.5
P2 prL	10.1		7.7	.
P3 L	30	29；29	28.7	30~33
P3 W	24.6	29；30	26.9	29.5~32.5
P3 prL	11		12.5	
P4 L	32.8	27；28	28.7	28.5~31
P4 W	24.6	29；30	25.8	29.5~33
P4 prL	14		12.8	
P2-4 L	102.6			100~107.5
阎家岗				
p2 L	37.8；38.2	30.8；31.4	30~33.8	33.5~35
p4 W	18；18.5	12.4；12.1	13.1~15.4	16.5~19.5

2. 偶蹄目　Artiodactyla Owen，1848

胼足亚目　Tylopoda Illiger，1811

骆驼科　Camelidae Gray，1821

驼亚科　Camelinae Gray，1821

骆驼族　Camelini Gray，1821

骆驼属　*Camelus* Linnaeus，1758

诺氏驼　*Camelus* cf. *Camelus knoblochi* Nehring，1901

（1）标本

OKW ⑥ G6-1（图一八八，1），一块含臼齿 M2-M3 的右上颌骨。

（2）描述

上臼齿是典型的月牙形和高齿冠。上第二臼齿 M2 破碎，舌面原尖缺失。基于牙齿保存较好部分，第二臼齿 M2 与第三臼齿 M3 几乎一样，都有四个月牙形的主要齿尖，伴随的齿根、后次尖、后小尖、内附尖等都缺失了。乌兰木伦遗址的诺氏驼标本与 Titov[1] 描述的标本尺寸十分接近（表六一）。

---

［1］Titov V.V., Habitat conditions for Camelus knoblochi and factors in its extinction, *Quaternary International*, 2008, 179:120–125.

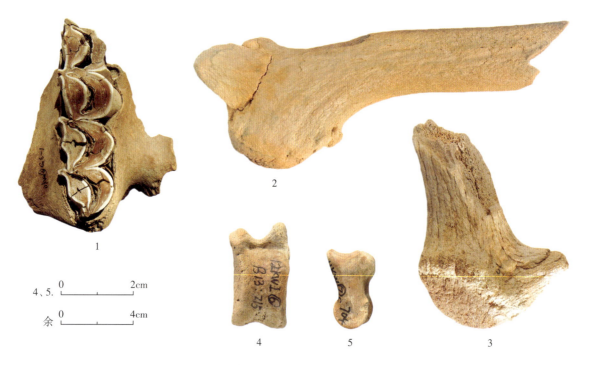

图一八八　诺氏驼、河套大角鹿、瞪羚化石

1. 诺氏驼（OKW ⑥ G6-1）　2、3. 河套大角鹿（11KW ⑥ 547、OKWGC128）　4、5. 瞪羚（12KW ⑥ 215、11KW ⑦ C704）

表六一　乌兰木伦遗址诺氏驼与俄罗斯地区标本比较

（单位：mm）

地点	乌兰木伦	Luchka	Rzadorskaya	Sengiley
标本	OKW ⑥ G6-1	8678	ROMK	7/2932
M2 L	55.4	51	42；41.6	54.3；53
M2 W	34.4	38	36.6；37.9	37.3；35.3
M3 L	57	59	52；52.7	61.4；61.3
M3 W	35.1	35	36.1；36.8	35；25

3. 反刍亚目　Ruminantia Scopoli，1777

　　鹿科　Cervidae Gray，1821

　　　真鹿亚科　Cervinae Baird，1857

　　　　大角鹿属　*Megaloceros* Brookes，1828

　　　　中华大角鹿属　*Sinomegaceros* Dietrich，1933

　　　　　河套大角鹿　*Megaloceros (S.) ordosianus* (Young)，1932

（1）标本

11KW ⑥ 547、OKWGC128（图一八八，2、3），两个角，残。

（2）描述

两个角都是残断的。眉枝位置较低并且与角环非常靠近，眉枝与主枝之间的角度非常大，角的表面有一些长条形的裂纹。虽然眉枝和主枝都断裂了，但可以看出主枝和眉枝分叉呈手掌状。标本OKWGC128，角最大横截面直径 45.6mm，角环最小和最大直径分别为 52.6mm 和 53.8mm，主枝底座最小和最大直径为 27.4mm 和 37mm。

  牛科　Bovidae Gray，1821
    羚羊亚科　Antilopinae Baird，1857
      羚羊属　*Gazella* Blainville，1816
        瞪羚　*Gazella* sp.

（1）标本

12KW ⑥ 215（图一八八，4），一个距骨；11KW ⑦ C704（图一八八，5），一个中间指骨。

（2）描述

12KW ⑥ 215 上两个滑车都得以完整保存，它们分别是胫骨和骰舟。连接胫骨的凹槽要比连接骰舟的凹槽深，这两个凹槽分开了距骨的两个唇面。滑车侧面的唇比中部要发达，形成一个侧面的喙和一个非对称的胫骨凹槽。骰舟的凹槽和唇相对没那么发达，并且近似对称。距骨最大横截面直径为 16.88mm，侧面最大高 28.46mm。

11KW ⑦ C704 指骨的前面较为发达，由中间和侧面的关节窝腔以及中间凹槽构成，两个腔的发达水平接近。指骨的末端也较为发达，并由内侧和外侧踝构成。指骨最大横截面直径为 13.02mm；前面高 20.04mm，其横截面最大直径 8.08mm。

这两件距骨和指骨标本暂归入瞪羚属，但它们也可能是普氏原羚。

（二）其他

除以上描述的大哺乳动物化石外，乌兰木伦遗址还筛洗出大量小哺乳动物化石。初步鉴定其种类如下：

鼢鼠 *Myospalax* sp.

仓鼠 *Cricetulus* sp.

田鼠 *Microtus* sp.

姬鼠 *Apodemus* sp.

跳鼠科 Dipodidae gen. et sp. indet.

二、乌兰木伦动物群的性质

乌兰木伦遗址动物群目前可以鉴定的种类主要有披毛犀、诺氏驼、普氏野马、瞪羚、河套大角鹿、鸵鸟、鼬科未定种、兔属等。从出土动物化石数量上看，乌兰木伦动物群中以披毛犀数量最多，其次是马、河套大角鹿，仓鼠、骆驼和牛较少。从动物标本反映的年龄结构来看，披毛犀幼年和少年个体相对较多；马基本上是成年个体；其他种类由于个体数量较少还难以判断年龄结构，但总的看来主要是成年个体。从动物群的组成来看，乌兰木伦动物群明显属于华北晚更新世萨拉乌苏动物群，即"猛犸象—披毛犀动物群"。

根据这个组成，乌兰木伦动物群是喜冷的动物群，应该生存于相对寒冷期。

第二节　软体动物化石

软体动物化石主要通过筛洗获得，均无编号。经中国科学院动物研究所陈德牛先生鉴定[1]，主要有以下种类：

1. 西伯利亚旋螺 *Gyraulus sibiricus*（Dunker）（水生）

2. 凸旋螺 *Gyraulus convexiusculus*（Hutton）（水生）

3. 小土蜗 *Galba pervia*（Martens）（水生）

4. 狭萝卜螺 *Radix lagotis*（Schrank）（水生）

5. 伸展瓦娄蜗牛 *Vallonia patens*（Reinhardt）（陆生）

6. 白云石虹蛹螺 *Pupilla muscorum*（Linne）（陆生）

7. 赤琥珀螺 *Succinea erythrophana*（Ancey）（陆生）

8. 湖球蚬 *Sphaerium lacustre*（Muller）（水生）

9. 华蜗牛 *Cathaica* sp.（陆生）

鉴定结果显示，乌兰木伦遗址发现的软体动物绝大部分是腹足类，个别属双壳类。腹足类中绝大多数为水生，陆生者极少。这些化石均属现生种类，其生态环境除了个别的华蜗牛具有喜湿冷习性外，其余均为暖湿的水域环境或草丛，栖息于湖泊、河流、沟渠湖岸边等。这表明在乌兰木伦遗址周围存在湖泊环境。

第三节　埋藏学研究

埋藏学是专门研究生物死亡、风化、搬运、堆积和掩埋整个过程，以及在这一过程中受到各种各样的影响而发生变化的一门科学。其研究的是地层中出土的骨骼从生物圈变到岩石圈的过程，也就是探索有机体在生物圈中经历的各种事件，最后被埋藏、石化的过程。动物考古学则将埋藏学的研究范围缩小到人类遗址中发现的动物骨骼遗存上，致力于解释相关的活体动物转变为考古遗址中发现的动物骨骼组合的过程。

乌兰木伦遗址经过系统的发掘，出土和筛洗出了大量动物骨骼化石。特别是因为对每层均进行了筛洗，收集了全部碎骨，在一定程度上反映了遗址骨骼组合分布，也因此具有较好的统计学意义。

一、乌兰木伦动物群骨骼单元分布

遗址动物骨骼数量总的来说，以披毛犀为主，并且占了绝对优势，并与其他有蹄类几乎构成了动物群的全部成分。肉食类动物几乎没有出现。这意味着遗址出土的大量动物骨骼与人类活动关系密切。

---

[1]侯亚梅、王志浩、杨泽蒙等：《内蒙古鄂尔多斯乌兰木伦遗址2010年1期试掘及其意义》，《第四纪研究》2012年第2期。

（一）各动物种属的最小个体数（MNI）

最小个体数（MNI）的基本任务是计算一个分类中的标本最少代表几个个体，方法是判断这类动物骨骼的部位及其左右（如果骨骼部位是对称的话），然后将统计的数量聚拢起来选择最大值[1]。

乌兰木伦遗址中披毛犀化石最多，并且第②～⑧层均出土了披毛犀化石。综合各层化石出土情况，我们对遗址各层动物的最小个体数进行了统计。可知，披毛犀在第④层的最小个体数为3，而第⑥和

表六二　各层动物的最小个体数统计

地层	野牛	诺氏驼	普氏野马	披毛犀	河套大角鹿	瞪羚
②	1	1	1	1	/	/
③	/	/	/	1	1	/
④	/	1	1	3（左 M_1）	1	/
⑤	/	1	1	1	/	/
⑥	/	1	1	2（右 M_3）	1	1
⑦	/	/	/	1	1	1
⑧	/	/	1	2（左 M_3）	/	/

⑧层为2。其他各类动物的最小个体数均为1。这表明，披毛犀化石不仅在遗址出土数量最多，其最小个体数也占了相对的优势（表六二）。

（二）披毛犀的骨骼单元分布

在出土编号动物骨骼中，披毛犀的可鉴定标本数为1064件，占可鉴定标本总数的78%。其他类别的动物所占比重都很小，分布到各层后样本数量过小，统计意义不大，所以这里骨骼单元分布的分析以披毛犀为主（表六三）。

以披毛犀的可鉴定标本数（NISP）为基础，计算其各骨骼单元最小骨骼部位数（MNE），然后再根据各骨骼单元在动物完整骨架中的相应数量计算得出最小骨骼单元数（MAU）。

为了判断这一动物群是否受到了流水作用

表六三　披毛犀骨骼单元分布及相关指数（除肋骨外）

骨骼部位	NISP	MNE	MAU	%MAU
单个下颌	35	10	5	100
颈椎	6	4	0.57	11
肩胛骨	13	2	1	20
肱骨	11	2	1	20
尺骨	14	9	4.5	90
桡骨	6	3	1.5	30
掌骨	2	2	0.67	13
腕骨	6	6	0.86	17
指骨	3	3	0.43	9
髂骨	7	2	1	20
股骨	12	2	1	20
胫骨	9	2	1	20
跖骨	1	2	0.67	13

---

[1]张乐：《马鞍山遗址古人类行为的动物考古学研究》，中国科学院古脊椎动物与古人类研究所博士论文，2008年。

的影响，我们首先对披毛犀的骨骼单元进行合并分组，结果发现除了明显较多的下颌以及较少的脊椎和指骨之外，三个水流分选在乌兰木伦遗址中都有一定程度的体现。此外，肩胛骨在乌兰木伦遗址中的数据并不低，其 %MAU 值达到了 20，并且经常出现在第二或第三分选组的单个下颌骨的 %MAU 值最高。说明即使水流搬运分选作用存在，它对于乌兰木伦遗址骨骼化石的作用力度也是比较微弱的。

脊椎、胸骨、肋骨的大量缺失是乌兰木伦遗址的一个比较显著的特点。但是，这一现象的具体原因目前还不十分确定，它可能与水流作用有一定的关系，亦有可能与食肉类动物的活动以及破坏有关，甚至还不能排除掉古人类搬运活动的可能影响（如大量脊椎骨被从遗址搬运回位于其他地方的"居址"等）。

从不同大小、轻重骨骼的重叠分布可以判断水流作用可能对遗址中的脊椎骨及肋骨等骨骼单元分布影响不大，而且遗址中也未发现明显的带有水流磨蚀痕迹的骨骼化石，更说明水流作用对遗址中的骨骼堆积影响较微弱。

通过对古人类搬运骨骼特点的分析，我们发现古人类很可能是存在选择性搬运的，即对小型动物一般整体搬运，大型动物则选择性搬运，将肉和内脏等带回居址，留下大部分骨骼。

二、骨骼表面痕迹观察

（一）风化作用

Behrensmeyer[1] 在非洲的肯尼亚等地观察并记录了现代动物尸体的风化过程，获得了大量珍贵的资料，并据此建立了动物骨骼 6 个不同的相对风化级别，即 0~5 级，以指示骨骼风化程度的强弱。这里采用 Behrensmeyer 的风化分级，但将 0 级修改为骨骼表面光滑，无风化裂痕，有油脂光泽。具体的风化级别鉴定标准如下：

0 级：骨骼表面光滑，无风化裂痕，有油脂光泽。

1 级：有时出现一些与骨干纤维组织平行的裂缝，在关节面上存有方形裂缝。

2 级：骨干沿着裂缝呈明显的片状剥落，但多仍与主体相连，或完全脱离，剥落骨片的边沿呈棱角状。

3 级：骨骼表面具有粗糙的方形裂隙，其骨皮已风化遗失，风化深度多为 1~1.5mm，骨质纤维仍相互连接，裂隙边缘多无棱角状。

4 级：骨骼表面已呈粗糙的纤维状，骨片剥落较多。风化作用已影响到骨骼空腔内部。裂隙完全破裂，风化边缘圆形。

5 级：骨骼已风化破碎，原来骨骼的形态可能已较难辨认，其表面为海绵状。

通过对乌兰木伦遗址中出土的 936 件化石进行风化级别判定，可知遗址中的标本风化等级从 0~5 级均有分布。其中大多数骨骼化石的风化级别都处于"0 级"，共 662 件，约占总数的 71%。其他风

---

［1］Behrensmeyer A. K., Taphonomic and ecology information from bone weathering, *Paleobiology*, 1978, 4:150–162.

化等级的骨骼化石数量依次减少（图一八九）。Behrensmeyer[1]的动物风化研究在露天开展，考虑到乌兰木伦遗址是一处旷野遗址，因此其实验结果对该遗址具有一定的参考意义。其研究显示，骨骼的暴露时间最少在一年内，最多不超过4年即可达到第1等级的风化程度。虽然温度、湿度、光照强度以及骨骼本身的密度等因素共同决定风化速度的快慢，我们不能通过Behrensmeyer的实验得到乌兰木

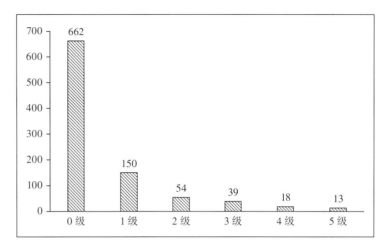

图一八九　骨骼风化级别统计

伦遗址的绝对暴露时间，但可以与其实验做对比，得出一个相对的暴露时间。遗址中71%的骨骼化石风化等级处于"0"级，即大部分骨骼的暴露时间很可能在一年以内。

Gifford和Behrensmeyer等学者认为，如果动物骨骼组合中的所有标本处于同一风化阶段，表明它可能是一个灾难性事件造成的，如果风化程度存在显著差异则可能是损耗性死亡事件造成的[2]。乌兰木伦遗址的骨骼化石中，风化等级从0~5级数量依次减少，风化程度存在显著差异，那么这些动物骨骼化石很可能是损耗性事件造成的。总的来说，可以判定乌兰木伦遗址中的动物骨骼并未暴露太长时间即被迅速埋藏，进入沉积阶段。

（二）生物或化学腐蚀作用（植物根系）

一些植物根系分泌的腐殖酸会在动物骨骼表面产生树枝状或蠕虫状的腐蚀沟痕。具有类似特征的浅沟也可以由那些与植物根系分解相联系的微生物产生，后者所分泌的酸性物质同样能够对动物骨骼产生腐蚀作用。某些生物或化学的作用在骨骼表面产生类似动物齿痕的改造特征，从而可能影响到埋藏学家对遗址形成过程的解释。但是，在扫描电镜下观察时，这些痕迹会表现出与动物齿痕明显不同的特点，仍然是可以区别的。对植物根系腐蚀特征的微观研究表明，它们都是一些宽而弯曲、底部平坦而截面呈"U"形的沟槽。

这一类别的骨骼表面痕迹在乌兰木伦遗址中有着一定程度的体现。目前观察完成的2704件标本中，有45件（占总数的2%）存在此类痕迹。这一结果说明，生物或化学腐蚀对遗址中的骨骼有一定的影响，但不明显。在这些具有一定程度腐蚀痕迹的标本中，几乎所有的腐蚀状况都是仅仅局限于骨骼表面的最外层，而且其腐蚀程度明显轻微，没有大而深的溶蚀坑或疤的出现，更没有发现由此而导致的骨骼裂解现象的发生（彩版七八，2），说明这一埋藏学过程尚未造成动物骨骼单元的缺少或

[1] Behrensmeyer A. K., Taphonomic and ecology information from bone weathering, *Paleobiology*, 1978, 4:150–162.

[2] Behrensmeyer A. K., Taphonomic and ecology information from bone weathering, *Paleobiology*, 1978, 4:150–162; Gifford D. P., Taphonomy and paleoecology: a critical review of archaeology's sister disciplines, *Advances in archaeological method and theory*, 1981, 4:365–438.

消失。因此，生物或化学作用并未明显影响到乌兰木伦遗址的骨骼化石堆积。

（三）啮齿类啃咬痕迹

啮齿类啃咬痕迹是一个遗址动物骨骼上常见的痕迹。在乌兰木伦遗址 2704 件观察标本中，没有发现确切的啮齿类啃咬痕迹。啮齿类偏爱动物骨骼的骨干部分，骨骼一般经过一段时间的风化（干燥、泛白、脱脂），而乌兰木伦遗址中大部分骨骼是在新鲜状态下被破碎并埋藏的，并且遗址中不乏较重、尺寸较大的骨骼化石。与乌兰木伦遗址这样的旷野遗址相比，啮齿类更倾向于在洞穴中聚集骨骼。因此说明，啮齿类动物并未参与乌兰木伦遗址骨骼聚集的形成过程，或者说，并未对骨骼的聚集产生影响。

（四）食肉动物啃咬痕迹

乌兰木伦遗址在完成骨骼表面痕迹观察的 2704 件骨骼化石中，仅在一件小型食肉类尺骨表面发现了食肉类动物的改造痕迹（彩版七九，1），占总数的 0.04%。值得注意的是，这件带有食肉类啃咬痕迹的尺骨，也是遗址中唯一一件食肉类动物的骨骼化石。所以，可以推测，遗址中动物骨骼的聚集与食肉类动物并没有关系，这件尺骨可能是被其他因素带入遗址。

（五）人类活动留下的切割痕

1. 切割痕的微观形态学特征

在对乌兰木伦遗址进行了表面痕迹观察的 2704 件标本中，有约 4%（111 件）具有切割痕（彩版七九，2）。

在这保留有切割痕的 111 件化石当中，有 95 件（86%）为可鉴定标本，其中有披毛犀骨骼化石 84 件，占带有切割痕化石总数的 76%。占可鉴定且带有切割痕化石总数的 88%。同样证明了当时古人类的主要肉类资源来自于披毛犀。

2. 切割痕的分布

乌兰木伦遗址保留切割痕的骨骼化石当中，包括上部肢骨 6 件，中部肢骨 5 件，下部肢骨 1 件。并且相对骨骺端，更多的骨干部分保留了切割痕。

切割痕分布的另外一个特点是存在切割痕的肋骨数量明显较其他骨骼多。大量的肋骨内侧保留有切割痕说明了割取内脏行为的存在及其重要性。而肋骨外侧也附着一定量的肌肉，但较四肢骨（尤其是上、中部肢骨）少得多。研究者认为大型动物身上的肉很多，没有必要取走骨骼上不易分离的肉屑，所以屠宰者可能都没有彻底去肉，即剔肉时刀与骨骼没有接触。因此在割取肋骨外侧附着的肌肉时比割取四肢骨上的肌肉更容易留下痕迹，这可能是造成乌兰木伦遗址中保留切割痕的肋骨数量较多的原因。

总的来看，存在代表去除内脏动作的化石数量为 22；代表剥皮动作的化石数量为 2；代表肢解动作的化石数量为 6；代表剔肉动作的化石数量为 50。在不考虑发掘区域的局限性、差异性保存等的情况下，可以认为乌兰木伦遗址中古人类在处理动物性资源时是以剔肉动作为主，这可能说明了遗址中的古人类偏好对肉食的搬运，而将骨骼留在原地。

遗址中存在去除内脏痕迹的骨骼化石数量也很可观，一方面说明了古人类可能对动物内脏比较偏爱；另一方面，在早期考古遗址中，去除内脏造成的切割痕的出现，强烈暗示古人类首先获得并利用了动物性资源。这也说明了古人类很可能是这些动物性资源的最初获得者和消费者。

（六）骨骼破碎原因解释

通过对考古遗址发现的大量破碎骨骼的研究以及民族学的观察，动物考古学家们认为，旧石器时代的远古人类会对猎物的骨骼进行敲骨取髓的处理。因为野生动物身体富含肌肉但缺乏脂肪，而脂肪是人类生存不可缺少的部分，尤其是在冬季和妇女育儿的时节。骨髓中含有大量的脂肪，是远古人类重要的营养来源，所以在处理动物尸体或消费猎物时，敲骨取髓成为必不可少的步骤。相对于偶蹄类动物而言，马科动物的长骨，其骨髓腔明显要小一些，而且其骨髓是散布在骨骼内部的大量骨松质之内的，这与偶蹄类骨髓几乎全部存在于长骨髓腔的情况有着较大的差别。披毛犀骨髓腔同样较小，且与马同属奇蹄类动物。对披毛犀骨骼敲骨吸髓似乎并不是一个好的选择。而考虑到披毛犀的骨骼较为结实、骨壁较厚，作为工具的材料也是有可能的。

通过对遗址中披毛犀长骨化石的观察，我们既发现了疑似骨质工具（彩版八○），又发现了保留有砍砸疤的骨骼化石。

不过，遗址出现的大量碎骨究竟是古人类敲骨吸髓造成的，还是制作骨器造成的，或者两种行为同时存在，目前我们还不完全清楚。但结合前文中骨骼表面痕迹的研究，食肉动物并未对遗址中的骨骼堆积产生明显影响，似乎只有古人类活动可以造成像披毛犀这样大型动物的骨骼破碎。所以，遗址中大量的碎骨最可能是古人类行为造成的。

三、乌兰木伦遗址动物骨骼埋藏成因

乌兰木伦遗址骨骼化石堆积在其聚集和后期改造的过程中，各种因素（包括古人类、啮齿动物、食肉动物、水流作用、风化作用、动物踩踏作用、生物化学腐蚀作用等）都曾对其最终面貌的形成起到了或大或小的作用。那么，到底它们中的哪一个才是这批动物化石聚集的主要因素呢？

流水作用被许多学者认为是一种可以导致骨骼聚集的因素。在一定的水动力条件和适合的环境下，流水携带的某些动物骨骼也可以发生集中沉降，形成动物骨骼的聚集。从乌兰木伦遗址的动物骨骼单元组合及其表面改造痕迹分析，这一动物群存在一定的经过水流改造的可能性，但是显然不会是一个因水流作用而聚集的动物骨骼组合。

乌兰木伦遗址只发现1件啮齿类啃咬痕迹无疑是否定啮齿类作用的最有力证据。此外，对于乌兰木伦遗址这样的旷野类型遗址而言，啮齿类动物一般很难成为骨骼聚集的主导因素。

在食肉类聚集骨骼方面，目前已知鬣狗等都可以在其栖息地或巢穴内聚集较为大量的动物骨骼，但从目前生态研究以及考古研究的结果来看，在它们的巢穴中有时确实会发现大中型动物的骨骼，这一现象至少暗示了它们聚集大型动物骨骼的可能性。但是在齿痕比例方面来看，乌兰木伦遗址的相应数据远远低于最保守的现代鬣狗洞穴的生态数据，因此我们可以判断，鬣狗不可能是聚集这些大型动物骨骼的主要因素。

　　总之，这些非人类因素对遗址中的骨骼堆积影响都较为微弱，甚至可能不存在，似乎都不可能造成遗址中的骨骼堆积。因此可以认为其主要是古人类的作用结果。而遗址中一定数量标本上出现的切割痕、砍砸疤等古人类行为痕迹也验证了这一判断的正确性[1]。

---

［1］Zhang L. M., Christophe G., Dong W, et al., Preliminary taphonomic analyses on the mammalian remains from Wulanmulun Paleolithic site, Nei Mongol, China, *Quaternary International*, 2016, 400:158–165.

第七章　文化比较

乌兰木伦遗址作为中国北方具有确切年代的旧石器时代中期遗址，需要了解其文化的来源和去向以及在中国旧石器文化演化中的位置。此外，遗址所在地鄂尔多斯高原作为旧石器时代东西方文化交流研究的经典地区，因此与世界其他地区的旧石器文化对比也就十分必要。在比较过程中，对比遗址的年代并不只限制在与乌兰木伦遗址年代大致相当的时间框架内，在与泥河湾盆地内遗址进行对比时，更为注重的是其文化的源流，也就要涉及时代更早的遗址。

选择作为对比的遗址包括与乌兰木伦遗址同属鄂尔多斯高原的萨拉乌苏、水洞沟遗址以及调查发现的旧石器地点；国内邻近地区的周口店第1地点和第15地点以及泥河湾盆地相关遗址；中国以外如邻近的韩国、西伯利亚地区以及欧洲和非洲的一些旧石器文化。在对比方法上，国内遗址对比主要从原料利用、石制品类型、石核剥片技术、工具修理技术等方面来进行；而考虑到世界范围内遗址材料多，难以进行详细的对比分析，因此主要进行宏观上的归纳和观察以及比较具有特殊文化指示意义的标本。

文化比较主要关注并试图解答以下三个问题：

（1）与鄂尔多斯高原发现的旧石器遗址的关系，有什么相似性和差异性？

（2）乌兰木伦遗址旧石器工业是否可以在中国已发现的旧石器遗址中找到相似（源和流）的文化证据？

（3）乌兰木伦遗址作为处于一个敏感时代和地区的遗址，其与世界范围内其他地区特别是年代接近（距今10万~3万年）的旧石器文化是否具有相似性？

第一节　与区域内（鄂尔多斯高原）旧石器遗址对比

一、与萨拉乌苏遗址对比

萨拉乌苏遗址位于鄂尔多斯高原的南部，地理坐标为37°10′59″N，108°10′58″E。是一个旧石器地点群，这些地点均分布在萨拉乌苏河的阶地上。目前经过系统发掘的有两个地点，一个是1923年由德日进和桑志华主持发掘的邵家沟湾，位于萨拉乌苏河的右岸；一个是1980年由黄慰文主持发掘的范家沟湾，位于左岸；两者相距约600m。两个地点的第四纪地层总体情况没有大的差别，甚至每一层都是可对比的，只是厚薄不尽相同而已。以范家沟湾为例，该地点旧石器文化层厚约0.6~1m，

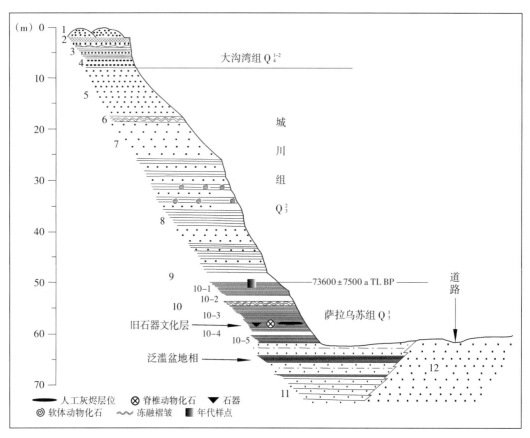

图一九〇 范家沟湾遗址剖面

（改自黄慰文、董光荣、侯亚梅：《鄂尔多斯化石智人的地层、年代和生态环境》，《人类学学报》2004 年增刊）
1. 现代风成沙丘 2~4. 湖沼相细砂、粉砂和黏土质粉砂，夹薄层沙丘砂，第 2 层已发育成黑垆土 5~7. 风成细砂，中间夹薄层河流相粉砂质细砂，其中第 6 层为冻融褶皱的湖沼相深灰色粉砂和黏土质粉砂 8. 灰黄色湖相细砂与薄层灰绿色粉砂、黏土质粉砂互层，含淡水贝壳 9. 分选比较均匀的风成灰黄色细砂 10. 银灰色湖相粉砂质极细砂、棕黄和锈黄色河流相粉砂质细砂与风成沙丘砂互层（此层又可再分成 5 个亚层：10-1. 湖相含铁质锈斑和钙结核的黄褐色粉砂质极细砂；10-2. 橘黄色风成沙丘细砂；10-3. 湖相含大量铁质锈斑和脊椎动物化石的黄褐色粉砂质细砂，下部为旧石器文化层，产石制品、大量破碎兽骨、少量骨角工具以及由炭屑和灰烬构成的用火证据，此层顶部为轻微发育的冻融褶皱；10-4. 灰黄色风成沙丘细砂，含铁锈斑；10-5. 黄褐、浅蓝色湖相粉砂质细砂） 11. 黄褐色风成砂为主并含湖相夹层粉砂质极细砂 12. 黄褐色风成砂并含锈黄色河流相粉砂质极细砂互层

高出当地河面大约 15m，为布满黄褐色铁锈斑点的褐色砂质黏土层。此外，有一些文化遗物扩散到下面沉积层顶部（图一九〇）。

这两个地点的发掘各出土了约 200 件石制品。由于邵家沟湾 1923 年发掘的标本均藏于法国巴黎自然历史博物馆，无法见到实物，但已有研究显示其与范家沟湾石制品差别不大。因此，在与乌兰木伦遗址石制品进行对比时，主要参考范家沟湾 1980 年发掘的标本。据发掘者报道，范家沟湾发掘面积约 140m²（发掘区前后纵深约 7m，两翼展宽约 20m），出土了近 200 件石制品、一些骨角制品、用火遗迹和大量破碎兽骨[1]。

与乌兰木伦遗址对比如下。

---

[1] 黄慰文、侯亚梅：《萨拉乌苏遗址的新材料：范家沟湾 1980 年出土的旧石器》，《人类学学报》2003 年第 4 期。

（一）年代与环境

萨拉乌苏遗址在德日进和桑志华进行第一次发掘时进行了地质学方面的研究，布勒根据古生物化石的研究认为萨拉乌苏河堆积为"厚层第四纪建造"[1]，因为萨拉乌苏河发现的动物化石和陕北黄土中所见的一样，不同于中国古老的更新世动物群即当时所指的周口店动物群，而与欧洲黄土动物群是同时代的。不过德日进则将萨拉乌苏河更新世沉积置于黄土底砾层之上的晚更新世的上部，认为层位比水洞沟遗址高。按照德日进的定位，萨拉乌苏遗址的层位大体上相当于晚更新世晚期、华北黄土—古土壤序列中的第1黄土层（L1）、欧洲冰期序列中的末次冰期、深海氧同位素第3~2阶段（MIS3~2）或旧石器文化序列中的旧石器晚期。后来裴文中、刘东生等亦对萨拉乌苏遗址地层剖面进行了考察，前者观点与德日进相近[2]，而后者则将萨拉乌苏组置于马兰黄土之下[3]。20世纪70年代末董光荣的考察将萨拉乌苏地层分为两个部分[4]，上部以风沙为主的堆积称为"城川组"，与马兰黄土同时异相；下部以河湖相为主的堆积称为"萨拉乌苏组"，萨拉乌苏遗址文化层位于"萨拉乌苏组"的下部。这种认识与刘东升一致。若按这一观点，萨拉乌苏遗址在层位上相当于晚更新世早期、华北黄土—古土壤序列中的第1古土壤层（S1）、欧洲冰期序列中的末次间冰期、深海氧同位素第5阶段（MIS5）或旧石器文化序列中的旧石器中期。而同位素特别是光释光年代测定结果[5]更倾向于支持董光荣等的观点，这也被认为更适用于"萨拉乌苏组"地层，且与根据哺乳

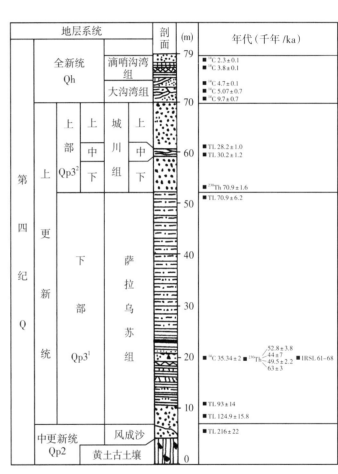

图一九一 萨拉乌苏遗址地层和年代

（出自黄慰文、董光荣、侯亚梅：《鄂尔多斯化石智人的地层、年代和生态环境》，《人类学学报》2004年增刊）

［1］Teilhard D. C. P., Licent E., On the geology of the northern, western and southern borders of the Ordos, China, *Bulletin of Geological Society of China*, 1924, 3 (1):37–44.

［2］裴文中、李有恒：《萨拉乌苏河系的初步探讨》，《古脊椎动物与古人类》1964年第2期。

［3］刘东生、刘敏厚、吴子荣等：《关于中国第四纪地层划分问题》，《第四纪地质问题》，科学出版社，1964年，第45~64页。

［4］董光荣、苏志珠、靳鹤龄：《晚更新世萨拉乌苏组时代的新认识》，《科学通报》1998年第17期。

［5］尹功明、黄慰文：《萨拉乌苏遗址范家沟湾地点的光释光年龄》，《人类学学报》2004年增刊；董光荣、苏志珠、靳鹤龄：《晚更新世萨拉乌苏组时代的新认识》，《科学通报》1998年第17期。

动物群、孢粉分析和沉积物岩性分析等所反映的古环境结论的年代更为吻合（图一九一）。

乌兰木伦遗址目前主要经过了较为系统的光释光年代学研究，推测其文化层年代为距今 6.5 万 ~ 5 万年，相当于晚更新世中期、欧洲冰期序列中的末次冰期、深海氧同位素第 4 阶段（MIS4）结束和第 3 阶段开始（MIS3）时间段或旧石器时代中期阶段。

因此，从年代上看，萨拉乌苏遗址要早于乌兰木伦遗址。这种年代上的差异，导致了两者所处环境的不同，前者属于末次间冰期，而后者属于末次冰期。虽然两者在旧石器文化序列上均属于旧石器中期，但环境的差异可能会造成古人类适应生存方式的不同。

（二）原料

范家沟湾石制品原料包括黑色或灰黑色硅质页岩、褐色石英岩和灰白色石英等岩石或矿物的小卵石[1]。其中，硅质页岩占了将近一半，石英岩和石英两者共占一半。萨拉乌苏河河谷没有出露由这些岩石、矿物组成的砾石层，因此石制品原料需要到外地采集。经研究者调查，这些原料可能来自 43km 以外的西部高地。虽然缺乏对原料产地砾石岩性、形态和大小等的具体统计，但是该原料产地"原料供应状况也不好，缺少较大的砾石，只有两三种岩性的小砾石可供选择"[2]。虽然萨拉乌苏古人类因为原料匮乏可能不得已而选择了小尺寸的砾石，但面对仅有的三类岩性砾石，他们还是体现出了一定的选择性，主要表现为对相对更为优质的硅质页岩的选择。43km 是一段较远的距离，古人类需要较长距离的搬运。这种长距离原料的寻找、选择和搬运，都表明萨拉乌苏遗址古人类对原料利用的计划性，表明了"后勤式"的原料利用模式。

相对而言，乌兰木伦遗址原料产地距离遗址近（约 2km）、岩石类型丰富（8 种）、存在数量较多的中大型砾石（≥20mm 砾石平均比例 32%）和有一定数量的优质原料（如燧石、玉髓、玛瑙等）。如果从这几个方面来看，乌兰木伦遗址和萨拉乌苏遗址差别明显，主要表现为前者原料可获性较高。不过，如果从原料选择、搬运等原料利用的人类行为来看，两者实际上没有本质上的区别。首先，都表现出对更为优质原料的寻找和选择，例如萨拉乌苏古人类选择相对更为优质的硅质页岩，而乌兰木伦古人类则主要选择相对优质且更为容易获得的等级优的石英岩，而且还对砾石大小（适于搬运）具有选择性。其次，都可能存在专门进行原料采集工作的人员，都需要从原料产地采集原料并搬运到遗址。总之，两者原料的利用模式均为"后勤式"，表现出一定的计划性。

但原料本身性质的差异，必然会导致两者石制品制作技术上的不同。这一点将在下文详细对比论述。

（三）石制品数量、类型和尺寸

数量上，萨拉乌苏和乌兰木伦遗址石制品分布密度差别明显。萨拉乌苏遗址近 140m² 的发掘面

---

[1] 黄慰文、侯亚梅：《萨拉乌苏遗址的新材料：范家沟湾 1980 年出土的旧石器》，《人类学学报》2003 年第 4 期。

[2] 黄慰文、侯亚梅：《萨拉乌苏遗址的新材料：范家沟湾 1980 年出土的旧石器》，《人类学学报》2003 年第 4 期。

积只出土了约 200 件石制品；而乌兰木伦遗址仅 42m² 的发掘面积内出土了数以万计的石制品。

类型上，从大类看，萨拉乌苏和乌兰木伦遗址表现出很大的相似性，均包含石核、石片和工具；且在比例上均以石片（剥片产品）为主，其次是工具，石核数量最少。从细类上看，两者也有一定的相同点。例如，石片类型均以修正石片即废片为主（乌兰木伦遗址如果考虑到未编号的筛洗废片）；石核类型均只发现有普通石核；工具中刮削器、凹缺器和锯齿刃器均占有一定比例。这些工具类型的构成都体现出旧石器时代中期的特点。但两者也有很多不同的地方。总的来看，萨拉乌苏遗址没有发现断块和备料；在石核类型上，萨拉乌苏遗址缺乏孔贝瓦石核；在工具类型和比例上，两者的差别更为明显。首先，乌兰木伦遗址工具类型相对要丰富些，如尖状器、石镞、琢背石刀、鸟喙状器、薄刃斧、两面器、石球等在萨拉乌苏遗址都没有发现。其次，两者工具类型的比例也有不同，萨拉乌苏遗址石锥是"石器中数量最多，也是修整工作比较规范和精致的工具"[1]；乌兰木伦遗址则以锯齿刃器为多。再次，两者在工具组合构成比例上也有区别，萨拉乌苏以石锥、凹缺器和刮削器为主，而乌兰木伦遗址则以锯齿刃器、凹缺器和刮削器为主。最后，萨拉乌苏遗址的雕刻器等器形还可有下一层级的划分，但在乌兰木伦遗址没能见到（表六四）。

尺寸上，萨拉乌苏遗址石制品尺寸非常细小，石核平均尺寸为 17.69mm×11.74mm×10.6mm；石片平均尺寸为 13.5mm×11.4mm×5.1mm，平均重 0.9g；工具平均尺寸 19.54mm×14.70mm×6.5mm，

表六四 萨拉乌苏、乌兰木伦和水洞沟遗址石制品类型比较

类 型		萨拉乌苏[2]		乌兰木伦[3]		水洞沟[4]	
		数量 N	比例 %	数量 N	比例 %	数量 N	比例 %
石核	普通石核	10	5	43	1.6	58	1.1
	孔贝瓦石核	0	0	3	0.1	0	0
	石叶石核	0	0	0	0	80	1.5
	勒瓦娄哇石核	0	0	0	0	35	0.6
石片	石片	38	20	1424	52	733	13
	石叶	0	0	0	0	1210	22
	修整石片（废片）	92	48	1010	37	2500	46
工具	石锥	12	6	9	0.3	7	0.1
	刮削器	9	5	30	1.1	277	5
	凹缺器	9	5	35	1.3	177	3
	锯齿刃器	7	4	51	1.9	32	0.5

［1］黄慰文、侯亚梅：《萨拉乌苏遗址的新材料：范家沟湾 1980 年出土的旧石器》，《人类学学报》2003 年第 4 期。
［2］黄慰文、侯亚梅：《萨拉乌苏遗址的新材料：范家沟湾 1980 年出土的旧石器》，《人类学学报》2003 年第 4 期。
［3］刘扬：《鄂尔多斯乌兰木伦遗址石器工业》，中国科学院大学博士学位论文，2013 年。
［4］宁夏文物考古研究所：《水洞沟——1980 年发掘报告》，科学出版社，2003 年。

续表六四

类　型		萨拉乌苏		乌兰木伦		水洞沟	
		数量 N	比例 %	数量 N	比例 %	数量 N	比例 %
工 具	端刮器	5	2	11*	+	64	1.2
	雕刻器	6	3	1	< 0.1	14	0.2
	（微型）砍砸器	3	2	0	0	3	< 0.1
	修柄（？）/ 石镞 / 箭头	1	1	3	0.1	2	< 0.1
	尖状器	0	0	3	0.1	14	0.2
	薄刃斧	0	0	2	< 0.1	0	0
	琢 / 厚背石刀	0	0	2	< 0.1	2	< 0.1
	鸟喙状器	0	0	1	< 0.1	0	0
	两面器（粗坯）	0	0	1	< 0.1	0	0
	石球	0	0	1*	+	0	0
	磨石	0	0	0	0	3	< 0.1
备料		0	0	12	0.4	0	0
断块		0	0	80	2.9	242	4.4
合计		192	100	2710	100	5451	100

注：在本报告乌兰木伦遗址石制品类型统计中，分为重点研究标本和补充研究标本两部分。带 * 的数据是在补充研究标本中的数量，在此
　　不具备比例统计意义。+ 表示在遗址中存在，但无法在此计算比例。

平均重 2.89g。乌兰木伦遗址石核平均尺寸为 56.8mm × 40.3mm × 38.9mm，平均重 115g；石片平均尺寸为 23.1mm × 16mm × 4.9mm，平均重 4.9g；工具平均尺寸 38.5mm × 28.3mm × 16.4mm，平均重 17.7g。可见，乌兰木伦遗址石制品的尺寸为萨拉乌苏遗址石制品的 2 倍以上，这主要受到前文所述原料大小的影响。不过这种尺寸上的差别，就如研究者在研究萨拉乌苏遗址石制品时所言，无法确定在尺寸之外是否还有别的技术含义[1]。不过，乌兰木伦遗址也有尺寸微小的石制品，例如其中 1 件石英岩原料的砸击石核最大长、宽、厚分别为 17.5、10.9、7.9mm，重仅 1g；有 8 件工具的最大尺寸小于 20mm，平均尺寸为 17mm × 12.5mm × 5.3mm，平均重 1.1g，其中最小者尺寸仅为 12.1mm × 9.3mm × 3.1mm，重 0.8g。

（四）石核剥片技术

　　两个遗址的石核剥片技术均包含锤击法、砸击法和可能存在的压制法。锤击法可能在两个遗址中均是一种较为主要的剥片方法，而砸击法比例相对较少。例如，乌兰木伦遗址目前发现的砸击石核和石片占石制品总数的比例不到 1%；而在萨拉乌苏遗址目前还没有发现具有明显砸击特征的石核和

---

[1] 黄慰文、侯亚梅：《萨拉乌苏遗址的新材料：范家沟湾 1980 年出土的旧石器》，《人类学学报》2003 年第 4 期。

石片。但正如萨拉乌苏遗址范家沟湾地点的研究者所言，考虑到石核、石片和多数工具的尺寸很小，我们很难理解锤击法打片是如何实施的。在 1978~1979 年采集的标本中，有 1 件保留了完整锥体的石核。它的存在表明砸击技术可能曾经被用于打片[1]。如此，砸击技术在萨拉乌苏遗址应该有一定的应用。而乌兰木伦遗址比例较低的砸击制品则很可能受到了以下两个因素的影响：一是一部分砸击石核在剥片过程中消失；二是由于缺乏砸击实验考古经验，很多砸击法产生的剥片产品没有从锤击石片中辨别出来。事实上，西班牙 IPHES 两位具有砸击实验考古经验的学者观察了泥河湾盆地小长梁和东谷坨遗址的标本后，就从看似是锤击石片的标本中辨认出一定数量的砸击制品。可见，关于砸击技术在两个遗址剥片技术中的比重，可能需要更多的实验考古学的证据。本报告更倾向于认为砸击技术为两个遗址古人类所广泛利用。特别是乌兰木伦遗址，在石核剥片序列中还发现有砸击开料方法的使用，这样从侧面支持这一点。而关于压制剥片技术，萨拉乌苏遗址不仅观察到石片外角（平均 76.8°），还在石片台面内缘观察到"唇"的存在，这些都是使用压制法的可能性证据。而乌兰木伦遗址有 1 件尺寸极小的砸击石核，其剥片面阴疤细小平整，也似乎只有压制法才能够产生。

与萨拉乌苏遗址不同的是，乌兰木伦遗址还发现有孔贝瓦石核剥片技术和修理台面技术。两者数量虽少，但表明这种技术至少在遗址中已经出现，特别是孔贝瓦石核剥片技术可能已经是普遍采用且技术较为纯熟的剥片方法。范家沟湾地点也被认为有孔贝瓦石片（与黄慰文先生交流），但实际上该标本其中一个面为石皮面而不是腹面。此外，孔贝瓦技术和向心石核（盘状石核）以及更新石核台面桌板、修理台面石片等则表明乌兰木伦遗址石核剥片已具备一定的预设性。

（五）工具修理技术

在毛坯的选择上，两个遗址均以石片为主，其中萨拉乌苏遗址为 100%，乌兰木伦遗址为 63%。在加工方法上，两者可能会有不同。萨拉乌苏遗址被研究者认为普遍采用了压制技术[2]，虽然其技术特征还不能完全肯定，但工具毛坯尺寸之小以及修理疤痕细小、规范、平整、密集等特征都不得不使人相信这是压制法的结果。虽然乌兰木伦遗址也有尺寸较小的工具，也被认为可能使用了压制法，但显然绝大部分（超过 99%）工具的加工采用的是锤击法。在加工方式上，虽然萨拉乌苏遗址研究报告中没有具体的数据，但是根据石器图可知其以单向加工为主，其中又以正向为主，此外还存在对向和两面加工；乌兰木伦遗址亦以单向加工为主（91%），其中又以正向加工为多（80%）。不过乌兰木伦遗址工具加工方式相对较为多样，不仅包括对向和两面加工，还包括错向、交互加工以及两面修理技术等。从加工程度上看，两者均基本上采用"边缘式"修整，少有加工深度指数较高的工具。不过，在乌兰木伦遗址又进行了两面通体加工的两面器和加工非常精致的石镞，都表明该遗址工具加工技术的较高水平。

还需要提到的是，两个遗址均可能出现了装柄工具。在萨拉乌苏遗址发现有 1 件残留修柄的工具，不过有些可疑。而乌兰木伦遗址则确切无疑已有修柄即复合工具，例如在端刮器中部修理出适于装柄

[1]黄慰文、侯亚梅：《萨拉乌苏遗址的新材料：范家沟湾 1980 年出土的旧石器》，《人类学学报》2003 年第 4 期。
[2]黄慰文、侯亚梅：《萨拉乌苏遗址的新材料：范家沟湾 1980 年出土的旧石器》，《人类学学报》2003 年第 4 期。

时捆绑的凹缺，特别是石镞的发现表明修铤技术在该遗址已经十分成熟。

二、与水洞沟遗址对比

水洞沟遗址位于鄂尔多斯高原的中西部，行政区划属于宁夏回族自治区宁武县，地理坐标为38°21′N，106°29′E，也是一个地点群，目前至少已经发现 12 个地点，它们主要分布在边沟河的两岸，年代跨越 MIS3 阶段中、晚期到更新世末。其中，有 9 个地点已经过不同程度的发掘。

不同学者在不同时期对水洞沟地区地貌有不同的认识。早期的研究者布勒和德日进确定水洞沟盆地有三级阶地，而旧石器遗存埋藏在 T3 阶地的黄土堆积中[1]。20 世纪 90 年代孙建中的观察和研究虽然也主张三级阶地的划分，但划分结果与布勒等不同，并认为旧石器遗存主要分布在 T2 中[2]。2003 年袁宝印等的考察以黄河为参考则将阶地划为 5 级，其中水洞沟两岸发育 T1 和 T2 两级阶地，旧石器文化层位于 T1 中[3]。刘德成最新的研究成果则将阶地划为 6 级（图一九二），其中 2~5 级阶地与袁宝印的阶地划分一致，只是将第 1 地点剖面上部的全新世河湖相堆积看作新的一级阶地[4]。旧石器文化层埋藏于 T2 中，与袁宝印的认识没有区别。

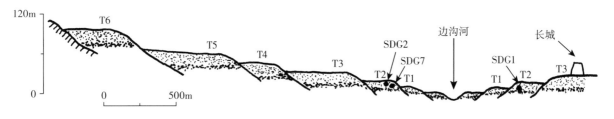

图一九二　水洞沟地区第四纪地貌示意图

（出自刘德成、王旭龙、高星等：《水洞沟遗址地层划分与年代测定新进展》，《科学通报》2009 年第 19 期）

在水洞沟遗址业已发掘的 9 个地点中，第 1 地点是最早发现和发掘、所获材料最为丰富、研究也最为系统的一个地点。自 1923 年由德日进和桑志华发现以来，已经进行了 6 次较为系统的发掘。其中，1980 年宁夏博物馆考古队主持的发掘所获石制品数量多，能够反映该地点的旧石器文化面貌，且该次发掘成果已有系统的报告发表，便于对比参考。因此，乌兰木伦遗址在与水洞沟遗址对比时主要参考第 1 地点 1980 年发掘所获得的材料，其数据主要来自《水洞沟——1980 年发掘报告》[5]。

与乌兰木伦遗址对比如下。

［1］Boule M., Rreuil H., Licent E., et al., *Le Paléolithique de la Chine*, Archives de L'Institut de Paléontoloqie Humaine, Mémoire 4, 1928.

［2］孙建中、赵景波等：《黄土高原第四纪》，科学出版社，1991 年。

［3］袁宝印、侯亚梅、Budja M. 等：《中国北方晚第四纪史前文化与地层划分框架》，《旧石器时代论集——纪念水洞沟遗址发现八十周年》，文物出版社，2006 年。

［4］刘德成、王旭龙、高星等：《水洞沟遗址地层划分与年代测定新进展》，《科学通报》2009 年第 19 期。

［5］宁夏文物考古研究所：《水洞沟——1980 年发掘报告》，科学出版社，2003 年。

（一）年代与环境

水洞沟第 1 地点已有较多的绝对年代测定数据。20 世纪 80 年代，黎兴国对水洞沟旧石器层位所做的 ^{14}C 测定结果为 17250 ± 210BP 和 16760 ± 210BP（第 3 层上部）、26190 ± 800BP 和 25450 ± 800BP（第 3 层下部）[1]。陈铁梅等采用铀系法测定结果为 34000 ± 2000BP 和 38000 ± 2000BP（第 2 层）[2]。刘德成采用光释光方法的测年数据为 34800 ± 1500~28700 ± 6000BP[3]。彭菲根据采自下文化层的木炭样品进行的 AMS^{14}C 测年结果为 36200 ± 140BP[4]。上述测定结果相差不大，基本上集中在距今 3.5 万 ~2 万年之间。这一年代区间与董光荣等对萨拉乌苏河"城川组"中湖相层的测定结果基本吻合[5]，表明水洞沟遗址在层位上应归入晚更新世晚期、深海氧同位素 MIS3 阶段晚期、末次冰期或旧石器文化序列中的旧石器晚期。

与乌兰木伦遗址相比，两者均处于末次冰期阶段。从深海氧同位素阶段上看，乌兰木伦遗址属于 MIS 4 结束到 MIS 3 开始时段，总体的环境变化属于由寒冷转向温暖；而水洞沟遗址则属于 MIS 3 晚段，总体的环境变化属于由温暖转向寒冷。而从旧石器文化演化序列上，两者已分属于旧石器文化序列中的不同阶段，乌兰木伦遗址属于旧石器时代中期，而水洞沟遗址则属于旧石器时代晚期。这种环境变化和文化阶段的不同，可能会导致两者旧石器文化面貌、人类适应行为方式的差别。

（二）原料

水洞沟遗址石制品原料类型多样，根据原报告发表的数据[6]统计有 10 类之多。总的来看，水洞沟遗址石制品原料以白云岩为主，比例在 60% 左右，其次为石英岩和石英砂岩，火成岩、燧石、硅质灰岩、石英等数量较少。与乌兰木伦遗址比较，两者在原料利用的类别和比例上差别明显。乌兰木伦遗址石制品原料中，石英岩占了主导地位，达到了 86%，其次为石英，比例为 11%，其他如燧石、石英砂岩、硅质岩等比例极少。此外，水洞沟遗址大量使用的白云岩在乌兰木伦遗址中没有见到；而在水洞沟遗址也没有见到乌兰木伦遗址使用的砂岩和片麻岩等（表六五）。

这种原料利用类型和比例的差别，在任何有一定距离的遗址经常存在。其主要原因是原料产地和可获性不同。水洞沟遗址的白云岩在水洞沟盆地河滩即西南 7km 出露的古老地层中有丰富的蕴藏，虽然研究者没有统计原料来源地各类岩石的比例，但是白云岩是水洞沟文化石制品的首选原料[7]，

---

［1］黎兴国、刘光联、许国英等：《河套人及萨拉乌苏文化的年代》，《第一次全国 ^{14}C 学术会议文集》，科学出版社，1984 年。

［2］陈铁梅、原思训、高世君：《铀子法测定骨化石年龄的可靠性研究及华北地区主要旧石器地点的铀子系年代序列》，《人类学学报》1984 年第 3 期。

［3］刘德成、王旭龙、高星等：《水洞沟遗址地层划分与年代测定新进展》，《科学通报》2009 年第 19 期。

［4］彭菲：《中国北方旧石器时代石叶遗存研究——以水洞沟与新疆材料为例》，中国科学院古脊椎动物与古人类研究所博士学位论文，2012 年。

［5］董光荣、苏志珠、靳鹤龄：《晚更新世萨拉乌苏组时代的新认识》，《科学通报》1998 年第 17 期。

［6］宁夏文物考古研究所：《水洞沟——1980 年发掘报告》，科学出版社，2003 年。

［7］宁夏文物考古研究所：《水洞沟——1980 年发掘报告》，科学出版社，2003 年。

表六五　乌兰木伦遗址与水洞沟遗址原料利用对比

遗址	石制品	统计	白云岩	石英岩	燧石	石英砂岩	变质岩	硅质灰岩	火成岩	玛瑙	蛋白石	石英	玉髓	砂岩	片麻岩	合计
水洞沟	普通石制品	N	627	236	11	114	29	25	11	0	0	0	0	0	0	1053
		%	60	22	1	11	3	2	1	0	0	0	0	0	0	100
	细石器	N	8	8	64	0	13	0	6	5	4	2	0	0	0	110
		%	7.2	7.2	58	0	12	0	5.5	4.6	3.7	1.8	0	0	0	100
乌兰木伦	石制品	N	0	2341	39	0	0	3	0	1	0	314	1	4	7	2710
		%	0	86	1.4	0	0	0.1	0	0	0	12	0	0.1	0.3	100

注：此处水洞沟遗址的统计数据可能与原报告有细微出入，主要是这里没有统计原报告中"不确定"项。

表明白云岩的可获性很高。此外，研究者还指出，对原料的选择是比较严格的[1]，暗示水洞沟古人类在石制品制作过程中表现出对原料很强的选择性。的确如此。该报告研究者将水洞沟石制品分为普通石制品和细石器两个大类，虽然没有给出具体的分类理由，但是从报告描述来看，其主要依据是石制品大小。从原料利用层面看，这样的分类具有一定的意义。经统计，水洞沟第1地点普通石制品原料主要为白云岩，比例达到60%，其次为石英岩，比例为22%，再次为石英砂岩，比例为11%，其他如燧石、变质岩、火成岩等比例很低，均未超过5%。而细石器制品则明显不同，其主要原料为燧石，比例为58%，其次为变质岩，比例为12%，而普通石制品中所广泛利用的白云岩、石英岩等比例较低，不到10%；还有一个需要注意的现象是非常优质的原料如玛瑙、蛋白石等在细石器制品中的使用，虽然比例不高。可见，水洞沟古人类依据所需对原料表现出很高的选择性，能够选择不同的原料来应对不同的目的。如前文所述，乌兰木伦遗址石制品原料在岩性和大小等方面也具有一定的选择性，并且能够采用不同的剥片技术来应对不同形态和岩性的原料，例如对石英或尺寸较小的原料采用砸击法进行剥片等。

因此，两个遗址由于地理差异，古人类面对的原料来源地不一致，导致在原料利用的类型和比例上会有很大的差别。但是，在面对不同的原料类型构成以及实际所需时，两个遗址古人类所表现出来的行为方式却具有一定相似性，即均表现出一定的选择性。不过，我们也应该看到，水洞沟遗址相对乌兰木伦遗址而言，对原料的开发利用要更为成熟，主要表现在对不同类型石制品的原料选择上。

（三）石制品数量、类型和尺寸

数量上，水洞沟遗址第1地点1980年的发掘面积约52m²，其中下文化层（旧石器时代）出土的石制品5500余件。相对于乌兰木伦遗址在约42m²的范围内出土的一万多件石制品，分布密度相对要小些。不过，如果考虑到乌兰木伦遗址在发掘过程中进行了精细的水洗，因此获得了大量的碎片和废片。如果这些水洗石制品不计算在内的话，两者石制品分布密度应该会比较接近。

---

[1] 宁夏文物考古研究所：《水洞沟——1980年发掘报告》，科学出版社，2003年。

类型上，从大类看，乌兰木伦和水洞沟遗址均以剥片产品为主（前者为 89%，后者为 81%），其中尤以废片为多（前者比例 37%，后者比例 46%），而工具、石核、断块等比例均较少（见表六四）。

不过，从细类上看，乌兰木伦和水洞沟遗址石制品类型差别明显。首先，在石核和剥片产品上，后者类型更为丰富，反映了剥片技术更为多样和复杂。主要表现在后者出现了石叶技术和勒瓦娄哇技术的剥片产品。不过，在水洞沟遗址没有发现乌兰木伦遗址的孔贝瓦技术产品。其次，工具类型的构成后者很明显属于旧石器时代晚期的组合，而前者则更倾向于旧石器时代中期的组合。例如，水洞沟遗址有相当比例的以石叶为毛坯加工的端刮器、刮削器和尖状器，并且已经出现了旧石器时代遗址中较为罕见的磨石。而乌兰木伦遗址则主要为石片毛坯工具，以锯齿刃器和凹缺器为代表；而小型的薄刃斧、两面器和石球等则是旧石器中期更为常见的器物类型。最后，在石制品构成上，水洞沟遗址还有一套可以归为"细石器（细小石器）"的石制品。虽然乌兰木伦遗址也有少量尺寸较小的石制品，但是仅有的几件还不足以单独进行分类。

尺寸上，两个遗址可利用的原料均以中、大型为主，因此在大小上没有太大区别。即使是水洞沟遗址区分出来的细石器制品也完全可以在乌兰木伦遗址见到。

（四）石核剥片技术

在剥片方法上，乌兰木伦和水洞沟遗址均以硬锤直接法为主，而砸击法和压制法比例较少。不同的是，水洞沟遗址还使用了间接剥片法。

不过在剥片技术上，乌兰木伦和水洞沟遗址有很大的差别。首先，后者大量使用了石叶剥片技术，其石叶石核所占石核总数比例高达 48%。而前者没有发现石叶剥片技术。其次，后者使用了勒瓦娄哇技术，该技术石核所占石核总数比例达 22%。再次，前者使用了孔贝瓦剥片技术，而后者没有。最后，虽然砸击制品在两个遗址均发现较少，但种种迹象（砸击开料石核、不同类型原料砸击法的使用）表明砸击法在乌兰木伦遗址可能是一种较为广泛使用的剥片技术。

此外，虽然乌兰木伦遗址没有发现预制性很强的石叶和勒瓦娄哇石核，但是在该遗址也已经出现了向心石核、修理台面技术、更新石核台面桌板等预制技术石核和产品。不过，比较而言，显然还差得很远。

（五）工具修理技术

在工具毛坯选择上，两者均以石片毛坯为主，这也是它们在工具加工方面最为主要的共性。另外一个相同点是，锤击法在工具修理中扮演了主要角色；并且均以正向加工为主，而反向、错向、交互加工等有但均较少。

不过，水洞沟遗址相对乌兰木伦遗址而言，确切的使用了压制技术，并且还使用了指垫法和软锤修理技术。此外，水洞沟遗址细石器制品还使用了砸击修理技术，乌兰木伦遗址目前还没有确切的砸击修理证据。

修柄和有意截断是两个遗址均有发现的较为特殊的修理技术。例如，水洞沟的尖状器有些在两侧下端修整出狭柄以便捆绑[1]，而在乌兰木伦遗址则有端刮器具备同样的修理方法，而且发现的石镞还有明显的修铤行为。修柄的存在是有捆绑形成复合工具的有力证据。有意截断的行为在乌兰木伦遗址的锯齿刃器等器形上有发现明显的证据；而水洞沟遗址则已出现对石叶进行截断的证据，并且比例很高，占石叶总数的 79%。水洞沟遗址发现的有意截断石叶可能是作为特殊用具的镶嵌"石刀"使用，表明镶嵌复合工具的出现。

三、与该区域调查采集发现的石制品对比

鄂尔多斯高原地区调查采集发现的石制品主要有三批。一批是 20 世纪 50 年代末张森水先生在内蒙古中南部即今天的鄂尔多斯高原两次调查采集的石制品，主要获得石制品的区域为准格尔旗；另外两批是最近在乌兰木伦遗址发现后由中国科学院古脊椎动物与古人类研究所与鄂尔多斯市当地文物部门联合进行的乌兰木伦河流域调查所采集的石制品以及在准格尔旗调查采集的石制品。

这三批石制品的采集点距离不远，主要位于鄂尔多斯的东北部和中东部。而这些石器也主要发现于现在的河流阶地上，例如准格尔旗发现的石制品主要分布在黄河两岸的阶地上，而乌兰木伦河流域发现的石制品则分布在乌兰木伦河两岸基岩砾石层中。对比乌兰木伦河和准格尔旗的调查，发现它们有以下几个共同点：在阶地砾石层中均有大量石英岩存在；石制品主要发现于较高级的阶地（共多少级阶地目前还没有定论）；由于阶地冲蚀严重，大多数石制品裸露于地表，并且难以找到其原生层位，但在准格尔旗的砾石层中或砾石层上部砂土层中发现有少量石制品，但有可能是再次搬运的结果[2]；有一部分石制品磨蚀风化非常严重，但多数石制品表面保存非常新鲜；都发现有一些加工非常精致且与欧洲的莫斯特、奥瑞纳甚至梭鲁特文化极为相似的标本。此外，还发现有石叶石核和石叶等；两个地区石制品都非常丰富，甚至可以说"俯拾即是"。张森水先生的两次调查没有披露具体的石制品数量，但在报告中多次提到了"许多"二字；最近的调查仅乌兰木伦河流域已采集 1400 余件石制品，而实际上在调查时还没有进行清理式的采集。

由于原生地层的缺乏，这些调查采集石制品的年代是研究者最为关注的问题，也是进行对比的重要前提。最早张森水先生曾根据石器采集点的情况、与当地新石器文化的对比、采集石器本身的特征、石器表面的钙质物质以及与相邻地区或欧洲旧石器文化对比等几个方面认为这些石器更有可能是旧石器而不应该是更晚的文化遗物，而年代可能是旧石器时代晚期[3]。我们在对乌兰木伦遗址石制品进行研究后，对比调查点的地貌考察，认为其可能与乌兰木伦遗址基本同时（与张家富教授和袁宝印研究员交流）；此外，乌兰木伦遗址与调查点采集发现的石制品对石英岩原料的主导性选择也表现出遗址的特征；而且，调查发现的精美刮削器、尖状器等在欧洲的莫斯特文化中完全可以见到，却没有欧洲旧石器晚期的两面加工的箭头、桂叶状尖状器等。因此，将这些调查标本年代归入旧石器时代中期偏晚阶段可能要更合适些。在与乌兰木伦遗址石制品对比时我们立足于这样的年代框架。

---

[1] 宁夏文物考古研究所：《水洞沟——1980 年发掘报告》，科学出版社，2003 年。

[2] 张森水：《内蒙中南部旧石器的新材料》，《古脊椎动物与古人类》1960 年第 2 期。

[3] 张森水：《内蒙中南部和山西西北部新发现的旧石器》，《古脊椎动物与古人类》1959 年第 1 期；张森水：《内蒙中南部旧石器的新材料》，《古脊椎动物与古人类》1960 年第 2 期。

在此基础上，经对比如下。

（一）石制品分布密度

虽然在调查点没有进行过具体统计，但在调查时我们注意到其密度是很高的，而且这还没考虑可能被冲刷带走的细小石器。因此，石制品的高密度分布是乌兰木伦遗址和调查采集石制品的共同特点。

（二）原料利用

总体来说，原料类型均很丰富，包括石英岩、石英、燧石、玛瑙等；其中，均以石英岩为主，并且是"绝大部分"的比例。

（三）石制品类型

总的来说，石核、石片、各类工具等大类在调查点和乌兰木伦遗址均有发现。在工具类型上，两者均发现有两面器。不过，从具体的类型上看，两者差别很大。首先，调查点发现的石叶和石叶石核在乌兰木伦遗址没有；其次，调查点发现有采用压制法进行两面通体加工或单面通体加工的刮削器和尖状器等（彩版八一），而在乌兰木伦遗址没有。因此，调查发现的石制品类型较乌兰木伦遗址要更为丰富，部分石制品也更为精美；最后，调查石制品除了有一部分是小型石片工具外，还有相当数量的较大型石片或砾石加工工具。

（四）石核剥片技术

剥片方法均主要为锤击法。砸击法和压制法在调查石制品中目前还没有发现实例，而砸击法在乌兰木伦遗址可能广泛使用。具体而言，调查点发现的石叶剥片技术在乌兰木伦遗址没有，而乌兰木伦遗址的孔贝瓦技术则在调查点没有发现。预制石核技术都有发现，但调查点显然要更为成熟些（主要为石叶石核）。

（五）工具修理技术

锤击法是调查石制品和乌兰木伦遗址石制品最为主要的修理方法。不过，在调查石制品中已广泛使用压制法，并且已经十分成熟；甚至还可能使用了指垫法和软锤修理。石片工具加工方式上，乌兰木伦遗址以单面正向加工为主，其他如两面、交互、反向、错向、对向加工等均较少。而调查石制品则难以统计出主导的加工方式，但显然两面加工已有一定的比例。此外，乌兰木伦遗址工具加工程度较低，而调查石制品则出现了相当部分单面或两面通体加工的工具。

四、小结

同属鄂尔多斯高原的萨拉乌苏、乌兰木伦和水洞沟遗址，年代均为晚更新世，不过分属于早、中、晚期。而从冰期和深海氧同位素阶段来看，萨拉乌苏遗址为 MIS5 阶段，间冰期；乌兰木伦遗址为 MIS4 阶段结束至 MIS3 阶段开始，冰期；水洞沟遗址为 MIS3 阶段末期，冰期。它们所处时代和环境的差异，最终对旧石器文化面貌造成影响。更为重要的是，在旧石器文化序列上，作为旧石器晚期的水洞沟遗址与作为旧石器中期的其他两个遗址在石制品面貌上差别明显。

因此，乌兰木伦与萨拉乌苏遗址石制品面貌更为接近。虽然一眼看去它们在原料和大小上具有强烈的差异，但这主要受到原料可获性的影响，而在原料利用、石核剥片技术和工具加工技术上体现出更多的相似性。不过，相对而言，乌兰木伦遗址在石核剥片技术上显然要更为多样和复杂，表现为多种剥片技术以及预制技术的使用；而工具类型上也出现了一些加工精致的工具，如石镞等。

乌兰木伦与水洞沟遗址也有一些共同点。如工具毛坯以石片为主、锤击法是主要的剥片和加工方法等。不过两者更多的是差异性，主要体现在水洞沟遗址石制品制作技术要更为进步，并有更多的西方因素。包括石核剥片出现了石叶技术、勒瓦娄哇技术和确切的压制技术等；而工具修理不仅采用了压制技术，甚至还有指垫法和软锤修理；工具类型以具有旧石器晚期修理特征的端刮器、尖状器等为主，并出现了磨石；此外，还有一批归类为"细石器"的石制品。

在一些特殊石器技术上，例如修柄和有意截断等在三个遗址均已出现。但是萨拉乌苏仅有可能的修柄技术；而乌兰木伦的修柄技术则已十分成熟，但有意截断还不太普遍；水洞沟遗址不仅修柄技术成熟，而且有意截断的镶嵌复合工具也已被广泛应用。

值得强调的是，孔贝瓦剥片技术在萨拉乌苏和水洞沟都没有发现，体现出乌兰木伦在石核剥片技术上的特殊性。

乌兰木伦遗址石制品与调查发现的石制品对比，完全可以归为不同的石制品组合。调查石制品不仅有石叶技术，工具类型也更为丰富，加工更为精致，特别是一些两面通体加工的器类普遍存在；而工具修理技术中压制法已十分成熟，还可能使用了软锤加工。与乌兰木伦遗址距离极近的乌兰木伦河流域调查发现的石制品，如果年代与乌兰木伦遗址接近，那么它们之间的关系是不同文化的差异还是同一文化不同功能区域的差异，值得深入探讨。

第二节　与邻近地区旧石器遗址对比

一、与周口店遗址对比

周口店遗址位于北京市西南房山区周口店镇龙骨山北部，地理坐标为 39°41′N，115°51′E，通常指龙骨山上 8 个古人类文化遗址或地点和哺乳动物化石地点。自发现之日起，已编至第 25 地点[1]，大多数地点在周口店附近。周口店遗址不仅发现有大量的石制品、用火遗迹等文化遗存，还发现有丰富的人类骨骼化石，为古人类和文化演化研究提供难得的材料。可以说，周口店遗址是世界上材料最丰富、最系统、最有价值的旧石器时代遗址之一。

在这 8 个古人类文化遗址或地点中，周口店第 1 地点即北京猿人遗址和周口店第 15 地点所获石

---

[1] 北京市地方志编纂委员会：《北京志·世界文化遗产卷·周口店遗址志》，北京出版社，2004 年。

制品最为丰富。乌兰木伦遗址与周口店遗址的对比，主要选择这两个地点。这两个地点有学者认为在文化序列演化上是连续的，并且第 1 地点上部地层与第 15 地点年代相当[1]。不过，也有学者认为第 15 地点较之第 1 地点要年轻，而它们之间有一个间断[2]。

（一）周口店第 1 地点

不同学者对该地点堆积厚度和层位划分有所区别。最早德日进和杨钟健在 1929 年发表的剖面分 10 层，厚 33.8m[3]；1933 年布达生等发表的剖面则分到了 11 层，厚度达到 46.4m[4]；贾兰坡在 1959 年将剖面分为 11 层，总厚度为 33m[5]，这也是最为后来研究者所引用的地层划分。不过，虽然对第 1 地点地层剖面尚无统一的认识，但有两点是肯定的：一是该地点地层堆积很厚，并可划分出很多地层；二是从底部层位到顶部层位年代跨越可达 30 万年，石制品也表现出一定的变化和发展[6]。

周口店第 1 地点年代属于中更新世，年代范围经多种测年方法测定在距今 50 万 ~20 万年[7]，在旧石器文化序列中属于旧石器时代早期。由于乌兰木伦遗址与其年代相差甚远，因此它们之间的比较，首先没有必要与周口店第 1 地点进行分层对比，而是将其作为一个整体；此外，在对比结果中，我们应有它们之间异多于同的心理准备。需要说明的是周口店第 1 地点的对比数据主要参考裴文中和张森水先生 1985 年的石制品研究报告[8]，此外还参考了张森水先生后来撰写的《周口店遗址志》，因为如作者所言其中有一些认识上的修正和补充[9]。

在原料使用上，周口店第 1 地点使用了 44 种不同类型的原料。不过，占绝对主导地位的是石英，比例高达 89%。此外水晶、砂岩、燧石也有一定比例，分别为 5%、3% 和 2%。关于石英原料的来源，李锋[10]曾对该地点第 4~5 层脉石英原料的来源和可获性通过地质调查的方式进行了分析，认为这些脉石英主要可能来自岩脉露头或风化处，此外还将基岩砾石层石英作为补充。而考虑到脉石英岩脉分布不均、位置固定、不会遍布山坡，该地点古人类需要有对脉石英的产出位置等具有一定的认识，并可能有专人进行原料采集，体现出"后勤式"原料采集特征。这一研究具有重要意义，揭示出周口店第 1 地点原料利用方式上具有较高的选择性和规划性特点。在此层面上，虽然乌兰木伦遗址主要使

［1］贾兰坡、黄慰文：《周口店发掘记》，天津科技出版社，1984 年。

［2］Gao X., *Explanations of typological variability in paleolithic remains from Zhoukoudian locality 15, China*, the University of Arizona, 2000；张森水：《中国旧石器文化》，天津科学技术出版社，1987 年。

［3］Teilhard D. C. P., Young C. C., Preliminary report on the Chou Kou Tien Fossififerous deposit, *Bulletin Geological Society of China*, 1929, 8:173–202.

［4］Black D., Teilhard D. C. P., Young C. C., et al., *Fossil Man in China:The Choukoutien Cave Deposits with a Synopsis of Our Knowledge of the Late Cenozoic in China*, The Geological Survey of China, Peiping, 1993.

［5］贾兰坡：《中国猿人化石产地 1958 年发掘报告》，《古脊椎动物与古人类》1959 年第 1 期。

［6］裴文中、张森水：《中国猿人石器研究》，科学出版社，1985 年。

［7］黄慰文：《北京人的生存时代和生活环境》，《自然杂志》1979 年第 12 期。

［8］裴文中、张森水：《中国猿人石器研究》，科学出版社，1985 年。

［9］北京市地方志编纂委员会：《北京志·世界文化遗产卷·周口店遗址志》，北京出版社，2004 年。

［10］李锋、王春雪、刘德成等：《周口店第一地点第 4 ~5 层脉石英原料产地分析》，《第四纪研究》2011 年第 5 期。

用石英岩，但这种区别更多地受到它们所处当地岩石类别和比例的限制。而它们所体现出的原料利用方式却很接近：就地取材但高度选择。不过，周口店第 1 地点古人类为何抛弃就近的相对更为优质的原料而选用石英，则是一个值得进一步思考的问题。

石核剥片技术上两者差别明显。周口店第 1 地点占主导的剥片方法为砸击法，锤击法只是其中重要的组成部分；此外，还有可能使用碰砧法。乌兰木伦遗址砸击法虽然可能是重要的剥片方法，但从剥片产品数量上看显然锤击法占了主要成分。相比较而言，乌兰木伦遗址在剥片技术上要更为多样和复杂。例如，可能采用了压制剥片技术；已有石核预制技术；出现了孔贝瓦技术；在石核准备阶段出现了砸击开料技术等等。并且这些剥片技术构成了不同的剥片序列。

工具毛坯的选择，均以石片为主。不过，乌兰木伦遗址石片毛坯工具比例相对要高些，其比例达到 99%（包括完整石片和断片毛坯），而周口店第 1 地点石片为 70%。

工具类型构成上，刮削器在两个遗址都占有一定比重。不过，与周口店第 1 地点刮削器占主体地位（约 53%）不同，乌兰木伦遗址工具类型是以成套的组合（tool-kits）形式出现，其锯齿刃器比重最高（37%），而凹缺器和刮削器也有与之相近的比例（分别为 25% 和 22%）。工具类型的丰富和复杂性是两个遗址的共同点，各类刮削器、尖状器、雕刻器、石刀、石锥、两面器、薄刃斧、石球等在两个遗址中都是可见器形；而在周口店还有先进于时代的“箭头（石镞）”，而这在乌兰木伦遗址已经较为成熟。不过，周口店第 1 地点更多地表现出旧石器早期文化的面貌，如包含相对大型的手斧[1]、砍砸器等；而乌兰木伦遗址中没有砍砸器类，且发现的两面器、薄刃斧是由小型石片加工而成，更多地体现出旧石器时代中期的石器风格。乌兰木伦遗址工具类型的进步性还表现在端刮器、精美石镞等器形的出现。

工具修理技术两个遗址均以锤击法为基本方法。不同的是，周口店第 1 地点还使用了砸击法或可能的碰砧法；而乌兰木伦遗址则出现了可能存在的更为进步的压制法。加工方式均以单向加工为主，且多为正向加工。工具加工的精细程度和工具修理刃缘的稳定性周口店第 1 地点明显不如乌兰木伦遗址，特别是在一些加工精制的标本如端刮器、石镞等上表现明显。此外，一些乌兰木伦遗址存在的特殊修理技术如修柄、修铤、有意截断等在第 1 地点没有见到。

（二）周口店第 15 地点

周口店第 15 地点是周口店较早发现的地点之一，但当时只是作为众多化石点的一个而没有命名。1932 年裴文中先生重新认识到该地点的重要性，并可能直到 1935 年才正式命名为第 15 地点[2]。该地点的发掘主要集中在 20 世纪 30 年代，贾兰坡和裴文中先生先后分别有两篇报告发表[3]，但发表

---

[1]黄慰文、侯亚梅、高立红：《中国旧石器文化的“西方元素”与早期人类文化进化格局》，《人类学学报》2009 年第 1 期。

[2]北京市地方志编纂委员会：《北京志·世界文化遗产卷·周口店遗址志》，北京出版社，2004 年。

[3]Pei W. C., A preliminary study on a new palaeolithic station known as locality 15 within the Choukoutien region, *Bulletin Geological Society of China*, 1939, 19:207-234；贾兰坡：《周口店第 15 地点开掘简单报告》，《世界日报》，1936 年 1 月 9 日、2 月 9 日。

的材料并不全面。后来高星先生对该地点石制品进行了全面整理，并完成了英文博士论文[1]，此外还发表了关于原料利用、石核剥片技术、工具类型和修理技术等方面的论文[2]。在高星的博士论文中还报道了该地点用马牙化石铀系测年的数据，为距今 14 万 ~11 万年前。乌兰木伦遗址与该地点的对比主要参考高星的研究成果。

原料利用方面，周口店第 15 地点原料构成较为简单，只有 6 种，包括石英、火成岩、水晶、燧石、砂岩和石英岩等，其中石英比重最高，占 95%。这与乌兰木伦遗址以石英岩为主体（86%）不同。与周口店第 1 地点一样，该地点表现出来的对石英的高度选择和利用，是一个值得进一步探讨的课题。

第 15 地点的原料利用研究认为采用了"务实和灵活的应对策略，广产薄取、以量补质"，并将锤击法应用于石英剥片的技术发展到成熟。这主要是与周口店第 1 地点相比较而言。第 15 地点原料利用有一个更为重要的特点是"对不同质量的原料采用不同的方式加以开发"，例如对不同原料的形状采用了不同的适应策略，如平板原料采用盘状石核，而椭圆原料采用普通剥片技术。乌兰木伦遗址原料的形状（多为圆形）虽然不足以影响石核剥片技术等，但不同类型和大小的原料却运用了不同的剥片方法，例如对相对更圆的石英岩在剥片准备阶段进行砸击开料处理；对石英和尺寸较小的石英岩采取砸击法剥片等。在这一层面上，乌兰木伦遗址与第 15 地点具有较高的相似性。

石核剥片技术上两者存在不少共同点。首先，锤击法是主要的剥片方法，而砸击法比例较少（第 15 地点比例为 12%，乌兰木伦遗址比例更少）。其次，都有对石核的预制行为，如第 15 地点的盘状石核，乌兰木伦遗址的向心石核、更新石核台面桌板、孔贝瓦技术等；但均未发现有勒瓦娄哇剥片技术。再次，石片均以素台面为主，其中第 15 地点比例为 64%，而乌兰木伦遗址为 67%。此外，修理台面石片数量很少。最后，都可能存在对剥片面的修理。周口店第 15 地点有部分石片背面疤方向与石片破裂方向相同，表明可能有对剥片面的修理倾向；而这正是乌兰木伦遗址石核剥片的向心石核技术。两者的不同之处主要表现为乌兰木伦遗址剥片技术的进步、复杂和多样。乌兰木伦遗址可能采用了压制剥片技术；石核预制技术更为成熟，表现在预制石核剥片产品多样，包括更新石核台面桌板、向心石核、孔贝瓦石核和石片、修理台面石片等；在石核剥片准备阶段进行砸击开料等；不同剥片技术构成了不同的剥片序列。

工具毛坯的选择两者均以石片毛坯为主，第 15 地点为 68%，乌兰木伦遗址为 99%。但第 15 地点仅有 13% 为完整石片，而乌兰木伦遗址高达 63%。

工具类型构成上，刮削器均为重要组成部分，不过第 15 地点刮削器比例高达 93%，而乌兰木伦遗址仅为 22%。考虑到研究者在对第 15 地点工具进行分类时，并没有将锯齿刃器单独列出，因此这个 93% 的比例可能会稍微偏高。而与第 15 地点刮削器占绝对主导地位不同，乌兰木伦遗址工具类型

---

[1] Gao X., *Explanations of typological variability in paleolithic remains from Zhoukoudian locality 15, China*, the University of Arizona, 2000.

[2] 高星：《周口店第 15 地点石器原料开发方略与经济形态研究》，《人类学学报》2001 年第 3 期；高星：《周口店第 15 地点剥片技术研究》，《人类学学报》2000 年第 3 期；高星：《关于周口店第 15 地点石器类型和加工技术的研究》，《人类学学报》2001 年第 1 期。

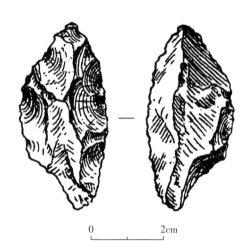

图一九三　周口店第 15 地点可能
修柄的尖状器

（出自高星：《关于周口店第 15 地点石器
类型和加工技术的研究》，《人类学学报》
2001 年第 1 期）

是以锯齿刃器、凹缺器和刮削器的组合形式出现的，其中以锯齿刃器比例最高，但三者的比例实际上相差不大。工具类型上两者更为重要的一个不同是，乌兰木伦遗址相对而言表现出更多的旧石器晚期的石器风格特征，表现在乌兰木伦遗址没有大型工具如砍砸器类；薄刃斧是以小型石片加工；出现了旧石器晚期的典型器类端刮器、石镞等。

工具修理技术均以锤击法为主，并且加工方式多样，有正向、反向、错向、交互、复向等，并以正向加工为主。不同的是，第 15 地点还存在砸击修理技术，可见砸击法在第 15 地点并不能简单看作是附属的地位；而乌兰木伦遗址可能存在较为先进的压制修理技术。此外，乌兰木伦遗址出现的特殊修理技术如修柄和有意截断在第 15 地点没有见到。不过，经报道的 1 件尖状器底部有一个可能是故意打击形成的凹缺，有可能是为了捆绑而进行的修柄（图一九三）。

二、与泥河湾盆地对比

在泥河湾科学研究中，不同学者对泥河湾盆地常常会有广义和狭义的两个概念[1]。广义的泥河湾盆地包括阳原、蔚县、大同盆地以及涿鹿、怀来盆地；而狭义则仅仅指阳原盆地。无论出于地理、地貌还是旧石器文化上的理解，本报告所指和涉及的考古遗址都是来自广义上的泥河湾盆地。下面将要对比讨论的峙峪遗址即位于广义泥河湾盆地的西南端，行政区划属于山西省。

因此，从地理意义上说，泥河湾盆地是位于北京市西约 50km 以外的桑干河及其支流壶流河河谷的一个不规整分布山间构造盆地。它占据河北省西北部和山西省北部。其间，桑干河由西南向东北蜿蜒贯穿整个盆地。自 20 世纪 20 年代以来，泥河湾盆地发现了大量包括旧石器早、中、晚期在内的旧石器文化遗存（图一九四）。其中下更新统旧石器遗址的不断发现，使之成为研究中国乃至东亚早期人类及其文化的一个重要地区[2]。

乌兰木伦遗址与泥河湾盆地旧石器遗址的对比，特别是与该地区旧石器早期遗址的对比，主要是为了追寻其文化"源"的问题。贾兰坡先生曾提出泥河湾地层是最早人类的脚踏地[3]，这里也是以小石器为主要特征的中国北方主工业类型[4]集中营，并有可能是中国北方小石器工业的中心和源头[5]。

［1］谢飞、李珺、刘连强：《泥河湾旧石器文化》，花山文艺出版社，2006 年。

［2］Schick K. D., Dong Z., Early Paleolithic of China and Eastern Asia, *Evolutionary Anthropology,* 1993, 2 (1):22–35.

［3］贾兰坡、王建：《泥河湾期的地层才是最早人类的脚踏地》，《科学通报》1957 年第 1 期。

［4］张森水：《管窥新中国旧石器考古学的重大发展》，《人类学学报》1999 年第 3 期。

［5］侯亚梅：《泥河湾盆地东谷坨遗址石器工业》，中国科学院古脊椎动物与古人类研究所博士论文，2000 年；侯亚梅：《水洞沟：东西方文化交流的风向标？——兼论华北小石器文化和"石器之路"的假说》，《第四纪研究》2005 年第 6 期。

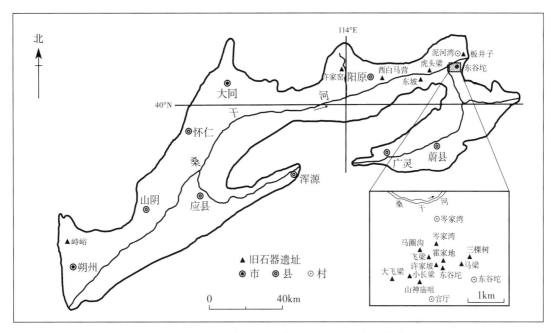

图一九四　泥河湾盆地及发现的旧石器遗址分布图

（改自刘扬：《泥河湾盆地更新世人类活动遗迹与石器技术演化》，《第四纪研究》2012 年第 2 期）

（一）与早期遗址对比

泥河湾盆地旧石器早期文化遗存发现众多，目前已命名的至少有 60 处[1]，部分遗址（马圈沟、小长梁、大长梁、半山、东谷坨、飞梁、霍家地、许家坡、岑家湾、马梁、三棵树和东坡）已有相关报道和年代测定。其中，年代较早、材料丰富、报道详细的小长梁和东谷坨遗址是本次比较的重点。

小长梁（40°13′10″N，114°39′44″E）和东谷坨（40°13′23″N，114°40′16″E）遗址均位于泥河湾盆地东端东谷坨村一带，两者距离不远。其中小长梁遗址发现于 1978 年，后来经历过多次发掘，出土石制品目前经报道的有 1800 余件[2]。其年代经古地磁测定为距今 136 万年[3]。关于小长梁石器工业的技术水平有两种截然不同的观点。一种是认为小长梁石器工业剥片过程随意性很强，技术水平较为原始，工具加工简单且器形不复杂[4]；另一种是认为小长梁石器工业不仅打片技术比较纯熟，而且工具类型也具有一定的复杂性[5]。东谷坨遗址发现于 1981 年，已经过多次发掘，出土石制品非常

［1］卫奇、李珺、裴树文：《旧石器遗址与古人类文化》，《泥河湾裂谷与古人类》，地质出版社，2011 年。

［2］陈淳、沈辰、陈万勇等：《河北阳原小长梁遗址 1998 年发掘报告》，《人类学学报》1999 年第 3 期；尤玉柱：《河北小长梁旧石器遗址的新材料及其时代问题》，《史前研究》1983 年第 1 期；尤玉柱、汤英俊、李毅：《泥河湾组小长梁遗址的发现及其意义》，《科学通报》1979 年第 8 期。

［3］Zhu R. X., Hoffman K., Potts R., et al., Earliest Presence of Humans in Northeast Asia, *Nature*, 2001, 413:413-417.

［4］陈淳、沈辰、陈万勇等：《小长梁石工业研究》，《人类学学报》2002 年第 1 期。

［5］黄慰文：《小长梁石器再观察》，《人类学学报》1985 年第 4 期。

丰富，见报道的有 2100 余件[1]。其年代经古地磁测定为距今 110 万年[2]。东谷坨遗址石器基本特征是小型而加工精细，且具有细石器传统旧石器时代晚期石器工业的某些风貌[3]。特别是东谷坨石核的发现和命名[4]多显示出古老地层中文化先进的性质，也一度为学者所质疑[5]。

因此，考虑到乌兰木伦遗址与小长梁和东谷坨遗址年代跨度太大，而且不同学者对小长梁和东谷坨遗址文化面貌的认识还有一些差异。为了使比较更为可靠，有必要对实际材料进行考察。为此，我观察了现存放于侯亚梅研究员办公室的小长梁和东谷坨标本，并且与西班牙的 Andreu OLLE 等旧石器考古学家对这两批石制品进行了再次观察。综合前人对这两处遗址石制品面貌的认识和自己的观察，它们在以下几个特征上与乌兰木伦遗址显示出密切的关系。

（1）原料以燧石为主（90% 以上），主要在遗址附近采集。裴树文曾研究了东谷坨遗址的原料利用方式，认为其主要采集于砂砾岩砾石中、构造破碎带和遗址北侧断裂带[6]。小长梁遗址基本也是如此。这是一种就地取材（遗址附近）、择优选择的原料获取方式。

（2）石制品以小型为主。经统计，小长梁遗址石制品最大长度基本小于 40mm，东谷坨遗址则基本在 50mm 以内。

（3）锤击法是石核剥片的主要方法；砸击法也有使用。关于砸击法的使用程度，以前学者一般认为是偶尔使用，不过我在和来自西班牙具有砸击实验经验的同行观察这两个遗址的标本时，又新识别出 35 件砸击制品（彩版八二）。其中小长梁遗址观察的 53 件标本中有 27 件砸击制品，比例为 51%。虽然这一比例不能代表整个遗址砸击制品的比例，但我们认为有必要重新审视砸击剥片技术在泥河湾盆地早期遗址中的地位，而这主要依赖实验考古的研究。修理台面技术在小长梁和东谷坨遗址都有出现，主要表现在小长梁遗址的修理台面石片[7]和东谷坨遗址的预制台面石核[8]。石核预制技术在东谷坨遗址甚至已经较为发达。

（4）工具类型多样，以刮削器为主，且能进一步分出细类。锯齿刃器、凹缺器、尖状器等也有一定比例。此外，端刮器、雕刻器、石锥等也有出现。

（5）工具毛坯主要为石片（其中东谷坨遗址为 90%，小长梁遗址缺乏公布的数据）。修理方法主要为锤击法，加工方式多样但以单面正向加工为主。东谷坨遗址发现的个别尖状器加工已较为精致、器形规整、加工部位平齐。值得一提的是，侯亚梅识别出来的 2 件（带肩）尖状器很有可能是修柄的

[1] 侯亚梅、卫奇、冯兴无等：《泥河湾盆地东谷坨遗址再发掘》，《第四纪研究》1999 年第 2 期；卫奇：《东谷坨旧石器初步观察》，《人类学学报》1985 年第 4 期。

[2] Wang H. Q., Deng C. L., Zhu R. X., et al., Magnetostratigraphic dating of the Donggutuo and Maliang Paleolithic sites in the Nihewan Basin, North China, *Quaternary Research*, 2005, 64 (1):1–11.

[3] 卫奇：《东谷坨旧石器初步观察》，《人类学学报》1985 年第 4 期。

[4] 侯亚梅：《"东谷坨石核"类型的命名与初步研究》，《人类学学报》2003 年第 4 期。

[5] 张森水：《中国旧石器工业中的砸击技术》，《迎接二十一世纪的中国考古学国际学术讨论会论文集》，科学出版社，1998 年。

[6] 裴树文、侯亚梅：《东谷坨遗址石制品原料利用浅析》，《人类学学报》2001 年第 4 期。

[7] 黄慰文：《小长梁石器再观察》，《人类学学报》1985 年第 4 期。

[8] 侯亚梅：《"东谷坨石核"类型的命名与初步研究》，《人类学学报》2003 年第 4 期。

早期证据（图一九五）。

以上 5 点在乌兰木伦遗址石器工业中表现明显。不过相较而言，后者显然要更为复杂和多样些。首先，原料选择上，乌兰木伦遗址古人类在面对成分多样的基岩砾石层砾石原料时，主要选择了优质的石英岩，更加体现出选择的主动性；其次，剥片方法以锤击法为主，砸击法也应该是重要的组成部分，但还可能存在更为进步的压制法，此外，孔贝瓦技术以及多样的石核剥片序列都表明乌兰木伦遗址石核剥片的复杂性；再次，乌兰木伦遗址的工具类型更为丰富多样，除小长梁和东谷坨遗址出现的类型外，还有琢背石刀、鸟喙状器、石球等，此外，加工精制的石镞也已经出现；最后，工具修理上，乌兰木伦遗址虽然也以锤击法为主，但还可能有压制法，有更多的精制加工工具，器形和形态等也更为稳定，修柄技术也更为成熟，此外，还有有意截断的修理方法。

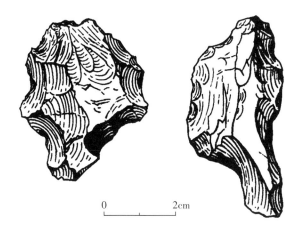

图一九五 东谷坨遗址（带肩）尖状器
（出自侯亚梅：《泥河湾盆地东谷坨遗址石器工业》，中国科学院古脊椎动物与古人类研究所博士论文，2000 年）

（二）与中期遗址对比

泥河湾盆地旧石器中期遗址发现不多，个别遗址的年代还存在争议。其中，许家窑遗址是相对较为学术界所公认的一个遗址。

许家窑遗址应该说有两个地点，分别位于泥河湾盆地北部河北省阳原县侯家窑村西侧长形沟和山西省阳高县许家窑村北侧两叉沟，均处于桑干河支流梨益沟右岸，地理坐标分别为 40°06′04″N，113°58′41″E 和 40°06′53″N，113°57′31″E。发现于 1973 年，后历经多次发掘，出土石制品 2 万多件。目前已发表可供对比研究的标本 14039 件[1]。该遗址的准确年代目前还没有定论，陈铁梅利用铀系法所得到的年代为距今 12.5 万 ~10 万年[2]是目前学术界所普遍接受的年龄。

许家窑遗址石器工业以下几个特征表现出与乌兰木伦遗址的密切关系。

（1）石制品原料主要采集于遗址附近的河漫滩或阶地砾石，属于就地取材性质。其中占有一定比例的石英原料主要用来砸击剥片。表明对不同原料采用了不同的应对策略。

（2）石制品以小型为主，大部分石制品最大长在 40mm 左右。

（3）锤击法是石核剥片的主要方法，砸击法也有一定比例（根据 1976 年发表的报告[3]，砸击石片占石片总数的比例为 9%）。石核预制技术和台面修理技术已经较为发达，其中预制的盘状石核

［1］贾兰坡、卫奇：《阳高许家窑旧石器时代文化遗址》，《考古学报》1976 年第 2 期；贾兰坡、卫奇、李超荣：《许家窑旧石器时代文化遗址 1976 年发掘报告》，《古脊椎动物与古人类》1979 年第 4 期。

［2］陈铁梅、原思训、高世君：《铀子系法测定骨化石年龄的可靠性研究及华北地区主要旧石器地点的铀子系年代序列》，《人类学学报》1984 年第 3 期。

［3］贾兰坡、卫奇：《阳高许家窑旧石器时代文化遗址》，《考古学报》1976 年第 2 期。

虽然大小不一，但是已经相当规整和典型。此外，在剥片时已经懂得利用台面的凸棱。该遗址辨认出的原始棱柱状石核被认为可能是细石器中常见的柱状和锥状石核的母型[1]，经观察确实比较原始，与其说与晚期细石器石核有关联，还不如说是对石核剥片面和台面的有效控制。从这一层面上讲，其与乌兰木伦遗址进行砸击开料并以固定砸击破裂面为台面的石核有很大的相似性。

（4）工具类型多样，刮削器、尖状器、雕刻器、石钻等均有发现。石球被认为是该遗址的一大特色，但比例也仅为4%[2]。即使据1979年发表的报告[3]，其比例也只有8%。

（5）加工工具的毛坯主要为石片，加工方法主要为锤击法，加工方式多样但主要为单面正向加工。工具加工已较为精致，常可见修理片疤层叠的情况。

但两者也有许多不同点。首先，原料利用上，许家窑遗址据1976年发表的报告，原料类型有7种，其中（脉）石英（32%）、火石（燧石，30%）和火山岩（20%）比例均较高；而乌兰木伦遗址主要为石英岩（86%）。其次，许家窑遗址没有见到压制法和孔贝瓦剥片技术的报道。再次，许家窑遗址工具类型中刮削器占了主导地位（76%），其他各类比例均较低；而乌兰木伦遗址是以工具组合的形式出现的，是以锯齿刃器、凹缺器和刮削器为主导的一套工具组合。再次，许家窑遗址缺乏乌兰木伦遗址的石镞等精致工具，而保留了更加有旧石器早期特色的三棱尖状器（手镐）和砍砸器等。最后，许家窑遗址缺乏乌兰木伦遗址可能存在的压制修理技术，也不存在修柄和有意截断修理技术。

（三）与晚期遗址对比

泥河湾盆地旧石器时代晚期遗址数量很多，其中虎头梁遗址群和峙峪遗址分别代表了细石器工业和小石器工业两个不同的工业类型。乌兰木伦遗址没有表现出细石器工业成分，因此，这里的对比主要选择峙峪遗址。

峙峪遗址地处泥河湾盆地西南端，地理坐标为39°24′11″N，112°21′05″E，其文化层埋藏在峙峪河第二级阶地。该遗址发现于1963年，并进行了20m²的发掘，获得石制品15000多件[4]。其年代经^{14}C测定为28130±1370BP、28945±1370BP[5]和33155±645BP[6]。

峙峪遗址作为旧石器晚期的文化遗存，与作为旧石器中期的乌兰木伦遗址相比，其不同点多表现为前者的进步性。首先，剥片技术上，石核方面出现了楔形石核的雏形——扇形石核，其可能作为细石器石核原始类型，对探讨细石器文化起源具有重要的考古学意义；石片方面，锤击石片长而薄，类似于石叶；石片生产技术可能有软锤直接打击法和间接打击法。其次，从工具类型和修理技术上看，峙峪遗址工具修理非常精细，修理疤大小接近且延展性好、修理边平齐；器物形态稳定；斧形小石刀

---

［1］贾兰坡、卫奇：《阳高许家窑旧石器时代文化遗址》，《考古学报》1976年第2期。

［2］贾兰坡、卫奇：《阳高许家窑旧石器时代文化遗址》，《考古学报》1976年第2期。

［3］贾兰坡、卫奇、李超荣：《许家窑旧石器时代文化遗址1976年发掘报告》，《古脊椎动物与古人类》1979年第4期。

［4］贾兰坡、盖培、尤玉柱：《山西峙峪旧石器时代遗址发掘报告》，《考古学报》1972年第1期。

［5］中国社会科学院考古研究所：《中国考古学中碳十四年代数据集（1965-1991）》，《考古学专刊乙种第二十八号》，文物出版社，1991年。

［6］原思训：《加速器质谱法测定兴隆纹饰鹿角与峙峪遗址等样品的^{14}C年代》，《人类学学报》1993年第1期。

等典型的复合工具出现。

两者的不同点还表现在，峙峪遗址没有发现乌兰木伦遗址石核剥片所采用的孔贝瓦技术。此外，峙峪遗址的石镞只有乌兰木伦遗址石镞类型中的一类，而没有 Aterian tanged point。

但两者的相同点也是很多的。首先，原料利用方面，都表现出对优质原料的选择。峙峪遗址石制品原料主要为优质的燧石；而乌兰木伦遗址主要为优质石英岩。其次，石核剥片技术均以锤击法为主，砸击法也有使用，都存在对石核的预制。再次，工具毛坯均以石片为主，且类型都很丰富。最后，工具修理均以锤击法为主，加工方式多样但以单面正向加工为主，都有修柄技术。

三、小结

乌兰木伦遗址与邻近地区的不同阶段旧石器遗址对比，显示出很多共同点，也有很多不同点。

与泥河湾盆地距今 100 多万年前的小长梁和东谷坨遗址相比，在原料利用（选择性）、石制品大小（以小型为主）、石核剥片技术（锤击法为主，石核预制技术）、工具加工和修理技术方面（锤击法，正向修理为主）都体现出很多的共同点。值得提到的是砸击技术在泥河湾早期遗址石器工业中的地位，可能要超出我们现在的估计。但相对来说，在很多方面，乌兰木伦遗址都显示出更多的进步性质，特别是在石核剥片技术的复杂性、工具类型的多样性和精致性、工具特殊修理技术等方面。与同样属于旧石器时代早期的周口店遗址第 1 地点对比，也是如此。需要提到的是，不仅砸击技术在石核剥片中占有很高比例，砸击修理技术在周口店遗址不论是第 1 地点还是 15 地点也很普遍，而同样使用了砸击剥片技术的乌兰木伦遗址目前还没有观察到采用砸击法进行工具修理的现象。

与邻近地区旧石器时代中期的周口店第 15 地点和泥河湾盆地的许家窑遗址对比，它们的相同点更为明显。例如原料利用（选择性且对不同原料有不同的应对策略）、石核剥片技术（锤击法为主，砸击法较少，剥片过程中表现出较强的预制性以及较强的石核控制能力）、工具类型多样、工具修理以锤击法为主等。不过，周口店第 15 地点较之乌兰木伦遗址有一个很大的不同点是工具毛坯以完整石片为毛坯者比例较低；而许家窑遗址则不存在修柄技术。不同在于乌兰木伦遗址相对更多地体现出一些进步性质，例如原料的选择性更强及工具类型以锯齿刃器、凹缺器、刮削器共同主导的成套组合出现；可能存在压制技术；出现了精致工具如石镞等。而周口店第 15 地点和许家窑遗址则还保留了旧石器时代初期的大型工具，如手镐和砍砸器类。

值得强调的是，乌兰木伦遗址的孔贝瓦技术和独有石镞类型 Aterian tanged point 在其邻近地区还是没有发现，即使在旧石器晚期的峙峪遗址也没有见到。这暗示我们需要从更远的地方寻找其来源。

第三节 与国外相关旧石器工业对比

与国外相关旧石器工业的对比，其主要目的是为了探讨乌兰木伦遗址与世界范围内相关旧石器工业是否具有相似性，或者说在世界旧石器文化演化中的位置。鉴于世界范围内遗址众多，材料繁复，以及考虑到乌兰木伦遗址石器工业自身的特点，为了避免盲目对比，因此主要以地理上的分区以及区域内石器工业面貌上的总体特征、与乌兰木伦遗址具有相关性的代表性石制品类型和技术等来进行比较。具体选择的对比区域包括中国邻近亚洲地区、欧洲和非洲，在年代上重点关注与乌兰木伦遗址相近的旧石器时代中期和晚期遗址。

一、亚洲邻近地区

中国邻近的亚洲地区又分为亚洲北部、东部、南部。

（一）亚洲北部的蒙古和阿尔泰地区

亚洲北部的蒙古和阿尔泰地区，目前已发现大量的旧石器时代遗址，年代最早可到距今100万年前[1]。其中，旧石器时代中期、中晚期过渡以及晚期的遗址最为丰富。对这些遗址的发掘与多学科综合研究，为探讨古人类演化与迁徙提供了重要线索。该地区旧石器时代中期和晚期早段遗址的石器工业明显具有均一性和连续性[2]，并且可能更多地体现出本地文化特色[3]。鉴于此，我们不必对该地区所有旧石器遗址进行梳理，而可以通过最具代表性的 Denisova 洞穴遗址来进行讨论。

Denisova 洞穴遗址位于 Anui 河谷西北 6km 的一处洞穴内。于 1977 年发现，并于 1984 年进行了首次发掘，随后又进行了连续性发掘。获得了古人类化石以及大量石制品和精美的装饰品[4]。该遗址是一处具有旧石器时代中期至晚期连续性堆积剖面的重要遗址，目前已揭露的文化层达 13 层，时间跨度从距今 28 万年延续到距今 3 万年[5]。在遗址的下部地层（第 19~22 层）中，具有明显的以勒瓦娄哇石制品组合为代表的莫斯特文化特征，不仅发现有一定数量的勒瓦娄哇石核和盘状石核，其剥片产品表现为大量的勒瓦娄哇石片，并出现了石叶，而且工具加工的毛坯也大量选用勒瓦娄哇石片。在往上的地层（从第 18 层开始），勒瓦娄哇剥片产品开始减少，取而代之的是越来越普遍的横向石叶剥片技术，并且以石叶为毛坯加工的工具数量也明显增加。特别是到了第 11 层，其文化年代经碳 -14 测定为距今 5 万 ~3 万年[6]，开始显现出旧石器时代晚期早段的文化面貌，勒瓦娄哇剥片技术进一步减少，而石叶和细石叶制品显著增多。

阿尔泰地区的莫斯特文化实际上可以分为三个变体[7]：阿舍利型莫斯特、经典莫斯特和锯齿刃器型莫斯特。

---

[1] Martinón-Torres M., Dennell R., de Castro J. M. B., The Denisova hominin need not be an out of Africa story, *Journal of Human Evolution*, 2011, 60 (4):251–255.

[2] Brantingham P. J., Krivoshapkin A. I., Li J., et al., The initial Upper Paleolithic in Northeast Asia, *Current Anthropology*, 2001, 42 (5):735–747.

[3] Derevianko A. P., The Middle to Upper Palaeolithic transition in the Altai (Mongolia and Siberia), *Archaeology, Ethnology and Anthropology of Eurasia*, 2001, 3 (7):70–103.

[4] Derevianko A. P., Shunkov M. V., Volkov P. V., A Paleolithic Bracelet from Menisova Cave, *Archaeology, Ethnology and Anthropology of Eurasia*, 2008, 34 (2):13–25.

[5] Derevianko A. P., Three Scenarios of the Middle to Upper Paleolithic transition:Scenario 1:The Middle to Upper Paleolithic Transition in Northern Asia, *Archaeology, Ethnology and Anthropology of Eurasia*, 2010, 38 (3):2–32.

[6] Derevianko A. P., The Middle to Upper Palaeolithic transition in the Altai (Mongolia and Siberia), *Archaeology, Ethnology and Anthropology of Eurasia*, 2001, 3 (7):70–103.

[7] Derevianko A. P., *The Paleolithic of Siberia:New Discoveries and Interpretations*, University of Illinois Press, 1998.

以上有关 Denisova 遗址的石器工业特点有以下三
点是与乌兰木伦遗址显著不同的：下部地层（最早至
距今 28 万年）中流行的勒瓦娄哇剥片技术和第 18 层
以后的地层（距今 9 万~3 万年）中逐渐占主导地位
的石叶技术，以及工具毛坯多选用前两种剥片技术的
产品。这三点在乌兰木伦遗址目前的考古材料中还没
有确凿的证据，表明它们在剥坯文化方面的巨大差异。
需要提到的是，在该地区没有发现孔贝瓦剥片技术。

不过，它们也有一些共同点。首先，盘状石核剥
片技术都有被使用。其次，工具类型中锯齿刃器、凹
缺器、刮削器都有一定比例，其他类型如雕刻器、端
刮器等也都有存在，特别是该地区存在的锯齿刃器型
莫斯特工具组合与乌兰木伦遗址具有可比性。最后，
也是最为重要的一点是，在 Denisova 遗址第 11 层（距
今 5 万~3 万年）发现有 1 件带铤石镞（这件标本被研究者归类为刮削器）（图一九六）。

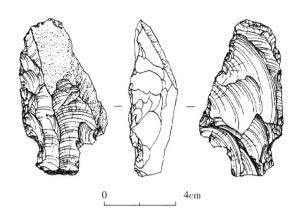

图一九六　Denisova 遗址第 11 层石镞

（出自 Derevianko A. P. , Three Scenarios of the Uiddle to Upper Paleolithic transition:Scenario 1: The Middle to Upper Paleolithic Transition in Northern Asia, *Archaeology, Ethnology and Anthropology of Eurasia*, 2010, 38 (3): 2–32 ）

（二）亚洲东部的俄罗斯远东、朝鲜半岛和日本

俄罗斯远东地区目前发现的旧石器时代遗址不多，被确定为早期的只有 4 个[1]，主要为砾石工
业体系；发现有 1 件具有阿布维利特征的手斧。不过这些遗址因缺乏可靠的年代证据而使该地区是否
存在旧石器早期人类活动存疑。进入到旧石器中晚期阶段，遗址相对较为丰富，其主要特征是开始出
现新的石核剥片技术以及加工更为精致的工具，而砾石工具仍然存在。该区域旧石器中晚期可区分为
多个文化变体[2]，包括推断为莫斯特晚期或旧石器晚期的奥斯诺夫类型；以各类石核、石片、两面
器和尖状器为代表的地理学会洞穴和相关遗存，值得提到的是，在该变体类型中发现有两面剥片即孔
贝瓦技术，年代为距今 3 万年；包含勒瓦娄哇石核、楔状石核、棱柱状石核等的瑟勒姆德扎类型，年
代为距今 2.5 万~1.5 万年；具有长石片—石叶技术的乌兹逊诺夫卡类型，时代属于旧石器晚期末段，
包含楔形石核、箭头（带铤石镞）等的细石器遗存类型，年代为距今 1.4 万~1 万年。可见，该地区
的所谓旧石器中晚期文化实际上基本上属于旧石器晚期。

［1］Derevianko A. P., Shimkin D. B., Powers W. R., *The Paleolithic of Siberia:New Discoveries and Interpretations*, University of Illinois Press, 1998.

［2］Kuzmin Y. V., Siberia at the Last Glacial Maximum:Environment and Archaeology, *Journal of Archaeological Research*, 2008, 16:163–221; Derevianko A. P., Shimkin D. B., Powers W. R., *The Paleolithic of Siberia:New Discoveries and Interpretations*, University of Illinois Press, 1998.

朝鲜半岛的旧石器早期属于阿舍利石器工业[1]。而旧石器中期在韩国学术界则有所争论[2]。李隆助对朝鲜半岛旧石器中期和晚期早段遗址的发现、定年以及石制品研究方面做出了很大贡献，他将这一时段的石器工业特征区分为三个变体[3]：其一是包含手斧的典型朝鲜半岛旧石器中期文化，其二是以砍砸器为主但不包含手斧的砾石工业，其三是包含手斧的石片工业。可见，该地区旧石器中期以及晚期早段的明显特征是重型、轻型工具并存。不过，在石核剥片时存在向心石核剥片技术，而不存在勒瓦娄哇技术。进入距今 3 万年以后，石叶技术出现。

日本地区最早的旧石器文化可以早至距今 60 万年前[4]，一般认为可以分为早、中、晚三期。大约 13 万年前可以看作是旧石器中期的开始。这一时期，石制品原料选择与早期相比偏向大型，而相对更为优质的玉髓等小型原料较少使用；石核剥片出现了盘状石核即向心剥片技术，砸击法也有少量使用。工具类型多样，不仅有轻型的刮削器、尖状器、雕刻器等，还有重型的手斧、手镐和砍砸器等。修理方法主要是锤击法。与中期不同，进入到距今 3 万年以后的旧石器晚期，出现了石叶技术。

亚洲东部的这几个地区，进入到旧石器时代中期后，都表现出以下几个共同特征：重型石器与轻型石器并存，石核剥片技术以锤击法为主并同时使用砸击法，盘状石核剥片技术出现但没有勒瓦娄哇技术，到旧石器晚期出现石叶技术。与乌兰木伦遗址对比，后者不存在重型工具，前者的重型工具可能主要继承了当地旧石器早期的阿舍利传统；而在石核剥片技术上则非常相似。此外，在工具类型上，两者也有相似之处，主要体现在工具类型的多样，且其中包含刮削器、锯齿刃器、雕刻器等器形。值得强调的是，在俄罗斯远东地区距今 3 万年的地理学会洞穴和相关遗存类型中出现了孔贝瓦技术，可能与乌兰木伦遗址有某种关联。

此外，在亚洲东部的这几个地区，在距今 3 万年后的旧石器晚期均出现了与乌兰木伦遗址相似的带铤石镞。

（三）亚洲南部的印度半岛

印度半岛是亚洲南部旧石器工作开展较多的地区，可能发现有世界上年代最早的手斧[5]。在地区旧石器之初就主要体现出强烈的阿舍利文化特征，虽然还可能存在属于连续发展的索安文化[6]。该地区阿舍利工业表现为高比例的手斧和薄刃斧组合。特别值得提到的是，大量的薄刃斧毛坯为孔贝

[1] Norton C. J., Bae K., Harris J. W. K., et al.,Middle Pleistocene handaxes from the Korean Peninsula, *Journal of Human Evolution*, 2006, 51:527–536.

[2] Lycett S. J., Norton C. J., A demographic model for Palaeolithic technological evolution:The case of East Asia and the Movius Line, *Quaternary International*, 2010, 211:55–65.

[3] Lee Y. J., Kong S. J., Le site Paléolithique de Suyanggae, *Corée, L'Anthropologie*, 2006, 110:223–240; Lee H. W., Projectile point and their implications, *Archaeology, Ethnology and Anthropology of Eurasia*, 2010, 38 (3):41–49.

[4] 佐川正敏：《日本旧石器早、中期文化研究新进展及其与邻近地区旧石器对比》，《人类学学报》1998 年第 1 期。

[5] Pappu S., Gunnell Y., Akhilesh K.,et al., Early Pleistocene presence of Acheulian hominins in South India, *Science*, 2011, 331:1596–1599.

[6] Sankalia H. D., *The prehistory and protohistory of India and Pakisitan*, Poona Decan College, 1974.

瓦石片[1]。

旧石器中期一度因为相关遗址缺乏地层而引起年代上的争议，但随着新的发现和研究这一争议已经不复存在[2]。在印度旧石器中期遗址中，往往存在一定数量的手斧等重型工具，可能主要受到当地早期阿舍利传统的影响，但石片工具明显增加[3]。这一时期新的文化现象是向心石核技术、勒瓦娄哇技术甚至石叶技术的出现。目前该地区最早的石叶证据来自 Jwalapuran 遗址，其年代可早至距今 7.4 万年[4]。值得一提的是，在该遗址的第 22 地点还发现了 1 件带铤石镞[5]（图一九七）。

由以上印度半岛所列的旧石器时代中期文化的特征来看，乌兰木伦遗址与之差别很大，甚至可以看作是两个不同的剥坯系统；而工具类型上则可能更多地

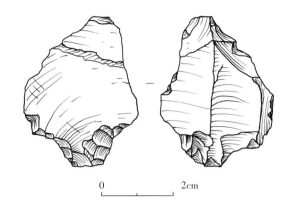

图一九七　印度 Jwalapuran 遗址第 22 地点发现的带铤石镞

（出自 Haslama M., Clarkson C., Roberts R. G., et al., A southern Indian Middle Palaeolithic occupation surface sealed by the 74 ka Toba eruption:Further evidence from Jwalapuram Locality 22, *Quaternary International*, 2012, 258: 148–164）

受到当地旧石器早期文化的影响，前者具有早期阿舍利文化的重型工具，而后者则主要为小型工具。不过，两者也表现出一些共同点，例如盘状石核剥片技术的使用以及石镞的出现。此外，印度半岛阿舍利工业中孔贝瓦技术的大量使用与乌兰木伦遗址孔贝瓦技术是否具有文化传播上的关系，值得思考。

二、欧洲

欧洲旧石器早期经历了阿布维利和阿舍利两个阶段，然而它们之间如何过渡目前还知之甚少。一般而言，阿舍利的出现以软锤法剥片为标志[6]。值得强调的是，阿舍利文化在欧洲主要分布在西部[7]（即博尔德所谓西部现象），而中欧和东欧阿舍利遗存发现较少（不过也有学者认为可能是这些地区旧石器考古工作开展较晚的原因——与波兰旧石器学者 Jan Michal Burdukiewicz 交流）。到里

［1］Gaillard C., Mishra S., Singh M., et al., Lower and Early Middle Pleistocene Acheulian in the Indian sub-continent, *Quaternary International*, 2010, 223:234–241.

［2］Petraglia M., Korisettar R., Boivin N., et al., Middle Paleolithic Assemblages from the Indian Subcontinent Before and After the Toba Super-Eruption, *Science*, 2007, 317:114–116.

［3］Gaillard C., Processing sequences in the Indian Lower Palaeolithic: Examples from the Acheeulian and the Soanian Indo-Pacific prehistory, *Bulletin of the Indo-Pacific Prehistory Association*, 1996, 14 (1):57–67.

［4］Haslama M., Clarkson C., Roberts R. G., et al., A southern Indian Middle Palaeolithic occupation surface sealed by the 74 ka Toba eruption: Further evidence from Jwalapuram Locality 22, *Quaternary International*, 2012, 258:148–164.

［5］Haslama M., Clarkson C., Roberts R. G., et al., A southern Indian Middle Palaeolithic occupation surface sealed by the 74 ka Toba eruption: Further evidence from Jwalapuram Locality 22, *Quaternary International*, 2012, 258:148–164.

［6］Bordes F., *The Old Stone Age*, McGraw-Hill Book Company, 1968.

［7］Tuffreau A., *L'Acheuleen, De L' Homoo erectus a L'homo de Neandetal*, La maison des roches, 2004.

斯冰期，阿舍利文化遗址发现数量非常多，而且这一阶段已经出现了勒瓦娄哇技术。

欧洲的旧石器中期常常与"莫斯特文化"相联系，表现为勒瓦娄哇技术的广泛使用。实际上，很多学者将欧洲旧石器中期的技术标准定义为工具组合以具有预制型修理石核剥下的石片为毛坯[1]。这个定义体现该阶段古人类精度计划和灵活适应的能力。当然，这种计划性和灵活适应的能力集中体现为勒瓦娄哇剥坯技术的大量使用。不过，我们也应该注意的是，这一阶段流行的莫斯特文化，勒瓦娄哇技术是否存在并不是其最基本的特征。以法国为例，该地区存在的莫斯特文化至少可以分为四个变体[2]：典型莫斯特（Typical Mousterian）、奎纳—菲拉西莫斯特（Quina-Ferrassie Mousterian）、锯齿刃器型莫斯特（Denticulate Mousterian）、阿舍利传统莫斯特（Mousterian of Acheulian Tradition）。实际上，除了在奎纳—菲拉西莫斯特类型中勒瓦娄哇技术产品比例较高外，其他类型该技术比例均较少，甚至没有。此外，法国的这个莫斯特文化变体也表明代表莫斯特文化的石制品组合是多样的。

欧洲旧石器时代中期文化主要为莫斯特文化，如果简要的提取出该阶段文化特点，可以概括为：石核剥片预制技术占主导，其中包括勒瓦娄哇技术和盘状石核技术；工具多以预制剥片产品为毛坯，但这些石片工具常常与手斧等并存；工具组合具有多样性，并可区分不同的文化变体；工具类型中，刮削器常常占有一定比重（多在20%以上），并细分出不同类型；工具修理方式多样，加工也很精致，个别文化类型工具加工程度高，例如奎纳型莫斯特文化工具修理的阶梯状修疤以及普遍出现的两面修理的尖状器和刮削器。

进入旧石器时代晚期，值得提到的是该地区出现了带铤石镞。

乌兰木伦遗址与欧洲旧石器时代中期文化相比，差异性是主要的，但也有一些共同点。例如，乌兰木伦遗址有石核预制技术，并使用了向心石核技术，但没有勒瓦娄哇技术；工具类型多样，刮削器占有一定比例，特别是以锯齿刃器和凹缺器为主导的工具组合可能与欧洲锯齿刃器型莫斯特文化具有相似性；工具修理主要为浅层修理，但也有两面修理的手斧等。值得一提的是，在欧洲旧石器中期也有孔贝瓦技术[3]。

三、非洲

非洲旧石器时代早期经历了奥杜韦文化和阿舍利文化两个阶段，孔贝瓦技术也是发现于非洲旧石器文化的这个阶段而命名[4]。大约在距今30万年前，非洲进入到旧石器时代中期[5]。在这个阶

［1］Otte M., Kozlowski J. K., The transition from the Middle to Upper Paleolithic in north Eurasia, *Archaeology, Ethnology and Anthropology of Eurasia*, 2001, 3 (7):51–62.

［2］Bordes F., Mousterian Culture in France, *Science*, 1961, 134:803–810.

［3］Anna I. C., The meaning of "kombewa" method in Middle Palaeolithic:techno-economic analysis of lithic assemblages from Riparo Tagliente (VR), Carapia (RA), Podere Camponi (BO) and Fossato Conca d'Oro (MT), *Museologia Scientifica e Naturalistica*, 2010, 6:123–130.

［4］Owen W. E., The kombewa Culture, Kenya colony, *Man*, 1938, 38:203–205.

［5］Eleanor M. L. S., The Aterian and its place in the North African Middle Stone Age, *Quaternary International*, 2013, 300:111–130.

段，一般认为，以撒哈拉为界，在非洲南、北部出现两个不同的旧石器文化圈：北部的 Aterian 文化和南部的莫斯特文化。

Aterian 文化[1]分布于非洲北部的大部分地区，与非洲南部莫斯特文化最主要的区别是石制品组合中含有带铤石镞（tanged point），其年代在距今 9.1 万 ~6.1 万年前[2]。不过，这一文化类型也被博尔德称为真实的莫斯特文化（Jenuine Mousterian Industry）[3]，而且也有学者认为作为该文化的标志石制品类型——带铤石镞实际上不能代表 Aterian 文化的全部文化复杂性[4]。

非洲南部旧石器时代中期的莫斯特文化，如果以勒瓦娄哇技术的出现为标志的话，至少在距今 60 万年前就已经开始[5]。而实际上，勒瓦娄哇技术在阿舍利工业时期就已经开始使用，比欧洲要早[6]。

除了 Aterian 和莫斯特文化外，在非洲的中东部还有一类叫作 Sangoen 的文化类型，其可能来源于早期的阿舍利文化[7]。该文化存在手斧和手镐等类型，也有端刮器、刮削器等。勒瓦娄哇技术在该文化中也有使用，不过比欧洲和北非要晚[8]。在非洲东部的肯尼亚地区，还发现了距今约 50 万年的石叶[9]。

总之，从目前的材料来看，非洲的旧石器时代中晚期表现出多个文化变体，其年代或同时或有早晚，但传承关系还不清楚。但这些不同的文化类型具备一个共同的特点，即勒瓦娄哇技术的普遍存在。这一点正是乌兰木伦遗址目前所没有确切证据的。此外，该地区石核预制技术如盘状石核技术、孔贝瓦技术则与乌兰木伦遗址具有可比性；特别是 Aterian 的带铤石镞，极有可能是乌兰木伦遗址发现的同类标本的源头。

四、小结

乌兰木伦遗址与中国以外的其他地区相关旧石器文化对比，明显显示出异大于同的特点。特别

［1］Caton-Thompson G., The Aterian Industry:Its Place and Significance in the Palaeolithic World, *The Journal of the Royal Anthropological Institute of Great Britain and Ireland*, 1946, 76:87–130.

［2］Cremaschi M., Lernia S. D., Garcea E. A. A., Some Insights on the Aterian in the Libyan Sahara:Chronology, Environment and Archaeology, *African Archaeological Review*, 1998, 15:261–286.

［3］Bordes F., *The Old Stone Age*, McGraw-Hill Book Company, 1968.

［4］Eleanor M. L. S., The Aterian and its place in the North African Middle Stone Age, *Quaternary International*, 2013, 300:111–130.

［5］Beaumont P. B., Vogel J. C., On a timescale for the past million years of human history in central South Africa, *South African Journal of Science*, 2006, 102:217–228.

［6］Beaumont P. B., Vogel J. C., On a timescale for the past million years of human history in central South Africa, *South African Journal of Science*, 2006, 102:217–228.

［7］Bordes F., *The Old Stone Age*, McGraw-Hill Book Company, 1968.

［8］Chavaillon J., L' Afrique. In:Chavaillon J., Farizy C., Julien M., et al. (eds), *La préhistoire dans le monde (nouvelle édition de La Préhistoire d'André Leroi-Gourhan), (dirigé par José GARANGER)*, Presses Universitaires de France, 1992, pp. 557–650.

［9］Johnson C. R., McBrearty S., 500,000 year old blades from the Kapthurin Formation, Kenya, *Journal of Human Evolution*, 2010, 58 (2):193–200.

是与亚洲北部、南部以及欧洲和非洲相比，一个最大的不同点是，乌兰木伦遗址缺少这些地区普遍存在的勒瓦娄哇石核剥片技术。这也可能是最为主要的一个文化区别。而处于亚洲东部的俄罗斯远东、韩国和日本地区，也同样缺乏勒瓦娄哇技术。这是验证了 Derevianko 关于人类第二次迁徙浪潮较少影响到亚洲腹地（东亚地区）[1]的论断。

尽管如此，我们还是能够从这些地区的旧石器中晚期甚至旧石器早期文化中找到与乌兰木伦遗址相似的一些特点。首先，石核预制技术的出现和使用，特别是代表性的盘状石核技术普遍使用。学者将该技术作为旧石器时代中期的文化标志[2]，看来确实具有普遍的意义。其次，工具类型和组合的多样性和复杂性。此外，乌兰木伦遗址一些特殊的石核剥片技术（孔贝瓦技术）和工具类型（带铤石镞）可以在这些地区找到相关证据。孔贝瓦技术最早在非洲南部旧石器早期出现，在亚洲南部的印度阿舍利文化中广泛使用，在欧洲的旧石器中期也有发现；而在亚洲的俄罗斯远东地区旧石器晚期遗存中也有发现。带铤石镞如果非洲北部的 Aterian 文化是其源头的话，那其亚洲南部和北部的旧石器时代中期、欧洲的旧石器时代晚期、亚洲东部的旧石器时代晚期都有出现。这极有可能代表了一种文化传播的路线。

第四节　初步认识

通过与乌兰木伦遗址同属一个区域的鄂尔多斯高原和国内邻近地区以及世界范围内的相关遗址对比，可以初步得到以下三个方面的认识。

（1）与鄂尔多斯高原旧石器遗址的关系问题。应该说，鄂尔多斯高原发现的这三个遗址关系比较密切，例如工具毛坯均以石片为主，锤击法是石核剥片和工具加工的主要方法等。都深受中国华北地区自旧石器早期以来的小石器工业的强烈影响[3]。但相对来说，同属旧石器时代中期的萨拉乌苏与乌兰木伦遗址在文化上更为接近些，虽然在石制品大小上两者差别明显，而这显然主要受到原料可获性的影响。从技术上讲，在原料利用、石核剥片技术和工具加工技术上都体现出更多的相似性。尽管如此，年代相对较晚的乌兰木伦遗址在石核剥片技术、工具类型上还是要更为多样和复杂。与水洞沟遗址的不同在于后者更多地体现出旧石器晚期和西方的一些文化元素，特别是勒瓦娄哇技术和石叶技术。这也是它们最为主要的差别，甚至可以影响对文化属性的判断。值得一提的是，虽然这三个遗址距离很近，但是只有乌兰木伦遗址发现有孔贝瓦技术和带铤石镞，值得深入思考，但也暗示需要从该区域外去寻找源头。

（2）关于中国旧石器遗址中有关乌兰木伦遗址石器工业源和流的文化证据。实际上，乌兰木伦遗址石器工业需要放到中国北方旧石器文化发展序列中才能显示其意义，其是华北旧石器时代中晚期

---

［1］Derevianko A. P., Three Scenarios of the Middle to Upper Paleolithic transition:Scenario 1:The Middle to Upper Paleolithic Transition in Northern Asia, *Archaeology, Ethnology and Anthropology of Eurasia*, 2010, 38 (3):2–32.

［2］Otte M., Kozlowski J. K., The transition from the Middle to Upper Paleolithic in north Eurasia, *Archaeology, Ethnology and Anthropology of Eurasia*, 2001, 3 (7):20–31.

［3］张森水：《中国北方旧石器工业的区域渐进与文化交流》，《人类学学报》1990 年第 4 期。

文化过渡的一个重要环节。乌兰木伦遗址与邻近地区旧石器时代早、中和晚期相关遗址的对比，显示出的一些不同点和相同点，表明中国北方小石器文化源和流的问题。通过与华北泥河湾盆地旧石器早期遗址对比，乌兰木伦遗址的一些石器工业技术特点在这些遗址中都能找到，例如广泛使用的锤击法，工具类型的多样和以单面正向为主的修理技术等，甚至连石核预制技术和台面修理技术在东谷坨遗址也早有使用。而砸击法则可能是作为中国北方小石器工业的纽带[1]。该技术在泥河湾盆地旧石器早期遗址的石核剥片中就扮演了重要角色（目前的认识可能低估），在其后的周口店、许家窑、萨拉乌苏、乌兰木伦、水洞沟、峙峪等遗址都有使用。许家窑遗址的盘状石核与水洞沟相似（贾兰坡关于许家窑的报告[2]）。此外，盘状石核技术从前文没有提及的泥河湾盆地霍家地遗址[3]（距今约 100 万年[4]）已有发现，在周口店第 1 和 15 地点以及许家窑遗址、乌兰木伦遗址、水洞沟遗址等都有发展。乌兰木伦与峙峪遗址还有一个重要的相同点是，前者石镞类型中的非带铤型石镞发展到后者更为精致。综合来看，中国北方小石器文化以泥河湾盆地为中心本土起源，从旧石器早期一直延续到晚期，表现出"线性进化"的特征[5]，也从一个侧面表明贾兰坡先生提出的"周口店第 1 地点—峙峪系"的小石器传统发展理论的考古意义。

（3）乌兰木伦遗址在世界范围内旧石器文化演化中的位置。乌兰木伦遗址与世界范围内相近时代的遗址对比，显示出更多的差异性。其中，与亚洲北部和南部、欧洲和非洲比较，最大的区别就是乌兰木伦遗址缺乏勒瓦娄哇剥片技术。这些差别可能受文化、地域（远距离）的影响。而与亚洲东部包括俄罗斯远东地区比较则不包含此差别，显示出东亚地区相对独立的文化发展序列。其中有一个例外是，旧石器晚期的水洞沟遗址表现了与西方旧石器文化接近的一些因素。不过，乌兰木伦遗址与这些地区的共性也是很明显的。例如，乌兰木伦遗址的工具构成是以锯齿刃器、凹缺器和刮削器为主体组合，与亚洲北部的阿尔泰地区以及欧洲的锯齿刃器莫斯特文化较为接近，甚至与非洲南部和东部的莫斯特文化也较为相似。从这一层意义上讲，将乌兰木伦遗址放在世界旧石器文化演化的尺度上看，其为东西方交流提供了证据。这些证据还表现在孔贝瓦技术和带铤石镞这两个方面，这在下文中将会有详细讨论。

除了这三个问题之外，值得一提的是，有关文化对比中讨论到石制品原料类别和比例，各个遗址都有很大的不同。这主要受到遗址所处区域原料可获性的影响。因此，单纯的对比遗址间的原料类型和比例，并不能作为各个遗址石器工业特征的重要区别。而要将对比放到原料背后的技术上来。我国大部分遗址在原料利用上，多就地择优取材，这种选择性以及对不同原料所采用的应对策略才是它们的共性。当然，我们也要注意原料对石器技术所造成的影响，对其进行评估恐怕是石制品研究的第一步，而这就依赖于地质考察和模拟打制实验考古学的研究。

---

［1］张森水：《我国远古文化的纽带——砸击石片》，《化石》1983 年第 4 期。

［2］贾兰坡、卫奇：《阳高许家窑旧石器时代文化遗址》，《考古学报》1976 年第 2 期。

［3］冯兴无、侯亚梅：《泥河湾盆地霍家地发现的旧石器》，《人类学学报》1998 年第 4 期。

［4］Liu P., Deng C. L., Li S. H., et al., Magnetostratigraphic dating of the Huojiadi Paleolithic site in the Nihewan Basin, North China, *Palaeogeography, Palaeoclimatology, Palaeoecology*, 2010, 298 (3–4):399–408.

［5］刘扬：《泥河湾盆地更新世人类活动遗迹与石器技术演化》，《第四纪研究》2012 年第 2 期。

第八章 结语

自 20 世纪 20 年代发现水洞沟和萨拉乌苏等遗址后，鄂尔多斯高原在近 90 年的时间里一直没有新的旧石器考古遗址发现。乌兰木伦遗址作为该地区在新世纪新发现的一处重要的旧石器考古遗址，以其良好的埋藏状况，可靠的地层序列以及丰富的人类遗物和遗迹，从一开始就受到了研究者们的足够重视。特别是持续性的发掘与多学科综合研究，一方面积累了大量标本，另一方面则获得了古人类生存的年代、环境等背景信息，为探讨乌兰木伦遗址的文化内涵和古人类生存行为创造了良好条件。

第一节 遗址的年代、环境和埋藏特点

一、年代

根据地貌和沉积特征，我们判断乌兰木伦遗址地层可以与萨拉乌苏遗址地层对比。此外，出土的动物化石种类鉴定显示动物群属于华北晚更新世的"萨拉乌苏动物群"。因此，从大的框架上看，乌兰木伦遗址的年代应归于晚更新世。

为了获得比较可靠的绝对年代，我们根据遗址形成年代框架的初步估算和遗址堆积物的岩性，采用了碳 –14 和光释光两种方法进行精确测年。根据 2010 年对第①~⑥层的 9 个碳 –14 样品和第①~⑧层的 22 个光释光样品的初步测年结果，推测遗址年代为距今 7 万~3 万年。但两种方法测年结果不太一致，总体上前者要晚于后者。为了得到可靠的年代，再次采集了 22 个光释光样品（上部地层 9 个，下部文化层 13 个），并在对样品沉积背景和光释光性质进行大量实验的基础上，利用年龄—深度模式得出了该遗址文化层的年代为距今 6.5 万~5 万年。

二、古环境

乌兰木伦遗址的年代范围在冰期阶段上属于末次冰期，在深海氧同位素阶段上属于 MIS 4 结束到 MIS 3 开始，在黄土—古土壤序列中属于 L1 中的 L1–5 结束到 L1–4 开始。从大的气候环境背景上看，跨越了相对寒冷和相对温暖期，而在内部还存在不同的冷暖干湿变化。遗址本身的古植被、沉积学、动物化石等古生态环境记录表明当时生态环境为草原植被景观，其中下部地层为灌丛—草原植被景观，上部地层为典型草原植被景观。遗址周围还存在湖泊环境。而在个别阶段则出现了"沙漠化"现象，可能是 H6 事件（约 60ka BP）的反映。总的来看，遗址气候属温凉偏干类型，但较现今相对温暖湿润。

三、遗址堆积成因

对遗址埋藏过程的认识，有助于我们了解古人类在该遗址活动之后经过了多少改变，是后续研究的基础，特别是对遗址功能和性质的判断具有重要意义。多个方面的证据均显示乌兰木伦遗址原地快速埋藏的性质。因此，从埋藏学的角度来看，乌兰木伦遗址提供了相当完整的当时古人类活动信息。

（1）石制品组合：将水洗标本统计进来，乌兰木伦遗址＜20mm 的石制品比例近90%；石核比例不到1%。这也符合Shick[1]关于遗址原地堆积环境的认识，即遗址石制品组合中最大尺寸＜20mm的石制品至少要占总体数量的60%~70%、石核比例至少要＜10%。

（2）石制品出土状态：石制品出土时的长轴和倾向都没有显示受力方向的特征，且表面基本没有磨蚀和风化迹象。

（3）石制品拼合：遗址共发现31个拼合组，含70件石制品，拼合率为1.6%。可区分拼接关系和拼对关系。其中，有81%为反映标本埋藏后过程的拼接关系。拼合石制品标本表面新鲜，且从空间分布来看，它们的水平和垂直分布较近，都指示遗址原地埋藏的性质。

（4）动物考古埋藏学：通过对乌兰木伦遗址动物群骨骼单元分布、骨骼表面痕迹的综合考察，都指示乌兰木伦遗址中大量骨骼化石堆积是古人类活动造成的，其他因素，如风化作用、生物化学腐蚀作用、水流作用等对骨骼堆积产生了微弱的影响，但不明显。

（5）其他：保存完好的火塘和炭屑层遗迹现象；极易风化磨蚀的颜料块的发现。

第二节　动物群的性质

乌兰木伦遗址动物群目前可以鉴定的种类主要有披毛犀、诺氏驼、普氏野马、瞪羚、河套大角鹿、鸵鸟、鼬科未定种、兔属等。从出土动物化石数量上看，以披毛犀数量最多，其次是马、河套大角鹿、仓鼠、骆驼和牛较少。从动物标本反映的年龄结构来看，披毛犀幼年和少年个体相对较多；马基本上是成年个体；其他种类由于个体数量较少还难以判断年龄结构，但总的看来主要是成年个体。从动物群的组成来看，乌兰木伦动物群明显属于华北晚更新世萨拉乌苏动物群，即"猛犸象—披毛犀动物群"。根据这个组成，乌兰木伦动物群是喜冷的动物群，应该生存于相对寒冷期。

第三节　石器工业特征及其在旧石器文化演化中的位置

一、原料开发策略

地质调查和统计表明，石制品原料采集于距离遗址约2km的乌兰木伦河阶地砾石层。原料在产

---

［1］Shick K., Stone Age Sites in the Making, Experiments in the Formation and Transformation of Archaeological Occurrences, *British Archaeological Report*, 1986.

地没有进行试剥片，而是直接搬到遗址进行剥片和工具制作。在原料利用上则具有一定的选择性，并能够采取相应的适应性策略。主要表现在以下几个方面。

（1）对原料类型的选择：原料产地砾石类型呈现出多样性分化，石英岩、石英砂岩和砂岩比例较多，硅质岩亦有一定比例，而石英、片麻岩等极少，玉髓等极为优质的原料则更为少见。乌兰木伦遗址利用的原料基本包括了产地所有的类型，而以石英岩（86%）特别是优质的石英岩为主，其次为石英（12%），其余原料比例均很低。但是，遗址相对较高比例的石英，可能并不能代表对石英的较多利用，实验表明其可能受到破裂率较高的影响。这个解释与原料产地石英比例较低的事实也能够保持一致。此外，特别优质的玉髓、玛瑙等虽然在产地难以见到，但是在遗址还是有使用。石英砂岩在原料产地比例较高，但在遗址却基本不见。

总之，遗址原料利用具有很大的偏好性，以石英岩为主，其他各类原料均较少利用。

（2）对原料等级的选择：原料产地各类原料中石英岩比例虽高，但等级优的石英岩比例却较少。此外，等级极好的玉髓、玛瑙等只是偶尔能够发现。乌兰木伦遗址比例极高的等级优的石英岩原料以及一定比例的玉髓、玛瑙等的构成状况，表明对原料等级的选择。

（3）对砾石大小的选择：原料产地砾石大小主要集中在20~100mm，而遗址主要集中在30~60mm。这表明乌兰木伦古人类在原料利用上对砾石大小的主动选择。这种选择主要考虑到从产地搬运到遗址的便利性以及所选择原料的尺寸也足以满足古人类所需的剥片产品。

（4）对不同类型和形态原料采用不同的应对策略：石英和尺寸较小的优质石英岩采用砸击法来进行剥片，这是因为石英在剥片过程中难以控制，而尺寸较小的原料则便于持握，但砸击法恰恰能够克服这些缺陷。此外，对于形态较圆的原料在剥片准备阶段先采用砸击开料的办法以获得较好的剥片条件。这些都表明乌兰木伦古人类对原料性质有充分的认识，懂得采用不同的方法进行应对。

乌兰木伦遗址古人类对原料类型、等级、大小的选择性以及对原料不同性质采用相应的应对策略，体现出一定的计划性，表明一种"后勤移动式"的原料利用模式。

二、石制品构成

从乌兰木伦遗址自发现以来包括发掘和筛洗、采集石制品的类型上看，废片和碎片占主导地位（超过60%），其次为石片（超过20%）；其他类型如石核、工具、断块、备料等比例较少，均未超过5%。碎片和废片比例最高，其次为石片，石核比例最少的石制品类型构成正是石核剥片生产的结果。当然较高的废片和碎片率，并不能说明有加工较好的石制品被带出遗址[1]。

乌兰木伦遗址地层分8层，其中第②~⑧层均发现有石制品。但不同层位石制品在单位体积数量以及其他一些技术特征如原料利用、石制品类型和大小、剥片技术等方面均没有显示出太大的区别。虽然其中也存在一些不能忽视的差异，如较低层位石制品数量对应发掘体积相对较少、砸击技术只出现在个别层位等。但这更可能是受到了不同层位发掘体积不均的影响。因此，总的来看，乌兰木伦遗

---

[1] Gao X., *Explanations of typological variability in paleolithic remains from Zhoukoudian locality 15, China*, the University of Arizona, 2000.

址从下部层位到上部层位，石制品类型和技术都较为稳定，体现出连续演化的特征。

三、石核剥片技术

乌兰木伦遗址石核剥片主要采用了硬锤锤击剥片法，此外还有砸击法以及可能使用的压制法。石英岩硬锤锤击剥片实验结果显示石核体积的大部分改变都是打制者所预期的，而且每一次有效打击都能够得到足够多有用的剥片产品，这表明锤击法是适用于石英岩剥片的较佳技术。但锤击法并不利于控制石英原料。正因如此，乌兰木伦古人类并没有执着于锤击法，而又采用了砸击法以弥补锤击法对于石英原料的不适用性。不过，遗址砸击开料方法的存在以及由于缺乏砸击实验考古经验而对相当部分砸击制品可能难以识别等原因，乌兰木伦遗址砸击法剥片石核和石片的比例可能会比现在认为的要高。而可能使用了压制法的石制品（不包括工具）仅在 1 件小型砸击石核上观察到疑似的迹象。

预制石核技术在乌兰木伦遗址已有使用。虽然使用了该技术的石核和石片数量发现不多，但是多种体现了对石核进行预制的技术如修理台面技术、孔贝瓦技术、向心石核技术以及更新石核台面桌板石片等都表明该技术在乌兰木伦遗址石核剥片中已经较为成熟。

此外，各文化层由于石制品总数相差大，反映在剥片技术（特别是数值比例）上可能会有所差别。不过通过对不同文化层各项剥片技术特征的分析表明它们之间并没有特别明显的差异。这种较早地层与相对较晚地层的无差异性，表明剥片技术演化的连续性和稳定性。

四、工具类型和修理技术

（1）毛坯：工具以石片毛坯为主，其中又以完整石片毛坯为多，而石核或断块毛坯则很少。

（2）大小：工具尺寸主要为 20~50mm，形态较小。

（3）工具组合：工具类型丰富，共有锯齿刃器、凹缺器、刮削器、石锥、尖状器、石镞、薄刃斧、琢背石刀、雕刻器、鸟喙状器、两面器粗坯、端刮器、石球等 13 个类型。从比例上看，锯齿刃器、凹缺器和刮削器是最为主要的成分，比例均超过 20%，其中锯齿刃器比例最高，近 40%。其他类型除石锥比例超过 5% 外，其余各类工具比例均较低，约为 2% 或小于 2%。显然，乌兰木伦遗址在工具类型构成上是以锯齿刃器、凹缺器和刮削器为代表的石器工业组合。锯齿刃器不仅比例高，而且根据刃缘数量和形态还可分出多个子类型；凹缺器也可分出标准型和克拉克当型两类；刮削器从刃缘形态上也可分出多个子类型。总的来看，乌兰木伦遗址工具组合中不仅有加工精致的工具类型，也有加工程度相对不高的类型。在面对丰富的优质原料时，乌兰木伦古人类有计划的生产了精致工具和加工相对简单的工具。

（4）加工和修理技术：工具主要采用锤击法进行加工；个别尺寸较小、修疤规整者可能采用压制法。加工方式多样，但以单向加工为主，比例超过 90%；其中又以正向加工为多，比例近 80%。非石片毛坯工具主要由平面向不规则面加工。工具刃缘加工深度较浅，但加工长度却很长，这可能反映了乌兰木伦遗址古人类的功能需求。大部分（超过 80%）工具刃缘在加工后，其角度较原毛坯边缘角度变钝。此外，乌兰木伦遗址还有一些比较特殊的修理，包括修柄、修铤、有意截断和修理手握等。修柄和修铤可能都是为了装柄使用，表明遗址已有复合工具；修理手握则是为了使用时手持方便；

有意截断是否是为了镶嵌使用，目前还难以确定。

五、乌兰木伦遗址石器工业在旧石器文化演化中的位置

（一）在中国旧石器文化演化中的位置

总的来看，乌兰木伦遗址石器工业属于以小石片工业为主导的小石器工业体系。对比贾兰坡先生提出的我国华北旧石器的两大传统"匼河—丁村系（大石片—三棱大尖状器传统）"和"周口店第1地点—峙峪系（船底型刮削器—雕刻器传统）"[1]的划分，乌兰木伦遗址与后者有着传承关系。也有研究者结合新的材料，将"周口店第1地点—峙峪系"修订为"东谷坨—峙峪系"[2]，是因为这种船底型—刮削器石器工业传统最早可以追溯到泥河湾的东谷坨遗址。因此，乌兰木伦遗址的重要性需要放在整个中国旧石器文化演化序列中方能显示出来。

乌兰木伦遗址与华北泥河湾盆地旧石器早期遗址对比表明，前者石器工业中的一些技术特点在这些古老遗址中都能找到，例如广泛使用的锤击法，工具毛坯以石片为主、工具类型的多样和以单面正向为主的修理方式等，甚至连石核预制技术和台面修理技术在东谷坨遗址都早有使用。但相对来说，乌兰木伦遗址在石核剥片技术的复杂性、工具类型的多样性和精致性、工具特殊修理技术等方面都显示出更多的进步性质。以上这些对比结果同样适用于同属旧石器时代早期的周口店遗址第1地点。

与属于旧石器中期的周口店第15地点、许家窑和萨拉乌苏遗址对比，则在原料利用、剥片技术、工具类型和修理等方面都体现出更多的相似性。不同在于年代更晚的乌兰木伦遗址在一些方面，如出现了精致工具如石镞等体现出更为进步的性质。此外，周口店第15地点和许家窑遗址还保留了旧石器时代初期的大型工具，如手镐和砍砸器类；而乌兰木伦遗址的两面器和薄刃斧都是以小型石片加工的。

与旧石器晚期的水洞沟和峙峪遗址相比，则显示出旧石器文化不同发展阶段的差异。例如水洞沟遗址出现了勒瓦娄哇、石叶技术以及确切的压制技术等；而工具修理不仅采用了压制技术，甚至还有指垫法和软锤修理；而在峙峪遗址则出现了可能作为细石器石核原始类型的楔形石核雏形——扇形石核，生产的长而薄的石片类似于石叶。石片生产技术可能有软锤直接打击法和间接打击法。

由此可见，乌兰木伦遗址作为中国华北小石器传统演化序列中的一员，与东谷坨、小长梁、周口店第1地点、周口店第15地点、许家窑、萨拉乌苏、峙峪等构成了一个体系。在这个体系中，乌兰木伦遗址属于旧石器中期阶段，但同时带有一些旧石器晚期的文化因素，例如预制石核技术的成熟，一些精致工具如石镞、端刮器等的出现。因此，从文化角度来讲，乌兰木伦遗址工具组合是以锯齿刃器和凹缺器为代表的小石片工业传统，其具有我国华北地区小石器工业体系的一般特征。而从文化属性所代表的时代上来讲，其主要体现出旧石器时代中期的文化特征，同时又出现了一些旧石器晚期的文化因素。可见，作为具有中晚期过渡特征的乌兰木伦遗址，可以说是中国华北地区小石器工业传统

---

［1］贾兰坡、盖培、尤玉柱：《山西峙峪旧石器时代遗址发掘报告》，《考古学报》1972年第1期。
［2］刘扬：《泥河湾盆地更新世人类活动遗迹与石器技术演化》，《第四纪研究》2012年第2期。

演化中连接旧石器时代中期和晚期的重要一环。它的发现，也进一步表明中国旧石器文化"连续演化"的特点，也为中国古人类"连续演化附带杂交"的理论[1]提供了文化上的证据。其实，即使在乌兰木伦遗址内部，从下部相对较早文化层到上部相对较晚文化层，石制品面貌并没有显示出太大的变化。这都表明中国旧石器文化演化的稳定性和连续性。

（二）乌兰木伦遗址石器工业中关于东西方文化交流的证据

鄂尔多斯高原可以说是旧石器时代东西方文化交流的重要驻足地。20世纪20年代发现的水洞沟遗址因包含大量的石叶和勒瓦娄哇概念产品，被认为不同于中国任何一个已发现的遗址，而更有可能是东西方文化交流的结果[2]。而萨拉乌苏遗址的石制品组合也被认为具有西方莫斯特文化的特征[3]。根据现有的研究，乌兰木伦遗址石器工业至少在以下三个方面显示出东西方文化交流的证据。

（1）以锯齿刃器、凹缺器为代表的工具组合。莫斯特文化是一个由多个工业组成的混合物或复合体而不是任何一个特定的成分。因此，莫斯特文化常常体现出不同的类型。在法国，博尔德就根据是否存在特定的石器类型及其比例的多少将其分为四个主要的类型，此外还有一些地方变种[4]。其中，有一个类型是锯齿刃器型莫斯特（Denticulate Mousterian），主要特征是石制品组合中包括不常见的勒瓦娄哇技术、少量刮削器、少量或者没有尖状器、非常普遍的锯齿刃器，凹缺器比例高，不见手斧和石叶。

乌兰木伦遗址工具组合中，锯齿刃器比例最高，其次为凹缺器。这是以锯齿刃器和凹缺器为代表的工具组合，与欧洲锯齿刃器型莫斯特类型的工具组合极为相似。虽然我们也注意到两者之间还有一些不同，例如乌兰木伦遗址工具组合中刮削器也占有一定比例、没有勒瓦娄哇技术、有两面器等。但这可以理解为地域上的差别以及乌兰木伦遗址等受到本土旧石器文化的影响。

（2）孔贝瓦技术。孔贝瓦技术是一种预制石核技术，这种预制性主要表现在剥片前对石片石核毛坯的预制和选择（有意打下相对鼓凸的打击泡石片）、剥片过程中对石片石核台面的修理以及剥片的目的是为了得到两面鼓凸且边缘圆形锋利的石片等几个方面。正因为如此，也有学者认为孔贝瓦技术是勒瓦娄哇技术的前身[5]。

该技术最早于20世纪30年代Owen W.E.对非洲肯尼亚Seme hamlet遗址石制品研究时发现并命名[6]。其后，博尔德对法国发现有该技术的遗址进行了研究[7]，并最终使得该技术得到学术界广泛的认可。

［1］Wu X. Z., On the origin of modern humans in China, *Quaternary International*, 2004, 117 (1):131–140.

［2］宁夏文物考古研究所：《水洞沟——1980年发掘报告》，科学出版社，2003年。

［3］黄慰文、侯亚梅：《萨拉乌苏遗址的新材料：范家沟湾1980年出土的旧石器》，《人类学学报》2003年第4期。

［4］Bordes F., *The Old Stone Age*, McGraw-Hill Book Company, 1968.

［5］Tixier J., Procedes d'analyse et questions de terminologie dans l'etude recent et de l' pipaleolithique en Afrique du Nord Ouest. In: Bishop W. W., Clark J. D. (eds.), *Background to evolution in Africa*, The University of Chicago Press, 1967, pp.771–820.

［6］Owen W. E., The kombewa Culture, Kenya colony, *Man*, 1938, 38:203–205.

［7］Bordes F., Le gisement du Pech de l'Azé IV:note préliminaire, *Bulletin de la Société Préhistorique Française, Études et travaux*, 1975, 72:293–308.

目前，世界上发现的最早使用孔贝瓦技术的遗址在非洲的肯尼亚地区，年代超过100万年[1]。在亚洲南部的印度旧石器早期阿舍利文化中有大量的薄刃斧以孔贝瓦石片为毛坯[2]。在欧洲的意大利南部地区旧石器中期遗址中也发现有孔贝瓦石核和石片[3]。在俄罗斯远东地区距今约3万年的地理学会洞穴和相关遗存（Geographical Society Cave and Related Inventories）中发现有两面剥片即孔贝瓦技术[4]。在东亚旧石器中期遗址中有报道该技术的，乌兰木伦遗址应该说是第一个。乌兰木伦遗址虽然发现孔贝瓦技术石制品数量不多，但是个别孔贝瓦石片形体规整，边缘锋利，且台面可能具有修理的特征，总体上显示出技术的成熟性。乌兰木伦遗址发现的这种东亚鲜有的石核剥片技术，可能是东西方文化交流的结果。遗憾的是，由于该技术的报道较为分散，也由于时间的限制没有去找寻全部存在该技术的遗址报告，因此还难以绘制出孔贝瓦技术的传播路线图。这也可以是下一步工作的一个目标。

（3）带铤石镞。带铤石镞的英文名称为 Tanged point。修铤一般是为了捆绑以制造复合工具，其因为能够"远距离射杀（kill at a distance）"而实现了"安全狩猎（safe hunting）"，被认为是相对于尼安德特人的一次有效的进步[5]。有铤石镞是一类非常特殊且具有文化指示意义的工具类型。在非洲北部的旧石器时代中期，以有铤石镞为标志的 Aterian 文化是与莫斯特文化并行发展的一个文化传统，其年代主要集中在距今9.1万~6.1万年前[6]。但最新的年代显示 Aterian 文化的年代可早至距今14.5万年[7]，而最晚可至距今4万年[8]。

乌兰木伦遗址发现的带铤石镞与 Aterian 文化的 Tanged point 非常相似，体现出一致的加工和修理技术。因此，乌兰木伦遗址带铤石镞极有可能是东西方文化交流的结果。

事实上，如果梳理一下带铤石镞在整个世界范围内的分布，我们可以粗略窥见带铤石镞的传播路线，甚至能够为现代人走出非洲的迁徙路线提供旧石器文化上的证据。

目前，带铤石镞最早出现在非洲北部的 Aterian 文化的石制品组合中，分布也最为集中，其年

［1］Tixier J., Turq A., Kombewa et alii, *Paleo*, 1999, 11:135–143.

［2］Gaillard C., Mishra S., Singh M., et al., Lower and Early Middle Pleistocene Acheulian in the Indian sub-continent, *Quaternary International*, 2010, 223:234–241.

［3］Anna I. C., The meaning of "kombewa" method in Middle Palaeolithic:techno-economic analysis of lithic assemblages from Riparo Tagliente (VR), Carapia (RA), Podere Camponi (BO) and Fossato Conca d'Oro (MT), *Museologia Scientifica e Naturalistica*, 2010, 6:123–130.

［4］Derevianko A. P., *The Paleolithic of Siberia:New Discoveries and Interpretations*, University of Illinois Press, 1998.

［5］Iovita R., Shape variation in Aterian tanged tools and the origins of projectile technology: A morphometric perspective on stone tool function, *PLoS one*, 2011, 6 (12):1–14.

［6］Cremaschi M., Lernia S. D., Garcer E. A. A., Some Insights on the Aterian in the Libyan Sahara: Chronology, Environment and Archaeology, *African Archaeological Review*, 1998, 15:261–286.

［7］Richter D., Moser J., Nami M., et al., New chronometric data from Ifri n'Ammar (Morocco) and the chronostratigraphy of the Middle Palaeolithic in the Western Maghreb, *Journal of Human Evolution*, 2010, 59 (6):672–679.

［8］Garcea E. A. A., Successes and failures of human dispersals from North Africa, *Quaternary International*, 2012, 270:119–128.

代范围为距今 14.5 万 ~4 万年[1]。在印度 Jwalapuran 遗址发现了 1 件带铤石镞，年代为距今 7.4 万年[2]。俄罗斯阿尔泰地区的 Denisova 遗址第 11 层发现有 1 件带铤石镞，年代为距今 5 万 ~3 万年[3]。中国的乌兰木伦遗址年代与 Denisova 遗址发现带铤石镞的地层年代接近，为距今 6.5 万 ~5 万年。其他地区目前可见报道的带铤石镞其年代都属于旧石器时代晚期。欧洲的 La Ferrassie 等遗址发现有 "Font-Robert" Point，与 Tanged point 的形态和加工方式一致，年代为距今 2.9 万 ~2.2 万年[4]；东欧波兰的 Parisien 盆地和 Oder River 盆地发现有距今约 1.3 万 ~1.2 万年的带铤石镞[5]。在亚洲东部俄罗斯远东地区具有长石片—石叶技术的乌兹逊诺夫卡类型（Ustinovka Type），时代属于旧石器晚期末段，石制品中包含带铤石镞，年代为距今 1.4 万 ~1 万年[6]；此外，在乌斯基湖遗址发现有距今 1.6 万年的带铤石镞[7]。在朝鲜半岛，带铤石镞出现在旧石器晚期距今 3.5 万 ~1.5 万年[8]，其中垂杨介[9]是包含带铤石镞的最著名遗址之一，其石制品组合中同时还有细石器类型。而日本地区发现的带铤石镞则出现在旧石器晚期晚段，年代在距今 1.55 万 ~1.38 万年之间[10]。在美洲许多沿河岸的遗址都发现有带铤石镞，年代在距今 1.45 万 ~1.25 万年之间[11]（图一九八）。

现代人起源和迁徙一直是国际古人类学界和旧石器考古学界所共同关注的课题。学术界提出了许多的模式[12]，其中最广为人知的是走出非洲模式和多地区起源模式。目前这两种模式都没有足够的证据来说明另一方是错误的。这也不是本报告要讨论的问题。在这里，主要以带铤石镞为文化纽带关注走出非洲模式中的几种迁徙路线假说。有学者曾总结了走出非洲模式的两种最为主要的迁徙路

［1］Garcea E. A., Successes and failures of human dispersals from North Africa, *Quaternary International*, 2012, 270:119–128; Richter D., Moser J., Nami M., et al., New chronometric data from Ifri n'Ammar (Morocco) and the chronostratigraphy of the Middle Palaeolithic in the Western Maghreb, *Journal of Human Evolution*, 2010, 59 (6):672–679.

［2］Haslama M., Clarkson C., Roberts R. G., et al., A southern Indian Middle Palaeolithic occupation surface sealed by the 74 ka Toba eruption: Further evidence from Jwalapuram Locality 22, *Quaternary International*, 2012, 258:148–164.

［3］Derevianko A. P., Three Scenarios of the Middle to Upper Paleolithic transition:Scenario 1: The Middle to Upper Paleolithic Transition in Northern Asia, *Archaeology, Ethnology and Anthropology of Eurasia*, 2010, 38 (3):2–32.

［4］Sonneville-Bordes D., Perrot J., Lexique typologique du Paleolithique superior, *Bulletin de la Societe Prehistorique Francaise*, 1956, 53:408–421.

［5］Jan M. B., Beatrice S., Analyse comparative des pointes à cran hambourgiennes du Bassin de l'Oder et des pointes à cran magdaléniennes du Bassin parisien, *Mémoires du Musée de préhistoire d'Ile-de-France 7*, 1997, pp. 97–108.

［6］Derevianko A. P., Three Scenarios of the Middle to Upper Paleolithic transition:Scenario 1: The Middle to Upper Paleolithic Transition in Northern Asia, *Archaeology, Ethnology and Anthropology of Eurasia*, 2010, 38 (3):2–32.

［7］Dikov N. N., *Early Cultures of Northeastern Asia*, US Department of the Interior, National Park Service, Shared Beringian Heritage Program, 2004.

［8］Seong C., Tanged points, microblades and Late Palaeolithic hunting in Korea, *Antiquity*, 2008, 82:871–883.

［9］Nelson S. M., *The Archaeology of Korea*, Cambridge University Press, 1993.

［10］Ono A., Sato H., Tsutsumi T., et al., Radiocarbon dates and archaeology of the late pleistocene in the Japanese islands, *Radiocarbon*, 2002, 44:477–494.

［11］Beck C., Jones G. T., Clovis and western stemmed: population migration and the meeting of two technologies in the intermountain west American, *Antiquity*, 2010, 75:81–116.

［12］Stringer C., Modern human origins–distinguishing the models, *African Archaeological Review*, 2001, 18:67–75.

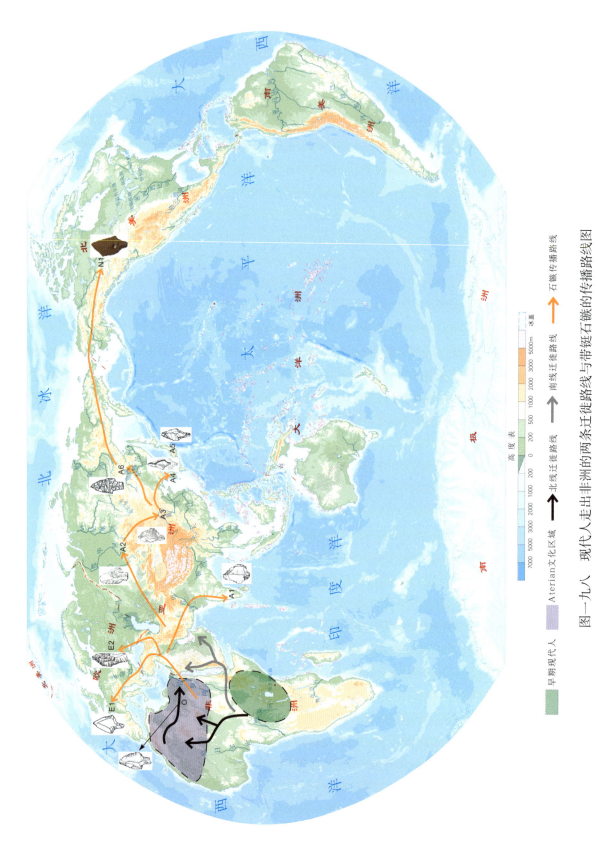

图一九八　现代人走出非洲的两条迁徙路线与带链石镞的传播路线图

O: 北非 Aterian 文化，145ka～40ka BP; E1: 法国，29ka～22ka BP; A1: 印度，74ka BP; A2: 阿尔泰地区，50ka～30ka BP; A3: 中国鄂尔多斯乌兰木伦遗址，65ka～50ka BP; A4: 韩国，35ka～15ka BP; A5: 日本，15.5ka～13.8ka BP; A6: 俄罗斯远东地区，16ka～10ka BP; N1: 北美地区，14.5ka～12.5ka BP

线[1]。其中之一称之为北线[2]，主要经过北非然后到达地中海地区。该路线可能经历的两次走出非洲的过程，一次发生在距今 13 万~8 万年，并被认为因失败而告终；另一次发生在距今 5 万年之后，并最终占领了全球。另一条称之为南线[3]，经过东非进入到阿拉伯半岛，主要发生在 MIS 6 到 MIS 5 阶段，其发生年代大概在距今 12.5 万年前。

从带铤石镞的分布和传播路线来看，这种技术的传播显然是支持北线迁徙路线的。早期现代人最先到达北非，受到 Aterian 文化的影响，并将该文化最为典型的工具类型——带铤石镞带到世界其他地方。从目前的材料看，带铤石镞技术最早在距今 7.4 万年前到达印度。在旧石器时代中期，约在距今 5 万年左右到达亚洲北部的俄罗斯阿尔泰地区和中国北方内蒙古乌兰木伦遗址。而继续向东传播的过程中，乌兰木伦遗址显然具有中转站的地位。目前的材料表明极有可能是由乌兰木伦遗址向东进一步扩散到朝鲜半岛和日本，并向东北扩散到俄罗斯远东地区和北美（见图一九八）。值得注意的是，是否存在从印度向北传播到乌兰木伦遗址，目前还难以确认，需要中国西南部的材料证据。

六、小结

乌兰木伦遗址石器工业具有非常鲜明的本土化特征，是中国旧石器文化连续稳定演化序列中的一员，是中国北方小石器传统体系中旧石器中晚期过渡的重要一环。但同时，它也受到西方旧石器文化的影响，并表现出一些西方旧石器文化元素。

第四节 乌兰木伦遗址石器工业体现的现代性人类行为

对于人类行为研究最为引人注目的课题是"现代性"行为在何时（when）、何地（where）最早出现。但实际上要解决这两个问题的前提是现代行为的界定，即什么是所谓的"现代性"。

研究关注点的不同会有不同的"现代性"定义。例如古人类学家会更多地关注人类体质进化上的现代性，心理学家则会关注认知能力上的现代性，考古学家则主要关注行为上的现代性。关于行为上的现代性，考古学家提出了很多的指标[4]，包括人工制品的多样性、人工制品类型的标准化、石叶技术、骨器和其他有机材料的运用、个人装饰品和艺术或者图像的出现、生活空间的结构及功能分区、仪式（retual）、地理领域的扩大等。但这些现代性行为的不同指标不可能同时出现，因此，有学者提出与其同时关注所有的指标还不如先对某一项进行充分讨论[5]。

在这里，我们主要关注现代性人类行为中一个重要方面——认知（cognition）能力，而又重点讨

［1］Lahr M. M., Foley R., Multiple dispersals and modern human origins, *Evolutionary Anthropology*, 1994, 3 (2):48–60.

［2］Forster P., Matsumura S., Did Early Humans go North or South? *Science*, 2005, 308:965–966.

［3］Armitage S. J., Jasim S. A., Marks A. E., et al.,The Southern Route "Out of Africa": Evidence for an Early Expansion of Modern Humans into Arabia, *Science*, 2011, 331:453–456.

［4］McBrearty S., Brooks A. S., The revolution that wasn't: A new interpretation of the origin of modern human behavior, *Journal of Human Evolution*, 2000, 38:453–563.

［5］Gowlett J., Apes, hominids and technology. In: Harcourt C. S., Sherwood B. R. (eds.), *New Perspectives in Primate Evolution and Behaviour*, Westbury Publishing, 2002, pp. 147–172.

论认知能力中的计划能力（planning abilities）。计划是指预先明确所追求的目标以及相应的行动方案的活动，并在这一过程中进行控制[1]。在考古记录上主要从组织能力和计划深度两个方面来反映计划能力[2]。Binford[3]还提出在考古记录中是否存在计划性的标准，即是否有策划型技术（curated technology），其一般通过对不同原料的选择、石核剥片的预制性和复杂性、工具修理、复杂工具设计、长距离工具运输、废弃方式多样化等表现出来。

乌兰木伦遗址石器工业特征至少在 Binford 提出的原料选择、石核剥片的预制性和复杂性、工具修理、复杂工具设计等方面体现出一定的策划型技术。

（1）原料选择：通过对原料来源和利用的研究，乌兰木伦遗址原料的选择主要体现在"多、好、中"三个方面。多是指对数量相对较多的原料的选择，好是指对优质原料的选择，而中则是指对大小适中利于搬运的原料的选择。经过地质调查，我们知道遗址原料产地的原料类型中等级优的石英岩并不是最多的，但是比石英岩更为优质的燧石、玛瑙等则少之又少。原料采集者选择了相对容易获得的而且相对优质的石英岩。原料产地砾石大小集中在 40~100mm，此外还有大于 100mm 甚至 200mm 的砾石，但原料采集者主要选择了尺寸为 30~60mm 的砾石。乌兰木伦遗址原料选择性所体现的计划能力表现为：在原料采集之前，已经了解哪一种原料容易获得，又便于搬运，并且能够较好的剥下产品，尺寸也能够进一步被加工利用。此外，原料采集模式属于"后勤移动式"，即由专门人员进行原料采集。

（2）石核剥片的预制性和复杂性：前文对剥片技术和序列的研究表明，乌兰木伦遗址石核剥片技术和方法多样，不仅有锤击法、砸击法，而且还可能有压制法；而孔贝瓦技术和向心剥片技术以及发现更新石核台面桌板、修理台面石片等则表现出对石核的预制性。石核剥片多达 17 个序列，并且还可能存在另外 11 个剥片序列[4]。此外，对不同类型、大小和形态的原料采用相对合适的剥片技术，如石英采用砸击法；形态较圆的原料则先进行砸击开料。以上都体现出石核剥片的多样性和复杂性，而复杂的石核剥片程序显然需要预期计划（plan ahead）才能较好地实现。

（3）工具类型和修理：首先体现在工具类型的多样性，乌兰木伦遗址共有 13 个工具类型；其次，工具修理方式的多样性，正向、反向、交互、错向、对向、两面等加工方式在乌兰木伦遗址均有使用；最后，一些较为特殊的修理方式，如修柄、修铤、有意截断和修理手握等，则更加体现出工具修理的组织能力和计划深度。

（4）复杂工具设计：装柄等复合工具在乌兰木伦遗址可能已经出现。比如端刮器在器身中部修理出适合捆绑的凹缺以及在器身末端修铤的石镞等。此外，初步的微痕观察也发现有捆绑痕迹。

有铤石镞是一种带尖修柄的工具。民族学[5]和实验[6]表明其使用方式主要有投射、装柄后插刺，

［1］Miller G. A., Galanter E., Pribram K. H., *Plans and the structure of behavior*, Henry Holt and company, 1960.

［2］Binford L. R., Human ancestors:changing views of their behavior, *Journal of Anthropology Archaeology*, 1985, 4:292–327.

［3］Binford L. R., Isolating the transition to cultural adaptations:an organisational approach. In:Trinkaus E. (eds.), *The Emergence of Modern Humans*, Cambridge University Press, 1989, pp. 18–41.

［4］刘扬、侯亚梅、杨泽蒙：《鄂尔多斯市乌兰木伦遗址石核剥片技术的阶段类型学研究》，《考古》2015 年第 6 期。

［5］Keeley L. H., *War before Civilization*, Oxford University Press, 1997.

［6］Ahler S. A., Geib P. R., Why Flute? Folsom Point Design and Adaptation, *Journal of Archaeological Science*, 2000, 27 (9):799–820.

或当作箭头使用。这些使用方式表明古人类可以主动避免与猎物近距离搏斗，从而实现"远距离射杀（kill at a distance）"[1]，使原本危险的狩猎活动变成了"安全狩猎（safe hunting）"。研究者认为安全狩猎是现代人走出非洲后早于尼安德特人的重要竞争优势[2]。因此，远距离射杀也被看作是现代性人类行为的重要标志之一[3]。此外，这类工具的出现，也表明系统狩猎（systematic hunting）行为已经出现，而这也是现代性人类行为的重要表现[4]。

以上这些策划型技术的实证表明乌兰木伦古人类已具备较强的认知能力，特别是带铤石镞的出现表明"安全狩猎"和"系统狩猎"已经出现。而这几个方面正是现代性人类行为的重要表现。当然，遗址现代性行为的研究还需要更多其他方面的证据，如遗址空间利用、艺术（遗址出土有颜料）等，还待以后的新发现和更为深入的研究。

第五节　遗址的性质和功能

对遗址功能和性质研究贡献较大者首推 Binford，他通过与不同狩猎采集群体共同生活并观察、总结他们的生活组织形式，为史前遗址研究提供重要参考[5]。Binford 根据流动人群的不同觅食策略，将人群分为采食者（foragers）和集食者（collectors），并提出狩猎采集者的两种组织模式：迁居式移动（residential mobility）和后勤式移动（logistical mobility）。迁居式移动指整个人群从一个地方迁移到另一个地方，其包括居址营地和石器制造场；而后勤式移动则指单个个体或一小个群体为了特殊目的从居所转移到另外一个地点，但最后还会返回到居所，其包括临时营地、狩猎点和窖藏等。相对而言，采食者以迁居式移动为主，后勤式移动为辅；而集食者则相反。Binford 关于狩猎采集者迁移模式的采集者和集食者划分方式，给后来学者对遗址功能和性质的研究以启发，但是一些局限性也显现出来，特别是这种简单的二分法迁移模式难以完整代表一个复杂遗址的性质[6]。

后来有学者在 Binford 的基础上分辨出三个遗址类型[7]：冬季居址营地（winter base camp）、冬

［1］Churchill S., Weapon technology, prey size selection and hunting methods in modern hunter-gatherers: Implications for hunting in the Palaeolithic and Mesolithic, *Archaeological Papers of the American Anthropological Association*, 1993, 4:11–24.

［2］Mellars P., Neanderthals and the modern human colonization of Europe, *Nature*, 2004, 432:461–465.

［3］Churchill S., Rhodes J., The evolution of the human capacity for "killing at a distance": the human fossil evidence for the evolution of projectile weaponry. In: Hublin J.J., Richards M.P. (eds.), *The evolution of hominin diets: integrating approaches to the study of Palaeolithic subsistence*, Springer, 2009, pp. 201–210.

［4］Knecht H., Projectile points of bone, antler and stone:experimental explorations of manufacture and use. In: Knecht H. (eds), *Projectile technology*, Plenum, 1997, pp.191–212; Bar-Yosef O., The Upper Paleolithic revolution, *Annual Review of Anthropology*, 2002, 31:363–393; Ellis C. J., Factors influencing the use of stone projectile tips. In: Knecht H. (eds.), *Projectile technology*, Plenum, 1997, pp.37–74.

［5］Binford L. R., Dimensional analysis of behavior and site structure:learning from an Eskimo hunting stand, *American Antiquity*, 1978, 43:330–361; Binford L. R., Organization and formation process: look at curated technologies, *Journal of Anthropological Research*, 1979, 35:255–273.

［6］Andrefsky W., *Lithics:macroscopic approches to analysis*, Cambridge University Press, 1998.

［7］Chatters J., Hunter-gatherer adaptation and assemblage structure, *Journal of Anthropological Research*, 1987, 6:336–375.

季狩猎营地或临时营地（winter hunt camp/field camp）和春季居留地（spring residence camp）。这三个类型主要根据遗址发现的石制品类型丰富度来划分。居址营地较之临时营地，因为要发生广泛的生存行为，因此其石制品类型要更丰富。居址营地从功能上讲，是一个多功能的生活区（multifunctional），相对来说可以降低迁移带来的成本。但实际上这种划分也会面临一个问题，即用以界定遗址类型的石制品类型丰富度缺乏一个可供执行的标准。

埋藏学和动物考古学对于解释遗址的功能与性质也具有很强的现实意义。例如，Isaac 等[1]根据埋藏学分析以及古人类狩猎、肢解或屠宰猎物的充分证据提出遗址的三种类型：A 类（临时营地）、B 类（狩猎—屠宰场）和 C 类遗址（居址）。B 类遗址一般以某一类大型动物骨骼以及少量的石制品组合为特征；C 类遗址则包含多种类型动物骨骼以及丰富的石制品组合。而 Chazan 等[2]也根据遗址动物化石的种类和数量而将遗址分为"单个动物尸体遗址"和"多个动物尸体遗址"，实际上前者相当于 Isaac 的 B 类遗址，而后者相当于 C 类遗址。

实际上，古人类遗址的形成受到古人类行为的影响。在充分考虑其他埋藏因素的前提下，对古人类行为从多方面进行论证，以探讨遗址的功能与性质要更为稳妥。这些需要论证的方面，包括石制品组合、石制品拼合、动物化石以及火塘等遗迹现象。

前文遗址埋藏学的研究表明乌兰木伦遗址属于原地埋藏，在人类活动之后被迅速埋藏而完整的保存了古人类活动信息。原料来源和利用的研究表明乌兰木伦遗址原料利用方式属于"后勤式移动式"。通过对遗址石制品的研究表明石制品组合不仅包括石器生产用的备料，还包括用来剥片生产的石核及其剥片产品，以及进一步加工和利用的不同类型的工具。将水洗标本统计进来，乌兰木伦遗址石制品以剥片和工具修理过程中产生的废片和碎片为主（70%），其次是没有经过加工的石片（23.5%）；其他类型如石核、工具、断块、备料等比例较少，均没有超过 5%[3]。初步的微痕观察揭示有相当数量的石片和工具有使用痕迹。此外，遗址发现有 31 个拼合组，不仅有石核与剥片产品之间的拼合，还有工具与石核、石片之间的拼合。可见，这一套石制品组合反映了原料采集、预剥片、剥片、加工和使用的一个完整动态链（图一九九）。从这一层意义上讲，乌兰木伦遗址具有石器制造场的性质。而大量的动物碎骨以及骨骼上的切割痕迹表明在乌兰木伦遗址还发生了屠宰动物的行为。此外，火塘和烧骨以及大量炭屑的发现，也表明在这里发生了生活行为。综合起来看，乌兰木伦遗址是一个多功能的古人类活动营地[4]。

遗址的地貌（靠近河流，且遗址下部地层有泉水）、地层（具有河湖相性质）和出土的大量螺壳都指示遗址水体环境的存在，属于相对潮湿的环境。这种环境显然不适合人类长期居住[5]。因此，

［1］Isaac G. L., Crader D. C., To what extent were early hominids carnivorous? An archaeological perspective. In: Hardinger R. S. O., Teleki G. (eds), *Omnivorous Primates*, Columbia University Press, 1981, pp. 37–103.

［2］Chazan M., Horwitz L. K., Finding the message in intricacy: The association of lithics and fauna on lower paleolithic multiple carcass sites, *Journal of Anthropology Archaeology*, 2006, 25:436–447.

［3］刘扬、侯亚梅、杨泽蒙等：《试论鄂尔多斯乌兰木伦遗址第 1 地点的性质和功能》，《北方文物》2018 年第 3 期。

［4］刘扬、侯亚梅、杨泽蒙等：《试论鄂尔多斯乌兰木伦遗址第 1 地点的性质和功能》，《北方文物》2018 年第 3 期。

［5］Andresen J. M., Byrd B. F., Elson M. D., et al., The Deer Hunters:Star Carr Reconsidered, *World Archaeology,* 1981, 13:31–46.

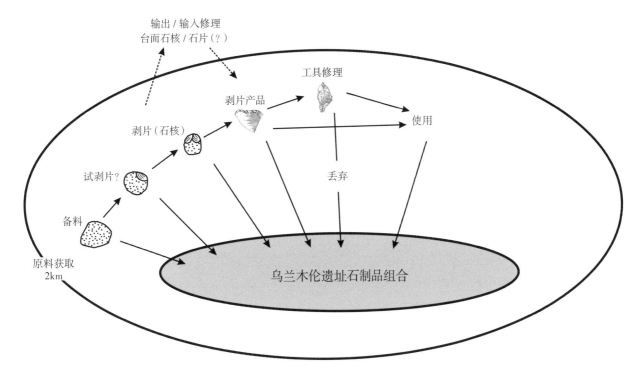

图一九九　乌兰木伦遗址石器动态链

乌兰木伦遗址不太可能是古人类的居址营地，而更有可能属于狩猎—屠宰场，同时还在这里发生了生活行为。但乌兰木伦遗址作为狩猎—屠宰场显然与 Isaac 的 C 类遗址有一定的区别，其不仅发现有多个种类的大型哺乳动物化石，还包含丰富的石制品组合。乌兰木伦古人类群体属于后勤式移动，因此乌兰木伦遗址只是该人群一小部分人从居址为了某种目的（狩猎）而迁徙过来的活动场所——狩猎屠宰场。该人群从距遗址 2km 远的地方将原料带过来，在这里狩猎，并进行剥片和工具加工，以对动物进行屠宰，还在这里发生了生活行为。因其不属于长期居住的场所，乌兰木伦遗址工具加工程度都不是很高，而且工具比例也很低。微痕观察结果表明有大量石片被直接使用，实际上弥补了工具比例低的问题。

不过，虽然乌兰木伦遗址不是该人群长期居住的场所，但遗址较厚的地层堆积以及不同文化层均有大量的石制品表明，遗址应该被该人群长期且重复利用。此外，各层石制品在技术、类型等方面均没有太大区别，表明技术、文化上的连续性，也指示利用该遗址的应该一直属于同一个人类群体。

第六节　展望

乌兰木伦遗址以其较厚的地层堆积、原生的埋藏过程、大量的石制品和古动物化石以及保存较好的人类活动遗迹，为遗址石制品研究和背后人类行为的探讨提供了良好的条件。不过，其作为一个新近发现的旧石器时代遗址，目前很多工作还是刚刚开展。所以，在进行乌兰木伦遗址石器工业的研究时，必须正视现在得出的结论都是在现有材料基础上进行的讨论，反映的是对目前所获材料的认识程度，而不可能揭露遗址的全部内涵。这就意味着，乌兰木伦遗址在未来还有很多工作要做，而以下几个方面可能是其中较为紧要的。

（1）持续发掘和材料的及时整理研究

石制品材料是旧石器考古研究的基础，而材料的获得就必须依托于考古发掘。乌兰木伦遗址自2010年发现以来，在同年进行了两次试掘后，于2011年至2017年连续进行了发掘。虽然石制品数量已经不少，但是新的发掘总能带来新的认识。举例而言，如果没有2012年度的发掘，带铤石镞就不可能发现，这样也就失去了在探讨东西方文化交流时的一个重要证据，也难以完成对石镞传播路线的讨论。此外，持续性的发掘其结果就是持续性的获得材料，能够给遗址以生命力。西班牙Atapuerca（阿塔普尔卡）遗址的发掘是一个很好的借鉴，该遗址每年都会有一个发掘季，每年的材料都能够让研究者在遗址的某些方面获得更多的认识。从目前的揭露情况来看，乌兰木伦遗址还保留有很大一部分堆积。此外，乌兰木伦遗址一共有三个地点，甚至更多的地点，都有进一步发掘的潜力。在未来的发掘中，以下几点是需要注意的。

首先，发掘要带着科学问题。以解决科学问题为出发点去指导和进行发掘，会使发掘者注意可能容易忽视的发现。当然，科学问题也要随着新的发现而适时调整。例如，我们在发掘时如果遇到比较好的标本，就要考虑到对周围土样的采集，在下一步工作中可能不要清洗，以方便未来进行残渍物分析。

其次，在发掘时要注意发掘水平层和文化层的统一。在按水平层向下清理时，要尽量保证这是在文化层内部进行的，以避免新老时代石制品互相混杂。

再次，发掘要做好详尽的野外记录。这些记录不仅包括对出土石制品的坐标测量、照相等，还包括发掘层位、遗迹现象、遗物分布规律等等。

最后，要注意对遗迹现象的科学清理。乌兰木伦遗址目前已经发现至少有两处用火遗迹。可惜的是发掘时由于没有专业人员在场，导致很多信息没能提取，目前仅留下几张照片以作为唯一的证据存在。遗迹现象非常重要，特别是对于探讨人类行为具有重要的价值。例如，用火遗迹与石制品、动物化石的分布，对于探讨古人类对遗址空间的利用方式就很重要。

发掘是科学研究的第一步，持续性的发掘必然会获得大量的材料。而对这些材料进行及时整理和研究就显得尤为必要，否则会造成材料的积压。不仅如此，由于积压时间过长，当时发掘的很多信息很容易流失，而给未来的研究工作增加负担。

（2）遗址堆积成因地貌学考察

遗址堆积成因研究对于认识遗址的形成过程非常重要，也有助于对古人类行为的解释。有关乌兰木伦遗址的堆积成因，目前还没有统一的解释。有学者认为是河湖相堆积，也有学者认为是泉水堆积，还有学者认为多种成因共同堆积。要解决这一问题，需要地质学、地貌学和地层学方面的专家学者的共同努力。

（3）更为精确的年代和古环境研究

年代结果会直接影响我们对遗址性质的判断，而更为精确的年代显然有利于我们从遗址提取更多的信息。目前在遗址的年代学方面已经做了很多工作，并已经得出了较好的测年结果。但我们也必须注意的是，采用光释光测年方法和碳-14测年方法所得出的测年结果还有一些出入，究竟哪一种方法得出的结果更为可靠些，还需要更为科学的解释。本报告所采用的距今 6.5 万 ~5 万年是新近的光释光在重新校正和利用了年龄—深度模式后的一个测年结果，而新的碳 -14 测年结果还没有出来。我们期待这两者之间有一个好的融合。此外，乌兰木伦遗址目前所分的文化层位有 8 层，测年结果能否精确到具体的每一个层位，也是未来值得努力的一个方向。因为这样有利于我们认识遗址的不同阶段人类行为的异同。

古环境研究自遗址发现之初就引起了研究者的关注，并开展了一些工作。最开始对遗址堆积进行了密集采样，并进行了 Mz 和 $CaCO_3$ 分析；后来又有学者对遗址进行了炭化植物鉴定和孢粉分析。这些工作都取得了一定的成果，但还缺乏综合性的古环境整合研究。甚至 Mz 和 $CaCO_3$ 分析结果与哺乳动物化石所反映的环境状况还有不协调的地方。因此，新的古环境研究方法的引入以及对遗址古环境的综合性研究就显得很紧迫。

（4）开展周边区域的考古调查和对比工作

乌兰木伦遗址周边区域主要在鄂尔多斯地区的调查工作已经开展了一些，特别是在乌兰木伦河流域调查发现了数十处旧石器点，发现了大量的石制品。虽然没有发现较好的原生地层，但仍具有重要意义。一方面，积累了大量的文化遗物，为了解该地区古人类的生存行为提供了重要材料，另一方面，暗示该地区旧石器遗址或地点不少，值得进一步开展调查研究。因此，进一步开展系统细致的旧石器考古调查，非常有可能再发现一处甚至多处像乌兰木伦这样的遗址，积累一批重要的考古材料。

当然，考古调查特别是对比工作的眼界要放远一点。要积极开展与鄂尔多斯以外地区的旧石器考古文化对比工作，以获得更为深入的新的认识。

（5）实验考古学研究

实验考古学本身的重要性已不用多言。单就乌兰木伦遗址的石制品研究而言，开展石英岩硬锤锤击剥片实验有利于取得新的认识，特别是对遗址剥片技术的探讨提供较有价值的参考。但是，该实验的结束也给研究者带来了更多的启发，其中之一就是乌兰木伦遗址还值得去进行更多的实验考古学方面的研究。

1）踩踏实验。踩踏实验有利于评估后期埋藏过程中踩踏行为对石制品的分布、边缘破损等方面的影响。该实验本来已在本次研究的计划之中，但由于时间等多方面的原因而不得不搁置。在未来很值得一做。

2）砸击剥片实验。西班牙具有砸击实验经验的考古学家在观察了泥河湾盆地的东谷坨、小长梁等遗址的石制品后，新发现了数件砸击制品，由此可见砸击法剥片在中国旧石器文化中的地位有可能被低估了。乌兰木伦遗址也可能如此。在该遗址石核剥片中有砸击开料技术，但目前识别的砸击制品数量却很少。是否存在一些砸击制品没有辨别出来的情况？这显然需要砸击实验方面的证据。

3）石制品使用实验。目前已知石制品已进行了初步的微痕观察，并取得了一定的认识。而下一步我们可能需要进行石制品使用实验方面的研究来与微痕观察进行对比，增加微痕分析的可靠性。

附录一

鄂尔多斯乌兰木伦遗址第 2 地点 2011 年试掘简报

乌兰木伦工作队

乌兰木伦遗址于 2010 年 5 月发现，同年 6~7 月由鄂尔多斯青铜器博物馆对遗址进行了抢救性清理，获得大量的文化遗物。鉴于遗址的重要性，2010 年 9~10 月，鄂尔多斯青铜器博物馆与中国科学院古脊椎动物与古人类研究所组成联合考古发掘队对遗址进行了试掘，并在最初发现的第 1 地点附近相继发现了第 2 和第 3 地点。2011 年，在第 1 地点发掘的同时对第 2 地点进行了小范围的试掘。由于时间关系，本次试掘并未将遗址剖面发掘到底，文化层只是发掘了不到 20 厘米的厚度。试掘出土石制品 78 件，动物化石 2 件。此外，还采集石制品 14 件。第 2 地点的试掘及其出土的文化遗物对乌兰木伦遗址第 1 地点是一个补充，具有重要价值。由于发掘出土的动物化石数量较少，且较破碎，不具有鉴定意义，因此本文主要对试掘和采集发现的石制品做一个简要报道。

图一　乌兰木伦遗址第 2 地点地层剖面

一、地理位置与地层

乌兰木伦遗址第 2 地点位于内蒙古鄂尔多斯市康巴什新区乌兰木伦河左岸，距第 1 地点西侧约 20 米，地理坐标为 39°35.152′N，109°45.659′E，海拔 1281 米。

与乌兰木伦遗址第 1 地点相似[1]，第 2 地点也处在下切白垩纪红色风成砂基岩而形成的一条沟谷前缘，上部为后期的风成砂堆积，厚约 5 米，可分为 6 层（图一），下部为灰绿色和红色交错的河湖相三角洲沉积，厚约 3 米。由于还未试掘到底，下部地层的分层目前还不能完全确认。

［1］侯亚梅、王志浩、杨泽蒙等：《内蒙古鄂尔多斯乌兰木伦遗址 2010 年 1 期试掘及其意义》，《第四纪研究》2012 年第 2 期；王志浩、侯亚梅、杨泽蒙等：《内蒙古鄂尔多斯市乌兰木伦旧石器时代中期遗址》，《考古》2012 年第 7 期。

二、石制品分类与描述

第 2 地点共发现石制品 92 件，其中发掘出土 78 件，采集 14 件。石制品类型含石核 6 件，石片 60 件，工具 14 件，断块 12 件（表一）。原料有石英岩、石英、硅质岩和燧石等。其中，石英岩最多，有 77 件，占 83.7%；其次是石英，共 12 件，占 13.1%；硅质岩和燧石较少，分别有 2、1 件，比例分别为 2.2% 和 1%。

1. 石核

6 件，占石制品总数的 6.5%。按石核的台面可分为单台面石核和双台面石核，分别有 5、1 件。石核形状不一。多在砾石面直接剥片，少数毛坯为石片。原料有石英岩和石英，分别有 5 件和 1 件（见表一）。

11KW2T1- Ⅲ①：19（图二，1），双台面石核。原料为石英岩，器身较小，长 57、宽 45、厚 32 毫米，重 89 克。石核形状不规则，周身剥片，只有局部一小块为自然砾石面。可见到的剥片疤只有三个比较大，其余均较小，剥片面积约占石核面积的 50%，利用率较低。

表一　石制品分类统计表

类型（class）	数量（N=92）	百分比（%）
石核（cores）	6	6.5
单台面石核	5	
双台面石核	1	
石片（flakes）	60	65.2
完整石片（complete flakes）	34	
Ⅰ 型	1	
Ⅱ 型	10	
Ⅲ 型	7	
Ⅴ 型	1	
Ⅵ 型	15	
非完整石片（flake fragments）	26	
左裂片	9	
右裂片	8	
远端	4	
中段	2	
远端	3	
工具（tools）	14	15.2
凹缺器	6	
刮削器	2	
锯齿刃器	1	
石锥	1	
端刃石刀	1	
雕刻器	1	
粗制品	2	
断块（chunks）	12	13.1

2. 石片

60 件，占石制品总数的 65.2%。石片的分类，根据 Toth 的方法[1]按台面和背面疤的情况可分为 Ⅰ ～ Ⅵ 型石片，其中以 Ⅱ、Ⅵ 型石片居多，Ⅲ 型次之，Ⅰ 、Ⅴ 型最少。所得的分类结果详见表一。原料有石英岩、石英和硅质岩，分别有 48、11、1 件。

11KW2T1- Ⅲ①：76（图二，3），Ⅱ 型石片。原料为石英岩，长 74、宽 55、厚 26 毫米，重 98 克。自然台面，背面凹凸不平，有同向剥片留下的疤痕，远端保留小块的自然石皮；破裂面较平，打击点集中，放射线清晰可见；石片背面可见五个片疤。台面角 110°。

11KW2T1- Ⅲ①：68（图二，2），Ⅲ 型石片。原料为石英岩，长 48、宽 57、厚 11 毫米，重 27 克。自然台面，人工背面。破裂面平坦，打击点集中，放射线、同心波清晰可见。石片背面较平坦，可见两个较大片疤，打击方向不固定。台面角 96°。

3. 工具

14 件，占石制品总数的 15.2%。根据修理加工的精致程度，可分为精制品和粗制品两类，分别

---

[1] Toth N., The Oldowan reassessed: a close look at early stone artifacts. *Journal of Archaeological Science*, 1985, 12 (2):101–120.

图二　乌兰木伦遗址发现的石制品

1. 石核（11KW2T1-Ⅲ①：19）　2. 石片（11KW2T1-Ⅲ①：68）　3. 石片（11KW2T1-Ⅲ①：76）　4. 石锥（11KW2T1-Ⅱ⑦：8）
5. 凹缺器（11KW2T1-C3）　6. 刮削器（11KW2T1-Ⅲ①：1）　7. 锯齿刃器（11KW2T1-Ⅲ①：2）　8. 端刃石刀（11KW2T1-C1）　9. 雕刻器（11KW2T1-C15）

有 12、2 件。精制品类型包括凹缺器 6 件、刮削器 2 件、锯齿刃器 1 件、石锥 1 件、端刃石刀 1 件、和雕刻器 1 件（见表一）。原料有石英岩和硅质岩，分别为 13、1 件。全部采用锤击法加工。

凹缺器　6 件。原料均为石英岩。11KW2T1-C3（图二，5），长 48、宽 35、厚 9 毫米，重 17 克。个体为小型，片状毛坯。选择石片的近台面处反向修理成一个凹缺，修疤有两个，一大一小。缺口长 3、宽 13 毫米，石片背面微凸，可见同向剥片留下的三片较大的疤痕。远端保留部分石皮，破裂面平坦光滑，打击点集中，放射线、同心波清晰可见。

刮削器　2 件。原料有石英岩和硅质岩，各 1 件。11KW2T1-Ⅲ①：1（图二，6），原料为石英岩，长 27、宽 26、厚 16 毫米，重 8 克。个体为小型，块状毛坯。选择较薄的一侧边缘加工修理成刃，修理方式由较平坦的一侧向较凸的一侧修理成刃，修疤大小不一且连续密集，形成一个较凸的尖刃，尖部较圆钝，修疤较大，有使用后留下的微小疤痕。把握部位较厚钝，保留自然砾石面。

锯齿刃器　1 件。原料为石英岩。11KW2T1-Ⅲ①：2（图二，7），长 39、宽 22、厚 9 毫米，重 4 克。个体为小型，片状毛坯。在石片的边缘反向加工修理，刃缘左侧有反向连续修理留下的微小疤痕。右侧未经修理，把握部位为较厚的断面，背面微凸，为自然砾石面。破裂面平坦，放射线清晰可见。

石锥　1 件。原料为石英岩。11KW2T1-Ⅱ⑦：8（图二，4），长 34、宽 22、厚 10 毫米，重 6 克。个体为小型，片状毛坯。利用石片的远端和一条侧边修理出一个尖角，其中石锥的右侧边缘经过反复修理，形成一个向内的肩部。左侧边缘未经修理，锥头较为圆钝，磨蚀较严重，尖端有使用后留下的微小疤痕。把握部位未经修理，背面为同向剥片留下的大小不一的疤痕，破裂面凹凸不平。

端刃石刀　1 件。原料为石英岩。11KW2T1-C1（图二，8），长 64、宽 56、厚 18 毫米，重 56

克。个体为中型，片状毛坯。选择石片的远端修理成刃，刃部薄锐锋利，有使用后留下的微小疤痕。把握部位有同向剥片留下的较长剥片疤。背面微凸，远端和侧边保留部分砾石面，破裂面平坦，打击点集中，放射线、同心波清晰可见。

雕刻器　1 件。原料为石英岩。11KW2T1–C15（图二，9），长 30、宽 21、厚 14 毫米，重 6 克。个体为小型，片状毛坯。利用断片的断面修理成一个屋脊状的刃部。背面凸起，部分砾石面，部分为剥片留下的疤痕，破裂面平坦，同心波清晰可见。

粗制品　2 件。原料均为石英岩。

4. 断块

12 件，占石制品总数的 13.1%。原料多为石英岩，燧石次之，分别有 11、1 件。形状大小不一，且不规则（见表一）。

三、结语

乌兰木伦遗址第 2 地点从本文报道的 92 件石制品来看，原料较为单一，主要为石英岩（83.7%），其次为石英（13.1%），其他如硅质岩、燧石等数量均很少。这些原料类型在乌兰木伦河两岸的白垩系基岩中非常常见，较为容易获取。从石制品大小上看，古人类多选择尺寸适中的石英岩进行锤击剥片。石制品类型包括石核（6 件）、石片（60 件）、工具（14 件）和断块（12 件）。石核以单台面为主，双台面次之；大多进行了多次成功剥片。工具类型较丰富，有锯齿刃器、刮削器、凹缺器、端刮器、雕刻器、石锥等，其中又以凹缺器为多，占 42.9%；加工方法以锤击法为主，修理方式以正向为主，也有反向、错向、对向以及交互、复合等。

目前，第 2 地点已采集了放射性碳（^{14}C）和光释光（OSL）等测年样品，但测年结果还没有完成。不过，对比第 1 地点的地层、地貌和埋藏情况，两者具有很大的相似性，初步可以将其与第 1 地点的年代放在同一时期，即属于旧石器时代中期。第 2 地点目前仅发掘了一条 1 米宽的探沟，且发掘深度仅在文化层的上部，但已经出土了 78 件石制品。这表明第 2 地点与第 1 地点一样，地层中文化遗物埋藏非常丰富，具有进一步发掘与研究的潜力。从目前出土的石制品来看，第 2 地点与第 1 地点的文化内涵具有很好的可比性。进一步对第 2 地点开展发掘和研究工作，将对乌兰木伦遗址的研究材料有一个极大的补充，因而有利于加深我们对乌兰木伦遗址的认识，具有重要意义。

执笔：刘扬　包蕾

（原载于《草原文物》2014 年第 1 期）

附录二

鄂尔多斯乌兰木伦遗址第 2 地点 2014~2015 出土的石制品

雷蕾[1, 2, 4]，刘扬[3]，侯亚梅[1, 4]，张家富[5]，包蕾[6]，胡越[7]，杨俊刚[6]

1. 中国科学院脊椎动物演化与人类起源重点实验室，中国科学院古脊椎动物与古人类研究所；
2. 中国科学院大学；3. 中山大学社会学与人类学学院；4. 中国科学院生物演化与环境卓越创新中心；5. 北京大学城市与环境学院地表过程教育部重点实验室；6. 鄂尔多斯市文物考古研究院；7. 澳大利亚伍伦贡大学地球与环境科学学院

一、引 言

鄂尔多斯高原是我国最早开始旧石器考古工作的地区之一。20 世纪 20 年代初期，萨拉乌苏遗址和水洞沟遗址的发现与研究揭开了中国旧石器考古学研究的序幕[1]，也标志着鄂尔多斯高原旧石器考古的开端。在随后的几十年中，随着旧石器考古工作的持续开展，该地区又陆续发现了一些新的旧石器地点。系统的考古发掘以及深入的研究工作主要集中在早期发现的萨拉乌苏遗址和水洞沟遗址[2]，其他地点的工作多是零星的野外调查[3]，缺乏详细研究，这种情况一直持续到乌兰木伦遗址的发现。乌兰木伦遗址的发现和系统研究不但完善了鄂尔多斯高原旧石器技术发展与演化的序列，也为区域视角下的旧石器考古研究增加了新的内涵[4]。

[1] Licent E., Teilhard D. C. P., Le Paléolithique de la Chine, L'Anthropologie, 1925, 25:201–234；布勒、步日耶、桑志华等（著），李英华、邢路达（译）：《中国的旧石器时代》，科学出版社，2013 年。

[2] 黄慰文、侯亚梅：《萨拉乌苏遗址的新材料：范家沟湾 1980 年出土的旧石器》，《人类学学报》2003 年第 4 期；黄慰文、侯亚梅、胡越等：《旧石器文化》，《萨拉乌苏河晚第四纪地质与古人类综合研究》，科学出版社，2017 年，第 239~280 页；宁夏文物考古研究所：《水洞沟——1980 年发掘报告》，科学出版社，2003 年；宁夏文物考古研究所、中国科学院古脊椎动物与古人类研究所：《水洞沟——2003~2007 年度考古发掘与研究报告》，科学出版社，2013 年。

[3] 张森水：《内蒙中南部和山西西北部新发现的旧石器》，《古脊椎动物与古人类》1959 年第 1 期；张森水：《内蒙中南部旧石器的新材料》，《古脊椎动物与古人类》1960 年第 2 期。

[4] 侯亚梅、王志浩、杨泽蒙等：《内蒙古鄂尔多斯乌兰木伦遗址 2010 年 1 期试掘及其意义》，《第四纪研究》2012 年第 2 期；王志浩、侯亚梅、杨泽蒙等：《内蒙古鄂尔多斯市乌兰木伦旧石器时代中期遗址》，《考古》2012 年第 7 期；刘扬、平小娟：《鄂尔多斯高原旧石器考古发现与研究回顾》，《第十四届中国古脊椎动物学学术年会论文集》，海洋出版社，2014 年，第 213~222 页。

乌兰木伦遗址位于内蒙古自治区鄂尔多斯市康巴什新区的乌兰木伦河左岸，地理坐标为39°35.152′N，109°45.659′E，海拔 1281 米。遗址发现于 2010 年 5 月，并由鄂尔多斯青铜器博物馆进行试掘。同年 9~10 月，中国科学院古脊椎动物与古人类研究所与鄂尔多斯青铜器博物馆组成联合考古队对该遗址进行系统发掘。发掘期间，考古队在遗址周边开展调查，新发现旧石器地点两处，并按照从东向西顺序，将三处地点依次命名为乌兰木伦遗址第 1、2、3 地点。其中，第 1 地点与第 2 地点间隔 50 米，与第 3 地点间隔约 160 米。三处地点均由地下泉水冲蚀基岩后堆积而成，但相互之间并无可见的地层衔接。由于不同地点之间相距较近，因此，亦可看作同一遗址的不同发掘区域。本文暂且沿用之前研究中的命名方法[1]。

2011 年，联合考古队对遗址第 2 地点进行试掘，试掘探沟为 2 米 × 6 米，发掘文化层深约 20 厘米。发掘出土石制品 78 件，动物化石 2 件[2]。2014~2015 年继续在 2011 年发掘的同一文化层上，将发掘面积扩大至 25 平方米，并进行系统发掘，共揭露文化层位 5 个，出土石制品 318 件，动物化石 8 件，并先后发现两种形式的动物化石脚印遗迹面。乌兰木伦遗址第 2 地点的发掘材料丰富了我们对遗址文化面貌以及当地古人类环境适应行为与生活方式的认识。本文是对遗址 2014~2015 年出土石制品的初步报道，而关于脚印遗迹的研究将另文发表。

二、地貌、地层与年代学研究

乌兰木伦遗址位于乌兰木伦河古河道支流上，上覆较厚的浅湖相和风成砂沉积。根据土质、土色以及沉积物特征，第 2 地点的地层堆积从上至下可分成 24 层（图一，a），其中第 20~24 层为遗址文化层。2014 年发掘石制品 26 件，出土层位为第 20~21 层，2015 年发掘石制品 292 件，出土层位为第 21~24 层（图一，b）。

第 2 地点地层描述如下：

第 1 层：松散的棕黄色粗砂，厚 8~36 厘米。

第 2 层：含钙结核的灰褐色中细砂、绿色粉砂质黏土层，细微水平层理，厚 0~53 厘米。

第 3 层：灰黄色中砂，含一定钙结核，水平层理，厚 6~13 厘米。

第 4 层：含少量钙结核的灰绿色细砂层，夹杂条带状铁锈斑，厚 5~8 厘米。

第 5 层：绿色粉砂质黏土，厚 5~8 厘米。

第 6 层：黄灰色中砂，水平层理，夹杂四条灰褐色极薄细砂条带，厚 20~30 厘米。

第 7 层：黄绿色中砂，水平层理，其间夹杂铁锈斑丝，厚约 26 厘米。

第 8 层：灰黄色细砂，水平层理，局部有较大铁锈斑块，厚约 23 厘米。

第 9 层：粗砂砾层，厚 10~25 厘米。

---

[1] 侯亚梅、王志浩、杨泽蒙等：《内蒙古鄂尔多斯乌兰木伦遗址 2010 年 1 期试掘及其意义》，《第四纪研究》2012 年第 2 期；王志浩、侯亚梅、杨泽蒙等：《内蒙古鄂尔多斯市乌兰木伦旧石器时代中期遗址》，《考古》2012 年第 7 期；刘扬、平小娟：《鄂尔多斯高原旧石器考古发现与研究回顾》，《第十四届中国古脊椎动物学学术年会论文集》，海洋出版社，2014 年，第 213~222 页。

[2] 乌兰木伦工作队：《鄂尔多斯乌兰木伦遗址第 2 地点 2011 年试掘简报》，《草原文物》2014 年第 1 期。

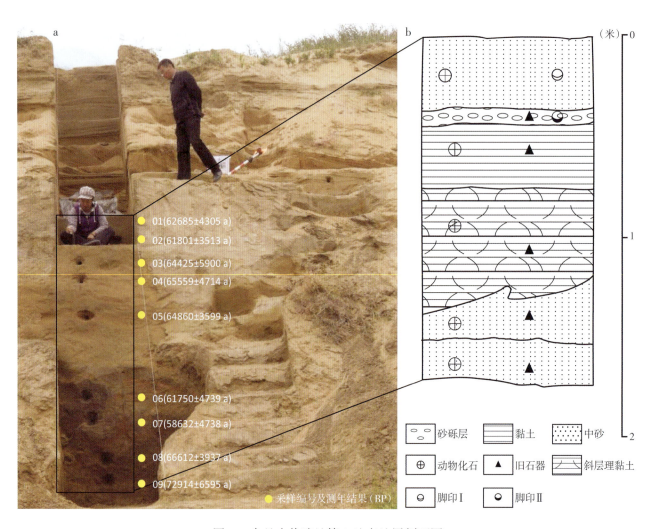

图一　乌兰木伦遗址第 2 地点地层剖面图

a. 第 2 地点 2011 年试掘地层剖面图　b. 第 2 地点 2014~2015 年正式发掘地层剖面图

第 10 层：灰黄色细砂，含极少量小砾石，厚 16~20 厘米。

第 11 层：黄色中细砂，水平层理，厚 40 厘米。

第 12 层：黄色中砂层，斜层理，夹杂极薄绿色粉砂条带，厚约 25 厘米。

第 13 层：灰绿色细砂，夹白色钙质条带，厚 28~38 厘米。

第 14 层：浅灰黄色细砂，水平层理，局部含黄色中砂透镜体，厚约 40 厘米。

第 15 层：灰绿色细砂，水平层理，厚约 45 厘米。

第 16 层：黄色中砂，斜层理，夹灰绿色中砂条带和 2 条绿色粉砂条带，厚约 105 厘米。

第 17 层：灰绿色粉砂，水平层理，厚 15 厘米。

第 18 层：黄褐色粗砂，斜层理，夹灰绿色中砂条带，厚约 45 厘米。

第 19 层：灰黄色中细砂，水平层理，局部含粗砂透镜体，厚约 35 厘米。该层含动物化石和单一种类的犀牛脚印化石。

第 20 层：含石制品的砂砾层，石制品磨蚀严重，砾石较少，砾径 1~10 毫米。厚约 0~3 厘米。

第 21 层：黄褐色黏土层，出土石制品，厚约 30 厘米，微水平层理。2014 年发掘中在该层顶面揭露出一层凹凸不平的动物脚印化石面，脚印呈椭圆形、圆形等小坑洞状；经鉴定，这些脚印化石分属马、牛、羚羊以及食肉类动物。

第 22 层：棕褐色黏土，斜层理，出土石制品，厚约 30~45 厘米。

第 23 层：灰绿色黏土，局部夹杂棕红色中砂透镜体，出土石制品，厚约 8~28 厘米。

第 24 层：棕红色中砂层，出土石制品，厚约 20 厘米。2015 年发掘结束未见底。

乌兰木伦遗址第 2 地点的 9 个光释光测年样品取自遗址文化层的不同深度，其测年数据自上至下分别为 62685 ± 4305 BP、61801 ± 3513 BP、64425 ± 5900 BP、65559 ± 4714 BP、64860 ± 3599 BP、61750 ± 4739 BP、58632 ± 4738 BP、66612 ± 3937 BP、72914 ± 6595 BP（见图一，a）。以上结果表明乌兰木伦遗址第 2 地点石制品所在层位的年代为距今 6 万年左右。

三、石制品

乌兰木伦遗址第 2 地点 2014~2015 年共出土石制品 318 件，动物骨骼化石 7 件，牙齿化石 1 件。石制品包括石核、石片、备料、断块 / 断片和工具（表一），其空间分布状况如图二所示。从尺寸（L）分布来看，石制品以小型（20 毫米 < L ≤ 50 毫米）为主（182 件），其次为微型（L ≤ 20 毫米）（115件）和中型（50 毫米 < L ≤ 100 毫米）（20 件），大型石制品（L>100 毫米）仅 1 件（图三）。

表一 乌兰木伦遗址第 2 地点出土石制品分类统计

类型（type）	数量（N）	2014 年数量（N）	2015 年数量（N）	百分比（%）
石核（core）	26			8.18
单台面石核		1	7	
双台面石核		1	12	
多台面石核		1	4	
石片（flake）	226			71.06
砸击石片		0	3	
锤击完整石片		7	105	
锤击不完整石片		4	107	
工具（tool）	33			10.38
锯齿刃器		2	19	
凹缺器		3	2	
刮削器		1	0	
尖状器		0	1	
端刮器		0	1	
石锥		0	4	
备料（manuport）	6	0	6	1.89
断块 / 断片（angular fragment）	27	6	21	8.49
共计（total）	318	26	292	100

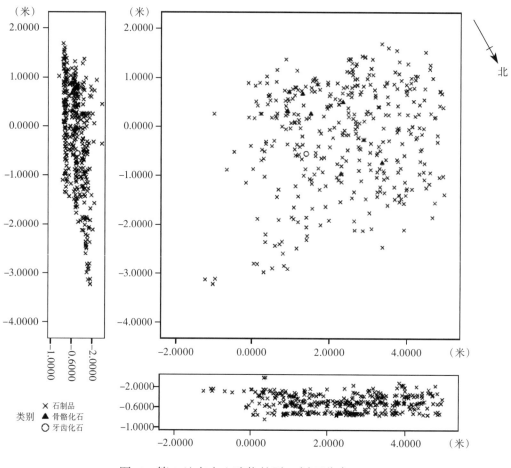

图二 第 2 地点出土遗物的平、剖面分布

乌兰木伦遗址第 2 地点石制品的原料类型与第 1 地点大致相同[1]，主要为石英岩、石英和燧石。其中，石英岩所占比例最高，达 89.10%；其次为石英，比例为 8.72%；另有少量燧石原料，比例为 2.18%。由于石制品出土层位的年代数据较为一致，下文将不同层位石制品放在一起加以分析和讨论。

1. 石核

26 件，占石制品总数的 8.18%，均为锤击石核，以石英岩为主要原料，仅 2 件为石英。根据台面数量可分成单台面、双台面和多台面三种。

单台面石核 8 件，其平均长、宽、厚分别为 48.1、36.6、28.4 毫米，平均重 110 克。15KW2：221（图四，1），褐色石英岩，砾石毛坯。剥片面上可观察到至少六个片疤，其中最大的片疤长 49.9 毫米。长、宽、厚分别为 84、69.3、64 毫米，重 516 克。

双台面石核 13 件。15KW2：387（图四，2），灰白色石英岩，剥片面上可见两层片疤。石核上最大的片疤长为 16.8 毫米。长、宽、厚分别为 42.3、29.8、24.8 毫米，重 32 克。

[1]侯亚梅、王志浩、杨泽蒙等：《内蒙古鄂尔多斯乌兰木伦遗址 2010 年 1 期试掘及其意义》，《第四纪研究》2012 年第 2 期；王志浩、侯亚梅、杨泽蒙等：《内蒙古鄂尔多斯市乌兰木伦旧石器时代中期遗址》，《考古》2012 年第 7 期；刘扬、平小娟：《鄂尔多斯高原旧石器考古发现与研究回顾》，《第十四届中国古脊椎动物学学术年会论文集》，海洋出版社，2014 年，第 213~222 页。

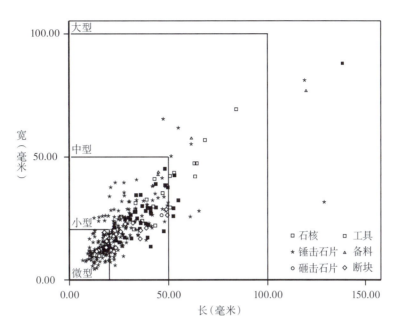

图三　石制品形态分布统计图

图四　发掘出土石制品

1. 单台面石核（15KW2：221）　2. 双台面石核（15KW2：387）　3、4. 石锥（15KW2：248、15KW2：311）　5、6. 砸击石片（15KW2：114、15KW2：278）　7. 凹缺器（14KW2Ⅱb：25）　8、9. 锯齿刃器（14KW2Ⅱb：4、15KW2：214）

多台面石核　5 件。

2. 石片

226 件，占石制品总数的 71.06%。按照打击方式的不同可分为锤击石片（223 件）和砸击石片（3 件）。锤击石片又分为完整石片（112 件）和不完整石片（111 件）。根据 Toth 对完整石片的六型划分标准[1]，乌兰木伦遗址以Ⅲ型石片为主，共 37 件，其次为Ⅵ型、Ⅱ型、Ⅴ型和Ⅰ型石片，分别为 26 件、21 件、15 件和 10 件，Ⅳ型石片数量最少，仅有 3 件。石片以长型为主，长、宽、厚范围分别为 11.2~65.3、4.4~65.4、2.1~49.0 毫米，其平均值为 23.4、18.7、4.9 毫米。多数石片的打击点较为明显，打击泡清晰。不完整石片中，保留石片远端的有 46 件，近端的有 3 件，中段的有 8 件，另有左裂片 33 件，右裂片 21 件。

15KW2：114，砸击石片（图四，5），灰黑色石英岩，在其顶部和底部可见砸击产生的崩断疤痕。长、宽、厚分别为 46.5、26.3、22.3 毫米，重 24 克。

15KW2：278，砸击石片（图四，6），灰黑色石英岩，顶部和底部均可见砸击产生的崩断疤痕，长、宽、厚分别为 41、27.6、14.5 毫米，重 16 克。

3. 工具

33 件，占石制品总数的 10.38%。工具类型以锯齿刃器为主，其次是凹缺器，另有少量的尖状器、端刮器和石锥；其中 28 件为片状毛坯，5 件为块状毛坯；工具主要采用正向修理的方式加工；其中 15 件有一层修疤，17 件可观察到两层修疤，只有 1 件有三层修疤。

锯齿刃器 14KW2Ⅱb：4（图四，8），灰白色石英岩。片状毛坯，在其一边用正向加工的方法修理成锯齿形刃部，修疤呈三层，其中最大的修疤长 4.0 毫米。刃缘长 26.5 毫米，刃角 64°。长、宽、厚分别为 47.5、20.7、8.1 毫米，重 3 克。15KW2：214（图四，9），灰色石英岩。片状毛坯，在石片远端利用转向加工修理成一锯齿型刃缘，修疤呈两层，最大修疤长 15.3 毫米。长、宽、厚分别为 43.7、29.4、14.5 毫米，重 18 克。

凹缺器 14KW2Ⅱb：25（图四，7），灰白色石英岩。块状毛坯，在其中一条边加工出一内凹的刃缘，凹缺宽 13.9 毫米，深 3.8 毫米。长、宽、厚分别为 39.4、29.2、19.6 毫米，重 14 克。

石锥 15KW2：311（图四，4），黄绿色石英岩。片状毛坯，在毛坯较长的两边进行两面修理并相交形成一尖角，尖刃角 52°。长、宽、厚分别为 32.9、27.6、8.8 毫米，重 8 克。15KW2：248（图四，3），灰褐色石英岩。片状毛坯，在其近端和左侧进行反向修理，两边相交于一尖角，尖角 75°，两内凹夹角 71°。长、宽、厚分别为 49.7、37.6、21.7 毫米，重 34 克。

四、讨论与结论

通过对 2014~2015 年出土石制品的分析，乌兰木伦遗址第 2 地点的石器特征可概括为以下几方面：

（1）石制品以石英岩为主要原料，古人类就地取材进行石制品加工。

（2）石制品形态以小型为主，其中长型石片占有一定比例。

（3）石制品剥片主要采用锤击法，砸击法偶有使用，双台面石核所占比例最高。

（4）工具类型有锯齿刃器、凹缺器、尖状器、刮削器、端刮器和石锥，其中锯齿刃器数量最多。工具毛坯以小石片为主，修理方式主要为正向修理。

乌兰木伦遗址发现于 2010 年，经过近几年的连续发掘，目前已经积累了丰富的研究材料，也取

---

[1] Toth N., The Oldowan reassessed: a close look at early stone artifacts, *Journal of Archaeological Science*, 1985, 12:101–120.

得了一系列研究成果。第 1 地点的相关研究使我们对遗址的古环境背景、石制品的原料采办策略、工具的加工和使用等都有了一定的了解[1]。乌兰木伦遗址第 2 地点与第 1 地点处于同一时代，石制品面貌存在一定的相似性，如主要原料均为质地较为均匀的石英岩，工具毛坯多为片状，剥片和修理主要采用锤击法，修理方式主要采用正向加工，工具类型包括锯齿刃器、凹缺器、石锥和刮削器等。总体来看，乌兰木伦遗址第 2 地点和第 1 地点同属小型石片石器技术体系。对第 2 地点石制品的研究进一步丰富了我们对乌兰木伦遗址技术与文化内涵的理解与认识。另外，与第 1 地点不同，我们在第 2 地点发现了石制品与动物脚印化石遗迹伴生的现象，第 2 地点某些文化层出土的石制品磨蚀也更为明显，这些现象可能指示乌兰木伦遗址两个地点的埋藏环境存在差异。在今后工作中开展详细的遗址形成过程研究将为解释这一差异提供答案。

（原载于《人类学学报》2019 年第 2 期）

[1] 侯亚梅、王志浩、杨泽蒙等：《内蒙古鄂尔多斯乌兰木伦遗址 2010 年 1 期试掘及其意义》，《第四纪研究》2012 年第 2 期；王志浩、侯亚梅、杨泽蒙等：《内蒙古鄂尔多斯市乌兰木伦旧石器时代中期遗址》，《考古》2012 年第 7 期；刘扬、平小娟：《鄂尔多斯高原旧石器考古发现与研究回顾》，《第十四届中国古脊椎动物学学术年会论文集》，海洋出版社，2014 年，第 213~222 页；乌兰木伦工作队：《鄂尔多斯乌兰木伦遗址第 2 地点 2011 年试掘简报》，《草原文物》2014 年第 1 期；刘扬、侯亚梅、杨泽蒙：《鄂尔多斯乌兰木伦遗址石制品原料产地及其可获性》，《人类学学报》2017 年第 2 期；Chen H., Hou Y. M., Yang Z. M., et al., A preliminary study on human behavior and lithic function at the Wulanmulun site, Inner Mongolia, China, *Quaternary International*, 2014, 347(1):133–138; Chen H., Wang J., Lian H. R., et al., An experimental case of bone-working usewear on quartzite artifacts, *Quaternary International*, 2017, 434:129–137; Chen H., Lian H. R., Wang J., et al., Hafting wear on quartzite tools: An experimental case from the Wulanmulun Site, Inner Mongolia of north China, *Quaternary International*, 2017, 427:184-192；李小强、高强、侯亚梅等：《内蒙古鄂尔多斯乌兰木伦遗址 MIS3 阶段的植被与环境》，《人类学学报》2014 年第 1 期；Dong W., Hou Y. M., Yang Z. M., et al., Late Pleistocene mammalian fauna from Wulanmulun Paleolithic Site, Nei Mongol, China, *Quaternary International*, 2014, 347(1):139–147.

附录三

内蒙古鄂尔多斯市乌兰木伦遗址第 1 和第 2 地点 2014 年发掘简报

鄂尔多斯市文物考古研究院　中山大学社会学与人类学学院

中国科学院古脊椎动物与古人类研究所

乌兰木伦遗址于 2010 年发现，至 2014 年已进行了 2 次试掘和 4 次正式的考古发掘，每年都获得大量的文化遗物。其中，2010~2013 年度发掘的主要收获已有相关报道[1]。2014 年度对乌兰木伦遗址第 1 地点和第 2 地点均进行了发掘，并获得了一些新的发现。现将 2014 年发掘的情况简报如下。

一、地理位置和地层

1. 地理位置

乌兰木伦遗址位于内蒙古鄂尔多斯市康巴什区 2 号桥东乌兰木伦河北岸，西距乌兰木伦河 20 米，西北距鄂尔多斯市政府 2.5 千米，地理坐标为 39°35′03.5″N，109°45′42.0″E，海拔 1281 米。

2. 地层

乌兰木伦遗址第 1 地点地层堆积最大剖面厚度大于 7 米。依据土质、土色的不同，遗址地层划分为①~⑧层，其中②~⑧层均出土有丰富的文化遗物，并保留有多处由灰烬、木炭、烧骨、石制品等组成的用火遗迹（图一）。其地层堆积可与萨拉乌苏遗址进行对比，最新测年结果为距今 6.5 万~5 万年[2]。

---

[1] 王志浩、侯亚梅、杨泽蒙等：《内蒙古鄂尔多斯市乌兰木伦旧石器时代中期遗址》，《考古》2012 年第 7 期；包蕾、刘扬、卢悦：《鄂尔多斯乌兰木伦遗址第 1 地点 2010—2011 年发掘出土石制品的初步观察》，《第十四届中国古脊椎动物学学术年会论文集》，海洋出版社，2014 年，第 223~234 页；乌兰木伦工作队：《鄂尔多斯乌兰木伦遗址第 2 地点 2011 年试掘简报》，《草原文物》2014 年第 1 期；鄂尔多斯市文物考古研究院、中国科学院古脊椎动物与古人类研究所：《鄂尔多斯乌兰木伦遗址第 1 地点 2013 年发掘简报》，《文物春秋》2017 年第 4 期。

[2] Rui X., Zhang J. F., Hou Y. M., et. al., Feldspar multi-elevated-temperature post – IR IRSL dating of the Wulanmulun Paleolithic site and its implication. *Quaternary Geochronology*, 2015, 30:438–444.

图一　乌兰木伦遗址第 1 地点地层剖面（2014 年）

表一　乌兰木伦遗址第 1 地点发掘石制品原料种类数量统计表

种类	石英岩	石英	硅质岩	砂岩	燧石	汇总
数量（N）	297	39	7	3	1	347
比例（%）	85.6	11.2	2.0	0.9	0.3	100

表二　乌兰木伦遗址第 1 地点发掘石制品分类统计表

类型（class）	数量（N=347）	百分比（%）
石核（cores）	15	
单台面石核	10	4.3
多台面石核	5	
石片（flakes）	220	
完整石片（complete flakes）	128	
Ⅰ型	4	
Ⅱ型	11	
Ⅲ型	35	
Ⅴ型	24	
Ⅵ型	54	63.4
非完整石片（flake fragments）	92	
左裂片	29	
右裂片	24	
近端	16	
中段	14	
远端	9	
工具（tools）	38	
凹缺器	16	
刮削器	12	11
锯齿刃器	9	
石锥	1	
断块（chunks）	21	6
碎片（fragments）	53	15.3

二、第 1 地点

2014 年，乌兰木伦遗址第 1 地点发掘出土石制品 347 件（不含筛洗）。石制品包括石核 15 件、石片 220 件、工具 38 件、断块 21 件、碎片 53 件。原料以石英岩最多，约占原料总数的 85.6%，此外，还有石英、硅质岩、砂岩、燧石等（表一）。

1. 石核

15 件，约占发掘石制品总数的 4.3%。可分为单台面石核和多台面石核两种，分别有 10 件和 5 件（表二）。原料有石英岩和石英，分别有 12 件和 3 件。

单台面石核　14KW1 ⑧ 720（图二，1）。原料为青色石英岩。毛坯为长圆形砾石，最大长、宽分别为 69.3、40.6 毫米，厚 38.1 毫米，重 190 克。人工台面，将砾石开料形成平整的破裂面，再以破裂面为台面进行剥片。平均台面角 76°，这个角度仍可进一步剥片。最大剥片疤技术长、宽分别为 15.1、16.2 毫米。

多台面石核　14KW1 ⑧ 728（图二，2）。原料为青褐色石英岩。毛坯为圆形砾石，最大长、宽分别为 51.4、46.5 毫米，厚 51.7 毫米，重 68 克，平均台面角 85°。有 3 个台面，最后形成的主工作面可见剥片疤最多，遍布石核四面且大小不一，多层重叠，形状多呈长条形。其余 2 个工作面为主工作面的对向和转向两个方向剥片，从残留的可见疤看，转向剥片只留有 1 个较大剥片疤，对向剥片留有约 7 个剥片疤。石核整体利用率较高，只留有一长条形的石皮，且上面布满打击痕迹。

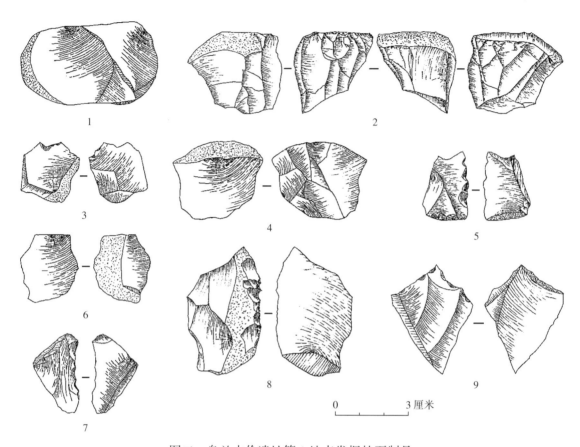

图二　乌兰木伦遗址第 1 地点发掘的石制品

1. 单台面石核（14KW1⑧720）　2. 多台面石核（14KW1⑧728）　3. 凹缺器（14KW1⑧529）　4. Ⅲ型石片（14KW1⑧719）
5. 锯齿刃器（14KW1⑧433）　6. Ⅴ型石片（14KW1⑧717）　7. 凹刃刮削器（14KW1⑧900）　8. 凸刃刮削器（14KW1⑧427）
9. 石锥（14KW1⑧794）

2. 石片

220 件，约占发掘石制品总数的 63.4%。石片的分类，按照 Toth 的方法[1]，根据台面和背面疤的情况可分为Ⅰ～Ⅵ型石片。其中Ⅲ型和Ⅵ型石片最多，Ⅴ型石片次之，Ⅰ型和Ⅱ型石片最少，Ⅳ型石片不见，分类结果详见表二。石片的原料有石英岩、石英、硅质岩和砂岩 4 种，其中石英岩 176 件，占大多数，其次是石英 36 件，硅质岩和砂岩分别有 5 件和 3 件。

Ⅲ型石片　14KW1⑧719（图二，4）。原料为褐色石英岩。形态呈不规则状，技术尺寸与最大尺寸不同，技术长、宽分别为 36.9、45.6 毫米，厚 15.7 毫米，重 21 克。自然台面，台面长、宽分别为 15.2、44 毫米，台面内角 104°，台面外角 82°。腹面微凸，打击点比较集中，放射线、锥疤和同心波可见。侧边形态呈汇聚状，远端呈背向卷。背面凹，可见多个来自 3 个方向的剥片阴疤。

Ⅴ型石片　14KW1⑧717（图二，6）。原料为浅黄色石英岩。形态呈不规则状，技术长、宽分别为 32.4、28.4 毫米，厚 7 毫米，重 5 克。破裂面台面，台面长、宽分别为 5.8、16.7 毫米，台面内角 95°，台面外角 86°。腹面微凹，打击点清楚，半锥体浅平，放射线和锥疤可见，未见同心波。侧

---

[1] Toth N., The Oldowan reassessed: a close look at early stone artifacts, *Journal of Archaeological Science*, 1985, 12:101–120.

边形态呈汇聚状，远端呈羽状。背面较凸，石皮比例 50%。

3. 工具

38 件，约占发掘石制品总数的 11%。工具类型包括凹缺器 16 件、刮削器 12 件、锯齿刃器 9 件、石锥 1 件（见表二）。原料有石英岩和硅质岩，分别有 36 件和 2 件。全部采用锤击法加工。

凹缺器　14KW1 ⑧ 529（图二，3）。原料为青褐色石英岩。形态呈不规则状，长、宽分别为 29.6、27.7 毫米，厚 10.5 毫米，重 7 克。在毛坯左侧边反向加工，凹缺器刃口由多次打击形成，可见 2 层修疤，修疤小而细密。缺口宽 6.7 毫米，高 2.2 毫米，凹口弧度 0.64；修理后角度相对原边缘变钝，刃角 65°。

刮削器　14KW1 ⑧ 900（图二，7）。凹刃刮削器。原料为褐色石英岩。毛坯为 Ⅵ 型石片。形态呈三角形，最大长、宽分别为 38.3、24 毫米，厚 12 毫米，重 9 克。选择石片的远端边缘加工修理成刃，反向修理，刃部修疤分 2 层，第 1 层为 1 片较大修疤，起到打薄刃缘的作用，第 2 层修疤较小，针对刃部形状凹弧的形成进行修理。刃部锋利，留有微小崩疤和裂痕，修理刃缘较凹，长 31.8 毫米，刃角 70°。

刮削器　14KW1 ⑧ 427（图二，8）。凸刃刮削器。原料为黄色石英岩。毛坯为 Ⅴ 型石片。形态呈不规则状，最大长、宽分别为 63.3、38.8 毫米，厚 21.7 毫米，重 41 克。以石片的右侧边缘为修理对象，正向加工，修理成刃。修疤形状大小不一，但较密集层叠，刃部锋利，呈微小的锯齿状，修理刃缘较凸，长 35.5 毫米，刃角 57°。石片背面刃部的一侧保留部分石皮，另一侧保留石片疤。

锯齿刃器　14KW1 ⑧ 433（图二，5）。原料为灰色石英岩。毛坯为 Ⅲ 型石片。形态近似梯形，最大长、宽分别为 33、24.9 毫米，厚 12.5 毫米，重 9 克。选择石片的右侧边缘加工修理成刃。修理方向为正向，有 4 个明显的修疤形成 4 个凹缺，可见 5 个凸起的尖刃。刃部薄锐锋利，修理刃缘平直，长 27.8 毫米，刃角 48°。石片背面凸起，布满打制留下的剥片痕迹。破裂面平坦，打击点集中，放射线清晰可见。

石锥　14KW1 ⑧ 794（图二，9）。原料为浅褐色石英岩。毛坯为 Ⅲ 型石片。形态近似菱形，最大长、宽分别为 44.8、35.1 毫米，厚 11.3 毫米，重 14 克。采用锤击法在石片的台面和右侧边反向加工。其中，台面加工部位主要位于台面上部，有 2 层修疤，连续修理；修理刃缘平直，长 24.8 毫米，刃角 58°。右侧边修理基本贯穿整个边缘，有 2 层修疤；修理后刃缘长 26.1 毫米，刃角 72°。

4. 断块

21 件，约占发掘石制品总数的 6%（见表二）。原料有石英岩和燧石，分别有 20 件和 1 件。形状个体差异较大，且不规则。最大长 11.5~51 毫米，最大宽 8.7~35.8 毫米，厚 3.4~18.6 毫米，重 2~51 克，平均最大长 21.5、宽 15.2、厚 9.1 毫米，平均重 11 克。

5. 碎片

53 件，约占石制品总数的 15.3%（见表二）。原料均为石英岩。绝大多数是小于 10 毫米的石片碎屑，应为剥片和修理工具时产生的副产品。

图三   乌兰木伦遗址第 2 地点地层剖面

三、第 2 地点

乌兰木伦遗址第 2 地点在第 1 地点西约 50 米处，地层堆积与第 1 地点相似[1]，主要是河湖作用的结果。堆积剖面厚约 8 米，上部为风成砂堆积，厚约 5 米，下部为河湖相三角洲沉积，厚约 3 米（图三）。

乌兰木伦遗址第 2 地点的发掘采取整个发掘面往下的工作方法，即一次性布较大面积的探方，然后按照自然地层和水平层相结合的方法同时向下揭露。在 2011 年试掘探沟的基础上，扩大布方面积。本次顶部布方面积达 100 平方米，到文化层布方面积则为 20 平方米。2014 年的发掘，出土石制品 27 件（不含筛洗）。石制品包括石核 3 件、石片 8 件、工具 10 件、断块 4 件、备料 2 件。原料有石英岩、砂岩、硅质岩和燧石等，分别有 22 件、3 件、1 件和 1 件，其中，以石英岩最多，约占原料总数的 81.5%（表三）。

1. 石核

3 件，约占发掘石制品总数的 11.1%。都是单台面石核，原料为石英岩、砂岩和硅质岩，分别有 1 件（表四）。

单台面石核   14KW2 Ⅱ bK8-27（图四，1）。原料为浅褐色石英岩。毛坯为长圆形砾石，最大长、宽分别为 67.3、37.1 毫米，厚 51.7 毫米，重 128 克。台面角 82°~92°。以节理面为台

表三   乌兰木伦遗址第 2 地点发掘石制品原料种类数量统计表

种类	石英岩	砂岩	硅质岩	燧石	汇总
数量（N）	22	3	1	1	27
比例（%）	81.5	11.1	3.7	3.7	100

表四   乌兰木伦遗址第 2 地点发掘石制品分类统计表

类型（class）	数量（N=27）	百分比（%）
石核（cores）	3	11.1
单台面石核	3	
石片（flakes）	8	
完整石片	5	
Ⅲ 型	2	
Ⅴ 型	1	
Ⅵ 型	2	29.6
非完整石片（flake fragments）	3	
左裂片	1	
右裂片	1	
远端	1	
工具（tools）	10	
凹缺器	3	
刮削器	2	
锯齿刃器	2	37.1
石刀	2	
尖状器	1	
断块（chunks）	4	14.8
备料（manuports）	2	7.4

---

[1] 王志浩、侯亚梅、杨泽蒙等：《内蒙古鄂尔多斯市乌兰木伦旧石器时代中期遗址》，《考古》2012 年第 7 期；包蕾、刘扬、卢悦：《鄂尔多斯乌兰木伦遗址第 1 地点 2010—2011 年发掘出土石制品的初步观察》，《第十四届中国古脊椎动物学学术年会论文集》，海洋出版社，2014 年，第 223~234 页；乌兰木伦工作队：《鄂尔多斯乌兰木伦遗址第 2 地点 2011 年试掘简报》，《草原文物》2014 年第 1 期；鄂尔多斯市文物考古研究院、中国科学院古脊椎动物与古人类研究所：《鄂尔多斯乌兰木伦遗址第 1 地点 2013 年发掘简报》，《文物春秋》2017 年第 4 期。

面进行剥片，只有 1 个剥片面，可见一大两小三片成功的剥片疤。剥片面积较小，仅约占石核面积的 25% 左右。

2. 石片

8 件，约占发掘石制品总数的 29.6%。石片的类型只有Ⅲ、Ⅴ型和Ⅵ型，分类结果详见表四。原料包括石英岩 7 件和燧石 1 件。

Ⅲ型石片 14KW2Ⅱ bL8-24（图四，2）。原料为青黄色石英岩。形态呈不规则状，技术长、宽分别为 24.3、18.2 毫米，厚 9.7 毫米，重 3 克。自然台面，非常平整，台面长、宽分别为 10.2、18.5 毫米，台面内角 65°，台面外角 53°。腹面平，打击点和放射线清楚，半锥体、同心波等均不见。侧边汇聚，末端形态为羽状。背面凸，可见 1 个向下的阴疤。

Ⅴ型石片 14KW2Ⅱ bK10-7（图四，6）。原料为青褐色石英岩。形态近三角形，技术长、宽分别为 14.1、18.1 毫米，厚 4.9 毫米，重 1 克。破裂面台面，不平整，台面长、宽分别为 4.3、5.1 毫米，台面内角 64°，台面外角 56°。打击点散漫，放射线不清楚，半锥体、同心波、锥疤等技术特征不见。

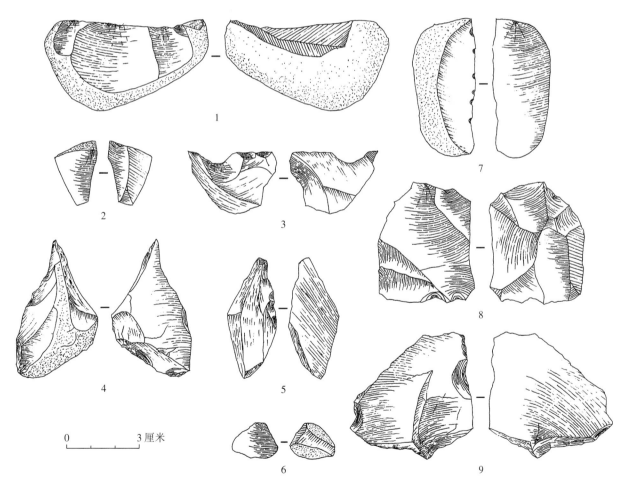

图四 乌兰木伦遗址第 2 地点发掘的石制品

1. 单台面石核（14KW2Ⅱ bK8-27） 2. Ⅲ型石片（14KW2Ⅱ bL8-24） 3. 凹缺器（14KW2Ⅱ bL7 -25） 4. 尖状器（14KW2Ⅱ bJ9-11） 5. 锯齿刃器（14KW2Ⅱ bL9-4） 6. Ⅴ型石片（14KW2Ⅱ bK10-7） 7. 石刀（14KW2Ⅱ bH10-17） 8. Ⅵ型石片（14KW2Ⅱ bL7-29） 9. 汇聚型刮削器（14KW2Ⅱ bH9-18）

侧边形态呈扇形，末端形态呈背向卷。背面较凸，可见来自1个向左的阴疤。

Ⅵ型石片　14KW2Ⅱ bL7-29（图四，8）。原料为深灰色石英岩。形态呈不规则状，技术长、宽分别为47.3、40.6毫米，厚16.5毫米，重30克。台面为不平整的破裂面，台面长、宽分别为8.2、12.4毫米，台面内角107°，台面外角82°。打击点集中，放射线清楚，半锥体较凸出，同心波、锥疤等不见。侧边平行，末端形态为羽状。背面较凸，可见来自多个方向的阴疤。

3. 工具

10件，约占发掘石制品总数的37.1%。工具类型有凹缺器3件、刮削器2件、锯齿刃器2件、石刀2件和尖状器1件，共五种（见表四）。原料有9件石英岩和1件砂岩。

凹缺器　14KW2Ⅱ bL7-25（图四，3）。原料为浅褐色石英岩。毛坯为断块。形态近三角形，最大长、宽分别为35.9、27.5毫米，厚18.6毫米，重14克。选择石块的薄锐处打击形成一个缺口，一次打击形成。缺口较大，留有明显打击点。缺口宽13.5毫米，高3.5毫米，凹口弧度0.52；修理后角度相对原边缘变钝，刃角92°。

尖状器　14KW2Ⅱ bJ9-11（图四，4）。三棱尖状器。原料为浅褐色石英岩。毛坯为Ⅲ型石片。形态呈不规则状，最大长、宽分别为51.7、33.4毫米，厚17.5毫米，重28克，刃角34°。对石片的两条侧边进行正向修理，在远端形成一个尖刃。右侧边较陡且修疤较大，左侧修疤较多，自尖部向下留下多层修疤，右侧修疤较小，只见2片。尖部尖锐，有微小的疤痕。背面凸起，中间留有石皮。破裂面较平坦，有少量打制留下的疤痕，可见打击点。

刮削器　14KW2Ⅱ bH9-18（图四，9）。汇聚型刮削器。原料为黄褐色石英岩。毛坯为Ⅵ型石片。形态呈不规则状，最大长、宽分别为50.5、49.7毫米，厚19.5毫米，重36克。以石片两条侧边为修理对象，使用锤击法加工。石片的右侧边采用正向修理方法，石片左侧边采用反向修理方法，两条修边在石片远端汇聚。左侧边加工长度指数为1，加工深度指数为0.18；刃缘长55.2毫米，刃角63°。右侧边加工长度指数为1，加工深度指数为0.46[1]；刃缘微凹，刃口形态指数为-13[2]；刃缘长40.1毫米，刃角56°。背面凹凸不平，有剥片留下的疤痕。破裂面凸起，打击点集中，半锥体凸出，放射线清晰可见。

锯齿刃器　14KW2Ⅱ bL9-4（图四，5）。原料为深黄色石英岩。毛坯为断片。最大长、宽分别为47.5、19.6毫米，厚7.9毫米，重8克。加工方法为锤击法，选择断片较直且薄的一侧正向加工修理成刃。修疤多层重叠，外层较大起到打薄刃部的作用，内层较小形成小锯齿。加工长度指数为0.8，加工深度指数为0.5。修理后的刃缘呈凸弧状，刃口形态指数为16；刃缘长26.1毫米，刃角55°。背面凸起，布满剥片留下的疤痕，破裂面平坦光滑。

石刀　14KW2Ⅱ bH10-17（图四，7）。原料为灰色石英岩。毛坯为Ⅲ型石片。形态呈半椭圆形，最大长、宽分别为53.6、25.1毫米，厚17.5毫米，重20克。采用锤击法对石片的两侧边进行修理，正向加工，但不连续。远端边缘则未进行任何修理，但锋利薄锐，为石刀的刃缘，刃缘长52.2毫米，

---

[1] Kuhn S. L., A geometric index of reduction for unbifacial stone tools, *Journal of Archaeological Science*, 1990, 17:583-593.

[2] 高星：《关于周口店第15地点石器类型和加工技术的研究》，《人类学学报》2001年第1期。

刃角 34°。

4. 断块

4 件，约占发掘石制品总数的 14.8%。原料有石英岩 3 件和砂岩 1 件。大小不等，形状不规则，最大长 9.5~34.6 毫米，最大宽 6.7~31.5 毫米，厚 3.6~12.7 毫米，重 2~18 克；平均最大长 11.1、宽 9.5、厚 4.1 毫米，平均重 5 克。

5. 备料

2 件，约占石制品总数的 7.4%。原料均为石英岩。平均最大长 35.1、宽 22.4、厚 9.6 毫米，平均重 16 克。备料表面不见钙斑。

四、结语

1. 石制品一般特征

从乌兰木伦遗址第 1 地点和第 2 地点 2014 年发掘的 374 件标本来看，石制品文化特征基本相似，总结为以下几个特点。

（1）制作石制品的原料包括石英岩、硅质岩、石英、砂岩和燧石。其中石英岩使用较多，约占原料总数的 85.3%；其次为石英，约占原料总数的 10.4%；硅质岩约占原料总数的 2.1%；砂岩和燧石最少，均约占原料总数的 1.1%。总的来看，制作石制品的原料比较单一，并且在乌兰木伦河两岸的砾石层中常见，比较容易获得[1]。

（2）石制品以中型和小型为主，类型丰富多样。石制品类型包括石核、石片、工具、断块、碎片和备料。石片的比重较高，约占石制品总数的 61%；碎片和工具次之，约占石制品总数的 14.2% 和 12.8%；断块和石核较少，约占石制品总数的 6.7% 和 4.8%；备料最少，约占石制品总数的 0.5%。由此可见，最大尺寸小于 10 毫米的碎片数量较多，这也是乌兰木伦遗址石制品组合的一大特色。

（3）石片的剥片方法以锤击法为主，工具的修理方法均为锤击法。

（4）从石核的剥片技术上看，多选用尺寸适中的石英岩进行锤击剥片。

（5）工具类型组合比较丰富，有凹缺器、刮削器、锯齿刃器、石刀、尖状器和石锥六个类型。其中前三者约占工具类型总数的 91.6%；石刀约占工具类型总数的 4.2%；尖状器和石锥分别约占工具类型总数的 2.1%。

2. 初步认识

2014 年度的发掘显示，第 1 地点较第 2 地点出土的石制品数量多，但出土石制品在原料和组合上基本一致。两个地点的石制品原料均以石英岩为主。石制品组合总的来说以石片为主，石核和工具较少。石核多为单台面石核，其次为多台面石核。石片类型基本一致，完整石片较多，其中Ⅲ型石片最多；第 2 地点的石片数量少于工具数量，并且没有碎片，这在 2010~2013 年第 1 地点和第 2 地点的发掘中没有出现过。工具类型组合也几乎一样，刮削器、锯齿刃器和凹缺器三种工具占绝大多数；工具都以小型为主，毛坯主要为石片毛坯，加工较为简单，大多选择合适的毛坯直接修理刃缘，个别

---

[1] 刘扬、侯亚梅、杨泽蒙等：《鄂尔多斯乌兰木伦遗址石制品原料产地及其可获性》，《人类学学报》2017 年第 2 期。

工具有多个刃缘。修理方法为锤击法并以单面加工为主，加工方向以正向为主，反向次之。

通过第 1 地点和第 2 地点出土石制品的对比分析，发现除出土数量和原料略有不同外，出土石制品所表现出的工业特征基本一致，应属于同一个工业类型。从目前已发表的资料来看，本年度发掘的石制品与 2010~2013 年发掘石制品相似，都显示出中国北方旧石器时代工业的一般特征[1]。此外，两个地点的地层堆积连续，层位关系清楚，每层都出土石制品和哺乳动物化石，反映了古人类在遗址活动的延续性[2]。

执笔：包蕾　刘扬　侯亚梅

（原载于《北方文物》2022 年第 3 期）

---

［1］刘扬、侯亚梅、杨泽蒙：《鄂尔多斯乌兰木伦遗址的工具类型与修理技术初探》，《人类学学报》2016 年第 1 期。

［2］刘扬、侯亚梅、杨泽蒙等：《试论鄂尔多斯乌兰木伦遗址第 1 地点的性质和功能》，《北方文物》2018 年第 3 期。

后 记

转瞬回眸，时间线回到了 2010 年的上海，世博会气氛正酣，吸引了众多游客前来打卡。而在西班牙馆，一场关于全球古人类演化的学术会议正在这里进行。会议由西班牙驻华大使馆、西班牙 Atapuerca 基金会主办并邀我共同协办，探讨中西古人类学研究的进展。会议外方代表主要是来自西班牙 Atapuerca 遗址的工作团队，由领衔三巨头 E. Carbonell、J. Bermúdez de Castro、J. L. Arsuaga 带领团队里的青年才俊共赴本次盛会。会前 Eudald Carbonell 教授与我在北京的西班牙驻华大使馆已做了先期的学术热身活动。亦如西班牙馆以别致的外观设计在世博会上惹人眼球，西班牙 Atapuerca 遗址工作成果的斐然同样也令学界刮目相看。法国国家自然博物馆馆长 H. de Lumley 先生、以色列 N. Goren Inbar 教授、格鲁吉亚国家博物馆馆长著名的早期人类遗址 Dmanisi 遗址负责人 D. Lordkipanidze 先生以及英国的 R. Dennell 先生均来参会，国内王幼平、刘武、高星等专家也受邀与会。代表们下榻陆家嘴诸多地标性建筑旁边的 Marriot 酒店，每天专车往返世博会园区穿梭于两个不同的盛会，令人印象深刻。

就在这时，我的老师黄慰文先生来电，内蒙古鄂尔多斯青铜器博物馆杨泽蒙先生告知他那边刚刚发现一个新的旧石器遗址，希望我们能前往给予帮助。上海会后，我携刚从中山大学免推到我所读硕的杨石霞先期前往查看，期间与王志浩馆长和杨泽蒙副馆长全面接洽了解情况。那时工地正由青铜器博物馆组织进行试掘工作，遂决定受邀参加该遗址的试掘工作，那时正与我一起从事百色旧石器研究的硕士研究生刘扬转而与我共同投入到乌兰木伦遗址的工作，并扎根于此，持续至今。

2010 年，"扬眉吐气"的鄂尔多斯康巴什新区正在建设当中，并初具规模。万象更新当中发现的古遗址无疑给鄂尔多斯市文化事业增添了新的内涵。我暂且搁置了正在南方百色进行的一系列工作，全身心地投入到新的工作中来，乌兰木伦遗址为我的旧石器考古事业打开了一扇崭新的大门，开始新一轮的探索。在地方文物部门的全力支持下，我们的工作一开始就在离遗址最近的康巴什新区群众艺术文化馆新楼里有条不紊地开展起来。那时青铜器博物馆刚刚招了一大批年轻人进馆工作，他们成为了乌兰木伦遗址考古工作的生力军，在发掘初期主要由甄自明带队协调，彼时包蕾、杨俊刚、李双、白林云、赵阳阳、张智杰、李明波等有如一张张白纸，经由乌兰木伦遗址的工作，考古的厚重笔墨为他们的人生描绘出丰富的色彩，随着工作进展也开始深度接受专业考古的熏陶。平小娟和韩珍则为后勤和办公服务。工作开展以后，博士生刘扬肩负起遗址第 1、2、3 地点野外发掘执行领队的职责，2015 年后刘扬调入大学工作，博士生雷蕾开始承担起第 2 地点的野外发掘任务；包蕾、胡越、杨俊刚、张立民等在室内外一直发挥着出色的作用；遗址发现人古日扎布从古生物学爱好者转身成为考古学工作者，同时也是电脑制图大师，时常给同事们面授机宜；刘光彩是室内外各项工作的主力军，照相、电脑制图和野外调查样样突出；杨石霞也曾抽身带队负责准格尔旗的野外勘察工作，2013年和2014年我分身乏术时她去承担了黑龙江伊春桃山遗址的执行领队工作。正是他们一班青年人的辛勤付出，才有了乌兰木伦遗址研究的累累硕果。如今他们都已经成长为所在单位的技术或学术中坚。

虽然历经北方泥河湾、萨拉乌苏，南方百色、盘县大洞、龙骨坡、郧县等不同遗址类型的野外工作，对于乌兰木伦这个全新的遗址，我仍丝毫不敢怠慢，甚至强迫症一般地在工作程序上容不得丝毫马虎，秉持了可说是严苛的管理作业方式，以各种表明工作程序和标本类别差异的标签为特色，乐此不疲，以致所有野外与室内工作各种标签的设计全部由我亲自在电脑上编排搞定，从色彩到格式反复琢磨敲定然后传达给队员们去执行。某些看似繁复或可能被认为多此一举的做法，其实的确实现了遗址室内外工作的规范操作与有效管理。在实验室里，可以看到所有的标本摆放有序，各类标本所处的工作流程以及状态均一目了然。这种以最终服务于观察、研究为目的的工作方式对刚刚从事考古野外工作的年轻人便是最好的基础技能观演，通过每天的工作实操，这套业务本领遂可扎实地掌握并运用起来。比如标识石制品用橘黄色标签，意寓智慧；动物化石用绿色标签，意寓（曾经的）生命；与炭有关的样品用红色标签，寓意火的红色等等。这样一些视觉上的效果与内涵的关联为我们的工作对象创造出一定的内在逻辑关系，既有工作所需要的即视感便于提高工作效率，也令工作多了些趣味和意义。

遗址工作初步进展中，我们及时召开了专家论证会，邀请各路专家前来指鉴乌兰木伦遗址的工作。除了内蒙古自治区和鄂尔多斯市文化部门的领导出席之外，周忠和院士及王幼平、陈星灿、高星等业内专家均来参会，刘武和石金鸣专家也先后前来考察指导工作。我与王志浩馆长前往拜访了张忠培先生和中国社会科学院考古研究所白云翔副所长，详细汇报了遗址成果。经专家推举，乌兰木伦遗址被评为"中国社会科学院考古学论坛——2011年中国考古新发现"。遗址工作的初步研究结果也很快在《第四纪研究》和《考古》期刊上发表。不久，2011年年底，鄂尔多斯市文化部门重新调整，将原来的青铜器博物馆一分为四，新成立鄂尔多斯博物馆、鄂尔多斯革命历史博物馆和鄂尔多斯市文物考古研究院。其中考古院由杨泽蒙任首任院长，甄自明任副院长。我们的室内工作地点也转移到极具现代新潮造型的鄂尔多斯博物馆办公楼内。

乌兰木伦遗址的工作自始至终得到老一辈专家学者的关注与指导，如旧石器考古学家黄慰文老师，第四纪地质学家袁宝印、李保生老师，动物学家陈德牛老师。我们还邀请了科研院所与高校多学科领域的中外专家如古生物学家董为老师，年代学家张家富老师，地理学家邱维理老师，古环境学家吕厚远、李小强老师，微痕专家陈虹老师，动物考古学家葛励施（Christophe GRIGGO）教授（法国），动物学家蒋志刚老师共同参与遗址材料和遗迹现象等方面的研究。

2013年6月30日，我们邀请了"水洞沟遗址发现90周年纪念大会暨国际学术研讨会"的部分中外专家于会后前来考察乌兰木伦遗址，到访的国外专家有美国国家科学院外籍院士、哈佛大学教授、著名史前考古学家奥佛·巴-约瑟夫（Ofer BAR-YOSEF），俄罗斯科学院院士、著名旧石器考古学家尼古拉·德罗兹多夫（Nikolai DROZDOV）教授，法国著名旧石器考古学家雅克·饶柏赫（Jacques JAUBERT）教授，美国加利福尼亚大学戴维斯分校助教尼古拉·茨万斯（Nicolas ZWYNS），日本旧石器考古学家加藤真二。来自国内的专家学者有北京大学城市与环境学院著名地质学家夏正楷教授、北京大学考古文博学院王幼平教授、北京大学考古文博学院副院长吴小红教授、中国科学院古脊椎动物与古人类研究所李超荣研究员、北京师范大学历史学院杜水生教授、河北省文物研究所谢飞研究员、广西文物保护与考古研究所谢光茂研究员、北京大学曲彤丽博士、武汉大学历史学院考古系李英华博士、兰州大学西部环境与气候变化研究院张东菊博士、俄罗斯教育科学院克拉斯诺雅尔斯克分院权乾坤博士、河北师范大学梅惠杰博士、河北省文物研究所王法岗、河北阳原县文管所成胜泉、广西民族博物馆李大伟、吉林大学考古系谢莉等。零距离了解乌兰木伦联合考古队的工作，专家们对于乌兰木伦遗址石器标本类型反映出明显的旧石器时代中期面貌和人类狩猎行为的证据表示认可，对遗址动物骨骼化石痕迹反映出的人类狩猎行为，如很多骨化石剥片痕、切割痕和骨器的出现印象深刻，法国波尔多大学雅克·饶柏赫教授更是明确地提出该遗址可与法国同期的有关遗址做很好的对比。大家就乌兰木伦遗址的发掘、地质地貌、时代和遗址保护等方面进行了积极的讨论与交流。王幼平教授指出遗址时代和地理位置上的重要性对研究东西方文化交流和现代中国人起源有重要意义。夏正楷教授强调对遗址沉积环境的成因多加思考，上部剖面出现的冰缘现象值得关注。吴小红教授认为在遗址的年代学工作中将碳-14与光释光测年方法进行对比研究将很有意义。李超荣研究员对未来遗址公园的建设和科普利用提出了很好的建议和看法。杜水生教授结合自身在西北晚更新世遗址的工作经验，认为乌兰木伦遗址对研究现代人起源问题十分关键，对认识末次冰期阶段的人类活动有新的启示。谢光茂研究员指出遗址的出土遗物证据有助于探讨人与自然的关系，特别是现代人行为。奥佛·巴-约瑟夫建议进行不同遗址间的对比和遗址功能研究。尼古拉·茨万斯指出乌兰木伦遗址埋藏和保存完好，对研究MIS4~3阶段的气候变化很有意义，可与东北亚其他重要遗址做很好的对比。遗址发掘方法的严谨有序、室内外工作的细致为多学科研究创造了优良条件，出土遗物的完备为研究遗址功能、人类行为包括对食物资源的利用等方面提供了很好的条件。

在参观留言簿上，一些专家也纷纷表达了他们的观感。加藤真二研究员在参观留言中写道：乌兰木伦文化表现出东西文化的交流，意义重大！雅克·饶柏赫教授指出乌兰木伦遗址石器工业代表性器物类型可直接与法国有关遗址对比，并对本次访问表达珍视与由衷的谢意。尼古拉·德罗兹多夫教授留言说该遗址是一处非常出色的考古遗址，科学合理的发掘方法，对考古材料的分析排列恰到好处；遗址的保护工作相当到位，对石器时代人类所创造的文化进行了很好的展示。尼古拉·茨万斯博士盛赞对乌兰木伦遗址的访问是一次"引人入胜"的旅程，受到热情款待之外，考古标本保存的质量出人意料，向心石核剥片、小石片、锯齿刃器等都呈现出清楚的旧石器时代中期的功能学特点；而动物化石保存状况之好也令人意外，出土遗物的数据记载了一段不同寻常的行为的发生比如骨器和对皮毛动物的消耗。奥佛·巴-约瑟夫说本次参观令人印象非常深刻，遗址迄今所获信息还将催生未来新的野外工作的开展；他感谢并祝贺考古队全体人员的努力与工作业绩。王幼平、吴小红、杜水生、谢光茂等都在留言中表达说乌兰木伦遗址是近年来中国旧石器时代考古非常重要的新发现，其丰富的文化内涵和完整的文化序列预示着这里的发掘和研究必将为中国旧石器文化研究和现代人起源研究产生重要意义；其最新的研究进展也将为推动学科发展做出新的贡献。吴小红还指出其精确测年不仅对解决该遗址本身考古学文化的定位问题，亦对中国境内相关遗址的年代有重要价值。张东菊认为乌兰木伦遗址的工作为研究末次冰期古人类对环境适应和现代人起源研究提供了新的信息，有助于中国北方旧石器的研究。李英华认为该遗址对于研究晚更新世阶段环境演变、中西方文化关系、现代人起源等重要问题均具有重大意义，尤其是石器的研究，有望成为国内乃至东亚旧石器研究的新标志，为今后的研究奠定基础。

与乌兰木伦遗址第 1 地点出土的石制品、动物化石所反映丰富的人类行为活动有所不同，第 2 地点出土的石制品数量和密度有所降低，但文化面貌与第 1 地点趋同。令人意外的是发现了上下两层形态不同的动物脚印化石，其中上层发现 8 个单一种类的平面式犀牛脚印化石，下层是 212 个与石制品共生的以马（67%）、羚羊（27%）为主，以牛、犀牛、鹿为辅及个别食肉类动物的坑洞式脚印化石，另有 30 个不能确定的动物脚印和 2 个树枝印痕化石。该场景生动地反映了动物适应环境与人类共生的生态景观。

乌兰木伦遗址出土遗物的研究表明这是地处中国北方一处活跃的现代人活动场所，其石制品、骨制品的工具类型，动物骨骼上残留的痕迹和石制品微痕证据都展示出古人类在此从事狩猎行为的鲜明特征。同时东、西乌兰木伦河调查发现的 99 个与 77 个调查点更加证明乌兰木伦河是当时古人类族群聚居生活的母亲河，此地水草丰美，为远古时代鄂尔多斯人在此生息繁衍提供了优良的条件，创造出属于他们的文化，并在数万年后重见天日，令人惊叹。

乌兰木伦遗址能够从 2010~2017 年连续 8 年不间断地进行发掘工作，首先缘于遗址本身的优厚条件，堆积完好，遗物丰富。第二因为有国家科研机构和地方政府资金的支持，主要得到国家自然科学基金、中国科学院战略性先导科技专项、国家社会科学基金、内蒙古自然科学基金等多项国家和省部级项目的资助。第三因为有爱护、了解和重视文化遗产的地方部门与单位领导的重视，如遗址工作的开创者王志浩馆长、杨泽蒙院长和继任的尹春雷院长的不懈努力。第四有中央和地方单位的良好合作，有老中青共同出力，特别是中青年才俊的积极参与、坚守和持之以恒，保障了遗址工作的顺利进行。

乌兰木伦遗址的工作为考古事业培养了一批人才，不仅有国家级科研单位的青年人在此得到历练，鄂尔多斯本地文物单位以及高校每年前来实习的大学生们都在此得到了成长和锻炼。2011 年我们就地举办了旧石器考古培训班，各旗的文物工作者如杭锦旗的白虹（我们叫她格桑花），乌审旗的敖其尔，达拉特旗的边疆、赵永志，准格尔旗的刘旭川等前来接受旧石器考古学专业知识的学习，由专家授课，考试结业发放培训合格证书。此外每年度参加野外实习的有来自中国科学院、山西大学、内蒙古师范大学、武汉大学、浙江大学、中山大学等的学生。经我推荐出国留学（英国、以色列、法国）的就有 4 位：他们是武汉大学的刘成，浙江大学的连惠茹、刘吉颖和中山大学的雍杰全。浙江大学陈虹老师更是从工作伊始，即带领团队 4 次来到鄂尔多斯，专捡硬骨头啃，经过周密的实验考古掌握了乌兰木伦石英岩材料微痕特征的规律性认识，有关成果汇集成《鉴微寻踪——旧石器时代石英岩石制品的微痕与功能研究》一书，已于 2020 年由浙江大学出版社出版。

迄今乌兰木伦遗址的研究已在国内外核心期刊或 SCI 期刊发表相关中英文科学论文 50 余篇（部），如国内考古顶级期刊《考古学报》以及《考古》《人类学学报》《第四纪研究》等，国外的 *Quaternary International*、*Quaternary Geochronology* 等，有关发现的动态报道多次发表于《中国文物报》，在学界和社会引起良好反响。2022 年 1 月，乌兰木伦遗址被选入社会科学文献出版社出版的《新世纪中国考古新发现（2011~2020）》一书；继微痕研究成果之后，2022年6月和12月，《鄂尔多斯乌兰木伦河流域旧石器考古调查与试掘报告》和《红水流长　繁华竞逐——鄂尔多斯乌兰木伦河旧石器考古发现精选》已分别由科学出版社和文物出版社出版。相关研究获得国家级考古新发现奖和哲学社会科学优秀成果奖等。

乌兰木伦遗址的工作成果是一项集体工作的结晶，凝结了很多人共同的汗水。我要特别感恩我的老师黄慰文先生，他丰富的工作经验、广阔的学术视角和世界性的学术观瞻深深地影响着我，我所从事的很多遗址很多工作都得益于他诲人不倦的指点与鼓励，帮助我在工作中把握方向。因黄先生近期卧于病榻，不便为本书作序甚是遗憾。我带着前不久已经出版的两本书呈至床前，他竖起大拇指露出欣慰的神情。

王志浩馆长在工作之初做了很多工作，既是领导对此事高度认真负责又好似一位兄长常与我畅想未来；既是温文尔雅的学者，也是带着千军万马、时刻备好粮草准备出征的将军。乌兰木伦遗址旧石器遗物的一锤定音拜王馆长所赐，优良的工作条件也是王馆长悉心安排而成。

先天下人之忧而忧的杨泽蒙院长已于今年5月3日永远地离开了我们，令人万分悲痛！鄂尔多斯市文物考古研究院成立之后，乌兰木伦遗址的工作在杨泽蒙院长的领导下继续有序地进行。他对工作、对人都十分诚恳用心，总是积极想办法推进工作，张开双臂欢迎各路专家学者前来，为大家创造最好的工作、生活条件，免除后顾之忧。刘扬博士毕业后在鄂尔多斯市文物考古研究院工作，杨院长惜才如命、视若己出，给予各方面的关怀与支持。他恪尽职守、刚正不阿。他的离去是我们考古事业的重大损失，此书权可告慰杨院长在天之灵，我们将缅怀他，继续他未竟的事业。

杨院长退休后继任的尹春雷院长，是一位豪爽率直的蒙古族好汉，为遗址的建设和持续发展做了很多实质性的工作，并直接促成了《鄂尔多斯乌兰木伦河流域旧石器考古调查与试掘报告》的出版。奈何不得疫情来了工作几乎停滞，启程的脚步停在了2020年之春。

当年经常与领导们一起前来慰问我们的文物科干部秦旭光自上任鄂尔多斯市文物考古研究院代理院长以来一手紧抓出版工作。我们加班赶点，争取短时间高质量完成系列著作的出版，刘扬和他在中山大学的学生们付出很多，从器物拍照、文稿编纂、排版校对到与出版社编辑联系与沟通，事无巨细，不一而足，费尽辛苦。非常感谢他为乌兰木伦遗址的野外和室内研究以及成果出版所付出的巨大努力！包蕾在后期出版工作中也付出良多，在此真诚地表示感谢！

乌兰木伦遗址工作系列成果的第三本书就要面世，一直未能约到笃定的人选为本书作序，忙里无闲是大家的常态。苦思冥想中突然想到了Jacques JAUBERT，法国波尔多大学以从事旧石器时代中期研究而知名的国际学者，既是同行也是相识近30年的老朋友。2016年我在波尔多访问时正逢他和团队在 Nature 发表早期尼安德特人洞穴里的建筑发现的文章。他对法国本土材料的熟识自不必说，对蒙古、西伯利亚以及伊朗都有涉猎和了解，何况他亲自考察了乌兰木伦遗址，观察过遗址的考古材料，为本书作序实乃非他莫属！疫情三年中断联系的我们就此连线，他回函说他心里从未忘记彼此，一直惦念着乌兰木伦遗址的工作，希望我们约定的中法旧石器时代中期遗址的研究对比工作还能进行下去。当然，他很乐意为本书作序！这是多么令人兴奋的消息啊，真可谓"踏破铁鞋无觅处，得来全不费工夫"，正是我当时的心境。大约两周的时间，如约等到了他饱含丰富内容的序作，读来热情洋溢，满怀着欣喜，满怀着希望，学者的经验，学者的认识跃然纸上！那些早已萦绕于脑海的思想自然地流露和表达，我即刻回信告诉他我有多么喜欢和欣赏这篇序言，感激之情无以复加！

持续了十多年的工作，计划了四本书来阐述其内容，加上本报告已出版三部，然而挂一漏万，每一本书一定都有其不够完美和存留瑕疵的地方，我们更应看重这个过程，通过我们对表象的梳理、认识，对研究材料加以展示和陈述，希望给每一位读者留下思考和讨论的空间，帮助我们在以后的工作中继续完善和更新认识，促进学术思想的进步与发展。

在此我们要特别感谢文物出版社编辑乔汉英女士为本书及时付梓而付出的巨大艰辛和汗水。在时间的压力下，克服各种困难，夜以继日地与我们精诚合作，共同追赶工期，圆满完成了本书的出版！

谨以本书纪念鄂尔多斯高原上两处享誉世界的旧石器时代考古遗址——水洞沟和萨拉乌苏发现100周年！

愿将本书献给所有那些为乌兰木伦遗址孜孜不倦工作过的人们，不论是在台前还是幕后！因为你们的付出，中国旧石器考古事业的大厦拥有了一个新的空间，一扇新的窗户，看到一处新的风景！

乌兰木伦遗址考古发掘领队

中国科学院古脊椎动物与古人类研究所研究员

2023 年 7 月 14 日于北京

摘　要

乌兰木伦这处露天遗址（39°35.152′N，109°45.659′E，海拔 1281 米）于 2010 年发现于内蒙古自治区鄂尔多斯市康巴什新区乌兰木伦河左岸。该遗址是自 20 世纪 20 年代在鄂尔多斯高原发现、发掘萨拉乌苏和水洞沟遗址以来时隔近 90 年的重要考古新发现，被评为"中国社会科学院考古学论坛——2011 年中国考古新发现"。

遗址剖面横宽和纵高均约 15 米，揭露约 5~8 米厚的 8 个文化层，遗址堆积属于原地快速埋藏，完整地保存了当时古人类的活动信息，测年结果确定遗址年代为距今 6.5 万 ~5 万年，属于末次冰期从 MIS4 结束到 MIS3 开始的阶段，古生态环境为草原植被景观伴生湖泊环境。有局部的"沙漠化"现象，气候属温凉偏干，较现今相对温暖湿润。乌兰木伦遗址动物群属于典型的华北晚更新世萨拉乌苏动物群，即"猛犸象—披毛犀动物群"。

石制品出土于第②~⑧层。石制品类型和技术从下到上呈现出稳定性和连续演化的特征。石制品原料从 2 千米远的乌兰木伦河两岸基岩砾石层搬运到遗址进行加工，属于"后勤移动式"的原料利用模式。石核剥片主要采用锤击法，此外有砸击法或可能使用压制法。工具形态较小（20~50 毫米），石片毛坯比例达 99%。类型有锯齿刃器、凹缺器、刮削器、端刮器、石锥、尖状器、石镞、薄刃斧、琢背石刀、雕刻器、鸟喙状器、两面器粗坯、石球等 13 种。其中锯齿刃器、凹缺器和刮削器比例均超过 20%，锯齿刃器比例最高，近 40%。工具的修理以单面锤击正向加工为主，偶用压制法，修理台面、孔贝瓦、向心石核以及更新石核台面桌板等技术已较为成熟；常见修柄、修铤、有意截断和修理持握部位等工作。微痕研究证明石器使用较为频繁，多见以剔（片）和切（锯）等方式加工动物性对象，同时也发现了装柄的证据。

研究表明，乌兰木伦遗址石器工业具有非常鲜明的华北小石器传统的特征，与东谷坨、小长梁、周口店第 1 地点、周口店第 15 地点、许家窑、萨拉乌苏、峙峪等构成同一个体系，属于旧石器时代中期；也是华北小石器工业传统演化中连接旧石器时代中期和晚期的重要一环。它的发现，为中国古人类"连续演化附带杂交"的理论提供了文化上的证据。同时，它还有西方旧石器文化元素，如锯齿刃器—凹缺器的代表性组合、带铤石镞和孔贝瓦技术等。其操作链以策划型技术体现出行为的现代性。遗址为一处石器制造和屠宰动物的场所。法国波尔多大学的 J. Jaubert 教授认为乌兰木伦遗址的遗物组合符合西欧旧石器时代中期晚段与屠宰功能有关的石器技术复合体（LTCs）的遗址经济概念。

乌兰木伦遗址丰富的考古学、古生物和古环境学等数据为晚更新世华北古人群生活方式与生存背景的研究提供了不可或缺的宝贵资料。地处东亚北部人类迁徙的重要腹地，其发现和研究在华北腹地以北、连接东亚大陆与东北亚的走廊地带为现代人起源研究提供了新的重要线索，对鄂尔多斯高原第四纪地质时期的多学科研究具有重要科学价值，并对东亚史前史和第四纪研究产生重要影响。

Abstract

The Wulanmulun Site, located on the left bank of the Wulanmulun River in the Kangbashi New District of Ordos, Inner Mongolia, represents a recently unearthed Paleolithic open-air archaeological site of profound significance and academic interest. Notably, the site's geographic coordinates are 39°35.152′ north latitude and 109°45.659′ east longitude, situated at an elevation of 1,281 meters above sea level. Its discovery in 2010 marks a significant event, representing the first major find in nearly nine decades since the initial excavations of Salawusu and Shuidonggou sites on the Ordos Plateau in the 1920s. The site exhibits a substantial and continuous layer of deposits stemming from an *in situ* burial process, yielding an abundant array of cultural relics and artifacts. Furthermore, the site's chronological range, conferring immense scientific value to the findings. As a testament to its exceptional archaeological importance, the site was bestowed with the prestigious honor of being assessed as one of the "Six New Archaeological Discovery in China" in the year 2011.

The exposed section of the Wulanmulun Site extends approximately 15 meters in width, running in a northwest-southeast direction. Its impressive height from the rock basement surface to the uppermost surface measures around 15 meters. Within this exposed section, an exceptional assemblage of cultural relics has been unearthed, primarily concentrated within sedimentary deposits that ranges from 5 to 8 meters in thickness above the bedrock. Stratigraphic analysis has facilitated the subdivision of the layer into eight distinct strata, providing valuable insights into the site's formation processes.

The application of various scientific methods, including taphonomic studies, has shed light on the intriguing burial practices occurring *in situ* at the Wulanmulun Site. As a result, crucial information regarding ancient human activities has been preserved in a relatively intact manner. Radiocarbon dating and OSL (Optically Stimulated Luminescence) dating methods have played a pivotal role in establishing a remarkable time span of 50,000 to 65,000 years Before Present (BP) for the cultural layers at the site. These dating results offer valuable temporal context for interpreting the site's prehistorical significance and understanding the chronology of human occupation in this region.

The Wulanmulun Site has emerged as an exceptional repository of animal fossils, showcasing a diverse array of species that include *Coelodonta antiquitatis*, *Camelus* cf. *Camelus knoblochi*, *Equus przewalskii*, *Gazella* sp., *Megaloceros (S.) Ordosianus*, *Myospalax* sp., *Cricetulus* sp., *Microtus* sp., *Apodemus* sp. and

Dipodidae gen. et sp. indet, and others. Among these, woolly rhinoceros (*Coelodonta antiquitatis*) constituted the predominant group of species, then followed by horses and *Megaloceros (S.) Ordosianus*. However, hamsters, camels, and bovids were comparatively represented less in the group. Analysis of the age structure of the woolly rhinoceros fossils indicates that a prevalence of juveniles and young adults are represented in the fossil record, whereas horses were primarily represented by adult specimens. Due to the limited number of remains, establishing the age structure of other species proved challenging; Nevertheless, the available evidence suggests a predominance of adult individuals. Importantly, the mammalian group found at the Wulanmulun Site aligns with the Late Pleistocene Salawusu fauna group of North China, particularly known as the "Mammoths-Woolly rhinoceros fauna". This significant faunal context provides valuable insights into the paleoenvironment and ecological dynamics of the region during the Late Pleistocene period.

The chronological range of Wulanmulun Site aligns with the Last Glacial Period, spanning from the end of Marine Isotope Stage 4 (MIS4) to the beginning of Marine Isotope Stage 3 (MIS3). This duration encompasses both relatively cold and relatively warm climatic periods. The paleoecological evidence derived from ancient vegetation, sedimentology, and fauna fossils presents compelling indications of the ecological landscape during this period. The prevailing environment was characterized by a grassland vegetation landscape, featuring a lower layer of shrub-grassland vegetation and an upper layer of typical grassland vegetation, often interspersed with nearby lakes. It is worth noting that desertification might have occurred during certain stages. In summary, the Wulanmulun site experienced a cool and dry climate, while being comparatively warmer and more humid than the present times. This ecological setting provides valuable insights into the paleoenvironmental conditions and climatic fluctuations during the Last Glacial Period in the region.

Stone artifacts were predominantly originated from Layers 2–8 of the Wulanmulun Site. Comprehensive comparative analyses encompassing raw materials, artifact types, and flaking techniques did not reveal any significant differences among the different layers, indicating a remarkable stability and continuous evolution in stone artifact production over time. The lithic assemblage primarily comprised debris and fragments, followed by flakes (more than 20%). Other tool types, such as cores, chunks, and manuports were relatively scarce, each contributing less than 5%. This compositional distribution strongly suggests a focus on core flaking production. The raw materials employed for crafting stone tools were sourced from boulder gravel layers on both sides of the Wulanmulun River, situated approximately 2 km from the site. Transporting these raw materials to the site for flaking and tool production was carried out without prior testing or preparation at the source. This particular pattern of raw material utilization indicates a level of raw material economy, including the thoughtful selection of raw material type, quality, and size, as well as the implementation of different flaking methods corresponding to distinct raw material forms and characteristics. This strategic approach to raw material management accords with what is commonly known as "Logistics Mobile" strategy.

The core flaking process at the Wulanmulun Site predominantly relied on hard hammer percussion flaking, with supplementary applications of direct percussion and potentially, pressure flaking techniques. Although preform core technology was not frequently observed, the presence of various techniques suggestive of preforming such as repair platform technology, Kombewa technology, Discoidal core technology, and "core tablet", highlights the site's advancement and proficiency in preform core technology within the core flaking process. These techniques provide compelling evidence of the deliberate preparation and shaping of cores before the final flaking stage, indicating a level of sophistication and skill in core reduction strategies at this archaeological site.

The tool sizes at the Wulanmulun Site were predominantly distributed within the range of 20–50 mm, indicating a prevalence of relatively small forms. Flake blanks constituted the majority of the tools, accounting for 99% of the total, and exhibited a rich diversity with 13 distinct types, namely denticulates, notches, scrapers, boreres, points, projectiles, axe-shaped knives, backed knives, burins, beaks, coarse blank of bifaces, end-scrapers and spheroids. Among these, denticulates, notches, scrapers, emerged as the major components, each representing over 20% of the assemblage, with denticulates being the most prominent close to 40%. The tool combinations at the site featured a wide spectrum of craftsmanship, encompassing finely retouched types alongside relatively simpler tools. This combination of tools reveals the diverse range of functional and technological roles fulfilled by the stone artifacts, offering insights into the versatile and adaptive behaviors of the hominin occupants at the Wulanmulun Site.

Despite the abundant availability of high-quality raw materials at the Wulanmulun site, ancient humans demonstrated a varied approach to tool production, resulting in the creation of both intricate and relatively simple tools. The primary method of tool preparation involved hammer percussion techniques, while smaller specimens with regular scars possibly underwent pressure flaking. Multiple processing methods were observed to have been employed, with single surface positive processing being the prevailing technique. Notably, specialized repairs were also identified, including working on handles, mending broken edges, intentional truncation and repairs to grip handles. Usewear analyses conducted on numerous stone tools revealed clear evidence of their utilization on practical purposes, with some examples even showing evidence of hafting. The predominant function of these tools was in fleshing and cutting animal materials, serving as essential implements in various processing activities related to animal resources. This primary focus on animal processing underscores the crucial role of these tools played in the daily life and subsistence strategies of the ancient human occupants at the Wulanmulun Site.

The research work conducted on the lithic industry of the Wulanmulun site sheds light on its distinct characteristics as a small tool industry within the evolutionary sequence in North China. It can be seamlessly integrated into a coherent system, interconnected with other sites like Donggutuo, Xiaochangliang, Zhoukoudian Locality 1, Zhoukoudian Locality 15, Xujiayao, Salawusu, and Shiyu. The lithic industry of the Wulanmulun site corresponds to the Middle Paleolithic period, while also appearing certain cultural traits characteristic of the Upper Paleolithic period, such as the maturity of preform core technology. As a site manifesting transitional features between the Middle and Upper Paleolithic periods, the Wulanmulun site serves as a valuable link in comprehending the evolution of the Northern small tool industry tradition in China during this critical transitional phase. The discovery of the Wulanmulun site further bolsters the theory of "continuous evolution with hybridization" among ancient humans in China, as it strengthens the "continuous evolution" aspect of China's Paleolithic culture. However, the site also displays elements of Western Paleolithic culture, evidenced by tool combinations like denticulates and notches, as well as the presence of hafted projectiles and Kombewa technology. Moreover, the Wulanmulun lithic industry reflects characteristic planning-type technology, evident in the meticulous raw material selection, preform core flaking, tool trimming and complex tool design, indicating a certain degree of behavioral modernity among the ancient inhabitants. Notably, J. Jaubert highlights that the entire assemblage of Wulanmulun site conforms well to the western academic concept of lithic techno-complexes (LTCs), particularly related to the site's economy focused on butchery function.

In conclusion, the Wulanmulun site stands as a key archaeological site, offering crucial insights into the evolving tradition of small tool industries in Northern China, as well as providing compelling evidence of cultrual interactions and technological advancements among ancient human polulations during the Paleolithic era.

From a comprehensive perspective, encompassing the entire dynamic chain of raw material collection, pre-flaking, flaking, processing, and utilization reflected in the stone tool assemblage, the Wulanmulun site distinctly exhibits the characteristics of a stone tool manufacturing site. The presence of a significant number of animal bone fragments and cut marks on bones further indicates that animal slaughter was a common and popular activity at the site. Moreover, the identification of fire pits, burnt bones, and a substantial amount of charcoal provides hard evidence of past living activities. Based on the available archaeological evidence, the Wulanmulun site is regarded as a multi-functional ancient human activity site, featuring diverse behaviors associated with stone tool prodiction, animal processing, and likely other aspects of daily life. However, certain aspects of the site's topography, its stratigraphy reflecting river-lake properties, and the considerable amounts of spiral shells unearthed, suggestive of an aquatic environment, raise questions about whether the site served as a long-term residential site for ancient humans. The relatively humid and disturbed environment along with the presence of large animals, may have presented challenges for sustained habitation over extended periods.

In brief, the Wulanmulun site emerges as a remarkable archaeological site unfolding stone tool manufacturing and various activities related to animal processing. While it is recognized as a multi-functional ancient human activity site, its potential role as a long-term residential settlement remains subject to further investigation and consideration of its environmental context.

The Wulanmulun Site, with its extensive archaeological, paleontological evidence and paleoenvironmental data, stands as an indispensable and invaluable resource for studying the living habits and survival context of ancient populations in North China during the Late Pleistocene. Positioned within a critical hinterland of human migration in northern East Asia, it represents the Late Pleistocene Salawusu Formation, a significant period characterized by notable global climate change during the Last Glacial Period, which is also regarded as a sensitive epoch for the emergence of modern humans. As such, the site's discovery and research in this strategic region connecting East Asia and Northeast Asia offer essential new insights and valuable clues for unraveling the origin of modern humans. The academic significance of the Wulanmulun Site is of utmost importance. It marks another remarkable discovery of prehistoric culture in the Ordos area, following the earlier findings of the Salawusu and Shuidonggou sites in 1923. The exploration and in-depth study of this site possess substantial scientific value for conducting multidisciplinary investigations into the Quaternary geological period of the Ordos Plateau. Moreover, it exerts a crucial influence on prehistory and Quaternary research throughout East Asia.

To sum up, the Wulanmulun Site holds a position of exceptional prominence in the field of archaeological and paleontological studies, contributing significantly to the understanding of ancient human history and the dynamics of environmental change in the region. Its discoveries and findings supply crucial data for advancing our knowledge of prehistoric cultures and the complexities of human migration and adaptation during the Late Pleistocene era in North China.

1. 遗址远景

2. 遗址近景

彩版一　遗址外景

1. 第2地点发掘前地表状况

2. 第2地点探沟

3. 第2地点剖面

彩版二　第2地点

1. 第3地点探沟

2. 第3地点砾石堆积

3. 第3地点剖面局部

彩版三　第3地点

上部地层

红层

基岩

文化层

基岩

1. 第1地点堆积情况

严禁破坏

2. 第1地点发掘剖面

彩版四　2010年第1地点发掘

1. 2010年第二次试掘现场

2. 2010年第一次试掘石器和化石分布情况

彩版五　2010年第1地点发掘

1. 第1地点发掘剖面

2. 第2地点试掘前

彩版六　2011年发掘

1. 第1地点剖面

2. 下部泉水地层遗物出土状况

3. 泉水作用造成崩塌的现代实例

1. 披毛犀骨架化石埋藏情况

2. 披毛犀化石刚出露状态

3. 完整披毛犀骨架化石出土状态

彩版八　披毛犀骨架化石

1. 披毛犀头骨化石

2. 披毛犀完整左前脚掌化石

3. 完整披毛犀肋软骨化石

彩版九 披毛犀骨架化石出土状态

1. 疑似披毛犀脚印的平面分布

2. 疑似披毛犀脚印化石近景

3. 疑似披毛犀脚印化石

彩版一〇　疑似披毛犀脚印化石

1. 清理

2. 现场保护

彩版一一 披毛犀骨架化石清理及现场保护

1. 清理

2. 整体提取

彩版一二　披毛犀肋软骨化石清理及提取

彩版一三　第2地点大型动物群脚印及植物遗迹化石面

1. 清理

2. 脚印鉴别

3. 现场保护和提取

4. 整体提取

彩版一四　动物脚印化石的考古工作

1. 探地雷达勘探

2. 全站仪测绘

3. 三维扫描

彩版一五　野外工作

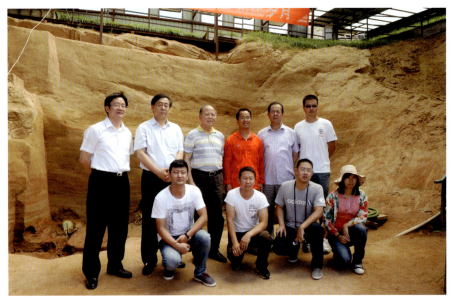

1. 时任国家文物局局长励小捷到发掘
   现场指导工作

2. 2010年时任鄂尔多斯青铜器博物馆
   王志浩馆长、杨泽蒙副馆长在遗址
   现场

3. 2011年乌兰木伦遗址汇报会期间专家
   考察现场

彩版一六　现场考察

1. 北京联合大学韩建业教授考察遗址

2. 北京师范大学邱维理教授考察遗址
地貌

3. 北京大学张家富教授在遗址采集年代
样品

彩版一七　现场考察

1. 中国科学院地质与地球物理研究所袁宝印研究员、华南师范大学李保生教授探讨遗址地层

2. 中国科学院地质与地球物理研究所袁宝印研究员、古脊椎动物与古人类研究所黄慰文研究员考察遗址

3. 中国科学院地质与地球物理研究所吕厚远研究员、古脊椎动物与古人类研究所李小强研究员考察遗址

彩版一八　现场考察

1. 中国科学院古脊椎动物与古人类研究所董为研究员在遗址现场观察出土动物化石

2. 中国科学院自然科学史研究所韩琦教授考察遗址

3. 中国科学院古脊椎动物与古人类研究所刘武、吴秀杰研究员考察遗址

1. 中国人民大学魏坚教授考察遗址

2. 山西博物院石金鸣研究员考察遗址

3. 法国动物考古学家葛励施讨论遗址
　埋藏情况

1. 水洗

2. 水洗标本的挑选

3. 水洗标本整理

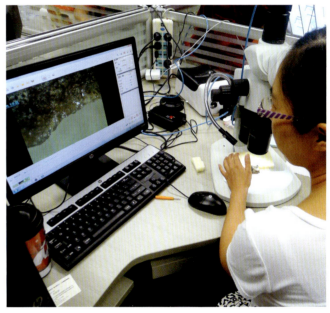

4. 石制品微痕观察

彩版二一　室内工作

1. 考古负责人王志浩研究员向张忠培
   先生汇报遗址发掘情况

2. 考古领队侯亚梅研究员向张忠培先
   生汇报遗址发掘工作

3. 中国社会科学院考古研究所陈星灿
   及中国科学院古脊椎动物与古人类
   研究所周忠和、高星、同号文研究
   员观察出土标本

彩版二二　研讨交流

1. 中国科学院古脊椎动物与古人类研究所高星研究员观察出土标本

2. 北京大学王幼平教授（中）观察标本

3. 河北省文物研究所谢飞研究员观察标本

彩版二三　研讨交流

1. 法国考古学家Jacques教授观察标本

2. 西班牙人类进化研究中心、塔拉戈纳洛维拉比尔吉利大学教授考察

3. 水洞沟90周年国际会议后部分专家考察乌兰木伦遗址合影

彩版二四 研讨交流

1. 火塘

4. 火塘剖面

5. 完整炭化木材（1/1）*

2. 火塘

6. 炭屑层

3. 火塘剖面

7. 炭屑层

*表示比例尺，下同。

彩版二五　用火遗迹

1. 发掘剖面出露的石制品

2. 遗物出土状态

3. 第3地点化石

4. 乌兰木伦河流域发现的优质原料

彩版二六　遗物出土状态及石器原料

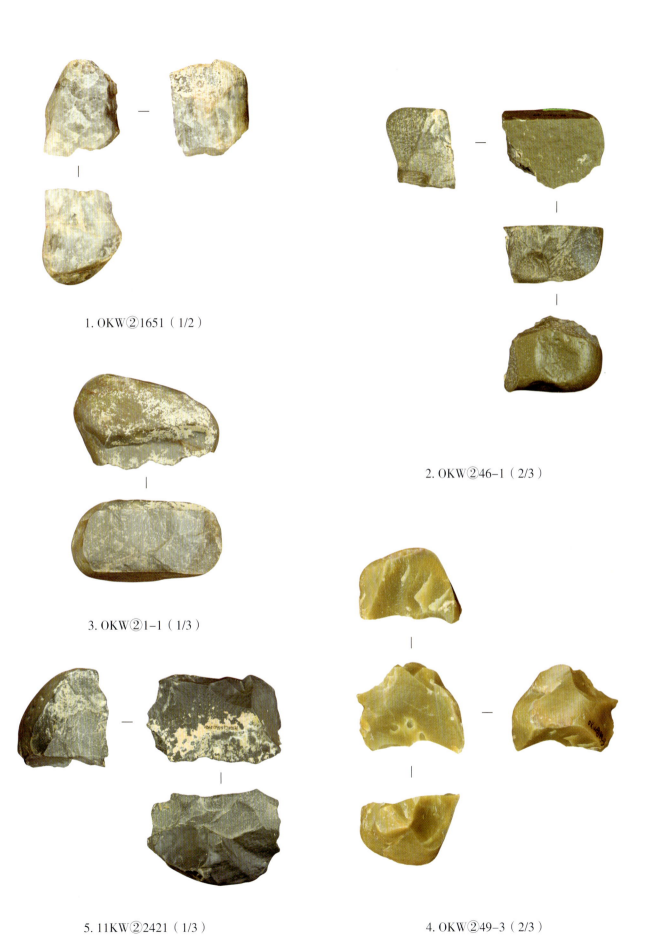

1. OKW②1651（1/2）

2. OKW②46-1（2/3）

3. OKW②1-1（1/3）

5. 11KW②2421（1/3）

4. OKW②49-3（2/3）

彩版二七　第②层出土单台面石核

1. 单台面石核（11KW②1436）（1/2）

2. 双台面石核（11KW②1720）（1/3）

3. 双台面石核（11KW②231）（1/2）

4. 多台面石核（OKW②10−1）（1/2）

5. 多台面石核（KBS②68）（1/2）

6. 多台面石核（13KW②410）（2/3）

1. 多台面石核（KBS②247）（1/2）　　　　2. 石片石核（11KW②1272）（2/3）

3. 石片石核（11KW②1550）（2/3）　　　　4. 石片石核（12KW②793）（2/3）

5. 向心石核（12KW②853）（2/3）　　　　6. 向心石核（11KW②2518）（2/3）

彩版二九　第②层出土石核

1. 孔贝瓦石片（11KW②2114）（1/1）

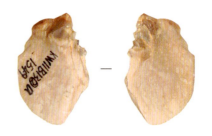

2. 孔贝瓦石片（11KW②1549）（1/1）

3. 单直刃锯齿刃器（OKW②42-1）（2/3）

4. 单直刃锯齿刃器（KBS②186）（1/1）

5. 单直刃锯齿刃器（11KW②2469）（2/3）

6. 单直刃锯齿刃器（11KW②1408）（2/3）

1. 单直刃锯齿刃器（11KW②1360）（2/3）

2. 单凸刃锯齿刃器（OKW②41-2）（1/1）

3. 单凸刃锯齿刃器（OKW②23-2）（1/1）

4. 单凸刃锯齿刃器（KBS②243）（1/1）

5. 单凸刃锯齿刃器（11KW②1920）（2/3）

6. 单凸刃锯齿刃器（11KW②2407）（2/3）

彩版三一　第②层出土石单刃锯齿刃器

1. 单凸刃锯齿刃器（11KW②1462）（1/1）

2. 单凸刃锯齿刃器（11KW②2329）（1/1）

3. 单凸刃锯齿刃器（11KW②2391）（1/1）

4. 单凸刃锯齿刃器（12KW②80）（2/3）

5. 单凹刃锯齿刃器（OKW②8-2）（1/1）

6. 单凹刃锯齿刃器（11KW②1633）（2/3）

彩版三二　第②层出土石单刃锯齿刃器

1. 单凹刃锯齿刃器（11KW②1968）（1/2）

2. 单凹刃锯齿刃器（12KW②132）（1/1）

3. 双凸刃锯齿刃器（OKW②36-2）（1/1）

4. 双直刃锯齿刃器（OKW②44-3）（1/1）

5. 双凹刃锯齿刃器（OKW②21-3）（1/1）

6. 直凸刃锯齿刃器（11KW②1684）（1/2）

彩版三三　第②层出土石锯齿刃器

1. 单凹缺器（KBS②79）（1/1）

2. 单凹缺器（11KW②144）（2/3）

3. 单凹缺器（11KW②1609）（1/1）

4. 单凹缺器（11KW②1489）（1/1）

5. 双凹缺器（11KW②2625）（1/1）

彩版三四　第②层出土石凹缺器

1. 单直刃刮削器（OKW②21–2）（1/1）

2. 单直刃刮削器（KBS②346）（2/3）

3. 单直刃刮削器（12KW②834）（1/1）

4. 单凸刃刮削器（KBS②149）（2/3）

5. 单凹刃刮削器（OKW②14–1）（2/3）

6. 单凹刃刮削器（11KW②1347）（1/1）

彩版三五　第②层出土石刮削器

1. 11KW②1618（2/3）　　　　　　　2. 11KW②1648（2/3）

3. 11KW②127（1/1）　　　　　　　4. 11KW②68（1/1）

1. 尖状器（OKW②54-1）（1/1）　　　　2. 尖状器（11KW②1604）（1/1）

3. 尖状器（11KW②152）（1/1）　　　　4. 尖状器（12KW②854）（2/3）

5. 端刮器（OKW②31-5）（1/1）　　　　6. 端刮器（OKW②2-1）（1/1）

1. 琢背石刀（11KW②240）（1/1）

2. 薄刃斧（11KW②2436）（1/2）

3. 薄刃斧（11KW②2554）（2/3）

4. 鸟喙状器（11KW②1255）（2/3）

5. 石镞（11KW②109）（1/1）

6. 石球（KW11S22）（2/3）

彩版三八　第②层出土石器及采集石球

1. 石锤（OKW③35-2）（1/1）　　　　　2. 双台面石核（OKW③13-1）（1/3）

3. 双台面石核（OKW③47-9）（2/3）　　　4. 双台面石核（OKW③21-1）（1/2）

5. 多台面石核（OKW③26-1）（1/2）　　　6. 多台面石核（OKW③25-1）（1/1）

1. 多台面石核（OKW③14-1）（1/2）

2. 石片石核（OKW③37-1）（1/1）

3. 砸击石核（11KW③321）（1/1）

4. 孔贝瓦石核（12KW③307）（2/3）

5. 向心石核（OKW③4-1）（1/2）

彩版四〇　第③层出土石核

1. 孔贝瓦石片（OKW③28-1）（1/1）

2. 单直刃锯齿刃器（OKW③1-3）（1/1）

3. 单直刃锯齿刃器（OKW③15-3）（1/1）

4. 单直刃锯齿刃器（OKW③41-4）（1/1）

5. 单直刃锯齿刃器（OKW③38-6）（2/3）

6. 单直刃锯齿刃器（OKW③41-2）（1/1）

彩版四一　第③层出土石器

1. OKW③43-13（1/1）　　　　　2. OKW③8-2（1/1）

3. OKW③39-2（1/1）　　　　　4. 11KW③415（1/1）

5. 11KW③393（1/1）

彩版四二　第③层出土石单直刃锯齿刃器

1. OKW③3-3（1/1）   2. OKW③4-2（2/3）

3. OKW③43-9（1/1）   4. OKW③18-2（1/1）

5. 11KW③273（2/3）   6. 12KW③308（1/2）

彩版四三　　第③层出土石单凸刃锯齿刃器

1. 单凸刃锯齿刃器（13KW③250）（1/1）

2. 单凹刃锯齿刃器（OKW③60-1）（1/1）

3. 直凸刃锯齿刃器（OKW③28-2）（1/1）

4. 凹凸刃锯齿刃器（13KW③175）（1/1）

彩版四四　第③层出土石锯齿刃器

1. 0KW③43-12（1/1）

2. 0KW③41-3（1/1）

3. 0KW③15-2（1/1）

4. 11KW③268（1/1）

5. 13KW③583（1/1）

彩版四五　第③层出土石单凹缺器

1. 单直刃刮削器（OKW③47–7）（2/3）

2. 单直刃刮削器（OKW③20–2）（2/3）

3. 单直刃刮削器（OKW③38–5）（1/1）

4. 单直刃刮削器（OKW③25–3）（1/1）

5. 单直刃刮削器（OKW③23–5）（1/1）

6. 直凹刃刮削器（OKW③31–1）（1/1）

1. 石锥（OKW③24-3）（1/1）

5. 尖状器（OKW③21-2）（1/1）

2. 石锥（OKW③7-3）（1/1）

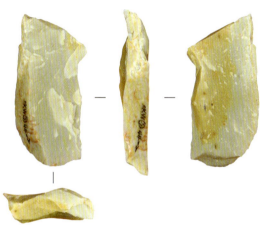

6. 雕刻器（OKW③44-2）（1/2）

3. 石锥（11KW③262）（1/1）

4. 尖状器（OKW③9-1）（1/1）

7. 雕刻器（11KW③288）（1/1）

彩版四七　第③层出土石器

1. 石锤（OKW④14-1）（1/2）

2. 石锤（OKW④10-1）（2/3）

3. 双台面石核（OKW④36-1）（1/2）

4. 双台面石核（OKW④45-1）（1/2）

5. 双台面石核（OKW④55-1）（1/2）

1. 多台面石核（OKW④4-1）（1/3）　　　　　2. 多台面石核（OKW④12-1）（1/3）

3. 多台面石核（OKW④3-1）（1/2）　　　　　4. 孔贝瓦石片（OKW④23-6）（1/1）

1. OKW④31-1（1/1）

2. OKW④55-2（1/1）

3. OKW④27-1（1/1）

4. OKW④7-5（1/1）

5. OKW④31-2（1/1）

6. OKW④20-2（1/1）

彩版五〇　第④层出土石单直刃锯齿刃器

1. 单凸刃锯齿刃器（OKW④100-1）（2/3）

2. 单凸刃锯齿刃器（OKW④27-4）（2/3）

3. 单凸刃锯齿刃器（OKW④56-2）（2/3）

4. 单凸刃锯齿刃器（OKW④20-6）（2/3）

5. 直凸刃锯齿刃器（OKW④22-1）（2/3）

6. 直凸刃锯齿刃器（OKW④21-2）（1/1）

彩版五一　第④层出土石锯齿刃器

1. 单凹缺器（OKW④42-1）（2/3）

2. 单凹缺器（OKW④58-1）（1/1）

3. 单凹缺器（OKW④58-2）（1/1）

4. 单凹缺器（OKW④28-2）（1/1）

5. 单凹缺器（OKW④30-1）（1/1）

6. 双凹缺器（OKW④10-3）（2/3）

彩版五二　第④层出土石凹缺器

1. 双凹缺器（OKW④9-1）（1/2）

2. 单直刃刮削器（OKW④7-1）（2/3）

3. 单直刃刮削器（OKW④59-3）（2/3）

4. 单直刃刮削器（OKW④11-1）（1/2）

5. 单直刃刮削器（OKW④57-3）（1/2）

6. 单直刃刮削器（OKW④57-5）（1/1）

彩版五三　第④层出土石器

1. 单直刃刮削器（11KW④945）（1/1）

2. 单直刃刮削器（11KW④940）（1/1）

3. 单凸刃刮削器（OKW④13-1）（1/1）

4. 单凸刃刮削器（11KW④1007）（1/1）

5. 单凹刃刮削器（11KW④1092）（1/1）

6. 直凹刃刮削器（11KW④827）（1/1）

彩版五四　第④层出土石刮削器

1. 石锥（OKW④7–4）（1/1）

2. 石锥（11KW④981）（1/1）

3. 端刮器（OKW④16–1）（1/1）

4. 端刮器（OKW④34–1）（1/1）

1. 石锤（OKW⑤33–1）（1/2）

2. 单台面石核（OKW⑤59–1）（1/2）

3. 单台面石核（OKW⑤61–3）（2/3）

4. 双台面石核（OKW⑤27–2）（1/2）

5. 双台面石核（OKW⑤65–7）（2/3）

6. 多台面石核（OKW⑤71–2）（1/2）

1. 多台面石核（OKW⑤67-2）（1/1）

2. 多台面石核（OKW⑤N-1a）（2/3）

3. 石片石核（OKW⑤59-8）（1/2）

4. 多台面石核（OKW⑤23-1）（1/2）

5. 向心石核（OKW⑤8-1）（2/3）

6. 向心石核（11KW⑤1191）（2/3）

彩版五七　第⑤层出土石核

1. 砸击石片（OKW⑤43-2）（1/1）

2. 孔贝瓦石片（OKW⑤74-3）（1/1）

3. 更新石核台面桌板（OKW⑤41-2）（1/1）

4. 单直刃锯齿刃器（OKW⑤60-3）（2/3）

5. 单直刃锯齿刃器（OKW⑤44-14）（1/1）

6. 单直刃锯齿刃器（OKW⑤64-5）（1/1）

1. OKW⑤44-2（2/3）

2. OKW⑤49-3（2/3）

3. OKW⑤29-2（2/3）

4. OKW⑤73-8（2/3）

5. OKW⑤38-1（2/3）

6. OKW⑤6-2（2/3）

7. OKW⑤62-7（2/3）

8. OKW⑤61-8（2/3）

彩版五九　第⑤层出土石单直刃锯齿刃器

1. 单直刃锯齿刃器（OKW⑤62-8）（1/1）

2. 单直刃锯齿刃器（OKW⑤51-3）（1/1）

3. 单直刃锯齿刃器（11KW⑤1178）（1/1）

4. 单凸刃锯齿刃器（OKW⑤46-2）（2/3）

5. 单凸刃锯齿刃器（OKW⑤13-5）（2/3）

6. 单凸刃锯齿刃器（OKW⑤66-4a）（1/1）

7. 单凸刃锯齿刃器（OKW⑤65-8）（1/2）

8. 单凹刃锯齿刃器（OKW⑤3-5）（1/1）

彩版六〇　第⑤层出土石单刃锯齿刃器

1. 多功能型工具（OKW⑤6-5）（2/3）

2. 直凹刃锯齿刃器（OKW⑤1-2）（2/3）

3. 双直刃锯齿刃器（12KW⑤273）（1/1）

4. 单凹缺器（OKW⑤68-8）（2/3）

5. 多功能型工具（OKW⑤64-6）（1/1）

4. 单凹刃刮削器（OKW⑤49-4）（2/3）

1. 单直刃刮削器（OKW⑤21-2）（1/2）

5. 单凹刃刮削器（OKW⑤70-2）（2/3）

2. 单直刃刮削器（OKW⑤69-11）（2/3）

6. 石锥（OKW⑤25-2）（2/3）

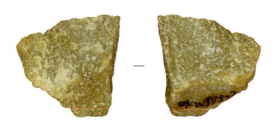

3. 单直刃刮削器（OKW⑤73-7）（1/1）

7. 石锥（OKW⑤N-4）（1/1）

彩版六二　第⑤层出土石器

1. 尖状器（OKW⑤59-6）（2/3）

2. 琢背石刀（OKW⑤29-4）（1/1）

3. 琢背石刀（12KW⑤274）（2/3）

4. 鸟喙状器（OKW⑤26-1）（2/3）

1. 单台面石核（OKW⑥12-3）（1/1）

3. 双台面石核（OKW⑥N-1）（1/3）

2. 单台面石核（OKW⑥28-3）（1/2）

4. 双台面石核（OKW⑥6-3）（2/3）

5. 双台面石核（11KW⑥579）（1/2）

1. 多台面石核（OKW⑥10-1）（2/3）

2. 多台面石核（OKW⑥1-4）（1/1）

3. 单直刃锯齿刃器（OKW⑥32-6）（2/3）

4. 单直刃锯齿刃器（OKW⑥27-3）（2/3）

5. 单直刃锯齿刃器（OKW⑥16-4）（2/3）

6. 单直刃锯齿刃器（OKW⑥32-2）（1/1）

7. 单直刃锯齿刃器（OKW⑥9-1a）（1/1）

8. 单直刃锯齿刃器（OKW⑥5-1）（2/3）

1. 单直刃锯齿刃器（OKW⑥1-2）（1/1）

2. 单直刃锯齿刃器（OKW⑥26-3）（2/3）

3. 单直刃锯齿刃器（OKW⑥12-1）（1/1）

4. 单直刃锯齿刃器（11KW⑥1418）（1/1）

5. 单直刃锯齿刃器（OKW⑥N-7）（1/2）

6. 单凸刃锯齿刃器（OKW⑥21-1）（2/3）

7. 单凹刃锯齿刃器（11KW⑥574）（1/1）

8. 单凹缺器（OKW⑥9-1）（1/1）

1. 单凹缺器（OKW⑥7-4）（1/1）

6. 单直刃刮削器（OKW⑥1-1）（2/3）

2. 单凹缺器（OKW⑥26-4）（1/1）

7. 单直刃刮削器（OKW⑥2-2a）（1/1）

3. 单凹缺器（11KW⑥1303）（2/3）

4. 双凹缺器（OKW⑥21-3）（2/3）

8. 单直刃刮削器（OKW⑥N-5）（2/3）

5. 单直刃刮削器（OKW⑥2-3a）（1/1）

9. 单直刃刮削器（OKW⑥32-8）（2/3）

1. 单凹刃刮削器（OKW⑥12-2）（2/3）

2. 双直刃刮削器（12KW⑥257）（1/1）

3. 石锥（OKW⑥16-3）（2/3）

4. 尖状器（OKW⑥15-7）（1/1）

5. 尖状器（OKW⑥26-1）（1/1）

6. 尖状器（OKW⑥3-1）（2/3）

7. 端刮器（OKW⑥N-9）（2/3）

8. 石镞（12KW⑥250）（2/3）

彩版六八　第⑥层出土石器

1. 单台面石核（OKW⑦13-2）（1/2）

2. 单台面石核（12KW⑦710）（2/3）

3. 双台面石核（OKW⑦20-1）（2/3）

4. 石片石核（13KW⑦38）（2/3）

5. 向心石核（OKW⑦N-2）（2/3）

1. 单直刃锯齿刃器（OKW⑦18-2）（2/3）

2. 单直刃锯齿刃器（OKW⑦3-5）（2/3）

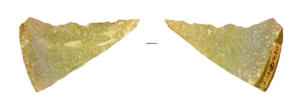

3. 单直刃锯齿刃器（OKW⑦1-1）（1/1）

4. 单凸刃锯齿刃器（OKW⑦1-3）（1/2）

5. 单凸刃锯齿刃器（OKW⑦7-45）（2/3）

6. 单凹刃锯齿刃器（OKW⑦16-14）（2/3）

7. 双凸刃锯齿刃器（OKW⑦N-1）（1/1）

8. 直凸刃锯齿刃器（OKW⑦8-4）（2/3）

彩版七〇　第⑦层出土石锯齿刃器

1. 单直刃刮削器（OKW⑦7–24）（1/1）

2. 单直刃刮削器（OKW⑦N–6）（2/3）

3. 单直刃刮削器（OKW⑦14–1）（2/3）

4. 单凸刃刮削器（OKW⑦17–7）（1/2）

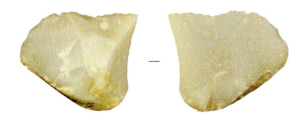

5. 单凸刃刮削器（OKW⑦8–5）（1/1）

6. 单凹刃刮削器（OKW⑦16–10）（1/1）

彩版七一　第⑦层出土石单刃刮削器

2. 单凹缺器（OKW⑦2-11）（1/1）

1. 单凹缺器（OKW⑦N-5）（2/3）

3. 石锥（OKW⑦3-8）（1/1）

4. 鸟喙状器（OKW⑦21-6）（2/3）

5. 雕刻器（OKW⑦6-2）（2/3）

6. 石锥（OKW⑧7）（1/2）

7. 两面器粗坯（12KW⑧341）（2/3）

彩版七二　第⑦、⑧层出土石器

1. 石锤（OKW⑧15-1）（1/3）

5. 多台面石核（OKW⑧5-2）（2/3）

2. 单台面石核（12KW⑧859）（1/2）

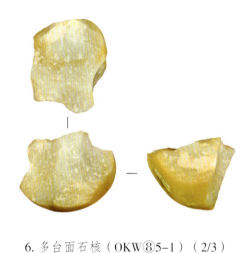

6. 多台面石核（OKW⑧5-1）（2/3）

3. 单台面石核（12KW⑧1281）（2/3）

7. 多台面石核（12KW⑧879）（2/3）

4. 多台面石核（OKW⑧2-1）（2/3）

8. 砸击石核（12KW⑧1319）（2/3）

彩版七三　第⑧层出土石器

1. 砸击石片（12KW⑧1509）（1/1）

3. 更新石核台面桌板（12KW⑧1877）（2/3）

2. 砸击石片（12KW⑧942）（1/1）

4. 单直刃锯齿刃器（12KW⑧1650）（1/1）

5. 单直刃锯齿刃器（12KW⑧1385）（1/1）

6. 单凸刃锯齿刃器（13KW⑧92）（1/2）

7. 单凹刃锯齿刃器（12KW⑧1312）（2/3）

彩版七四　第⑧层出土石器

1. 单凹缺器（OKW⑧2-10）（1/1）

2. 单凹缺器（12KW⑧456）（1/1）

3. 单凹缺器（13KW⑧127）（2/3）

4. 双凹缺器（OKW⑧2-3）（1/1）

5. 单直刃刮削器（OKW⑧6-4）（1/1）

6. 单直刃刮削器（OKW⑧9）（1/1）

7. 单直刃刮削器（12KW⑧1247）（1/1）

8. 单凸刃刮削器（12KW⑧1311）（1/1）

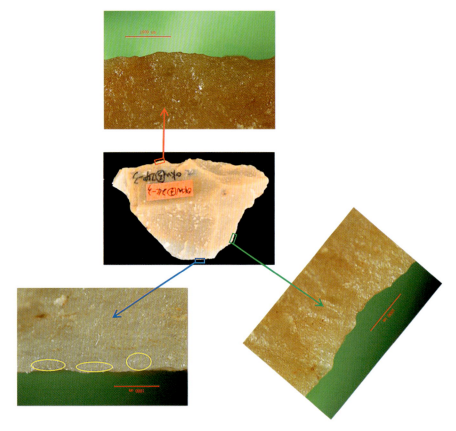

1. OKW③24-3使用、装柄微痕

2. OKW④22-1使用、装柄微痕

彩版七六　石器微痕观察

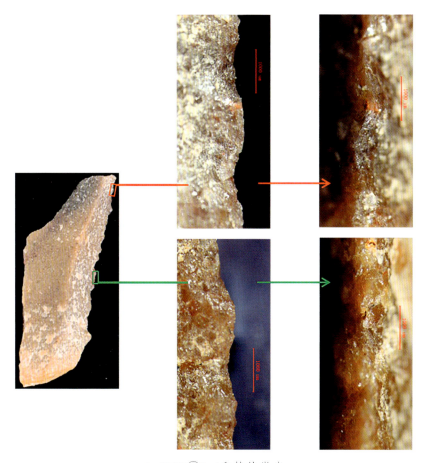

1. OKW⑦5-4翻越状微痕

2. OKW-C5微痕观察

彩版七七　石器微痕观察

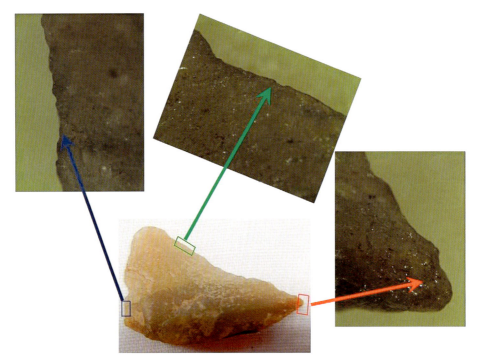

1. OKW⑦7-32捆绑、使用痕迹

2. 植物根系腐蚀痕迹

彩版七八　石器微痕及动物骨骼表面痕迹

1. 食肉类啃咬痕迹

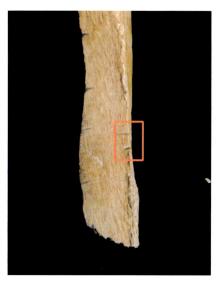

2. 切割痕

彩版七九　动物骨骼表面痕迹

1. OKW⑤48-3　　2. OKW⑥36-2　　3. OKW⑥10-1a　　4. OKW⑤87-10　　5. OKW10C102　　6. OKW④37-11　　7. OKW④37-1a

1. 11WI18–C19　2. 11WI18–C14　3. 11WI18–C43　4. 11WI18–C1　5. 11WI18–C17　6. 11WI18–C46　7. 11WI18–C44
8. 11WI18–C6　9. 11WI18–C33　10. 11WI18–C3　11. 11WI18–C50　12. 11WI18–C47　13. 11WI18–C19　14. 11WI18–C2
15. 11WI18–C51　16. 11WI18–C30

彩版八一　WI18调查发现的石制品

彩版八二　小长梁和东谷坨遗址新识别出的部分砸击制品